立法法理学丛书 | 主编　宋方青

国家社科基金重大项目“完善弘扬社会主义核心价值观的法律政策体系研究”（20ZDA055）最终成果

On the Improvement of the Legal and Policy System for Promoting the Core Socialist Values

完善弘扬社会主义核心价值观的法律政策体系研究

宋方青 等　著

法律出版社
LAW PRESS · CHINA
北　京

图书在版编目（CIP）数据

完善弘扬社会主义核心价值观的法律政策体系研究 / 宋方青等著. -- 北京 : 法律出版社, 2024. -- ISBN 978 -7 -5197 -9341 -8

Ⅰ. D616;D920.1

中国国家版本馆 CIP 数据核字第 20242LV186 号

完善弘扬社会主义核心价值观的法律政策体系研究

WANSHAN HONGYANG SHEHUIZHUYI HEXIN JIAZHIGUAN DE FALÜ ZHENGCE TIXI YANJIU

著　　者 宋方青 等
责任编辑 陈　慧
编辑统筹 法律教育出版分社
装帧设计 汪奇峰
责任校对 裴　黎
责任印制 刘晓伟
出版发行 法律出版社/北京市丰台区莲花池西里 7 号(100073)
网　　址 www.lawpress.com.cn
经　　销 新华书店
印　　刷 唐山玺诚印务有限公司
版　　本 2024 年 8 月第 1 版
印　　次 2024 年 8 月第 1 次印刷
字　　数 645 千
开　　本 710 毫米×1000 毫米　1/16
印　　张 36
定　　价 108.00 元
书　　号 ISBN 978 -7 -5197 -9341 -8
投稿邮箱 info@lawpress.com.cn
维权邮箱 jbwq@lawpress.com.cn
咨询电话 010 -63939796
销售电话 010 -83938349
客服电话 010 -83938350

总 序

立法法理学(Legisprudence),顾名思义即立法的法理学,它是一门用法律理论的方法及视角研究立法及其过程,并促进立法完善的学问,其学术旨趣在于探求理性的立法理论。

立法法理学肇始于20世纪50年代的欧美国家,它是伴随着对传统法律理论的批判以及对立法实践的反思而产生发展起来的。

在欧美国家,传统法律理论倾向于法制主义(Legalism)的研究视角。法制主义将规范性行为视为规则遵守问题,主要关注的是裁判问题,即法官对规则的适用,而不重视这些规则的来源,不重视规则的创制,此外,法制主义认为,立法是前法律的(pre – legal)政治理论问题,应由政治家而非法学家去研究。由此,法律理论便逐步将研究重心聚焦司法,但是,由于研究对象的专业性质,政治家对立法问题的研究又显得力不从心,这便造成了立法这一重要问题域被忽视,被"边缘化"。总之,传统法律理论对于立法理论是忽视的,立法问题没有被认真对待。

20世纪欧美国家正处在一个"立法国"(legislation – state)的时代,面临着立法膨胀(legislative inflation)与立法紧缩(legislative deflation)共存的困境,这主要体现在,欧美国家成文立法的数量呈现指数性的增长,但立法的质量却越来越低,立法没有达到预期的目的。造成这种困境的直接原因是实践中立法的被贬低。在现实中,人们往往将立法问题视为政治问题,并且视政治为非理性、恣意的选择问题,因而立法具有诸多"坏名声"。例如,每每提到立法,人们经常将诸如决策交易、讨价还价、相互吹捧、利益迎合以及政治分肥等标签贴于其上。在当时,相对于司法、行政,立法被视为最不道德的(unprincipled)、最不连贯的(incoherent)、最无尊严的(undignified)的事业。

在这种背景下，立法法理学（legisprudence）作为研究立法问题的新进路应运而生，它试图构建一种理性的立法理论，以此恢复立法的尊严，并唤醒法律理论家对立法问题的严肃对待。最终，通过理论上的反思与重构为立法实践提供更好的智识支撑，实现提高立法质量的终极目的。

最早使用 Legisprudence 这个名词的学者是美国法学教授朱利叶斯·科恩（Julius Cohen）。1950 年，他在《耶鲁法律评论》上发表《迈向现实主义的立法法理学》（Towards Realism in Legisprudence）一文中使用了这一名词。1982 年，其在《霍夫斯特拉法律评论》上发表了《立法法理学：问题与方案》（Legispredence: Problems and Adenda）一文，比较详细地说明了这个概念，但在美国并未引起很大的反响。推进立法法理学研究并引向深入的则是欧陆国家的学者。在欧陆国家，比利时布鲁塞尔大学维特根斯（Luc J. Wintgens）教授 2012 年出版的《立法法理学：立法中的实践理性》一书是立法法理学领域的第一部专著，该书对立法法理学的概念、背景、理论基础及主要内容进行了较为系统的分析。目前以布鲁塞尔大学法学院“立法·法例·立法法理学研究中心”、欧洲法律理论研究会等机构为基地，以《立法法理学》期刊（自 2007 年始，每年出版 1 期，维特根斯教授任主编）为载体，云集了一大批对立法法理学有浓厚兴趣的学者，从各个学科、各个领域、各个角度探讨立法的理论，成为立法法理学研究的重镇。

自 20 世纪 80 年代以来，我国的立法迅速发展，从中央到地方每年的立法都是以数以百计的规模产出。2011 年我国向全世界庄严宣告：“以宪法为统帅，以宪法相关法、民法商法等多个法律部门的法律为主干，由法律、行政法规、地方性法规等多个层次的法律规范构成的中国特色社会主义法律体系已经形成，国家经济建设、政治建设、文化建设、社会建设以及生态文明建设的各个方面实现有法可依，党的十五大提出到 2010 年形成中国特色社会主义法律体系的立法工作目标如期完成。”我国的立法可谓硕果磊磊。但我国立法的质量尚不尽如人意，加强“科学立法、民主立法”，完善中国特色社会主义法律体系，成为时代的强音，国内相关的研究成果也越来越丰硕。但从总体上来说，我国现有的立法学研究成果更多是关于具体的立法制度和立法技术问题的研究，缺少对自身的理论反思及提升，因而，在创建中国特色社会主义法律体系的过程中以及在对立法制度的建构与完善方面,在整体上产出有限的知识贡献。

国内目前有关立法法理学的研究仅有极少量翻译资料及论文,无体系化的研究成果,研究基础比较薄弱。我与我的博士生姜孝贤合作发表的《立法法理学探析》一文,在国内算是最早的关于立法法理学的专门研究成果。为将立法法理学研究推向深入,并为完善中国立法提供决策参考和理论支撑,特组织一套“立法法理学丛书”。

厦门大学法学院法学理论教研室,尤其是以学院为依托的立法学研究中心,长期以来将立法学作为重点研究的方向,发表了一系列研究论文,研究成果为国家立法与地方立法提供理论支持。在我历年指导的硕士与博士论文中,以立法为选题的占大多数。立法是一门科学,要想真正为我国立法提供智力支持,我们的研究既需要有深厚的专业知识,还需要有丰富的实践经验,至少需要对中国立法的现状有充分的了解。为了使硕士与博士论文的写作不至于陷入空谈,我总是要求学生多了解我国立法的实际,并通过参与起草具体法案而直面立法,深切地感受立法,所写的论文能够理论联系实际,真正做到既有学术价值又有实践意义。

本丛书将由我自己的著作和历年指导通过答辩的立法法理学博士论文、博士后研究报告及立法学研究中心同仁相关的研究成果为基础构成。希望本丛书的出版能够为我国的立法提供理论支持,为完善我国的立法制度贡献绵薄之力。

宋方青

2014 年 6 月

目 录
Contents

导 论

一、研究目的与意义

党的十九届四中全会通过的《中共中央关于坚持和完善中国特色社会主义制度　推进国家治理体系和治理能力现代化若干重大问题的决定》指出,要“坚持和完善繁荣发展社会主义先进文化的制度,巩固全体人民团结奋斗的共同思想基础”。这一目标的实现需要坚持社会主义核心价值观的引领。就法律政策层面而言,要构建完善弘扬社会主义核心价值观的法律政策体系,就是要使社会主义核心价值观在法治建设中得以彰显。社会主义核心价值观是共同体成员彼此连接的精神纽带,也是保证共同体成员相互理解和共同发展的前提。党的十八大报告在国家、社会和公民三个层面阐释了社会主义核心价值观的主要内容。2016 年 12 月中共中央办公厅、国务院办公厅印发了《关于进一步把社会主义核心价值观融入法治建设的指导意见》,明确提出社会主义核心价值观是社会主义法治建设的灵魂,把社会主义核心价值观融入法治国家、法治政府、法治社会建设全过程,融入科学立法、严格执法、公正司法、全民守法等各环节。在全国宣传思想工作会议上,习近平总书记强调指出,要把社会主义核心价值观融入社会发展各方面,引导全体人民自觉践行。[1] 党的二十大报告指出:“社会主义核心价值观是凝聚人心、汇聚民力的强大力量。”“坚持依法治国和以德治国相结合,把社会主义核心价值观融入法治建设、融入社会发展、融入日常生活。”总之,完善弘扬社会主义核心价值观的法律政策体系,是党和国家高度重视并亟待研究和推进的重大问题。

“完善弘扬社会主义核心价值观的法律政策体系”主要关涉社会主义核心价值观如何为完善法律政策体系提供价值引领,同时,法律政策体系如何为弘扬社会主义核心价值观提供制度保障和法治支撑,并推动社会主义先进文化制度建设,促进国家治理体系和治理能力现代化。本课题将对如何通过弘扬社会主义核心价值观完善法律政策体系,如何通过法律政策体系弘扬社会主义核心价

〔1〕《举旗帜 聚民心 育新人 兴文化 展形象　更好完成新形势下宣传思想工作使命任务》,载《人民日报》2018 年 8 月 23 日,第 1 版。

值观进行深入系统的探讨,阐明完善弘扬社会主义核心价值观的法律政策体系对于提升国家治理法治化的水平、推动国家治理体系和治理能力现代化的重大意义及其路径。

(一)本课题的主要学术价值

第一,有层次地构建社会主义核心价值观的法理框架,为其融入法律政策体系提供类型化模式。既有的学术研究,大多将社会主义核心价值观作为整体,从形式上讨论其融入法律政策体系或者法治建设的应然方式和实然状况。但我们必须认识到,从社会主义核心价值观本身出发可将其分为国家、社会和公民三个基本层次,这三个基本层次在融入国家治理各个领域的过程中存在一定的功能性差异,因此,有必要对社会主义核心价值观进行类型化处理,考察不同类型的社会主义核心价值观融入不同层次的内在机理,塑造社会主义核心价值观融入法律政策体系的不同模式。

第二,以国家治理法治化为切入点,探讨价值、治理与法治等基本概念的时代内涵与内在逻辑。价值、治理和法治等基本概念,在不同时期、不同地区和不同文化背景下被赋予的期望和定义是不同的,价值、治理和法治等基本概念也总是根据不同时期的客观需求发生内涵和外延的变化。进入新时代,中国社会的主要矛盾已经发生了转变,这样的转变势必根据国情的变化持续发生。在新时代背景下,重新厘清价值、治理和法治等基本概念的时代内涵与内在逻辑,有助于推动理论研究向更符合实际需求的研究范式的转变,并为更具技术性的问题提供基础性支撑。

第三,以"完善弘扬社会主义核心价值观的法律政策体系"为对象,探讨法治在新时代所应具备的本土化内涵。从形式上看,中国古代并没有留下专门阐述法治思想的鸿篇巨著,也没有像西方思想家们那样运用形式逻辑的分析方法构建他们的法治思想体系。但是,中国古人并不缺乏关于"治国方式"意义上的"法治"思考。事实上,中国古代已经具备了某种"法治"思想的渊源和萌芽,并影响了中国几千年的文明史。今天中华民族处在一个空前的变革时期,我们选择了一条具有中国特色的社会主义法治之路,法治已然成为国家治理的基本方略。随着社会主要矛盾的转变,治理需求也将随之发生改变,通过研究完善弘扬社会主义核心价值观的法律政策体系问题,不但能够发扬我国既有法治文化的优良传统,而且可以适应我国的本土治理需求,丰富中国特色社会主义法治理论,其意义显而易见。

(二)本课题的主要应用价值和社会意义

第一,为培育和践行社会主义核心价值观提供理论支持和制度保障。完善弘扬社会主义核心价值观的法律政策体系,是一项全方位、系统性的法治建设工程。在促进国家治理体系和治理能力现代化的背景下,通过有效的沟通、合理的程序来配置权利、利益和资源,建构完善弘扬社会主义核心价值观的法律政策体系,不仅有助于完善中国特色的社会主义法治体系,进一步改善我国整体的法治环境,提升整体的法治水平,而且有助于为社会主义核心价值观的培育和践行提供理论支持和制度保障,加速社会主义核心价值观融入文化建设和社会治理之中。

第二,有助于促进社会主义核心价值观融入社会发展各个方面,契合国家发展的重大需求。本课题的研究内容,是从根本上探讨如何将社会主义核心价值观融入法律政策体系,融入法律政策体系的各个环节和领域,在弘扬社会主义核心价值观的同时完善法律政策体系,在完善法律政策体系的同时深度弘扬社会主义核心价值观。本课题的研究内容在一定程度上可以为社会主义核心价值观融入法律政策体系提供有益的建议和意见,促进社会主义核心价值观融入社会发展的各个方面。

第三,有助于促进相关法律政策体系的完善。价值是评判现有制度的标尺,是指引现状改善的坐标,社会主义核心价值观本质上是一套价值体系。以社会主义核心价值观作为指引,有助于改革不适应实践发展要求的体制机制、法律法规,建立完善符合社会主义核心价值观要求的体制机制、法律法规,实现党、国家、社会各项事务治理制度化、规范化和程序化。

第四,有助于为社会主义先进文化制度建设提供价值引领。党的十九届四中全会指出,坚持和完善繁荣发展社会主义先进文化的制度,巩固全体人民团结奋斗的共同思想基础是国家治理体系和治理能力现代化需要解决的重大问题之一。社会主义核心价值观是社会主义文化内涵的价值体现。文化繁荣离不开文化制度建设保障,因此,完善弘扬社会主义核心价值观的法律政策体系,就是为社会主义先进文化制度建设提供价值引领和制度保障,进而促进以社会主义核心价值观为代表的社会主义先进文化繁荣发展。

第五,有助于促进国家治理能力的建设与提升。近年来,社会主义核心价值观融入法律政策体系的过程中,出现了一些事例,引发了较大的争议。造成这种局面的一个表面原因是治理主体未能充分预估相关立法、执法、司法的可接受性,其深层原因是治理主体未能有效调和、化解法律与公众价值观,以及形式正义和实质正义在治理实践中的冲突和张力。本课题的研究有助于指导治理主体调和这种冲突和张力,促进国家治理能力的建设与提升,有效回应治理的需求。

二、文献综述

(一)国内相关研究综述

国内关于完善弘扬社会主义核心价值观的法律政策体系研究,按照历史发展脉络,可以划分为两个阶段。第一个阶段是从党的十六届六中全会到党的十八大,党的十六届六中全会首次提出"建设社会主义核心价值体系",并指出社会主义核心价值观是社会主义核心价值体系的内核,由此开始引发学界对社会主义核心价值观的研究。第二个阶段是党的十八大至今,培育和践行社会主义核心价值观进一步得到重视,对完善社会主义核心价值观的法律政策体系的研究开始深入进行。

1. 起步阶段:党的十六届六中全会至党的十八大

2006 年 10 月,党的十六届六中全会第一次明确提出了"建设社会主义核心价值体系"的重大命题和战略任务,并且明确了社会主义核心价值体系在社会主义和谐社会建设中的重要地位和重大意义,会议通过的《中共中央关于构建社会主义和谐社会若干重大问题的决定》指出"社会主义核心价值体系是建设和谐文化的根本……建设社会主义核心价值体系,形成全民族奋发向上的精神力量和团结和睦的精神纽带"。学界开始对社会主义核心价值观展开研究和讨论,这些探讨主要包括以下几个方面。

第一,探讨社会主义核心价值体系与社会主义核心价值观的关系。有研究者指出,社会主义核心价值体系是社会主义核心价值观的基础和前提,是社会主义核心价值观形成和发展的必要条件;社会主义核心价值观是社会主义核心价值体系的内核和最高抽象,体现社会主义的价值本质,决定社会主义核心价值体系的基本特征和基本方向,引领社会主义核心价值体系的建构。社会主义核心价值观渗透于社会主义核心价值体系之中,通过社会主义核心价值体系表现出来。[2] 有研究者认为,社会主义核心价值体系的内核就是核心价值观,围绕核心价值观由里到外有若干层次,有伦理价值观、政治价值观、经济价值观、社会生活价值观等。核心价值观主导和支配各个层次的价值观,各个层次的价值观折

---

〔2〕 戴木才、田海舰:《论社会主义核心价值体系与核心价值观》,载《中国党政干部论坛》2007 年第 2 期。

射和反映核心价值观,并互相影响和渗透。[3]

第二,对社会主义核心价值观的内容构成进行凝练和概括。当时关于社会主义核心价值观并没有统一的表述,概括、凝练社会主义核心价值观的内容,是学界的重要任务。有研究者认为,适应构建社会主义和谐社会的要求,急需加快构建中国特色社会主义核心价值观的步伐。中国特色社会主义核心价值观的基本内涵应该是:以"以人为本"为价值基点,以"共同富裕"为价值目标,以"公平正义"为核心。[4] 有研究者认为,中国特色社会主义核心价值观的基本内涵应该是富强、公平、正义、和谐。[5] 社会主义核心价值观就是与社会主义核心价值体系相对应的以人为本、共同富裕与公平正义、爱国主义与改革创新、"八荣八耻"社会主义荣辱观四个方面构成的一整套核心价值观体系。[6] 社会主义核心价值观是以以人为本、实事求是、独立自主为核心的价值观,这是一个基本事实。[7] 提炼社会主义核心价值观应把握好三个问题,社会主义核心价值观应该是六个理念:自由、民主、公正、互助、改革、发展。[8]

第三,对社会主义核心价值观的本质属性、基本特征等基础性内容进行探讨。有研究者指出,主导性、民族性、时代性、崇高性、人民性等是中国特色社会主义核心价值观的基本特征。[9] 社会主义核心价值观应该具有鲜明的独特性:实践中应该同时具有批判和建构的功能,应该同时具有鲜明的阶级性和坚定的开放性,应该同时具有价值取向和价值内容的先进性。[10]

第四,对古今中外的价值观进行考察,并分析其对于构建社会主义核心价值观的启示。有研究者对英国的核心价值观进行了考察,并指出,中英两国核心价值观的理论基础不同,其主要内容也有很大的不同,但是两国建设核心价值观的具体实施路径具有相通之处。[11] 有研究者考察了儒家的价值体系后认为,儒家

---

〔3〕 张利华:《试析中国特色社会主义核心价值体系的结构与内涵》,载《中国特色社会主义研究》2007 年第 4 期。

〔4〕 陈静、周丽:《社会主义核心价值观基本内涵探要》,载《马克思主义研究》2007 年第 6 期。

〔5〕 张思军、邓淑华:《关于中国特色社会主义核心价值观的理论思考》,载《理论与改革》2008 年第 6 期。

〔6〕 钟明华、黄荟:《社会主义核心价值观内涵解析》,载《山东社会科学》2009 年第 12 期。

〔7〕 田心铭:《中国社会主义核心价值观:以人为本,实事求是,独立自主》,载《马克思主义研究》2011 年第 11 期。

〔8〕 许耀桐:《关于社会主义核心价值观的若干问题》,载《中共中央党校学报》2012 年第 4 期。

〔9〕 张洪昌:《论社会主义核心价值观》,载《云南社会科学》2008 年 S1 期。

〔10〕 毛自鹏、舒毅彪:《社会主义核心价值观应有的独特性》,载《中共中央党校学报》2010 年第 4 期。

〔11〕 樊永刚、曹大文:《中国社会主义核心价值观与英国核心价值观比较》,载《前沿》2008 年第 12 期。

传统"和而生"的价值观体系是一个开放的结构,所以通过具体内容与形式的改造,对于当前社会主义核心价值观体系的建构具有一定的借鉴意义与启发。[12]有研究者认为,科学社会主义价值观、资本主义价值观和中国传统价值观是当代中国社会主义核心价值观构建的三重维度。[13]

第五,探索社会主义核心价值观的培育和实现路径。有研究者认为,将社会主义核心价值观贯穿国民素质教育的始终,是社会主义核心价值观实现的基本要求;探讨社会主义核心价值观认同的动态过程和内化途径,让社会成员内在认同社会主义核心价值观,是社会主义核心价值观实现的关键环节。[14] 有研究者认为,政策调控是当代中国社会主义核心价值观构建的有力措施,舆论引导是当代中国社会主义核心价值观构建的社会条件,思想教育是当代中国社会主义核心价值观构建的关键环节,法治建设是当代中国社会主义核心价值观构建的重要保障,自身修养是当代中国社会主义核心价值观构建的内在路径。[15]

在这一时期,由于社会主义核心价值观的具体内容没有正式的官方表述,学界投入了相当多的时间和精力来对社会主义核心价值观进行凝练和概括。学界的研究整体上聚焦于社会主义核心价值观的基础性问题,对社会主义核心价值观的研究不够深入,缺乏系统性。这一时期,法学界对社会主义核心价值观如何融入法治建设也没有给予过多的关注,对社会主义核心价值观如何融入法治建设进行讨论的文献较为少见。

2. 发展深化阶段:党的十八大至今

2012 年,党的十八大报告提出:"倡导富强、民主、文明、和谐,倡导自由、平等、公正、法治,倡导爱国、敬业、诚信、友善,积极培育和践行社会主义核心价值观。"2013 年 12 月,中共中央办公厅印发《关于培育和践行社会主义核心价值观的意见》,要求"要把社会主义核心价值观贯彻到依法治国、依法执政、依法行政实践中,落实到立法、执法、司法、普法和依法治理各个方面,用法律的权威来增强人们培育和践行社会主义核心价值观的自觉性"。2014 年,党的十八届四中全会也要求要"贯彻社会主义核心价值观,使每一项立法都符合宪法精神、反映人民意志、得到人民拥护"。2016 年 12 月,中共中央办公厅、国务院办公厅印发

---

〔12〕 李煌明:《儒家传统价值观对建构社会主义核心价值观体系的启示》,载《科学社会主义》2008 年第 5 期。

〔13〕 方爱东:《社会主义核心价值观论纲》,载《马克思主义研究》2010 年第 12 期。

〔14〕 刘峥、刘新庚:《社会主义核心价值观实现路径探索》,载《求索》2011 年第 9 期。

〔15〕 严秋菊:《论当代中国社会主义核心价值观之构建》,载《河南师范大学学报(哲学社会科学版)》2011 年第 2 期。

《关于进一步把社会主义核心价值观融入法治建设的指导意见》,要求“把社会主义核心价值观融入法治国家、法治政府、法治社会建设全过程,融入科学立法、严格执法、公正司法、全民守法各环节”。2018 年 5 月,中共中央印发《社会主义核心价值观融入法治建设立法修法规划》,要求“坚持社会主义核心价值体系,着力把社会主义核心价值观融入法律法规的立改废释全过程,确保各项立法导向更加鲜明、要求更加明确、措施更加有力”。2019 年 10 月,党的十九届四中全会通过《中共中央关于坚持和完善中国特色社会主义制度　推进国家治理体系和治理能力现代化若干重大问题的决定》,其中指出:“坚持依法治国和以德治国相结合,完善弘扬社会主义核心价值观的法律政策体系,把社会主义核心价值观要求融入法治建设和社会治理”,为新时代中国特色社会主义核心价值观的制度建设指明了方向。2020 年 12 月,中共中央印发《法治社会建设实施纲要(2020－2025 年)》,将完善社会主义核心价值观的法律政策体系列入五年法治建设的规划。

在这一时期,党和国家的一系列文件对社会主义核心价值观融入法治建设问题作了重大安排和部署,这在很大程度上推进了学界对社会主义核心价值观的研究。政治学、公共政策学、行政学、教育学等多个学科均从各自的角度对社会主义核心价值观进行了深入研究。这一时期,法学界对社会主义核心价值观融入法治建设问题进行了广泛研究,学界对这一问题的研究日益类型化、精细化,产出了大量的研究成果。这些研究成果为弘扬社会主义核心价值观提供了非常好的研究基础和努力方向,这些研究成果总体上围绕着以下几个方面展开。

(1)对社会主义核心价值观融入法治建设的基础理论进行研究

社会主义核心价值观融入法治建设的理论研究是促进社会主义核心价值观融入法治建设的基础工程,学界对这一问题进行了深入研究,主要有以下方面。

第一,对社会主义核心价值观的具体内容进行解读,明确其性质和定位。有研究者将“法治”作为社会主义核心价值观进行了诠释,认为法治成为社会主义核心价值观之一,是法治在社会主义理论体系与实践系统地位的极大提高,是中国共产党对社会主义理论的重大修正与发展,意味着传统政治意识形态内容的改变,权力话语权将被抑制,而法律、权利话语权将要形成。[16] 有研究者指出,党的十八大把“法治”提升到了社会主义核心价值观的高度上,说明党已经充分认识到法治不仅是一种治国方略,也是一套成熟的价值思想体系。[17] 有研究者

〔16〕 陈金钊:《对法治作为社会主义核心价值观的诠释》,载《法律科学(西北政法大学学报)》2015 年第 2 期。

〔17〕 叶承芳:《社会主义核心价值观内容解读之“法治”》,载《思想政治教育研究》2015 年第 1 期。

分析了社会主义核心价值观建设与法治中国建设的关系，认为社会主义核心价值观建设和法治中国建设虽然各有侧重，但总体而言是内在联系、相互作用、相辅相成、有机统一的，必须将社会主义核心价值观的内在力量和法治的外在力量有机结合起来，一体推进，协同发挥作用。[18] 有研究者认为，将法治中国与社会主义核心价值观统一于中国特色社会主义体系建设，是建成社会主义法治强国的必然选择。在价值基础层面，法治中国与社会主义核心价值观在政治基础、发展理念和社会价值方面具有通约性，为二者的融合提供了理论上的互通基础。[19] 也有专著对社会主义核心价值观融入法治中国问题进行了专门研究。[20] 有研究者认为，社会主义核心价值观建设和法治建设都是国家治理的重要组成部分，社会主义核心价值观建设的目的是解决国家治理的价值理性问题，而法治建设需要解决国家治理的工具理性问题，探讨二者的关系就是要解决国家治理目的和治理手段的统一性。[21] 有研究者指出，社会主义核心价值观应当定位为超越部门法的一般法律原则，可通过以下基本路径提升社会主义核心价值观的法源作用：正式法律制度应当继续吸收社会主义核心价值观，特别需要重视案例指导制度；多种法律适用方法（尤其是法律解释方法）能够在司法过程中推动社会主义核心价值观与案件释法说理的有机结合；司法者也应积极理解和适用社会主义核心价值观，并有效回应其他诉讼参与者的相关意见。[22] 也有部分专著对这一问题进行了专门研究。[23]

第二，对社会主义核心价值观融入法治建设的重大作用及重大意义进行阐释。有研究者指出，中国特色社会主义法的价值体系是当代中国社会主义核心价值观及其体系在法律中的权威表达与精神传递，二者具有内在的统一性与协调性。[24] 有研究者认为，社会主义核心价值观所体现的价值精神，构成了法治中国新格局的一部分。这是因为法治是合理的法律精神，更是一种核心的价值理念。[25] 有研究者详细地探讨了依法治国与以德治国两者在治国理政中的具

---

〔18〕 孙伟平：《社会主义核心价值观与法治中国建设》，载《思想教育研究》2018 年第 12 期。

〔19〕 孙德超、周媛媛：《法治中国建设吸纳社会主义核心价值观的过程机理研究》，载《理论探讨》2018 年第 6 期。

〔20〕 李宏伟：《社会主义核心价值观融入法治中国建设研究》，知识产权出版社 2019 年版。

〔21〕 左高山、涂亦嘉：《国家治理中的核心价值观与法治建设》，载《当代世界与社会主义》2017 年第 4 期。

〔22〕 孙光宁：《社会主义核心价值观的法源地位及其作用提升》，载《中国法学》2022 年第 2 期。

〔23〕 郭建宁主编：《社会主义核心价值观基本内容释义》，人民出版社 2014 年版。

〔24〕 姚建宗：《中国特色社会主义法的价值论》，载《辽宁大学学报（哲学社会科学版）》2013 年第 2 期。

〔25〕 孙笑侠：《法治中国的新格局》，载《中国高校社会科学》2014 年第 6 期。

体作用机制和相互关系,以及将社会主义核心价值观融入法治建设对于推进以德治国的重要意义,从而提出通过以德治国来引导依法治国健康有序地发展,发挥法治在治国理政中的核心作用的同时,充分发挥以德治国的补充和辅助治理功能,最大限度地实现“德育”与“德治”。[26] 有研究者指出,社会主义核心价值观是法治建设的思想引领。法治建设对于当今中国的意义是不言而喻的,它是走向法治中国的必由之路,是全面推进依法治国的具体体现,是实现法治理想的实际行动。法治建设作为一项宏大的社会工程,离不开必要的价值引领。[27] 有研究者提出,社会主义核心价值观是民族精神和时代精神的高度凝练,是中国特色社会主义法治的价值内核,是坚持中国特色社会主义法治发展道路的基本遵循。推动社会主义核心价值观建设,必须以法治为保障;中国特色社会主义法治道路建设,必须把社会主义核心价值观贯穿始终。[28] 有研究者从总体性视角对社会主义核心价值观与法治建设的关系进行了审视。就如何深刻理解社会主义核心价值观,社会主义核心价值观融入法治建设的重大意义、基本原则、路径方法等问题进行了研究。[29] 有研究者指出,推动社会主义核心价值观入法入规,需将其纳入特定的社会学科和研究背景、社会意识形态与社会结构、马克思主义认识论视角、理论与实践相统一的观点中去综合考察和论证,以此规范和完善社会主义核心价值观在思想引领、价值衡量和依法治国等方面的作用。[30]

第三,从一般性的层面反思社会主义核心价值观融入法治建设中存在的问题。有研究者对当前理论界流行的法治理论进行反思和总结,指出当代中国以个体权利保障为核心的法治理论不能充分满足社会主义核心价值观融入法治建设的需要,亟待建构一种使共同体价值和个体价值相互融合的新的价值观念,以更好地回应社会主义核心价值体系提出的要求。[31] 有研究者认为,社会主义核心价值观与法治在价值论、方法论和目的论等理论逻辑方面具有统一性,但在实践上社会主义核心价值观融入法治建设还存在差距。当前我们应该认真省思现实问题,坚持问题导向,推进社会主义核心价值观入法,探索路径提升社会主义

---

〔26〕 莫纪宏:《法安天下 德润人心——把社会主义核心价值观融入法治建设》,载《中国特色社会主义研究》2017 年第 5 期。

〔27〕 卓泽渊、王瑶:《热话题与冷思考——关于“把社会主义核心价值观融入法治建设”的对话》,载《当代世界与社会主义》2017 年第 4 期。

〔28〕 刘旺洪:《社会主义核心价值观是中国特色社会主义法治的灵魂》,载《红旗文稿》2017 年第 3 期。

〔29〕 张文显:《社会主义核心价值观与法治建设》,载《中国人大》2019 年第 19 期。

〔30〕 刘超:《核心价值观入法入规的学理基础》,载《人民论坛》2018 年第 31 期。

〔31〕 黄涛:《从社会主义核心价值观看当代中国法治理论的应有品格——对当前法治理论之反思》,载《当代世界与社会主义》2017 年第 4 期。

核心价值观培育和践行的成效。[32]

第四,对社会主义核心价值观融入法治建设的方式、方法进行了研究。有研究者认为,“社会主义核心价值观融入法治建设”带有明显的法律方法论属性。从方法论的角度解题,需要对命题之中的“融入”进行恰当的理解。立法是最为直接的融入方法,通过司法、执法的方法,包括通过法律解释、法律论证和法律修辞的方法将社会主义核心价值观融入法治建设才是最重要的。[33] 有研究者认为,把社会主义核心价值观融入法治建设,基本途径在于:要把社会主义核心价值观融入经济、政治、社会、文化、环境等重要领域的法律规范体系建设当中,又要通过强化法律政策的引导性、激励性、约束性,激浊扬清、惩恶扬善,逐步完善法治保障体系、党规政策体系和社会治理体系;要坚持问题导向,抓住关键环节,重点抓好文明法治、公平法治、诚信法治“三大建设”;各级领导、政法干部和法学专业人员,要带头践行社会主义核心价值观,引领社会正气,促进伟大复兴。[34] 有研究者指出,推动社会主义核心价值观入法入规,不仅要以社会主义核心价值观的价值理想完善法律法规体系,而且要通过法律法规的刚性要求,强化社会治理的价值导向,进一步增强法治的道德底蕴。[35] 有研究者认为,只有以法治推动社会主义核心价值观建设,才能更好地促进社会主义核心价值观实现内化于心,外化于行。这对科学立法、严格执法、公正司法、全民守法提出了不同要求。[36] 有研究者认为,推进社会主义核心价值观入法入规的主要理路在于:落实宪法要求,推进社会主义核心价值观入法入规;完善社会主义核心价值观入法入规的逻辑结构;健全社会主义核心价值观入法入规的配套措施。[37] 有研究者指出,我国德治与法治的历史发展及其内在逻辑是社会主义核心价值观与法治建设融合发展的法理基础。社会主义核心价值观与法治建设的融合发展应通过宪法实施、立法、执法、司法、守法路径展开,其中宪法实施与立法是主要

---

〔32〕 吴增礼、王梦琪:《社会主义核心价值观入法的理论逻辑与现实省思》,载《学习与实践》2019年第10期。

〔33〕 陈金钊:《“社会主义核心价值观融入法治建设”的方法论诠释》,载《当代世界与社会主义》2017年第4期。

〔34〕 冯玉军:《把社会主义核心价值观融入法治建设的要义和途径》,载《当代世界与社会主义》2017年第4期。

〔35〕 韩震:《社会主义核心价值观入法入规的意义及其进路》,载《行政管理改革》2017年第8期。

〔36〕 褚丽、彭凤莲:《践行社会主义核心价值观的法治途径》,载《南通大学学报(社会科学版)》2017年第1期。

〔37〕 邹国振:《推进社会主义核心价值观入法入规的逻辑理路》,载《思想理论教育》2019年第9期。

的依托方式。[38]

(2)对社会主义核心价值观融入法律规范体系进行研究

社会主义核心价值观融入法律规范体系是学界的研究重点之一,诸多学者从不同角度对这一问题进行了研究。具体言之,研究主要分为以下几个方面。

第一,部分研究成果侧重揭示社会主义核心价值观融入立法存在的问题。有研究者对地方性法规文本进行了统计分析,结果表明,社会主义核心价值观在融入地方立法的过程中,呈现出逐年递增、区域差异明显、主题集中、整体融入与部分融入相结合等特点。同时,也存在法规接纳能力不足以及导向性、保障性不强等问题,需要有针对性的措施加以应对。[39] 有研究者指出,行政立法的现状为侧重在立法宗旨、立法原则和特定规范中明确倡导社会主义核心价值观,缺乏在行政法规范中体系化和系统化融入核心价值准则,尤其是未有机融入由系列程序和诸多方式构成的行政立法机制,机制不健全十分明显。[40] 有研究者指出,社会主义核心价值观入法入政策,应当扣住宪法规定的"国家倡导"这一用语,处理好不同层面和不同要素核心价值观之间的关系,对核心价值观与非核心价值观,社会主义核心价值观与资本主义、封建主义的价值观,以及法、政策与道德的调整范围,作必要的区分。既要弘扬社会主义核心价值观,又要保护宪法法律赋予公民的权利自由,防止法和政策过度干预道德与社会生活。[41] 有研究者指出,简单地将社会主义核心价值观写入法律法规文本,既无法有效发挥社会主义核心价值观的价值引领作用,更可能在某些情况下损害法律体系自身的规范性、稳定性。社会主义核心价值观入法入规应体现在其对立法全过程的宏观价值指引及对立法领域的优先选择上,从而实现价值观对立法的无形引导。[42]

第二,部分研究者对社会主义核心价值观融入法律文本的路径、方法进行了专门探讨。有研究者指出,作为整体的社会主义核心价值观内含着三个不同层面的价值观要求,不同层面的价值观进入权利义务性规范和影响个体行为的方式应当有所差异,并借助不同的立法技术予以实现。[43] 有研究者指出,基于社

---

〔38〕 刘志刚、郭威:《社会主义核心价值观与法治建设的融合发展及实现路径》,载《社会主义核心价值观研究》2022 年第 2 期。

〔39〕 付子堂、李东:《社会主义核心价值观融入地方立法的优化路径——基于 299 部地方性法规的实证分析》,载《山东大学学报(哲学社会科学版)》2021 年第 2 期。

〔40〕 肖北庚:《在行政立法中全面弘扬社会主义核心价值观》,载《求索》2021 年第 1 期。

〔41〕 刘松山:《论社会主义核心价值观融入法律政策体系》,载《地方立法研究》2021 年第 5 期。

〔42〕 宋维志:《社会主义核心价值观"入法入规"文本研究——以 299 部法律法规为分析样本》,载《重庆理工大学学报(社会科学版)》2021 年第 4 期。

〔43〕 王怡:《社会主义核心价值观如何入法——一个立法学的分析框架》,载《法学》2019 年第9 期。

会主义核心价值观融入立法的现实必要性和理性考量,科学的路径选择可以从"价值软法化"和"道德法律化"两个层面入手,将社会主义核心价值观或转化为自觉遵守的软法规定,或落实为具有法律强制性的硬性规范。[44] 有研究者指出,社会主义核心价值观入法,须设置严格的标准和程序,运用法治思维和法治方式予以推进。我国立法应以社会主义核心价值观统摄各项立法,统摄立法的全过程,加强重点领域立法,提高立法质量,健全立法机制,完善立法备案审查制度,加强立法工作队伍建设。[45] 有研究者指出,入法入规是以法治方式践行社会主义核心价值观的重要手段。社会主义核心价值观是我国立法的价值引领和目标追求,是衡量立法良善的标准;社会主义核心价值观融入立法的路径就是运用"立、改、废、释"并举的方式,将社会主义核心价值观融入我国现行法律制度体系。[46] 有研究者指出,社会主义核心价值观入法必须遵循法律至上、科学立法的准则,以问题为导向选好立法重点领域,充分利用目的性原则性条款,保障法律规则的可操作性,将社会主义核心价值观贯穿立法、修法、废法、释法及司法全过程。[47] 有研究者指出,以社会主义核心价值观统领立法工作,发挥立法的引领和推动作用,不仅需要将社会主义核心价值观的内容转化成法言法语写入立法目的条款,还要将其主要内容转化成法律原则和法律规则,更需要将其贯穿立法的全过程。[48]

第三,部分研究者在研究社会主义核心价值观时并没有遵循上述一般化的路径,而是采用了个别化的路径,即以具体的法律为例,探讨了具体法律对社会主义核心价值观的弘扬。不少的研究者关注了社会主义核心价值观融入《民法典》立法的问题。有研究者指出,"富强、民主、文明、和谐"对《民法典》制度设计的价值理念具有统领作用,决定着《民法典》编纂的旗帜和方向;"自由、平等、公正、法治"是《民法典》制度设计的灵魂,成为《民法典》编纂的"骨架"和纲领;"爱国、敬业、诚信、友善"是《民法典》制度设计的情怀所系、价值所倚、根基所在、目的所归。[49] 有研究者指出,《民法典》继承编应当确立各项具体制度,以

---

〔44〕 李锦:《社会主义核心价值观融入科学立法的路径选择》,载《新疆师范大学学报(哲学社会科学版)》2019 年第 1 期。

〔45〕 刘风景:《社会主义核心价值观入法的理据与方式》,载《当代世界与社会主义》2017 年第4 期。

〔46〕 蒋传光:《关于推动社会主义核心价值观入法入规的思考》,载《学习与探索》2017 年第 8 期。

〔47〕 陈融:《社会主义核心价值观入法的理论基础、现实需求及实现路径》,载《毛泽东邓小平理论研究》2018 年第 10 期。

〔48〕 金梦:《核心价值观入法的立法样态研究》,载《江海学刊》2019 年第 2 期。

〔49〕 钟瑞栋:《社会主义核心价值观融入民法典编纂论纲》,载《暨南学报(哲学社会科学版)》2019 年第 6 期。

便弘扬“富强”“和谐”“公正”“平等”“自由”等价值观。[50] 有研究者指出,《民法典》通过对道德规则的合理转化和制度设计,在社会、经济、文化等各方面的民事法律规则中都体现了社会主义核心价值观的要求。社会主义核心价值观内在地需要《民法典》的保障和支持,通过民事法律规则的刚性来强化对社会主义核心价值观的遵循。[51] 有研究者指出,在具体实践中,我国《民法典》采取了隐性融入与显性融入相结合、全面融入与重点突出相结合、宏观指引与微观落实相结合的方式,为充分落实社会主义核心价值观提供了一个既富有特色又具有可行性的方案。[52]

有研究者对宪法与社会主义核心价值观的融合进行了研究。有研究者认为,社会主义核心价值观与宪法的融合遵循党的领导、人民当家作主与依法治国的有机结合的政治逻辑和依法治国与以德治国相结合的法理基础。其实现机制包含直接成为宪法的规范组成部分、以体系解释的思路实现宪法文本内涵变迁、作为政策性指导的依据三个框架部分,并通过合宪性审查机制进行技术保障。[53] 有研究者指出,宪法与社会主义核心价值观融合发展的法理逻辑表现在三个方面:宪法优于国际条约是宪法与社会主义核心价值观融合发展的国内法基点;坚持党的领导、人民当家作主、依法治国有机统一是宪法与社会主义核心价值观融合发展的政治逻辑;依法治国与依规治党有机统一是宪法与社会主义核心价值观融合发展的法理基础。[54]

部分研究者对社会主义核心价值观融入其他法律问题进行了研究。有研究者指出,要实现《劳动合同法》对诚信价值观的弘扬和价值彰显,就要让《劳动合同法》成为良法,在其适用上传递立法背后对诚信观的考量,并在践履过程中为弘扬和培育诚信创造条件,以实现劳资关系和谐的社会目标。[55] 有研究者指出,《招标投标法》的修订,重点要遵从社会主义核心价值观要求,充分体现法的自由、公正、秩序、效率价值,对监管体制、强制招标范围、招投标方法、惩戒措施、

---

〔50〕 郭明瑞:《民法典继承编应弘扬社会主义核心价值观——兼论〈民法典各分编继承编(草案)〉》,载《烟台大学学报(哲学社会科学版)》2019 年第 3 期。

〔51〕 谢天长、叶琛:《社会主义核心价值观与〈民法典〉编纂》,载《福建论坛(人文社会科学版)》2020 年第 9 期。

〔52〕 陈锐:《社会主义核心价值观融入民法典的理论意蕴与实践样态》,载《理论探索》2021 年第 3 期。

〔53〕 刘志刚、万千慧:《宪法与社会主义核心价值观的融合发展及实现机制》,载《河北法学》2020 年第 10 期。

〔54〕 刘志刚:《宪法与社会主义核心价值观融合发展的法理逻辑》,载《求索》2021 年第 2 期。

〔55〕 李芳、周维浩:《〈劳动合同法〉对社会主义核心价值观的彰显——以诚信观为例》,载《广西社会科学》2019 年第 7 期。

质疑与投诉救济等制度予以完善。[56] 有研究者认为,厘清社会主义核心价值观与公共图书馆法治建设的关系以及融入立法技术与标准设置,不仅裨益于深刻理解二者的融合路径,而且有助于《公共图书馆法》未来的实施、修改和完善,实现依法治国和以德治国相结合。[57] 《社会救助法》的基本原则体现了该法的目的,与社会主义核心价值观具有高度的契合性。社会主义核心价值观融入社会救助立法时,在国家层面、社会层面和公民个人层面对确立社会救助法的基本原则发挥了价值引领作用。[58] 有研究者指出,社会主义核心价值观能够为税收立法提供方向指导、理论依据和信仰支撑。融入了相关重要价值的税收法律,才能更好地实现税收立法保障税收活动有序进行、税收目的有效实现的内在功能,进而使价值目标得以实现。[59]

第四,部分研究者探讨了社会主义核心价值观融入重点领域立法的问题。有研究者指出,在新时代,文化立法在吸收社会主义核心价值观入法过程中,要理顺文化的社会公益价值与经济追求之间的关系、核心价值观整体性融入与个体性融入的关系、核心价值观融入与制度可操作性的关系。[60] 有研究者指出,社会主义核心价值观可以作为文化立法的目的,其不同层面的核心价值观则可根据文化法治的具体需要,确定其融入法律规范的表达方式、方法。[61] 有研究者指出,文化法律中的社会主义核心价值观条款主要发挥价值引领作用而非规范指引作用,社会主义核心价值观融入文化法律是一种粗放型的融入。[62] 有研究者指出,社会主义核心价值观融入民生法治建设须遵循宪法原则、科学立法原则、民主参与原则和以人为本原则等,不仅要将社会主义核心价值观融入劳动就业、社会保障、教育法治以及全民健康等民生法治建设的全领域,而且要把社会

---

〔56〕 郑鹏程、王道春:《论〈招标投标法〉之完善——以社会主义核心价值观入法入规为视阈》,载《湖南大学学报(社会科学版)》2020 年第 2 期。

〔57〕 张鹭:《社会主义核心价值观融入公共图书馆法治建设研究——以〈中华人民共和国公共图书馆法〉为分析对象》,载《图书馆工作与研究》2020 年第 1 期。

〔58〕 韩君玲:《论我国社会救助法的基本原则——基于社会主义核心价值观融入的视角》,载《行政管理改革》2021 年第 1 期。

〔59〕 潘宁:《社会主义核心价值观融入税收立法的需要与可能》,载《税务与经济》2022 年第 3 期。

〔60〕 张振国:《社会主义核心价值观融入文化立法的制度化建构》,载《南京社会科学》2020 年第 4 期。

〔61〕 肖北庚、李泽中:《论社会主义核心价值观融入文化法治:理据、内涵与规范表达》,载《湖南大学学报(社会科学版)》2022 年第 3 期。

〔62〕 杨炼:《文化法律中的社会主义核心价值观融入——基于立法政策的视角》,载《湖南社会科学》2022 年第 1 期。

主义核心价值观融入民生立法、民生执法、民生司法和民生法治监督的全过程。[63]

(3)对社会主义核心价值观融入司法活动进行研究

社会主义核心价值观融入司法活动也是学界研究的热点问题。有研究者对社会主义核心价值观在司法裁判中的作用进行了研究。有研究者指出,社会主义核心价值观在民事司法中起着价值判断、价值导向和价值指引作用。[64]

部分研究者对社会主义核心价值观的司法适用存在的问题进行了研究。有研究者指出,社会主义核心价值观融入司法裁判存在诸多不规范现状,表现为对社会主义核心价值观内涵与性质的差异化理解、适用方式的纷繁杂芜及适用说理的简单化等,对此,应当采取有针对性的措施加以应对。[65] 有研究者指出,在司法适用社会主义核心价值观过程中,尽管大部分实践属于道德教育宣示,但仍然在规范立场、价值选择和价值推理三个方面存在规范性问题。法院适用社会主义核心价值观时,应当遵守规则优先于价值、通过价值解释规则、通过规则适用价值等基本规则。[66] 有研究者指出,司法裁判在社会主义核心价值观的融入层次上存在表面化,在融入方法上存在盲目性,可资改进的方式方法包括克服机械法律教条主义和庸俗法律实用主义,妥善适用法律规则和法律原则,在司法理念上应更注重"向前看"。[67] 有研究者指出,刑事裁判文书适用社会主义核心价值观说理存在适用范围有限、引用内容错位失衡、适用方式粗犷概括、适用功能定量不足等问题。提高社会主义核心价值观内容引用的准确性,增强社会主义核心价值观裁判说理的论证性,把握社会主义核心价值观适用顺序的次序性,丰富社会主义核心价值观融入进路的多样性以及加强社会主义核心价值观指导案例的引领性,是完善社会主义核心价值观融入刑事裁判的重要路径。[68] 有研究者指出,司法实践在运用社会主义核心价值观说理论证时,失于粗、浅、宽,无论准度、精度、深度都存在诸多问题,亟须明确社会主义核心价值观说理的一般

---

〔63〕 周祖成、张镭耀:《社会主义核心价值观融入民生法治建设研究——内在逻辑、基本原则与实践路径》,载《社会科学研究》2022 年第 3 期。

〔64〕 李成斌:《论社会主义核心价值观对民事司法的影响》,载《法律适用》2018 年第 19 期。

〔65〕 于洋:《论社会主义核心价值观的司法适用》,载《法学》2019 年第 5 期。

〔66〕 江秋伟:《价值的司法适用及方法——以法院适用社会主义核心价值观的案例为对象》,载《西安交通大学学报(社会科学版)》2019 年第 3 期。

〔67〕 廖永安、王聪:《路径与目标:社会主义核心价值观如何融入司法——基于 352 份裁判文书的实证分析》,载《新疆师范大学学报(哲学社会科学版)》2019 年第 1 期。

〔68〕 杨彩霞、张立波:《社会主义核心价值观融入刑事裁判文书的适用研究——基于 2014—2019 年刑事裁判文书的实证分析》,载《法律适用》2020 年第 16 期。

原则,准确把握社会主义核心价值观说理的准度、空间以及限度。[69] 有研究者指出,当前社会主义核心价值观以价值宣示、论证补强、规则补充、规则修正四种方式融入劳动争议裁判实践,但无论哪种融入方式都欠缺论证,也未顾及社会主义核心价值观条款入宪这一规范变化,这些不足在一定程度上源于当下社会主义核心价值观入法研究本身的问题。[70]

有研究者对社会主义核心价值观融入司法裁判的机制、方法、路径进行了研究。有研究者指出,将社会主义核心价值观融入司法审判、司法解释,加强多元化纠纷解决机制建设,推进司法体制改革,加强法治宣传,是以司法方式加强社会主义核心价值观建设的基本形式。[71] 有研究者对社会主义核心价值观融入司法的程序和方法进行了经验分析,发现不同的主体对待社会主义核心价值观融入司法的态度差异较大。司法裁判运用社会主义核心价值观,既要遵循政治格局,也要讲究法律程序和法律方法。[72] 有研究者指出,法院必须根据其功能定位执行党的政策,为中国特色社会主义事业服务。司法活动中,法官主要通过法律规范的选择、法律含义的确定、法律漏洞的填补等途径来培育和弘扬社会主义核心价值观。[73] 有研究者指出,社会主义核心价值观融入民事司法审判的路径对策,包括明确社会主义核心价值观各项内容的实际运用,正确认识社会主义核心价值观作为司法裁判依据的地位,掌握社会主义核心价值观融入民事司法审判的具体方法等。[74] 有研究者指出,在审理个案纠纷时,社会主义核心价值观融入司法裁判是通过价值权衡的过程实现的。首先法官要开示法律规范自身的价值取向,然后通过开放性的裁判规则引入社会主义核心价值观,再结合个案情形,在两者之间进行价值权衡,进而得出符合社会主义核心价值观的裁判结果。[75]

---

〔69〕 李祖军、王娱瑷:《社会主义核心价值观在裁判文书说理中的运用与规制》,载《江西师范大学学报(哲学社会科学版)》2020 年第 4 期。

〔70〕 沈建峰:《论社会主义核心价值观融入劳动争议裁判的路径与方法——以核心价值观入宪为背景》,载《苏州大学学报(法学版)》2022 年第 1 期。

〔71〕 林文学、张伟:《以司法方式加强社会主义核心价值观建设的方法论》,载《法律适用》2018 年第 19 期。

〔72〕 彭中礼、王亮:《司法裁判中社会主义核心价值观的运用研究》,载《时代法学》2019 年第 4 期。

〔73〕 杨福忠:《论司法培育和弘扬社会主义核心价值观的机理与技术路径》,载《法学论坛》2020 年第 2 期。

〔74〕 李一鑫:《社会主义核心价值观融入民事司法审判的问题与对策——以典型案例为分析对象》,载《贵州社会科学》2021 年第 10 期。

〔75〕 祖鹏、李冬冬:《社会主义核心价值观融入司法裁判的机制研究》,载《法律适用》2021 年第 2 期。

有研究者对司法裁判、社会主义核心价值观的关联问题进行了研究。有研究者以法院贯彻“社会主义核心价值观”的案例为分析对象,考察了中国法院如何通过司法裁判执行公共政策。[76] 有研究者指出,指导性案例中对社会主义核心价值观之具体内容的直接引用或间接体现,对案例形成前期的司法个案裁判具有指导意义。社会主义核心价值观参与司法适用,应具体化为一种司法价值观,并明确其适用的具体边界,以减少适用的主观性、伦理性、非规范性与不确定性。[77] 有研究者指出,在指导性案例中融入社会主义核心价值观的方法包括辅助对制定法的解释、诠释法律的原则或一般条款、弥补法律规范的空缺和补强司法的价值判断及其说理等。[78] 有研究者指出,裁判文书释法说理的目标之一就是弘扬社会主义核心价值观,而案例指导制度在这个方面有着独特的价值和优势。裁判文书援引指导性案例是能够有效弘扬社会主义核心价值观的重要方式。[79]

(4)对社会主义核心价值观融入法治建设的其他问题进行研究

第一,部分研究者对社会主义核心价值观融入法治政府建设进行了研究。有研究者指出,在社会主义核心价值观融入法治政府建设的实践过程中,出现了“定位偏离”“理解偏差”“方向模糊”“适用错位”等现象,因此,需要构建“转换机制”以此生成社会主义核心价值观契合于法治政府建设的话语和概念;构建“融入机制”选择融入法治政府建设的途径和方式;构建“对接机制”确立法治政府建设的具体目标。[80] 有研究者阐述了社会主义核心价值观与法治政府价值取向的契合性,研究社会主义核心价值观的构成要素与法治政府建设的关系以及法治政府建设中不利于社会主义核心价值观各要素实现的因素,探讨推进法治政府建设践行社会主义核心价值观的路径。[81]

第二,部分研究者对社会主义核心价值观融入执法环节进行了研究。有研究者指出,现代社会条件下,国家行政活动在社会关系结构中处于关键位置。社

---

〔76〕 孟融:《中国法院如何通过司法裁判执行公共政策——以法院贯彻“社会主义核心价值观”的案例为分析对象》,载《法学评论》2018 年第 3 期。

〔77〕 刘艳红、刘浩:《社会主义核心价值观对指导性案例形成的作用——侧重以刑事指导性案例为视角》,载《法学家》2020 年第 1 期。

〔78〕 杨知文:《把社会主义核心价值观融入指导性案例的理据与方法》,载《中共中央党校(国家行政学院)学报》2021 年第 6 期。

〔79〕 孙光宁:《裁判文书援引指导性案例的效果及其完善——以弘扬社会主义核心价值观为目标》,载《苏州大学学报(法学版)》2022 年第 1 期。

〔80〕 张启江、祝子斌:《核心价值观融入法治政府建设的三大机制构建——以行政争议裁判中存在的困境为视角》,载《时代法学》2018 年第 3 期。

〔81〕 黄英:《社会主义核心价值观与法治政府建设研究》,哈尔滨工程大学出版社 2019 年版。

会主义核心价值观的内容要求应当贯穿于规范化、程序化的执法全过程,这个融入过程的完全实现,是社会主义核心价值观对执法活动形成的价值引领和具体要求的结合,具有丰富的内涵。在执法依据、执法过程、执法保障因素上,综合地促成社会主义核心价值观内化为执法内容、执法程序环节和执法者意识要素。[82] 有研究者指出,社会主义核心价值观融入执法的技术策略,必须遵循法治思维和法治方式,通过融入"执法依据"的规范路径、"执法价值"的权衡过程、"执法说理"的解释方法等技术构造加以有序推进。[83] 有研究者指出,软法范式在社会主义核心价值观与行政法治之间具有独特的融合性与通约性,利用软法范式的学说模型,可对软法在行政法治中的运行构造、社会主义核心价值观对软法范式的规定性、社会主义核心价值观的软法范式效应展开讨论。[84]

第三,部分研究者对社会主义核心价值观融入党内法规进行了研究。中国共产党作为执政党,党内法治对于国家治理最终实现法治化具有重要意义。因此,中国特色社会主义法治体系已将党内法规纳入其中。党内法规自然也成为社会主义核心价值观的制度载体。学界开始对党内法规弘扬社会主义核心价值观问题进行研究,但这方面的研究成果数量并不多。有研究者对社会主义核心价值观融入党内法规的重大意义进行了研究。推动社会主义核心价值观融入党内法规制度建设之中,铸就党规之魂,成为我们党遵循与贯彻社会主义核心价值观的重要表现形式,对于坚持社会主义核心价值体系、坚持全面依法治国和坚持全面从严治党都有着重大意义。[85] 有研究者指出,促进社会主义核心价值观融入党内法规制度体系,对于党掌握意识形态主动权、端正执政文化发展方向、贯彻依法治国战略中"法德结合"的法治传统具有重要意义,是我国法治完善和政党现代化进程中至关重要的一步。[86] 社会主义核心价值观融入党内法规制度建设,是实现价值观念"软约束"和制度规范"硬约束"有机结合的重要路径。作为一种思想价值观念,社会主义核心价值观对党内法规制度建设,有着价值导向、立规导向和实践导向三重功能。[87]

---

〔82〕 肖峰:《社会主义核心价值观融入严格执法的价值内涵及其实现》,载《新疆师范大学学报(哲学社会科学版)》2019 年第 1 期。

〔83〕 周佑勇、周维栋:《社会主义核心价值观如何融入执法建设》,载《中共中央党校(国家行政学院)学报》2021 年第 6 期。

〔84〕 张剑平:《社会主义核心价值观融入行政法治的软法范式》,载《求索》2021 年第 2 期。

〔85〕 祝捷、汤景业:《社会主义核心价值观融入党内法规制度建设》,载《人民法治》2018 年第 4 期。

〔86〕 史修瑞:《社会主义核心价值观融入党内法规制度体系研究》,载《中共伊犁州委党校学报》2018 年第 4 期。

〔87〕 祝捷、秦玲:《论社会主义核心价值观对党内法规制度建设的三重功能及其实现》,载《学习与实践》2021 年第 12 期。

（二）国外研究相关综述

国外学者对于其本国价值观的研究，较少有直接从法律政策层面直接进行论述的，大多是从文化和教育等方面阐释价值观的培育。如美国价值观的培育和传播研究一般不直接以法律政策为切入点，而是通过对文化产业、教育状况和外交政策的考察予以论述。

1. 价值观的基本理论

有研究者指出，美国的核心价值观是自由、平等和自治。[88] 也有学者认为美国社会所追求的主流传统价值应为民主政体、自由原则、个人主义，在此基础上派生出了关于人的政治、文化权利和种种价值观，如言论自由、新闻自由原则、个人财产的不可侵犯性等。[89] 美国学者施瓦茨将价值观划分为 19 种两大类：一是关注个体的，包括思想自主、行动自主、刺激、享乐、成就、支配权力、资源权力、面子、个人安全；二是关注社会的，包括社会安全、传统、规则遵从、人际遵从、谦逊、友善—关怀、友善—可依赖、博爱—关注、博爱—大自然、博爱—宽容。[90] 在美国的主流价值体系中，个人价值处于首位，国家和社会首先要保障个体价值的实现，个体也首先为实现自身的价值而努力。新加坡作为中西文化交流碰撞的中心，其价值观的内容和培育方式受到学者关注。康斯坦斯·藤布尔在对新加坡历史进行梳理后，认为新加坡做到了中西合璧、权威立宪以及个人与社会的中和。[91] 杜维明认为儒家思想是新加坡共同价值观的根基，新加坡在儒家思想的基础上，强化本国的精神文明，弘扬优秀传统文化，是使共同价值观得以成功实践的重要因素。[92]

2. 价值观融入教育研究

戴维·伊斯顿和罗伯特·海斯提出了政治社会化概念。在美国，政府主导的价值观教育是以“政治社会化”的方式实现的。政治社会化的主旨是传播政治信念、准则和价值，尤其是在青少年政治教育中灌输本国的价值观念。可以看出，政治社会化是政治文化的社会化过程，也即一个社会中的政治文化通过某种方式得以传播、普及和延续的过程，其中主流价值观是政治文化的集中表达。在

---

〔88〕［美］托马斯·帕森特：《美国政治文化》，顾肃、吕建高译，东方出版社 2007 年版，第 9 页。

〔89〕朱世达主编：《当代美国文化与社会》，中国社会科学出版社 2000 年版，第 152 页。

〔90〕S. H. Schwartz & J. Cieciuch et al., *Refining the Theory of Basic Individual Values*, Journal of Personality and Social Psychology, Vol. 103:4, p. 663 – 688 (2012).

〔91〕［英］康斯坦丝·玛丽·藤布尔：《新加坡史》，欧阳敏译，东方出版中心 2013 年版。

〔92〕［美］杜维明：《新加坡的挑战：新儒家伦理与企业精神》，高专诚译，生活·读书·新知三联书店 2013 年版。

美国,以政治社会化推动主流价值观的传播,主要是通过家庭教育、学校教育和媒体力量实现的。

家庭教育既是国民教育的起点、基础,又是全程式教育。美国家庭作为政治社会化的"启蒙学校",在培养儿童核心价值观中起着极其重要的作用。个人主义价值观要求把个人作为行为选择模式的具体参照点,这种教育不仅存在于儿童阶段,而且是从幼儿时期就已开始。[93] 与大多数国家家长忽视孩子意愿不同,美国人注重孩子"自我中心"意识的培养。在美国价值体系中起着重要作用的个人主义中,"自我中心"观得到了明确无误的反映。正如美国学者罗伯特·N.贝拉所说,个人主义所表达的意思是,"我们相信个人的尊严,乃至个人的神圣。[94] 赫伯特·胡佛认为,"强调个人主义的美国体制",是"建立在这样一种概念之上,即只有通过有秩序的自由、解放和人人机会均等的原则,个人的能动性和创造精神才能充分发挥"[95]。关于"政治社会化"这一概念的理解,美国学者西格尔和格林斯坦(1989)将其界定为"正式教育机构有意识地灌输政治和政治价值观的过程"。依此标准,学校无疑是美国政治社会化的主要领域,也是促使青少年完整掌握民主、自由、人权以及个人主义等核心价值观的重要渠道。[96]

国外有关价值观教育方法的理论虽然路向迥异、流派纷呈,各自都有独具一格的主张,但这些理论路向之间并非没有交流和对话。相反,这些不同路向的方法理论在发展中相互评鉴和吸收,一种方法理论经常是在对其他路向理论的批判中来完善自身的理论建构的。

认知路向与品格路向之间对话的核心在于是否应该确认价值观教育的内容。柯申鲍姆认为价值澄清理论存在重大的理论缺陷,要使价值澄清法有效地发挥作用,必要前提是受教育者已经具备适当的社会化程度、自我控制能力和同情心,这些东西全都无法从价值澄清过程本身当中获得。[97] 认知路向与情感路向之间的对话围绕认知和情感究竟哪个逻辑向度才能够使价值观教育的方法更为有效。认知路向将理性和推理提到很高的位置,但是没有充分认识到情感和

---

〔93〕 [美]爱德华·C.斯图尔特、[美]密尔顿·J.贝内特:《美国文化模式跨文化视野中的分析》,卫景宜译,百花文艺出版社2000年版,第183页。

〔94〕 [美]罗伯特·N.贝拉等:《心灵的习性:美国人生活中的个人主义和公共责任》,翟宏彪等译,生活·读书·新知三联书店1991年版,第3页。

〔95〕 [美]J.艾捷尔编:《美国赖以立国的文本》,赵一凡、郭国良主译,海南出版社2000年版,第200页。

〔96〕 Gupte, Kalpana, *A Study in the Process of Political Socio - lization*, Bombay, Himalayopub, House, 1989, p. 2.

〔97〕 Kirschenbaum Howard, *From Values Clarification to Character Education: A Personal Journey*, Journal of Humanistic Counseling, Education & Development, Vol. 1(2003).

意志等非理性因素的影响。行为路向与认知路向之间的对话主要体现在行为路向理论是建立在对认知路向批评的基础上而提出的。针对认知路向理论不注重行为尤其是参与社会的行为能力的缺点,行为路向理论在对认知路向理论做出批评的基础上提出了注重行动能力的社会行动法。品格路向与情感路向之间的对话主要在于对两种路向的哲学基础的反思。相比于其他路向之间充满冲突的对话,品格教育与关怀理论之间共性很多。品格教育和关怀理论都不把道德准则视为价值观教育的重点,都关注人要怎样活着的问题。但不同的是,品格教育认为好的动机源自行为者自身,而关怀理论认为,好的动机源自人的关系互动。

另外,价值观教育方法的研究者逐渐认识到,由于人的价值观的形成和发展过程是一个复杂的综合过程,涉及认知、情感、行为等方方面面的逻辑因素,因此,没有哪一种单独的价值观教育方法或模式足以解决所有价值观教育过程中的问题。克里夫·贝克指出,只有对不同路向的价值观教育方法理论进行综合把握和运用,而不是单一仰仗于某种路向而排除其他,才能够更好地开展价值观教育,更有效地迎接在当前的多元文化社会中教育对象的价值观复杂多样所带来的挑战。[98] 有英国学者认为:“学校教育中存在连贯的价值观教育策略是很重要的。比起单独使用一种教育方法,将许多不同的教学方法集合到一个整体的学校政策中,对于影响青年人的价值观要有效得多。”[99] 而且,他们通过观察认为价值观教育没有普遍适用的方法和结构,很多影响因素都在其中发挥着作用。因此,在具体的价值观教育实践中,将多种不同的价值观教育理论流派所主张的不同教育方法进行综合运用,用不同的方法应对问题的不同层面,也许会是更加有效的做法。

3. 价值观对政策的影响

有学者认为,就像在国内政治中一样,在外交政策中,意识形态通过提供被广泛接受的价值观,不仅对决策起着约束作用,而且还发挥着创造性的作用。意识形态具有两个方面的功能:一是政策目标或理念;二是推行政策的手段。[100] 杰里尔·罗赛蒂指出,国家利益和意识形态、价值观等主观因素并非截然分开。国家利益显然是一个主观的概念,不同的人对国家利益有不同的界定。因此,国

---

〔98〕 [美]克里夫·贝克:《优化学校教育:一种价值的观点》,戚万学等译,华东师范大学出版社 2011 年版,第 161 页。

〔99〕 J. Mark Halstead & Monica J. Taylor, *Learning and Teaching about Values: A Review of Recent Research*, Cambridge Journal of Education, Vol. 2(2000).

〔100〕 Edward H . Alden & Franz S churm ann , *Why we Need Ideologies in American Foreign Policy : Democratic Politics and World Order(Institute of International Studies, University of California . Berkeley , 1990)*, Policy Papers in International Affairs, Number 37 , p. 2,23.

家利益是随着时间的推移而有所变化的,其特性在任何一点上都取决于社会和政府中普遍持有的意识形态和对外政策观点。[101] 弗拉基米尔·亚库宁从价值观与外交政策的关系出发展开论述。他从价值观因素的现实主义视角分析了民主和平论的不同方面,将其投射于美国外交政策分歧的相关背景下,最终得出以下结论:现实主义权力政治的回归是必要的。冷战的胜利在西方被视为准则的胜利,该胜利移除了掌控世界命运的政治家和统治者头脑中的现实主义逻辑,大量的特定价值观将其取代。二十几年里,在没有任何选择的情况下,上述价值观的普及不仅没有提高反而降低了世界政治的可预见性。他认识到在现代国际关系中价值观因素的作用,试图提出可能被有关各方接受的以价值观为基础的关系模式。[102]

虽然国外学者较少直接从法律政策层面对其本国价值观进行探讨,但并不意味着国外没有对于我国完善弘扬社会主义核心价值观的法律政策体系研究具有参考意义的论述。正如我国社会主义核心价值观融入法律政策体系的命题是在依法治国与以德治国相结合的大背景下提出的,[103] 西方学者关于完善其本国核心价值观的法律研究也是从法与社会主流道德与价值的关系切入的,[104] 其中涉及将道德融入法律、以法律促进道德的讨论主要包括涵盖以下几个方面。

第一,法律与道德的关系。研究法律与道德的关系问题是研究将道德融入法律之命题的前提,西方学者对此问题主要从两个方面来考虑:

首先,是法律与道德的差异问题。关于这个问题西方学者主要有两种观点,一是以康德(Immanuel Kant)为代表的学者认为法律与道德的规范对象存在差异,道德主要指向内在的行为动机,而法律则主要指向外在的行为本身。[105] 二是以凯尔森(Hans Kelsen)为代表的学者认为法律与道德的强制方式存在区别,

---

[101] [美]杰里尔·罗赛蒂:《美国对外政策的政治学》,周启朋等译,世界知识出版社 1997 年版,第 355 页。

[102] [俄]弗拉基米尔·亚库宁、孙明丽:《论外交政策的价值及外交政策体现的价值观》,载《东北亚论坛》2018 年第 3 期。

[103] 2019 年 10 月,党的十九届四中全会《关于坚持和完善中国特色社会主义制度 推进国家治理体系和治理能力现代化若干重大问题的决定》提出"坚持依法治国和以德治国相结合,完善弘扬社会主义核心价值观的法律政策体系"。2020 年 11 月 16 日至 17 日,中央全面依法治国工作会议将习近平法治思想明确为全面依法治国的指导思想,指出"要坚持依法治国和以德治国相结合,实现法治和德治相辅相成、相得益彰","要加快形成完备的法律规范体系"。

[104] 由于对于西方相关理论合理之处的参考将贯穿研究的各个子课题,此处仅做简要脉络梳理。

[105] [德]伊曼努尔·康德:《纯然理性界限内的宗教、道德形而上学》,张荣、李秋零译,载李秋零主编:《康德著作全集》(第 6 卷),中国人民大学出版社 2007 年版,第 226 页。

道德主要通过内心强制,而法律主要通过外在强制。[106] 西方学者在此问题上的立场对于其所要进一步讨论的法律与道德之其他关系有着重要影响。

其次,是法律与道德有无必然联系的问题。此问题是20世纪西方法哲学的核心争议点之一,由此划分出以新分析实证主义为代表的"分离命题"和以新自然法学派为代表的"联系命题"两个阵营。其中"分离命题"主张法律与道德无必然联系,又分为以哈特(H. L. A. Hart)和科尔曼(Jules L. Coleman)为代表的主张法与道德之间可能存在偶然联系的"包容性实证主义"[107]和以拉兹(Joseph Raz)为代表的主张法律必然排除道德考量的"排他性实证主义"。而"联系命题"又分为以德沃金(Ronald Myles Dworkin)、菲尼斯(John Finnis)为代表的主张法律必须符合道德上优先的政治权利或共同善的"实质性联系"理论[108]和以富勒(Lon L. Fuller)为代表的主张法律必须符合一定"内在道德"的"程序性联系"理论。[109] "分离命题"与"联系命题"的理论差异对于西方学界讨论的将道德融入法律的理由与方式方法起到了关键作用。

第二,将道德融入法律的理由。西方学界关于将道德融入法律、以法律促进道德的理由主要是从必要性、可能性与必然性三个方面来讨论的。

首先,在西方学界有观点认为将道德融入法律、以法律促进道德的必要性根本上是源于人类社会自身的需要。对此学者主要有三种论证方式。一是以亚里士多德(Aristotle)为代表的"国家义务论",主张政治实体有义务运用法律促进道德进步。[110] 二是以涂尔干(Émile Durkheim)、德富林(Patrick Arthur Devlin)为代表的"社会崩溃论",主张一个社会如果失去道德共识,则其将会瓦解。[111] 三是以罗伯特·乔治(Robert George)为代表的"相互疏远论",主张法律不体现道德将导致社会内在凝聚力丧失,而非外在的崩溃现象。[112]

---

〔106〕 [奥]凯尔森:《法与国家的一般理论》,沈宗灵译,中国大百科全书出版社1996年版,第20页。

〔107〕 [英]H. L. A. 哈特:《法律的概念》,许家馨、李冠宜译,法律出版社2006年版,第180页;[美]朱尔斯·L. 科尔曼:《原则的实践——为法律理论的实用主义方法辩护》,丁海俊译,法律出版社2006年版,第140页。

〔108〕 [美]罗纳德·德沃金:《认真对待权利》,信春鹰、吴玉章译,中国大百科全书出版社1998年版,第41页;[美]约翰·菲尼斯:《自然法与自然权利》,董娇娇、杨奕、梁晓晖译,中国政法大学出版社2005年版,第263页。

〔109〕 [美]富勒:《法律的道德性》,郑戈译,商务印书馆2005年版,第212页。

〔110〕 [古希腊]亚里士多德:《政治学》,吴寿彭译,商务印书馆1983年版,第138页。

〔111〕 [法]埃米尔·涂尔干:《社会分工论》,渠东译,生活·读书·新知三联书店2000年版,第28页;[英]帕特里克·德富林:《道德的法律强制》,马腾译,中国法制出版社2016年版,第13页。

〔112〕 [美]罗伯特·乔治:《使人成为有德之人——公民自由与公共道德》,孙海波、彭宁译,商务印书馆2020年版,第127页。

其次,西方学者认为将道德融入法律、以法律促进道德的可能性在于道德与法共享同一套伦理框架。根据“善”与“正当”之间的决定关系,可以将西方主要的伦理学大致划分为三个流派。一是以功利主义为代表的“目的论”或“结果主义”,强调(共同)善决定正当;二是“至善论”或“美德主义”,强调(至)善决定正当;三是以“道义论”为代表的“非结果主义”,强调正当不依赖于善。无论前述任何一种理论进路,其关于必须、允许与禁止的三种正当性评价方式都与法的行为模式(相对于法律后果)的结构相一致。不仅如此,在同一流派内部,不同学者的伦理观都导致其法律观产生细微差异。以功利主义为例,无论是边沁(Jeremy Bentham)的“最大多数人的最大利益”、[113] 奥斯丁(Austin John)“主权者命令”[114] 还是密尔(John Stuart Mill)的“伤害原则”[115],都是贯彻其伦理与法律理论的。因此可以说,无论怎样的伦理观都可以主张相应的法律观。

最后,将道德融入法律、以法律促进道德的必然性源自法律的目的性。在诸多法学流派中,自然法学派最强调法律的目的性,无论是古代的、古典的还是现代形态的自然法理论,都认为存在一种超越于实在法之上的“自然法”,由此可以对实在的人定法进行评价。比如以斯多葛学派和西塞罗(Marcus Tullius Cicero)为代表的古希腊、古罗马的自然法学家将法的目的归于自然与理性,[116] 以阿奎那(Thomas Aquinas)为代表的中世纪自然法学家将法的目的归于上帝,[117] 以洛克(John Locke)为代表的启蒙时期自然法学家将法的目的归于人的解放,[118] 以富勒为代表的第二次世界大战后新自然法学家则将法的目的归于规则之治等。[119] 除了自然法学派以外,新分析实证法学派与法社会学派对此也有一定论述,比如哈特将法的目的归于人类的自我保存,[120] 庞德(Roscoe Pound)将法的目的归于法的理想因素。[121]

第三,道德融入法律的方式方法。西方伦理学的发展显示,道德现象由内而

---

[113] [英]边沁:《道德与立法原理导论》,时殷弘译,商务印书馆2000年版,第58页;[英]边沁:《政府片论》,沈叔平等译,商务印书馆1995年版,第116页。

[114] [英]约翰·奥斯丁:《法理学的范围》,刘星译,中国法制出版社2002年版,第75、316页。

[115] [英]约翰·穆勒:《功利主义》,徐大建译,上海人民出版社2008年版,第17页;[英]约翰·密尔:《论自由》,张友谊等译,商务印书馆1998年版,第112页。

[116] 北京大学哲学系外国哲学史教研室编译:《古希腊罗马哲学》,商务印书馆1961年版,第375页;[古罗马]西塞罗:《国家篇,法律篇》,沈叔平、苏力译,商务印书馆1999年版,第104页。

[117] 《阿奎那政治著作选》,马清槐译,商务印书馆1963年版,第107页。

[118] [英]洛克:《政府论 下篇》,叶启芳、瞿菊农译,商务印书馆1996年版,第6页。

[119] [美]富勒:《法律的道德性》,郑戈译,商务印书馆2005版,第113、125页。

[120] [英]H. L. A. 哈特:《法律的概念》,许家馨、李冠宜译,法律出版社2006年版,第173、179页。

[121] [美]罗斯科·庞德:《法律与道德》,陈林林译,中国政法大学出版社2003年版,第36页。

外表现为道德品质、道德动机与道德行为三个层次,由此,将道德融入法律、以法律促进道德就需要根据法律的特征来对道德现象的这三个层次产生影响。

首先,用法律的权威性强化道德动机。在现代社会,传统权威的祛魅导致了一定程度上的道德失范,因此,用法律的权威性来强化道德动机就成为一个可能的选项。对此,西方学界主要有三种态度。一是以德沃金为代表的新自然法学派,主张法律权威必然蕴含道德权威。二是以哈特和科尔曼为代表的包容性实证主义,主张法律权威可以但不必然蕴含道德权威。三是以拉兹为代表的排他性实证主义,主张法律权威排除其他一切权威,但可以服务于道德。实际上,这三种意见都认可了以法律权威推动道德目标,问题的关键在于法律权威要求放弃个人自主的道德判断,因此立法者应当全盘考虑并提出一个可接受的更好的理由。

其次,用法律的强制性促进道德行为。现代社会是一个陌生人社会,其中不免存在各种失德行为,因此实践中就存在运用法律的强制性促进道德行为的情况。"道德的法律强制"问题是西方法理学的经典问题之一,学者对此的态度迥然不同,哈特将其区分为三类。一是以斯蒂芬(James Fitziames Stephen)为代表的法律道德主义"极端派",其认为只为平息公众不满情绪就能采用法律对道德加以强制。[122] 二是以德富林为代表的法律道德主义"温和派",其认为只有当失德行为削弱社会团结才能对其实施法律强制。[123] 三是哈特自己主张的"密尔式"自由主义,其认为只有当失德行为真正伤害到他人才能被法律所强制。这三个流派都认可了法律在一定程度上可以对道德行为实施强制,但法律对道德强制是一个需要审慎运用的公权力方式,由于它与公民的自由有冲突的可能,因而只能被用于最为严重的领域。

最后,用法律的建构性增进道德品质。除了对道德动机与道德行为施加影响,法律还可以针对道德教化问题,运用法律的建构性来增进道德品质。在西方,以法律进行道德教化源于古希腊的至善主义传统,罗伯特·乔治认为自由主义内部对此的态度主要分为两派。一是以罗尔斯(John Bordley Rawls)为代表的反至善论自由主义,主张不能冒失去自由的风险来实现某种特定的善;[124] 二

---

〔122〕[英]詹姆斯·斯蒂芬:《自由·平等·博爱》,冯克利、杨日鹏译,江西人民出版社 2016 年版,第 105 页。

〔123〕[英]帕特里克·德富林:《道德的法律强制》,马腾译,中国法制出版社 2016 年版,第 22 – 26 页。

〔124〕[美]罗尔斯:《正义论》,何怀宏等译,中国社会科学出版社 1988 年版,第 316 页。

是以拉兹为代表的至善论自由主义,其认为自由只有被用于追求善才具有价值。[125] 乔治基于至善主义传统,在拉兹的基础上发展了更加成熟的多元至善主义,认为自由本身对于善就具有工具价值,只有在不被正确使用时才得被法律干涉。[126] 此外,至善主义传统还关注社会组织、物质条件等因素。因此,立法者还可以运用法律分配资源、设置组织、形成制度,为全社会提供引人向善的良好环境。

总而言之,西方学者从法律与社会主流道德与价值的关系入手,对完善本国核心价值观的法律之必要性、可能性、必然性以及具体方式方法作了深入探讨,厘清了将道德融入法律、以法律促进道德的条件、限度与路径。这些理论对于我国在依法治国与以德治国相结合大背景下研究将社会主义核心价值观融入法律政策体系具有重要的参考意义。

(三)既有研究述评

总体而言,当前学界对于如何弘扬社会主义核心价值观的研究非常丰富,这些研究成果是本项课题重要的研究基础。毋庸讳言,这些研究也存在一定程度的不足,主要表现在以下几个方面。

第一,现有研究成果整体思维不充分,研究未成体系。通过对以上文献的分析可知,目前的研究大多比较分散,没有形成完善弘扬社会主义核心价值观的体系意识。党的十八大报告构成了社会主义核心价值观理论研究的"分水岭"。党的十八大之前,"社会主义核心价值体系"命题已确立,但"社会主义核心价值观"命题尚未阐明。理论学界对社会主义核心价值观的研究主要集中于凝练、概括社会主义核心价值观的内容。党的十八大报告为社会主义核心价值观的研究确定了研究对象与理论基础。在此之后,学界对社会主义核心价值观的研究进一步深入,致力于探讨弘扬社会主义核心价值观的意义,以及培育与践行社会主义核心价值观的路径等。但是,目前的研究分散于立法、司法等领域,以整体思维构建的研究体系尚未形成。社会主义核心价值观融入党内法规体系、法治监督体系、法治保障体系等问题尚未得到充分的关注和研究。即使是在法治实施体系内部,现有的研究也多集中在社会主义核心价值观如何融入司法问题,对社会主义核心价值观如何融入执法、守法等问题关注不多,研究不够深入。

第二,研究风格侧重宏观叙事,对微观问题关注不够。现有的大部分研究,

---

〔125〕[英]约瑟夫·拉兹:《自由的道德》,孙晓春等译,吉林人民出版社 2011 年版,第 121、362 页。
〔126〕[美]罗伯特·乔治:《使人成为有德之人——公民自由与公共道德》,孙海波、彭宁译,商务印书馆 2020 年版,第 320 页。

较为抽象和原则地概括社会主义核心价值观的内容，阐发弘扬社会主义核心价值观的重要意义和重大作用，揭示社会主义核心价值观融入法治体系的方式方法等。但这种宏大叙事风格的研究，虽然可以为社会主义核心价值观融入法治建设指明方向，但并不能为社会主义核心价值观融入党内法规体系、法律规范体系、法治实施体系、法治监督体系、法治保障体系提供具体方案。党内法规体系、法律规范体系、法治实施体系、法治监督体系、法治保障体系，基于各自的性质不同，弘扬社会主义核心价值观的要求和法理基础便不同。因此，从具体问题入手，探讨完善弘扬社会主义核心价值观的法律政策体系的具体对策和建议，需要进一步深化研究。

第三，调和社会主义核心价值观内在价值冲突的理论和方法有待深入。社会主义核心价值观包含了三个层次十二种价值，共同构成完整的价值体系。但十二种价值之间存在张力，个别价值在具体问题上存在冲突。例如自由和法治两种价值不可能无限扩张，而是需要在两种价值之间确定合理的边界，才能达致和谐。平衡不同价值的冲突和张力，也是社会主义核心价值观的必然要求和应有之义。社会主义核心价值观并非强调某种单一价值，而是在有机融合不同价值追求的基础上，使其共同为实现国家社会发展、国家治理体系和治理能力现代化贡献力量。因此，对社会主义核心价值观的内在价值冲突进行深入研究十分必要。

第四，既有研究成果多关注和强调社会主义核心价值观融入法治建设的重大意义，对这一问题的理性认识不够全面。社会主义核心价值观融入法律政策体系具有积极作用，但是超过限度，则会造成诸多不利后果：其一，社会主义核心价值观过度干预法律政策体系，会导致法律政策的泛道德化，模糊法律、政策、党纪与道德的界限，还可能最终导致社会生活的泛道德化。其二，社会主义核心价值观融入法律政策体系需要考虑社会整体发展水平。强行规定高于绝大多数人的道德认知和文明程度的义务性规范，强制人们去遵守，则可能会导致难以有效实施，法律失去其尊严和权威。其三，法律政策体系过度体现社会主义核心价值观，将造成执法成本高昂，作为执法依据的法律政策难以实行。法律准则不能将所有人推定为完人，并定下常人难以达到的道德标准。必须把体现价值导向与设定道德底线结合起来考虑，正确处理好法律的引领性与规范性的关系。

在此基础上，本课题将从社会主义核心价值观与法律政策体系的互动切入，对社会主义核心价值观如何融入法治建设的各个环节，以及如何发挥社会主义核心价值观的引领、评价和校正作用，进一步完善法律政策体系进行深入研究。

三、研究思路

本课题总体上按照社会主义核心价值观与法律政策体系的良性互动展开，总体思路为：

第一，研究完善弘扬社会主义核心价值观的政策体系的基本理论。这既包括社会主义核心价值观自身的理论问题，如社会主义核心价值观与中华优秀传统文化的关系、社会主义核心价值观内部的和谐等，也涉及社会主义核心价值观与中国特色社会主义法治理论的关系、社会主义核心价值观融入法律政策体系的方法论基础等。对理论问题的深刻阐释，为本课题奠定理论基础，同时也可以指导各个子课题开展研究。

第二，研究社会主义核心价值观融入法律政策体系的现状。运用实证研究的方法对社会主义核心价值观融入法律规范体系、法治实施体系、法治监督体系、法治保障体系、党内法规体系的现状进行全面调查，并对此进行分析和评估，找出社会主义核心价值观融入法律政策体系的薄弱环节和重点环节，集中研究力量进行突破。与此同时，对社会主义核心价值观融入法律政策体系的典型案例进行剖析，总结社会主义核心价值观融入法律政策体系的成功经验，对存在的不足和问题进行反思。

第三，阐释社会主义核心价值观融入法律政策的作用。社会主义核心价值观中的价值，对于法律法规的制定、法律法规的实施和运行具有重要的评价作用，它们是法治体系完善的重要指引。本课题也会对社会主义核心价值观融入法律政策体系对于实现良法善治的作用、社会主义核心价值观对提升国家治理体系和治理能力的重要作用进行阐释。

第四，探讨社会主义核心价值观融入法律政策体系的方式和路径。在上述研究的基础上，从党内法规体系、法律规范体系、法治实施体系、法治监督体系、法治保障体系的角度分别探讨社会主义核心价值观融入法律政策体系的方式和路径。

第五，探索社会主义核心价值观与法律政策体系的融合程度。党内法规与法律、地方性法规因为适用的对象不同，与道德的关系也不相同。此外，执法、司法等法治实施体系、法治监督体系、法治保障体系与社会主义核心价值观的融合程度也各不相同。本课题将对此进行深入研究。

第六，探讨法律政策体系的完善。在各个子课题研究的基础上，本课题最后将对完善弘扬社会主义核心价值观的对策进行系统研究，提出可行的、具有针对性和可操作性的建议。

本课题分为五个子课题,这五个子课题分别从党内法规体系、法律规范体系、法治实施体系、法治监督体系、法治保障体系的视角对总课题的总体问题进行细化和透视,按照总课题的研究思路在具体的法治环节和法治领域开展具体研究。这五个子课题内在逻辑关系清晰,共同构成一个有机整体,从整体完成了完善弘扬社会主义核心价值观的法律政策体系的研究。基于此,除了导论和结论外,本课题共分为五章。主要内容如下:

第一章对完善弘扬社会主义核心价值观的党内法规体系进行研究。党内法规体系作为国家治理体系的重要组成部分,通过规范党政关系、维护党中央集中统一领导的绝对权威,为国家治理提供了必要的制度架构和保障国家治理的政治秩序。推动社会主义核心价值观融入党内法规体系,有助于站在新的历史起点完善党内法规体系,增强社会主义核心价值观的规范性与约束力,提升党内治理法治化的水平,为推动国家治理体系和治理能力现代化提供助力。该章第一节首先就党内法规的基本属性和党内法规体系的构成相关的既有研究成果进行了简明扼要的文献梳理,力图为下文完善弘扬社会主义核心价值观的党内法规体系的论述奠定扎实的基础前提。第二节着眼于社会主义核心价值观与党内法规体系的内在逻辑关联,着重指出社会主义核心价值观是党内法规体系价值目标指引、价值动力支撑、价值共识凝聚和价值尺度规范,党内法规体系是弘扬社会主义核心价值观的重要场域、重要载体和内在驱动力。第三节主要梳理了社会主义核心价值观融入党内法规体系的历史进程。历经奠基、创建、拓展和定型四个阶段,弘扬社会主义核心价值观的党内法规体系的科学化水平不断走向深化。第四节总结并指明了社会主义核心价值观融入党内法规体系取得的成效经验和面临的障碍"瓶颈":一方面,党内法规体系弘扬社会主义核心价值观推动了党内法规体系的完善,丰富了价值观理论,促进了依规治党与以德治党的统一。另一方面,也呈现出党内法规制定的社会主义核心价值观导向性、针对性、可操作性不足,党内法规体系的接纳能力不足,部分党员将社会主义核心价值观与党内法规割裂对待,党内法规在执行环节偏离了社会主义核心价值观的导向和要求等问题。第五节在前述四节的基础上,对完善弘扬社会主义核心价值观的党内法规体系的基本原则、方法机理、路径选择和耦合机制四个方面的内容予以全面呈现。该节的重点内容主要有四个方面:首先,明确完善弘扬社会主义核心价值观的党内法规体系应当遵循巩固党的意识形态合法性、坚持党内法规体系建设基本经验、促进中国特色社会主义法治体系建设三项基本原则;其次,通过对卢曼社会系统理论的介绍性诠释,在指出社会系统理论对于分析党内法规体系运作妥切性的基础上,从整体性的视角阐释了社会主义核心价值观融入党内法规体系的方法机理;再次,接着从党内法规体系结构耦合特征的讨论延伸出规范法规规则体例、制定核心统领法规、完善配套法规制度等完善路径;最后,对联通党内法规内部体系的党内法规执行责任制、党内法规解释适用、党内法规备案审查、党内法规实施评估四大耦合机制展开分析,说明了如何通过诸耦合机制实现党内法规体系的融贯一致,从根本上确保党内法规文本能够充分体现社会主义核心价值观的实质内容与精神内核,充分达成化约复杂性的要求。

第二章对完善弘扬社会主义核心价值观的法律规范体系进行研究。完备的法律规范体系是建设中国特色社会主义法治体系的基本前提和制度基础。与此同时,社会主义核心价值体系是兴国之魂。习近平总书记指出:“核心价值观,其实就是一种德,既是个人的德,也是一种大德,就是国家的德、社会的德。”[127]因此,推动社会主义核心价值观全面融入中国特色社会主义法治体系,是对法律和道德在国家治理体系中功能定位和相互关系的正确反映,有助于筑牢全国各族人民团结奋斗的共同思想道德基础,在依法治国与以德治国之间搭建起桥梁,使二者能够同频共振,进而提升治理体系的总体效能。该章首先对我国的法律规范体系建成和完善进行了历史考察和实证分析,并从理论角度分析了法律规范体系的多层次性、多维度性。其次,从国家治理、法治体系建设、法律规范体系构建三个层面,逐层递进地对社会主义核心价值观融入法律规范体系的理论逻辑进行证成,主张立法作为制度文明最基本、最有效、最直接的来源和载体,是践行依法治国和以德治国相结合,将社会主义核心价值观融入法律规范体系、法治体系和国家治理体系的基本方式。最后,形成完备的法律规范体系要始终抓住“立法质量”这个关键要素。提高立法质量的根本途径是推进科学立法、民主立法、依法立法,关键在于完善立法体制。由于立法体制就是以立法权限的配置与运作为核心的宪制体系,因而关于法律规范体系的研究在逻辑上必然延伸到法的生成即立法过程之中。因此,该章分别从法律规范(结果说)和立法过程(过程说)两个维度,对社会主义核心价值观融入法律规范体系进行全面分析,采用规范分析、理论诊断、实证分析和案例研究等研究方法,对社会主义核心价值观融入法律规范体系的法理基础、融入的现状与问题、完善的路径进了系统、全面的探讨。

第三章对完善弘扬社会主义核心价值观的法治实施体系进行研究。完善弘扬社会主义核心价值观的法治实施体系是一个内容多元、逻辑连贯的连续体,其

---

[127] 《坚定文化自信,建设社会主义文化强国——学习〈习近平关于社会主义文化建设论述摘编〉》,载《人民日报》2017 年 10 月 16 日,第 7 版。

中既包括静态意义上的法治实施制度，也包括动态意义上的法治实施过程；既包括立法层面上对法治实施程序的规定，也包括在司法、执法和守法层面上法律的落地生根。完善社会主义核心价值观的法治实施体系，是指促进和保障社会主义核心价值观从理想走向实践的价值体系、制度体系和实践体系，它涉及执法、司法、守法的各个领域和层面。该章第一节首先就法治实施体系的基本概念和原理进行研究，剖析社会主义核心价值观在执法体系、司法体系和守法体系中所遇到的基本问题。第二、三、四节分别围绕执法体系、司法体系和守法体系开展针对性研究。就执法体系而言，执法活动是法治实施体系的内在组成部分，完善弘扬社会主义核心价值观的执法体系，重点在于如何在执法活动中践行社会主义核心价值观。执法者正在实施的行政行为作为“富强、民主、文明、和谐”的行动步骤之一，在执法内容和执法形式上必须实现“自由、平等、公正、法治”的内在内容，并在结果导向上注意不同的执法方案是否能够促进“爱国、敬业、诚信、友善”。通过执法活动，社会主义核心价值观才能够有效融入，最终得到实现。就司法体系而言，社会主义核心价值观在司法活动中的贯彻和落实，一般来说是经由个案裁判、司法解释、司法政策和具体个案中的方法论检讨来实现的。就个案裁判而言，当前我国司法裁判的基本指向是“实现社会效果和法律效果的有机统一”，社会主义核心价值观融入司法裁判，其目的在于通过这种价值塑造和价值阐发，实现个案正义与法律规定的相互协调，通过个案审理活动维护社会道德底线。从这个角度来说，社会主义核心价值观其实充当着抽象法伦理价值的功能。就守法体系而言，培育公民的法律信仰离不开法制教育，守法体系的完善主要观点是要加强全民守法的观念，关键在于社会主义核心价值观是否真正发挥作用、融入生活。

第四章对完善弘扬社会主义核心价值观的法治监督体系进行研究。构建并完善具有中国特色的社会主义法治监督体系，有利于推动中国特色社会主义法治体系的建设，并进一步为全面推进依法治国作出贡献。第一节对社会主义核心价值观融入法治监督体系的基础性问题进行研究，阐明法治监督体系弘扬社会主义核心价值观的重大意义，明确社会主义核心价值观融入法治监督体系的法理基础。第二、三、四节对立法监督、行政监督、司法监督如何弘扬社会主义核心价值观进行了研究。就立法监督而言，立法监督弘扬社会主义核心价值观的力度仍有待加强；立法监督弘扬社会主义核心价值观的具体方式有限；在立法监督过程中协调价值之间的冲突考验实践智慧；立法监督弘扬社会主义核心价值观简单化、口号化的现象依然存在。解决上述问题需要采取有针对性的措施，要从保障宪法实施的高度来认识立法监督的重要性；以社会主义核心价值观为指导,完善审查制度机制,提升审查能力;善于将社会主义核心价值观融入立法监督的各个环节。就行政监督而言,行政监督不符合"法治"价值观中的形式法治要求;行政监督弘扬社会主义核心价值观尚未成为一种有意识的、自觉的活动;行政监督弘扬社会主义核心价值观的程度不深、力度不够;行政监督中适用的具体价值观存在冲突。为解决上述问题,需要在行政监督制度中进一步建构法律规范体系、填补法律漏洞;在行政监督实践中进一步明确监督方式的适用顺序,依法增强检察机关、审判机关与行政机关的沟通协作,提升社会主义核心价值观的价值引领作用;在行政监督技术中以法治价值观为"元价值观",协调好各具体价值观的关系,并对适用社会主义核心价值观进行说理论证。就司法监督而言,当前司法监督模式的自身不足影响社会主义核心价值观的弘扬;部分司法监督主体未能正确处理社会主义核心价值观与基于法律进行监督之间的关系;司法监督弘扬社会主义核心价值观存在形式化、随意化现象。解决上述问题,需要在社会主义核心价值观的指引下构建理想的司法监督模式;提升司法监督主体对社会主义核心价值观的理解准确性;提升司法监督弘扬社会主义核心价值观的规范性。

第五章对完善弘扬社会主义核心价值观的法治保障体系进行研究。社会主义核心价值观是一个国家文化软实力的灵魂,是文化自信的集中体现,弘扬社会主义核心价值观的目的是使每个公民能更好地感知、领悟这些基本理念,进而建立起中国特色社会主义的文化自信。因此,法治保障体系的完善意味着法治的约束应该是建立在依法治国与以德治国基础上的德性追求。把弘扬社会主义核心价值观和法治文化密切结合,是全面推进依法治国理论在新形势下的理论创新和发展。立基于此,该章围绕四个部分进行研究:第一节论述弘扬社会主义核心价值观的法治保障体系的理论基础。在法治建设中弘扬社会主义核心价值观,前提是强调法律和道德在国家治理过程中的良性互动,因此,依法治国和以德治国相结合的本质与内涵,是重要理论基础。我国选择"法治"与"德治"并重的治理模式,既符合我国的法治文化传统,也是建立现代法治国家的现实需要,同时又有成功的经验可资参考,是一种中国语境化的最佳模式选择。在德法并举的治国方略指导下,在法治运行过程中发挥法治文化的教化功能,社会秩序才能得到有效维护。第二节在对依法治国和以德治国相结合的内涵解读的基础上,探讨弘扬社会主义核心价值观与建设中国特色社会主义法治文化的概念契合、价值契合与功能契合。在概念契合的基础上,论证社会主义核心价值观的法治基本面与社会主义法治文化的价值统一性,进而探讨弘扬社会主义核心价值观在推进社会主义文化强国建设、全面推进依法治国、建设社会主义法治国家中的功能契合。第三节对弘扬社会主义核心价值观的法治保障体系的现状从政治、制度、组织和文化保障等方面进行分析,并提出亟须解决的问题。与推进国家治理体系和治理能力现代化建设的要求相比,目前的法治保障体系建设仍然具备一定的增量空间,因此,该节参照法治保障体系的不同功能进行类型化处理,提炼出关键问题,剖析其背后的政治、制度、组织、文化等方面的缘由,并对可能的增量空间予以科学评估。第四节主要论述完善弘扬社会主义核心价值观的法治保障体系的主要途径和方法。要想以社会主义核心价值观为引领的法治文化促进法治体系的整合运行,就要把弘扬社会主义核心价值观贯彻到党的政治领导、法治文化传承、法治人才培养和社会诚信建设等各个方面,用法律的权威来增强人们培育和践行社会主义核心价值观的自觉性。

四、研究方法

本课题坚持马克思主义辩证唯物主义和历史唯物主义的方法,坚持从中国实践出发,客观而科学地分析完善弘扬社会主义核心价值观的法律政策体系的理论建构和实践创新,从中国问题和中国实践中产生社会主义核心价值观融入法律政策体系的理论话语。社会主义核心价值观融入法律政策体系具有相当明确的意识形态内涵,要归纳和总结这一宏大问题体现的中国特色,最根本的就是理解这一问题的社会主义性质,不掌握这一点,就不可能准确地将社会主义核心价值观融入法律政策体系。

第一,规范分析方法。规范分析方法适用于本课题研究的全过程。本课题将有针对性地对宪法、法律、行政法规、地方性法规以及党内法规中的规范进行系统分析,分析社会主义核心价值观融入这些规范的基本情况,同时对内嵌于中国法律体系和党内法规体系中的价值取向和价值判断进行评估,整体上作为后续研究的基础。

第二,案例分析方法。对社会主义核心价值观融入立法、司法、执法、党内法规的典型案例进行剖析,通过案例剖析,寻求社会主义核心价值观融入法律政策体系的成功经验,反思这一过程中的不足,提出改进和完善的建议,揭示社会主义核心价值观融入国家治理法治化的关键步骤与制度设计。

第三,实证研究方法。实证分析方法是保障本课题研究客观性的基础。通过收集整理获取研究工作的学术资料,通过调查研究获取研究工作所需的第一手数据和材料,推动本课题研究过程中理论与实践相结合。通过访谈、参与式观察和问卷设计与发放,了解相关主体对社会主义核心价值观融入法律政策体系的执行力,了解相关人员对社会主义核心价值观的理解和态度,发掘达成共识或导致分歧的主要原因。

第四,比较研究方法。在坚持中国问题意识的基础上,全面比对域外将社会主流价值观融入法律政策体系的做法和共识,以及达成这些做法和共识的一些前提性条件,并将这些条件与我国社会主义核心价值观融入法律政策体系所具备和可能具备的条件进行功能性比较和文化性比较,进而挖掘可为我国参考的好的做法和经验。

第五,历史考察方法。本课题将对中国传统法治文化、社会主义核心价值观、中国特色社会主义法治文化建设、法律政策体系等概念、制度和相关现象的历史演变过程作为考察对象,通过比较对相关概念的产生渊源、制度的构建原理和机制的运行机理进行历史性考察。

第六,跨学科的研究方法。社会主义核心价值观融入法律政策体系,涉及法学、政治学、社会学、伦理学等多个学科,因此,跨学科研究对于深度研究社会主义核心价值观融入法律政策体系具有重要意义。其一,本课题采用的跨学科研究方法有法社会学的方法。社会主义核心价值观融入法律政策是一种社会现象,是由特定历史社会背景所决定的。了解社会主义核心价值观融入法律政策体系的真实样态,才有可能对其进行有效的类型化,进而进行有针对性和可行性的研究。其二,实验研究是本课题重要的辅助研究方法。实验研究近来在人文社会科学界悄然兴起,它借鉴自然科学实验的方式,设计论题和可能影响结论的变量,在实验中检验观点的正确与否,然后在此基础上进行合理推进,探讨更大范围内的变量与结论的关系。通过实验得出的结论,可以作为真实世界中行为规范的参考,为更好地理解理论、设计更合理的规范奠定较为可信的基础。本课题将使用实验的方法对执法、司法主体的行为进行研究,阐释他们在行使自由裁量权的过程中对待社会主义核心价值观的态度。

总之,以上研究方法相互联系、互为补充。在具体的研究过程中,虽然有所侧重,但是可以同时采用多种研究方法。上述研究方法的运用,表明本课题的研究以立足于中国国情为基本研究导向,将研究工作建立在客观、真实的基础之上,从而保障研究结论和报告的科学性。这些研究方法是本课题负责人以及各子课题负责人在学术研究中长期使用的,熟悉这些研究方法的运用。同时,这些研究方法也是解决本课题研究的基本方法,具有适用性和可操作性。

第一章

完善弘扬社会主义核心价值观的党内法规体系

新时代中国国家治理法治化的目标是实现“良善治理”，而这一目标的实现需要社会主义核心价值观的融入和指引。社会主义核心价值观作为将共同体成员彼此联结的精神纽带，也是保证共同体成员相互理解和共同发展的必要前提。大力弘扬和践行社会主义核心价值观，运用党内法规向各级各类党组织和全体党员传导正确价值取向，把社会主义核心价值观融入党内法规体系建设，这既是坚持依法治国和以德治国相结合的必然要求，也是加强社会主义核心价值观建设的重要途径。党内法规体系作为国家治理体系的重要组成部分，通过规范党政关系、维护党中央集中统一领导的绝对权威，为国家治理提供了必要的制度架构和保障国家治理的政治秩序。推动社会主义核心价值观融入党内法规体系，有助于站在新的历史起点完善党内法规体系，增强社会主义核心价值观的规范性与约束力，提升党内治理法治化的水平，为推动国家治理体系和治理能力现代化提供助力。

第一节　党内法规体系析论

厘清党内法规的基本属性和党内法规体系的构成是完善弘扬社会主义核心价值观的党内法规体系的基础性工作，这不仅能对党内法规的本质及其发展规律的科学认识增添现实注脚，还能对探究如何将社会主义核心价值观融入党内法规体系建设，并最终将党内法规制度优势转化为党管党治党、治国理政的治理效能大有裨益。基于此，本节首先就与党内法规的基本属性和党内法规体系的构成相关的既有研究成果作简明扼要的文献梳理和分析，力图为下文完善弘扬社会主义核心价值观的党内法规体系的论述奠定扎实的基础。

一、党内法规的基本属性

由于“党内法规”本身是一个“实践在先提炼在后、提出在先界定在后”的概念，[1]因此，学界对其的认知大多因循官方文件的权

[1] 王伟国：《国家治理体系视角下党内法规研究的基础概念辨析》，载《中国法学》2018 年第 2 期。

威表述。随着《中国共产党党内法规制定程序暂行条例》(1990 年施行)、《中国共产党党内法规制定条例》(2012 年施行)、《中国共产党党内法规制定条例》(2019 年施行)三个版本"党内法规立法法"的渐次出台,学界在研究中使用的定义也逐步向官方定义靠拢。根据 2019 年修订的《中国共产党党内法规制定条例》第 3 条第 1 款的规定,所谓"党内法规"是指:"党的中央组织,中央纪律检查委员会以及党中央工作机关和省、自治区、直辖市党委制定的体现党的统一意志、规范党的领导和党的建设活动、依靠党的纪律保证实施的专门规章制度。"

长期以来,学界大多持"国家法中心主义"的立场,并以《立法法》作为判定党内法不具备"法属性"的主要规范依据。按照《立法法》的相关规定,党内法规并非由拥有立法权限的特定主体经由审议、表决等立法程序形成的普遍性行为规范,自然也就不能纳入"法"的范畴中来。随着"法多元主义"的兴起,学界在对党内法规属性问题的探讨上,开始试图通过扩大"法"的概念范围从而将党内法规包容进去,并形成了"单一属性论"和"复合属性论"两种基本研究路径。在这两种研究路径下又生发出了"党内法规软法说""党内法规活法说""党内法规系统说"三种代表性的理论主张。[2]

(一)党内法规软法说

软法理论的提出在于回应公共治理的多元化需求,强调在公共治理中尊重人的主体性、利益的多元性和诉求的多样性。一个国家中最真实有效的"法"应该是由"硬法"和"软法"构成的,在合乎逻辑的社会治理的活动中,既包括国家立法机关制定的"硬法",也包括其他社会组织制定的有关政治、经济、文化、社会等性质各异、形式多样的"软法"。在所有"党内法规是法"的观点中,以"党内法规软法说"影响力最为广泛,引发的讨论也最多。最早提出"党内法规软法说"的是姜明安,他明确指出:"党内法规的基本性质属于社会法和软法。"[3]在他看来,"法"是一种由一定人类共同体制定、协商、认可的,具有外在约束力的行为规则。党内法规显然符合这一特征,因而至少在一定范围内具备了"法"的

[2] 陈柳裕:《党内法规:内涵、外延及与法律之关系——学习贯彻党的十八届六中全会精神的思考》,载《浙江学刊》2017 年第 1 期;肖金明、冯晓畅:《新时代以来党内法规研究回顾与展望——以 2012 ~ 2018 年 CNKI 核心期刊文献为分析对象》,载《党内法规理论研究》2018 年第 1 期;周望:《论党内法规与国家法律的关系》,载《理论探索》2018 年第 1 期;武小川:《马克思主义视野下的党内法规性质新探》,载《甘肃社会科学》2020 年第 3 期;史红光:《论党内法规的实践适用及其方法》,载陈金钊、谢晖主编:《法律方法》第 34 卷,研究出版社 2021 年版。

[3] 姜明安:《论中国共产党党内法规的性质与作用》,载《北京大学学报(哲学社会科学版)》2012 年第 3 期。

属性,那些质疑党内法规“法”属性的学者正是混淆了“国家法律”与“法”的概念。刘长秋将软法的特征概括为行为规则、不完全具备国家法律要素和类似于国家强制力三项,然后在比较了党内法规和软法的特征后认为党内法规是一种典型的软法。〔4〕 周叶中以《中国共产党纪律处分条例》为例,认为无论是从法的渊源,还是从其实际效力及结构形式着眼,党内法规均可纳入“软法”的范畴。〔5〕 廉睿、卫跃宁从动态视角观察党内法规性质的历史演变过程后,认为党内法规经历了“党内政策→政策与法的集合体→软法”的性质转变。〔6〕 但是,也有不少学者反对“党内法规软法说”的观点。例如,武小川就认为“党内法规软法论”存在以下理论局限:其一,软法规范的判定标准与特定社会规范所用的名称无涉;其二,软法理论无法有力解释党内法规不同于其他类型社会规范的独特属性;其三,软法理论的理念和党内法规的理念并不一致;其四,软法规范和党内法规在表现形式上存在显著差异。〔7〕 蔡金荣从党内法规对非党组织和党外群众产生的“溢出效应”的角度切入,认为党内法规的“溢出”特性使其并不符合“软法”、“自治规范”或“自律规范”等表现形式。〔8〕 肖金明也指出,“党内法规软法说”的局限性主要体现在忽视了党内法规不同于国家制定法的前提、中国共产党作为领导党和执政党的特殊性、党内法规与党的政策的界限以及偏离了党内法规自身固有的价值目标四方面。〔9〕

总的来看,应当承认“党内法规软法说”确实有助于为党内法规“法属性”的证成问题提供某种理论支撑,但若要将党内法规视同“软法”是不是一个妥帖的解释路径值得商讨。其理由在于,“软法”理论构筑于批判“对法学领域内国家垄断法律资源的国家中心主义倾向和形式主义法律观”的基础上,〔10〕其理论旨趣在于“在遵循法治理念与保证统筹兼顾的基础上,实现公共权力行使主体的

---

〔4〕 刘长秋:《软法视野下的党规党法研究》,载《理论学刊》2012 年第 9 期。

〔5〕 周叶中:《论“党纪新条例”的法技术与法属性》,载《武汉大学学报(人文科学版)》2016 年第 1 期。

〔6〕 廉睿、卫跃宁:《发端于中国本土的“软法”机制——中国共产党“党内法规”的性质透析及其逻辑解构》,载《青海社会科学》2017 年第 1 期。

〔7〕 武小川:《“党内法规”的权力规限论——兼论“党内法规”软法论的应用局限》,载《中共中央党校学报》2016 年第 6 期。

〔8〕 蔡金荣:《依法治国方略中的中国共产党党内法规:正名与定位》,载《求实》2016 年第 11 期。

〔9〕 肖金明、冯晓畅:《治理现代化视域下的党内法规定位——兼与“党内法规是软法”商榷》,载《四川师范大学学报(社会科学版)》2019 年第 1 期。

〔10〕 罗豪才、周强:《软法研究的多维思考》,载《中国法学》2013 年第 5 期。

多元化和行为方式的多样化”[11]。这与党内法规的历史逻辑和实践逻辑有着本质上的不同,因此,不能仅仅因为两者共享了某些相似的外在特征,就片面地将“软法”理论套用在党内法规上,这种做法貌似解决了党内法规属性问题,实际上却偏离了“软法”的核心价值。[12]

(二)党内法规活法说

奥地利法学家埃利希在《法社会学原理》一书的序言中提出:“在当代以及任何其他的时代,法的发展的重心既不在于立法,也不在于法学或司法判决,而在于社会本身。”[13]从这一基本立场出发,埃利希针对以下两种传统法观念进行了批判:第一,法仅包括国家有权机关制定的成文法;第二,法秩序的维系依赖于国家强制力。事实上,只要我们稍加考察法律史就会发现,早在国家出现以前,社会规范活动就已存在,并非所有的法都是通过国家有权机关制定而来,因此,国家制定法和国家强制力并不是法的充分必要条件,国家制定的法只是法规范中的一部分。埃利希继而指出,在任何情况下,都必须摒弃传统法观念上的三大特征:第一,法的概念来自国家;第二,法是法院或其他审判机关裁判的基础;第三,法的强制力是判决发生效力的基础。不过,我们要保留第四个特征,那就是,“法乃是一种秩序”。[14] 基于此,埃利希提出那些与国家制定法相对应的,日常生活中通常为各种社会团体中的成员所认可的,并且在社会生活中实际上起支配作用的各种行为规则也都是法,这种法并不存在于国家制定法的条文中,而是存在于各种民间的婚姻契约、买卖契约、社会团体的章程中,它们虽然不如国家制定法那样明确、公开,但是在现实生活中创造了各种社会团体的内在秩序而有着巨大的影响力。[15] 他将这种非国家制定的法称为“活法”。政党作为一种社会团体的子类型,政党制定的保障政党内部秩序化的行为规范同样可以被看作“法”,将“活法”概念引入党内法规研究中来,无疑为证成党内法规从属于“法”

---

〔11〕 罗豪才、宋功德:《公域之治的转型——对公共治理与公法互动关系的一种透视》,载《中国法学》2005 年第 5 期。

〔12〕 李尧、马迅:《党内法规的性质重述——兼与“党内法规软法论”观点商榷》,载《党内法规理论研究》2020 年第 2 期;朱林方:《党内法规若干基本范畴思辨》,载《国家检察官学院学报》2021 年第 6 期;王立峰:《党内法规研究向何处去——党内法规研究的知识图谱、现状反思及自主性理论构建》,载《郑州大学学报(哲学社会科学版)》2022 年第 1 期。

〔13〕 [奥]欧根·埃利希:《法社会学原理》,舒国滢译,中国大百科全书出版社 2009 年版,作者序。

〔14〕 [奥]欧根·埃利希:《法社会学原理》,舒国滢译,中国大百科全书出版社 2009 年版,第24 - 25 页。

〔15〕 [奥]欧根·埃利希:《法社会学原理》,舒国滢译,中国大百科全书出版社 2009 年版,第42 - 44、545 页。

的范畴提供了理论支撑。[16] “活法”理论突破了国家制定法对“法”概念的垄断,开启了人们对国家制定法的中心地位的反思,从而将社会范围内一切具有规范属性的行为规则纳入“法”的视野,使党内法规得以延伸为“法”的一种类型,具有一定的合理性。但是,这种理论阐释仍然无法周延地解释为什么中国共产党作为一种拥有宪法赋予领导地位的特殊政治组织,其制定的党内法规与其他性质的社会组织所制定的行为规范的不同之处。

(三)党内法规系统说

从前述两种学理论述中我们可以看到,学者遵循的论证逻辑是只要证明党内法规从属于软法、活法的范畴,那么自然也就可以得出党内法规具有“法”属性的推论。除“法”属性之外,党内法规的“政治属性”也吸引了较多学者的关注,由此产生了党内法规多重属性的相关探讨。宋功德提出,党内法规作为“党”制定的规章制度,它姓的是“党”,鲜明的政治属性是党内法规与生俱来的特性。[17] 屠凯认为,党内法规是一种兼具法律与政策双重属性的规范性文件,中国共产党作为领导党、执政党的权威地位,使党内法规与国家制定法共享了“法”属性的特征,同时党的执政功能又使政策属性渗透进去了党内法规当中。进一步说,党内法规的“法政二重性”在不同的情境下会展现出不同的面貌,相对于其他社会规范主要显露出“法属性”的一面,表现为一种事实上的行为规范,相对于国家制定法则更多地展现出政治属性,反映出党管党治党实践中累积的有益经验和前瞻性制度安排。[18] 刘长秋认为,党内法规具有“法属性”,但他特别指出要深刻认识和准确把握党内法规是基于管党治党的需要而制定出来的党内规矩,具有鲜明的政治属性。[19] 欧爱民亦指出,党内法规既“姓党”也“姓法”;既坚持党性思维,也体现法治思维;既调整党务,也调整国务;既约束党组织与党员,也约束非党组织与党外人士;既体现义务本位也注重权利保障;既遵循“法不禁止即可为”原则,也遵循“规无明文规定不可为”的原则。[20] 其他学

---

〔16〕 张立伟:《法治视野下党内法规与国家法的协调》,载《中共中央党校学报》2011 年第 3 期;张立伟:《中国共产党党内法规的正当性论证——基于党内法规与国家法的关系视角》,载《中国法律评论》2018 年第 1 期。

〔17〕 宋功德:《党规之治:党内法规一般原理》,法律出版社 2021 年版,第 54 页。

〔18〕 屠凯:《党内法规的二重属性:法律与政策》,载《中共浙江省委党校学报》2015 年第 5 期。

〔19〕 刘长秋:《论党内法规的概念与属性——兼论党内法规为什么不宜上升为国家法》,载《马克思主义研究》2017 年第 10 期。

〔20〕 欧爱民:《党内法规的双重特性》,载《湖湘论坛》2018 年第 3 期。

者虽然切入的视角不同,但得出的结论也殊途同归。[21] 概言之,学界对于党内法规的“政治性”已然达成了共识,有学者还专门指出,政治属性是党内法规更为本质的属性,其地位应当优先于法律属性,党内法规作为中国特色的政法话语,表现出了一种摆脱西方法学禁锢话语和先验理论束缚的强烈欲念。[22] 施新州指出,现阶段党内法规研究方法囿于法学、党建、政治学的单一视野,致使学界对党组织、党内法规基本属性的认知陷入迟滞,在一定程度上拖累了关于党内法规的概念界定、结构功能、属性特点、理论建构等一系列深层次问题的研究步伐,而这一问题的解决之道就在于采用综合性的研究方法对党内法规予以系统性的研究。[23]

但是,学者在剖析党内法规具有“政治属性”和“法属性”之后,未能进一步明确这两种属性之间的主从关系,也未能继续挖掘“政治属性”对党内法规研究方法、研究路径等方面产生了哪些影响,为此,有学者将目光转向了“社会系统论”,试图将党内法规理解为“政治系统”与“法律系统”结构耦合下的产物,进而从两种系统间的结构耦合角度重新检视党内法规的属性认知。德国社会学家卢曼(Niklas Luhmann)在综合美国社会学家帕森斯的结构功能主义社会学说和“一般系统论”的基础上,提出了一种“一般社会系统理论”。[24] 在他看来,世界上的事物总是基于特定的形式互相联系在一起,所有的社会现象——任何一种人类行动以及与这种行动相联系的各种事件和过程,都可以构成一个相对独立的系统,可以说,系统无处不在。[25] 因而,结合卢曼社会系统理论的洞见,可以让我们从事物内部的各个互相关联、相互制约的要素组成的具有特定功能的有机整体这一思维路径出发,对党内法规系统和社会其他诸系统之间的关系作出新的解释性说明。社会系统是由政治、经济、法律、科学、宗教等构成的子系统,各个社会子功能系统之间既相对独立自主运作,又通过“结构耦合”(structural coupling)而相互关联。基于此,“结构耦合”概念为我们从整体上把握党的自身建设格局、深刻认

---

〔21〕 李伯超、刘建湘:《论党内典章的二重性及其研究的宪法学意义》,载《湖南科技大学学报(社会科学版)》2019 年第 1 期;王立峰、李洪川:《党内法规的三重属性》,载《学习与实践》2021 年第 1 期。

〔22〕 廖奕:《中国特色社会主义法学话语体系研究反思——以“党内法规”话语为例》,载《法学家》2018 年第 5 期。

〔23〕 施新州:《介于法与政治之间:党内法规研究的基本进路》,载《法治现代化研究》2018 年第 5 期。

〔24〕 关于帕森斯社会系统理论的介绍,参见高宣扬:《当代社会理论》(第 2 版),中国人民大学出版社 2017 年版,第 539 – 568 页。

〔25〕 杜健荣:《卢曼法社会学理论研究——以法律与社会的关系问题为中心》,法律出版社 2012 年版,第 28 – 29 页。

识党内法规制度建设与党的自身建设其他方面的互动关系提供了一个重要视角。[26] 张海涛等学者亦将社会系统理论作为诠释党内法规属性的思维工具，将党内法规界定为政治系统与法律系统结构耦合下的产物，认为从结构耦合的角度对党内法规为何具备某些国家制定法属性的问题进行重新解读不失为一种有效方法。[27] 学者通过将卢曼的社会系统理论的核心逻辑导入党内法规基本属性的研究当中，进一步弥补了软法说和活法说在党内法规属性定位上的论证缺憾。但是，作为一种用于诠释党内法规制度现象的新兴理论资源，当前从社会系统论展开的党内法规研究成果并不多见，其理论构建工作仍亟待进一步拓展。

综上所述，我们认为"社会系统说"更有助于从整体上把握党内法规体系的多元属性，以及党内法规体系诸功能板块之间的互动关系，为完善弘扬社会主义核心价值观的党内法规体系提供可资参考的理论指引。缘此，下文将在铺陈卢曼社会系统理论范式核心要旨的基础上，详细阐释党内法规系统、政治系统、法律系统以及社会主义核心价值观之间的内在关联，将其作为对"如何完善弘扬社会主义核心价值观的党内法规体系"这一核心问题的集中回应。

二、党内法规体系的构成

治国必先治党，治党务必从严，从严必依法度。全面从严治党，需要解决的首要问题自然是有规可依，显然，要把约束权力的"制度笼子"织牢编密，为各级各类党组织和全体党员行为提供制度遵循，就必须形成一个完善的党内法规体系。于是，体系概念被赋予了一种拥有表达"良法善治"的象征意义，党内法规体系建设的正当性理由也被定格在"体系"之上。下面，将从党内法规体系的概念考辨、学界对党内法规体系架构的研究成果两个方面进行概述。

（一）党内法规体系的概念考辨

通过检索党中央的系列重要文件以及领导人的讲话，可知关于党内法规的体系化建设存在"党内法规体系""党内法规制度体系"两种表达。[28]

2006 年 1 月，胡锦涛同志在第十六届中纪委第六次会议上，首次提出要适

〔26〕 宋功德：《党规之治》，法律出版社 2015 年版，第 90 页。

〔27〕 张海涛：《政治与法律的耦合结构：党内法规的社会系统论分析》，载《交大法学》2018 年第 1 期；张海涛：《如何理解党内法规与国家法律的关系——一个社会系统理论的角度》，载《中共中央党校学报》2018 年第 2 期；祝捷、宋静：《党内法规体系的结构耦合特征及其实践意义——基于系统论的思考》，载《理论与改革》2020 年第 1 期。

〔28〕 吕品：《党内法规体系概念的演进》，载《学习时报》2021 年 1 月 1 日，第 3 版。

应新形势新任务的要求,加强以党章为核心的党内法规制度体系建设,提高制度建设的质量和水平,做到用制度管权、用制度管事、用制度管人,真正使党内法规制度成为全党共同遵守的行为准则。[29] 此后,在《中央党内法规制定工作五年规划纲要(2013—2017 年)》《中央党内法规制定工作第二个五年规划(2018—2022 年)》《决胜全面建成小康社会 夺取新时代中国特色社会主义伟大胜利——在中国共产党第十九次全国代表大会上的报告》等党内重要文件中均再次使用了"党内法规制度体系"的概念,但"党内法规制度体系"究竟是什么、包括哪些内容,仅在 2016 年 12 月印发的《中共中央关于加强党内法规制度建设的意见》中才予以明确界定:"党内法规制度体系,是以党章为根本,以民主集中制为核心,以准则、条例等中央党内法规为主干,由各领域各层级党内法规制度组成的有机统一整体"[30]。同时,该意见还提出,到建党 100 周年时,形成比较完善的党内法规制度体系、高效的党内法规制度实施体系、有力的党内法规制度建设保障体系的三大体系建设目标。然而,在《中共中央关于全面推进依法治国若干重大问题的决定》、2019 年版《中国共产党党内法规制定条例》、《法治中国建设规划(2020—2025 年)》、《中国共产党党内法规体系》,以及中国法学会和中共中央办公厅法规局组织编写的《党内法规学》教材中则更多使用"党内法规体系"的表述。2021 年 7 月,中共中央办公厅法规局在其发布的《中国共产党党内法规体系》白皮书中将"党内法规体系"界定为"是以党章为根本,以民主集中制为核心,以准则、条例等中央党内法规为主干,以部委党内法规、地方党内法规为重要组成部分,由各领域各层级党内法规组成的有机统一整体"[31]。从语义构词法上看,"党内法规制度体系"是以党内法规、制度、体系三个要素构成的复合性概念,通过对比以上关于"党内法规制度体系"和"党内法规体系"的定义,可以发现两者的区别主要就在于"制度"这两个字。

"制度是社会思想和理论中最古老、使用频率最高的概念之一,并且在漫长的理论历程中不断展现出新的含义;这就像一艘船的外壳,旧的一层附着物还没有脱落,新的一层又附着其上。"[32] 这就意味着"制度"无论是在西方还是东方

---

〔29〕 胡锦涛:《认真学习贯彻党章,为加强党风廉政建设和反腐败工作奠定坚实基础》,载中共中央文献研究室编:《十六大以来重要文献选编》(下),中央文献出版社 2008 年版,第 181 – 182 页。

〔30〕 中共中央党史和文献研究院编:《十八大以来重要文献选编》(下),中央文献出版社 2018 年版,第 510 页。

〔31〕 中共中央办公厅法规局:《中国共产党党内法规体系》,中国方正出版社 2021 年版,第 16 页。

〔32〕 [美]W. 理查德·斯科特:《制度与组织:思想观念与物质利益》(第 3 版),姚伟、王黎芳译,中国人民大学出版社 2010 年版,第 3 页。

的社会思想和理论中,都是最为古老、使用最为广泛的概念之一。但制度研究并不是一种统一的思想理论学说,而是涵盖了多元的研究视角,分散在多个分支学科当中的研究领域,这些驳杂迥异的思想流派给我们对制度下一个准确的定义带来了很大的挑战。〔33〕考虑到"党内法规制度"与"法律制度"之间的"家族相似性",〔34〕我们认为可以将学界对"法律制度"内涵本质认识的若干主流理论范式作为参照系,从而增进对"党内法规制度"应然内涵的把握。

综观各种理论范式,学界关于"法律制度"概念的认识可以概括为以下五种:

第一,法律规范说,即从法律的本体意义上出发,将法律制度理解为各种法律概念、法律规则和法律原则的总和,照此理解,法律制度即等同于法律规范本身,法律制度作为法律与制度的合成词,其只不过是对法律规范的一种同义反复;第二,社会关系调整说,认为法律制度是以某一类型的意志社会关系作为共同调整对象的相辅相成、相互促进、相互保障的法律、法规的总和,如"物权""合同""债权"等具体制度,在对应关系上,这些具体的法律制度往往是由数部法律、法规所共同建立起来的;第三,法律体系说,认为法律制度是由全部现行法律规范按照不同的法律部门组织起来的、具有内在逻辑关联的和谐统一整体;第四,法制体系说,即认为法律制度是包括立法、司法、执法、守法和法律监督等一系列法律实践活动在内的动态运转体系;第五,法律上层建筑说,认为法律制度是指由法律规范、法律组织、法律设施、法律实践、法律意识等内容组成的法律上层建筑。〔35〕大体而言,"党内法规制度"的概念内涵在应然的法学学理认知上也不会超出这五种基本类型。

---

〔33〕从学科覆盖面上来看,制度研究横跨政治学、社会学、经济学、管理学、法学等诸多学科,据相关学者统计,不同学科关于"制度"一词的定义至少有200多种。参见彭和平:《制度学概论》,国家行政学院出版社2015年版,第25－32页;徐贻军、何德平:《制度的笼子》,中信出版社2016年版,第6页。

〔34〕欧爱民教授指出,党内法规与国家法律同属中国特色社会主义法治体系,虽然两者在制度理念、规定内容、制定程序、效力范围方面存在一定的差异性,但在根本目标、本质属性、价值取向、外在形式、逻辑结构等方面具有高度的一致性。参见欧爱民:《党内法规与国家法律关系论》,社会科学文献出版社2018年版,第23－44页。

〔35〕黄文艺:《论法律制度的三种意义》,载《政法与法律》1992年第5期;姚建宗:《法律制度构造论》,载《吉林大学社会科学学报》1996年第5期;张文显:《法哲学通论》,辽宁人民出版社2009年版,第314－316页;瞿郑龙:《"法律制度"解析:概念化与问题化》,载《人大法律评论》2014年第2期;李林、莫纪宏等:《中国法律制度》,中国社会科学出版社2014年版,第11－13页;张文显主编:《法理学》(第5版),高等教育出版社2018年版,第101、103、369页;付子堂主编:《法理学高阶》(第3版),高等教育出版社2020年版,第338页;《法理学》编写组编:《法理学》(第2版),人民出版社2020年版,第53－80页;孙国华、朱景文主编:《法理学》(第5版),中国人民大学出版社2021年版,第39－40页。

《中共中央关于加强党内法规制度建设的意见》提出的制度体系、制度实施体系、制度建设保障体系三大体系并置的要求表明“党内法规制度体系”强调的是静态意义上的规范文本,而非制定和实施党内法规制度的一系列法律实践活动及其动态过程。于是,“党内法规制度”的理解只剩下“规范说”和“社会关系调整说”两种可能的解读路径。从“规范说”来看,党内法规制度被等同于本体意义上的党内法规规范,这就使得在已有的以党内法规指代党内法规本体之外另行增加了“党内法规制度”一词,这不仅不是2019年版《中国共产党党内法规制定条例》所确立的规范表述,而且与“党内法规体系”在外延上发生了重合。如果采用“社会关系调整说”,认为“党内法规制度”是将党务关系作为共同调整对象的相互联系、相互配合的党内法规、党内规范性文件的总和,那么“党内法规”与“党内法规制度”之间在逻辑关系上就属于种属关系,亦即“党内法规制度”概念的外延包含着“党内法规”概念的全部外延。这点可以从2012年印发的《中国共产党党内法规和规范性文件备案规定》第1条规定的“维护党内法规制度体系的统一性和权威性”中得到佐证。因此,“党内法规体系”其实是“党内法规制度体系”中的核心组成部分,是由“党内法规制度体系”中的各领域各层级党内法规构成的“子体系”。

(二)党内法规“1个核心+4大板块”的体系构成

党内法规体系到底包括哪些内容,学界对此可谓是众说纷纭。根据中央发布的权威文件分析,可以大致归纳为以下三种建构模式:〔36〕

第一,参照《中国共产党章程》的文本结构进行建构。作为党的根本大法,《中国共产党章程》在内容上反映了全党的最高理性与整体意志,确立了党的自身建设和领导活动的基本原则,因而在党内法规体系中处于最高效力位阶,同时这也就决定了《中国共产党章程》的根本性指导地位和作用,是制定其他党内法规的根本依据。〔37〕 因此,中共中央办公厅法规室、中共中央纪委法规室、中共中央组织部办公厅联合编写的《中国共产党党内法规选编》中,“编辑说明”部分就明确指出选编按照《中国共产党章程》的体例,将党内法规分为党章、党员、党的组织制度、党的中央组织、党的地方组织、党的基层组织、党的干部、党的纪律、党

---

〔36〕 吕品:《党内法规体系构建的若干问题思考》,载《南京社会科学》2018年第12期;蔡金荣:《法治视域中的中国共产党党内法规体系:正名与建构》,载《重庆理工大学学报(社会科学版)》2021年第2期。

〔37〕 周叶中、汤景业:《关于“党章是党的总章程”的法学解读》,载《武汉大学学报(哲学社会科学版)》2018年第4期。

的纪律检查机关、党组以及其他部分进行编排。[38]

第二，参照五年规划纲要规定进行建构。《中央党内法规制定工作五年规划纲要（2013 - 2017 年）》提出按照“党的六大建设”和“党的领导和党的工作方面”的总体布局，将二者共同作为党内法规体系的建构的两大标准。[39]《中国共产党党内法规选编（2007—2012）》一书就结合《中央党内法规制定工作五年规划纲要（2013 - 2017 年）》将党内法规分为《中国共产党章程》及相关法规制度、党的领导和党的工作、思想建设、组织建设、作风建设、反腐倡廉建设、党的机关工作七个大类。[40]

第三，参照《中共中央关于加强党内法规制度建设的意见》规定进行建构。该意见作为第一个专门就党内法规制度建设作出全面部署的纲领性文件，标志着党内法规制度建设进入了全面推进、纵深发展的新阶段，对于党内法规体系的建构无疑具有十分重要的里程碑意义。该意见提出按照“规范主体、规范行为、规范监督”相统筹相协调的原则，党内法规体系以“1 个核心 +4 大板块”为基本框架，即在《中国共产党章程》之下分为党的组织法规、党的领导法规、党的自身建设法规、党的监督保障法规四大板块。[41] 2018 年 2 月，中共中央印发的《中央党内法规制定工作第二个五年规划（2018—2022 年）》，以及 2021 年 7 月中共中央办公厅法规局最新编辑的《中国共产党党内法规汇编》都沿用了党内法规体系“1 +4”的基本框架。[42]

具体来说，除《中国共产党章程》外，党内法规体系的四大板块包括以下内容。

---

〔38〕 中共中央办公厅法规室、中共中央纪委法规室、中共中央组织部办公厅编：《中国共产党党内法规选编（1978—1996）》，法律出版社 2009 年版，编辑说明；中共中央办公厅法规室、中共中央纪委法规室、中共中央组织部办公厅编：《中国共产党党内法规选编（1996—2000）》，法律出版社 2009 年版，编辑说明；中共中央办公厅法规室、中共中央纪委法规室、中共中央组织部办公厅编：《中国共产党党内法规选编（2001—2007）》，法律出版社 2009 年版，编辑说明。

〔39〕 中共中央文献研究室编：《十八大以来重要文献选编》（上），中央文献出版社 2014 年版，第 478 - 492 页。

〔40〕 中共中央办公厅法规室、中共中央纪委法规室、中共中央组织部办公厅编：《中国共产党党内法规选编（2007—2012）》，法律出版社 2014 年版，编辑说明。

〔41〕 中共中央党史和文献研究院编：《十八大以来重要文献选编》（下），中央文献出版社 2018 年版，第 510 页。

〔42〕《中共中央印发〈中央党内法规制定工作第二个五年规划（2018—2022 年）〉》，载《人民日报》2018 年 2 月 24 日，第 1 版；赵娜：《党内法规制度体系基本框架演变的历史考察——基于不同党内法规选编（汇编）版本的分析》，载《理论探索》2019 年第 1 期；中共中央办公厅法规局编：《中国共产党党内法规汇编》，法律出版社 2021 年版，编辑说明。

1. 党的组织法规体系

党的力量源于高质量的党组织。与西方那些松散型政党相比,中国共产党之所以能够从建党伊始的50多名党员发展到现在成为拥有9000多万名党员的执政大党,是因为始终坚持以马克思主义作为指导思想,并注重把马克思主义组织建设理论的基本原则与中国共产党组织建设的具体实践相结合。在新形势下,夯实党执政的组织基础,无论是对于巩固党的执政地位,还是对于加强党的自身建设,都具有更加重要的现实意义。在党内法规体系中,党的组织法规体系的功能定位主要围绕各级各类党组织的设置、产生、职权职责、运行程序,党组织机构中的党员干部的权利保障、选拔任用等事项展开,从而为党管党治党、治国理政提供有力的组织保障。具体而言,党的组织法规体系是在坚持民主集中制这一根本组织原则的基础上,用来规范党的组织制度、组织机构、党员队伍、干部队伍、人才工作等方面的法规体系。

2. 党的领导法规体系

"党政军民学,东西南北中,党是领导一切的。"[43]在中国,"坚持党的领导"是载入宪法的四项基本原则之一,是社会主义国家不可动摇的基本原则。"坚持党的领导",从根本上说,是坚持和发展社会主义的必然要求和实际需要,是总结近现代以来中国发展的历史镜鉴中得出的结论,也是在分析许多国家发展的经验教训中得出的结论。在现行党内法规体系中,党的领导法规体系的功能定位主要在于规范和保障党发挥总揽全局、协调各方的领导核心作用,明确党领导国家机关、武装力量、民主党派、社会团体、企业事业单位等非党组织以及党外群众的具体内容事项、职权职责、体制机制、方式方法、作用途径等内容。

3. 党的自身建设法规体系

纵观世界政党史,虽然域外一些老党、大党在经济建设等某些领域取得了一些成绩,但是一旦放松党的自身建设之后,便迷失了政治方向,丢掉了理想信念,以致严重脱离人民群众、脱离客观实际,官僚主义、形式主义、贪污腐败等问题愈演愈烈,最终走向亡党亡国的结局。这些触目惊心、发人深省的历史教训让中国共产党更加清醒地认识到:一个政党在领导社会革命的同时也必须要进行自我革命,是否敢于进行"自我革命"是所有政党得以永葆青春活力的秘诀所在,也是一个政党能否抵御狂风暴雨、战胜一切艰难险阻的动力源泉。[44] 在党内法规体系中,党的自身建设法规体系的功能定位主要在于规范和明确党的政治建设、

---

〔43〕 习近平:《习近平谈治国理政》(第2卷),外文出版社2017年版,第21页。

〔44〕 本书编写组编:《〈中共中央关于党的百年奋斗重大成就和历史经验的决议〉辅导读本》,人民出版社2021年版,第79页。

思想建设、组织建设、作风建设、纪律建设等党的各个方面建设活动的责任分工、内容目标、方式方法等事项。

4. 党的监督保障法规体系

权力应当被制约监督是现代行政法学界的一项基本共识。就此而言，西方学界长期存在一种根深蒂固的片面思维，即将现代政治简单地寄托在"三权鼎立"与"多党轮流坐庄"的基础上，认为一旦离开了这个前提，权力必然会走向滥用乃至滋生腐败。但事实上，这仅仅是部分西方学者出于政治偏见而得出的错误结论，而揭穿这种错误论调的关键，就在于实现党的自我监督和自我约束。[45]为此，习近平总书记指出"要加强对权力运行的制约和监督，把权力关进制度的笼子里，形成不敢腐的惩戒机制、不能腐的防范机制、不易腐的保障机制"[46]。从执政党的角度来看，党内法规是中国共产党为了推进自我革命、永葆先进性和纯洁性而对其自身提出的自律性规范，可以说，创制党内法规的功能之一就在于通过建构预防性权力监督规范体系实现中国共产党的自我监督和自我约束，从而最大限度地发挥降低权力腐败风险的功能。[47] 从执政党的组织成员角度来看，党内法规还应当是党为了保障党的各项方针政策有效实施而对各级党组织和党员提出的他律性规范。[48] 如果没有一系列保障条件，那么党的组织法规、党的领导法规和党的自身建设法规也就很难实现所预设的规范和调整功能。在党内法规体系中，党的监督保障法规体系的功能聚焦在通过规定党的纪律、党内监督、党内考核、激励奖惩、权利保障等方面的内容，推动党的理论和路线方针政策落地见效。

虽然我国比较完善的"1 +4"的党内法规体系已经形成，但如何推动党内法规体系从"比较完善"走向"完善"则是摆在学界和实务界面前的新课题。党内法规体系的提出和建构，很大程度上受到了国家法律体系的影响，党内法规体系作为中国特色社会主义法治体系的重要组成部分，在建构的过程中也应当遵循法治运行的一般原理，继续把国家法律体系作为进一步完善的参照系。在学理上，关于法律体系的内在含义可以从规范构成、价值评价和理想表达三个方面加以阐释：[49]第一，法律体系是一个由法律规范构成的"形式意义上的秩序体

---

〔45〕 林尚立：《当代中国政治：基础与发展》，中国大百科全书出版社 2017 年版，第 336 页。

〔46〕 中共中央纪律检查委员会、中共中央文献研究室编：《习近平关于党风廉政建设和反腐败斗争论述摘编》，中央文献出版社、中国方正出版社 2015 年版，第 121 页。

〔47〕 胡文木：《论党内法规对权力的规制》，载《浙江学刊》2017 年第 6 期。

〔48〕 刘长秋：《论党内法规在党的建设中的定位》，载《马克思主义研究》2019 年第 11 期。

〔49〕 [德]伯恩·魏德士：《法理学》，丁晓春、吴越译，法律出版社 2013 年版，第 65 页。

系”。借助法律体系,人们根据领域的不同将所有现行法律规范分门别类地整理为民法、刑法、行政法、国际法等部门法。第二,法律体系是一个价值评价的体系。法律的体系性思维不允许出现明显的评价矛盾,如果基于相同的事实出现了不同的法律后果,也就违背了追求合理性的立法精神。第三,法律体系还是一个表达某种社会理想的体系。法律规范包含了实现法律秩序应当实现的价值导向要素,将这些要素组合起来就可以进一步认识这种社会理想。因此,从完善路径上看,我们也应当注意到党内法规体系包含着实质性的价值秩序,是一种表达社会理想的价值体系,亦即社会主义核心价值观中的每一项为人们所珍视的价值都构成了我国法治秩序所追求的理想和目的,而这一点恰恰是目前学界尚付阙如的研究盲区。[50]

第二节　社会主义核心价值观与党内法规体系的内在关联

价值问题是贯穿理论研究和制度建设的首要问题。将社会主义核心价值观融入党内法规体系旨在充实党内法规体系的价值内容。党的二十大报告指出,“我们确立和坚持马克思主义在意识形态领域指导地位的根本制度”[51]。社会主义核心价值观的产生建立在马克思主义理论的基础上,是对马克思主义价值理论的重大创新,引领着马克思主义政党的创新发展和社会的改革进步。在马克思主义思想指导下产生的社会主义核心价值观,把马克思主义价值理论关于人的自由、全面发展和共产主义理想目标进一步具体化、实践化、时代化,使马克思主义价值理论得以丰富和发展。[52] 在马克思主义基本原理、立场观点方法指导下构建的党内法规体系,以“为人民服务”为宗旨,不断增强党执政为民的能力。社会主义核心价值观与党内法规体系产生与发展的指导思想具有一致性,治理目标落脚点都在于“人民”,由此奠定了两者融合的基础。

党的十七大强调,“社会主义核心价值体系是社会主义意识形态的本质体

---

〔50〕 祝捷、秦玲:《论社会主义核心价值观对党内法规制度建设的三重功能及其实现》,载《学习与实践》2021 年第 12 期。

〔51〕 习近平:《高举中国特色社会主义伟大旗帜　为全面建设社会主义现代化国家而团结奋斗——在中国共产党第二十次全国代表大会上的报告》(2022 年 10 月 16 日),人民出版社 2022 年版,第 10 页。

〔52〕 刘佳:《多层聚合:社会主义核心价值观的理论来源研究》,冶金工业出版社 2014 年版,第 68 页。

现”。社会主义核心价值观是每一项社会制度的价值源泉和精神支撑,不仅为不同领域道德规范的建立和完善提供了价值参考,同时指导着制度运行的全过程。社会主义核心价值观在增强党内法规体系的价值导向性上,既是政党伦理的有益补充,也衔接了法律规范体系与党内法规体系的道德内容。党内法规体系是党内法规制度的体系化呈现,党内法规制度作为社会主义制度的组成部分,党内法规体系中各个制度部分的构建和体系化的全过程无不以社会主义核心价值观为价值尺度和根本遵循。把社会主义核心价值观的要求体现在党内法规体系当中,融入党内法规制度建设和治理工作中来,对党的意识形态领域的治理意义深远。

党内法规制度不仅是不同价值的融通机制,也是价值规范化的重要载体。党内法规体系与社会主义核心价值观的作用是双向的,社会主义核心价值观在发挥价值导向作用的同时,也通过党内法规使抽象的价值在具体规定中获得生命力。

一、社会主义核心价值观是党内法规体系的灵魂

根据党的二十大精神,应当着力推动社会主义核心价值观对党的思想政治工作的指导作用,为党内治理铸魂育人。以社会主义核心价值观引领党的意识形态建设,是对马克思主义意识形态理论的丰富和发展。

党内法规制度蕴含的价值问题,是党内法规制度的本源问题。因为“任何制度都必然涉及价值问题,涉及人的行为应当如何的问题,涉及人与人之间权利与义务的划分问题,即涉及伦理问题”[53]。制度与价值的这种必然关系是由于“从制度的形成、发展、来源来看,制度本身就是社会中各个主体的传统习惯以及价值观的结合与完善,在社会的发展过程中逐步凝结而成的”[54]。正如德国社会学家韦伯提出的工具理性和价值理性,制度天然地具有价值理性和工具理性。工具理性关涉事实判断,意在达成制度的形式合理性,价值理性关涉价值判断,实现制度的实质合理性。[55] 制度的合理性关涉制度的正当性问题,因此,价值层面内容是党内法规体系正当性的重要组成部分。

党内法规体系是各项党内法规制度的有机统一。社会主义核心价值观作为党内法规体系的价值灵魂,对党内法规各个制度部分的价值起到穿针引线的作用。社会主义核心价值观是被理论和实践验证的,具有历史和现实意义的正当

〔53〕 汪辉勇:《行政伦理学概论》,北京大学出版社 2018 年版,第 201 页。
〔54〕 唐坚:《制度学导论》,国家行政学院出版社 2017 年版,第 29 页。
〔55〕 刘少杰:《现代西方社会学理论》,中国人民大学出版社 2021 年版,第 106 – 110 页。

的价值观总结,其作为党内法规体系的核心价值和灵魂,奠定了党内法规体系价值正当性的基础。

(一)价值目标指引

社会主义核心价值观的价值目标指引功能在于以党内法规体系为载体实现社会主义核心价值观对党员干部的思想引导。价值引导与价值规范存在差异,价值引导作用于思想领域,是对党员干部群体的软约束。价值规范主要作用于行为,实现对党员干部群体的硬约束。社会主义核心价值观意在指引党员群体树立某种价值理念或价值信仰(价值规范、价值理念和价值信仰三者的关系见图1-1)。[56]

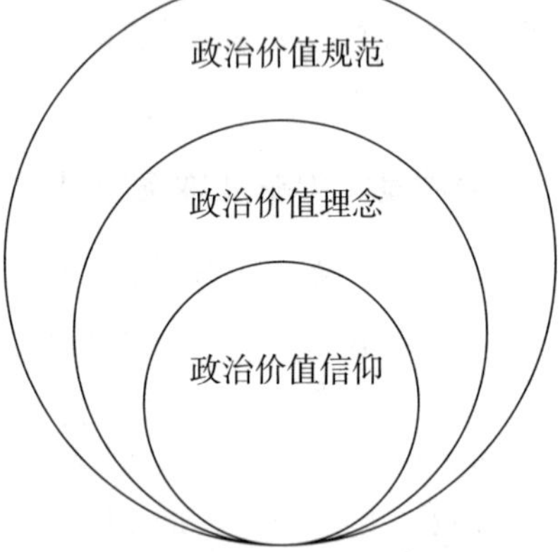

图1-1　政治价值体系的层次

价值目标属于价值理念或价值信仰的范畴,是政党的道德上线。社会主义核心价值观具有先进性,具有引领政党思想和制度的先进特质。其对政党的引领作用源于两个方面:其一,社会主义核心价值观是国家、社会和个体价值诉求的有机统一,其理论内涵深厚且具有开放包容性,为社会主义核心价值观引导不同的理论体系奠定了基础。其二,社会主义核心价值观体现了社会主义主流意识形态的本质要求,具有理论超越性,是先进思想文化的代表,因而能够在社会主义事业中始终发挥引导作用。

通过党内法规体系,将社会主义核心价值观作为全党的价值目标,是执政党思想道德建设的应有之义。中国共产党的价值理念是全心全意为人民服务,中

〔56〕 张思军等:《中国特色社会主义政治伦理建设研究》,人民出版社2019年版,第132页。

国共产党的信仰是对马克思主义的信仰。全心全意为人民服务是民主理念的一个理论面向,是社会主义核心价值观的内涵之一。因此,社会主义核心价值观内含了中国共产党的理念和信仰,社会主义核心价值观对中国共产党的建设和发展具有统领和引导作用。

以社会主义核心价值观为引领,可以强化身份认同,提高中国共产党的执政能力。首先,随着国家发展和全球化的推进,党员身份日益多重化。这种角色的多重性,可能导致一些党员在归属感和认同感上遇到挑战。以社会主义核心价值观为价值目标,可以突出中国共产党的价值导向,明确党员的共同理想,从而将党员身份与其他角色区分开,强化党员身份认同和责任意识。其次,国家认同的本质在于政治认同。[57] 在政治认同的实现逻辑当中,政党的意识形态认同处于重要地位,它为政治认同提供了理论的支撑和道义上的诠释,政党的意识形态在政治认同的实现中发挥着重要作用。[58] 因此,政党的意识形态影响着政治认同。社会主义核心价值观是国家、社会和个人进行价值目标协调的指向和坐标。[59] 以社会主义核心价值观为价值目标引领,可以促进民众对政党的政治认同。最后,社会主义核心价值观具有丰富的政治伦理内涵,[60] 可以引导政党的政治能力不断提高。政治伦理对于政治能力具有决定作用,"执政党作为国家政治活动的领导核心,其政治价值追求决定着执政的正义与否,其自身的道德品格指引着执政的方向与能力"[61]。社会主义核心价值观为党的建设提供了价值内核和标准,使中国共产党具备了基本伦理判断能力,从而自觉地接受党内法规的约束,为中国共产党实现自我革命奠定了价值基础。

社会主义核心价值观融入党内法规体系,对中国共产党产生价值目标引领作用的同时,也引领党内法规体系制度价值目标的确立。党内法规制度作为一项政党制度,其本身就具有制度的正当性要求。要实现党内法规制度的价值目标正当性,该目标应当建立在政治规范与社会规范共同的价值基础之上。政治规范与社会规范是否具有同一性关系,是政治规范能否获得"认同"的关键,通

---

〔57〕 周谨平:《社会主义核心价值观的政治伦理内涵》,湖南大学出版社 2016 年版,第 166 页。

〔58〕 张红建:《中国共产党意识形态与政治认同研究》,中共中央党校(国家行政学院)2019 年博士学位论文,第 1 页。

〔59〕 周谨平:《社会主义核心价值观的政治伦理内涵》,湖南大学出版社 2016 年版,第 169 页。

〔60〕 周谨平在《社会主义核心价值观的政治伦理内涵》一书中详细阐述了社会主义核心价值观的政治伦理内涵。如民主价值观的政治伦理内涵:民主价值观是对马克思主义政治理念的本质概括,澄明了我国政治建设的基本方向,诠释了我国的政治道德内核。参见周谨平:《社会主义核心价值观的政治伦理内涵》,湖南大学出版社 2016 年版,第 37 页。

〔61〕 杨静:《政治伦理规范与政治公信力》,四川大学出版社 2017 年版,第 112 页。

过政治确立起来的政治制度和制度规范反映了社会的公共基本价值,就能获得"认同",政治规范就是正当的。[62] 据此,党内法规制度作为政治规范的一种类型,要实现党内法规制度的正当性,就应当实现党内法规与社会规范的同一性,使党内法规反映社会的基本价值。党内法规与社会规范的伦理同一性落脚点为社会主义核心价值观。社会主义核心价值观是一种价值共识,其实质是"国家和社会内部同一性的价值理性"[63]。社会主义核心价值观之所以为党内法规与社会规范的伦理同一性的体现,其原因在于社会主义核心价值观的双重属性。一方面,社会主义核心价值观蕴含丰富的政治价值内涵;另一方面,社会主义核心价值观是社会伦理价值的集中表达。以社会主义核心价值观为引领,建立党内法规制度的价值目标,对于保证党内法规体系的价值正当性具有重要意义。

(二)价值动力支撑

党内法规体系的发展完善需要价值动力的支撑。一方面,党内法规体系调整的范围涉及不同的价值领域,不同的党员干部具有不同的价值观念,并且党内法规体系中不同板块的价值取向也具有差异。党内法规体系缺少统一的价值支撑,易导致价值涣散,影响党内法规的体系化建构。另一方面,价值动力是来自精神层面的内生动力,与外源动力不同,其更加基础、深入且持久,对党内法规体系中的不同主体和主体的不同活动都作用深远。价值动力的支撑具体表现为以下两点。

第一,社会主义核心价值观对整合党内法规体系多元价值观的推动力。完善的党内法规体系应当具有体系的包容性和开放性。一个规范体系由于科学发展的需要将蕴含多元的价值。如创新、效率等价值理念既能保障党内法规尊重客观规律,又能增进党内法规运行的整体效益。法规体系应考虑并尊重不同群体的价值诉求,从而包容更多的差异和选择。多元价值是法规体系的本质属性,但是系统如果没有将多元价值重新整合,将导致不同价值产生冲突、集体意识淡薄和盲目崇洋媚外等问题。"并不存在那种可以用来计算价值上得失的流通货币,价值,至少那些最基本的价值,不仅是多元的,而且在一种真实的意义上也是不可通约的。"[64] 按照价值多元且不可通约的观点,不同价值的冲突不可避免。

---

〔62〕 戴木才:《中国特色政治伦理——中国共产党对执政正当性的探索》,商务印书馆 2019 年版,第 50 页。

〔63〕 戴木才:《中国特色政治伦理——中国共产党对执政正当性的探索》,商务印书馆 2019 年版,第 175 页。

〔64〕 [英]伯纳德·威廉斯:《道德运气》,徐向东译,上海译文出版社 2007 年版,第 110 页。

党内法规体系以社会主义核心价值观为主导的价值观，对多元的非主导价值观起着统领作用，必能有效地避免或减少多元价值冲突而彼此消解的现象，也能防止多元价值冲突破坏系统和谐的情况发生。

第二，社会主义核心价值观对党内法规体系实践产生推动力。社会主义核心价值观属于价值范畴，是“人关于客体对主体意义的合理认识”，[65]对党内法规体系的实践具有反作用力。满足了党内法规体系实践中的价值导向需求，加强了社会主义核心价值观对党内法规体系实践的作用力。社会主义核心价值观对党内法规体系实践的推动力不仅体现在党内法规体系内部，也体现在党内法规体系外部。完善的党内法规体系需要长期的实践经验积累，在党内法规体系仍不完善的阶段，社会主义核心价值观填补了体系的理论空白，充当了规范依据和兜底条款，为党内法规实践赋予了正当性。社会主义核心价值也推动了党内法规体系的外部实践。社会主义核心价值观作为整个社会的价值共识，是中国特色社会主义法治体系遵循的一套价值标准。党内法规体系与中国特色社会主义法治体系的其他部分衔接还存在理论上的分歧，对于两者调整的交叉重复、空白以及矛盾的领域，社会主义核心价值观可以为该领域的实践奠定价值基础，从而推动实践的开展。

（三）价值共识凝聚

党的二十大报告强调：“社会主义核心价值观是凝聚人心、汇聚民力的强大力量。”[66]这反映了社会主义核心价值观价值共识凝聚的重要功能。党内法规体系只有遵循统一的价值理念，党内法规体系的规范对象遵循一套价值标准，各项法规才能逻辑连贯、有机统一，党员活动才能顺利开展。社会主义核心价值观是全体党员共同遵循的价值观的高度概括，凝结了全体党员的价值共识。只有认同、接受并且践行社会主义核心价值观，自觉接受党内法规体系的约束，才能成为一名合格的党员。社会主义核心价值观实现价值共识凝聚，实质上是完成了对多元价值的整合。“各价值之间需要整合、衡平，实现价值次序优化和认同”[67]，如此才能形成体系化的价值系统，才能真正实现价值凝聚。利用社会主

---

〔65〕 李垂发：《价值是人关于客体对主体意义的合理认识》，载《湖北民族学院学报（哲学社会科学版）》2004 年第 5 期。

〔66〕 习近平：《高举中国特色社会主义伟大旗帜　为全面建设社会主义现代化国家而团结奋斗——在中国共产党第二十次全国代表大会上的报告》（2022 年 10 月 16 日），人民出版社 2022 年版，第 44 页。

〔67〕 肖金明等：《党内法治逻辑与范畴》，山东大学出版社 2018 年版，第 27 页。

义核心价值观凝聚党内法规体系价值共识，才能更好地发挥价值在党内法规体系中的治理效能。

党内法规体系通过社会主义核心价值观可以增强党员群体的凝聚力和向心力。党内法规体系调整多元、多变的价值观，依靠社会主义核心价值观对全体党员产生持久的凝聚力，可以防止不同的价值追求下人心涣散、各行其是，引导党内群体树立共同体意识、强化集体意识。

社会主义核心价值观以集体主义为基础，追求的是整体的福祉和利益。〔68〕当社会主义核心价值观作为微观的个人行为规范时，也应以集体主义为基础，以宏观的社会整体价值为目标凝聚共识。社会主义核心价值观通过内化为党员个体的价值取向，调整每个党员的思想认知，形成超越个体意识形态差异性的价值目标，指引党员树立正确的价值观，提升党员的道德水平。个体受到统一价值观的引领和规约，增强了各层次的党员主体的归属感，使个体的精神理念逐步凝聚成为全党的价值目标追求。社会主义核心价值观因为植根于全党个体的文化认同，从而产生巨大的凝聚力。党员个体意识的凝聚，有利于缓解党内成员思想上的冲突和矛盾，为党内法规体系思想治理奠定基础。正如习近平总书记指出的："……党内存在大量思想问题和利益矛盾，某些矛盾涉及党员、干部多，同其他社会矛盾错综交织，协调处理难度很大。"〔69〕通过社会主义核心价值观凝聚价值共识，一定程度上可以减轻党内法规体系对党内思想的治理难度。

社会主义核心价值观的价值凝聚性使党内法规体系化，促进党内法规体系制度合力的发挥。"对于要形成体系的党内法规制度而言，体系化不是为了筑造法规堆砌的体系，而是完成逻辑自洽和价值同一的动态过程。"〔70〕社会主义核心价值观正是在这个意义上，实现党内法规体系制度价值同一性的塑造，实现党内法规的体系化。价值同一意味着党内法规体系各个部分都遵循统一的价值准则，体系内部各部分的制度理念都以此为构建基础。《中共中央关于加强党内法规制度建设的意见》指出，党内法规制度体系在党章之下分为党的组织法规制度、党的领导法规制度、党的自身建设法规制度、党的监督保障法规制度四大板块。板块划分以党章为依据，但板块之间的设置标准问题仍然存在争议。目前较为突出的问题为现有的四大板块不能涵盖所有的党内法规，因此，有学者提

〔68〕 席富群：《中国共产党文化思想创新史论》，苏州大学出版社 2017 年版，第 227 页。

〔69〕 中共中央党史和文献研究院编：《习近平关于全面从严治党论述摘编：2021 年版》，中央文献出版社 2021 年版，第 7 页。

〔70〕 刘凯、蒋悟真：《党内法规体系化的逻辑结构与价值依归》，载《华南理工大学学报（社会科学版）》2018 年第 5 期。

出设置“综合性党内法规制度”板块，[71]实现板块对党内法规体系内容的全覆盖。如何科学地设置党内法规体系的板块边界，需要不断试错。探索过程中存在的板块衔接问题，将影响党内法规的体系化。“在不受先已存在的规范和原则指导的相互冲突的利益间进行选择，就需要进行价值判断。”[72]社会主义核心价值观凝聚了各个板块的价值目标，实现了各制度价值判断的统一，同时，对于党内法规体系板块没有覆盖到的部分和板块之间的衔接，发挥着价值凝聚作用。

（四）价值尺度规范

价值尺度规范，是指社会主义核心价值观具有的通过党内法规体系衡量党内行为是否具有价值，以及衡量其价值量大小的职能。具体表现为，以党内法规约束党内行为，惩罚违背社会主义核心价值观的行为，鼓励践行社会主义核心价值观的行为。社会主义核心价值观的价值尺度规范功能，实质上是通过党内法规体系的硬约束实现对党内行为价值正当性的保障，体现了对政治伦理底线的保障，一旦逾越这一伦理底线，将会导致权力的扩张和腐败。所谓伦理底线是指权力主体行为准则的正当性并不依赖于行为的目的或结果，而是依据行为或行为准则的性质。[73]因此，党内法规体系中的道德行为规范，是党员干部行为需要严格遵守的规则，是不得逾越的红线。

在依规治党和以德治党相统一的背景之下，依规治党与以德治党并非完全独立的两套系统，而是相互渗透、相互融合。以德治党一定意义上可以理解为以政德治党，习近平总书记提出，政德就是“明大德、守公德、严私德”[74]。有学者指明，“政德是全党在价值观念上的‘最大公约数’，是党内法规建设的灵魂”[75]。从政德的内涵出发，政德是政治性与伦理性的统一。[76]由于政德的重要性和政治伦理属性，社会主义核心价值观作为政德的一部分，融入党内法规体系具有必要性。同时，作为政德一部分的社会主义核心价值观，具有政治伦理属性，不仅建立在政党的宗旨目标、理想信念、路线方针等之上，更应当通过具体的

---

〔71〕韩强：《党内法规制度“1+4”体系之我见》，载《理论探索》2021 年第 1 期。

〔72〕［美］E. 博登海默：《法理学：法律哲学与法律方法》，邓正来译，中国政法大学出版社 2017 年版，第 527 页。

〔73〕参见何怀宏：《底线伦理的概念、含义与方法》，载《道德与文明》2010 年第 1 期。

〔74〕王昊魁：《领导干部要讲政德》，载《光明日报》2018 年 6 月 19 日，第 3 版。

〔75〕鞠成伟：《论政德对党内法规的支撑作用》，载《马克思主义与现实》2018 年第 6 期。

〔76〕肖金明在文中指出，以德治国的“德”是政治性与伦理性的统一。此处参考以德治国的理解，以德治党具有政治性和伦理性两个面向。参见肖金明等：《党内法治逻辑与范畴》，山东大学出版社 2018 年版，第 325 页。

党内法规,体现在对权力主体行为的外在约束当中。社会主义核心价值观的价值尺度规范功能正是在这一外在约束上实现,是党内法规制定主体进行活动应当遵循的规则。社会主义核心价值观价值尺度规范的内涵可以理解为,它与作为政治系统更为外围的政治体制中的法律性和制度性规范形成对接,既受政治价值信仰和政治价值理念的指导和节制,又为具体的政治行为和政治制度规范提供直接的价值支撑。[77]

社会主义核心价值观主要通过党内法规体系中的党纪规定,为党内行为筑牢价值底线。党的纪律通过列出党内行为负面清单的形式实现对行为的规范功能,具有强制性和法定性。其中,准则类有1980年《关于党内政治生活的若干准则》《中国共产党廉洁自律准则》《关于新形势下党内政治生活的若干准则》等;条例类主要有《中国共产党纪律处分条例》《中国共产党党内监督条例》《中国共产党巡视工作条例》《中国共产党问责条例》等。社会主义核心价值观作为政德的组成部分,通过党内法规体系,对党内不正之风和不守纪律的行为具有重要的规范作用。党内法规体系中的一些规定,就是社会主义核心价值观的价值尺度规范的体现。例如《党政机关厉行节约反对浪费条例》对个体行为进行了严格规定,对于有损党的优良作风、清廉形象的违规公款吃喝,大办婚丧喜庆等行为认定违纪,对这些实质上反映了不诚信、不敬业的党内作风问题予以纠偏,正是社会主义核心价值观对个体行为价值尺度规范的深刻体现。又如,《中国共产党廉洁自律准则》中规定了党员干部廉洁齐家、自觉带头树立良好家风的规定。该规定虽然是一种自觉自律的道德要求,但由此党员干部的相关行为要受到社会各方的监督,具有一定的强制性。关于家风的规定是社会主义核心价值观关于社会和谐内容的重要体现。

社会主义核心价值观的价值尺度规范功能体现的是用法治的思维和法治的方法,保证政党的纯洁性。目前,党内法规体系规范领域存在人与制度两个主体的价值正当性问题,究其原因,是没有实现价值层面的确信和协调。如一些党员干部的思想腐败问题,是由于享乐的价值观占据了上风。社会主义核心价值观精炼地表达了政治生活的合理性标准,[78]对于党内成员的行为具有重要的价值规范作用。

---

〔77〕 张铭:《层次与要素:政治价值体系的结构形式与调整路径》,载《福建论坛(人文社会科学版)》2009年第11期。

〔78〕 甘肃省哲学学会编:《哲学视野下的核心价值观研究》,中国社会科学出版社2016年版,第39页。

二、党内法规体系是弘扬社会主义核心价值观的保障

社会主义核心价值观融入党内法规体系,实现从柔性与软性道德层面迈向刚性与硬性制度层面,有效推进党内法规体系的建设与完善的同时,也使党内法规体系增强了社会主义核心价值观的规范性与约束力,提高了社会主义核心价值观的实效性。

党内法规体系是弘扬社会主义核心价值观的重要保障。党内法规体系的产生和完善,为社会主义核心价值观调整党内关系提供了制度条件,党内法规体系是弘扬社会主义核心价值观的重要场域。党内法规体系因其内容增强了社会主义核心价值观的刚性和实效性,是弘扬社会主义核心价值观的重要载体。党内法规体系因其形式提高了社会主义核心价值观的规范性,是弘扬社会主义核心价值观的内在驱动。

(一)党内法规体系是弘扬社会主义核心价值观的重要场域

2016 年中共中央办公厅、国务院办公厅印发《关于进一步把社会主义核心价值观融入法治建设的指导意见》明确提出:社会主义核心价值观是社会主义法治建设的灵魂,把社会主义核心价值观融入法治国家、法治政府、法治社会建设全过程,融入科学立法、严格执法、公正司法、全民守法等各环节。由此,法治建设的全过程、各环节都应当彰显对社会主义核心价值观的弘扬。党内法规体系在中国特色社会主义法治体系中扮演着统领性的作用,党内法规体系的运行保障了社会主义核心价值观的价值引领地位,因而党内法规体系是弘扬社会主义核心价值观的重要场域。

党内法规体系的统领性作用可以从以下几个角度理解:

第一,从党内法规制定主体的角度出发,中国共产党的执政党地位决定了党内法规体系在法治建设中的统领地位。中国共产党作为中国特色社会主义事业的领导核心,对法治建设的各方面发挥领导作用。按照《中国共产党党内法规制定条例》的规定,党内法规的制定主体包括:党的中央组织,中央纪律检查委员会以及党中央工作机关,省、自治区、直辖市党委。党内法规的制定主体是执政党内部主要或重要的成员或组织。党的领导是依法治国的灵魂,党内法规体系作为规范党的领导的主要依据,在治国治党的法律法规依据上,同样具有中心和统领地位。正如中国共产党第十八届中央委员会第四次全体会议公报所强调的:“党的领导和社会主义法治是一致的,社会主义法治必须坚持党的领导,党的领导必须依靠社会主义法治。只有在党的领导下依法治国、厉行法治,人民当

家作主才能充分实现,国家和社会生活法治化才能有序推进。”党内法规体系将党的领导作为主要的板块之一,一方面确保党的领导方式的规范性、科学性,另一方面巩固了党对一切工作的领导,维护了党中央的权威和集中统一领导。社会主义核心价值观融入党内法规体系,借助党内法规体系的实施,作用于政党领导力发挥的各个环节。通过党内法规体系对法治建设的统领,保障了社会主义核心价值观在价值层面上的统领地位。

第二,从党内法规调整对象的角度出发,党内法规规范的对象是党内关系。政党治理现代化重点在于运用党内法规体系调整党内关系,实现党内治理的法治化。在中国特色社会主义法治体系中,党内法规体系是专门调整党内关系的规范体系。党内关系与党外关系同等重要。其一,党内关系处理不妥当,会削弱政党的执政能力,影响国家治理的水平。如果党内关系混乱,政党执政能力便会受到重创,党外关系也将由此陷入混乱当中,最终导致国家治理水平大大降低。其二,党内关系的处理可以为党外关系处理提供经验。党外关系较为复杂多变,覆盖范围广而处理机动性低,党内关系覆盖面较小、关系较为简单、处理更加灵活效率。党内法规制度建设的一项重要准则为“于法周延、于事简便”。效率是运用党内法规调整党内关系的一项重要原则。因此,党内法规调整党内关系的方法可以先行先试,总结可推广的经验,为党外关系的处理减少试错成本。中国共产党作为党内关系与党外关系的共同参与者,领导着党内关系与党外关系的处理,为党内治理经验与党外治理实践的衔接提供了可能性。党内法治化的实现是国家治理法治化的前提和基础,“中国共产党只有实现自身治理的规范化,确保党的执政活动、党的执政权力接受法律的规范和约束,国家治理法治化才成为可能。”[79]中国共产党要实现自身治理的规范化,就要运用完善的党内法规体系规范党内关系,实现党内治理的法治化。党内法治化依赖完善的党内法规体系,国家治理依赖国家法律体系。党内法规体系作为中国特色社会主义法治体系的组成部分,对法治体系的其他部分具有统领性作用。社会主义核心价值观融入党内法规体系,其精神在融入党内法规体系调整党内关系的过程中,渗透在党内关系建立、发展、处理、解除等环节,成为党内法治化的重要依据,推动了国家治理法治化的实现。

综上,中国共产党在中国特色社会主义事业中的领导核心地位,党内关系对促进党内法治,乃至国家治理法治化中具有关键作用,党内法规体系对执政党的

---

〔79〕 周叶中:《以党内制度建设推进国家治理法治化——准确把握国家治理现代化的三个重要环节》,载《国家治理》2017 年第 41 期。

领导和党内关系具有规范作用，这些使党内法规体系处于社会主义法治体系的统领地位。党内法规体系调整党内关系的特点是由内及外。[80]“由内及外”要求先从内心层面塑造政党德性，由内至外，形成清正廉洁的良好党风。党内法规体系的统领性地位和内容上道德治理的要求、由内及外调整党内关系的特点，使党内法规体系成为弘扬社会主义核心价值观的重要场域。

（二）党内法规体系是弘扬社会主义核心价值观的重要载体

党内法规体系的刚性不仅可以确保社会主义核心价值观的主导地位，使违背社会主义核心价值观的主体承担相应的责任，而且可以赋予融入党内法规体系中的社会主义核心价值观以强制力，使其在党内治理中得到彰显和弘扬。从这两个角度，以党内法规体系为载体，可以在立规的过程中，明确将社会主义核心价值观作为一项指导原则，结合党内法规体系调整领域的特点，对社会主义核心价值观的内容进行细化、补充和延伸。或者将社会主义核心价值观的精神融入党内法规体系当中，作为党内法规体系的价值取向之一。党内法规体系在运行的过程中，弘扬了社会主义核心价值观。具体而言，党内法规体系从以下两个面向对社会主义核心价值观发挥载体作用。

首先，以社会主义核心价值观的内容为标准，发掘社会主义核心价值观中可操作性的内容，以党内法规体系形式固定并实施。如2015年确立的宪法宣誓制度，通过就职时公开向宪法宣誓，培养领导干部对宪法的忠诚。宪法作为国家的根本大法，具有抽象性、概括性，针对一些领导干部的贪污腐败问题，无法直接适用。但通过强制性的宪法宣誓制度，以硬性规定的仪式培养了领导干部对宪法的信仰。社会主义核心价值观具有丰富的历史内涵和时代精神，在党内成员价值治理中具有统领地位。党内法规体系可以在强调社会主义核心价值观作为宏观的指导原则时，规定将社会主义核心价值观作为专门的公务员录用考试的一部分，党员定期审查和培训学习的内容等。通过党内法规的制度刚性，赋予社会主义核心价值观的内容刚性，使社会主义核心价值观的内容深入人心。这种直接的方式，要求掌握社会主义核心价值观的历史沿革、生成背景、融入法治的方式方法、未来的展望等内容。党内法规体系作为直接载体，可以保证全体党员全方位理解社会主义核心价值观的基本内容，深刻把握社会主义核心价值观发展的脉络。

其次，作为社会主义核心价值观的载体，党内法规体系在调整党内关系时，

---

〔80〕 刘长秋：《论党内法规对党内关系的调整》，载《探索》2021年第6期。

通过传达社会主义核心价值观的相关精神,达到弘扬社会主义核心价值观的效果。这种方式要求将社会主义核心价值观融入党内法规体系的运行当中,在具体的党内法规中没有完整表达社会主义核心价值观的内容,不体现社会主义核心价值观的字眼,但是党内法规制定和实施的目的彰显了社会主义核心价值观的精神要义、理念精髓,以此达到弘扬社会主义核心价值观的效果。这些党内法规规范通过制定责任条款、设定惩罚性措施等方式为规范目的的达成保驾护航,社会主义核心价值观的弘扬因此获得强制力保证。从党内法规体系的主体结构出发,党内法规体系可以在四大板块中发挥弘扬社会主义核心价值观的载体作用。其一,党的领导法规板块体现党统筹全局的作用,这一板块的价值目标指向主要体现党领导各方面建设“富强、民主、文明、和谐”的国家的精神。其二,党的组织法规板块涉及选举、组织等工作任务,应贯彻“自由、平等、公正、法治”的理念。其三,党的自身建设法规板块,涉及党内成员个体的思想建设,因此秉持“爱国、敬业、诚信、友善”的价值观尤为重要。其四,党的监督保障法规板块,应将其他三个板块中弘扬社会主义核心价值观的情况作为监督保障的一项内容。划分党内法规体系各部分的主要任务和价值取向,有助于法规在实践中有的放矢,减少冲突和矛盾。实质上,社会主义核心价值观间接融入党内法规体系,是以一种无形的方式体现在党内法规体系的全过程、各方面的。

融入党内法规体系的社会主义核心价值观内容具有了针对性和可执行性。党内法规体系作为弘扬社会主义核心价值观的场域,扩大了弘扬社会主义核心价值观的适用范围。在此基础上,党内法规体系作为弘扬社会主义核心价值观的载体,提高了社会主义核心价值观的适用效果,真正发挥了弘扬社会主义核心价值观的功能。

(三)党内法规体系是弘扬社会主义核心价值观的规范驱动

社会主义核心价值观融入党内法规体系,提高了弘扬社会主义核心价值观的形式规范性,促进了社会主义核心价值观弘扬的法治化、现代化。以党内法规的形式呈现社会主义核心价值观的内容,由此,党内法规的运行过程也将是弘扬社会主义核心价值观的过程。弘扬社会主义核心价值观既要在党内法规体系的框架下,又要在党内法规体系的程序中。从静态的法治外壳到动态的程序形式弘扬社会主义核心价值观,推动了社会主义核心价值观弘扬的规范化。

社会主义核心价值观蕴含于党内法规体系之中,能够获得党内法规的形式规范性。党内法规体系的规范性促进了社会主义核心价值观传播,有助于提高社会主义核心价值观弘扬的效果。法律规范中“法言法语”是树立法律权威、维护法律有效运行的重要标准。同理党内法规的形式也可以提高社会主义核心价值观的地位、驱动社会主义核心价值观的弘扬。全国人大法工委于 2009 年、2011 年分别印发了《立法技术规范(试行)(一)》和《立法技术规范(试行)(二)》,为解决立法技术问题提供了重要参考,立法技术的重要性可见一斑。目前,虽然没有文件对党内法规的立规技术问题进行明确的说明和要求,但是党内法规体系作为中国特色社会主义法治体系的重要组成部分,是对法律制度的模仿与创新,必须以“法言法语”保障其“法”的特质,体现党规党法的规范与严谨。[81] 党内法规的形式规范性体现在语言的准确性、内容的明确性、逻辑的严谨性等方面。在弘扬社会主义核心价值观的相关法规制定中,也应当遵循以上规则。首先,弘扬社会主义核心价值观的党内法规体系,语言上应当准确,避免用词口语化、有歧义。其次,内容上应当明确,避免语义模糊、概念混乱。最后,逻辑上应当清晰,避免前后重复、矛盾。党内法规制定的语言技术可以参考立法技术规范,但不能脱离现行《中国共产党党内法规制定条例》的要求,保障党内法规便利管用,防止烦琐重复。

党内法规体系程序上的规范性,能够有效推动弘扬社会主义核心价值观的规范化。目前,党内法规体系中以实体性规定为主体,程序性规定较为缺乏且规定较为模糊。程序性规定是程序正义的一种体现,程序正义可以推动实体正义的实现。公正的法治秩序是正义的基本要求,而法治取决于一定形式的正当过程,正当过程又主要通过程序来体现。[82] “程序的实质是管理和决定的非人情化,其一切布置都是为了限制恣意、专断和过度的裁量。”[83] 因此,程序本身的意义就是正义的一种体现,是法治的重要元素。党内法规体系作为法治体系的组成部分,应适当结合党内关系的特点,贯彻程序正义的原则。党内法规体系程序完善的进路是,在形成完备的党内法规配套程序性规定的基础上,不断改善程序的严密性。唯有此,弘扬社会主义核心价值观才能在党内法规的运行中附加程序价值,使弘扬方法规范化、法治化。按照以上区分的融入方式,直接融入党内法规体系的社会主义核心价值观,通过法规的程序运行,保障实现弘扬社会主义核心价值观的目的;间接融入党内法规体系的社会主义核心价值观,通过党内法规形式设定程序,规范弘扬社会主义核心价值观的过程。弘扬社会主义核心价值观以党内法规体系为内在驱动,以党内法规体系的形式规范性,推动弘扬社会

---

〔81〕 邹东升、姚靖:《党内法规“党言党语”与“法言法语”的界分与融合》,载《探索》2019 年第 5 期。

〔82〕 [美]约翰·罗尔斯:《正义论》(修订版),何怀宏、何包钢、廖申白译,中国社会科学出版社 2015 年版,第 68 页。

〔83〕 季卫东:《法律程序的意义》(增订版),中国法制出版社 2012 版,第 91 页。

主义价值观过程的规范化。

党内法规体系与社会主义核心价值观相辅相成,社会主义核心价值观是党内法规体系的价值灵魂,党内法规体系是弘扬社会主义核心价值观的重要保障。将社会主义核心价值观融入党内法规体系,是提升党内法规体系建设质量,推进党内治理法治化的重要方式。同时,社会主义核心价值观通过融入党内法规体系进而转化为党内行为规范,对党员的行为产生事实上的拘束力,这有助于提高社会主义核心价值观践行的实效性。党内法规体系与社会主义核心价值观具有共同目标指向,共同的着力点使两者始终并行不悖,互融互通。

第三节 党内法规体系弘扬社会主义核心价值观的历史考察

1938 年,毛泽东同志在党的扩大的六届六中全会的报告中,为了统一各级领导机关的行动,号召制定较详细的党内法规,首次明确提出“党内法规”一词。[84] 在此之前,党内法规制度建设尚处于探索阶段,党内法规制度零碎、不规范、不健全等问题突出。可见,社会主义核心价值观和党内法规概念的正式提出和基本内容的确定历史不过百年。完善弘扬社会主义核心价值观的党内法规体系,要从历史和实践维度出发,对当前社会主义核心价值观融入党内法规体系的现状问题进行分析、调查,包括制度规范及其实践运行状况,剖析其背后的制度、文化、观念等方面的缘由。同时,总结社会主义核心价值观融入党内法规体系的成效,提炼升华形成可复制、可推广的经验。

中国共产党成立以后,在领导中国人民进行新民主主义革命、社会主义改革、实现中华民族伟大复兴的建设当中,经历了不同时期的价值观转向和党内治理制度探索。但中国共产党始终坚持为人民服务的宗旨,坚持把以德治国价值导向和法律制度的刚性约束结合起来。在新时期,更是提出了以良法促进善治的奋斗目标,将社会主义核心价值观融入法治建设的各个环节,使其成为良法的重要衡量标准和组成部分,是推动善治实现的先导条件。探索社会主义核心价值观融入党内法规体系的历程,是从历史的角度,分析推动弘扬社会主义核心价值观的客观因素,总结社会主义核心价值观融入党内法规体系的历史必然性,为新时期党内法规体系弘扬社会主义核心价值观提供镜鉴。

---

〔84〕《毛泽东选集》(第 2 卷),人民出版社 1991 年版,第 528 页。

社会主义核心价值观深植在中国传统文化中，贯穿中国社会历史进程，为社会主义核心价值观融入党内法规体系奠定了文化基础。党内法规的制定和体系的完善，始于1921年中国共产党的成立。中国共产党的成立为社会主义核心价值观融入党内法规体系奠定了政治基础。党内法规体系的建立和完善经过了一个复杂的历史演变过程。从革命时期党内法规概念的形成，社会改革和建设时期对党内法规概念的发展，至中国特色社会主义新时期对党内法规体系概念的完善。在这一过程中，社会主义核心价值观内涵不断丰富和提炼，为社会主义事业助力添薪。社会主义核心价值观是长期历史文化的积淀，具有稳定性、共识性。党内法规体系发展受限于不同时期的执政条件，建设情况具有明显的时代特点。以党内法规体系的发展为主线，划分社会主义核心价值观融入党内法规体系的不同阶段，能够较为清晰地呈现社会主义核心价值观融入党内法规体系的发展状态。

一、奠基时期（1921—1978年）

1921年至1949年新民主主义革命时期，毛泽东提出将马克思主义的理论成果与我国革命的实践进行结合。面临内忧外患、革命救亡，党内法规在明确组织纪律的同时，更重要的是在建党初期凝聚人心，增强政党的战斗力。因此，党的思想道德建设任务成为社会主义核心价值观融入党内法规的契机。中国共产党在统一思想的过程中，逐步形成了为人民服务的价值理念。自新中国成立至改革开放前，中国共产党围绕着人民主体观，将思想道德建设作为党的自身建设的重要任务，开展了整风运动等，并将这些思想建设成果和相关价值理念体现到党内法规之中，为社会主义核心价值观融入党内法规体系奠定了坚实的理论基础和实践基础。

（一）新民主主义革命时期

这一时期，党内法规尚未成为标准化用语，具有党内法规性质的规定散见于中央发布的纲领、通告、决议案、宣言等文件当中。涉及政治、军事、组织、方针、纪律等多个方面。中国共产党发布的部分"告民众书"和给"党部""省委"等的书信等，虽然不具有党内法规的属性，但是贯穿其中的政党精神是党内法规制定的重要参考和依据，可以辅助了解时局和党的情况。新民主主义革命时期，中国共产党的主要任务是夺取国家政权，实现民族独立和人民解放，因此，党内法规调整的领域主要为政党的组织、纪律方面。虽然党内法规的发展还处于萌芽时期，规范性不足、欠缺法的属性等问题突出，但仍然彰显了社会主义核心价值的理念。

1. 爱国主义精神和集体主义价值观

在历史的特殊时期，爱国主义思想为革命党筑牢了思想道德基础，是中国共产党凝心聚力的关键。在以国家生存为主题的年代，中国共产党的建立、组织和壮大，都围绕着爱国主义精神展开。一切党内法规中都蕴含着深厚的爱国主义情怀，这是团结一切力量对抗封建政治伦理秩序和国外侵略势力的精神支柱。1922 年党的二大通过了《中国共产党第二次全国代表大会宣言》，在宣言中明确党的奋斗目标是“消除内乱，打倒军阀，建设国内和平；推翻国际帝国主义的压迫，达到中华民族完全独立；统一中国本部（东三省在内）为真正民主共和国……”[85]该奋斗目标体现了中国共产党彻底反帝反封建的决心，是贯穿革命战争时期的主心骨，是爱国主义精神的深刻表达。1932 年 5 月 11 日发布的《中共苏区中央局关于领导和参加反帝国主义进攻苏联瓜分中国与扩大民族革命战争运动周的决议》更加鲜明地指出了反帝反封建与爱国之间的关系。在分析政治形势下，中国共产党通过决议，号召群众“反对日本及一切帝国主义的侵犯与瓜分中国”“争取中国的独立解放与统一”。[86] 一切不利于国家的行为都是中国共产党革命的对象。中国共产党也用实践诠释了爱国主义的内涵和价值力量。

爱国主义的主旋律孕育了集体主义的价值观。爱国主义体现为国家本位，奉行大局观、整体观，集体利益为上的原则。集体主义价值观要求个体应融入集体当中，形成舍小我成全大我的不惧牺牲的品格。党内法规文件在批判个人主义倾向的基础上，形成了集体主义价值观。1923 年 11 月 24 日，党的中央执行委员会会议通过了《教育宣传问题议决案》，其中在文化宣传方面，提出了集体主义的人生观，通过集体和个人的辩证关系，说明了集体主义的内涵：[87] 服从集体的共同目的，亦即自己的目的，也划清了与“过激主义”的区别，集体主义并非蔑视一切个人私德。1929 年 12 月通过的《中国共产党红军第四军第九次代表大会决议案》，明确指出党内的个人主义问题，列举了个人主义的表现形式，并提出了个人主义的来源和纠正的方法。[88] 可见，个人主义倾向问题从建党之初就

---

〔85〕 中央档案馆编：《中国共产党第二次至第六次全国代表大会文件汇编》，人民出版社 1981 年版，第 46 页。

〔86〕 中央档案馆编：《中共中央文件选集》（第 8 册），中共中央党校出版社 1991 年版，第 209 - 219 页。

〔87〕 中央档案馆编：《中共中央文件选集》（第 1 册），中共中央党校出版社 1989 年版，第 206 页。

〔88〕 中央档案馆编：《中共中央文件选集》（第 5 册），中共中央党校出版社 1989 年版，第 808 - 809 页。

受到高度重视。集体主义作为个人主义的对立面被提出，作为党思想道德建设的基本原则。爱国主义和集体主义构成了党的基本价值目标和全体党员的价值追求，是新生的革命党引导广大党员开展革命斗争的道德保障，是共产主义思想道德规范体系的基础。

2. 民主、自由、平等观念

在马克思主义中国化的过程中，中国共产党积极承接人类共识的价值元素，与中国共产党的革命实践结合，发展出符合中国社会背景的价值观。党内法规中蕴含的民主、平等、自由等价值观，充分调动了群众的积极性和创造力，是政治认同的关键要素。《中国共产党第一个纲领》第 3 条规定党承认苏维埃管理制度。[89] 当时苏维埃的管理制度是民主制度，意味着中国共产党对民主的认可。党的二大还通过了《关于共产党的组织章程决议案》《关于"工会运动与共产党"的议决案》等议案，阐明了党和群众的关系。大会提出了一个重要的原则，就是"党的一切活动都必须深入到广大的群众里面去"[90]。1929 年 6 月党的六届二中全会通过了《组织问题议决案》，在阐述党内主要的组织任务时，明确提出"建立正确的党内民主化""加紧党内民主化提高党内政治生活"等观点。[91] 在政治问题的解决方式上，强调了民主集中制的内涵，"是党内生活在集中指导下的民主化"[92]。民主是人类普遍追求的政治价值。民主正是中国共产党在革命时期展现政党先进性和优越性的标志，也是政党将集体目标与个人目标结合的理论出发点。

1922 年 6 月 15 日发布的《中国共产党对于时局的主张》，在揭露国民党统治下只有少数剥削者才有自由后，提出"保障大多数民众的自由"，赋予工农兵以及一切劳苦民众集会结社言论出版等自由。[93] 虽然该主张不属于党内法规，但是"党的主张是秉持初心和使命的中国共产党为实现革命理想和奋斗目标而提出的在一定历史时期应遵循的理论、路线、方针、政策，是党的意志和人民意志的具体体现，是制定党规与国法的重要依据，在党和国家的政治生活中具有重要地位"[94]。由于政党正处于发展初期，党内治理制度化不足，并且时局之下政党的工作重心不在于自我建设，而在于团结内部力量，一致对外。因此，许多党的

〔89〕 中央档案馆编：《中共中央文件选集》（第 1 册），中共中央党校出版社 1992 年版，第 3 页。
〔90〕 中央档案馆编：《中共中央文件选集》（第 1 册），中共中央党校出版社 1989 年版，第 90 页。
〔91〕 中央档案馆编：《中共中央文件选集》（第 5 册），中共中央党校出版社 1990 年版，第 227 页。
〔92〕 中央档案馆编：《中共中央文件选集》（第 5 册），中共中央党校出版社 1990 年版，第 227 页。
〔93〕 中央档案馆编：《中共中央文件选集》（第 8 册），中共中央党校出版社 1990 年版，第 9 页。
〔94〕 王伟国：《国家治理体系视角下党内法规研究的基础概念辨析》，载《中国法学》2018 年第2 期。

主张并未直接转化为党内法规，但纵观政党法治化的整体，这一时期的主张，为之后党内法规制定奠定了理论和实践基础。

党内法规在保障民主和自由的同时，也体现了平等的价值观。1921 年 7 月 23 日《中国共产党第一个纲领》提出革命军队必须与无产阶级一起推翻资本家阶级的政权；承认无产阶级专政，直到阶级斗争结束，即直到消灭社会的阶级区分……"《中国共产党第二次全国代表大会宣言》在进一步指出中国共产党的目的时，强调"铲除私有财产制度，渐次达到一个共产主义的社会"[95]，取消阶级差别，建立无产阶级政权，贯穿以阶级斗争为主的新民主主义时期。在党的三大、四大等大会上对此都作了不同程度的强调。共产主义是政党追求的最高目标，平等是共产主义的基本要素。取消阶级差别，重整社会关系，从而实现真正的平等，是阶级斗争的目标，也是共产主义实现的先决条件。

民主、自由、平等是人类社会的普遍追求。根据不同的时代背景和社会状况，把握内在的价值适用尺度，是掌握政党的发展规律，真正发挥价值的引领和驱动作用的表现。政党在宣传民主、自由、平等的同时，也聚焦纠正政党内部极端、偏狭、错误的价值观解读现象。比如在《中国共产党红军第四军第九次代表大会决议案》中抨击了党内存在的"极端民主化""绝对平均主义"的错误倾向。[96] 再如，1928 年 11 月 11 日《中国共产党中央委员会告全体同胞书》中提到的"极端自由主义"错误的思想倾向。[97]《组织问题议决案》重申了这一问题。在论述加强党的纪律以巩固党组织时，批判"有许多下级党部更是纪律涣散党员的言论行动在平常非常自由不受任何拘束"的问题。[98] 这是政党将价值观付诸革命实践，并从实践中总结纠偏，反哺于价值理论的重要体现。在理论与实践的相互作用中，促进了政党价值观的生成和完善。

3. 优良作风建设

中国共产党在广泛吸收革命力量的同时，也不断加强政党自身的建设，特别是注重培养党员干部的优良作风。党内法规中较为鲜明地体现为 1926 年 8 月发布的《中央扩大会议通告——坚决清洗贪污腐化分子》，通告指出一些投机分子在个人生活上表现极坏的倾向，给党带来很恶劣的影响，最显著的事实就是贪

---

[95] 中央档案馆编：《中国共产党第二次至第六次全国代表大会文件汇编》，人民出版社 1981 年版，第 46 页。

[96] 中央档案馆编：《中共中央文件选集》（第 5 册），中共中央党校出版社 1990 年版，第 803 – 807 页。

[97] 中央档案馆编：《中共中央文件选集》（第 4 册），中共中央党校出版社 1990 年版，第 705 页。

[98] 中央档案馆编：《中共中央文件选集》（第 5 册），中共中央党校出版社 1990 年版，第 229 页。

污的行为。这不仅丧失革命者的道德,且为普通社会道德所不容。有此类行为者,不可令留存党中,使党腐化,且败坏党在群众中的威望。[99] 1938 年 10 月 12 日至 14 日,毛泽东在党的扩大的六届六中全会上的报告《论新阶段》指出,要发挥共产党员在民族战争中的模范作用,“自私自利,消极怠工,贪污腐败,风头主义等等,是可鄙的。而大公无私,积极努力,克己奉公,埋头苦干等等精神,才是值得尊敬的模范”[100]。1940 年 8 月 1 日,中央发布了《关于审查干部问题的指示》,开宗明义地指出干部的政治品质是否纯洁,对于保障党的路线的执行,具有决定意义。[101] 党的作风建设,是政党作为先锋队,发挥先锋模范作用的保障。通过自我教育、自我改革、自我发展的模式,政党不断从内部完善自身,有效地抵御了一些投机分子腐蚀政党,保证了政党的纯洁性。

建党初期的一些制度存在合理性问题,但正因如此,政党的道德建设十分必要。政党形成良好的价值观念,不仅弥补了制度的空缺,也增加了制度的弹性。

在党内法规体系尚未完全建立的情况下,党的价值观建设对于党内思想凝聚和思想净化起到了举足轻重的作用,从而为革命实践提供了动力和支撑。

(二)社会主义改造和建设时期

新民主主义时期,中国共产党从理论认识上提出了党内法规的概念。并且,作为党内法规体系核心的民主集中制原则也在这一时期提出,并成为党内治理的重要原则。社会主义改造和建设时期,持续深化对党内法规制度建设的探索。1949 年新中国成立,国家的法律制度逐渐建立,调整党内关系的部分规范,扩大为调整国家与社会的关系,国家法律与党内法规出现正式分野,具体表现为:法律调整政党以国家身份规范的社会关系,党内法规调整政党作为主体规范的党内关系。这一时期政党的重心在国家建设,着力健全国家法制。党内法规的内容随着政党地位和角色的变化而调整,但党内法规的形式规范性未取得长足进步。因此,社会主义核心价值观虽然融入党内法规体系,但由于载体的规范性不足,使其弘扬存在一定的局限性。

这一时期社会主义核心价值观融入党内法规体系呈现以下特点:

第一,党风教育法规是社会主义核心价值观的主要载体。社会主义核心价值观借助整党和整风教育,融入中央关于整风、整党运动的指示等党内法规当

---

〔99〕 中央档案馆编:《中共中央文件选集》(第 2 册),中共中央党校出版社 1990 年版,第 282 – 283 页。

〔100〕 中央档案馆编:《中共中央文件选集》(第 11 册),中共中央党校出版社 1990 年版,第 643 页。

〔101〕 中央档案馆编:《中共中央文件选集》(第 12 册),中共中央党校出版社 1990 年版,第 444 页。

中,指导新中国成立初期的党风建设。这些指示通过列举总结党内存在的不良思想倾向,提出政党教育整治活动的基本任务和重点内容,促进党内成员树立正确的道德观。

随着1950年《中共中央关于在全党全军开展整风运动的指示》,1957年《中共中央关于整风运动的指示》的发布,全党掀起了两次整风运动。第一次整风运动的重点在于克服全党中,首先是领导干部中存在的以功臣自居的骄傲自满情绪、官僚主义和命令主义的作风,以及少数的党员干部贪污腐化、政治上堕落颓废、违法乱纪等错误,改善党和群众的关系。第二次整风运动的目的在于遏制党员干部中存在的官僚主义、宗派主义和主观主义的思想作派。两次整风运动,使党内不正确的思想倾向得到了有效纠正,促进党内成员树立正确的价值观,中国共产党的作风建设初具成效。为了弥补第一次整风运动没有解决的问题,1951年党中央在北京召开了第一次全国组织工作会议,通过了《关于整顿党的基层组织的决议》,准备以三年时间整顿党组织,改善党的组织情况。整党的必要性在于一些老党员的思想发生堕落,一些新党员的思想政治觉悟不高,造成了党组织和党员思想上的不纯洁。这次整党活动主要通过组织党员学习党纲和党章、对每一个党员进行审查,改造不符合条件的党员,清理党内的坏分子,达到提高党员思想政治水平、改进党的作风的目的。

1951年至1952年"三反""五反"运动的开展,充分发扬民主精神,发动群众广泛参与,形成党执政以来第一次大规模的反腐运动。这次运动重点也在于整治党内作风问题,但与整风整党运动的重点有所不同。整风和整党运动主要针对基于政治组织特殊性产生的错误思想倾向。"三反""五反"运动则是在国民经济恢复和发展的背景下,为了抵制资产阶级腐朽生活作风侵蚀开展的运动。

"三反""五反"运动,在一系列的党内文件指导下有条不紊地进行。1951年12月1日,党中央作出《关于实行精兵简政、增产节约、反对贪污、反对浪费和反对官僚主义的决定》,其中明确要求为了贯彻精兵简政、增产节约的中心任务,必须进行反对贪污、反对浪费和反对官僚主义的坚决斗争。[102] 同月8日,又发出《关于"三反"斗争必须大张旗鼓进行的指示》。1952年1月4日,中共中央发出《关于立即限期发动群众开展"三反"斗争的指示》;26日,发出了《关于在城市中限期展开大规模的坚决彻底的"五反"斗争的指示》,同日发布的《关于首先在大中城市开展"五反"斗争的指示》指出,在全国一切城市,首先在大中城市

---

[102] 中共中央文献研究室编:《建国以来重要文献选编》(第2册),中央文献出版社1992年版,第485页。

向违法资产阶级开展反对行贿、偷税漏税、盗骗国家财产、偷工减料和盗窃经济情报的斗争，以配合“三反”斗争，是极为必要和极为适时的。[103] 1952 年 2 月，《关于“三反”运动和整党运动结合进行的指示》发布。同年，“三反”“五反”运动正式结束。这些指示体现了运动开展的范围之大，决心之强。1953 年 1 月，中共中央发布《关于反对官僚主义、反对命令主义和反对违法乱纪的指示》指导“新三反”运动。“三反”“五反”运动从政党内部发起，动员广大人民群众参加。这是一场全党甚至全社会参与的思想道德建设运动。

根据这些决定和指示，党内不仅表扬先进，奖励模范的单位和人物，也积极抓典型，对相关人员进行严厉的教育和处分。

整风、整党运动的指示和“三反”“五反”运动的指示，是新中国成立初期促进执政党保持和发扬党的优良作风的重要举措。通过这些指示，实现了新的历史条件下社会主义核心价值观对于政党的引领。但这些法规与具体的运动紧密结合，缺乏可持续性，仅实现了社会主义核心价值观相关精神与党内法规的短暂融合。

第二，执政党纪律法规初步发展，消除了党内一些不良风气，使党的优良作风得到发扬。社会主义核心价值观的相关理念和精神融入党的纪律建设中，为纪律建设提供了价值指引，纪律法规也为社会主义核心价值观的培育和弘扬提供了保障。

1949 年 11 月 9 日，中共中央作出了《关于成立中央及各级党的纪律检查委员会的决定》，中央及各级党的纪律检查委员会的成立，加强了党的组织性和纪律性，为党员干部提高思想觉悟和发扬党的优良作风起到了监督作用。《关于成立中央及各级党的纪律检查委员会的决定》指出，中央及各级党的纪律检查委员会的主要任务与职权是：检查违反党的纪律的行为；受理、审查并决定违反纪律的处分或取消处分，在党内加强纪律教育。[104] 纪律检查委员会通过检查、教育和处分的方式，使党内思想道德建设具备了组织上的保障。

民主、平等、友善、公正等价值观融入党的纪律法规当中，为党政干部的作风和行为起到了教育和约束作用。1961 年 1 月，中央下发了《党政干部三大纪律、八项注意》（草案第二次修正稿），在党内予以公布。“三大纪律”是：一切从实际出发、正确执行党的政策和实行民主集中制。“八项注意”分别是：同劳动同食

---

〔103〕 中共中央文献研究室编：《建国以来重要文献选编》（第 3 册），中央文献出版社 1992 年版，第 53 页。

〔104〕 中央档案馆、中共中央文献研究室编：《中共中央文件选集（一九四九年十月——一九六六年五月）》，人民出版社 2013 年版，第 72 页。

堂、待人和气、办事公道、买卖公平、如实反映情况、提高政治水平、工作要同群众商量和没有调查没有发言权。[105] 通过这些要求和约束,纠正了干部中存在的不良作风问题,密切了党员干部和群众的关系。1960 年还发布了《关于不准请客送礼和停止新建招待所的通知》《关于整顿对负责干部的特需供应,禁止商品供应"走后门"的指示》等规定,形成了对党员干部的硬约束。

第三,为人民服务的价值理念催生了对政党干部的制度约束。早在我们党成立之初,毛泽东提出将马克思主义的理论成果与我国革命的实践进行结合,形成政党的价值观。这一价值观的核心就是"全心全意为人民服务"。中国共产党成为执政党后,政党内部干部腐败问题突出,究其原因在于干部管理工作不规范、不严格。1949 年至 1978 年,为了保持共产党干部队伍的纯洁性、先进性,以"为人民服务"为根本出发点和落脚点,形成了对政党干部的制度约束。

1953 年 11 月发布的《中共中央关于加强干部管理工作的决定》指出,由于形势的发展和任务的变化,应逐步建立在中央及各级党委统一领导下,在中央及各级党委的组织部统一管理下,分部分级管理干部的制度。[106] 这一制度为政党筛选出了一批具备政治品质(德)和业务能力的好干部,从组织上保证了干部队伍的先进性。同年发布了《中共中央关于审查干部的决定》,明确了审查干部的目的是"全面了解干部",并对审查干部的范围、方式方法等作出了具体规定。[107] 这一时期还发布了许多约束党内干部行为的规定,如《中共中央关于加强干部文化教育工作的指示》(1953 年)、《中共中央关于增强党的团结的决议》(1954 年)、《中共中央关于轮训干部的决定》(1961 年)、《关于前德州市委主要领导干部腐化堕落违法违纪案件的检查处理报告》(1963 年)等。这些文件从不同的方面约束和规范干部的行为,提高了干部队伍的政治素养和"为人民服务"的能力。

1956 年,邓小平在党的八大《关于修改党的章程的报告》中指出:"党除了应该加强对于党员的思想教育之外,更重要的还在于从各方面加强党的领导作用,并且从国家制度和党的制度上作出适当的规定,以便对于党的组织和党员实行严格的监督。"[108] 邓小平从加强政党领导的角度出发,提出制度建设的要求。这

---

[105] 孙钢:《〈党政干部三大纪律、八项注意〉的提出》,载《党的文献》1990 年第 3 期。

[106] 中共中央文献研究室编:《建国以来重要文献选编》(第 4 册),中央文献出版社 1992 年版,第 572 – 577 页。

[107] 中共中央文献研究室编:《建国以来重要文献选编》(第 4 册),中央文献出版社 1992 年版,第 578 – 583 页。

[108] 《邓小平文选》(第 1 卷),人民出版社 1994 年版,第 215 页。

一论述,也从侧面表明了思想教育与制度治党两者在政党管理中的重要性。关于思想与制度结合治理的观点,局限于历史特殊时期,并没有对制度建设产生很大的影响。因为从1957年开始反右派斗争严重扩大化,党的优良作风受到了损害。此后,经历了十年"文化大革命",价值伦理观念被严重扭曲,法制遭到任意践踏,制度建设与思想建设受到了重创。

社会主义核心价值观融入党内法规的奠基时期,无论是社会主义核心价值观还是党内法规都没有形成完整的样态。党内法规的概念只是一种理论上的认识,缺乏科学明确的党内法规界定。传统优秀文化中共识性高的价值观与具有党内法规性质的文件或者条文结合,是早期社会主义核心价值观融入党内法规体系的形式。在政党的实践中,积累了政党思想建设和制度建设的经验,完成了社会主义核心价值观与党内法规体系融合的初步探索,为迎接社会主义核心价值观融入党内法规体系的创建时期奠定了基础。

二、创建时期(1978—1996年)

中国共产党在总结历史经验和教训的基础上,开始加强党内法规制度建设。改革开放前,社会主义核心价值观和党内法规发展尚不成熟,导致融入过程中存在形式化、主观化、片面化等问题。改革开放之后,经济不断发展,为文化和制度等的建设提供了物质保障,精神文化满足成为社会大众的普遍追求。1979年9月在庆祝新中国成立三十周年的讲话之中,邓小平首次明确地提出了社会主义必须有高度的精神文明:"我们要在建设高度物质文明的同时,提高全民族的教育科学文化水平和健康水平,树立崇高的革命理想和革命道德风尚,发展高尚的丰富多彩的文化生活,建设高度的社会主义精神文明。这些都是我们社会主义现代化的重要目标,也是实现四个现代化的必要条件。"[109]

1978年12月,邓小平在回顾新中国成立以来党的建设时,指出:"国要有国法,党要有党规党法。党章是最根本的党规党法。没有党规党法,国法就很难保障。"[110]党的十一届三中全会后,以邓小平为中心的新一代领导集体开始着力党内法规制度建设,出台了一系列重要的党内法规文件。1990年7月31日,中共中央颁布实施《中国共产党党内法规制定程序暂行条例》,正式明确"党内法规"的概念,廓清了党内立规制度的基本框架、结构、内容等问题。该条例初步建立了党内立规的程序体系,使党内立规活动逐步迈向规范与统一。1992年党的十

---

〔109〕《邓小平文选》(第2卷),人民出版社1994年版,第208页。

〔110〕《邓小平文选》(第2卷),人民出版社1994年版,第147页。

四大召开，首次在党的根本大法《中国共产党章程》中规定了“党内法规”概念，自此“党内法规”的提法得以延用。

党规党法建设与社会主义精神文明建设是这一时期的共同建设任务。在党的文件中贯彻精神文明建设的要求，促进了社会主义核心价值观融入党内法规体系。随着党内法规和精神文明进入创建时期，制定和实施了一批维护党内思想道德风尚的党内法规，推动了社会主义核心价值观融入党内法规体系创建时期的到来。

（一）以《中国共产党章程》为根本遵循加强党的作风建设

在实现思想上的拨乱反正和总结执政经验教训的基础上，1982 年，中国共产党修正了《中国共产党章程》。在该版本的总纲中首次提出“中国共产党领导人民在建设高度物质文明的同时，建设高度的社会主义精神文明”，并指出中国共产党要领导人民“抵制和克服资本主义腐朽思想、封建主义残余思想和其他非无产阶级思想”。在《中国共产党章程》的指导下，中国共产党先后开展了全面整党活动和加强社会主义精神文明建设活动，使党内风气焕然一新，体现了政党在党内法规的引领下对社会主义核心价值观精神的弘扬。同时，根据思想道德建设实践进展，制定相应的党内法规，又推动了社会主义核心价值观与党内法规的融合。

1983 年 10 月 11 日至 12 日，在党的十二届二中全会上邓小平着重强调了反对精神污染的问题，他指出：“精神污染的实质是散布形形色色的资产阶级和其他剥削阶级腐朽没落的思想，散布对于社会主义、共产主义事业和对共产党领导的不信任情绪。”[111] 全会通过了《中共中央关于整党的决定》，对党的作风和党的组织进行一次全面整顿。确定整党的任务是“统一思想，整顿作风，加强纪律，纯洁组织”。在历时三年半的全面整党活动中，实现了全党思想政治上的高度统一，纠正了路线上的“左”和右的错误倾向；发扬了全心全意为人民服务的革命精神；坚持了民主集中制的组织原则；清理了反对党、危害党的分子。从而提高了党员们的思想政治觉悟和抵制资本主义思想腐蚀的能力，增强了党性锻炼，党内思想作风问题得到很大的改善。

根据《中国共产党章程》的指示，1986 年 9 月党中央出台了《关于社会主义精神文明建设指导方针的决议》，自此，社会主义精神文明建设的主体地位和具

---

〔111〕 中共中央书记处研究室、中共中央文献研究室编：《坚持四项基本原则反对资产阶级自由化》，人民出版社 1987 年版，第 269 页。

体措施得以明确。精神文明建设作为社会主义核心价值观弘扬的一种形式，精神文明建设的制度化，意味着社会主义核心价值观的制度化、规范化。该决议作为改革开放时期建设社会主义精神文明的纲领性文件，为政党乃至整个社会的思想道德建设指明了方向。该决议在明确社会主义精神文明建设战略地位、根本任务的基础上，提出社会主义精神文明建设的内容：用共同理想动员和团结全国各族人民；树立和发扬社会主义的道德风尚；加强社会主义民主、法制、纪律的教育、普及和提高教育科学文化；确立马克思主义在精神文明建设中的指导作用；明确党组织和党员在精神文明建设中的责任。通过该决议的实施，促进了制度建设与精神文明建设的融合，树立了社会主义新风尚。

（二）以《关于党内政治生活的若干准则》为基础进行政党的思想道德建设

党的十一届三中全会以后，我们党总结党内政治生活正反两方面经验，特别是"文化大革命"的惨痛教训。1979 年 1 月，中共中央纪律检查委员会首次全体会议召开，全会主要研究了党规党法的维护和党风建设问题，讨论拟定了《关于党内政治生活的若干准则》（草稿）。1980 年 2 月，中共中央委员会正式通过了《关于党内政治生活的若干准则》，准则的效力等级仅次于《中国共产党章程》，是《中国共产党章程》的重要补充，其对全体党员的工作和作风作出了基本规定，是政党对全体党员的工作和作风事项进行全面规定、具体规定的基础。

为了端正党风、严肃党纪，《关于党内政治生活的若干准则》规定了 12 条党内生活准则。该准则提出了当时党内存在的突出问题的解决办法，又归纳了党在长期实践中取得的宝贵经验，具有开创性意义。该准则提出要坚持党的政治路线和思想路线；坚持集体领导，反对个人专断；维护党的集中统一，严格遵守党的纪律；坚持党性，根绝派性；要讲真话，言行一致；发扬党内民主，正确对待不同意见；保障党员的权利不受侵犯；选举要充分体现选举人的意志；同错误倾向和坏人坏事作斗争；正确对待犯错误的同志；接受党和群众的监督，不准搞特权；努力学习，做到又红又专。以《关于党内政治生活的若干准则》为基础，党内立规主体制定了一系列的党内法规，保障切实搞好党风建设。如按照该准则中对发扬党内民主的要求，1988 年 12 月 15 日中共中央批转《中央组织部关于建立民主评议党员制度的意见》的通知；1990 年 5 月 25 日印发《关于县以上党和国家机关党员领导干部民主生活会的若干规定》等。这是提高党员素质，发扬党内民主的重要措施。根据《关于党内政治生活的若干准则》中保障党员的权利不受侵犯的要求，1994 年 12 月 1 日《中国共产党党员权利保障条例（试行）》发布，这是中国共产党历史上第一个保护党员民主权利的专门党内法规,它全面系统地规范了党组织和党员在保障党员权利方面的工作和活动。对于党内选举问题,1990 年中共中央印发《中国共产党基层组织选举工作暂行条例》,1994 年出台《中国共产党地方组织选举工作条例》,加强了党的地方组织建设,完善了党内选举制度。以《关于党内政治生活的若干准则》为基础,围绕党员和干部、党的组织和党的纪律检查等方面制定相应的党内法规,推进了党风建设的法治化进程。

(三)以党的纪律法规为主要领域进行政党的纪律建设

制定维护党内道德风尚的纪律法规是《中国共产党章程》和《关于党内政治生活的若干准则》的要求。改革开放后,为了发扬党内优良作风,党的纪律法规呈现蓬勃发展态势,是体现社会主义核心价值观的主要党内法规类型。

党的纪律法规规范党员干部的行为分为以下几类:第一,直接规定违反社会主义道德的党纪处分。如《关于共产党员违反社会主义道德党纪处分的若干规定(试行)》(1989 年)、《党员领导干部犯严重官僚主义失职错误党纪处分的暂行规定》(1988 年)、《对参与嫖娼、卖淫活动的共产党员及有关责任者党纪处分的暂行规定》(1988 年)等。第二,发布反腐倡廉类规定。如《中共中央、国务院关于反腐败斗争近期抓好几项工作的决定》(1993 年)、《中共中央纪律检查委员会、中共中央组织部、监察部关于党政机关县(处)级以上领导干部廉洁自律“五条规定”的实施意见》(1993 年)、《中共中央纪律检查委员会关于国有企业领导干部廉洁自律“四条规定”的实施和处理意见》(1995 年)等。第三,界定党政干部的具体公务消费标准和禁止送礼的纪律法规。如《中共中央、国务院关于高级干部生活待遇的若干规定》(1979 年)、《中共中央关于禁止在对外活动中送礼、受礼的决定》(1980 年)、《中共中央办公厅、国务院办公厅关于坚决制止干部用公款旅游的通知》(1986 年)、《中共中央办公厅、国务院办公厅关于党政机关工作人员在国内公务活动中食宿不准超过当地接待标准的通知》(1994 年)等。

这些规定体现了党从严治党、坚决反对特殊化、纠正一切不正之风的决心,也体现了对党内领导干部带头恢复和发扬党的艰苦朴素、密切联系群众的优良传统的要求。这一时期,关于党风建设的党内法规制定工作有依据、有计划、有步骤地展开,引领了良好的党内道德风尚。

三、拓展时期(1997—2012 年)

改革开放在社会主义现代化建设取得新突破的同时,也暴露出反腐形势严峻、社会风气堪忧等问题。继党的十五大提出依法治国的基本方略后，江泽民于2001年1月10日在全国宣传部长会议上的讲话中提出："对一个国家的治理来说，法治与德治，从来都是相辅相成、相互促进的。二者缺一不可，也不可偏废。法治属于政治建设、属于政治文明，德治属于思想建设、属于精神文明。二者范畴不同，但其地位和功能都是非常重要的。我们应始终注意把法制建设与道德建设紧密结合起来，把依法治国与以德治国紧密结合起来。"〔112〕这一讲话明确将法治与德治紧密结合，开启了国家层面在处理道德与法的关系上的新篇章。江泽民于2000年1月14日在中共中央纪律检查委员会第四次全体会议上的讲话提出："治国必先治党，治党务必从严。"〔113〕依法治国与依规治党有机统一，依法治国与以德治国的结合推动了依规治党与以德治党的研究。社会主义核心价值观是德治的核心，依规治党与以德治党融合一定意义上就是党内法规体系与社会主义核心价值观的融合。自此，社会主义核心价值观融入党内法规体系进入拓展时期。

拓展时期，党内法规的制定鲜明地体现了依规治党与以德治党相结合。党的自身建设法规和党的监督保障法规在这一时期的突破尤为显著。以《中国共产党党员领导干部廉洁从政若干准则》《中国共产党党内监督条例（试行）》《中国共产党纪律处分条例（试行）》三部党内法规的出台为代表，标志着在党的自身建设和党内监督领域实现了有规可依、有德可循。《中国共产党党员领导干部廉洁从政若干准则》的出台，开创了党风廉政建设和反腐败建设的新局面，加深了社会主义核心价值观与党内法规体系融合的程度；党内监督法治化，加强了党内违纪行为预防和惩处的规范化，拓展了社会主义核心价值观与党内法规体系融合的新领域；党的纪律建设法治化，净化了党内政治生态，扫清了社会主义核心价值观与党内法规体系融合的障碍。

（一）党风廉政建设法治化，加深了社会主义核心价值观与党内法规体系的融合程度

党风廉政建设是建党初期就备受关注的政党治理问题。早期关于党风廉政建设的规定主要为党内法规中的思想教育规定，由于缺乏明确的责任界定，党风廉政建设的规范性不足，影响党风廉政建设的效果。在新民主主义革命和社会主义改造特殊时期，廉政建设具有鲜明的时代背景，局限于政党不同时期的战略

〔112〕《全国宣传部长会议在京召开》，载《人民日报》2001年1月11日，第1版。
〔113〕《江泽民文选》（第2卷），人民出版社2006年版，第496页。

任务，廉政建设虽然是政党建设的重点领域，但在法治化进程中始终未取得实质性的突破。

党风廉政建设是政党保持纯洁性和先进性的保障，关系党的生死存亡。改革开放以后，在以经济建设为中心的新形势下，许多党员领导干部严以律己，廉洁奉公，但也存在少数人的价值观发生动摇，出现以权谋私、贪污受贿和腐化堕落的现象。为了引导全体党内成员树立正确的价值观，达到预防和惩治腐败的目的，中共中央于1997年制定了《中国共产党党员领导干部廉洁从政若干准则（试行）》。2010年修订的《中国共产党党员领导干部廉洁从政若干准则》沿用1997年的体例，在内容上做了一定的补充和修改。其所规范的对象主要是县（处）级以上党员领导干部，所规范的领导干部行为涉及以下八个方面：利用职权和职务上的影响谋取不正当利益的行为；私自从事营利活动的行为；假公济私，化公为私的行为；借选拔任用干部之机谋取私利的行为；利用职权和职务上的影响为亲友及身边工作人员谋取利益的行为；讲排场、比阔气、挥霍公款、铺张浪费的行为；违反规定干预和插手市场经济活动，谋取私利的行为；脱离实际，弄虚作假，损害群众利益和党群干群关系的行为。[114] 这些规定为领导干部廉洁自律提供了行为规范，是政党践行法治与德治相结合的重要表现。这是第一部系统的针对领导干部廉政问题的规定，形成了用制度规范从政行为、按制度办事、靠制度管人的有效机制。

不同于《中国共产党党员领导干部廉洁从政若干准则》从规范廉政建设的主体出发，1998年中共中央、国务院印发《关于实行党风廉政建设责任制的规定》，着重完善廉政建设的重要环节。该规定界定了党风廉政建设的责任主体，明确了职责内容和责任追究方式，是落实党风廉政建设各项措施的制度保障。通过实行党风廉政建设责任制，将集体领导与个人分工负责相结合，实行“谁主管，谁负责”，层层落实责任。在《关于实行党风廉政建设责任制的规定》发布之前，责任不清问题滋生或助长了党内的腐败、不正之风。如部委为了规避责任，在党风廉政建设事项上采取集体领导、集体负责的方式，在实践中集体负责使个体责任减弱甚至免除，导致廉政建设成为没有牙齿的老虎。《关于实行党风廉政建设责任制的规定》清晰界定了领导班子、领导干部在党风廉政建设中承担的不同领导责任，分清了集体责任和个人责任、主要领导责任和重要领导责任，提高了政党的执政能力。以《中国共产党党员领导干部廉洁从政若干准则》《关

[114] 法律出版社法规中心编：《中国共产党党内法规新编：2005年版》，法律出版社2005年版，第242－245页。

于实行党风廉政建设责任制的规定》为标志,党风廉政建设进入法治化轨道。

(二)党内监督专项法规颁布实施,拓展了社会主义核心价值观与党内法规体系融合的新领域

党风廉政建设通过加强党员干部的思想道德建设,提高党员的思想觉悟和政治素养,增强对诱惑的免疫力。监督制度体系的建立和完善则是通过加强监督,减少官僚主义和腐败产生的土壤,达到督促党员干部尽忠职守,积极践行社会主义核心价值观的目的。中国共产党始终重视党内监督,新民主主义革命和社会主义改造时期,党内监督的形式主要表现为大规模的政治运动。如 1942 年延安整风运动和 1950 年、1957 年开展的整风运动。在社会法制观念较为薄弱,政党和领袖权威作为坚强后盾的特殊历史时期下,政治运动对于整顿作风、反腐倡廉具有重要意义,也展现了一定的治理功效。但是,大规模的政治运动在一定程度上破坏了正常的执规执纪程序,甚至在实践中出现偏差。改革开放后,党内监督条款散落在不同的党内法规中,未形成专门且系统的规定。

2003 年,中共中央颁布了《中国共产党党内监督条例(试行)》,这是第一部以党内监督为主要内容的法规,标志着党内监督工作进入规范化、制度化的新阶段。党内监督条例实现了党内监督工作的有章可循。《中国共产党党内监督条例(试行)》以发展党内民主、加强党内监督、维护党的团结统一为主线,介绍了党内监督立法目的和指导思想、重点内容等,明确了不同的监督主体在党内监督中的职责和作用,规定了监督的制度路径和保障措施等,全面织严了监督之网。[115]《中国共产党党内监督条例(试行)》的重大意义在于,首先,第一次正式确立各级纪委为党内监督的专门机关,首次规定了党代表的监督责任,并正式确认舆论监督的地位和作用。从监督的主体上,扩大了监督主体范围,并划分了不同主体的主要和次要监督责任,全面推动了党内监督工作的开展。其次,明确提出党内监督的重点内容,包括监督各级领导机关和领导干部遵纪守法的情况、廉洁自律和抓党风廉政建设的情况、民主集中制的执行情况和维护人民利益的情况等。这不仅体现了党内法治的要求,也彰显了政党的民主执政观和廉洁奉公的决心。最后,从实践中归纳监督经验并形成十项制度。这些经验是党内监督行之有效的方式和办法,经验制度化展现了党内监督长效机制的建立。

---

〔115〕 法律出版社法规中心编:《中国共产党党内法规新编:2005 年版》,法律出版社 2005 年版,第 284 – 295 页。

(三)纪律建设法治化,扫清了社会主义核心价值观与党内法规体系融合的障碍

党中央于1997年2月27日审定发布了《中国共产党纪律处分条例(试行)》,这是一部以责任为导向的法规,是我党开展反腐败斗争、维护党的纪律的有力武器,也是处理违反党纪案件工作的基本依据。《中国共产党纪律处分条例(试行)》发布之前,党纪处分规定存在不统一、不稳定等问题,导致实践中对违法乱纪的现象查处不力,惩治不严,不仅丧失了纪律处分的公正性,而且损害了法律法规的权威性。《中国共产党纪律处分条例(试行)》的制定,标志着党的纪律建设逐步制度化、规范化,是保障党组织纯洁和党员民主权利的重要法规,对于净化党内风气,促进党内成员树立正确的价值观,具有举足轻重的意义。以此条例为契机,既实现了社会主义核心价值观与纪律法规的融合,又为社会主义核心价值观与党内法规体系的进一步融合扫清了障碍。

社会主义核心价值观的内涵体现在《中国共产党纪律处分条例(试行)》的主要任务、指导思想和具体条款当中。如党纪处分任务提到了"维护党的章程,严肃党的纪律,纯洁党的组织,发扬党的优良作风,保护党员民主权利……"[116];党纪处分的原则中包括了"坚持党员在党纪面前人人平等的原则"[117],是纪律法规贯彻社会主义核心价值观中的平等、民主、法治价值的深刻体现。该条例的第9条规定,党的组织和党员违反党章和其他党内法规,违反国家法律、法规,违反党和国家政策,违反社会主义道德,危害党、国家和人民利益的行为,依照规定应当给予党纪处分的,都必须受到追究。[118] 该条将违反社会主义道德行为作为党纪处分的对象,是弘扬社会主义核心价值观的直接体现。在《中国共产党纪律处分条例(试行)》的分则中,指明了违反廉洁自律规定、侵犯党员权利、公民权利、严重违反社会主义道德的行为及其处分。这些规定通过问责处分的方式,鲜明地展现了法规对社会主义核心价值观的弘扬。其他的纪律处分规定,如规定对违反政治纪律的行为、贪污贿赂行为、失职渎职行为的处分,肃清了党内不良风气,培养了党员干部为人民服务和集体主义精神,为社会主义核心价值观进

[116] 法律出版社法规中心编:《中国共产党党内法规新编:2005年版》,法律出版社2005年版,第205页。

[117] 法律出版社法规中心编:《中国共产党党内法规新编:2005年版》,法律出版社2005年版,第205页。

[118] 法律出版社法规中心编:《中国共产党党内法规新编:2005年版》,法律出版社2005年版,第206页。

一步融入党内法规体系扫清了障碍。

社会主义核心价值观融入党内法规的创建时期和拓展时期,党内法规名称正式确定,党内法规的制定和研究工作有序开展,这些党内法规成为党内法规体系构建的重要素材。这两个时期的党内法规更规范地展现了对社会主义道德和价值的坚守:一方面,党内法规制度和规范本身蕴含社会主义道德的内容;另一方面,党内法规的运行实现了对党内道德的弘扬和保障功能。这为社会主义核心价值观融入党内法规体系的定型化做好了准备。

四、定型时期(2012 年至今)

2012 年党的十八大报告从国家、社会、个人三个层面概括了社会主义核心价值观的基本内容。2012 年 5 月 26 日中共中央批准并发布《中国共产党党内法规制定条例》,作为第一部党内"立法法",在党内法规制度建设中起着基础性作用,标志着党内法规制定工作的规范化。2013 年 11 月中共中央印发第一个《中央党内法规制定工作五年规划纲要(2013—2017 年)》,提出到建党 100 周年时全面建成内容科学、程序严密、配套完备、运行有效的党内法规制度体系。至此,党内法规制度建设有目标、有逻辑、有规划地展开,标志着党内法规制度建设的体系化。2016 年 12 月 25 日,中共中央办公厅、国务院办公厅印发了《关于进一步把社会主义核心价值观融入法治建设的指导意见》,明确提出推动社会主义核心价值观入法入规,标志着社会主义核心价值观融入党内法规体系建设进入成熟定型时期。

党内法规体系对社会主义核心价值观弘扬的奠基时期,党内立规呈现碎片化、片面化等特点。社会主义核心价值观融入党内法规体系的创建和拓展时期,党内法规数量和质量上有所提高,但是党内法规体系化始终未得到重视。进入新时代,党内法规制度建设受到党中央的高度重视,党内法规建章立制的成果是中国共产党百年制度建设史上前所未有的。[119] 随着全面从严治党战略推进,党内法规经过理论研究和系统梳理,体系不断完善和优化。党内法规体系化的过程,是党内法规科学化、程序化、规范化的过程。以党内法规为载体的社会主义核心价值观,依托党内法规体系的发展,实现了弘扬内容和方法上的科学化、有效化和程序化,促进了其与党内法规体系的融合发展。

(一)弘扬社会主义核心价值观的科学化

"科学性法则所蕴含的核心要素包括党内法规体系的完整性和合逻辑性、

---

〔119〕 中共中央办公厅法规局编:《中国共产党党内法规体系》,人民出版社 2021 年版,第 58 页。

法规内容的合理性和可操作性等,其中党内法规体系的完整性是科学性法则的首要要求。"[120]按照论述中对科学性要素的界定,配套完备的党内法规是党内法规体系科学性建设的首要任务。截至2022年6月,全党现行有效的党内法规就有3718部,[121]全面补充了不同领域的党内法规和党内法规中不同方面的内容,形成了比较完善的党内法规体系。这意味着党内法规体系在完整性方面,实现了对社会主义核心价值观弘扬的科学化。

首先,通过党内法规修订扩大了社会主义核心价值观调整的领域。如2015年重新构建了党的纪律体系。2015年修订的《中国共产党纪律处分条例》首次将"生活纪律"纳入纪律检查和处分范围,并明确列举了六类违反生活纪律的行为。生活纪律是党员在社会生活中应当遵守的公序良俗,涉及社会公德、家庭美德,是党员在道德领域的行为准则。同年,中共中央印发的《中国共产党廉洁自律准则》,向全党提出"四个坚持""八条规范",是全体共产党员的道德宣示和行动的高标准。针对新的领域加强全体党员的政治道德管理,制定义务性规定,体现社会主义核心价值观的精神,是促进社会主义核心价值观对党内成员行为全方位规范的主要方式。在党内法规调整领域,明确将践行社会主义核心价值观作为一项任务和原则,是在新的领域贯彻社会主义核心价值观的另一种进路。如2019年中共中央印发的《中国共产党党员教育管理工作条例》第11条规定了党员教育基本任务,"强化党章党规党纪教育,引导党员牢记入党誓词,坚持合格党员标准,自觉遵守党的纪律,带头践行社会主义核心价值观,培养高尚道德情操,培育良好思想作风、学风、工作作风、生活作风和家风"。

其次,出台新的规定解决党内法规中不合逻辑的内容,更好地发挥党内法规体系对于社会主义核心价值观的载体作用。如2015年《中国共产党党内法规解释工作规定》出台之前,只有2012年版《中国共产党党内法规制定条例》第29条第1、2款规定"中央党内法规解释工作,由其规定的解释机关负责。本条例施行前发布的中央党内法规,未明确规定解释机关的,由中央办公厅请示中央后承办。中央纪律检查委员会、中央各部门和省、自治区、直辖市党委制定的党内法规由其自行解释"。中央党内法规的解释由其规定的解释机关进行解释,就可能存在制定机关和解释机关脱节,地方党内法规的解释权限没有确认,在解释制度中不融贯的现象。

最后,党内法规适应新形势的党内治理需求和社会主义核心价值观的新时

---

[120] 江国华:《党内法规的程序法则》,载《光明日报》2017年2月6日,第11版。

[121] 中共中央办公厅法规局:《充分发挥依规治党的政治保障作用——以习近平同志为核心的党中央加强党内法规制度建设纪实》,载《人民日报》2022年6月26日,第1版。

代内涵，修订相关党内法规中不合时宜的内容。2016 年 10 月 27 日党的十八届六次全会通过了《关于新形势下党内政治生活的若干准则》，这是在 1980 年制定的《关于党内政治生活的若干准则》的基础上，为适应形势变化，加强和规范党内政治生活管理而制定。2014 年 1 月 12 日，习近平总书记指出："30 多年来，形势任务和党内情况发生了很大变化，党的建设既积累了大量新成果新经验，又面临许多新情况新问题。"〔122〕"1980 年准则虽然至今仍然具有重要指导意义，但由于这个准则针对的是当时的历史条件和主要矛盾，现在党内出现的一些突出矛盾和问题当时尚未遇到，而当时比较突出的一些矛盾和问题现在已经不突出了。"〔123〕

（二）弘扬社会主义核心价值观的有效化

新时期，社会主义核心价值观不仅融入党内法规体系的各个部分，还从历时性维度保证了党内法规体系弘扬社会主义核心价值观的稳定性，通过各个环节的制度设定，确保社会主义核心价值观运行的有效性。党内法规体系稳定性与有效性的提高，共同推动了弘扬社会主义核心价值观的实效。

第一，立规计划和规划保证了社会主义核心价值观弘扬的稳定性。中共中央委员会先后发布了《中央党内法规制定工作五年规划纲要（2013—2017 年）》《中央党内法规制定工作第二个五年规划（2018—2022 年）》，统筹规划中央党内法规的制定工作。第一个五年规划纲要针对"完善党的思想建设方面的党内法规，为做好理论创新和理论武装工作提供制度保障"作了立规部署。第二个五年规划指出："在已有党内政治生活准则和廉洁自律准则基础上，研究制定党的思想道德、密切联系群众方面的相关准则，为规范党组织活动和党员行为提供基本准绳。"两个五年规划都明确将思想道德建设作为立规的重要内容。2019 年版《中国共产党党内法规制定条例》明确了中央党内法规制定的年度计划编制工作的常态化。通过立规规划和计划，一方面，明确思想道德立规工作的目标、基本要求和工作重点，区分轻重缓急、先后主次，有序推进思想道德立规工作开展，避免立规工作随意性而导致党内法规内容规定不一致；另一方面，提高了思想道德立规的稳定性，一定程度上提高了弘扬社会主义核心价值观的稳定性。

第二，配套执行责任制度提高了弘扬社会主义核心价值观的有效性。配套

---

〔122〕《关于〈关于新形势下党内政治生活的若干准则〉和〈中国共产党党内监督条例〉的说明》，载《人民日报》2016 年 11 月 3 日，第 2 版。

〔123〕《关于〈关于新形势下党内政治生活的若干准则〉和〈中国共产党党内监督条例〉的说明》，载《人民日报》2016 年 11 月 3 日，第 2 版。

执行责任制度的建立和完善,既是完备的党内法规体系建设的要求,也是提高规范有效性的关键一步。2015 年 7 月,中共中央印发了第一部关于党内法规解释的规定。完善党内法规解释制度,能够缓解或者消除冲突的产生,促进党内法规体系协调一致。党内法规解释制度对于社会主义核心价值观融入党内法规体系具有重要作用。因为党内法规解释制度着力解决两个主要问题:第一,制度漏洞和不确定概念引起的不一致问题;第二,公开不全面和实践情况变化导致的规范矛盾问题。2012 年《中共中央政治局关于改进工作作风、密切联系群众的八项规定》,明确列出了违反八项规定的情形。这是因为大部分党内法规关于思想道德和作风建设的规定,并没有形成封闭式的列举,而是在结尾以兜底条款的形式概括相关情形。这是因为道德伦理行为普遍具有实践灵活性、关系复杂性、主观判断性强等特点。1980 年《关于党内政治生活的若干准则》确立了正确的思想路线,"要反对和批判否定社会主义道路,否定无产阶级专政,否定党的领导,否定马列主义、毛泽东思想的错误观点和修正主义思潮"。如何界定"否定党的领导",如何判断行为达到党纪处分的程度,都需要进一步解释。为了防止党内法规解释主体在结合实际情形和根据政治素养解读规范文本时,产生过度解释、无效解释和解释空白等现象,从而降低规范的有效性,明确解释主体权限具有必要性。

党内法规的配套执行责任制度,是社会主义核心价值观运行有效的保障。党内法规创建和扩展时期,着力实现"有规可依"。党的十八大之后,才实质性地推进了"执规必严,违规必究"的制度建设。2017 年发布的《中国共产党巡视工作条例》规定了监督落实腐化堕落、违反生活纪律、落实中央八项规定精神不力等意识形态工作责任。2019 年修订的《中国共产党问责条例》指出"党的思想建设缺失,党性教育特别是理想信念宗旨教育流于形式,意识形态工作责任制落实不到位,造成严重后果或者恶劣影响的""党的作风建设松懈""推进党风廉政建设和反腐败斗争不坚决、不扎实"等情形应当予以问责。强化党内法规制度执行,提升执行力,是加强党内法规制度体系建设,助力党内法规制度成为全面从严治党有效法度的必然选择。2019 年 9 月 3 日中共中央印发的《中国共产党党内法规执行责任制规定(试行)》,推动党内法规全面深化实施,强化了执规意识,明确了执规责任,提高了执规能力,维护了党内法规的权威,建立在党内法规体系上的社会主义核心价值观由此将"刚性"真正建立起来。

(三)弘扬社会主义核心价值观的程序化

党内法规体系构建之初,党内成员的思想建设和作风建设就一直在路上。

从一些领域的作风建设到全面贯彻社会主义核心价值观，不同时期的中国共产党都致力于提供关于政党思想道德建设的最新观点。党的十八大以前，党内法规以政治权威作为后盾，追求党内治理效率，党内法规运行程序长期被忽视。新时期，在党内治理法治化推动下，党内法规体系建设和完善进入高潮。形成程序严密的党内法规体系，成为党内法规体系完善的必要步骤。

第一，对于党内法规体系程序空白的领域，探索制定相关程序规定。《中央党内法规制定工作五年规划纲要（2013—2017 年）》明确提出“研究制定地方党委决策程序规定”。2018 年 11 月 29 日印发了第一部关于党员处分的程序规定，即《党组讨论和决定党员处分事项工作程序规定（试行）》。该规定在党内法规体系程序内容规定上具有里程碑的意义。以德治党与依规治党密不可分，党员思想道德问题一直是党内法规制度建设的重点任务。对于党员违反思想道德规定给予相应处分，体现了党内法规体系发挥对社会主义核心价值观的制度保障作用。如早在 1980 年印发的《关于党内政治生活的若干准则》就提出：“全体党员要认真学习，自觉遵守，要对照‘准则’的规定，认真检查自己的工作和作风。党的各级领导机关和领导干部要带头执行。任何党员如果有违反本准则的行为，要进行批评教育，情节严重的必须按照党的纪律给予处分，直至开除党籍。”党员处分规定是思想道德建设法规有效运行的保障。对党员处分事项工作作出程序规定，可以减少党员思想道德问题处分的臆断性，提高思想道德建设法规运行的规范化。

第二，在党内法规体系已有的程序内容上，完善了相关程序规定。1990 年印发的《中国共产党党内法规制定程序暂行条例》，是中国共产党第一部关于立规程序的条例。2012 年中共中央在此基础上，重新制定了《中国共产党党内法规制定条例》，标志着党内立规制度的正式确立。虽然早在 1990 年《中国共产党党内法规制定程序暂行条例》中就对党内法规前置审核作了规定，明确需经中央审议批准的党内法规草案，由中共中央办公厅负责校核，并向中央提出校核报告，但对于审核内容、审核后续处理程序等均未做配套规定，导致程序不衔接、不协调、不完整、可操作性弱。鉴于此，2019 年版《中国共产党党内法规制定条例》在 2012 年版本的基础上进一步明确了前置审核程序、合法性合规性等审核内容，并规定了审核后续的问题处理办法和程序。党的理论、路线、方针、政策是社会主义核心价值观适用的主要场域，新时期确立社会主义核心价值观的理论指导地位，是党员干部带头弘扬和践行社会主义核心价值观的理论依据。审核所有党内法规制定是否符合社会主义核心价值观，是从源头上保证社会主义核心价值观与党内法规体系的融合。

新时期,社会主义核心价值观在融入党内法规体系促进制度效能发挥的同时,党内法规体系存在的不完善问题,也影响社会主义核心价值观的融入。如党内法规转化为国家意志程序的界定和公开、合法性审查程序、民主征求意见程序、立规评估程序等方面的社会主义核心价值观融入问题,需建立在相关党内法规制定的基础上。弘扬社会主义核心价值观的规范化问题,应当在党内法规体系规范化的基础上。目前党内法规体系规范化方面还存在一定立规技术上的局限。党内法规体系与国家法律体系的衔接,首先应当实现指导思想和价值导向上互融互通,社会主义核心价值观作为两者的指导思想如何实现桥梁功能,还需要进一步的理论研究和实践经验积累。

社会主义核心价值观融入党内法规体系的历史进程表明,以德治党与依规治党结合既是社会主义核心价值观法治建设和党内法规体系科学化的要求,也是全面从严治党的战略需求,更是政党治理体系和治理能力现代化的应有之义。一方面,社会主义核心价值观融入党内法规,以党内法规为载体实现了内容具体化、培育常态化、弘扬规范化。另一方面,社会主义核心价值观融入党内法规,实现了以德治党的制度保护和制度治党的思想补充。

第四节　党内法规体系弘扬社会主义核心价值观的现状与问题

党内法规体系的不断完善,对爱国统一战线、廉洁奉公准则、实事求是原则、团结合作规定的阐述,表达了对党员干部"爱国、敬业、诚信、友善"的要求。对于经济建设、民主政治、生态文明、和谐社会的论述,体现了执政党建设"富强、民主、文明、和谐"国家的大局意识。对宗教管理、选举程序、政法工作、教育原则的规定,彰显了"自由、平等、公正、法治"的治理精神。目前,社会主义核心价值观融入党内法规体系,释放了制度的价值治理效能,呈现出制度治理的优势。

一、党内法规体系弘扬社会主义核心价值观的现状

社会主义核心价值观融入党内法规体系定型之后,党内法规体系弘扬社会主义核心价值观取得了一定成效。通过对现有的社会主义核心价值观融入党内法规体系的典型案例进行剖析,总结成功的举措,并对其进行理论升华,可以形成可复制可推广的经验。

（一）党内法规体系弘扬社会主义核心价值观的总体分析

2012年社会主义核心价值观内容明确之后，党内法规的制定工作严格遵循社会主义核心价值观。总体上，可以将党内法规体系弘扬社会主义核心价值观的类型分为直接弘扬和间接弘扬。直接弘扬是指党内法规中明确出现“社会主义核心价值观”字眼，间接弘扬是指党内法规虽然没有明确将社会主义核心价值观作为制定依据，也没有在具体条款上突出社会主义核心价值观的字眼，但法规的主要内容是关于党员的思想道德和党风廉政建设，其精神和目的是弘扬社会主义核心价值观。

第一，社会主义核心价值观直接融入党内法规体系，实现党内法规体系对社会主义核心价值观的弘扬。截至2022年12月底，党内法规文本内容明确提到“社会主义核心价值观”字段的包括：2014年印发的《党政领导干部选拔任用工作条例》《中国共产党发展党员工作细则》；2015年印发的《干部教育培训工作条例》《事业单位领导人员管理暂行规定》；2016年印发的《关于新形势下党内政治生活的若干准则》《县以上党和国家机关党员领导干部民主生活会若干规定》；2017年印发的《国家功勋荣誉表彰条例》；2017年修改的《中国共产党章程》；2019年印发的《中国共产党党员教育管理工作条例》《中国共产党农村工作条例》《中国共产党宣传工作条例》《中国共产党国有企业基层组织工作条例（试行）》《中国共产党党和国家机关基层组织工作条例》；2022年最新修正的《中国共产党章程》。

第二，党内法规体系间接弘扬社会主义核心价值观。党内法规体系中除了直接弘扬社会主义核心价值观的党内法规之外，其他部分都在不同程度地间接弘扬社会主义核心价值观。这类党内法规的典型代表为2012年12月4日印发的《中共中央政治局关于改进工作作风、密切联系群众的八项规定》。违反中央八项规定精神的问题类型分为形式主义、官僚主义、享乐主义和奢靡之风。这四类问题均直接或者间接地损害了群众的利益，是不文明不和谐的行为，违反了平等、公正、法治等价值观要求。可以认为贯彻中央八项规定精神就是弘扬社会主义核心价值观的体现。在中央纪委国家监委网站公布的违反中央八项规定精神的案例中，党员大部分未构成违法，但违反了社会主义核心价值观。这体现了严格管理党员，不仅在法律和党内法规共同规范的领域，还在法律适用范围之外的领域。对违反中央八项规定进行处分（见图1－2），对党员违反社会道德但未触及法律边界的行为进行有效约束，可以更加清晰地体现社会主义核心价值观融入党内法规规范中的成效。

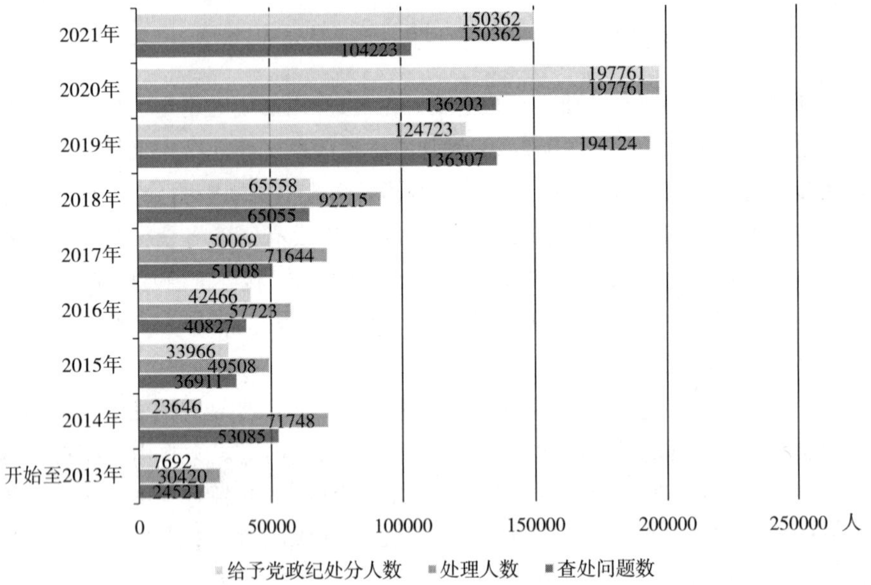

图 1-2 全国查处违反中央八项规定精神问题统计

资料来源:根据中央纪委国家监委网站公布的数据统计。

总体上,查处违反中央八项规定精神问题并给予处理和处分的人数呈现增长趋势。可见,中央八项规定精神在全国范围内贯彻不断深入。全国违反中央八项规定精神问题的查处人数和给予党政纪处分的人数,在 2019 年和 2021 年增长显著。这是由于 2019 年修改了《中国共产党问责条例》等党内法规,党内法规体系内对党员思想道德建设的监督保障机制更加健全。2020 年 1 月 15 日,习近平总书记在十九届中央纪委四次全会上再次强调要深入落实中央八项规定精神。在政策指导下,在党内法规制度完善的基础上,提高执政的水平和查处的力度,促进了中央八项规定精神的贯彻落实,保证了对党员干部思想道德的有效约束,实现了党内法规体系对社会主义核心价值观的弘扬。

(二)党内法规体系弘扬社会主义核心价值观的典型案例

社会主义核心价值观融入党内法规体系,与党内法规制度的目的价值融合,成为党内法规思想建设的重要部分。近年来,全面从严治党战略实施,中央纪委国家监委公开通报、曝光了多起违反中央八项规定精神、腐败作风问题的案例,开设了群众监督举报的专栏,查处了一批存在思想道德问题的党员干部,为社会主义核心价值观的弘扬积累了实践素材。

第一,社会主义核心价值观融入党内法规的价值目的,引导党员树立正确的价值观。社会主义核心价值观对于党员的作用重在教育引导。《中国共产党党员教育管理工作条例》第 11 条明确指出："强化党章党规党纪教育，引导党员牢记入党誓词，坚持合格党员标准，自觉遵守党的纪律，带头践行社会主义核心价值观，培养高尚道德情操，培育良好思想作风、学风、工作作风、生活作风和家风。加强宪法法律法规教育，引导党员尊法学法守法用法。"实践中，党员通过带头践行社会主义核心价值观：首先，在思想认识上加深了对社会主义核心价值观的了解，更加科学地把握社会主义核心价值观的内涵。其次，以社会主义核心价值观为行为准则，促进了党员团结一致，保障了党内关系和谐。最后，践行社会主义核心价值观使社会主义核心价值观内化于心，引导党员个体树立正确的价值观。

案例一：在庆祝中国共产党成立 100 周年之际，党中央决定授予吴良镛等 384 名同志、追授李献忠等 16 名同志"全国优秀共产党员"称号。99 岁高龄的吴良镛先生在优秀共产党员中尤受关注。1940 年，吴良镛进入重庆中央大学学习，开启了他的建筑规划生涯。他选择建筑系，跟当时合川轰炸、城市毁坏有关系。20 世纪 80 年代，吴良镛受邀对南锣鼓巷东侧的菊儿胡同操刀"动手术"。他的菊儿胡同改造方案保留了老北京人"有天有地，有院有树，有街坊有胡同"的居住环境。此后，一直为建设美好人居环境而奋斗。吴良镛先生身体力行，诠释了敬业奉献的精神。以表彰先进的方式，引导党员积极践行社会主义核心价值观，激励广大党员和各级党组织奋勇争先、建功立业。通过教育引导的方式，将不断涌现先进党员人物，树立党员先锋模范。

充分发挥社会主义核心价值观对于党员的作用，不仅要重引导，还要严管理。党员的党纪处分规定愈加完善，社会主义核心价值观作为党纪处分的依据融入党内法规体系当中，发挥了社会主义核心价值观对党员的硬约束。曝光和处分违反社会主义核心价值观的党员，为建设一支信念坚定、政治可靠、素质优良、纪律严明、作用突出的党员队伍提供了保障。2018 年修订的《中国共产党纪律处分条例》第 7 条第 1 款指出："党组织和党员违反党章和其他党内法规，违反国家法律法规，违反党和国家政策，违反社会主义道德，危害党、国家和人民利益的行为，依照规定应当给予纪律处理或者处分的，都必须受到追究。"由此可见，社会道德作为党员党纪处分的依据正式确立。

案例二：2019 年 10 月中央纪委国家监委网站发布了一例对党员

的处分:[124]邓某,系重庆市大足区弥陀小学教师,中共党员。邓某因自己号牌为“渝C8××Z9”的小轿车违章较多且没有年检,为躲避违章检查,在网上购买了两个“6”字的磁铁号牌,并将其中一个贴在自己车牌号的“Z”上,将车牌号变造为“渝C8××69”,后邓某被交警查获。大足区公安局给予邓某行政拘留10日的处罚。受到行政处罚后,邓某被大足区教育工委给予党内严重警告处分。根据《中国共产党纪律处分条例》第7条第1款的规定,“依照规定应当给予纪律处理或者处分的,都必须受到追究”。虽然党员违反法律法规并不一定都会给予党纪处分,但“按照规定”表述具有模糊性,对于一些处于处分边缘的行为,实践中容易出现不一致的处理结果。不过从另一个角度出发,邓某的行为明显违背了社会道德,邓某作为一名党员,上述行为扰乱了社会管理秩序,破坏了社会和谐,是不文明、不诚信的行为。因此,应当适用党内法规对邓某给予处分。社会主义核心价值观作为社会道德的精髓,融入党员行为规范中,为党员违规行为的认定提供了依据,保证了作为政党基础的党员队伍的纯洁性。

第二,社会主义核心价值观融入党内法规思想作风建设内容,促进领导干部作风建设和提高党组织为人民服务的能力。社会主义核心价值观融入党内法规体系,充实了政党作风建设的价值基础,强化了党员干部宗旨意识,促进了党员干部坚定理想信念。同时,社会主义核心价值观融入党内政治生活,为党组织注入价值灵魂,提供党组织为人民服务的能力。在社会主义核心价值观与党内法规体系的融合下,涌现了一批为党执纪、严以修身的好干部,也清理了一批形式主义、官僚主义的腐败分子,呈现出良好的党内政治生态。

人民的好干部如焦裕禄、孔繁森、任长霞等,这些党员干部在党内法规并不完善时期,发挥了高度的党员自觉自律,忠诚于党,为民殚精竭虑,是一个时代党员干部的代表。在新时代,表彰先进党员干部逐渐制度化、常态化。2013年11月中央党内法规制定工作五年规划纲要(2013—2017年)发布,提出健全党内表彰制度。2016年2月中共中央办公厅、国务院办公厅印发《健全落实社会治安综合治理领导责任制规定》,专章设置了对真抓实干、社会治安综合治理工作成绩突出的组织和干部的表彰。从正面奖励践行和弘扬社会主义核心价值观的干

[124] 《对违法犯罪党员,如何给予党纪处分?》,载中共中央纪律检查委员会、中华人民共和国国家监察委员会官网2019年10月14日,https://www.ccdi.gov.cn/hdjl/nwwd/201910/t20191030_210180.html。

部,使党内成员积极创先争优,营造良好风尚。如党的好干部张书军同志的先进事迹就是很好的典范。

案例三:张书军,男,1998 年 10 月加入中国共产党,生前任宜阳县香鹿山镇副镇长。2019 年 8 月 13 日因突发心脏病不幸逝世。在农业农村工作方面,发展花椒产业中,数十次带队赴陕西韩城考察学习,深入村组一线、田间地头亲自指导示范花椒种植,组织开展椒农培训。在民政工作方面,担任香鹿山镇副镇长 3 年来看望困难家庭、受灾家庭 24 户,困境儿童 63 户;多次为全镇 6 个孤儿送去衣服钱物;遍访全镇 189 户五保户。在张书军协调努力下,2017 年 8 月香鹿山镇投资 30 万元建成镇重症残疾人集中托养中心。在水利工作方面,改善上韩、楚凹、南留村、潘沟、叶庄、潘寨 6 个村 12000 余人的安全饮水问题;在防汛抗旱工作中认真负责,每遇险情亲临一线认真排查。在河长制建设工作中,首创全县"一河一档"。在林业工作方面,实施廊道绿化、北环路绿化工程,投资种植各类树木 25.7 万株。在全镇所有村村通主干道实施廊道绿化工程。张书军同志日复一日、年复一年的辛勤付出,是一名基层优秀党员干部在田间地头、群众心坎抛洒的热血汗水。[125]

张书军同志始终保持高度的政治觉悟,全心全意为人民服务,是基层领导干部的楷模。在担任基层工作过程中,他孜孜以求矢志探索,带领山区群众走向富强。在扶贫济困工作中,他亲民爱民,将民主理念贯彻到行动中;凡事亲力亲为,发扬了敬业奉献的精神;投身于城镇绿化工作,推动了城镇生态文明建设。张书军的事迹充分展现了作为共产党人的信念追求,全面展示了其忠于党、忠于国家、忠于人民、忠于事业的优秀品质,生动诠释了新时代共产党人艰苦奋斗、为民服务的精神品格。新时期,在党内法规制度关于先进党员干部表彰制度不断完善、社会主义核心价值观教育深入人心的情况下,张书军同志的先进事迹也将激励更多的党员干部践行社会主义核心价值观。党内法规体系在正面促进党员干部弘扬社会主义核心价值观的同时,也加强纪律约束和监督检查,从反面给予违反社会主义核心价值观的党员干部和党组织严惩。甘肃纪检监察机关就曝光了在农村危房改造领域出现的形式主义、官僚主义不良作风的党员干部和党组织。

案例四:2018 年 4 月 27 日,甘肃省住建厅会同相关部门联合下发

---

〔125〕 市委主题教育办:《张书军同志先进事迹》,载洛阳党建网 2019 年 11 月 19 日,http://www.lydjw.gov.cn/search.php? id = c4f1ffcb8c0957775cbc3b91a1e8ec9f。

通知，要求各地对遗漏和新增危房、已改造房屋质量安全隐患进行排查，并于5月底前建成台账。在此后2个多月时间内，先后3次发文更改工作要求、表格内容和上报时限。2018年6月，省住建厅在没有深入调研、没有充分征求基层意见的情况下，照搬照抄其他地方做法，印发了《农村危房改造档案管理实施细则》。这份3200余字的文件，并未结合全省扶贫领域危房改造实际，内容不全面、未细化，针对性和可操作性不强，流于形式。

甘肃省住建厅关于农村危房改造的工作部署朝令夕改，工作流程烦琐难懂，任务落实流于形式，对全省脱贫攻坚工作造成了负面影响。纪检监察组决定对相关负责人给予处分。2020年4月，纪检监察组向厅党组下发了纪律检查建议书，督促召开专题民主生活会，督促制定《关于改变工作作风提高执行力落实力的具体措施》；向负责人发出《落实省住建厅脱贫攻坚专题民主生活会批评意见整改工作的建议》，督促村镇建设处建立中央脱贫攻坚专项巡视反馈问题整改工作台账等措施，积极推动以案促改。[126]

形式主义和官僚主义降低了政党的执政能力，严重损害了政党权威。在案例当中，甘肃省住建厅党组织和党员干部违背实事求是的原则，采取消极不作为的态度，没有积极调研就下发文件，违背了民主精神，造成省住建厅与基层工作脱节等不和谐的现象，阻碍了农村危房改造工作的进行。对甘肃省住建厅和党员干部的处理，不仅为各地党组织提高执政能力提供警示，也展现了切实保障人民利益的政党价值诉求。社会主义核心价值观融入党内法规体系，加大了对形式主义、官僚主义、享乐主义、奢靡之风等不正之风的查处。不正之风和腐败问题互为表里，对这些违纪行为严肃惩治，可以从源头上防治腐败。

党的十八大以来查处了一批贪污腐败的官员，在反对官僚主义和形式主义的道路上取得了阶段性的胜利。2022年3月27日，中央纪委国家监委公布了2022年2月全国查处违反中央八项规定精神问题汇总情况。当月，全国共查处违反中央八项规定精神问题5834起，批评教育帮助和处理9100人，其中，党纪政务处分6046人。这是中央纪委国家监委连续第102个月公布月报数据。[127]

---

[126] 管筱璞：《让基层无所适从的4次发文》，载中共中央纪律检查委员会、中华人民共和国国家监察委员会官网2020年5月7日，https://www.ccdi.gov.cn/special/jdbg3/gs_bgt/sfjds_jdbg3/202005/t20200511_217018.html。

[127] 陆丽环：《2022年2月全国查处违反中央八项规定精神问题5834起》，载中共中央纪律检查委员会、中华人民共和国国家监察委员会官网2022年3月27日，https://www.ccdi.gov.cn/toutun/202203/t20220328_180830.html。

不良作风是党员干部价值观扭曲的表现，是滋生腐败的土壤，严重违背了社会主义核心价值观。这些案例数据背后是依据党内法规查处不正之风的严肃与坚持。社会主义核心价值观融入党内法规体系，以严明纪律改进作风、惩治腐败，促进了党风建设活动的横向开展和纵向延伸，不断营造风清气正的政治生态。

（三）党内法规体系弘扬社会主义核心价值观的成效

党内法规体系的规范内容和实施机制都具有鲜明的道德色彩。社会主义核心价值观融入党内法规体系，发挥对普通党员、党员干部和党组织全方位、各环节的调节功能，实现了对不同价值判断的协调和引领。党内法规体系与社会主义核心价值观的双向驱动，既推动党内法规体系的健全完善，又推动了社会主义核心价值观在党内的硬化实施。在社会主义核心价值观融入党内法规体系已呈现一定治理成效之际，应当总结经验，不断巩固和强化价值理念与制度规范结合的治理效益。

1. 推动了党内法规体系的健全完善

社会主义核心价值观推动党内法规体系的健全完善主要表现为，社会主义核心价值观弥补了党内法规的制度缺陷。党内法规的条款结构与法律规范相类似，由假定条件、行为模式和法规后果构成。党内法规具有一定的抽象性和稳定性，它所要处理的党内各类事务与关系却是具体的和复杂的。意欲制定出一部天衣无缝、调整一切行为以及关系的党内法规根本无法做到。因此，在党内法规文本中设置一些记载社会主义核心价值观内容的制度规范，可以增强党内法规的制度弹性与调整空间，填补党内法规的制度空白，提升党内法规调整党内所存在的各类问题的能力，推动党内法规体系的完善。具体而言，社会主义核心价值观有效地推动了普通党员和党员干部行为规范的健全完善。

第一，补足党内法规对普通党员的行为规范，加强了对普通党员的思想道德建设。党内法规体系中关于党员的规定，主要集中在发展党员、党员权利、党员教育、党费缴纳、党员的组织关系管理等方面。党的纪律规定模块，主要规范党内干部行为，党员的行为规范规定较少且分散在不同的规定当中。原因在于，我国党员数量庞大且文化素质差异较大，即使专项规定并细化了党员的行为规范，在实践中审查每一个党员的行为合规不具有可行性。同时根据权利与义务相适应原则，也不具有必要性。普通党员作为广大人民的另一种身份，不同于党员领导干部。党员领导干部属于少数掌握权力的人群，容易诱发腐败。虽然党员身份所提供的权利不容易成为腐败的“温床”，因为不仅利用党员身份获利的行为发生率较低且即使利用普通党员身份获利，危害性也较低，对党员实时监督和检查，制定严苛的纪律处分方案，可能损害民主和自由权利，但是在新时期，在全面从严治党战略和对党员权利保障进一步加强之下，党员身份的特殊性对党员队伍素质提出了更高的要求。《中国共产党章程》中明确指出："中国共产党党员永远是劳动人民的普通一员。除了法律和政策规定范围内的个人利益和工作职权以外，所有共产党员都不得谋求任何私利和特权。"社会主义核心价值观融入党内法规体系，缓解了作为普通劳动人民和先锋的党员双重身份的矛盾。

社会主义核心价值观融入党员行为规范中，对社会影响较大或危害较大的党员行为产生了约束力。2017 年修正的《中国共产党章程》明确规定共产党员必须自觉接受党的纪律的约束，并首次提出了生活纪律的要求。生活纪律是党员在日常生活和社会交往中应当遵守的行为规则，涉及党员个人品德、家庭美德、社会公德等各个方面，关系党的形象。2018 年修订的《中国共产党纪律处分条例》将社会道德纳入党员的处分依据中。社会主义核心价值观是党员生活纪律的重要依据，社会道德的核心内容，发挥了补足党内法规对党员的行为规范功能，逐渐改变了实践中对党员处分无从下手的情形。社会主义核心价值观融入党内法规成为处分党员的依据，实现对社会影响较大、性质较为恶劣的违反社会道德行为的处分，使党员问题摆脱舆情推动，为审查和处分党员行为创造了主动权，维护了政党的权威和党员队伍的纯洁性。

第二，提高了党内法规从严管理党员干部的灵活性。根据中央纪委国家监委网站党纪政务处分栏目中已公示的全部党纪处分结果，案例中对党员干部处分的理由就包括了干部违反生活纪律、违反社会主义道德和道德败坏、毫无道德底线等。不同层级干部之间的约束标准存在差异。党纪政务处分栏目由此区分了中管干部，中央一级党和国家机关、国企和金融单位干部，以及省管干部三个类目的案例。

社会主义核心价值观提高了党内法规从严管理党员干部的灵活性的成效表现为两个方面：横向上，社会主义核心价值观为党员干部提供了价值遵循和行为依据；纵向上，形成了对不同层级党员干部的不同道德标准，提高了干部行为管理的灵活性，促进了党内法规体系的科学化。

其一，在横向上，社会主义核心价值观为党员干部思想道德问题的处分预留了空间，以纪在法前、纪严于法为标准，形成了比较灵活的道德高线要求。马克思曾在对康德的人性论批判中，表达了他的人性论思想，即一种伦理或政治学说，不应把人由其具体环境中抽出来，因为忽略了他的实际生活情形，也不应假设一个常人所不能达到的理想的"至善"，使一般人只能做到"仰之弥高"，而不可趋赴。[128] 在以德治党的过程中，社会主义核心价值观强化重点领域、关键环节的道德要求，如必须爱国爱党保持政治正确，涉及政治路线上的道德标准刚性较强，而生活领域的作风建设刚性较弱，社会主义核心价值观实现了党内法规在道德问题规范上的刚柔并济。根据中央纪委国家监委网站发布的领导干部党纪政务处分的案例，没有党员干部是因为单独违反生活纪律而受到处分的。可见，代表党员干部生活道德规范的生活纪律，实际上为党员干部的道德处分预留了空间，可以根据实际情况酌定处分：既不能突破纪在法前、纪严于法的原则，也不能施加难以实现的"至善"要求，在此区间内实现了社会主义核心价值观对干部道德规范的灵活性。

其二，在纵向上，社会主义核心价值观约束不同层级的党员干部，形成了不同程度的思想道德要求。为实现党员干部的引导示范作用，促进党内关系和谐，社会主义核心价值观对普通党员和干部提出了不同的道德要求。社会主义核心价值观以《中国共产党章程》、党的自身建设法规板块等党内法规为载体，渗透党员干部思想政治教育、日常行为规范、党政职务行为当中，对党员干部的思想道德修养提出了更高的标准。这些道德标准以防止党员干部滥用权力、贪污受贿、腐化堕落、违法乱纪等现象滋生蔓延为目的，高于普通党员又低于党内少数高级干部的要求。以在全体党员干部中开展纠正形式主义、官僚主义、享乐主义和奢靡之风的"四风"运动为例，"四风"违背了党员干部为人民服务的宗旨，是不平等、不和谐、不文明的工作和生活作风，纠正"四风"，促进了党群干群关系和谐。

在对全体党员道德要求的基础上，针对党员领导干部这一"关键少数"，加强了思想道德约束。在省部级主要领导干部学习贯彻党的十八届六中全会精神专题研讨班上，习近平总书记指出，"领导干部特别是高级干部必须加强自律、慎独慎微，经常对照党章检查自己的言行，加强党性修养，陶冶道德情操，永葆共产党人政治本色"[129]。高级干部要以身率下，对高级干部的思想道德要求高于普通干部。此外，抓作风建设，首先要从中央政治局做起。为此中共中央政治局出台了《关于改进工作作风、密切联系群众的八项规定》，并在中央纪委国家监委网站开设了中央八项规定精神专栏，公布查处违反中央八项规定的案例。

2. 丰富了社会主义核心价值观的理论

运用党内法规体系促进社会主义核心价值观的硬化，推动社会主义核心价

---

[128] 吴恩裕：《马克思的政治思想》，商务印书馆2008年版，第165－166页。

[129] 《以解决突出问题为突破口和主抓手　推动党的十八届六中全会精神落到实处》，载《人民日报》2017年2月14日，第1版。

值观在党内的实施。社会主义核心价值观融入党内法规体系,实现具有软性或者柔性的道德价值观硬化为党内强制性行为规范。社会主义核心价值观在党内的执行力增强,为社会主义核心价值观理论推进积累了实践素材。党内法规体系中蕴含的政党伦理,构成了社会主义核心价值观政治伦理内涵的一部分。

政党不仅遵循政治伦理,也遵循社会主义核心价值观的引导。社会主义核心价值观与党内法规制度融合,政党的政治道德实现了对社会主义核心价值观伦理内容的有益补充。社会主义核心价值观是社会不同价值取向的凝练,共包括 12 个价值理念,是对不同领域价值理论的总结和提炼,不同的价值观密切联系且地位平等。对这些不同的价值内容进行逻辑整合与提升,最终都会回归社会主义核心价值观的哲学基础和总体原则,即"以人为本"。[130] 党内法规制度具有鲜明的价值观导向性,即"全心全意为人民服务"的党的宗旨。这一宗旨的当代体现就是人本主义思想。"全心全意为人民服务"在党内法规制度中的体现,是"以人为本"理念的体现,也是社会主义核心价值观的体现。因此,"全心全意为人民服务"是社会主义核心价值观在党内法规制度中的间接表达。"全心全意为人民服务"的当代理论发展成果,充实了社会主义核心价值观的内容。

"全心全意为人民服务"的内涵随着党内法规制度探索的过程不断优化。目前,对内容的界定已经较为科学。党内法规体系以《中国共产党章程》为根本,可以从《中国共产党章程》中对"为人民服务"的规定,探寻党内法规体系"为人民服务"的内容范围。党章的历史变革反映了"为人民服务"内容的变动。"为人民服务"在《中国共产党章程》中的不同体现,也说明了一定时期的政党建设状况。党的七大将"为人民服务"作为共产党人的精神首次写进党章,党的十一大以后的《中国共产党章程》均沿袭七大《中国共产党章程》制定思想,将"为人民服务"作为《中国共产党章程》总纲中的一部分。目前《中国共产党章程》中关于"为人民服务"的内容主要从党的十二大《中国共产党章程》修改而来。党的十二大《中国共产党章程》确立了"为人民服务"的主要内容,即把群众利益放在第一位和坚持走群众路线的思想。党的十四大《中国共产党章程》将党风建设和廉政建设加入"为人民服务"的内容中。党的十六大和十七大《中国共产党章程》主要在"为人民服务"内容的表述上结合领导人的政治决策进行优化。党的十六大《中国共产党章程》增加"我们党的最大政治优势是密切联系群众,党

---

〔130〕 有学者认为"以人为本"是社会主义核心价值体系的哲学基础和总体原则。社会主义核心价值观是社会主义核心价值观体系的抽象提炼、高度概括。一定程度上可以认为,以人为本是社会主义核心价值观的哲学基础和总体原则。参见曹飞等:《"以人为本"社会主义核心价值体系探索》,人民出版社 2012 年版,第 1 页。

执政后的最大危险是脱离群众”;党的十七大《中国共产党章程》增加“坚持权为民所用、情为民所系、利为民所谋”的表述。党的十九大《中国共产党章程》在党的总纲中增加新时代从严管党治党的思想要求,将党风建设和廉政建设内容从“为人民服务”中划出,归入“坚持从严管党治党”内容中。这一转变更加明晰了“为人民服务”的定位是以人民为中心,并紧紧围绕人民展开。党风和廉政建设是以政党建设为中心,与“为人民服务”的内容没有紧密关联。而且,将党风和廉政建设放在“为人民服务”的内容中,易导致主体责任模糊、建设工作消极懈怠的危险。在“坚持从严管党治党”的主题之下,明确了党风廉政建设是党的责任和任务,纳入党的本职工作和政党的常态化建设中,强化管党治党的政党主体责任和监督责任。综上可见,“为人民服务”的内容,随着党的自身建设的深入,表述越来越规范、逻辑越来越严谨、内容越来越科学。

“为人民服务”是以人为本在党内法规制度领域的延伸表现,“为人民服务”内容的补充完善,推动着以人为本的价值内涵和外延的丰富。以人为本作为社会主义核心价值观的间接表达,也丰富了社会主义核心价值观的理论内涵。

3. 促进了依规治党与以德治党的统一

党内法规与道德有着十分密切的联系,它们互相渗透、互相制约、互相保障。党内法规作用的发挥需要道德的支持,党员政治道德的践行离不开党内法规约束。党内法规需要从道德中寻求自己的正当性资源和党员的支持。社会主义核心价值观融入党内法规体系,可以为党内法治建设奠定坚实的德性基础,并获得党组织以及党员的遵行。道德也需要党内法规的支持,党内法规通过把价值观念和价值标准凝结为固定的行为模式和制度,让全体党员深入学习占支配地位的意识形态,使之渗透于或内化在党员的内心之中,并借助党员行为进一步广泛传播。因此,社会主义核心价值观融入党内法规体系有助于实现依规治党与以德治党的有机统一。从二者结合的角度,如果制度直接为道德披上强制的外衣,会导致道德异化。有机统一不同于社会主义核心价值观与党内法规体系的单向作用和静态结合,而是两者的互动平衡。社会主义核心价值观融入党内法规体系从以下两个方面实现了依规治党与以德治党的有机统一。

首先,社会主义核心价值观与党内法规体系的有机融合是依规治党与以德治党统一的显著体现。两者的融合,实现了法规与道德的双向驱动,解决了治理依据统一的问题。社会主义核心价值观与党内法规体系有机融合实现了价值观上的统一,即全心全意为人民服务。全心全意为人民服务不仅在党内法规制度伦理中具有根本性的地位,也是核心价值观的重要组成部分。社会主义核心价值观与党内法规体系融合的治理实践,解决了依规治党与以德治党统一的动态治理问题。两者融合的治理实践,实现了方法论上的统一,即从严治党。以德治党与依规治党是全面从严治党的两项重要任务。社会主义核心价值观与党内法规体系在为人民服务的价值观和从严治党的方法论之下同向发力、有机融合。

其次,社会主义核心价值观作为以德治党的"德",具有相对独立性和有效性,同时又依附和内嵌于党内的各种行为规范之中。社会主义核心价值观内生的规范性,是德规共治的制度基础。"价值意识本质上是一种规范意识,因为它不仅包含了以否定性为根据的应当预期或要求,同时也蕴涵着社会交往关系的内在需要与约束,尤其是人的社会实践活动中都存在着'两个尺度',即人的'内在尺度'与客体的'外在尺度'。所以,价值意识一开始就是社会规范结构的产物,而价值意识被规范化则是构建社会秩序及其合理性的重要历史内容与方式。"[131]社会主义核心价值观的价值本质决定了其与规范存在紧密关联。

依规治党中的"规"指党内法规制度,党内法规蕴含着丰富的政治伦理内涵,这些伦理内容凝聚和提炼成为社会主义核心价值观的一部分。立规是具有明确的价值导向的活动,每一项制度都不可能脱离价值而单独存在。法律"是一个目的性的事业,其成功依赖于行为人的精神、洞见、智慧和法律实践者的良心"[132]。党内法规制度的伦理内涵和价值导向随着制度完善愈加鲜明,党内法规伦理对制度全面向和全过程渗透。如从对党领导干部廉洁从政的规定到党的十八大之后全党廉洁自律的要求,从行为模式规范到责任处罚规定等,这些内生于党内法规制度的价值理念是社会主义核心价值观的理论展开,是德规共治的价值基础。

社会主义核心价值观融入党内法规体系对两者理论和实践的发展具有重要意义。在德规共治已有成效的基础上,要恪守全面从严管党治党理念,贯彻社会主义核心价值观,使每一项立规都符合社会主义核心价值观的精神,反映党和人民的意志。

二、社会主义核心价值观融入党内法规体系的问题

党内法规体系既具有政治属性也具有软法属性。从软法意义上,党内法规和社会主义核心价值观的关系,"就像手段和目的之间的陌生与不同一样,法律与道德也是那样的陌生、那样的不同,而且可能是相对并肩而立的,以便作为道德价值实现的手段,渗透到法律目的的价值属性之中,并且保留其自身固有的规

[131] 潘自勉:《论价值意识的规范化》,载《中山大学学报(社会科学版)》2004 年第 3 期。
[132] [美]富勒:《法律的道德性》,郑戈译,商务印书馆 2005 年版,第 169 页。

律性的情况下,与道德融为一体"[133]。相较于法律与道德的对立统一,党内法规的政治属性在一定程度上使党内法规与道德关系趋于统一。因为,党性是党的政治属性的集中体现,党性和人民性具有内在一致性。[134] 为人民服务的宗旨,使党员的权利与义务天平向义务倾斜,更加注重对党员干部义务的制度约束而不是权利保障,道德较为直观地表现为一种义务。伦理基础的一致性,促进了社会主义核心价值观与党内法规制度的融合。

当前,把社会主义核心价值观融入党内法规体系及其建设过程还存在不足。这些障碍产生的原因表现在,党内法规制度的软法属性与道德产生的隔阂和党内法规制度运行过程的不确定。法律与道德之间产生的融合壁垒,与社会发展情况息息相关。如生产力发展达到共产主义社会,根据马克思主义基本理论,共产主义社会通过"阶级解放原则"取代了"个人权利原则"。[135] 法律作为阶级的产物,共产主义社会通过高度的道德自觉,消灭了阶级,取代了法治。道德与法治的壁垒随着法律的消失而打破。立足社会主义时代背景,社会主义核心价值观融入党内法规体系的障碍表现为立规技术不完善、党员主体素质不稳定、实际执行过程不可控等方面。

(一)社会主义核心价值观融入党内法规体系的导向性不足

受限于立规技术,社会主义核心价值观在党内法规中的价值治理作用没有得到充分的体现。社会主义核心价值观在实现党内法规制度的转化适用时,模糊了本身的价值引导性,或者党内法规对社会主义核心价值观内容的转化过于粗糙、宽泛,与调整的具体党内关系难以契合。这主要表现在以下两个方面:

第一,部分党内法规价值导向不够鲜明。党内法规通过其鲜明科学的价值内涵引导党员的行为合法合规。然而在现实中,由于部分党内法规在制定之初就缺乏鲜明价值导向,存在合理性与可接受性方面的问题,或是由于党内法规的实施结果消解了党员选择正确行为的积极性,这些党内法规的制定及其执行效果没有体现出社会主义核心价值观的鲜明价值导向。若对党员的生活行为限制过于严格,有可能与宪法法规关于基本权利的规范相冲突,这就违背了法治精神。部分党内法规价值导向不够鲜明的问题并非缺乏立规和实施过程的价值导

---

[133] [德]古斯塔夫·拉德布鲁赫:《法哲学》,王朴译,法律出版社 2013 年版,第 50 页。

[134] 王伟光:《坚持党性和人民性的统一——学习习近平总书记在全国宣传思想工作会议上的重要讲话》,载《光明日报》2013 年 11 月 3 日,第 1 版。

[135] 解丽霞、梁曙光:《阶级解放、劳动主体与共产主义——〈共产党宣言〉的政治哲学阐释》,载《哲学研究》2020 年第 8 期。

向,而是多元价值作用模糊了社会主义核心价值观的引领性。

截至2022年6月,中共中央办公厅法规局公布的全党现行有效的党内法规则是3718部,[136]但党内法规体系当中有较大一部分党内法规没有公开。公开是正义和民主等价值的保证,正义与民主是社会主义核心价值观的重要内容。从法学理论的角度可以认为,“没有公开则无所谓正义”[137]。公开宣称的目的乃是使普通法符合正义的要求。[138] 公开与正义的关系不仅限于普通法领域和理论层面,北京市第二中级人民法院法官对十年判案经验进行总结时提到:“没有公开就难有正义。”[139]公开不仅与正义息息相关,公开还是民主参与、民主监督的重要前提。正如列宁提出的公开性民主:“‘广泛民主原则’要包含两个必要条件:第一,完全的公开性;第二,一切职务经过选举。没有公开性而来谈民主制是很可笑的,并且这种公开性还要不只限于对本组织的成员公开。”[140]法律法规公开是弘扬社会主义核心价值观的一种重要表现。党内法规体系与法律规范体系不同,基于中国共产党调整关系的独特性,党内法规部分内容不适宜公开,这是立规主体权衡多种价值的结果。但是这些不公开的党内法规缺乏说明,具体权衡了哪些价值未知,而且不公开的法规体量较大,造成了社会主义核心价值观对党内法规体系引领性表现不强的问题。

在多元价值的作用之下,社会主义核心价值观在党内法规制度中的导向性容易被冲淡。在现代民主社会的条件下,政治已经有了更为复杂也更为丰富的价值向度和意义资源。权力的公共属性决定了权力会对公民的权利与义务形成较大影响。制约权力的公共道德要求和执政者个人美德要求,衍生出不同的政治伦理内容。党内法规制度通过发挥价值整合功能,容纳多元价值,形成组织共同遵守的制度伦理。目前,党内法规集合政治价值和法律价值、个人价值和组织价值、政党价值和社会价值等,多元的价值取向容易导致党内法规价值泛化而制度价值导向不鲜明。社会主义核心价值观在党内法规中的导向作用自然也得不到彰显。制度的价值导向性意味着对不同的价值按照党内法规内部的目标实现一定的择取,以突出不同制度规范体系的特殊性。社会主义核心价值观具有很强的抽象性和概括性,且在众多的价值观中占据主导。因此,党内法规制度需要

---

[136] 中共中央办公厅法规局:《充分发挥依规治党的政治保障作用——以习近平同志为核心的党中央加强党内法规制度建设纪实》,载《人民日报》2022年6月26日,第1版。

[137] [美]伯尔曼:《法律与宗教》,梁治平译,三联书店1991年版,第48页。

[138] [美]E.博登海默:《法理学:法律哲学与法律方法》,邓正来译,中国政法大学出版社2017年版,第464页。

[139] 施忆:《没有公开就难有正义(感言·十年)》,载《人民日报》2012年10月15日,第7版。

[140] 《列宁选集》(第1卷),人民出版社1972年版,第347页。

在多元价值中,强化社会主义核心价值观的突出地位。

第二,部分党内法规的针对性与实际操作性不强。针对性和可操作性不强的党内法规在执行过程中就会产生可执行性低的问题。将社会主义核心价值观等道德话语转化为可操作性、针对性强的党内制度话语是实现党内法治的必然趋势。在由抽象向具体的转化过程中,存在诸多障碍。如何将具有抽象意义的社会主义核心价值观转化为可执行的党内法规条文仍然是当前存在的一大问题。这主要表现在以下两个方面:

一方面,由于社会主义核心价值观的高度抽象性,党内法规细化存在困难。社会主义核心价值观中包含许多普遍适用的价值观,如“自由”。中西方学者对自由概念的探讨经历了数千年,亚里士多德的自由观、马克思的自由观、密尔的自由观等,不同的学者对自由阐述了不同的见解。自由精神渗透在法律法规的运行当中,也成了法律人涵养的一种情怀。将自由细化为具体条文,自由的理论内涵、主体需求、程度范围、操作标准、效果评估等都存在提炼和界定难度,容易在具体化过程中出现不认同、不周延、不科学等问题。

另一方面,一些关于党员的纪律规定不适宜细化,对社会主义核心价值观的细化容易导致道德异化。如何提高社会主义核心价值观的针对性、可操作性,同时避免陷入道德异化,是目前面临的另一难题。道德异化的表现是道德与人形成对立,道德作为主体创造出来的客体却反过来支配主体,形成了“反客为主”的异己关系。道德异化在党内法规制度中的体现,如过度干预普通党员的道德行为,就可能限制人民的自由,在功利思想作用之下,使人走向虚伪。因此,党内法规对社会主义核心价值观的细化程度难以科学把握,社会主义核心价值观的针对性、可操作性难以灵活提高,成为社会主义核心价值观融入党内法规的阻力。

(二)社会主义核心价值观融入党内法规体系的接纳力不足

社会主义核心价值观融入党内法规体系这一命题包括两个层面:一是作为“进入者”的社会主义核心价值观,二是作为“接纳者”的党内法规体系。社会主义核心价值观融入党内法规体系,除了它自身的科学合理、深入人心外,党内法规体系的吸收接纳能力也至关重要。当下党内法规制定的不完善,已成为社会主义核心价值观融入党内法规体系的制度障碍。

以生活纪律规定为例,生活纪律规定是社会主义道德在党内法规中的直接体现。社会主义核心价值观作为生活纪律的内容,是党员行为道德评价的依据。在党内法规体系规定的五大纪律中,生活纪律提出时间最晚,且生活纪律的定义和内容界定存在一定的难度等因素,导致生活纪律既没有细化规定,也未制定配套实施方案。这种不完善的立规状态,成为社会主义核心价值观与党内法规体系融合的障碍。通过案例研究发现,生活纪律立规不完善,党员干部处分行为是否适用生活纪律弹性空间就较大,实践中适用生活纪律难以避免不规范。

首先,对于类似的违规行为,违反纪律认定不一致。在中央纪委监察部网站公布的湖北省政协原党组成员、副主席刘善桥严重违纪被开除党籍和公职的案例中,以利用职权为他人谋取利益,亲属收受财物,搞权色、钱色交易认定刘善桥违反廉洁纪律。[141] 而在中国保险监督管理委员会原党委书记、主席项俊波,中央纪委驻财政部纪检组原组长、财政部原党组成员莫建成严重违纪被开除党籍和公职的案例中,搞权钱交易、权色交易是认定违反生活纪律和廉洁纪律的共同理由。[142] 在公安部原党委委员、副部长孙力军严重违纪违法被开除党籍和公职案例中,查明孙力军生活腐化堕落,长期沉溺于各种奢靡服务,毫无道德底线,大搞权色、钱色交易时,却只字未提孙力军违反生活纪律。[143] 这三个案例中行为人都涉及权色、钱色交易问题,但是在公布的处分文件中却存在认定不一致的情形。权色、钱色交易明显违背了社会主义核心价值观,违反了生活纪律。社会主义核心价值观与生活纪律的衔接不规范,体现了党内法规体系对社会主义核心价值观的接纳不足。

其次,党员干部的违规行为具有违反社会主义核心价值观的情形,认定的时候并未列明违反生活纪律的规定。社会主义核心价值观作为当代社会道德的核心,其内涵和外延几乎涵盖了社会道德的方方面面。社会主义核心价值观与社会主义道德在很多情况下具有一致性,社会主义道德与生活纪律规定也存在内在的一致性。违反生活纪律实体性规定的行为必然是违反社会主义道德的行为,也将是违反社会主义核心价值观的行为。但是社会主义道德作为党纪处分的依据,生活纪律作为纪律规定的组成部分,两者隶属不同的范畴,在认定的时候应当共同作为处分说明的内容,否则容易出现同一行为,文件认定依据不同的

---

〔141〕《湖北省政协原党组成员、副主席刘善桥严重违纪被开除党籍和公职》,载中共中央纪律检查委员会、中华人民共和国国家监察委员会官网 2017 年 9 月 18 日,https://www.ccdi.gov.cn/scdcn/zggb/djcf/201709/t20170918_40174.html。

〔142〕《中国保险监督管理委员会原党委书记、主席项俊波,中央纪委驻财政部纪检组原组长、财政部原党组成员莫建成严重违纪被开除党籍和公职》,载中共中央纪律检查委员会、中华人民共和国国家监察委员会官网 2017 年 9 月 23 日,https://www.ccdi.gov.cn/scdcn/zggb/djcf/201709/t20170923_40176.html。

〔143〕《公安部原党委委员、副部长孙力军严重违纪违法被开除党籍和公职》,载中共中央纪律检查委员会、中华人民共和国国家监察委员会官网 2021 年 9 月 30 日,https://www.ccdi.gov.cn/scdcn/zggb/djcf/202109/t20210930_151085.html。

情况，损害了文本规范性，削弱了政党权威。

实践中的一些案例就出现了上述问题，如对中国华融资产管理股份有限公司原党委书记、董事长赖小民的处分，在公示的处分文件中，列明了赖小民违反不同纪律规定的行为并且明确提到赖小民道德败坏，却没有认定赖小民违反生活纪律。[144]

最后，违反政治纪律的表述只有"违反生活纪律"，没有具体的违规行为性质的说明。违反生活纪律不说明理由在案例中屡见不鲜，这与违反其他纪律行为的表述形成鲜明对比。可见，在实践中，将违反社会主义核心价值观的行为认定为违反生活纪律，意识上已经较为清晰地认识到两者的内在联系，但是规范上没有可供具体参照的规定。社会主义核心价值观已经作为违规处分的依据，但是纪律规定还存在接纳不足的情形，如中央纪委国家监委网站发布的贵州省政府原党组成员、副省长蒲波严重违纪违法被开除党籍和公职的案例。在文件中指出了蒲波因对抗组织审查，违反政治纪律；因接受可能影响公正执行公务的宴请和旅游安排，违反中央八项规定精神；因利用职务便利违规为他人在干部选拔任用方面提供帮助，组织函询时不如实说明问题，不按规定报告个人有关事项，违反组织纪律；因以赌博方式敛取巨额钱财，通过"大赌""假赌"大搞权钱交易，违规经商办企业，违规拥有非上市公司股份股权和购买定向增发股票，违反廉洁纪律。[145] 违反其他纪律规定，都明确列举了相应的违规行为。在说明违反生活纪律时，没有描述理由，而是直接使用"违反生活纪律"的表述。

（三）社会主义核心价值观融入党内法规体系的融合力不足

虽然社会主义核心价值观与党内法规存在明显差别，但不能认为两者之间是互不联系甚至对立的两个部分。在实践中，部分党员基于两者的差别将之割裂开来，认为社会主义核心价值观只是一种倡导性的道德规范，而不是具有强制执行力的制度规范。这种认识不利于社会主义核心价值观融入党内法规体系工作的推进。社会主义核心价值观对党员的道德要求已经部分转化为党内法规的强制约束力，容易被部分党员割裂对待的正是那部分转化为党内法规，但未赋予

---

〔144〕《中国华融资产管理股份有限公司原党委书记、董事长赖小民严重违纪违法被开除党籍和公职》，载中共中央纪律检查委员会、中华人民共和国国家监察委员会官网 2018 年 10 月 15 日，https://www.ccdi.gov.cn/scdcn/zggb/djcf/201810/t20181015_40191.html。

〔145〕《贵州省政府原党组成员、副省长蒲波严重违纪违法被开除党籍和公职》，载中共中央纪律检查委员会、中华人民共和国国家监察委员会官网 2018 年 11 月 2 日，https://www.ccdi.gov.cn/scdcn/zggb/djcf/201811/t20181102_40194.html。

法规强制性的内容,以及应当转化为党内法规而尚未实现成功转化的内容。这种割裂的态度不仅影响社会主义核心价值观向党内法规的完全转化,而且阻碍了已经转化的社会主义核心价值观与党内法规的完全融合。部分党员将社会主义核心价值观与党内法规割裂对待,不仅有党员内在的原因,也有外在的原因。

内因为党员缺乏身份认同感。自觉履行党内法规中的道德要求和积极践行社会主义核心价值观,一定程度上存在义务大于权利的情况。党员行为的内在驱动力正是基于党员身份认同感。“党性是共产党员的最根本属性”,[146]因此,党员身份认同感,最根本的就是党员对党性的认同感。“共产党员的党性就是共产主义道德的最高表现,就是无产阶级政党原则性的最高表现,就是无产阶级意识纯洁的最高表现。”[147]社会主义核心价值观是社会主义道德的核心,是共产主义道德的组成部分。故而,党员对社会主义核心价值观的认同是对自己身份认同的应有之义。对社会主义核心价值观的认同不仅仅是了解社会主义核心价值观的内容,更应身体力行,以遵循党内法规的标准践行社会主义核心价值观。部分社会主义核心价值观没有在党内法规体系中体现为硬性要求,而是作为党员道德的高线。党员自我身份认同意味具有牺牲精神,并有不断追求道德高线的觉悟。“党是一个特殊的组织;它需要有觉悟的,有决心作自我牺牲的人。”[148]部分党员自我身份认同不透彻,没有高度的政治自觉和牺牲精神,就容易将社会主义核心价值观脱离党内法规体系区别对待;只要党内法规没有硬性保障的价值要求,就不贯彻执行,这无疑阻碍了社会主义核心价值观与党内法规体系的融合。

外因是党员的素质教育不全面、不透彻,党员对社会主义核心价值观与党内法规关系认识不足。党员入党前没有相关知识储备,入党之后未及时更新党内法规知识体系,容易停留在比较陈旧的观念之中,将社会主义核心价值观与党内法规割裂看待。这说明党在党员的教育上还存在一定的缺漏。一方面,正式入党前,没有重点加强对入党积极分子、预备党员群体开展针对性强的法规和价值观关系教育。首先,在入党积极分子条件的认定上,并没有将树立和践行社会主义核心价值观作为基本条件,而是作为“推优”的具体条件之一。将自觉树立和践行社会主义核心价值观的党员认定为道德品行上先进,具有入党积极分子“推优”资格。[149] 其次,对预备党员的教育也没有明确将社会主义核心价值观

---

[146] 郑永扣等:《共产党员理想信念论》,人民出版社 2014 年版,第 117 页。

[147] 《刘少奇选集》(上卷),人民出版社 1981 年版,第 131 页。

[148] 《列宁全集》(第 40 卷),人民出版社 1986 年版,第 252 页。

[149] 本书编写组编著:《新时代发展党员工作指南》,中共中央党校出版社 2020 年版,第 14 - 16 页。

纳入教育内容。[150] 另一方面,正式入党之后,对党员未实现党内法规与核心价值观知识教育培训的全覆盖,未开展富有针对性的党内法规教育培训,从而使得党员对这部分内容的认识存在不足。根据中央组织部最新党内统计数据,截至2021年6月5日,中国共产党党员总数为9514.8万名,工人和农民仍是党员队伍主体,占党员总数的33.9%;企事业单位、社会组织管理人员1061.2万名,占11.2%;专业技术人员1507.5万名,占15.8%。[151] 面对庞大的党员基数和不同职业身份的党员,实现全面且有针对性的党内法规与社会主义核心价值观知识教育培训存在难度,一定程度上造成部分党员不能科学认识社会主义核心价值观与党内法规关系的问题。

(四)社会主义核心价值观融入党内法规体系的执行力不足

部分党内法规在制度建设过程中吸纳了社会主义核心价值观的基本精神或者内容,但在实际执行运用过程中偏离了制度的基本价值导向,违背了社会主义核心价值观。即使党内法规制度本身体现了良善价值,如果制度得不到良好的实施,社会主义核心价值观也难以在党内得到全面贯彻。习近平总书记指出:"依规治党深入党心,依法治国才能深入民心。党的十八大以来,我们制定和修订了140多部中央党内法规,出台了一批标志性、关键性、基础性的法规制度,有规可依的问题基本得到解决,下一步的重点是执规必严,使党内法规真正落地。"[152] 执规必严是全面从严治党方略在执行环节的体现。党内法规执行若偏离社会主义核心价值观的导向,将损害党内法规的权威性和社会主义核心价值观的实效性。

首先,执行主体素质和能力影响执行效果。部分党员在执行的过程中知规不足,没有按照党内法规的要求严格执行,或者主体执行怠惰或偏激,在执行中偏离了立规目的。随着党员思想政治教育的普及和领导干部有计划、有针对性地开展党内法规知识培训,执行主体素质提高而执行不当的问题得到了很大改善。相较之下,主体执行能力不足的问题较为突出。如《法治中国建设规划(2020—2025年)》提出持续营造法治化营商环境的要求。政府要紧紧围绕贯彻新发展理念、构建新发展格局,打造稳定公平透明、可预期的法治化营商环境。但是在执行当中存在一些领导干部执行懈怠的问题。2021年内蒙古自治区通

---

[150] 本书编写组编著:《新时代发展党员工作指南》,中共中央党校出版社2020年版,第61-62页。

[151] 石光辉:《中国共产党党内统计公报》,载共产党员网2021年6月30日,https://www.12371.cn/2021/06/30/ARTI1625029938331844.shtml。

[152] 习近平:《加强党对全面依法治国的领导》,载《求是》2019年第4期。

报六起损害营商环境的典型案例。例如,2013 年至 2017 年,李洪和在担任赤峰市红山经济开发区管理委员会、赤峰市红山高新技术产业园区管理委员会副主任期间,在中央循环经济发展专项资金统筹分配过程中敷衍塞责,致使某民营企业违规重复获取巨额国家循环经济发展补助资金,严重损害了其他企业的合法权益,违背了优化营商环境的初衷。[153] 又如,2020 年 1 月 28 日,中共中央印发《关于加强党的领导、为打赢疫情防控阻击战提供坚强政治保证的通知》,这一文件的目的是敦促党员干部发挥对人民生命健康保障的领导作用,但是疫情防控期间却出现部分党员干部过度执法、粗暴执法等问题,严重损害了人民群众的利益。

其次,执行主体理想信念不坚定、价值观扭曲并谋取私利,导致执规环节偏离社会主义核心价值观导向。部分党员领导干部在执规执纪的过程中,为一己私利损害人民群众的利益。近年来,在扶贫惠民领域,屡有党员干部存在贪腐情况。习近平总书记在十九届中央纪委五次全会上明确指出,“要持续整治群众身边腐败和作风问题,让群众在反腐‘拍蝇’中增强获得感”。[154] 通过中央纪委、国家监委发布第二批执纪执法指导性案例第 6 号,严正指出了执纪执法工作中,基层群众性自治组织中从事管理人员的贪腐问题。[155] 执行当中的腐败和不正之风降低了执纪执法综合效果,损害了法治精神、破坏了政党形象、蚕食了群众幸福感。

最后,执规责任不严助长了执行主体腐败的势头,导致执行环节偏离社会主义核心价值观的导向和要求。压实执规责任,就是要建立健全党委统一领导、党委办公厅(室)统筹协调、主管部门牵头负责、相关单位协助配合、纪检机关严格

---

〔153〕《内蒙古自治区通报 6 起损害营商环境问题》,载中共中央纪律检查委员会、中华人民共和国国家监察委员会官网 2021 年 10 月 21 日,https://www.ccdi.gov.cn/jdjbnew/fbhbzzf/202203/t20220331_183265.html。

〔154〕《充分发挥全面从严治党引领保障作用　确保“十四五”时期目标任务落到实处》,载《人民日报》2021 年 1 月 23 日,第 1 版。

〔155〕2021 年中央纪委国家监委执纪执法指导性案例第 6 号基本案情:崔某,中共党员,某乡某村原党支部书记、村民委员会主任。2019 年 3 月至 2020 年 9 月,崔某在协助县、乡人民政府发放本村财政惠民惠农补贴资金中的退耕还林还草直补退耕农户资金的过程中,以其女儿的名义,弄虚作假,编造退耕还林还草亩数,骗领财政补贴资金 8000 元并据为己有。同时,崔某在担任村党支部书记、村民委员会主任期间,借逢年过节之机,收受 3 名村集体经济合作社成员礼金 1.2 万元。2021 年 6 月,崔某受到撤销党内职务处分,对其违纪违法所得 2 万元予以收缴;建议乡人民政府责令其辞去该村村民委员会主任职务,拒不辞职的,依法罢免其村民委员会主任职务,停止发放其补贴、奖金。2021 年 7 月,崔某辞去了该村村民委员会主任职务。参见《中央纪委国家监委执纪执法指导性案例》(第二批),中国方正出版社 2021 年版,第 12－23 页。

监督的体制机制，明责知责、履责尽责、考责问责。[156] 压实执规责任是保证执行环节紧扣社会主义核心价值观的重要保障。实践中仍存在相关执行制度设计不完善，落实不到位，党内法规机械执行、选择执行、烦琐执行、变通执行等问题。[157] 针对这些执行问题，若执行问责不力或简单泛化，监督检查松懈，执行评估缺位，将使问题进一步扩大。由于执行当中的变量较多，要压实执规责任难以一蹴而就，执规责任建设仍然是一项长期的工程，这也意味着，执规责任不严导致执行环节偏离社会主义核心价值观的现象，将是长期存在的。但是，随着党内法规体系的完善，党内法规执行体系积极改进，执规责任也将不断压实，制度执行不力的状况会有条不紊地扭转。

为了进一步确保执行力在社会主义核心价值观的轨道上稳步有效地提高，应当对党内法规主体执行情况、实施效果开展评估，加强监督执纪问责。建设高素质的执规队伍，构建执行能力保障机制，为社会主义核心价值观与党内法规体系执行环节的融合清除障碍。

第五节 完善党内法规体系弘扬社会主义核心价值观的方法与路径

在前文党内法规基本范畴述评、社会主义核心价值观融入党内法规体系发展脉络梳理的基础上，本节对完善弘扬社会主义核心价值观的党内法规体系的方法与路径进行研究。本节的重点内容主要有四个方面：首先，明确完善弘扬社会主义核心价值观的党内法规体系应当遵循巩固党的意识形态合法性、坚持党内法规体系建设基本规律、促进中国特色社会主义法治体系建设三项基本原则，只有坚持这三项基本原则，才能把握完善弘扬社会主义核心价值的党内法规体系的方向；其次，从整体性的视角阐释社会主义核心价值观融入党内法规体系的方法，阐明完善弘扬社会主义核心价值观的党内法规体系的机理；再次，提出规范法规规则体例、制定核心统领法规、完善配套法规制度等完善路径；最后，对联通党内法规内部体系的党内法规执行责任制、党内法规解释适用、党内法规备案审查、党内法规实施评估四大耦合机制展开分析，说明如何通过诸耦合机制实现

[156] 《加强新时代党内法规制度建设的重要举措——中央办公厅负责人就〈中国共产党党内法规制定条例〉等3部党内法规答记者问》，载《人民日报》2019年9月16日，第4版。

[157] 《加强新时代党内法规制度建设的重要举措——中央办公厅负责人就〈中国共产党党内法规制定条例〉等3部党内法规答记者问》，载《人民日报》2019年9月16日，第4版。

党内法规体系的融贯一致,从根本上确保党内法规文本能够充分体现社会主义核心价值观的实质内容与精神内核,充分达成化约复杂性的要求。

一、完善弘扬社会主义核心价值观的党内法规体系的基本原则

"完善弘扬社会主义核心价值观的党内法规体系"关涉社会主义核心价值观如何为建构现代化治理体系和培育现代化治理能力提供正当性基础和方向性指引,落脚点是"党内法规体系",内核是"弘扬社会主义核心价值观",关键是"完善"。如何使社会主义核心价值观能够更好地融入党内法规体系,进而推进党内法规体系建设以及促进社会主义核心价值观的弘扬。为社会主义核心价值观融入党内法规体系设定基本原则,不仅裨益于确保社会主义核心价值观融入党内法规体系的合理合法合规,还裨益于在中国特色社会主义法治秩序的轨道上,持续推进党内法规体系的完善。完善弘扬社会主义核心价值观的党内法规体系应当遵循以下三项基本原则。

(一)遵循巩固党的意识形态合法性原则

合法性(legitimacy)是源自政治学和社会学的一个概念,是对统治者和被统治者之间的相互关系的侧写,其指向的是对国家或政府实施正当统治的道德条件的追问。纵观古今中外的统治史,我们可以看到"任何一种人类社会的复杂形态都面临一个合法性的问题,即该秩序是否和为什么应该获得其成员的忠诚的问题"[158]。撮其要义,合法性这个概念阐述了统治者统治权力来源的正当理由,以及被统治者自愿接受统治的理性基础。随着近代科学的发展和启蒙运动对宗教神权的祛魅,世俗统治者对权力的渴求也开始从宗教领袖手中突围,而新政治秩序的建立就迫切需要一种新的合法性理论的辩护和论证。

在政治学和社会学界有关统治合法性的研究中,以下五种观点最具代表性。[159] 其一,统治合法性不仅仅指向政治活动的公开性,同时还应当要求参与公共政治活动的民众必须从共同的政治正义观念出发来为自己的政治活动提供正当性的辩护,而不是仅仅依赖民众个人所信奉的世界观。因此,持此论调者主张遵循以公民共同接受的政治正义观念为实质内容的公共理性要求建立起来的

---

[158] [英]戴维·米勒英译本主编:《布莱克维尔政治思想百科全书》,邓正来中译本主编,中国政法大学出版社2011年版,第314页。

[159] 关于国内学者引用西方代表性学者的统计情况,参见曾敬涵:《合法性研究:中西学者看法为何如此不同?》,载《经济社会体制比较》2014年第5期;杨光斌:《合法性概念的滥用与重述》,载《政治学研究》2016年第2期。

民主国家才真正具有统治合法性。[160] 其二，国家的统治合法性来自国家独立自主维护公共利益的能力，国家越是代表自身利益，就越不为某一特定社会集团的利益所捆绑，那么国家行为就越具有合法性。[161] 其三，较之于从政治制度的角度分析合法性，这种见解倾向于从政治文化的角度切入，认为统治合法性来自一个国家在特定时期所形成的政治态度、政治信仰和政治情感。如果一个国家或政府能够造就并维持一种体现了多样性和一致性、理性主义和传统主义相共存的“理性—积极性”参与者政治文化，那么该国家或政府的稳定性就越高。[162] 其四，从经济绩效的角度考察政治秩序的稳定性，认为除经济发展之外，统治的稳定性还受制于政治系统的有效性和合法性，有效性是指政治系统满足民众工具性需求的程度，合法性则是指政治系统使人们相信现存政治制度与当下社会环境最为契合的程度。[163] 其五，政治秩序的合法性只有从具有道德内容的程序合理性出发才能取得，[164] 法律规范性的来源既不在于法律的内容是否符合自然法、理性法或道德的标准，也不在于事实上的强制力或社会系统功能，而是因为法律是经由理性商谈的立法程序生成而具有合法性。按理论构想，民众委托他们的代表在立法机关参与正式民主商谈的同时，自己也应当在公共领域参加非正式的民主商谈；此外，在公共领域中的非正式民主商谈和立法机关中正式的民主商谈之间，还要建立一条畅通的沟通渠道，使其免遭非法的行政权力干涉和利益团体的扭曲。[165] 简言之，只有通过这种主体间的商谈程序，通过法定程序制定出来的法律才具有正当性。

在回顾了西方代表性学者对统治合法性的论述之后，我们不难发现“合法性”这个概念的复杂性和争议性，既有因达致共识而存在交叉重合的地方，又有因歧见而分化出独异特殊的范畴；更为关键的是，我们还应当追问这些西方理论是否能够用来解释当下中国面临的问题。对此，赵鼎新教授指出，现代西方学者在讨论统治合法性问题时总是以傲慢自大的知识精英姿态自居，所得出的结论

---

〔160〕 钟英法：《罗尔斯公共理性思想研究》，巴蜀书社 2012 年版，第 116 – 121 页。

〔161〕 [美]塞缪尔·P. 亨廷顿：《变化社会中的政治秩序》，王冠华等译，上海人民出版社 2015 年版，第 19 – 22 页。

〔162〕 [美]加布里埃尔·A. 阿尔蒙德、[美]西德尼·维巴：《公民文化——五个国家的政治态度和民主制》，徐湘林等译，东方出版社 2008 年版，第 3 – 29 页。

〔163〕 [美]西摩·马丁·李普塞特：《政治人：政治的社会基础》，张绍宗译，上海人民出版社 2021 年版，第 47 页。

〔164〕 [德]哈贝马斯：《在事实与规范之间——关于法律和民主法治国的商谈理论》（修订译本），童世骏译，生活·读书·新知三联书店 2014 年版，第 557 页。

〔165〕 [德]哈贝马斯：《在事实与规范之间——关于法律和民主法治国的商谈理论》（修订译本），童世骏译，生活·读书·新知三联书店 2014 年版，第 367 – 374 页。

也往往无法被证实,而德国社会学家韦伯则敏锐地注意到一个国家或政府的合法性植根于普通民众对统治权力来源的真实感受,并从社会心理学的角度对统治合法性来源的理想类型(ideal type)进行了类型化的演绎分析。[166] 韦伯认为,为了让统治的可能性得以实现,民众必须具备最低程度的服从意愿和动机,而带来民众服从动机的源泉不外乎是这三种:传统型合法性、魅力型合法性和法理型合法性。[167] 其一,传统型合法性立基于沿袭而来的神圣不可侵犯的古老传统和历史习惯之上。[168] 在这种统治类型中,统治者具有终身的权力,同时这种权力还能够为自己的后代所继承,统治者与被统治者的关系则是一种主从人身依附关系,这种统治类型最明显的例子就是家长制和世袭君主制。其二,魅力型合法性来自具有超凡气质(charisma)和人格魅力的领袖以及他所创立的制度。领袖个人不同凡响的内在特质使其看起来拥有超自然或超人般的感召力量,是神所授予的能力和支配民众的特权。魅力型统治往往和革命或者宗教领袖有关,民众对领袖人物的狂热崇拜和盲目服从就是魅力型统治的重要来源。其三,法理型合法性区别于传统型合法性和魅力型合法性的根本特征在于其建立在一系列正式规则体系和对法律尊重的基础上,民众所服从的是以目的合性或价值理性为目标制定出来的法律,而不是服从于统治者个人。

但是,韦伯的统治合法性框架也并非没有一点瑕疵。一个优质的理想类型分类体系的本体系统应当具有完备性和不重合性,而韦伯的传统型统治和魅力型统治在本质上都可以归结为广义的意识形态合法性,即对某种价值观或价值性承诺的信仰和遵从;除此之外,韦伯还遗漏了国家或政府基于提供公共服务、经济发展、安全保障等内容的绩效合法性(performance legitimacy)。[169] 因此,赵鼎新教授从人类心理的三种理性基础——价值理性、工具理性和形式理性出发,将韦伯的合法性框架修正为意识形态合法性、绩效合法性和程序合法性三种理

[166] 赵鼎新、龚瑞雪、胡婉:《"天命观"及政绩合法性在古代和当代中国的体现》,载《经济社会体制比较》2012 年第 1 期。

[167] [德]马克斯·韦伯:《经济与社会》(第 1 卷),阎克文译,上海人民出版社 2019 年版,第 396 页;[美]莱因哈特·本迪克斯:《马克斯·韦伯思想肖像》,刘北成等译,上海人民出版社 2020 年版,第 227–229 页。

[168] [德]马克斯·韦伯:《经济与社会》(第 1 卷),阎克文译,上海人民出版社 2019 年版,第 409 页。

[169] 杨宏星、赵鼎新:《绩效合法性与中国经济奇迹》,载《学海》2013 年第 3 期。

想类型。[170] 就意识形态合法性来说,当社会精英和普通民众就国家、社会和个人三个层面最根本的政治价值体系达成一致时,那么这种价值体系就会成为全社会的核心价值观,社会也就具有了高度的凝聚力和长久的稳定性。于是,如何才能建构一个让社会精英和普通群众都广为虔敬和忠诚的核心价值体系的问题就摆在了面前。

新马克思主义代表人物葛兰西在其名著《狱中札记》中提出的"意识形态领导权"(egemonia)理论,[171]对于我们如何建构核心价值观具有重要的参考意义。在葛兰西看来,统治者的权力可以划分为"政治领导权"和"意识形态领导权"两种类型:政治领导权的核心在于统治者通过警察、法院、监狱等专政机关行使强制力迫使被统治者服从;而意识形态领导是指统治者建构的价值体系在意识形态领域占据主导地位,从领导方式上看,它是指统治者除了依靠强制力来维持社会的政治经济秩序之外,还通过意识形态的领导来争取被统治者的自发同意和拥护,从而在根本上使其统治地位合法化。[172] 一旦统治者丧失了意识形态领导权,那么就意味着统治者只能借助强制力寻求民众的服从,政权的统治也将变得岌岌可危。那么,如何才能让被统治者发自内心地认同统治者的"意识形态领导权"? 葛兰西认为,现代社会中的政党在形成和传播"意识形态领导权"中起着决定性的作用,这种作用如同《君主论》中君主一样,肩负着唤醒和组织全体民众的集体意志,倡导和推动精神和道德改革的双重责任。[173] 虽然意识形态领导权本质上是民众对处于统治地位政党的"自发"认可,但是政党的有意识的引导和教化与民众的"自发性"并不冲突。换言之,意识形态领导权既是自发到来的,也是有意造就的。[174] 葛兰西进一步强调,知识分子群体是无产阶级政党中的骨干,是宣传和传播无产阶级世界观、价值观的中坚力量。因此,无产阶级政党不仅要培养自己的知识分子群体,还要争取所有的知识分子群体,使他们的斗

[170] 意识形态合法性是指国家或政府的统治立基于一个被民众广为信仰的价值体系;绩效合法性是指国家或政府的统治立基于向民众提供公共服务的能力;程序合法性则是指国家或政府的政治精英通过被大多数人所认可的法定程序而产生。参见赵鼎新:《国家合法性和国家社会关系》,载《学术月刊》2016 年第 8 期。

[171] 意识形态领导权也译作文化领导权,在葛兰西看来,文化、意识形态和政治是同一问题的三个方面,三者相互贯通。关于 egemonia 译法的考据,参见刘近:《葛兰西文化领导权理论及其当代价值》,社会科学文献出版社 2019 年版,第 78－85 页。

[172] 郁建兴:《马克思国家理论与现时代》,东方出版中心 2007 年版,第 227 页。

[173] [意]安东尼奥·葛兰西:《狱中札记》,曹雷雨、姜丽、张跣译,河南大学出版社、重庆出版社 2016 年版,第 96 页。

[174] [意]安东尼奥·葛兰西:《狱中札记》,曹雷雨、姜丽、张跣译,河南大学出版社、重庆出版社 2016 年版,第 158－162 页。

争职能得到最大限度的发挥，进而从根本上夺取意识形态领导权。[175]

自党的十八大以来，以习近平同志为核心的党中央高度重视意识形态工作，对新形势下加强意识形态工作作出了一系列重大决策部署和重要制度安排，为意识形态领域工作的开展指明了前进的方向。在2013年8月19日召开的全国宣传思想工作会议上，习近平总书记指出，“经济建设是党的中心工作，意识形态工作是党的一项极端重要的工作”，因此，“必须把意识形态工作的领导权、管理权、话语权牢牢掌握在手中，任何时候都不能旁落”。[176] 在党的二十大报告中，习近平总书记着重强调，要“广泛践行社会主义核心价值观”，要“用社会主义核心价值观铸魂育人，完善思想政治工作体系”。[177] 在2022年修订的《中国共产党章程》中更是首次明确提出党在向着第二个百年奋斗目标阔步前行的同时，必须“牢牢掌握意识形态工作领导权，不断巩固马克思主义在意识形态领域的指导地位”[178]。结合前文的分析，我们可以看到“意识形态领导权”对意识形态合法性的建构性作用。随着改革进入“深水区”，各种社会思潮交流交融交锋更趋活跃，意识形态领域的斗争日益尖锐，这就意味着党必须建构起一个能为各阶层民众所认同的核心价值体系。换言之，党巩固意识形态合法性的关键就在于增强社会主义核心价值观的建设能力，在完善弘扬社会主义核心价值观的党内法规体系的过程中必须坚持将巩固党的意识形态合法性摆在首要位置。

（二）遵循坚持党内法规体系建设基本规律原则

完善弘扬社会主义核心价值观的党内法规体系这一理论命题可以从两个层面加以理解：一是作为“进入者”角色的社会主义核心价值观，二是作为“接纳者”角色的党内法规体系。[179] 社会主义核心价值观融入党内法规体系，除了社会主义核心价值观自身富有道德的感召力、感染力外，党内法规体系对社会主义核心价值观的吸收、接纳能力同样至关重要。所以，要想实现“进入者”社会主义核心价值观与作为“接纳者”的党内法规体系的水乳交融，就必须遵循党内法

---

〔175〕［英］戴维·麦克莱伦：《马克思以后的马克思主义》（第3版），李智译，中国人民大学出版社2016年版，第196－201页。

〔176〕中共中央文献研究室编：《习近平关于全面深化改革论述摘编》，中央文献出版社2014年版，第86页。

〔177〕习近平：《高举中国特色社会主义伟大旗帜　为全面建设社会主义现代化国家而团结奋斗——在中国共产党第二十次全国代表大会上的报告》（2022年10月16日），人民出版社2022年版，第44页。

〔178〕《中国共产党党章》（中国共产党第二十次全国代表大会部分修改，2022年10月22日通过），载《人民日报》2022年10月27日，第1版。

〔179〕刘风景：《社会主义核心价值观入法的理据与方式》，载《当代世界与社会主义》2017年第4期。

规体系自身建设的基本规律，从而增强党内法规体系对社会主义核心价值观的接纳力。

首先，完善弘扬社会主义核心价值观的党内法规体系的目标应当在于推动党内法规体系的健全完善。从党内法规体系建设的目的、现有党内法规体系的内容以及党内法规体系建设目标等方面来看，党内法规体系所涵盖的内容，除党章全面规定党的根本制度和根本内容外，党内法规体系的其他部分可概括为两个大的方面：一是规范党的领导和执政的党内法规，二是规范党的自身建设的党内法规。规范党的领导和执政的党内法规，主要是规范党与国家的关系、党与社会的关系；规范党的自身建设的党内法规，主要是规范党在政治、思想、组织、作风和纪律五大方面的建设。[180] 党内法规的内容是抽象的、定型的，制定出来之后有一定的稳定性。它所要调整的党务关系则是具体的和复杂的，意图制定出一部调整一切行为以及社会关系的党内法规显然是一种乌托邦式的设想。因此，在党内法规文本中设置一些记载社会主义核心价值观内容的制度规范，应当以增强党内法规的制度弹性与调整空间，填补党内法规的制度空白，提升党内法规调整党内所存在的各类问题的能力，推动党内法规体系的完善为根本目标指向。

其次，完善弘扬社会主义核心价值观的党内法规体系应当强化问题导向，依靠管党治党实践向前发展。坚持问题导向是贯穿习近平总书记系列重要讲话的一个鲜明理念。习近平总书记强调："要有强烈的问题意识，以重大问题为导向，抓住关键问题进一步研究思考，着力推动解决我国发展面临的一系列突出矛盾和问题。"[181] 习近平总书记的重要论断，鲜明地揭示了党内法规体系建设必须遵循的核心要旨，即党内法规体系建设的精髓在于解决问题。不能解决问题的党内法规便只能是写在纸上、挂在墙上的一纸空文。问题意识决定了党内法规体系建设的靶心，决定了党内法规制定者看待问题的角度和解决问题的方式。问题是党内法规体系建设的引擎，是党内法规体系建设的根本导向，更是党内法规体系建设的突破口。没有管党治党实践中遇到的问题作导引，党内法规体系建设也就难免陷入坐而论道、无的放矢的窘境。所以，弘扬社会主义核心价值观的党内法规体系建设同样也应当强化问题导向，促使其在不断解决问题中得以深化和完善。那么，何谓"问题导向"？这一思想方法的要义又是什么？对此，

---

〔180〕《中共中央印发〈中央党内法规制定工作第二个五年规划(2018—2022 年)〉》，载《人民日报》2018 年 2 月 24 日，第 1 版。

〔181〕中共中央文献研究室编：《十八大以来重要文献选编》(上)，中央文献出版社 2014 年版，第 497 页。

习近平总书记指出:问题导向是一个正视问题、发现问题、分析问题、研究问题、触及矛盾解决问题的过程。[182] 而正视问题的清醒、发现问题的嗅觉、分析问题的深刻、解决问题的功力又都取决于是否重视和善于运用调查研究这个传家宝。[183] 坚持"实事求是,一切从实际出发"的基本原则,不是从本本和概念出发,更不是从想当然和主观愿望出发,而是从客观实际出发,深入实际展开调查研究,了解和把握党内法规所要调整的党务关系的本质和内在规律,谛听广大党员干部的思想脉动,进而因地制宜、因时制宜地解决弘扬社会主义核心价值观的党内法规体系建设所面临的问题,如此方能保障所立之规行得通、真管用、有效率。

最后,完善弘扬社会主义核心价值观的党内法规体系应当坚持科学民主依规制定的原则。民主立规、科学立规,就是社会主义核心价值观融入党内法规体系的体现。党内法治不仅应当是规则之治,而且还必须是良规之治,只有良规才具有作为普遍遵从规则的资格。[184] 关于何谓良规,可以从形式标准和实质标准两个方面加以考察。党内法规作为中国特色社会主义法治体系的有机组成部分,其自身首先必须符合"统一性"的形式规范性;除此之外,党内法规还应当满足实质规范性,即服务于提高党的执政能力和领导水平、服务于人民代表大会制度、服务于国家治理体系与治理能力现代化、服务于弘扬社会主义核心价值观,继而为形式规范性提供功能定位和制度设计上的根本遵循。[185] 为此,要做好党内法规的立改废释工作,把社会主义核心价值体现到党内法规文本之中,形成有利于党内培育和践行社会主义核心价值观的制度保障。通过民主科学的方法制定党内法规,保证党内法规准确地反映党内绝大多数党员的意志。合规律性、合目的性、合科学性的良规,是社会主义核心价值观融入党内法规体系的重要保证。随着民主立规、科学立规的深入推进,党内法规制定质量的不断提高,弘扬社会主义核心价值观的党内法规体系将更加顺畅、有效。同时,还应当注意并不是社会主义核心价值观的所有内容都适宜转化融入党内法规体系。道德也有其

---

[182] 中共中央宣传部编:《习近平新时代中国特色社会主义思想三十讲》,学习出版社 2018 年版,第 330 - 332 页。

[183] 中共中央宣传部编:《习近平新时代中国特色社会主义思想三十讲》,学习出版社 2018 年版,第 335 - 337 页;蔡礼强:《调查研究:中国共产党实现正确领导的传家宝》,载《国家治理》2021 年第 44 期。

[184] 古希腊哲学家亚里士多德在《政治学》勾勒出了法治应当具备的两项形式要件,即"已成立的法律获得普遍的服从"和"法律本身是制定得良好的法律",参见[古希腊]亚里士多德:《政治学》,吴寿彭译,商务印书馆 1983 年版,第 200 页。

[185] 魏治勋、汪潇:《论党内法规的形式规范性及其创造性转化》,载《吉林大学社会科学学报》2019 年第 3 期。

固有的调整范围,某些道德领域的事项不得随意进入党内法规,这就需要明确社会主义核心价值观融入党内法规体系的转化程序,确定哪些核心价值观可以实行转化,哪些是纯粹道德层面的要求而不适宜转化,适宜转化的,要规定转化的具体步骤与流程。

(三)促进中国特色社会主义法治体系建设原则

党的十八届四中全会明确提出"建设中国特色社会主义法治体系"是全面推进依法治国工作的总抓手、总目标,而"形成完善的党内法规体系"是建设中国特色社会主义法治体系的重要组成部分。[186] 这一开创性的重大论断首次将党内法规体系和国家法律体系并置,共同作为党管党治党、治国理政的基本方式,绘就了一幅党内法治秩序和国家法治秩序共同运转的中国特色社会主义法治图景。这也就清晰地说明完善弘扬社会主义核心价值观的党内法规体系应当坚持促进中国特色社会主义法治体系建设的原则。

第一,注重党内法规体系与国家法律体系的衔接与协调。如何正确认识党内法规与国家法律之间的关系是中国特色社会主义法治体系建设无论如何都绕不过去的一个重大理论和实践问题。从国家建构[187]的历史过程来看,现代西方民族国家都是首先确立国家结构,而后通过宪法和相关的宪法性法律确立政党制度,各政党组织在宪法法律框架下以党际竞争的方式行使国家权力。[188] 在这种国家结构下,所有行使国家权力的政党组织都必须服膺于国家法律。进一步说,在西方国家的政党政治实践中,国家法律的效力位阶要高于党内法规。基于西方国家建构历程提炼出来的法治理念很快成为后发国家参考的范本,这也就使得"国法是国家制定的法律与政党组织无关""国家法律至上"成为一个习焉不察的固有观念。但是,对于中国而言,其国家建构路径与西方国家完全不同:当代中国的政权是中国共产党通过广泛镶嵌在基层社会中的党组织网络,在传统帝制政治体系崩解的基础上重新建立起来的,其根本特征是党"以党建国、

---

[186] 本书编写组编著:《〈中共中央关于全面推进依法治国若干重大问题的决定〉辅导读本》,人民出版社2014年版,第4页。

[187] 国家建构是指一个现代国家或一个有效现代国家形成缔造的过程,这个过程主要包括三个层次的含义:第一,将具有多元化社会、经济、宗教、族群等因素的国家牢牢结合在一起,从而形成一个具有高度认同水平和集体团结氛围的独立民族国家(nation - state);第二,建设一套程序规范化的政治制度、法律制度、官僚队伍体系;第三,塑造和增强国家以制度化的方式向社会渗透、与社会互动而在其所辖疆域范围内有效贯彻其政治决策的能力。参见包刚升:《政治学通识》,北京大学出版社2015年版,第121 - 126页。

[188] 周淑真:《从比较的视角看中西政党制度》,载《新视野》2014年第1期。

以党治国、以党兴国”。[189] “没有共产党就没有新中国”这句国人耳熟能详的话精准地揭示了政党与国家建构之间的关系。没有中国共产党，就没有中国共产党领导下的新政权，那么自然也就不会有新政权下制定的国家法律。国家法律制定的水准很大程度上取决于党的领导制度本身的健全与完善，这也就是邓小平同志之所以强调如果没有作为规范党的领导和党的自身建设活动的党内法规，国家法律就很难有所保障的原因所在。[190] 如果将现行《中国共产党党内法规制定条例》第7条中规定的“坚持党必须在宪法和法律的范围内活动”解读为“国家法律的效力位阶高于党内法规”，就忽视了党内法规与国家法律在意志上的一致性和规范上的相对独立性。一方面，党员干部维护宪法和法律的尊严、在宪法和法律的范围内活动、党内法规不得同宪法法律相抵触也就是遵从党的意志、党的主张；[191] 另一方面，虽然党内法规与国家法律之间存在价值理念上的同向性，但又分属于两种相对独立的规范体系，所以两者之间应当是衔接与协调的关系。[192] 所谓“衔接”，是指党内法规与国家法律在就同一事项进行调整时存在时间上的先后之分、任务分工上的侧重之别，分阶段地前后无缝衔接成为一个完整的制度闭环；所谓“协调”，则是指党内法规与国家法律在就同一事项采取各有侧重的调整方式时，应当相互协调一致，这种双向协调一致性既包括党内法规在制定时不得同国家法律相冲突，也包括国家法律在制定时不得同党内法规相冲突。[193]

第二，注重提升党内法规体系的可执行性。习近平总书记在内蒙古自治区

---

[189] 王金水：《党的领导地位的政治学阐释》，载《社会科学》2010年第7期；任剑涛：《以党建国：政党国家的兴起、兴盛与走势》，载《江苏行政学院学报》2014年第3期；唐亚林：《从党建国体制到党治国体制再到党兴国体制：中国共产党治国理政新型体制的建构》，载《行政论坛》2017年第5期。

[190] 邓小平同志在《解放思想，实事求是，团结一致向前看》中提出了“党内法规保障国家法律”的论断，他提出“国要有国法，党要有党规党法。党章是最根本的党规党法。没有党规党法，国法就很难保障”。参见《邓小平文选》(第2卷)，人民出版社1994年版，第147页。

[191] 《中共中央关于全面推进依法治国若干重大问题的决定》对党内法规与国家法律之间关系的阐释是：“各级党组织和领导干部要深刻认识到，维护宪法法律权威就是维护党和人民共同意志的权威，捍卫宪法法律尊严就是捍卫党和人民共同意志的尊严，保证宪法法律实施就是保证党和人民共同意志的实现。”参见本书编写组编著：《〈中共中央关于全面推进依法治国若干重大问题的决定〉辅导读本》，人民出版社2014年版，第34页。

[192] 关于党内法规与国家法律分属不同规范体系的研究，参见王然：《中国共产党党内法规的规范特质及生成逻辑》，清华大学出版社2021年版，第191－201页。

[193] 欧爱民：《党内法规与国家法律关系论》，社会科学文献出版社2018年版，第160－167页；宋功德、张文显主编：《党内法规学》，高等教育出版社2020年版，第62－65页。

调研考察时就曾指出，“党内法规不少，主要问题在于执行不力”[194]。党内法规制定出来，如果得不到执行与实施，必然损害党内法规的权威。如何提升弘扬社会主义核心价值观的党内法规体系的执行力，这同样是一个关涉中国特色社会主义法治体系建设的问题。实践中，部分党员将社会主义核心价值观与党内法规割裂对待。虽然社会主义核心价值观与党内法规存在明显差别，但不能认为两者之间是互不联系甚至对立的两个部分。在实践中，部分党员基于两者的差别将之割裂开来，认为社会主义核心价值观只是一种倡导性的道德规范，而不是具有强制执行力的制度规范。这种认识不利于弘扬社会主义核心价值观的党内法规体系完善工作的推进。还有的党内法规在执行环节偏离了社会主义核心价值观的导向和要求。部分党内法规虽然在制度建设过程中吸纳了社会主义核心价值观的基本精神或者内容，但这些党内法规在实际执行运用过程中偏离了制度的基本价值导向，违背了社会主义核心价值观。即使党内法规制度本身体现了良善价值，如果制度得不到良好的实施，社会主义核心价值观也难以在党内得到全面贯彻。因此，党内法规设定的行为标准，应限于维护党内秩序、规范党组织活动以及党员行为的必要程度上。虽然党内法规的要求严于国家法律，但仍然低于道德规范的要求。如果弘扬社会主义核心价值观的党内法规体系将规范党员行为的标准提升到一般人所难以达到的道德水准，就超出了规范的合理限度与党员的承受能力，将减损党内法规制度的执行力，难以为绝大部分党员所遵守。

二、完善弘扬社会主义核心价值观的党内法规体系的方法机理

坚持系统观念是习近平法治思想与马克思主义基本原理一脉相承又与时俱进的核心理论逻辑。习近平总书记强调，全面依法治国是一个系统工程，是国家治理领域一场广泛而深刻的革命，必须统筹兼顾、把握重点、整体谋划，更加注重系统性、整体性、协同性，[195]用普遍联系的、全面系统的、发展变化的观点观察事物”，“通过历史看现实、透过现象看本质，把握好全局和局部、当前和长远、宏观和微观、主要矛盾和次要矛盾、特殊和一般的关系”。[196]

---

[194] 《牢记初心使命贯彻以人民为中心发展思想　把祖国北部边疆风景线打造得更加亮丽》，载《人民日报》2019年7月17日，第1版。

[195] 中共中央宣传部、中央全面依法治国委员会办公室编：《习近平法治思想学习纲要》，人民出版社、学习出版社2021年版，第21、96页。

[196] 习近平：《高举中国特色社会主义伟大旗帜　为全面建设社会主义现代化国家而团结奋斗——在中国共产党第二十次全国代表大会上的报告》（2022年10月16日），人民出版社2022年版，第20-21页。

在党内法规的基础理论研究中,以卢曼社会系统理论为代表的新研究范式方兴未艾,党内法规系统的“自我再制”(autopoesis),以及与其他社会诸系统之间的“结构耦合”特质尚未得到学界充分地发掘与阐释,对完善弘扬社会主义核心价值观的实践意义也没有得到充分的施展。下文将从卢曼的社会系统理论切入,首先阐明社会系统理论分析党内法规系统的可行性;其次,分析党内法规系统如何相对封闭地运作,同时又开放地接受环境输入的信息,发挥化约复杂性的功能;最后,本节将尝试运用社会系统理论,对“弘扬社会主义核心价值观的党内法规秩序何以可能”的问题予以回应。

(一)党内法规体系的系统理论分析

社会系统理论对于党内法规体系而言具有何种意涵?为什么我们要借助脱生于西方的理论工具去分析中国本土特色的“地方性知识”?西方的知识体系有其自衍的理论逻辑,作为外来者的西方之学又如何能够在党内法规知识体系中展开?这些疑问指向了社会系统理论是否仅仅只是一种体现特定国家、特定学者研究偏好的特殊学说,而非一种逻辑缜密、价值圆融的普适理论体系。虽然社会系统理论在发生学意义上的确与卢曼所处的特定历史阶段和社会场域密不可分,但其所针对的问题、所蕴含的一般性原理和方法论仍具有相当程度的普遍适用性。[197] 具体来说,社会系统范式对分析党内法规体系的意义主要有以下三个方面。

第一,社会系统理论化约复杂性的能力有助于党内法规体系应对日趋复杂的世情国情党情。习近平总书记“世界百年未有之大变局”这一重大理论和战略判断深刻揭示:新旧力量之间博弈加剧,不同事物之间更替加速,全面深化改革任务艰巨繁重,世情国情党情的复杂性正在以难以预测的轨迹往前演进。在国际上,国际格局和国际体系正在发生深刻调整,全球治理体系正在发生深刻变革,国际力量对比正在发生近代以来最具革命性的变化。在国内,中国作为一个具有超长时间历史纵深、超大幅员国土面积、超大数量人口规模的国家,不同地域之间拥有的资源禀赋不同,各地在经济和社会发展阶段上具有显著的不同步性和不均衡性,各地在政治、经济、文化、社会、生态等领域面临和亟待解决的问题也是复杂的。在党内,党的十八大以来反腐败斗争压倒性态势已经形成,但是

---

[197] 雷磊:《法教义学与法治:法教义学的治理意义》,载《法学研究》2018 年第 5 期;鲁楠:《社会理论之法:学源、学理与学问》,载《北京航空航天大学学报(社会科学版)》2019 年第 1 期;雷磊:《求解法学的知识密码——解读〈法学的知识谱系〉的一个“锁眼”与三把“钥匙”》,载《中国政法大学学报》2021 年第 6 期。

党在长期执政、改革开放、市场经济、外部环境上依然面临“四大考验”，在精神状态、能力素质、干群关系、廉洁自律上依然面临“四大危险”。对此，中国共产党作为总揽全局、协调各方的领导党和执政党，自然必须要有针对复杂性变局的先招、高招与长招。依靠党内法规制度管党治党，依靠制度的力量严肃党内政治生活、统一思想行动，正是党永葆生机活力、不断发展壮大的主要特征和重要经验。在卢曼看来，现代社会区别于传统社会的核心特质在于因人的主观意志的不确定性、社会结构的多层次性和社会分化的多样性而带来的高度复杂性，[198]而社会系统理论便是卢曼观察现代社会复杂性而建立的一种新型理论工具。所谓“复杂性”，在卢曼的认知中，其最基本的意涵是指多元可能性的总体性集合。[199] 既然当下的世界只是众多可能性中的一种，那么它是如何从可能性集合中被挑选出来？卢曼认为，这一选择过程是通过一种稳定的选择结构而达成的，通过结构的化约从而形成了可预期的相对稳定秩序，使当下的世界在可能性集合中被挑选出来。这种化约结构被卢曼称为“系统”，那些未被系统化约的复杂性落差则被称为“环境”。[200] 系统与环境相比，环境总是比系统更加复杂，换言之，系统不足够像环境一样复杂，环境中的可能性总是比系统中的可能性要多。[201] 反之，系统也必须具备足够的可能性，应对来自环境的各种可能性输入，从而在维持系统与环境复杂性落差中，把一个化约复杂性的系统建构起来。透过社会系统理论的借鉴，党内法规体系正是一种化约严峻复杂世情国情党情的“有组织的复杂性”系统，党组织和党员干部在党内法规制度体系中的所作所为都可以遵循一种稳定的确定性。

第二，社会系统理论的二阶观察视角有助于准确把握和定位党内法规体系的本质属性。为了强化自己化约复杂性的能力，社会系统必须提升自己的复杂性，其方式是对环境进行“观察”。按照《现代汉语词典》的解释，“观察”是指

---

[198] 秦明瑞：《系统的逻辑——卢曼思想研究》，商务印书馆 2019 年版，第 15 – 19 页。

[199] [德]尼克拉斯·卢曼：《信任：一个社会复杂性的简化机制》，瞿铁鹏、李强译，上海人民出版社 2005 年版，第 7 页；[德]尼克拉斯·卢曼：《法社会学》，宾凯、赵春燕译，上海人民出版社 2013 年版，第 71 页。

[200] [德]尼克拉斯·鲁曼：《社会系统：一个一般理论的大纲》，鲁贵显、汤志杰译，台北，暖暖书屋文化事业股份有限公司 2021 年版，第 224 – 256 页。

[201] 阿根廷著名作家博尔赫斯(Jorge Luis Borges)曾写过这样一则故事：帝国的皇帝雄心勃勃地绘制了一张比例尺为一比一的帝国疆域地图。然而，这张与整个帝国疆域同样复杂的笨重地图，反而丧失了地图的实际作用。博尔赫斯的地图悖论所传递出的信息正是：如果系统和环境同样复杂，那么系统也就丧失了存在的意义。参见[阿根廷]豪尔赫·路易斯·博尔赫斯：《博尔赫斯全集·诗人》，林之木译，上海译文出版社 2016 年版，第 143 页。

"仔细观察事物或现象"。[202] 卢曼对于观察的理解，则有别于这种一般意义上的观察（一种人的行为活动）概念。他在援引英国数学家斯宾塞·布朗（George Spencer - Brown）提出的形式理论（laws of form）基础上提出了自己的"观察理论"。根据斯宾塞·布朗的形式理论，卢曼将"观察"定义为系统借由一组"区分"（distinction）所进行的"标示"（indication）活动，区分的目的在于将待观察的事物标示为"合法/不合法""合规/不合规"等包含正值与负值的二元符码，亦即观察是在区分的前提下标示出事物两个面向中的其中一面。[203] 之所以要进行这种二元区分，是因为事物只有在与其他事物区分开来后，才可能被识别出来并加以观察；而且，系统的每一次观察都受限于其所挑选的区分方式，当党内法规系统借由"合规/不合规"这一区分进行观察时，就只存在一种非此即彼的标示可能性：要么标示为合规，要么标示为不合规。所以，没有一个观察在某个时间节点上可以同时标示出区分的两面。[204] 由于系统只能观察到这个区分范围内的事物，那些不属于这个区分范围内的事物就不可避免地成为系统观察的一个盲区，区分构成了系统观察盲区，一个观察不可能对其所使用的区分方式本身进行观察。在此基础上，卢曼进一步将观察区分为"一阶观察"和"二阶观察"两种类型："一阶观察"指的是作为观察者的系统使用特定的区分方式直接观察事物，并标示区分的其中一种面向，"一阶观察"者在观察事物时往往以"什么被区分并标示出来？"作为特定的发问方式；"二阶观察"则是指对"一阶观察"过程本身进行的再观察，通过反问"如何被区分并标示出来？"进而找出"一阶观察"中所无法观察到的盲区，并对"二阶观察"与"一阶观察"之间的差异进行对比。[205] 长期以来，社会科学家未能注意到自己的观察其实受制于自身观察的目的、角度、方法、预设前提等。为此，卢曼强调了他的"二阶观察"理论对于观察社会和反思自身的重要性。所以，无论是从国家法律、"软法"、"活法"等还是其他角度

---

〔202〕 中国社会科学院语言研究所词典编辑室编：《现代汉语词典》（第 7 版），商务印书馆 2016 年版，第 479 页。

〔203〕 [德] Georg Kneer, Armin Nassehi：《卢曼社会系统理论导引》，鲁贵显译，台北，巨流图书公司 1998 年版，第 120 - 121 页；[德] 尼克拉斯·卢曼：《风险社会学》，孙一洲译，广西人民出版社 2020 年版，第 316 - 317 页。

〔204〕 如果同时标示事物的两面，就会形成既合规又不合规的逻辑悖论，从而阻断系统观察。参见 [德] Georg Kneer, Armin Nassehi：《卢曼社会系统理论导引》，鲁贵显译，台北，巨流图书公司 1998 年版，第 124 - 125 页；[德] 尼克拉斯·卢曼：《风险社会学》，孙一洲译，广西人民出版社 2020 年版，第 33 页。

〔205〕 [德] Georg Kneer, Armin Nassehi：《卢曼社会系统理论导引》，鲁贵显译，台北，巨流图书公司 1998 年版，第 126 页；[德] 尼克拉斯·卢曼：《风险社会学》，孙一洲译，广西人民出版社 2020 年版，第 312 - 327 页。

去观察党内法规，都是在进行一种“一阶观察”，不同的区分方式便产生观察党内法规的不同角度，这也就导致观察者只能在其区分方式并标示出的面向中见其所见，而无法发现自身观察存在的视角盲区；“二阶观察”的反身观察立场有助于我们回过头来重新审视党内法规系统的本质属性。

第三，社会系统理论对结构耦合现象的洞见有助于全面认识党内法规系统“自我再制”和“功能分化”的内在规律。如前所述，系统复杂性程度不可能比环境更高，那么一个有限复杂的党内法规系统如何能在一个高度复杂的世情国情党情中产生并进行“自我再制”？处于高度复杂的世情国情党情中的党内法规系统，又是如何应对这种复杂性而不至于因此走向溃败？对于这个问题，卢曼给出的答案是党内法规系统因其具有以下四个特征而得以持续运作：其一，党内法规系统可以生产构成自身的基本元素，即党内法规系统可以生产出各种党内法规制度。其二，党内法规系统是自我组织的，党内法规系统既组织了党内法规系统与外在环境的边界，也组织了党内法规系统内部的结构。其三，党内法规系统是自我指涉的，例如党内法规系统就拥有指涉自身的党内法规，即关于党内法规应当如何被制定、解释、实施、监督等方面的党内法规。其四，党内法规系统透过自己独有的“合规/不合规”运作逻辑建构起来的一个封闭但不自足的网络，只有在这种状态下，党内法规系统才有办法在高度复杂的世情国情党情中保持自身的结构与党内法规的再生产。[206] 虽然党内法规系统与外在环境（其他系统）之间几乎不存在直接的联结关系，但为了自身的正常运转，势必得与外在环境（其他系统）进行沟通，通过外在环境（其他系统）给予的激扰促使党内法规系统内部持续分化，分化的形式主要包括区隔分化、阶层分化和功能分化三种。[207] 所谓“区隔分化”是指系统基于反复履行相同功能的需要而将其区隔为几个部分，如部分地方党内法规的内容在其他地域得到沿袭。所谓“阶层分化”是指在系统根据等级或地位垂直划分为不同的阶层，如党内法规垂直分化为中央党内法规、部委党内法规、地方党内法规。所谓“功能分化”则是指系统内部都分化为承担特定功能的子系统，它是三种分化形式中最为复杂的类型，也是主宰现代社会的主要分化类型。这些分化出来的子系统同样秉持相对独立的运作逻辑，同时又相互依赖、互为对方的环境。卢曼称呼这种系统与外在环境（其他系统）

---

〔206〕［德］Georg Kneer，Armin Nassehi：《卢曼社会系统理论导引》，鲁贵显译，台北，巨流图书公司1998年版，第61－72页。

〔207〕［德］Georg Kneer，Armin Nassehi：《卢曼社会系统理论导引》，鲁贵显译，台北，巨流图书公司1998年版，第158－182页。

之间呈现出的相互依赖的特殊互联关系状态为“结构耦合”。[208] “结构耦合”概念既标示出系统之间特定的“依赖/独立”区分关系,又与系统在“自我再制”运作上封闭性与认知上的开放性命题相互呼应。

(二)党内法规系统的多重结构耦合

根据卢曼的社会系统理论,系统与环境是一个相对的概念,每个系统都是彼此的环境。例如,党内法规系统会认为法律规范系统、法治实施系统、法治监督系统、法治保障系统是外在于它的环境的一部分,这些系统也会认为党内法规系统是它们的外在环境,而党内法规系统和法律规范系统、法治实施系统、法治监督系统、法治保障系统又会认为中国特色社会主义的法治系统、政治系统、科学系统、经济系统、道德系统等是它们共同的外在环境。[209] 党内法规系统中的党的组织法规系统(作为一个子系统)也会认为法律规范系统、法治实施系统、法治监督系统、法治保障系统是外在环境的一部分。此外,它还会认为党内法规系统中的党的领导法规系统、党的自身建设法规系统、党的监督保障系统是外在于党的组织法规系统的子系统,所以也是其环境的一部分。同理,党的领导法规一类的子系统将法律规范系统等其他系统当作环境的一部分,同时也将党内法规其他子系统视为环境的一部分。因此,党内法规系统的内部环境在每个子系统的视野中都是不同的。

在卢曼看来,系统之间互相作为对方的环境。系统虽然要从外在环境中获取信息,在认知上是开放的,但是信息的处理运作,完全遵循系统自身的逻辑。与此相类似,在系统内部子系统之间流通的信息处理,也遵循它们各自的逻辑。基于上述观点,卢曼提出了“结构耦合”的概念作为联结系统与外在环境(其他系统)之间的纽带。在他看来,结构耦合是一种双面并陈的区分形式,其将涵括纳入的事物与其所排除的事物视作等同重要,使系统与外在环境(其他系统)在

---

[208] [德]尼可拉斯·鲁曼:《社会中的法》(第3版),李君韬译,台北,五南图书出版股份有限公司2019年版,第379页。

[209] 结合卢曼的社会系统理论和中国的本土语境,无论是中国特色社会主义的法治系统还是政治系统都是社会在演化过程中不断分化出来的社会功能子系统,其在整个社会系统中承担了不同的功能,而中国特色社会主义的法治系统承担的核心功能是稳定全社会的预期,政治系统承担的是为其他系统的“剩余复杂性”进行兜底的功能,由于党内法规系统承担的是稳定全党上下的预期,所以它已经从政治系统中脱离出来成为一个“自律”的社会功能子系统。参见泮伟江:《法律系统的自我反思:功能分化时代的法理学》,商务印书馆2020年版,第98、144-145页。

能保持相互分离的独立性的同时也能保持相互联结的紧密关系。[210] 虽然结构耦合使党内法规系统与外在环境（其他系统）彼此得以相互联结，但其无法起到将外在环境的复杂性直接输入党内法规系统的作用，因此需要借结构耦合所带来的激扰刺激党内法规系统产生反应。激扰是系统一种不具环境相关物的感知形式，也就是说，激扰并非由环境从外而内地输入系统，当环境刺激系统时系统本身不会产生激扰，而当外在环境（其他系统）的复杂性刺激时，系统自身为了回应环境冲击所产生的共振波动状态才是激扰的运作状态。[211] 一旦系统对外在环境（其他系统）产生敏感或引发可激扰性，便会通过对期望的预设，从外在环境输入的多元可能性中，选择最具现实性的方向作为系统分化的路径，从而促成系统的持续自我再制。

那么，党内法规系统如何在多重结构耦合的状态下既维持系统自身同一性，又能对相互之间的沟通予以回应？卢曼认为，沟通是构成系统的不可再分的基本单位，并将沟通刻画为包含着信息、告知和接受/理解三个选择过程的统一形式，而沟通就意味着从诸多的可能性之间进行选择。[212] 首先是“信息的选择”，每一次沟通中都包含诸多差异化的信息，需要从中选择一个信息来开展下一次沟通；其次是“告知的选择”，“告知”是某一个信息“如何”以及“为何”会被说出，即从多种信息告知可能性中，选择一种方式来传达信息，譬如说，信息可以通过不同的传达介质如微信、电话、电子邮件等方式告知；最后是被告知的信息又被以多种不同的方式来接受/理解甚至是误解。只有综合这三个选择的结果，系统之间的沟通运作才最终完成。

理论上，沟通中的选择存在无数多种可能性，但事实上沟通中的选择要受到政治、经济、科学等社会功能系统各自特有的二元符码的限缩，一个功能系统不能使用或理解其他功能系统的符码，一个功能系统的符码也不可能被转译成其他功能系统的符码。[213] 这些二元符码包含“正值”与“负值”，正值标示的是系

---

[210] ［德］尼可拉斯·鲁曼：《社会中的法》（第3版），李君韬译，台北，五南图书出版股份有限公司2019年版，第380页。

[211] ［德］Georg Kneer，Armin Nassehi：《卢曼社会系统理论导引》，鲁贵显译，台北，巨流图书公司1998年版，第90－91页；［德］尼克拉斯·鲁曼：《生态沟通：现代社会能应付生态危害吗?》，汤志杰、鲁贵显译，台北，桂冠图书公司2001年版，第27－36页；［德］尼可拉斯·鲁曼：《社会中的法》（第3版），李君韬译，台北，五南图书出版股份有限公司2019年版，第380－381页。

[212] ［德］Georg Kneer，Armin Nassehi：《卢曼社会系统理论导引》，鲁贵显译，台北，巨流图书公司1998年版，第102－118页；［德］尼克拉斯·鲁曼：《社会系统：一个一般理论的大纲》，鲁贵显、汤志杰译，台北，暖暖书屋文化事业股份有限公司2021年版，第185－193页。

[213] ［法］达尼洛·马尔图切利：《现代性社会学：二十世纪的历程》，姜志辉译，译林出版社2007年版，第125－126页。

统中现有的衔接能力，也就是标示系统能借此展开沟通的条件，负值则只是用来反省正值时的条件。[214] 举例来说，党内法规系统进行沟通的必要媒介是“党内法规”，当党内法规系统对党组织和党员干部的行为进行观察时，只存在“合规”和“不合规”这两种选择，于是这一观察过程可以编码为“合规/不合规”。只有这样，党组织和党员干部的行为才得以被党内法规系统所感知，并得到进一步的处理。党内法规系统将符码的一侧赋为正值，如果被视作“合规”的行为没有相继发生的话，党内法规系统也就不会成立，党组织和党员干部的行为也就丧失了依凭，所以它是具有沟通衔接能力的，是沟通中被偏好的一侧。符码的另一侧则是负值，它的作用不在于沟通的衔接而是要否定正值，如果认为某行为“不合规”，那么就会促使沟通来修正负值的行为，或者在面对新形态的争议情形时，创造出新的党内法规规范。

虽然二元符码可以使党内法规系统将所有不属于符码的行为排除在外，将属于符码的行为通过“合规”与“不合规”的区分而被纳入观察的视野中，但要选择“合规/不合规”符码中的哪一个，则有赖于党内法规系统内部生成的“纲要”（program）。[215] 通俗地讲，“纲要”就是能指引系统将某个特定符码的正值与负值进行妥切分配的前提条件和判断标准。在党内法规系统中，党内法规系统的二元符码是“合规/不合规”，它要透过法规概念、法规原则、法规规则等作为纲要，来决定被观察的行为归属于哪一个值。当党内法规系统内的纲要发生变化时，那些曾经被标示为“合规”的行为可能就不再被标示为“合规”。概言之，二元符码正是党内法规系统得以维持自身同一性的基本方式，只要党内法规系统持续运作“合规/不合规”的符码，那么它就属于党内法规系统；纲要则让党内法规系统可以在观察环境时作出选择，从而把被选择的事物纳入党内法规系统中，维持党内法规系统认知上的开放性，二者共同刻画了系统与外在环境（其他系统）的结构耦合关系。

（三）党内法规系统的内外会通融合

如前所述，功能分化的现代社会造就了一个高度复杂和动态化的系统/环境

---

〔214〕［德］尼克拉斯·鲁曼：《大众媒体的实在》，胡育祥、陈逸淳译，台北，左岸文化2006年版，第49页。

〔215〕［德］Georg Kneer，Armin Nassehi：《卢曼社会系统理论导引》，鲁贵显译，台北，巨流图书公司1998年版，第170－181页；［德］尼可拉斯·鲁曼：《社会中的法》（第3版），李君韬译，台北，五南图书出版股份有限公司2019年版，第175－176页；［德］尼可拉斯·鲁曼：《社会中的法》（第3版），李君韬译，台北，五南图书出版股份有限公司2019年版，第380页。

区分关系：一种是对所有党内法规子系统都相同的外在环境，另一种是对每一个党内法规子系统而言的不同的内在环境。

在第一种关系中（见图1－3），作为所有党内法规子系统集合体的党内法规系统，与政治系统、法律系统、经济系统、科学系统等其他社会功能系统之间发生结构耦合，其中最为重要的两种结构耦合关系发生在其与政治系统和法律系统之间，并具体表现为党内法规系统通过“合规/不合规”二元符码以及纲要对其他系统输出的信息进行甄别和选择。首先来看党内法规系统与政治系统之间的结构耦合关系。对于整个现代社会来说，政治系统承载的功能在于吸纳其外在环境中的问题，使其成为政治系统内部的问题，亦即其他功能系统无法涵括“剩余复杂性”，而政治系统的这种吸纳能力主要取决于把问题定义为政治性的程度（而不是经济的、法律的、科学的、宗教的等），以及协调其他功能系统行动的能力。[216] 所以，卢曼认为政治系统必须具备一种“作出具有集体约束力决定的能力”（the capacity to enforce collectively binding decisions），[217] 这种能力拥有将强制力正当地加诸社会实体的权力，而权力正当性的来源则植根于意识形态合法性，而意识形态合法性又受制于葛兰西式的社会主义核心价值体系。为了适应政治系统解决其他功能系统无法解决问题的能力，政治系统内部逐渐演化出了“有权/无权”二元符码和引导符码运作的意识形态纲要。由于系统运作上的封闭性，系统只能根据自身的二元符码回应发生在其环境中的事件。当政治系统在观察党内法规系统时，只能看到行使权力的一方是否有权行使权力。然而，党内法规系统以“合规/不合规”为运作符码，以法规原则、法规规则为纲要，两者之间显然存在符码和纲要上的不可通约性。那么，党内法规系统与政治系统的结构耦合是如何可能的呢？

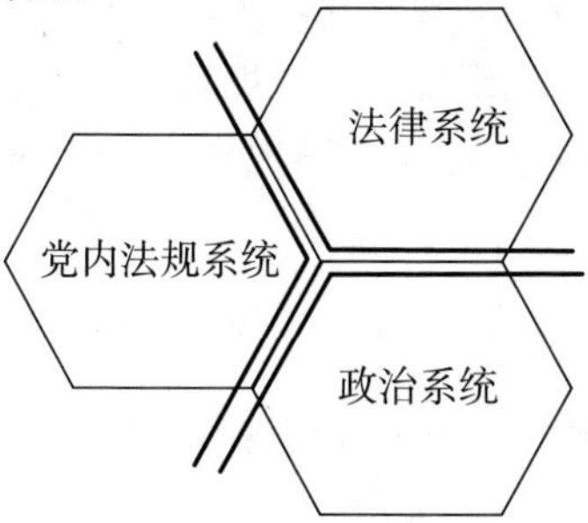

图1－3　党内法规系统的主要结构耦合关系

---

〔216〕［美］乔纳森·H. 特纳：《社会学理论的结构》（第7版），邱泽奇、张茂元等译，华夏出版社2006年版，第63页。

〔217〕Christian Borch, *Niklas Luhmann*, Routledge, 2011, p. 80.

在回答上述问题之前,我们需要先来考察一下法律系统与政治系统之间的结构耦合关系。长期以来,传统法社会学主要从冲突论的视角出发,将法律系统的功能定位为社会越轨(social deviance)行为的控制上。卢曼则另辟蹊径地指出法律系统的独特功能在于维持"规范性期待的稳定",法律使民众得以知晓哪些期望可以获得社会性的支持,哪些期望则不会被支持,如此一来,便可以在更大程度上从容面对日常生活中期望的失落。[218] 在法律系统中,法律文本是法律系统进行沟通观察的基本媒介,法律文本也提供了法律系统进行自我再制和保持同一性的必要条件,但是语言文字与实际意义的分离,造成了法律文本存在多元解读的可能性。法律系统对法律文本解释进行法律论证是在"合法/不合法"的二元符码下进行的运作,并通过法律系统内在的法律原则、法律规则纲要判定哪些行为是合法的,哪些行为是不合法的,法律系统方能维持自身运作上的封闭性。通过以上分析,不难发现法律系统和政治系统分属两个独立的社会功能子系统,二者通过完全不同的二元符码和纲要进行运作。那么,法律系统与政治系统的结构耦合是如何可能的呢?按照卢曼的分析,系统间结构耦合依存于特定的沟通机制,而宪法正是法律系统和政治系统之间形成结构耦合的双面沟通机制。[219] 具体来说,对于法律系统而言,宪法是效力位阶最高的法律规范,是其他法律都必须遵循的根本大法,所以法律系统在进行法律论证的过程中必须依循宪法;对于政治系统而言,宪法则通过国家机构的选举程序、权力分配等规范划定了政治活动的基本规则和边界范围。借助"宪法"这一沟通耦合机制,在法律系统和政治系统之间设立了一条相互刺激激扰的缓冲带,通过宪法中规定的法定程序保证了两者之间封闭运作的稳定性和相互共生演化的开放性。

分析至此,我们再回过头来观察党内法规系统与政治系统之间的结构耦合为什么会发生。我们认为,党章是党内法规系统和政治系统之间形成结构耦合的沟通机制。如果我们把《宪法》序言与党章总纲联通起来看,就会发现:一方

---

[218] [德]尼可拉斯·鲁曼:《社会中的法》(第3版),李君韬译,台北,五南图书出版股份有限公司2019年版,第127页。

[219] 这里我们以免疫系统为例对上述过程进行解说:抗原是从生物体外部输入的异物,而免疫系统会对抗原产生排异反应。免疫系统之所以会对抗原产生排异反应,是因为其存在受体这一特殊的耦合结构,如果没有受体的存在,那么抗原也就不会被免疫系统识别为外来的异物,抗原这个概念也丧失了存在的意义。如此一来,抗原就可以在生物体内畅行无阻,免疫系统也就不再是一个封闭运作的系统而是完全暴露在环境的复杂性之中。同理,对于法律系统而言,宪法就发挥了免疫系统中"受体"的涵括和排除功能。

面，我国《宪法》序言直接确认了党作为长期领导党和执政党的地位。[220] 序言中党的领导地位又来源于何处？答案是来源于党章。在性质上，党章不仅是全党最为基本、最为重要和最为全面的行为规范，集中规定了党内的重要制度和体制机制，为各级党组织和党员干部的行为提供了根本准则，党章也是党内具有最高权威的党内法规，其他党内法规都是党章的延伸和具体化。在长期的革命斗争实践中，中国人民选择了中国共产党的领导[221]。中国共产党肩负起了中华民族的独立与伟大复兴、对人类的进步作出积极贡献、实现共产主义的使命担当。[222] 由此可见，党章总纲为《宪法》序言提供了法理依据，因而也是宪法以及整个法律系统的效力渊源和逻辑延伸。[223] 另一方面，党章总纲规定各级党组织和党员领导干部都必须在宪法法律规定的范围内活动，这也就意味着党组织和党员领导干部必须带头遵守国家宪法法律。由于大多数的国家公职人员具有党员的政治身份，[224] 这种党政一肩挑的身份交叠也就使党可以自如地以党内法规对党员提要求的方式，间接实现对政治系统激扰干涉的目的。概言之，政治系统通过"有权/无权"二元符码和引导符码运作的社会主义核心价值体系纲要对外在环境进行选择、过滤，同时将政治系统内部制造的信息通过宪法和党章两个结构耦合机制，对法律系统和党内法规系统进行刺激，进而引发系统之间的共振，最终实现被法律系统和党内法规系统涵括、调整的目标（见表 1 - 1）。

---

[220] 《宪法》序言中规定："中国新民主主义革命的胜利和社会主义事业的成就，是中国共产党领导中国各族人民……取得的。……中国各族人民将继续在中国共产党领导下……"

[221] 《中国共产党章程》总纲开篇便规定："中国共产党是中国工人阶级的先锋队，同时是中国人民和中华民族的先锋队，是中国特色社会主义事业的领导核心，代表中国先进生产力的发展要求，代表中国先进文化的前进方向，代表中国最广大人民的根本利益。"

[222] 李海青等：《砥砺前行：引领民族复兴的马克思主义使命型政党》，中国人民大学出版社 2019 年版，第 1 - 29 页。

[223] 关于《宪法》序言和《中国共产党章程》总纲关系的详细研究，参见张薇薇：《宪法序言：政治宣示抑或宪政理想？——以我国现行宪法序言的完善为中心》，载《吉林大学社会科学学报》2014 年第 3 期；张薇薇：《党内法治的法理证成》，载《法制与社会发展》2019 年第 4 期。

[224] 据统计，我国公务员队伍中的党员占比超过 80%，县处级以上领导干部中党员占比超过 95%。参见习近平：《在第十八届中央纪律检查委员会第六次全体会议上的讲话》，人民出版社 2016 年版，第 22 - 23 页。

表1-1 政治系统、党内法规系统、法律系统的功能分化和运作[225]

类别	政治系统	党内法规系统	法律系统
功能	权力分配	完善党的领导和党的自身建设、规范性期待的稳定	预防冲突、规范性期待的稳定
媒介	权力	党内法规	法律
符码	有权/无权	合规/不合规	合法/不合法
纲要	意识形态(葛兰西式社会主义核心价值体系)	法规规则、法规原则等	法律规则、法律原则、法律判决、条约等

在第二种关系中,主要从微观的视角检视党内法规系统内部各子系统之间的结构耦合关系。前文已经提及,系统内部的复杂性要远小于外在环境的复杂性,系统通过符码化和纲要化从杂多的外在环境中筛选出特定的信息。当外在环境的复杂性提升之后,系统对复杂性的感知和敏感度也需要随之提升。系统内部的复杂性与系统应对外在环境的复杂性之间往往存在正相关关系,为此,党内法规系统也必须提升系统本身的内部复杂性,从而应对日趋复杂的世情国情党情。从中共中央印发的《中央党内法规制定工作第二个五年规划(2018—2022年)》,以及中共中央办公厅法规局主持编辑的《中国共产党党内法规汇编》可见,党内法规系统内部已经进一步分化为党的组织法规、党的领导法规、党的自身建设法规、党的监督保障法规四大结构耦合的子系统。当党内法规系统被外部复杂性的冲击所激扰时,为了让四大子系统在独立运作的同时,协调内部各个系统以使其持续通过自我指涉来稳定系统的持存状态,需要配套立规、党内法规执行责任制、党内法规解释适用、党内法规备案审查以及党内法规实施评估耦合机制联通其间。[226]

三、完善弘扬社会主义核心价值观的党内法规体系的路径选择

新时代推进党内法规体系建设,必须以落实全面从严治党主体责任为抓手,在全党上下深耕厚植弘扬社会主义核心价值观的制度土壤,并发挥社会主义核心价值观引领党内法规体系建设、塑造风清气正的政治生态的导向作用,从而通

---

[225] [德]安德烈亚斯·齐曼:《尼克拉斯·卢曼的"世界社会"观点》,张睿译,载苏国勋主编:《社会理论》第4辑,社会科学文献出版社2008年版。

[226] 祝捷、宋静:《党内法规体系的结构耦合特征及其实践意义——基于系统论的思考》,载《理论与改革》2020年第1期。

过规范法规规则体例、制定核心统领法规、完善配套法规制度等路径，深入建设弘扬社会主义核心价值观的党内法规体系。

（一）规范法规规则体例，创新法规后果设置

从现行有效的党内法规文本来看，[227]社会主义核心价值观融入党内法规的方式主要有以下四种：第一，将“社会主义核心价值观”作为立规宗旨和目的条款置于党内法规文本的首部而加以明确规定，一般表现为“弘扬”“培育”“实践”社会主义核心价值观，如《中国共产党章程》总纲、《国家功勋荣誉表彰条例》（2017 年施行）第 1 条。第二，将社会主义核心价值观作为重要的义务性规范加以明确规定，一般表现为“带头践行社会主义核心价值观”，如《党政领导干部选拔任用工作条例》（2019 年修订）第 7 条、《公务员考核规定》（2020 年修订）第 4 条、《事业单位领导人员管理规定》（2022 年修订）第 5 条。第三，将社会主义核心价值观作为检验、评价党组织和党员干部行为的价值尺度，如《云南省加强村干部管理激励若干规定（试行）》（2021 年施行）第 17 条第 8 款就将“违背社会主义核心价值观的”作为不得担任村干部的负面情形之一。第四，还有部分党内法规虽然没有对社会主义核心价值观予以明确规定，但在具体条款中无不体现了社会主义核心价值观的精神内核，如《中国共产党纪律处分条例》（2018 年修订）第 138 条就明确要求党员干部带头践行社会公德和家庭美德。

根据《辞海》的释义，“目的”指的是“人在行动之前根据需要在观念上为自己设计的要达到的目标或结果”。[228] 那么与之相对应，立规目的应当是指党内法规制定者在制定党内法规时所希望达到的特定目标和所欲追求的特定效果。立规目的条款通常以“为了……（立规目的），根据……（立规依据），制定本……（法规类型）”的表述模式出现。从形式上看，制定党内法规的目的在于提供规范指南和行为准则，明确告诉党组织和党员干部应该做什么、不应该做什么，违反党内法规后将会承担什么样的纪律处分；从实质上看，立规目的反映了党内法规制定者的价值偏好，从而决定了党的领导和党的自身建设的基本走向。[229] 由于立规目的对于党内法规的制定和实施都具有指引、教育和评价的作用，所以将“社会主义核心价值观”字面融入党内法规文本是实践中最为直接的方式。这

---

〔227〕 这里的统计来源包括“北大法宝党内法规数据库”中收录的 1427 部现行有效的党内法规，以及 2021 年中共中央办公厅法规局收录在《中国共产党党内法规汇编》中的 183 部中央党内法规和部委党内法规。

〔228〕 夏征农、陈至立主编：《辞海：第六版普及本》，上海辞书出版社 2010 年版，第 1339 页。

〔229〕 刘风景：《立法目的条款之法理基础及表述技术》，载《法商研究》2013 年第 3 期。

种融入方式背后的逻辑是将社会主义核心价值观中各个面向的价值予以明确规定,从而提醒党组织和党员干部在制定和实施党内法规时应当准确把握社会主义核心价值观所提倡的价值导向。但是,如果社会主义核心价值观仅仅停留在设置倡导性、口号性、原则性条款上,而非转化为务实管用、可操作性强的党内法规规则,那么在具体实施过程中就很有可能会遭遇条文内容虚化的困境。

按照法学理论通说,党内法规规范由法规概念、法规规则和法规原则三要素构成,在实践中,党内法规规范主要是通过大量的党内法规规则来规范党组织和党员干部的行为,因此,党内法规规则是构成党内法规规范的主体性要素。[230] 从逻辑结构上讲,每一个党内法规规则都包括假定条件、行为模式和法规后果三个要素。[231] 所谓假定条件是指党内法规规则中关于适用这一规则的前提条件,只要党组织和党员干部有具备这些条件的行为就应当以"全有或全无"的方式适用该党内法规规则进行调整。所谓行为模式是指党内法规规则中规定党组织和党员干部享有的法规权利和应当履行的法规义务及其相应的行为方式。根据党内法规规则指示的具体内容,行为模式可以分为:第一,命令式行为模式,即在假定条件下,党组织和党员干部"有责任""有义务""应当"作出某种行为的模式;第二,授权式行为模式,即在假定条件下,党组织和党员干部"有权""可以"作出或不作出某种行为,以及要求他人作出或不作出某种行为的模式;第三,禁止式行为模式,即在假定条件下,党组织和党员干部"不得""严禁""禁止"作出某种行为的模式。[232] 所谓法规后果是指党内法规规则中规定党组织和党员干部在作出符合或者不符合某种行为模式的行为时所承担的相应后果,包括肯定式法规后果和否定式法规后果两种。肯定式法规后果是对符合某种行为模式的行为予以保护、赞许甚至是奖励的状态,否定式法规后果则是对不符某种行为模式的行为予以相应的惩罚和制裁的状态。

以中央组织部制定的《公务员录用考察办法(试行)》(2021 年施行)为例,该试行办法第 7 条规定,组织部门在进行公务员录用考察时应当注重了解被考察对象践行社会主义核心价值观的情况。同时,该试行办法又于第 16 条规定组织部门因失察失责造成不良后果的,应当根据具体情况和有关规定追究其责任。

---

[230] 宋方青主编:《法理学》(第 2 版),厦门大学出版社 2013 年版,第 47 页;张文显主编:《法理学》(第 5 版),高等教育出版社 2018 年版,第 112 - 117 页。

[231] 关于法规规则的构成要素,学界认识并不一致,这里采用的是"三要素"学界通说,关于法规规则逻辑结构的相关研究参见陈锐:《论法律规范的逻辑结构及相关的元理论问题》,载《浙江社会科学》2022 年第 2 期;舒国滢:《法律规范的逻辑结构:概念辨析与逻辑刻画》,载《浙江社会科学》2022 年第 2 期。

[232] 雷磊:《法律规则的逻辑结构》,载《法学研究》2013 年第 1 期。

结合以上两个条文可以看出，当“进行公务员录用考察时”，组织部门“有责任”“有义务”“应当”作出了解被考察对象是否践行社会主义核心价值观的行为，如果组织部门违反这一命令式行为模式，那么该试行办法将会作出否定式的评价，并追究相关人员的失察责任。按照该试行办法的要求，组织部门应当对进入公务员录用考察环节人员践行社会主义核心价值观的情况进行充分的调查。这里的“践行”是指用实际行动去做符合社会主义核心价值观要求的行为，而不是停留在口头承诺上。党内法规规则的目标在于为党组织和党员干部如何行事提供具体、明确的指引，一旦党组织和党员干部的行为符合特定的行为模式构成要件，便会导致一个确定性的法规后果。因此，应当注意到社会主义核心价值观是一个涵盖三个层次十二种价值范畴的综合体系，如果行为模式在表述上过于笼统，执规主体在适用党内法规规则时就会存在较大的解释空间，那么也就无法很好地发挥对党组织和党员干部的行为进行指示和引导的功能。在法规后果的设定上，应当把握法规的刚性和道德的柔性两方面特质的平衡，从立法学的角度来看，一种可能的完善路径是结合“促进型立法”的理论资源。所谓“促进型立法”，是指一类以任意性规范、授权性规范和鼓励性规范为主要设范模式，旨在通过动员政府、市场和社会主体积极参与，实现促进、引导基础、薄弱产业或事业发展目标的新兴立法现象。[233] 促进型立法不同于单纯突出义务与责任的传统限禁型立法，其创新之处主要表现在义务和责任设置上，侧重法律、道义、社会和政治责任的综合化和法律责任的相对弱化或设置积极的法律后果。[234] 在某种程度上，促进型立法与党内法规都具备法与政策的双重属性：法律相对于政策而言更为稳定、权威，能够弥补政策缺乏确定性的不足；与法律相比，政策具有明显的宣示和引导作用，可以弥补法律在设定目标单一的情况下所存在的缺陷。因此，党内法规可以吸收促进型立法的理论资源，适当地融合政策的宣示性与法律的稳定性。

（二）制定核心统领法规，增进价值分层定位

就社会主义核心价值观的具体内容而言，“富强、民主、文明、和谐”凝结了党领导人民建设社会主义现代化强国、实现中华民族伟大复兴的奋斗目标，因而

---

〔233〕 李艳芳：《论促进型立法》，载史际春、邓峰主编：《经济法学评论》第5卷，中国法制出版社2005年版；李艳芳：《“促进型立法”研究》，载《法学评论》2005年第3期；刘志强：《促进型法律基本理论研究：以法律调整经济发展为视角》，重庆大学出版社2013年版，第13－45页。

〔234〕 郑曙光：《地方立法中促进型立法探析——以浙江地方立法实践为分析视角》，载《宁波大学学报（人文科学版）》2019年第1期。

不仅在社会主义核心价值观中处于最高层次,还具有统领其他层次的价值面向的地位;“自由、平等、公正、法治”体现了中国特色社会主义社会的理想社会形态和社会制度层面上的整体目标要求;“爱国、敬业、诚信、友善”涵盖了中国特色社会主义国家全体公民应当践行的社会公德、职业道德、家庭美德和个人品德,明确了全体公民对国家、工作、社会、他人的应有态度和应尽责任。由是观之,社会主义核心价值观指明了国家层面的价值目标、社会层面的价值取向、公民个人层面的价值准则,回答了建设什么样的国家、建设什么样的社会、培育什么样的公民三个根本性的问题,构成了一个相互作用、相互影响、密不可分的多层次逻辑整体。因此,为了进一步完善弘扬社会主义核心价值观的党内法规体系,必须制定专门指导社会主义核心价值观融入党内法规体系的基础性、统领性党内法规,从源头上避免不同层次的社会主义核心价值观“错位乱入”,注重社会主义核心价值观与不同类型层级的党内法规之间的分段衔接。[235]

按照2019年版《中国共产党党内法规制定条例》第5条的规定,党内法规体系包括“党章”“准则”“条例”“规定、办法、规则、细则”四个类别层次七种表现形式。其中,“党章”集中表达了党的理论基础和政治主张、党的整体意志和共同理想,是党立党管党治党的政治根基,因而是具有最高权威的党内法规,是制定其他党内法规的根本遵循;“准则”是对党章的重要补充,对全党政治生活、组织生活和全体党员行为作出的基本规定,属于效力仅次于党章的基础主干型党内法规,具有效力位阶高、政治性和原则性强的特点;“条例”是对党的某一领域重要关系或者某一方面重要工作作出的全面规定,如党的宣传工作、政法工作、统一战线工作等;“规定、办法、规则、细则”则是对党的某一方面重要工作的要求和程序等作出的具体规定,是对“条例”内容的进一步延伸、扩展和具体化,其内容规定得更具体,并具有更大的实用性,一般而言,这四种党内法规由中央纪律检查委员会、党中央工作机关和省(自治区、直辖市)党委在其职权范围内加以制定。[236]

社会主义核心价值观融入党内法规形式体系,首先,在“党章”中确立社会主义核心价值观的基石地位,明确用社会主义核心价值观贯穿党内法规制定和实施工作的全过程。其次,在“准则”中将社会主义核心价值观的引领功能界定为全党政治生活、组织生活和各级党组织和党员干部行为的价值指南。再次,通过制定“中国共产党弘扬社会主义核心价值观工作条例”持续深化党的思想道

---

[235] 张启江:《社会主义核心价值观入法入规的重点、方向和方式》,载《湖湘论坛》2020年第4期。

[236] 中共中央办公厅法规局编著:《中国共产党党内法规制定条例及相关规定释义》,法律出版社2020年版,第18-21页。

德建设，实现弘扬社会主义核心价值观的党内法规体系建设工作条例化。“中国共产党弘扬社会主义核心价值观工作条例”需要对弘扬社会主义核心价值观的党内法规体系作出系统全面的规定，并着重解决以下四个方面的问题：一是谁来弘扬，即解决弘扬社会主义核心价值观的党内法规体系建设的主体问题；二是弘扬什么，即解决弘扬社会主义核心价值观的党内法规体系建设的内容问题；三是如何弘扬，即解决弘扬社会主义核心价值观的党内法规体系建设的方式问题；四是如何保障，即解决弘扬社会主义核心价值观的党内法规体系建设的支撑问题。最后，“规定、办法、规则、细则”应当对“中国共产党弘扬社会主义核心价值观工作条例”提出的要求和程序作出具体的规定。

（三）完善配套法规制度，筑牢理想信念之基

配套法规是党内法规体系的重要组成部分，制定配套法规是党内法规制定工作的一个重要环节，也是党内法规体系得以有效运行的必要前提。可以说，任何一部党内法规都由若干相互配套的具体条文和措施所构成，进而形成一个共同指向特定目标的多维度、全过程的党内法规体系。同时，配套规定的制定工作也是中央纪律检查委员会及党中央工作机关和省、自治区、直辖市党委履职尽责的一种重要的方式。因此，必须认真对待配套法规的制定工作。但是，“配套立规”并不是一个严格意义上的学术概念，而是一种颇具中国本土特色的法治现象。彭真同志曾提出，“法律制定后，实施中还有许多问题需要解决，一般需要制定实施细则，作出具体规定。全国性的实施细则由国务院制定，地方性的实施细则由省、自治区、直辖市的人大和人大常委会制定”〔237〕。此后，为贯彻执行法律而专门制定配套规定的做法在党内法规制定工作中得到了沿袭。根据立法学的基本原理，所谓“配套立规”，可以界定为2019年版《中国共产党党内法规制定条例》明确的：各制定主体按照上位党内法规的规定，并在上位党内法规规定的权限范围内制定相关实施性党内法规，进一步明确贯彻落实上位党内法规的规定和要求，从而就同一规范事项形成一个相互衔接、上下联动、配合有序的党内法规体系，防止不同位阶党内法规之间发生抵触冲突、冗余重复情况的活动。〔238〕

---

〔237〕　彭真：《论新时期的社会主义民主与法制建设》，中央文献出版社1989年版，第246页。

〔238〕　徐向华、周欣：《我国法律体系形成中法律的配套立法》，载《中国法学》2010年第4期；祝捷、王萌：《论党内法规配套立规的政治逻辑及其制度实现》，载《河南社会科学》2020年第2期；中共中央办公厅法规局：《中国共产党党内法规制定条例及相关规定释义》，法律出版社2020年版，第49－50页。

这里需要特别注意的是,配套立规不同于授权立规,根据有关制定主体是否享有“法定的”制定权限,党内法规制定活动又分为授权立规和职权立规两种形态。授权立规意指有关制定主体不享有“法定”的党内法规制定权,而是通过授权获得了原本并非以自己的名义相对独立行使的“法定”权力,这便是授权立规与职权立规之间的核心区别。根据2019年版《中国共产党党内法规制定条例》第10条和第11条的规定,无论上位党内法规是否提出由下位党内法规制定主体进行该部党内法规的实施性立规的要求,居于下位的中央纪律检查委员会及党中央工作机关和省、自治区、直辖市党委均有“法定的”实施上位党内法规的职权,均可制定相关的实施性党内法规,无须上位党内法规的特别授予。也就是说,配套立规的一个隐含前提便是制定主体必须拥有相应的制定权能,否则便不属于配套立规,它们本身就有为贯彻落实上位党内法规而制定配套规定的权责。因此,严格意义上的授权立规的前提条件在于上位党内法规制定主体通过专门决定把自己专有的党内法规制定权让渡给中央纪律检查委员会及党中央工作机关和省、自治区、直辖市党委行使。

部分学者将“各省、自治区、直辖市党委,中央各部委,中央国家机关各部委党组(党委),可以根据本条例,制定实施办法”视为授权立规属于概念上的误用误读。[239] 从文义解释的角度上看,将2019年版《中国共产党党内法规制定条例》第14条第1款中规定的“没有要求的,一般不再制定”[240]解释为“配套立规以授权制定为原则,未授权制定为例外”似乎并没有什么问题。但从配套立规的实践来看,例如2019年新修订的《中国共产党问责条例》就没有提出制定配套党内法规的要求,[241]但2021年12月吉林省委依然制定了《吉林省贯彻〈中国共产党问责条例〉实施办法》;又如,《中国共产党统一战线工作条例》(2020年修订)同样没有提出制定配套党内法规的要求,但湖北省委却制定了《湖北省实施〈中国共产党统一战线工作条例〉办法》(2021年施行)。以上党内法规均是在2019年版《中国共产党党内法规制定条例》之后印发施行,中共中央办公厅法规局在进行备案审查时也予以备案通过。由此观之,上位党内法规制定主体在其制定的党内法规中,以条文的形式“授权”有关主体制定配套规定做法的并

[239] 祝捷、王萌:《论党内法规配套立规的政治逻辑及其制度实现》,载《河南社会科学》2020年第2期;赵谦:《论党内法规制定权限的科层化事项配置》,载《湖北社会科学》2021年第1期。

[240] 2019年版《中国共产党党内法规制定条例》第14条第1款规定:“上位党内法规明确要求制定配套党内法规的,应当及时制定;没有要求的,一般不再制定。”

[241] 2016年版《中国共产党问责条例》第11条曾规定“可以根据本条例制定实施办法”,但这一规定在2019年版《中国共产党问责条例》中被删除。

不是 2019 年版《中国共产党党内法规制定条例》第 12 条第 1 款中规定的为受权主体创设、制定党内法规权力的情形，[242] 而是为了督促和指令相关主体去制定和落实配套党内法规，这里的“授权”仅仅表露出为受权主体设定了一种立规职责的意蕴。申言之，没有党中央的明确“授权”，中央纪律检查委员会及党中央工作机关和省、自治区、直辖市党委依然可以制定配套党内法规。所以，将“没有要求的，一般不再制定”解释为一种“注意规定”不失为一条可行的路径，即意在提示相关制定主体在进行配套立规时应当结合实际情况综合考虑配套的必要性。

在弘扬社会主义核心价值观的党内法规体系范畴下，社会主义核心价值观融入党内法规体系的配套立规主要涉及下位党内法规与上位党内法规配套、后党内法规与前党内法规配套、部委党内法规与中央党内法规配套、地方党内法规与中央党内法规配套等多项内容。长期以来，先立规再配套已成为惯例，追求在党内法规的主干框架中全面、系统、详细地将主要问题加以解决，而对配套党内法规的制定和落实缺乏应有的重视和跟进，加之缺乏明确的制定期限要求，实践中有关制定主体对于制定配套法规往往表现出久拖不决的懈怠局面。[243] 鉴于此，在制定出台的“中国共产党弘扬社会主义核心价值观工作条例”的附则中应当明确提出各省、自治区、直辖市党委应当结合本地区情况制定实施办法，以及配套党内法规的制定期限。通过弘扬社会主义核心价值观的核心统领党内法规及其相关配套规定，密织社会主义核心价值观融入党内法规体系的制度之网。只有扎紧制度之网，并使之严丝合缝、疏而不漏，才能真正补足精神之钙，为党管党治党、执政治国提供更加坚实的制度支撑和政治保障，夯实党团结统一的思想基础。

四、完善弘扬社会主义核心价值观的党内法规体系的耦合机制

党内法规的制度生命力在于实施，党内法规的制度权威性也来自实施，党内法规耦合机制是确保党内法规体系内部持续稳定运作的重要基础和关键前提。因此，完善弘扬社会主义核心价值观的党内法规体系应当以党内法规执行责任、党内法规解释适用、党内法规备案审查、党内法规实施评估等实施机制为抓手，

---

〔242〕 2019 年版《中国共产党党内法规制定条例》第 12 条第 1 款规定：“根据党中央授权，就应当制定中央党内法规的有关事项，中央纪律检查委员会以及党中央工作机关和省、自治区、直辖市党委可以先行制定党内法规，待条件成熟时再制定中央党内法规。”

〔243〕 王立峰、李洪川：《党内法规配套立规的基本标准探析——基于制度文本与制度实践的双重维度》，载《理论与改革》2020 年第 5 期；邓嵘：《论党内法规制度体系形成中的配套》，载《四川师范大学学报(社会科学版)》2021 年第 3 期。

及时修正党内法规体系中与社会主义核心价值观不相适应的组成部分,确保党内法规文本能够充分体现社会主义核心价值观的实质内容与精神内核。

(一)党内法规执行责任机制

一分部署,九分落实。习近平总书记专门强调指出"如果不沉下心来抓落实,再好的目标,再好的蓝图,也只是镜中花、水中月"[244]。党内法规体系的"四梁八柱"搭建起来以后,一项更为重要的工作便是下大气力推动党内法规的全面执行落实。但从党内法规的实施情况来看,目前党内法规有规不依、执规不严、违规不究的问题仍然比较突出。具体来说,党内法规执行力不足主要表现为"执行缺位"和"执行错位"两个方面。[245] 其一,党内法规的执行缺位问题。部分党员干部对党内法规的要求熟视无睹、抛诸脑后,不仅在主观上没有学习党内法规、遵守党内法规、维护党内法规的意愿,甚至在行动上公然规避、妨碍、抵制党内法规的贯彻落实。其二,党内法规的执行错位问题。执行错位又可以分为象征性执行、选择性执行和机械性执行三种典型样态。相较于公然抵触执行党内法规,一些党员干部貌似是在积极地贯彻党内法规,实则"表面说一套、背地做一套",只作党内法规执行的"形象工程"以便应付上级党组织的检查考核。这种"明里重视、暗里忽视""只求到点、不求到底"的象征性执行具有相当的隐蔽性和迷惑性,上级党组织在巡视巡察、监督检查过程中也很难发现。一些党员干部在执行党内法规时做选择、搞变通,把党内法规的规定视作随意捏弄的"橡皮泥",符合自身利益的党内法规则守之从之,不符合自身利益的则避之弃之。同时,还有一些党员干部习惯搞"一刀切",机械、教条地执行党内法规,对党内法规文本生搬硬套、锱铢必较,疏于深入基层了解实情,严重偏离了党内法规制度设计的积极初衷。

党内法规的部分执行主体在实践中"搞变通、做选择、打折扣"的执行异化问题,究其本质,症结在于执行主体法规素养不高、执行监督问责追责乏力、政治

[244] 中共中央文献研究室编:《习近平关于协调推进"四个全面"战略布局论述摘编》,中央文献出版社 2015 年版,第 157 页。

[245] 中组部研究室部刊处:《党内法规制度执行力不强的主要表现——提高党内法规制度执行力课题研究报告(摘登之二)》,载《党建文汇上半月》2016 年第 2 期;沈孝鹏:《党内法规执行不力:多重诱因与治理之策》,载《求实》2017 年第 8 期;石佑启、李杰:《论提高党内法规的执行力》,载《学术研究》2018 年第 5 期;马迅:《党内法规有序运行的影响因素与保障机制论析》,载《理论导刊》2020 年第 5 期。

生态自我净化不足。[246] 第一，执行主体法规素养不高。部分党员干部“人治思想”“特权思想”“官僚主义思想”作祟，在日常工作中疏于学习党内法规，执行党内法规时“对人不对己”，错误地认为党内法规的条条框框是约束下级的。有些党员干部虽然学习了党内法规，但也仅仅止步于“嘴上说说、纸上写写、墙上挂挂”，未能入脑入心，真正学深悟透党内法规的精神内核。第二，执行监督问责追责乏力。“权责一致、错责相当”是现代行政法领域的一项基本原则，为什么有些制定良好的党内法规难以转化为制度实效，原因就在于没能设定明确、具体的责任后果，而责任后果能否得到追究又取决于执行监督制度体系是否得到有效地运转。[247] 由于没有建立专门规范党内法规执行责任问责追责的制度，致使《中国共产党党内监督条例》（2016 年修订）确立的党委（党组）全面监督、党的纪律检查委员会的专责监督、党的基层组织的日常监督、党员的民主监督之间缺少同向发力、同频共振的协调机制，不同监督主体在党内法规执行上存在职能交叠、边限模糊的情况，影响了党内法规制度效能的充分发挥。第三，政治生态自我净化不足。一些党员干部奉行“好人主义”哲学，遇事不讲原则、不辨是非，不敢向违规违纪现象“亮剑”。“人创造环境，同样，环境也创造人。”[248] 这些党员干部之所以甘当没有立场的“老好人”，主要原因就在于其所在党组织的政治生态自我净化能力不足、力度不高，致使党员干部被“多栽花、少栽刺”等庸俗风气所侵蚀。[249] 如果党组织任由这种风气在党内盛行，就会产生“羊群效应”，加速逃责心理的传染。

2019 年 9 月，中共中央印发的《中国共产党党内法规执行责任制规定（试行）》，提出将建立健全党内法规执行责任制作为破解党内法规“执行难”问题的关键一招。按照《中国共产党党内法规执行责任制规定（试行）》的制度设计，党内法规执行责任制主要包括四个方面的内容：其一，执行党内法规的责任主体，即谁负有执行党内法规的责任；其二，执行党内法规的责任内容，即不正确执行党内法规应当承担哪些责任；其三，执行党内法规的履责方式，即相关责任主体

---

〔246〕 中组部研究室部刊处：《导致党内法规制度执行力不强的原因——提高党内法规制度执行力课题研究报告（摘登之三）》，载《党建文汇：上半月》2016 年第 3 期；袁海晗：《提高党内法规制度的执行力》，载《红旗文稿》2017 年第 18 期；沈孝鹏：《党内法规执行不力：多重诱因与治理之策》，载《求实》2017 年第 8 期；石佑启、李杰：《论提高党内法规的执行力》，载《学术研究》2018 年第 5 期。

〔247〕 中共中央纪律检查委员会、中共中央文献研究室编：《习近平关于严明党的纪律和规矩论述摘编》，中央文献出版社、中国方正出版社 2016 年版，第 64 页。

〔248〕 《马克思恩格斯文集》（第 1 卷），人民出版社 2009 年版，第 545 页。

〔249〕 尚虎平：《好人主义的生成土壤及原因分析》，载《人民论坛》2022 年第 10 期。

应当如何履行执行责任;其四,执行党内法规的责任监督,即不执行或不正确执行党内法规应当如何问责追责。[250] 在以上四个方面中,执行党内法规的责任主体起到了统领全局的功用。"为政之要,惟在得人。"除了各级党组织外,党员领导干部是承担执行党内法规责任的关键群体。党员领导干部相较于广大普通党员,在数量上虽占少数,却是贯彻落实党的路线方针政策和重大战略决策部署的组织者、推动者和执行者,在全面从严治党、依规治党中负有引领示范的重要职责。因此,只有培养造就一批德才兼备的党员领导干部率先垂范,才可能营造一个风清气正、规矩清朗的执行环境,否则,"纵有良法美意,非其人而行之,反成弊政"[251]。"德才兼备、以德为先"是党选拔任用干部的基本原则,这里的"德"从根本上讲就是社会主义核心价值体系和核心价值观。[252] 进一步说,高素质党员领导干部队伍不但是全面推进依规治党的组织和人才保障,而且是弘扬社会主义核心价值观的主力军。让党员领导干部在党内法规执行中发挥引领示范作用,就必须把弘扬践行社会主义核心价值观的情况作为年度综合考核评价和干部选拔任用的核心指标,真正把社会主义核心价值观的主旨精神和基本要求落到实处。

(二)党内法规解释适用机制

党内法规解释是党内法规实施中的一个重要环节,是党内法规制定工作的继续与延伸。党内法规解释之所以必要,就在于:第一,党内法规是一种普遍适用的规范类型,将这种抽象的、概括的党内法规条文涵摄地适用到具体的情形中时,就必然需要对其中含混不清之处进行解释;第二,由于党内法规存在不同类型的制定主体,这些制定主体在立规能力上又存在高下之别,党内法规总是会存在这样或那样的瑕疵,于是在执行贯彻过程中就需要对这些不协调的地方进行解释;第三,党内法规只有保持一定程度的安定性方能在党员干部中树立权威,但党内法规所要调整的党务关系却是不断发展变化的,这两者之间的矛盾就需要解释来消解。同时,为了避免党内法规解释主体在解释过程中的恣意和对弘扬社会主义核心价值观的党内法规体系作进一步的完善,对党内法规条文的规范意涵的探寻必须遵循一定的解释方法。

从可以公开检索到的党内法规解释来看,同法律解释方法相比,目前党内法

---

[250] 中共中央办公厅法规局编著:《中国共产党党内法规制定条例及相关规定释义》,法律出版社2020年版,第232页。

[251] 胡居仁撰:《胡居仁文集》,江西人民出版社2013年版,第65页。

[252] 刘云山:《着力培育和践行社会主义核心价值观》,载《求是》2014年第2期。

规解释的条文在数量上便寥寥无几，更遑论解释方法。[253] 从法律解释方法中汲取有益的经验，将有助于提升党内法规解释的规范性、合理性和权威性。[254] 从法学理论的角度来说，党内法规解释方法可以分为文理解释、体系解释、目的解释、扩张解释和限缩解释五种主要类型。[255] 首先，文理解释。所谓文理解释，是指根据文法规则对党内法规条文中的概念术语、规则原则进行分析和阐释，具体包括语义解释、语法解释和逻辑解释三种。党内法规的解释应当忠实于党内法规文本和具体的条文，这些条文文本归根结底是以语言文字写成的，所以必须符合现代汉语约定俗成的通用含义和汉语语法的基本规则。思维是人脑对外在事物概括的、间接的反映，思维是借助语言来实现的；而形式逻辑则是人类各种具体思维形式中最具一般性的推理结构，因此，除了进行语义、语法分析外，还需要运用形式逻辑的规则推论出被解释对象的内涵或外延。可以说，文理解释是党内法规解释的起点，只有在尊重汉语表达的通用意义和逻辑规则的基础上才能够起到证成、说服党员干部的目的。其次，体系解释。一方面，党内法规体系是由"党章 + 党的组织法规、党的领导法规、党的自身建设法规、党的监督保障法规"构成的规范体系。从应然层面上讲，党内法规条文之间、党章与党内法规各板块之间的内容是根据相辅为用的逻辑关系构成的统一整体，所以，被解释的党内法规条文含义只有着眼于其所处的具体位置，联系相关上下文脉络才能作出准确的解释。另一方面，党内法规体系还包括一个在价值判断上协调统一的内在体系，党内法规体系是一个由不同位阶的党内法规规范所构成的阶层金字塔，较低位阶的党内法规在内容构造、原则和价值判断上都不得与较高位阶的党内法规相矛盾、相抵触。再次，目的解释。目的解释是一种以党内法规的目的为依据来确定被解释对象含义的解释方法，具体分为主观目的解释和客观目的解释。主观目的解释往往需要借助党内法规制定主体所作的立规说明等立规背景资料

---

〔253〕 据相关学者统计，1978～2017 年，以中纪委、中央办公厅、中央组织部名义公开发布的党内法规解释仅有 38 件，参见孙才华：《论党内法规解释的规范化》，载《湖湘论坛》2017 年第 1 期。

〔254〕 胡春辉：《中国共产党党内法规解释制度建设研究——以法律解释经验为借鉴》，载《学术探索》2019 年第 11 期；史红光：《论党内法规的实践适用及其方法》，载陈金钊、谢晖主编：《法律方法》第 34 卷，研究出版社 2021 年版；金成波、郭晓丽：《论党内法规解释制度的构建》，载《行政与法》2019 年第 9 期；肖登辉、覃振锦：《试论党内法规解释制度的完善》，载《黑龙江省政法管理干部学院学报》2020 年第 3 期。

〔255〕 王泽鉴：《民法思维：请求权基础理论体系》，北京大学出版社 2009 年版，第 172－196 页；周永坤：《法理学：全球视野》，法律出版社 2016 年版，第 296－298 页；王利明：《法律解释学导论：以民法为视角》（第 2 版），法律出版社 2017 年版，第 144－151 页；［德］罗尔夫·旺克：《法律解释》（第 6 版），蒋毅、季红明译，北京大学出版社 2020 年版，第 68－126 页；宋功德、张文显主编：《党内法规学》，高等教育出版社 2020 年版，第 299－300 页。

来推知制定党内法规所要实现的目的是什么,所以这种解释方法也被称为历史解释。客观目的解释则是指根据当下的社会主流价值来确定党内法规条文的含义,而非拘泥于党内法规制定者在制定党内法规时的初衷。最后,扩张解释和限缩解释。扩张解释和限缩解释的出发点是党内法规制定者在制定各党内法规条文时的主观目的,将党内法规条文的文义范围与党内法规制定者在制定该条文时所预设的适用范围两相比较。由于党内法规制定者使用的语言文字不够准确,党内法规条文的文义范围可能会过于狭窄或过于宽泛,此时为了使党内法规条文符合制定者原意,必须对其字面文义进行扩张或限缩解释。

解释主体采用的解释方法对于弘扬社会主义核心价值观的党内法规体系的效果有所不同。从前述解释方法的基本特征来看,文理解释主要是依据语义、语法和逻辑来确定被解释对象的含义,这种封闭式的解释方法显然无助于社会主义核心价值观的融入。体系解释除了从狭义上理解为从上下文的规定进行关联性的形式化解释外,还可以从广义上理解为党内法规体系内部价值的协调一致,相较于文理解释,体系解释的思维方式更具开放性,这也意味着体系解释为社会主义核心价值观的融入提供了一条重要途径。目的解释、扩张解释和限缩解释也都具有类似的性质,为实施弘扬社会主义核心价值观的党内法规体系提供了基本的解释路径。[256]

(三)党内法规备案审查机制

要确保制定的党内法规都是良法美制,除了要有事先的实现机制,通过民主科学的立规程序,保证党内法规准确地反映党内绝大多数党员的意志,还要设置事后的纠错机制,通过党内法规备案审查机制,修正党内法规体系中与社会主义核心价值观不相适应的组成部分。所谓党内法规备案审查,是指下级党组织按照《中国共产党党内法规和规范性文件备案审查规定》规定的期限和程序报送上级党组织备案存档,上级党组织按照一定标准和程序进行审查,并作出相应处理结果的活动。[257] 从这一定义可知审查标准是党内法规备案审查机制发挥实效最为关键和核心的内容。对备案审查标准的把握,直接决定了上级党组织在何种程度上对党内法规制定权形成有效的制约和监督,以及党内法规文本体现

---

〔256〕 陈金钊:《"社会主义核心价值观融入法治建设"的方法论诠释》,载《当代世界与社会主义》2017 年第 4 期;祝捷、秦玲:《论社会主义核心价值观对党内法规制度建设的三重功能及其实现》,载《学习与实践》2021 年第 12 期。

〔257〕 中共中央办公厅法规局编著:《中国共产党党内法规制定条例及相关规定释义》,法律出版社 2020 年版,第 121 页。

社会主义核心价值观的实质内容与精神的力度。

一般而言，备案审查可以分为形式审查和实质审查。形式审查的主要内容包括备案法规是否属于《中国共产党党内法规和规范性文件备案审查规定》第2条规定的无须备案的负面清单之列、是否在发布之日起30个自然日内报备、报备法规的构成要素是否齐备等。满足形式审查标准后，再按照《中国共产党党内法规和规范性文件备案审查规定》第11条，围绕备案法规的政治性、合法合规性、规范性、合理性四个方面开展实质审查工作。

第一，政治性审查标准。主要审查包括备案法规的内容是否同党的思想、理论、路线、方略、重大决策部署、政治纪律和政治规矩相一致。旗帜鲜明"讲政治"是马克思主义政党的本质要求，因而党内法规备案审查必须首先从政治标准、政治逻辑和政治效果上加以检视。"讲政治"在中国政治话语中有其特定的含义，意为维护党中央的权威和集中统一领导，严守党的政治纪律和政治规矩，坚持同党中央的决策部署、政策主张、方针路线等保持高度一致。[258] 弘扬社会主义核心价值观作为事关中国特色社会主义事业发展全局和中华民族伟大复兴历史使命的重大战略任务，无疑也应当是政治性备案审查标准的实质内容所在。但是，在对党内法规进行政治性审查时，一方面，由于党内法规常常使用政治话语，语言表达习惯往往具有抽象和模糊的特点；另一方面，党内法规的制定主体通常为办公厅、纪委、组织部等单位或部门，具体负责起草的工作人员也多具备丰富的政治经验，报备的法规很少出现明显的政治性问题。这也就使通过政治性审查标准考量党内法规弘扬社会主义核心价值观的可操作性和有效性受到一定影响。

第二，合法合规性审查标准。合法合规是指内容合法合规、权限合法合规、程序合法合规和形式合法合规。依据该标准具体审查备案法规是否同党章、上位党内法规和党内规范性文件相抵触，是否与同位阶党内法规和党内规范性文件就同一事项所作规定相冲突，是否符合《中国共产党党内法规制定条例》规定的党内法规制定权限和程序，以及是否落实《关于解决形式主义突出问题为基层减负的通知》提出的精简文件、改进文风的相关要求。加强党内法规的合法性审查，不仅是统筹推进全面依法治国和依规治党的必然要求，还是实现党内法规和国家法律衔接与协调的强有力保障。这里所说的"国家法律"应当作广义的解释，既包括宪法、全国人大及其常委会制定的法律，也包括国务院制定的行政法规，还包括地方性法规、部门规章和地方政府规章等规范性法律文件。那

---

〔258〕 寇清杰、江家城：《试析习近平讲政治思想》，载《思想理论教育导刊》2018年第4期。

么,当对报备党内法规进行合法性审查时,必然涉及对相关国家法律文本的解释。然而,根据《宪法》第67条、《立法法》第48条的规定,宪法和法律的解释权由全国人大常委会行使,其他规范性法律文件一般由制定机关解释。为了破解这一制度性障碍,中央先后印发了《关于建立法规、规章和规范性文件备案审查衔接联动机制的意见》《关于加强党内法规制度建设的意见》《中国共产党党内法规和规范性文件备案审查规定》,提出要建立健全党委、人大、政府备案审查衔接联动机制,对党内法规的合法性审查一般由规范性法律文件的制定机关负责。

第三,规范性审查标准。主要审查报备法规的文件名称是否使用适当、体例格式是否正确、语言表述是否规范等。规范性审查的重心在于审查报备党内法规在格式、文字等方面的瑕疵,这些小瑕疵虽然不会在实质上影响党内法规的正常实施,但因其对党内法规的严肃性和权威性有着显著的影响而备受高层重视。同时,承担党内法规备案审查的往往是在公文处理方面训练有素且经验丰富的工作人员,所以能够较为精准地识别出报备党内法规在语言文字、体例格式等方面存在的问题。

第四,合理性审查标准。主要审查备案法规是否违反客观规律、是否脱离社会发展的实际情况、是否会对社会发展造成潜在的重大负面影响、是否违背了社会普遍认可的基本原则等。事实上,报备党内法规内容的合理性和实际的运行效果,很难通过备案审查这种"事前"的方式准确判断,只有实施一段时间之后,报备党内法规的规范效果才会逐渐显现出来。因此,合理性审查的实质内容应当聚焦在报备法规明示或暗示的价值追求上,亦即是否符合最广大党员干部对自由、平等、公正、法治等社会主义核心价值观的认知上。社会主义核心价值观作为社会主义道德的集中体现,直接反映了党员干部在履职过程中对自身行为作出判断所依据的一般性是非标准,所以,明显违背社会主义核心价值观的党内法规,也就无法赢得广大党员干部的规范性忠诚和发自内心地自觉遵循。简言之,在合理性审查标准中注入社会主义核心价值观,既可以对弘扬社会主义核心价值观的党内法规体系的建设情况进行有效的检视,还可以进一步督促党员干部自觉以社会主义核心价值观为行动指南来审视自己履职尽责的情况。

(四)党内法规实施评估机制

党内法规实施评估重在以"回头看"的方式衡量党内法规制度设计的实际效果,查找党内法规在实施过程中显现出来的问题和缺陷,从而为下一步改进党内法规制定工作提供有针对性的参考依据。所以,党内法规实施评估机制与党内法规执行责任机制、党内法规解释使用机制、党内法规备案审查机制一样，是提升党内法规制定质量、推动弘扬社会主义核心价值观的党内法规体系优化更新的一项不可或缺的重要机制。

2019 年版《中国共产党党内法规制定条例》第 36 条要求“对党内法规执行情况、实施效果开展评估”，《中国共产党党内法规执行责任制规定（试行）》第 15 条进一步对党内法规实施评估的主体、对象、内容作出了相应的规定。首先，实施评估的主体。依据《中国共产党党内法规执行责任制规定（试行）》第 15 条的规定，有权组织开展党内法规实施评估的是《中国共产党党内法规制定条例》明确的各党内法规制定主体。但在实践中，党内法规的制定主体大多承担的是牵头、推动党内法规实施评估的角色，具体实施评估的主体往往是党内法规的执行主体或由党内法规的制定主体授权的第三方专业评估机构。其次，实施评估的对象。党内法规实施评估的对象是党内法规，但这并不是说所有的党内法规在任何时候都必须进行评估。据统计，截至 2022 年 6 月，全党现行有效的党内法规就有 3718 部，其中，中央党内法规 221 部，部委党内法规 170 部，地方党内法规 3327 部。[259] 面对数量如此众多的党内法规，显然不可能也没有必要逐一展开实施评估，只能按照必要性和可行性相结合的原则从中选择部分有代表性的党内法规开展评估。对此，按照《中国共产党党内法规执行责任制规定（试行）》第 15 条第 2 款之规定，党内法规实施评估的对象范围主要包括以下三类五种情形：第一类，因规范体系衔接、协调需要而开展评估，具体包括上位党内法规和党内规范性文件发生修改的、与规范对象或规范事项相关联的国家法律法规发生修改的；第二类，因党内法规的外在实施环境发生变化而开展评估，具体包括党内法规所规范或调整的对象发生显著变化的、党组织和党员领导干部提出较多意见的；第三类，因试验性党内法规试行期限届满或试行期限已经超过 5 年的。最后，实施评估的内容。党内法规实施评估的内容主要包括两个方面：一方面是党内法规的执行情况，核心内容包括党内法规宣传教育培训的情况、各级党组织和党员干部学规知规守规用规的情况、按照党内法规规定查处违规违纪的情况等；另一方面是党内法规的实施效果，核心内容包括党内法规所预设的各项目标是否达成，实施党内法规在宏观和微观上对政治、经济和社会产生了何种影响。[260]

---

〔259〕 中共中央办公厅法规局：《充分发挥依规治党的政治保障作用——以习近平同志为核心的党中央加强党内法规制度建设纪实》，载《人民日报》2022 年 6 月 26 日，第 1 版。

〔260〕 中共中央办公厅法规局编著：《中国共产党党内法规制定条例及相关规定释义》，法律出版社 2020 年版，第 121 页。

尽管《中国共产党党内法规执行责任制规定(试行)》已经系统全面地规定了“谁来评估、何时评估、评估什么”等党内法规实施评估的基本要素,但对党内法规实施评估的标准这一关键问题仍未作出指引性的具体规定。在地方实践中,四川省委办公厅率先对党内法规实施评估标准进行了有益的探索,并在2018年1月印发的《省委党内法规实施评估办法(试行)》中提出从制定质量、执行情况和实施效果三个维度,按照政治性、合法性、合理性、协调性、操作性、实效性、规范性和必要性八项标准,对四川省委制定的地方党内法规开展综合评价和判断。[261] 2020年5月,广西壮族自治区党委办公厅印发的《广西壮族自治区党内法规实施评估办法(试行)》则仅设置了合法合规性、操作性和实效性三项标准。[262] 在理论界,虽然不同学者对于党内法规实施评估应当遵循何种标准看法各异,但总体上呈现出较为明显的趋同性特征。第一,在借鉴相对成熟的立法后评估标准和指标体系的基础上,结合党内法规自身的特点,建构党内法规实施评估标准。一般而言,我国立法后评估主要采取合法性、合理性、执行性和有效性四项标准进行评估。[263] 在以下九种具有代表性党内法规实施评估标准体系中,合法性标准出现了6次,合理性标准出现了7次,执行性标准出现了3次,有效性/实效性标准出现了6次。还有一些评估标准虽然使用的具体表述不同,但在测量的实质内容上是一致的。例如,一些学者采用“协调性”标准测量不同位阶党内法规之间的协调性、党内法规同国家法律之间的衔接与协调关系等;其他学者则采用“合法性”“合规性”标准分别进行测量。第二,通过分析这些具有代表性实施评估标准的具体内容,可以发现学者们对党内法规文本是否“制定良好”的关注度要高于党内法规文本“实际效果”的关注度。党内法规备案审查机构在“有件必备、有备必审、有错必纠”原则和数量繁多的党内法规与党内规范性文件的压力下,党内法规备案审查在实践中必然以审查文本本身是否“制定良好”为主,如果党内法规实施评估依然集中在党内法规的政治性、合法合规性、合理性、规范性上,那么也就在一定程度上混同了党内法规备案审查和党内法规

---

[261] 林凌:《省委党内法规评估按八项标准进行》,载《四川日报》2018年1月22日,第1版。

[262] 《广西壮族自治区党内法规实施评估办法(试行)》第10条规定:“自治区党内法规实施评估的标准主要包括:(一)合法合规性标准。是否符合政治要求,是否同国家法律法规、上位党内法规和规范性文件不一致或者相抵触,是否与其他同位地方性法规、党内法规和规范性文件衔接,是否权责对等。(二)操作性标准。是否明确贯彻执行责任主体,是否按照要求制定具体落实措施,是否做到措施具体、务实、可行,是否开展宣传教育培训,是否开展有效的监督检查等。(三)实效性标准。是否得到严格遵守和执行,是否达到预期目的、解决现实问题,是否有利于加强党的领导和党的建设,是否适应经济社会发展特别是广西治理现代化需要,是否得到党员干部和群众的良好评价,是否造成成本负担过重等。”

[263] 袁曙宏主编:《立法后评估工作指南》,中国法制出版社2013年版,第50-53页。

实施评估的功能定位。一部党内法规制定质量的高低,最终取决于它在实践中的实施效果如何。完善弘扬社会主义核心价值观的党内法规体系同样最终也要落到对各级党组织和党员干部的实际行为的塑造效果上来。因此,如何制定一部以制度实效为中心的党内法规实施评估办法,并构建一套具有针对性、可操作性、科学性的党内法规实施评估制度体系,是完善弘扬社会主义核心价值观的党内法规体系研究亟待解决的关键问题。

第二章

完善弘扬社会主义核心价值观的法律规范体系

完善弘扬社会主义核心价值观的法律规范体系是一个系统工程,其既包括将社会主义核心价值观融入具体立法之中,通过完善作为立法结果的法律规范来弘扬社会主义核心价值观;也包括在法律规范的生成过程中践行和弘扬社会主义核心价值观,从而提升所生成之法律规范体系的正当性,构建起弘扬社会主义核心价值观的完整体系。对此,党和国家的规范性文件已作了明确的要求。其中,在完善作为立法结果的法律规范来弘扬社会主义核心价值观方面,党中央已多有指示。2013 年 12 月,中共中央办公厅印发了《关于培育和践行社会主义核心价值观的意见》,指出:"法律法规是推广社会主流价值的重要保证",要把社会主义核心价值观落实到立法中,用法律的权威来增强人们培育和践行社会主义核心价值观的自觉性。要注重把社会主义核心价值观相关要求"上升为具体法律规定,充分发挥法律的规范、引导、保障、促进作用",形成有利于培育和践行社会主义核心价值观的良好法治环境。2016 年 12 月,中共中央办公厅、国务院办公厅联合印发《关于进一步把社会主义核心价值观融入法治建设的指导意见》,进一步提出要推动社会主义核心价值观入法入规,强调"坚持立改废释并举,积极推进相关领域立法"。2018 年 5 月,中共中央印发《社会主义核心价值观融入法治建设立法修法规划》,提出"力争经过 5 到 10 年时间,推动社会主义核心价值观全面融入中国特色社会主义法律体系"。因此,在完善弘扬社会主义核心价值观的法律规范方面,最核心的工作就是不断将社会主义核心价值观融入作为结果的具体法律规范中,来规范、引导、保障、促进全社会弘扬、培育和践行社会主义核心价值观。在完善产生弘扬社会主义核心价值观之法律规范的立法过程方面,国家也多有规则,如《社会主义核心价值观融入法治建设立法修法规划》强调,"坚持全面依法治国,坚持社会主义核心价值体系,着力把社会主义核心价值观融入法律法规的立改废释全过程,确保各项立法导向更加鲜明、要求更加明确、措施更加有力"。由此可见,社会主义核心价值观融入法律规范体系是弘扬社会主义核心价值观的必要条件。因为"融入"意味着将社会主义核心价值观确立为前提条件,"弘扬"则表明将对社会主义核心价值观向大众推广以实现大众对其的认可。只有确立了前提条件,才有推广的可能。所以,只有将社会主义核心价值观

"融入"法律规范和立法过程,才能为社会主义核心价值观在法律规范体系中的"弘扬"确立前提条件。相应地,如果"融入"过程缺失,则"弘扬"亦无从提起。

第一节 完善弘扬社会主义核心价值观的法律规范体系概论

法治是治国理政的重要方式,完备的法律规范体系则是建设中国特色社会主义法治体系的基本前提和制度基础。法治、民主与善治被誉为现代国家的三个基石,影响着一个国家的结构、政府机构与公民的地位及其相互关系。这三个概念的内涵相互重叠,但又各具其独特的功能。其中,法治主要关注政府权力及其运行的法律化约束和公民基本权利的保护。民主则赋予法治以深度,强调透明性与公民参与。善治则不仅关注法治与民主的未来发展,也强调政府的负责任性(accountability)和效率。[1] 作为一种政治道德性的理想境界,法治意指在治理体系中,法律本身的最高性。[2] 但是,法治仅仅是实现善治的必要条件,不是充分条件,善治的实现还需要德治。习近平总书记曾指出:"把依法治国基本方略、依法执政基本方式落实好,把法治中国建设好,必须坚持依法治国和以德治国相结合,使法治和德治在国家治理中相互补充、相互促进、相得益彰,推进国家治理体系和治理能力现代化。"[3] 换言之,依法治国和以德治国是两种互补的国家治理的基本方式,不可偏废其一。

2012 年 11 月,党的十八大报告指出,社会主义核心价值体系是兴国之魂,决定着中国特色社会主义的发展方向。2016 年 12 月,中共中央办公厅、国务院办公厅印发了《关于进一步把社会主义核心价值观融入法治建设的指导意见》,指出:推动社会主义核心价值观全面融入中国特色社会主义法律体系,目的是巩固全体人民团结奋斗的共同思想道德基础。推动社会主义核心价值观融入法律规范体系,是对法律和道德在国家治理体系中功能定位和相互关系的正确反映。

法律和道德的基本功能是规范社会行为、调节社会关系、维护社会秩序。就这三项基本功能之间的逻辑关系而言,行为之间相互作用的总和构成社会关系,

---

〔1〕 H. Addink, *Good Governance: Concept and Context*, Oxford University Press, 2019, p. 3 – 4.

〔2〕 Jeremy Waldron, *The Rule of Law*, The Stanford Encyclopedia of Philosophy (Fall 2016 Edition), Edward N. Zalta ed., https://plato.stanford.edu/archives/fall2016/entries/rule-of-law/.

〔3〕 习近平:《论坚持全面依法治国》,中央文献出版社 2020 年版,第 165 页。

稳定的社会关系则形成社会秩序。其中,“规范社会行为”可以被视为法律和道德最直接的功能。这主要表现在:一方面,现实中具体行为的作出总是在特定信念的指引下进行的,因而法律规范体系的有效性必然与人们的信念体系相关联,而人们普遍共享的信念体系便是核心价值观;另一方面,“核心价值观,其实就是一种德,既是个人的德,也是一种大德,就是国家的德、社会的德”〔4〕。由此可见,社会主义核心价值观与道德和法律均具有内在的逻辑关联。习近平总书记指出:“法律是准绳,任何时候都必须遵循;道德是基石,任何时候都不可忽视……法律是成文的道德,道德是内心的法律。法律和道德都具有规范社会行为、调节社会关系、维护社会秩序的作用,在国家治理中都有其地位和功能。法安天下,德润人心。法律有效实施有赖于道德支持,道德践行也离不开法律约束。法治和德治不可分离、不可偏废,国家治理需要法律和道德协同发力。”〔5〕将社会主义核心价值观融入法律规范体系,就是在依法治国与以德治国之间搭建起桥梁,使二者能够同频共振,进而提升治理体系的总体效能。

一、法律规范体系的概念与构成

在概念结构上,法律规范体系由两部分构成:法律规范和体系。法律是社会规范的一种,其基本功能是调整社会关系。换言之,法律规范通过规范人们的行为来调整社会关系。〔6〕所谓体系,即部分与部分之间,以及部分与部分构成的整体之间的相互关系。诚如凯尔森所言:“法并不是像有时所说的一个规则,它是具有那种我们理解为体系的统一性的一系列规则。如果我们将注意力局限于个别的孤立的规则,那就不可能了解法的性质。”〔7〕换言之,法律必然表现为一个具有内在融贯性的体系。在法理学中,法律规范体系实际上就是法律体系。〔8〕因此,对法律规范体系的理解可以通过法律体系这一概念来加以把握。通说认为,法律体系是由一国现行的全部法律规范按照不同的法律部门分类组合而形成的内在有机统一整体。〔9〕

〔4〕习近平:《青年要自觉践行社会主义核心价值观——在北京大学师生座谈会上的讲话(2014年5月4日)》,载《人民日报》2014年5月5日,第2版。

〔5〕《坚持依法治国和以德治国相结合　推进国家治理体系和治理能力现代化》,载《人民日报》2016年12月11日,第1版。

〔6〕张文显主编:《法理学》(第5版),高等教育出版社、北京大学出版社2018年版,第72页。

〔7〕[奥]凯尔森:《法与国家的一般理论》,沈宗灵译,中国大百科全书出版社1996年版,第3页。

〔8〕[英]约瑟夫·拉兹:《法律体系的概念》,吴玉章译,中国法制出版社2003年版,第54页;张文显主编:《法理学》(第5版),高等教育出版社、北京大学出版社2018年版,第100页。

〔9〕张文显主编:《法理学》(第5版),高等教育出版社、北京大学出版社2018年版,第100页。

中国特色社会主义法律体系的形成并非一蹴而就,而是在社会主义建设历程中逐步形成和发展完善的。1978 年 12 月,党的十一届三中全会决定将全党的工作重点转移到社会主义现代化建设上,提出了改革开放的任务,并着重提出了健全社会主义民主和加强社会法制的任务。随着中国实行改革开放、加强社会主义民主和法制建设,国家开始注重法律体系的建构与完善。相应地,国家法律体系也开始逐渐形成并不断向完善的方面推进。

1997 年,党的十五大提出了依法治国的基本方略,确立了到 2010 年形成有中国特色社会主义法律体系的宏伟目标。2002 年,党的十六大对此目标进行了重申。2003 年 3 月 10 日,时任全国人大常委会委员长李鹏在常委会工作报告中指出:"在前几届工作的基础上,经过不懈努力,构成中国特色社会主义法律体系的各个法律部门已经齐全,每个法律部门中主要的法律已经基本制定出来,加上国务院制定的行政法规和地方人大制定的地方性法规,以宪法为核心的中国特色社会主义法律体系已经初步形成。"〔10〕

中国特色社会主义法律体系初步形成后,立法工作的重点便从构建体系转向了完善体系。2007 年,党的十七大报告则提出完善中国特色社会主义法律体系的新任务。2011 年 3 月 10 日,时任全国人大常委会委员长吴邦国宣布:"一个立足中国国情和实际、适应改革开放和社会主义现代化建设需要、集中体现党和人民意志的,以宪法为统帅,以宪法相关法、民法商法等多个法律部门的法律为主干,由法律、行政法规、地方性法规等多个层次的法律规范构成的中国特色社会主义法律体系已经形成。"〔11〕至此,国家治理活动的各个方面总体上实现了有法可依。据统计,截至 2010 年年底,我国制定宪法和有效法律 237 件、行政法规 690 多件、地方性法规 8600 多件。涵盖社会关系各个方面的法律部门已经齐全,各法律部门基本的、主要的立法已经制定,相应的行政法规和地方性法规比较完备,法律体系内部总体做到融贯统一。〔12〕

党的十八大以来,中国特色社会主义进入了新时代,立法工作面临很多新问题、新形势、新任务。2012 年,党的十八大明确提出:"完善中国特色社会主义法律体系,加强重点领域立法,拓展人民有序参与立法途径。"2013 年,党的十八届

---

〔10〕 李鹏:《全国人民代表大会常务委员会工作报告(二〇〇三年三月十日)》,载中共中央文献研究室编:《十六大以来重要文献选编》(上),中央文献出版社 2005 年版,第 195 页。

〔11〕《吴邦国在十一届全国人大四次会议上作的常委会工作报告(摘登)》,载《人民日报》2011 年 3 月 11 日,第 2 版。

〔12〕 沈春耀、许安标主编:《大智立法:新中国成立 70 年立法历程》,法律出版社 2019 年版,第170 - 171 页。

三中全会通过的《中共中央关于全面深化改革若干重大问题的决定》指出："完善中国特色社会主义法律体系，健全立法起草、论证、协调、审议机制，提高立法质量，防止地方保护和部门利益法制化。"2014 年，党的十八届四中全会通过的《中共中央关于全面推进依法治国若干重大问题的决定》提出：完善以宪法为核心的中国特色社会主义法律体系，全面推进依法治国，促进国家治理体系和治理能力现代化。2017 年，党的十九大报告提出"两个一百年"奋斗目标，对十八届四中全会确立的法治目标给予了重申，明确到 21 世纪中叶"实现国家治理体系和治理能力现代化"。2021 年，《中共中央关于党的百年奋斗重大成就和历史经验的决议》再次强调，要"加快完善以宪法为核心的中国特色社会主义法律体系"。截至 2022 年 9 月底，有效法律 293 部、行政法规 598 部，地方性法规 13000 余部。[13] 中国特色社会主义法律体系不断完善，立法根基日益厚实，为"2035 年，法治国家、法治政府、法治社会基本建成"和"本世纪中叶……实现国家治理体系和治理能力现代化"的战略目标奠定了坚实的制度基础。

中国特色社会主义法律体系内容丰富，层次多元，蕴含巨大的制度空间和制度能力。概括而言，中国特色社会主义法律体系可以从三个维度加以把握。一是以法律部门为基础，构建以宪法为统率，以宪法相关法、民法商法、行政法、经济法、社会法、刑法、诉讼与非诉讼程序法等多个部门法为主干的法律规范体系，体现的是法律体系的全面性、普遍性。在法律体系形成以后，立法工作的中心由过去经济立法与社会立法并重，转变为注重各领域立法均衡发展，实现经济社会全面协调可持续发展。[14] 二是以多层级治理为基础，构建以法律、行政法规、地方性法规为主体的法律规范体系，体现的是法律体系的系统性、融贯性。现代国家治理是以功能分化为基础的多层级治理（multi - level governance）。[15] 多层级治理超越了单纯的地域概念，不仅主张不同层级政府之间的地域整合，而且强调公私部门之间的协同治理，以及在具体政策领域的多维度治理，以便更好地解决公共服务在供给和需求层面的内在张力。换言之，多层级治理可以被视为"治理体制的供给侧改革"，即通过丰富和优化治理的供给方式和途径，更好地满足多元复杂的治理需求，进而提升治理效能。[16] 三是以规范性密度为基础，

---

〔13〕 张文显：《全面推进国家各方面工作法治化》，载《法制与社会发展》2022 年第 6 期。

〔14〕 沈春耀、许安标主编：《大智立法：新中国成立 70 年立法历程》，法律出版社 2019 年版，第 173 页。

〔15〕 PhilippTrein, Eva Thomann & Martino Maggetti, *Integration, Functional Differentiation and Problem - solving in Multilevel Governance*, Public Administration, Vol. 97:2, p. 345(2019).

〔16〕 姜孝贤：《论我国立法体制的优化》，载《法制与社会发展》2021 年第 5 期。

完善包括市民公约、乡规民约、行业规章、团体章程在内的社会规范体系,体现的是依法治国与以德治国的衔接性、补充性。法律仅仅是调整社会关系的一种规范,但不是唯一规范。习近平总书记指出:“现代社会,没有法律是万万不能的,但法律也不是万能的。”[17]这一富于辩证思维的法理命题,为统筹推进依法治国和以德治国相结合、法律规范与道德规范形成合力、自律和他律有机统一提供了科学论证。[18]

多层次、多维度的法律规范体系的构建和不断完善,为全面依法治国提供了基本遵循,为“完善和发展中国特色社会主义制度、推进国家治理体系和治理能力现代化”提供了重要制度支撑。

二、国家治理中的社会主义核心价值观

习近平总书记指出:“法治体系是国家治理体系的骨干工程。”[19]党的十八大报告提出,加快建设社会主义法治国家,必须全面推进科学立法、严格执法、公正司法、全民守法进程。在这一被法学界称为“法治新十六字方针”中,科学立法是法治体系建设的基础和前提。[20] 关于“如何推进科学立法”,习近平总书记强调“关键是完善立法体制”,[21]提高立法质量,实现良法善治。良法善治不仅是法治的核心要义,也是国家治理现代化的最高境界。[22] 就逻辑关系而言,一方面,科学立法是法治体系的前提和基础,而实现科学立法的关键在于完善立法体制;另一方面,法治是国家治理的基本方式,其为国家治理注入了良法的基本价值,提供了善治的创新机制。[23] 因此,正确理解立法体制问题,不仅需要在法治体系中进行融贯思考,还应当紧紧围绕新时代“完善和发展中国特色社会主义制度、推进国家治理体系和治理能力现代化”[24]这一全面深化改革的总目标来予以系统的把握,具体而言:一则,我国现代化坚持社会主义核心价值观,因而国家治理体系和治理能力现代化也要坚持社会主义核心价值观。二则,多种社会主义核心价值观并非孤立的价值,而是相互联系、内在融贯的统一体系。因

---

[17] 习近平:《论坚持全面依法治国》,中央文献出版社 2020 年版,第 24 页。
[18] 张文显:《习近平法治思想的政理、法理和哲理》,载《政法论坛》2022 年第 3 期。
[19] 习近平:《论坚持全面依法治国》,中央文献出版社 2020 年版,第 112 页。
[20] 张文显:《中国法治 40 年:历程、轨迹和经验》,载《吉林大学社会科学学报》2018 年第 5 期。
[21] 习近平:《论坚持全面依法治国》,中央文献出版社 2020 年版,第 114 页。
[22] 张文显:《国家制度建设和国家治理现代化的五个核心命题》,载《法制与社会发展》2020 年第 1 期。
[23] 张文显:《法治与国家治理现代化》,载《中国法学》2014 年第 4 期。
[24] 《中共中央关于全面深化改革若干重大问题的决定》,载中国政府网,https://www.gov.cn/zhengce/2013-11/15/content_5407874.htm。

此，坚持社会主义核心价值体系是新时代坚持和发展中国特色社会主义的基本方略。如何将社会主义核心价值体系与国家治理体系、法治体系、法律规范体系进行多维度融合对接，无疑是一项重大的理论课题，具有重要的理论和实践意义。

国家治理的规范性目标是获得正当性。关于正当性的具体内涵，不同学科甚至同一学科的不同学者都会有不同的理解，但仍存在一个规范共识，即正当性不仅建立在政治国家及其制度的合法性之上，而且要求治理对象对治理主体的规范性认同，或者说，正是治理对象关于治理主体及其具体治理措施的规范性信念赋予了治理主体以正当性。[25] 有学者认为，政治统治不能仅仅依靠物理性的强力。正当性意味着人们对于权力拥有者的服从不是建立在对暴力的恐惧之上，也不是基于功利主义的考量。相反，正当性应当建立在人们对规范性效力的接受之上。[26] 因此，正当性必然蕴含某种实质性的意义或者伦理价值。[27] 换言之，正当性建立在一系列文化和观念价值之上，其中后者对信念的价值论内涵（axiological content）具有决定性的影响。[28] 这意味着，即便是法律理性意义上的正当性也需要以一系列核心价值观作为条件。事实上，正是这些规范性的价值产生了人们对于（法律理性意义上的）正当性的信念。[29]

总之，社会主义核心价值观最重要的功能就是为人们提供一个共识性的基础，通过提升人们对特定制度的认同来提高治理的正当性。同时，社会主义核心价值观融入国家治理体系有助于构建起一个良性的治理循环。一方面，治理主体由于获得了治理对象的认同进而获得了正当性；另一方面，治理对象会基于社会主义核心价值观自觉服从治理主体及其治理措施。既然正当性本身需要以治理对象的规范性信念为基础，后者本质上是一系列价值及其所构成的体系，那么如何将社会主义核心价值观融入治理体系便是国家治理的一项核心任务。

---

〔25〕 Tom R. Tyler, Jonathan Jackson & Ben Bradford, *Procedural Justice and Cooperation*, in Encyclopedia of Criminology and Criminal Justice, edited by G. Bruinsma and D. Weisburd. , Springer, 2014, p. 4011 - 4024.

〔26〕 Max Weber , *Economy and Society*: *An Outline of Interpretive Sociology*, Bedminster Press, 1968, p. 945 - 946.

〔27〕 Kalyvas Andreas, *Democracy and the Politics of the Extraordinary*: *Max Weber*, *Carl Schmitt*, *and Hannah Arendt*, Cambridge, Cambridge University Press, 2008, p. 35.

〔28〕 Kalyvas Andreas. , *Democracy and the Politics of the Extraordinary*: *Max Weber*, *Carl Schmitt*, *and Hannah Arendt*, Cambridge, Cambridge University Press, 2008 p. 35.

〔29〕 Y. Mehozay, R. Factor, *Deeply Embedded Core Normative Values and Legitimacy of Law Enforcement Authorities*, Journal of Research in Crime and Delinquency, Vol. 54:2, , p. 151 - 180(2017).

三、法治体系中的社会主义核心价值观

法治是现代国家的基石性概念，其基本价值和功能在于强调国家公权力必须在法律的约束下运行。但不同国家对法治的具体理解存在显著差异。[30] 英美法系关于法治的观念较薄(thin)，主要关注程序公平。大陆法系的法治观念则较厚(thick)，其将实体性的标准和普遍原则或者价值也纳入其中。例如，在德国，法治国(rechtsstaat)的观念包括合法性，权力分离、分立和制衡，基本权利的保护，司法控制。目前，德国权力分立与制衡理论有突破传统三分法的趋势，将"第四权力"即审计权(ombudsman)包括在内。[31]

法治观念多元性的方法论启示在于：法治观具有相对的普遍性(relative universality)的特征。一方面，法治概念是现代宪制国家的基石，具有普遍性的特征；另一方面，法治观念是法治的具体化，具有异质性的特征。从方法论角度来看，概念是一种抽象的智识建构，其意义必须通过具体化了的观念予以表达。因此，重要的不是概念本身，而是人们对概念的理解。对概念的一种理解实际上就是一种具体化的观念。[32] 观念可以被视为围绕某一概念所形成的相关理论或学说，其形成过程实际上就是一个动态的理论建构过程。同一个概念基于不同的出发点或目标可以具有不同的观念，进而也表现为不同的理论形态。在法理学中，我们对于概念的兴趣不是语词上的，不是要去给特定语词下一个定义。法理学中的概念研究是(实践)哲学的，探求的是对概念所指称之事物的性质的理解与把握。诚如拉兹所言：概念研究最终表现为对人之自我理解的性质的研究，而法理学的目标就是通过对概念的分析来阐明实际的法律实践。[33] 这意味着，在理论化过程中，规范论证不可避免。因此，价值要素必然被嵌入法治之中，但哪些价值需要被嵌入则需要结合具体国情进行建构和阐释。

习近平总书记指出："推进国家治理体系和治理能力现代化，要大力培育和弘扬社会主义核心价值体系和核心价值观，加快构建充分反映中国特色、民族特性、时代特征的价值体系。坚守我们的价值体系，坚守我们的核心价值观，必须

---

〔30〕 Urbina 2002, ch 4, p. 225 - 243.

〔31〕 H. Addink, *Good Governance: Concept and Context*, Oxford University Press, 2019, p. 75 - 90.

〔32〕 姜孝贤：《如何建构一个法理论？——评当代西方法理学的方法论转向》，载葛洪义主编：《法律方法与法律思维》第9辑，法律出版社2016年版。

〔33〕 RAZ JOSEPH, *Can There be a Theory of Law?*, Between Authority and Interpretation: On the Theory of Law and Practical Reason, Oxford University Press, 2009, p. 17 - 46.

发挥文化的作用。"〔34〕文化兴则国家兴,文化强则民族强。在众多文化中,法治文化是现代社会的基本文化,特别是其中的制度文化对其他文化具有统摄性。如前所述,法治概念必须被转化为一种具体的观念才具有可理解性。因此,中国特色社会主义法治理念的基本原理必须与中国的国体、政体、国家结构和传统文化相结合,进而发展出一种中国特色的社会主义法治理念。不同的法律体制具有不同的智识和意识型态基础,制度中必然沉淀着价值观,进而影响人们的信念体系和行为方式,引导人们形成共同的生活方式和稳定的生活习惯。〔35〕

在功能上,社会主义核心价值观的实现对于共同体的存续与发展至关重要,其是将共同体成员彼此连接的精神纽带,也是保证共同体成员相互理解和认同的前提。甚至可以说,人是一种创造价值的存在者。价值对于人类之所以重要,原因就在于:价值是人类存在结构的构成性部分,是人之为人不可或缺的条件。〔36〕 如果没有共同的价值观,国家和社会就会缺乏团结性和凝聚力,人们就会在具体实践活动中缺少基本共识,遇到危机就会像沙塔遇雨一样垮塌。因此,如何建构统一的核心价值体系,培育共同的政治和道德观念,增进国家和社会团结,实现社会经济健康发展,是国家意识形态工作的核心任务,〔37〕也是国家治理(包括法治建设)的核心任务,当然也是立法工作的核心任务。

2014 年,《中共中央关于全面推进依法治国若干重大问题的决定》提出:"要恪守以民为本、立法为民理念,贯彻社会主义核心价值观,使每一项立法都符合宪法精神、反映人民意志、得到人民拥护。"2016 年,中共中央办公厅、国务院办公厅印发《关于进一步把社会主义核心价值观融入法治建设的指导意见》中指出:"社会主义核心价值观是社会主义法治建设的灵魂。把社会主义核心价值观融入法治建设,是坚持依法治国和以德治国相结合的必然要求。"同时,"法律法规体现鲜明价值导向,社会主义法律法规直接影响人们对社会主义核心价值观的认知认同和自觉践行。要坚持以社会主义核心价值观为引领,恪守以民为本、立法为民理念,把社会主义核心价值观的要求体现到宪法法律、法规规章和公共政策之中,转化为具有刚性约束力的法律规定"。一方面,通过法律的规范性来保障社会主义核心价值观的感召性,法律规范可以提升人们对社会主义核

〔34〕《完善和发展中国特色社会主义制度　推进国家治理体系和治理能力现代化》,载《人民日报》2014 年 2 月 18 日,第 1 版。

〔35〕徐显明:《法治文化的核心是制度文化》,载《法制日报》2013 年 12 月 18 日,第 9 版。

〔36〕Kiros Teodros, *Self－Construction and the Formation of Human Values: Truth, Language, and Desire*, Praeger, 2001, p. 44.

〔37〕蔡定剑:《论国家意识形态的重建》,载蔡定剑、王占阳主编:《走向宪政》,法律出版社 2011 年版,第 10 页。

心价值观的认知认同和自觉践行;另一方面,社会主义核心价值观可以为法律规范提供价值共识,为依法治国创造良好的人文环境,确保以宪法为核心的中国特色社会主义法律体系的中华文明特质,提升法律的可接受性和正当性。[38] 通过将社会主义核心价值观融入法律规范体系,让法律规范体系兼具"硬度"和"温度",促进国家价值目标、社会价值取向和公民价值准则之间的兼容,实现法律效果和社会效果的有机统一。[39]

法律规范的逻辑结构包括两个组成部分:行为模式与法律后果。其中,行为模式的基本功能是指引人们的行为。[40] 换言之,法律是调整社会关系的基本方式,但不是唯一方式。社会关系是人们互动关系的综合,互动则是不同主体之间行为的相互作用。现实中,具体行为的作出总是在特定信念的指引下进行的。从这一角度看,法律指引功能的有效性端赖于其所规定的行为模式与人们既有信念体系的兼容性。同样,道德实际上是特定社会共同体中的成员自觉遵守社会行为规范的信念,包括行为规范、行为者的信念和社会制裁。[41] 在某种程度上,特定社会中道德和法律共同的规范性信念基础便是该社会的核心价值观,核心价值观决定了法律和道德的有效性和实效。

信念的理论研究是传统知识论中的核心议题,自柏拉图以降,诸多哲学家对此有过经典论述。就经验研究而言,世界价值调查(WVS)致力于探寻人们的价值与信念,包括它们如何变迁,以及其具有哪些社会和政治影响。[42] 理论研究与经验研究的有机结合为信念研究提供了非常强有力的分析框架,也为以信念为基础的社会科学包括法学的科学性和实效性提供了强有力的支撑。本质上,核心价值观表现为一种世界观,是人们借以解释世界和改造世界的意识方面的根据,也是人们规范性信念的源泉。规范性信念体系直接影响着人们对法律的感知与态度,人们对治理主体及其治理活动的规范性信念影响着特定治理体系的正当性,因为正当性最本质的要求便是人民的接受和认可。基于历史、文化、经济条件等原因,不同国家或者地区的人对于正当性的感知与态度必定有所不同。当然,文化本身虽然极其稳定,但是也并非静止不变。既有研究表明,随着经济发展以及全球化进程的推进,人们的价值与信念体系也慢慢发生着系统性

---

〔38〕 沈春耀、许安标主编:《大智立法:新中国成立70年立法历程》,法律出版社2019年版,第434-435页。

〔39〕 全国人大常委会法制工作委员会研究室编:《我国改革开放40年立法成就概述》,法律出版社2019年版,第320-321页。

〔40〕 张文显主编:《法理学》(第5版),高等教育出版社、北京大学出版社2018年版,第78页。

〔41〕 费孝通:《乡土中国》,北京大学出版社2012年版,第51页。

〔42〕 http://www.worldvaluessurvey.org/WVSOnline.jsp.

的变化。因此,治理的正当性必然是一种语境化的概念,需要建立在对特定群体的信念体系的准确把握和特定社会结构的准确理解的基础之上。[43]

四、立法过程中的社会主义核心价值观

"法律是治国之重器,良法是善治之前提。"形成完备的法律规范体系要始终抓住"立法质量"这个关键要素。善治是人们所期待的理想的政治管理模式,是使公共利益最大化的社会管理过程,其本质特征在于它是政府与公民对公共生活的合作管理,它使政治国家与公民社会处于一种最佳的状态。[44] 善治概念由两部分构成:"善"和"治理"。毫无疑问,"善"本身也是一个本质上具有争议的概念(essentially contested concept)。"什么是善"这一命题既是理论的,也是实践的。"善"这一概念是伦理学中的核心范畴。在此,价值概念便嵌入善治观念之中。因此,社会主义核心价值观融入国家治理是善治的必然要求。

关于立法质量,习近平总书记指出:在新时代,"人民群众对立法的期盼,已经不是有没有,而是好不好、管用不管用、能不能解决实际问题;不是什么法都能治国,不是什么法都能治好国;越是强调法治,越是要提高立法质量"[45]。提高立法质量的根本途径是推进科学立法、民主立法、依法立法,关键在于完善立法体制。立法体制就是以立法权限的配置与运作为核心的宪制体系,[46] 因而关于法律规范体系的研究在逻辑上必然延伸到法的生成即立法过程之中。

立法是法律规范体系的创生过程,是国家的重要的政治活动。作为一门统治艺术,政治是调整社会行为的实践,本质上是意志而不是理性的活动。作为意志之功能的政治必然预设某些价值,并以实现这些价值为目的。并且,价值判断无所谓真伪,而只能称为有效或无效。[47] 如前所述,价值本质上是一种信念体系,而人们的信念是一个心理学和社会学的问题,存在显著的个体性和群体性差异。社会主义核心价值观是当下中国人民共识性信念的表达,是马克思主义、中国优秀传统文化与当下中国人民的具体实践相结合的产物,是中国文化基因的理念体系。其中,马克思主义的理论逻辑是当代中国国家治理法治化的意识形态基础,决定着治理的方向与目的。因此,弘扬优秀传统文化必须与马克思主义

---

〔43〕 R. Inglehart & W. E. Baker, *Modernization*, *Cultural Change*, *and the Persistence of Traditional Values*, American Sociological Review, Vol. 65:19, p. 51(2000).

〔44〕 俞可平主编:《治理与善治》,社会科学文献出版社 2000 年版,第 8 页。

〔45〕 《习近平谈依法治国》,载人民网 2016 年 8 月 17 日,http://jhsjk.people.cn/article/28641570。

〔46〕 宋方青:《立法能力的内涵、构成与提升——以人大立法为视角》,载《中外法学》2021 年第 1 期。

〔47〕 [奥]凯尔森:《纯粹法理论》,张书友译,中国法制出版社 2008 年版,第 395－398 页。

立场观点方法结合起来。中国传统文化中的优秀元素承载着中国人民的民族认同,为治理方式提供着信念基础。这两种价值体系共同构成了当下中国人民的信念体系或者世界观,并集中体现为中国特色社会主义核心价值观。在这一世界观的引领之下,中国人民通过自身当下的具体历史实践将前述价值一一实现出来,建构并增强着中国人民的宪法身份或者认同。正如习近平总书记所强调的那样:"一个国家选择什么样的治理体系,是由这个国家的历史传承、文化传统、经济社会发展水平决定的,是由这个国家的人民决定的。"[48]这要求我们坚持马克思主义在意识形态领域的指导地位,坚守中华文化立场,坚持以社会主义核心价值观引领文化建设,深入研究中华文明、中华文化的起源和特质。[49]将社会主义核心价值观融入治理体系,对于塑造人们对治理主体及其措施的感知,提高治理的正当性具有十分重要的意义。实践充分证明,社会主义核心价值观所具有的强大的精神动力,是凝聚人心、汇聚民力的强大力量。[50]

同时,社会主义核心价值观融入法律规范体系必须具有一种程序性维度。一方面,程序性标准关注的是法律借以运行的组织载体和管理过程。[51]程序本质上是在形式标准的约束下,如何将正当的实体性价值实现出来的过程。在多元社会,程序性法治观具有十分重要的意义,因为在一个没有绝对正确或者绝对真理的价值指引下,程序本身就是真理的评判标准。在价值多元的背景下,立法程序是整合分歧、凝聚共识的根本路径。换言之,立法程序是对价值及其规范性内容的选择过程,直接决定了特定立法的价值取向和价值内容。另一方面,价值不是我们借助直观就可以发现的外在于世界的实体。恰恰相反,价值是人类创造的,是被程序建构起来的,该程序是为我们自己立法或者自我立法的程序。[52]在这一语境下,社会主义核心价值观融入法律规范体系不仅应当注重结果意义上的融入,而且应当体现在过程之中,立法程序直接决定了社会主义核心价值观的具体内涵以及价值观之间的组成方式。特别是民主、法治、平等、自由等社会主义核心价值观,其实现本身不能停留于文本,而是要贯穿在程序之中,因而价值必须通过特定的程序予以生成和再生产。这一维度的融入不仅使程序本身具

---

〔48〕《完善和发展中国特色社会主义制度　推进国家治理体系和治理能力现代化》,载《人民日报》2014年2月18日,第1版。

〔49〕习近平:《习近平谈治国理政》(第4卷),外文出版社2022年版,第310页。

〔50〕习近平:《习近平谈治国理政》(第4卷),外文出版社2022年版,第103、136页。

〔51〕Jeremy Waldron, *The Rule of Law and the Importance of Procedure*, Nomos 50 , p. 3 – 31 (2011).

〔52〕Christine M. Korsgaard et al. , *The Sources of Normativity*, Cambridge University Press, 1996, p. 111 – 112.

有社会主义核心价值观的特质，而且通过这种已经融入社会主义核心价值观的程序来对社会主义核心价值观进行制度续造，从而使整个立法活动具有动态性。中国特色社会主义法律规范体系并非静止不变，而是动态的、开放的、发展的，需要随着中国特色社会主义实践的发展而不断自我调适。[53] 外部的价值性或现实性要求与法律体系之间具有结构上的耦合关系。因此，为了更好地回应社会环境变化，法律规范体系必须以自身的逻辑来回应外在的价值诉求，既要维持自身运转体系的内在融贯性，也要获取人们的普遍认可，从而保证自身的正当性。在正当性保持的过程中，核心价值观无疑起到了凝聚共识、增强认同的重要作用。

总之，立法作为制度文明最基本、最有效、最直接的来源和载体，[54] 是践行依法治国和以德治国相结合，将社会主义核心价值观融入法律规范体系、法治体系甚至国家治理体系的基本方式。

第二节　社会主义核心价值观融入法律规范体系的法理基础

作为法治体系的核心组成部分，法律规范体系必然也体现特定的价值，因为法律必然反映特定社会的结构特点，体现统治阶级的共同意志，这要求法律必须具有共同的价值基础，体现特定的价值导向和国家意识形态。共同的价值和信仰则是国家意识形态的核心组成部分，是维护一个国家和社会存续的基础。

一、社会主义核心价值观融入法律规范体系的理论内涵

社会主义核心价值观融入法律规范体系的理论内涵既包括社会主义核心价值观融入法律规范的理论内涵，又包括社会主义核心价值观融入立法过程的理论内涵，二者相互补充，不可偏废。

（一）社会主义核心价值观融入法律规范的理论内涵

区别于社会主义核心价值观融入立法过程的程序主义范式，社会主义核心

---

[53] 吴邦国：《形成中国特色社会主义法律体系的重大意义和基本经验》，载《求是》2011 年第 3 期。

[54] 沈春耀、许安标主编：《大智立法：新中国成立 70 年立法历程》，法律出版社 2019 年版，第 496 页。

价值观融入法律规范指的是一种实质性融入，即在作为结果的法律规范中体现社会主义核心价值观的相关要求。换言之，考察社会主义核心价值观融入法律规范的法理基础乃是考察这种作为实质性融入所依据的法的相关原理。任何理论的产生与发展都具有其时代性和地域性。因此，我们首先需要理解社会主义核心价值观融入法律规范这一命题提出的时空背景。2019 年 10 月，党的十九届四中全会审议通过的《中共中央关于坚持和完善中国特色社会主义制度 推进国家治理体系和治理能力现代化若干重大问题的决定》提出："坚持依法治国和以德治国相结合，完善弘扬社会主义核心价值观的法律政策体系。"2020 年 11 月 16 日至 17 日，中央全面依法治国工作会议将"习近平法治思想"明确为全面依法治国的指导思想，指出"要坚持依法治国和以德治国相结合，实现法治和德治相辅相成、相得益彰""要加快形成完备的法律规范体系"。因此，社会主义核心价值观融入法律规范的命题是在依法治国与以德治国相结合的大背景下提出的。要讨论其理论问题，就要求我们回到道德与法律这对既相互联系又相互区别的概念中进行探讨，尤其要考虑其中道德融入法律的重要命题。

需要首先说明的是，"道德"与"核心价值观"是完全不同的两个概念，但是无论从历史上还是从理论上看，我们都有理由通过研究道德融入法律的命题探求社会主义核心价值观融入法律规范的法理基础。一方面，从历史上看，社会主义道德与社会主义核心价值观是一脉相承的。在我国自 20 世纪 80 年代起步的精神文明建设中思想道德建设占据了重要地位；2000 年，党中央提出要坚持不懈地加强社会主义道德建设和以德治国；2006 年，党的十六届六中全会提出建设社会主义核心价值体系，并将其作为建设和谐文化、巩固社会和谐的思想道德基础；2012 年，党的十八大报告提出积极培育和践行社会主义核心价值观，并将其作为加强社会主义核心价值体系建设的重要一环。另一方面，从理论上看，虽然严格的说，社会主义道德与社会主义核心价值观不能相互等同，但是由于伦理学、法学等不同学科早已分化并各自独立发展成完整的学科体系，对于各种概念工具有着各自约定俗成的表述，与此同时"社会主义法对道德的促进作用，最鲜明地体现为道德对社会主义核心价值体系的促进和保障作用"。[55] 因此，正如习近平总书记指出的，"核心价值观，其实就是一种德，既是个人的德，也是一种大德，就是国家的德、社会的德"。[56] 社会主义核心价值观融入法律规范的理论问题归根结底在于道德融入法律的问题。

---

〔55〕 本书编写组编：《法理学》，人民出版社、高等教育出版社 2010 年版，第 288 页。

〔56〕 习近平：《青年要自觉践行社会主义核心价值观——在北京大学师生座谈会上的讲话（2014 年 5 月 4 日）》，载《人民日报》2014 年 5 月 5 日，第 2 版。

道德与法律的关系问题被誉为法学中的好望角，[57]始终受到古今中外人类社会的共同关注，中国古代有儒法之争、近代西方有自然法与实证法之辩。从理论上看，法律与道德都是以规范形态存在的社会控制手段，但二者在产生条件、表现形式、实现方式、调整对象、评价标准等方面都有重大区别。[58] 不过，其中对道德融入法律之命题影响最大的区别在于以下两点。一是从规范的对象上看，道德主要指向行为的内在方面，即行为动机，而法律则主要指向行为的外在方面，即行为本身。“人们把一个行动不考虑其动机而与法则的纯然一致或不一致称为合法性(合法则性)，但把其中出于法则的义务理念同时是行为的动机的那种一致或者不一致称为道德性(伦理性)。”[59]二是从规范的强制方式上看，道德主要通过内心强制，而法律主要通过外在强制。“我们只有把法律看作试图通过把社会的有组织的压迫行为归于一个相反行为，以产生出一个特殊的人类行为的强制秩序，即规范秩序，才能基本上把法律同道德分开。而道德是一个没有规定这种制裁的社会秩序，即一个其制裁仅仅表现为对符合道德的行为的赞许和对违反道德规范的行为的非难中的秩序。”[60]这两组区别导向了道德融入法律的证成问题：既然道德与法律的规范对象与强制方式如此不同，那么将主要指向动机的内在强制融入主要指向行为的外在强制有何必要、如何可能，又为何必然呢？对上述三个问题的回答，有助于我们理解为何要将社会主义核心价值观融入法律规范。

(二)社会主义核心价值观融入立法过程的理论内涵

考察社会主义核心价值观融入法律规范体系的理论内涵与实践意义，不仅要探讨静态的、作为结果意义上的法律规范，还要着眼于动态的立法过程。2021年，中共中央办公厅、国务院办公厅印发《关于加强社会主义法治文化建设的意见》提出，要“把社会主义核心价值观融入法律法规的立改废释全过程，使法律法规、司法解释等更好体现国家价值目标、社会价值取向和公民价值准则”。社会主义核心价值观不只是抽象的社会共识，也体现出具体的规范指引，它源于对人民群众的生活观念、社会治理的经验提炼、国家治理的实践总结，与中华民族

---

〔57〕［美］罗斯科·庞德：《法律与道德》，陈林林译，中国政法大学出版社2003年版，第121页。

〔58〕本书编写组编：《法理学》，人民出版社、高等教育出版社2010年版，第286－288页。

〔59〕［德］伊曼努尔·康德：《道德形而上学》，张荣、李秋零译，载李秋零主编：《康德著作全集：纯然理性界限内的宗教道德形而上学》(第6卷)，中国人民大学出版社2007年版，第226页。

〔60〕张文显：《二十世纪西方法哲学思潮研究》，法律出版社2006年版，第339页。

优秀传统文化一脉相承,也是中华民族智慧的结晶。[61] 良法善治是现代法治的核心要义,是中国特色社会主义全方位建设的重要路径,也是习近平法治思想的重要主题。无论是社会主义核心价值观的提出,还是法治建设,都是属人的工程。“法律是由人们创制的规则,法律因此也必须承载着人类社会的基本价值。”[62] 因此,探究法律概念背后的价值十分重要。更为重要的是,在新时代中国特色社会主义伟大事业的进程中,两者在价值追求上具有高度同向性,这便为两者的融合提供了最为根本的前提。[63] 立法可以分为作为过程的立法和作为结果的立法,也就是立法的“过程说”和“结果说”。“过程说”是指把立法当作一个动态的事物,探讨如何把一定的目的、意志上升为国家意志、变为法,如何解释法、完善法,有关这类问题的研究,即为关于立法过程的研究。[64] 社会主义核心价值观融入法律规范,不仅要考察对法律规范的实质性融入,还要重点分析对法律规范的程序性融入,即社会主义核心价值观是如何融入立法过程继而影响法律规范的质量。

这里就涉及对“立法程序”,尤其是对“程序”的内涵分析。“程序,从法律学的角度来看,主要体现为按照一定的顺序、方式和步骤来做出法律决定的过程。通常所说的法律程序,主要包括选举、立法、审判、行政这几种主要类型。”[65] 在现代法治社会中,法律程序本身代表了一种价值规定性,体现了对规则的尊重,对形式合理性的崇尚,其往往被视为公正的象征,成为结果合理化的重要标志。立法程序作为立法活动中特定主体所须遵循的法定步骤和方法,贯穿于整个立法过程中,使立法工作纳入规范化、程序化的轨道,从而保证立法的每一个阶段、每一个步骤都能够协调、和谐,能够最大限度地把立法的民主与效率统一起来。不同于立法程序的静态特征,立法过程是一个动态的、有序的活动,主要包括三个阶段,即立法准备阶段、由法案到法的阶段和立法的完善阶段。“正当程序”意味着对“程序”的价值评判,一方面,其意指这种顺序、方式和步骤本身的科学性——具体法律活动能够源于理性、谨慎的设计,理性和谨慎不仅使立法对社会关系的调整合理化,也在民众心理层面强化了立法的权威;另一方面,其也意指

---

〔61〕 冯玉军:《把社会主义核心价值观融入法治建设的要义和途径》,载《当代世界与社会主义》2017 年第 4 期。

〔62〕 胡玉鸿:《以人为本的法理解构》,载《政法论丛》2019 年第 1 期。

〔63〕 耿瑞珍:《社会主义核心价值观融入法治建设的理论基础和实践路径》,载《河南牧业经济学院学报》2020 年第 6 期。

〔64〕 周旺生:《立法学》(第 2 版),法律出版社 2009 年版,第 17 页。

〔65〕 季卫东:《法律程序的意义——对中国法制建设的另一种思考》,载《中国社会科学》1993 年第 1 期。

基于这种顺序、方式和步骤而使法律活动具有文明性——法律活动中的参与者能够基于这些过程而获得正当利益的满足。“正当程序”表明契合自然法的程序，其包含了两个维度：一是活动的参与者能够发表意见且意见被听取；二是活动的裁断者能够保持不偏不倚。对于立法而言，基于正当程序的立法表明立法活动遵循上述“正当程序”的基本准则，也因“正当程序”对于顺序、方式和步骤的良性设计而具有合理性。

与“正当程序”相联系的是“程序正义”的观念，程序正义与实体正义相对应。同时，“程序正义是一种法律理念，即任何法律决定必须经过正当的程序，而这种程序的正当性体现为特定的主体根据法律规定和法律授权所做出的与程序有关的行为”〔66〕。也就是说，实体正义以程序正义为前提，程序正义一定程度实现了实体正义。罗尔斯的正义首要是关于社会制度的正义。〔67〕也就是说，他所探讨的正义的对象是社会的基本结构——用来分配公民的基本权利和义务、划分由社会合作产生的利益和负担的主要制度。这种利益的确定所依托的制度在法治国家需要通过立法来实现，而立法作为一种国家活动，需要在正当程序的场域下实施。因为只有围绕正当程序展开，立法过程才具有正当性，立法也才能被民众接受。正如富勒所说，法律如果违背应有的内在道德（程序自然法），就不能有效地实现其实体目的；法律如果严重地违背应用的内在道德，就不配称为法。〔68〕由此可见，立法过程的正当与否一定程度上决定了立法质量。中国特色社会主义法律体系的建设只有借助正当程序的作用才能促进立法过程的良善。社会主义核心价值观所彰显的治理价值契合了立法过程应有的民主和法治。这也就表明，当社会主义核心价值观融入立法过程的时候，立法的正当程序外显于具体的立法活动中，立法的过程理性以社会主义核心价值观为依托呈现在立法的各阶段。同时，具体来说，我国立法所遵循的正当程序，正是通过对广大民众的意见听取、整合以及对《立法法》和其他上位法规定的立法程序规则的遵循实现的。因此，社会主义核心价值观为立法过程的正当开展提供了价值指引，从而保障良法的制定。

二、社会主义核心价值观融入法律规范体系的内在逻辑

理解立法问题应当从过程和结果两个方面进行系统把握。因此，社会主义

---

〔66〕 赵旭东：《程序正义概念与标准的再认识》，载《法律科学（西北政法学院学报）》2003 年第 6 期。

〔67〕 [美]约翰·罗尔斯：《正义论》，何怀宏、何包钢、廖申白译，中国社会科学出版社 1988 年版，序言第 5 -6 页。

〔68〕 张文显：《二十世纪西方法哲学思潮研究》，法律出版社 2006 年版，第 55 页。

核心价值观融入法律规范体系的内在逻辑既包括社会主义核心价值观融入法律规范的内在逻辑,又包括社会主义核心价值观融入立法过程的内在逻辑。

(一)社会主义核心价值观融入法律规范的内在逻辑

社会主义核心价值观与法律规范分属不同领域,将前者融入后者需要具备一定的理由。社会主义核心价值观是社会主义道德最集中的体现,因此我们首先需要从道德融入法律证成的三个方面入手,它们分别展现出道德融入法律的必要性、可能性与必然性。

首先,道德融入法律之所以必要是因为人类社会的要求。历史的经验表明,虽然道德与法律同属规范形态的社会控制手段,但道德相对于法律而言,一方面存在深层次调整的优势,另一方面又存在自发、缓慢起效的劣势。因此,国家和社会天然地要求将道德融入法律,以法律促进道德。针对人类社会的道德融入法律的需求,学术史上有过由正面到反面的三种不同方向的论证。其中,从正面加以论证的,是以亚里士多德为代表的"国家义务论",主张政治实体本身有义务促进所辖社会的道德进步,因此也自然应当运用法律来实现此种目的。亚里士多德指出:"要不是徒有虚名,而真正无愧为一'城邦'者,必须以促进善德为目的……而法律的实际意义却应当是促成全邦人民都能进于正义和善德的[永久]制度。"〔69〕而从反面加以论证的,是以德富林为代表的著名的"社会崩溃论",即如果不通过道德融入法律加以强制,就有可能导致社会的瓦解。德富林受涂尔干"社会团结"概念的启发,明确指出:"社会意指一个观念共同体,若不共享关于政治、道德、伦理的观念,社会就不能存在……而如果社会已经建立在公共共识的基础上,一旦失去共识,社会将会瓦解。"〔70〕他同时指出,道德判断都是公共判断,因此社会既有权对道德问题作出判断,也有权运用法律武器去强制执行。此外,还有一种介于亚里士多德与德富林的论证是由罗伯特·乔治在对德富林理论的重新诠释上给出的"相互疏远论",主张通过法律促进道德的理由是为了社会的内在凝聚力而不是防止外在的崩溃,"将一个人自身的利益与福祉和其他人联系在一起,对这些人而言此种紧密连结之于社会是至关重要的……此种关联依赖于一个社会的成员根据共享的道德原则所进行的结合,而一旦此种结合的条件遭到破坏,被当作目的以及协调行动理由的社会凝聚力也

---

〔69〕 [古希腊]亚里士多德:《政治学》,吴寿彭译,商务印书馆1983年版,第138页。

〔70〕 [英]帕特里克·德富林:《道德的法律强制》,马腾译,中国法制出版社2016年版,第13页。

就丧失了”。[71] 他同时举了一个婚姻名存实亡的“离婚不离家”例子作为说明。当然，无论理论家采取上述三种论证方式中的哪一种，都至少表明了实行道德融入法律的必要性乃是源于国家和社会这种人类共同生活的实际需要。

其次，道德融入法律之所以存在可能性，是因为法律与道德共享同一套伦理框架。正当（right）与善（good）是伦理学中的两个基本概念，前者用于评价具体的道德现象，表现为必须（obligatory）、允许（optional）和禁止（forbidden），后者则用于说明哪些事物是好的。由此就产生了目的论和义务论的分野，在目的论看来善决定了正当，而义务论则认为一个行为的正当性不依赖于善的界定。[72] 由于法律也属于规范，其行为模式（相对于二要素中的法律后果而言）的部分遵循必须、允许和禁止这样的基本结构，因此有什么样的具体（道德）伦理观自然就会主张相应的法律观。[73] 持目的论观点者会要求法律规范符合其所认为的善，典型的如功利主义和美德理论；而义务论者则会要求法律规范与正当法则相一致，典型的如道义论。以功利主义为例，边沁既持有“……按照看来势必增大或减小利益有关者之幸福的倾向，亦即促进或妨碍此种幸福的倾向，来赞成或非难任何一项行动”的伦理观，又持有“关于法律特别有所规定的行为，惟一能够使人们清楚地看到自己所追求的行为的性质的方法，就是向他们指出这些行为的功利或祸害”[74] 的法律观。奥斯丁既认为“一个主权政治政府的真正目的或目标，或者，这样一种政府为之存在的目的或目标，在于最大限度地促进人类幸福”，[75] 又认为“功利原则，不论是正确理解的，还是错误理解的，一般总是立法所要考虑的内容”[76]。约翰·密尔既主张“行为者在他自己的幸福与他人的幸福之间，应当像一个公正无私的仁慈的旁观者那样，做到严格的不偏不倚”，[77] 又主张“个人的行动只要不涉及自身以外什么人的利害，个人就不必向社会负责交代……关于他人利益有害的行动，个人则应当负责交代，并且还应当承受或是社会的或是法律的惩罚”[78]。除了功利主义的伦理学与法理学相互融贯外，道义论与美德主义也同样如此，前者导向法律的报应理论，后者则导向对法律的

---

〔71〕［美］罗伯特·乔治：《使人成为有德之人——公民自由与公共道德》，孙海波、彭宁译，商务印书馆 2020 年版，第 127 页。

〔72〕程炼：《伦理学导论》，北京大学出版社 2008 年版，第 93 页。

〔73〕这种传统可能可以追溯到亚里士多德，如《尼各马可伦理学》最后一节就是“对立法学的需要：政治学引论”。

〔74〕［英］边沁：《政府片论》，沈叔平等译，商务印书馆 1997 年版，第 116 页。

〔75〕［英］约翰·奥斯丁：《法理学的范围》，刘星译，中国法制出版社 2002 年版，第 316 页。

〔76〕［英］约翰·奥斯丁：《法理学的范围》，刘星译，中国法制出版社 2002 年版，第 75 页。

〔77〕［英］约翰·穆勒：《功利主义》，徐大建译，上海人民出版社 2008 年版，第 17 页。

〔78〕［英］约翰·密尔：《论自由》，许宝骙译，商务印书馆 1998 年版，第 112 页。

德性追求。总而言之,某一种具体的道德融入法律,其可能性在于道德与法律作为规范共享的伦理框架,而不论其属于哪种具体的范式。

最后,道德融入法律之所以必然,是因为法律具有目的性的特征,因而必然体现某种道德主张。无论实证主义者如何严格地区分法律与道德,无法否认的是,法律都是一种为实现诸如公平、正义等某种目的而运用实践理性的创造物。当然,各学派对于法律与道德的紧密程度持不同强度的信念。其中,自然法学派是法律目的性的最忠实支持者,无论是古代的、古典的还是现代形态的自然法理论,都认为存在一种超越于实在法之上的"自然法",由此可以对人定的实在法进行评价。在古希腊,人类受制于自然界的力量,将符合自然的本性视为法律的目的,如斯多葛学派主张:"……顺从一个人自己的本性和顺从普遍的本性;不做人类的共同法律惯常禁止的事情,那共同法律与普及万物的正确理性是同一的,而这正确理性也就是宙斯,万物的主宰与主管。"〔79〕古希腊的哲学思考对古罗马的法律理论产生了深远的影响,如西塞罗主张,"……真正的法律是与本性(nature)相合的正确的理性;它是普遍适用的、不变的和永恒的……罗马和雅典将不会有不同的法律,也不会有现在与将来不同的法律,而只有一种永恒、不变并将对一切民族和一切时代有效的法律……无论谁不遵从,逃避自身并否认自己的本性,那么仅仅根据这一事实本身,他就将受到最严厉的刑罚,即使是他逃脱了一般人所认为的那种惩罚……"〔80〕。中世纪神学占据了统治地位,教父们试图将自然法与上帝统一起来,将上帝视为目的,阿奎那指出,"他们(理性的动物)在某种程度上分享神的智慧,并由此产生一种自然的倾向以从事适当的行动和目的。这种理性动物之参与永恒法,就叫做自然法"〔81〕。启蒙时期,人的理性重新得到宣扬,法的目的成为对人权的解放,洛克指出,"自然状态有一种为人人所应遵守的自然法对它起着支配作用;而理性,也就是自然法,教导着有意遵从理性的全人类:人们既然都是平等和独立的,任何人就不得侵害他人的生命、健康、自由或财产"〔82〕。第二次世界大战后,一度受到实证主义压制的自然法思想得到复兴,其中最具代表性的人物之一富勒将法律的目的视为"使人类行为服从于规则之治的事业",道德使法律成为可能。他说,"我所尝试做到的是辨清和阐明一种特殊类型的人类活动所遵循的自然法""这种观点将法律视

〔79〕 北京大学哲学系外国哲学史教研室编译:《古希腊罗马哲学:西方古典哲学原著选辑》,商务印书馆1961年版,第375页。

〔80〕 [古罗马]西塞罗:《国家篇 法律篇》,沈叔平、苏力译,商务印书馆1999年版,第104页。

〔81〕 [意]托马斯·阿奎那:《阿奎那政治著作选》,马清槐译,商务印书馆1963年版,第107页。

〔82〕 [英]洛克:《政府论》(下篇),叶启芳、瞿菊农译,商务印书馆1996年版,第6页。

为一项活动,并且把一套法律体系看成是一种有目的的持续努力的产物"[83]。当然,除了自然法学派以外,社会法学派与新分析实证主义法学派也承认一定的道德因素,如庞德将法律分为律令、技术和理想三个成分,并指出,"(自然法)即一个政治哲学和伦理性实体,它关系到法律的目的,以及与此相关的法律规范的理想样式"[84]。哈特则认为,人类有"自我保存的目的"而承认"自然法的最低限度内容"[85]。总体而言,虽然法律的目的在各个时代有所不同,但归根到底是由于法律具有目的性的特征,才使道德融入法律现象必然存在。

针对法律与道德这对概念之间的复杂关系,马克思主义主张通过实践的、历史的观点来加以看待。马克思认为,道德与法律"都不过是生产的一些特殊的方式,并且受生产的普遍规律的支配"[86]。恩格斯指出,道德与法律都属于上层建筑的组成部分,"在社会发展的某个很早的阶段,产生了这样的一种需要:把每天重复着的生产、分配和交换产品的行为用一个共同规则概括起来,设法使个人服从生产和交换的一般条件。这个规则首先表现为习惯,后来便成了法律"[87]。有什么样的经济基础就有什么样的上层建筑,"人们自觉或不自觉地,归根到底总是从他们阶级地位所依据的实际关系中——从他们进行生产和交换的经济关系中,获取自己的伦理观念"[88]。由此,道德融入法律也就是自然而然的事情了,马克思指出:"如果立法不能明文规定什么是合乎伦理的行为,那么它就更不能宣布不合乎伦理的行为为法……因为保护伦理关系的生命不仅是立法者的权利,也是他的义务,是他自我保存的义务!"[89]因此,在马克思主义看来,由于法律与道德同时受制于经济基础,法律天然地体现着道德倾向,而统治阶级也经常自觉运用法律推行自己的道德主张。正如前所述,社会主义核心价值观是社会主义道德最集中的体现。站在马克思主义的立场上,借助道德融入法律的命题,社会主义核心价值观融入法律规范就有了以下三个主要理由:

---

〔83〕［美］富勒:《法律的道德性》,郑戈译,商务印书馆 2005 版,第 113、125 页。

〔84〕［美］罗斯科·庞德:《法律与道德》,陈林林译,中国政法大学出版社 2003 年版,第 36 页。

〔85〕［英］H. L. A. 哈特:《法律的概念》(第 2 版),许家馨、李冠宜译,法律出版社 2006 年版,第 173、179 页。

〔86〕马克思:《1844 年经济学哲学手稿》,载《马克思恩格斯全集》第 42 卷,中共中央马克思恩格斯列宁斯大林著作编译局译,人民出版社 1979 年版,第 121 页。

〔87〕［德］恩格斯:《论住宅问题》,载《马克思恩格斯全集》第 18 卷,中共中央马克思恩格斯列宁斯大林著作编译局译,人民出版社 1964 年版,第 309 页。

〔88〕［德］恩格斯:《反杜林论》,载中共中央马克思恩格斯列宁斯大林著作编译局译,《马克思恩格斯文集》第 9 卷,人民出版社 2009 年版,第 99 页。

〔89〕马克思:《论离婚法草案》,载《马克思恩格斯全集》第 1 卷,中共中央马克思恩格斯列宁斯大林著作编译局译,人民出版社 1965 年版,第 182－184 页。

第一,将社会主义核心价值观融入法律规范是当代中国经济社会发展带来的现实需要。正如道德融入法律的必要性源于社会本身,社会主义核心价值观融入法律规范之所以必要,也源自中国经济社会发展自身的特点。中华人民共和国成立 70 余年来,特别是改革开放 40 余年来,我国经济快速发展,社会长期稳定,但社会生活翻天覆地的变化也为国家和社会治理带来了许多新的问题、风险和挑战,这些可能会对社会和谐与国家安全稳定造成威胁。在这种背景下,在法律中融入社会主义核心价值观的要求,以法律手段推动社会价值目标的实现,对于推进国家治理体系和治理能力现代化,保持经济社会长期健康稳定发展,无疑具有十分的必要性。

第二,将社会主义核心价值观融入法律规范是回应当代中国共同价值追求的重要手段。正如道德融入法律的可能性源于法律与道德共享一套伦理框架,当代中国社会的共同价值追求为社会主义核心价值观融入法律规范创造了基础条件。经济社会的快速发展带来的问题不仅体现在社会本身,而且对人们的思想意识也产生深远的影响。一方面,社会思想多元化日益明显;另一方面,求同存异,画出最大同心圆、求得最大公约数的呼声也越发强烈。广大干部群众对于社会上出现的利己主义、享乐主义等不良倾向深恶痛绝,对于舍己为人、见义勇为的社会正能量热切期盼。在此基础上,法律当仁不让地成为凝聚社会共识、维护社会风气的关键制度载体。

第三,将社会主义核心价值观融入法律规范是建设中国特色社会主义法治的必然要求。正如道德融入法律的必然性源于法律所具有的目的性的特征,中国特色社会主义法治的属性决定了其必然要将社会主义核心价值观融入法律规范。人的价值始终是科学社会主义的价值追求,马克思主义经典作家很早就从理论上将“人的解放”和“人的自由而全面发展”作为终极价值目标;中华人民共和国成立在政治上确立了人民民主专政的国体和人民代表大会制度的政体;党的十八大以来,全面推进依法治国的根本目的则是依法保障人民权益。法律的目的性决定了其一定为一种主流意识形态所占领,当代中国法律规范就必然要以作为最广大人民群众之价值诉求的社会主义核心价值观作为其价值内核。

(二)社会主义核心价值观融入立法过程的内在逻辑

前述关于道德立法必要性、可能性、必然性的证成,主要是基于结果意义上的立法来论证社会主义核心价值观融入法律规范的内在逻辑。而对社会主义核心价值观融入立法过程所遵循的内在逻辑的探求则在于:以动态融入的过程理性来实现立法过程整体的逻辑自洽。科学立法、民主立法、依法立法,是中国共产党领导全国人民在建立、巩固、发展和完善社会主义制度的过程中，从不同的视角总结出的立法工作应当长期坚持的有益做法，并在立法工作实践中使之不断规范化、制度化，成为立法工作的基本原则。[90] 而社会主义核心价值观的提出又是对国家、社会、个人三个维度应遵循的价值取向的全方位概括，其本身就是社会主义建设的集中和关键价值体现。因此，科学立法、民主立法、依法立法本身也是社会主义核心价值观在立法过程中的体现。这就需要我们基于立法原则本身考量这种融入，以科学立法、民主立法、依法立法三原则为主轴，牵引这种融入活动的全面展开。

1. 基于科学立法的社会主义核心价值观融入

我国《立法法》第 7 条第 1 款规定立法应当遵循的科学原则，其虽然确立了立法应当从实际出发和立法应当科学合理地配置权利和权力资源，但是未涉及立法各环节的科学性，更未将科学性当作立法的价值判断标准。[91] 自 2000 年《立法法》颁布后，社会各界对立法质量的期望值越来越高。随即，2006 年《国民经济和社会发展第十一个五年规划纲要》将“立法民主性”和“立法科学性”作为两大并列标准，而提出“推进科学立法、民主立法，形成中国特色社会主义法律体系”。由此，科学立法被明确作为立法质量的主要判断标准之一。此外，我国社会主义法治建设的十六字方针从“有法可依、有法必依、执法必严、违法必究”到“科学立法、严格执法、公正司法、全民守法”的转变，深刻揭示了新时期党对立法工作提出的新要求、新举措。2014 年 10 月，党的十八届四中全会通过的《中共中央关于全面推进依法治国重大问题的决定》指出“建设中国特色社会主义法治体系，必须坚持立法先行”，要求“深入推进科学立法、民主立法”。由此，科学立法被当作提高立法质量的指导性原则。[92]

立法不仅应当满足形式正义的要求，更要坚持对实质正义的追求。因此，科学立法本身也蕴含对社会主义核心价值观的坚守。习近平总书记明确指出：“科学立法的核心在于尊重和体现客观规律。”[93]“科学立法是处理改革和法治关系的重要环节。”[94] 立法遵循科学原则，意味着立法活动的展开要尊重客观规

〔90〕 任才峰：《科学立法、民主立法、依法立法的理论与实践》，载《人大研究》2019 年第 1 期。

〔91〕 《立法法》第 7 条第 1 款规定：“立法应当从实际出发，适应经济社会发展和全面深化改革的要求，科学合理地规定公民、法人和其他组织的权利与义务、国家机关的权力与责任。”

〔92〕 樊安、樊文苑：《地方性法规立法的理念更新与路径选择——以科学立法原则为指引》，载《学术交流》2020 年第 12 期。

〔93〕 习近平：《关于〈中共中央关于全面推进依法治国若干重大问题的决定〉的说明》，载《人民日报》2014 年 10 月 29 日，第 2 版。

〔94〕 《运用法治思维和法治方式推进改革》，载《人民日报》2014 年 10 月 28 日，第 1 版。

律、克服立法中的主观随意性和盲目性，从而有利于在立法中避免失误，降低成本，提高立法效益。此外，立法活动在形式上遵从形式逻辑，在实质层面实现立法对社会关系调整的合理化，从而实现立法活动对民众正当利益的满足。

科学精神离不开精神支撑，科学立法亦然。社会主义核心价值观作为社会主义核心价值体系的进一步凝练总结，为国家、社会、个人提供了积极的价值引领与强大的精神动力。人作为精神性的存在，在进行立法活动时，自然也就离不开社会主义核心价值观的指引。为保证立法的科学性，最根本的是方法和技术问题，通过这些方法和技术去发现法律和表述法律，使制定的法律理性化、合理化。[95] 黑尔指出“规范性词汇的描述意义要从属于它的评价性意义”，[96] 立法的科学更多指向的是调整、评价社会关系的理性，指向利益的满足问题。这就使方法和技术的具体选择在一定程度上要回归立法本身的利益所指。社会主义核心价值观的融入将这种利益关联的方法和技术，体现在融入立法的过程中。具体到法律体系上来，在国家层面，富强、民主、文明、和谐的价值追求使立法以宪法确立的国家发展目标为准则。我国《宪法》序言强调：“中国各族人民将继续在中国共产党领导下，在马克思列宁主义、毛泽东思想、邓小平理论、‘三个代表’重要思想、科学发展观、习近平新时代中国特色社会主义思想指引下，坚持人民民主专政，坚持社会主义道路，坚持改革开放，不断完善社会主义的各项制度，发展社会主义市场经济，发展社会主义民主，健全社会主义法治，贯彻新发展理念，自力更生，艰苦奋斗，逐步实现工业、农业、国防和科学技术的现代化，推动物质文明、政治文明、精神文明、社会文明、生态文明协调发展，把我国建设成为富强民主文明和谐美丽的社会主义现代化强国，实现中华民族伟大复兴。”国家层面的立法应将国家的基本发展目标作为立法的目标，即面向中华民族伟大复兴的中国梦。而富强、民主、文明、和谐在《宪法》序言中已经完全体现出来。另外，《宪法》第 14 条第 2 款规定的“国家厉行节约，反对浪费”、第 15 条第 1 款规定的“国家实行社会主义市场经济”均是从国家整体发展的层面推行社会主义核心价值观中的文明和富强。在社会发展层面，《宪法》对集体经济组织权利的维护、对社会秩序的维护都体现了自由、平等、公正、法治的价值取向。个人层面同理，对公民道德的普及、公民受教育权利和义务等规定也都表现出社会主义核心价值观中爱国、敬业、诚信、友善的价值。《宪法》居于法律的最高位阶，而对于下位阶的其他部门法的制定而言，将社会主义核心价值观融入立法过程，本身

[95] 宋方青：《习近平法治思想中的立法原则》，载《东方法学》2021 年第 2 期。

[96] [英]理查德·麦尔文·黑尔：《道德语言》，万俊人译，商务印书馆 1999 年版，第 113 页。

就体现了对《宪法》已有规定和价值理念的遵循，这使整个法律系统体现了逻辑上的同一性，而这种同一性意味着整个法律体系的严丝合缝，是立法遵从形式逻辑的体现。

具体到法律的调整目标上，不同层面的部门法对社会关系的调控需要保持一致，否则对社会关系的调控在价值理念上就会存在矛盾，对法律受众而言将无所适从，法律也将无法达到相应的调控效果。例如，对婚姻关系的调整，无论是从《刑法》对重婚罪的规定而言，还是从《民法典》对婚姻存续期间的民事法律关系的规定来看，都体现了对婚姻当事人的平等关系的尊重。又如，对交通秩序的调整，无论是从《道路交通法》对道路交通参与者违法行为的扣分的规定来看，还是从《民法典》对交通领域的侵权责任的规定来看，都体现了对交通参与者的生命健康权的维护。并且，这种调控要凸显目的的正当性。上述的婚姻当事人之间的平等关系以及交通秩序的安定都是国家、社会和个人应实现的社会目标。在同一社会关系层面，法律适用者和普通民众能够在诠释法律时实现对法律调控价值的趋同性与法律预期目的的正当性，即形成了法律的科学调整逻辑。社会主义核心价值观融入立法过程要彰显调整价值的科学性，即考量不同的部门法在具体的社会关系上会形成怎样的调整效果。社会主义核心价值观本身确立了相对客观的国家、社会、个人的标准，标准的客观性融入立法过程，使立法所调整的社会关系既能在逻辑上圆融，也能够形成目标上的正当。

总之，将社会主义核心价值观融入立法过程，将体现立法科学原则的内在逻辑——形式上的自洽与实质上的合理。对于社会主义核心价值观而言，融入立法过程的内在逻辑之一（其在科学原则指引下的融入），将推动立法对国家、社会和个人利益的理性整合。

2. 基于民主立法的社会主义核心价值观融入

民主立法是当代立法活动应遵循的一个重要指导原则。[97] 民主立法的本质在于其体现了法律与人的紧密联系：因为规范是对人的行动的约束，天然地和人类行动相关联。[98] 甚至在耶林看来，主张权利同时就意味着对集体的义务。[99] 习近平总书记指出，民主立法的核心在于为了人民、依靠人民，[100] 这是

---

〔97〕《立法法》第6条第2款规定："立法应当体现人民的意志，发扬社会主义民主，坚持立法公开，保障人民通过多种途径参与立法活动。"

〔98〕周祯祥：《规范、动态道义逻辑和法律规范知识表达》，载梁庆寅主编：《法律逻辑研究》（第1卷），法律出版社2005年版，第219－229页。

〔99〕［德］耶林：《为权利而斗争》，郑永流译，商务印书馆2018年版，第31页。

〔100〕习近平：《关于〈中共中央关于全面推进依法治国若干重大问题的决定〉的说明》，载《人民日报》2014年10月29日，第2版。

由我国的国家性质决定的。我国是人民民主专政的社会主义国家,国家一切权力属于人民,人民通过各种途径参与立法活动,使法律真正体现人民的意志。目前,学界对民主立法的价值作出了诸多有益的阐释和探索,极大地丰富了我们对民主立法的理解。[101] 但从既有的学术研究成果来看,学术界和实务界普遍以"推进科学立法、民主立法、依法立法,以良法促进发展、保障善治"为依据,只认识到了民主立法的工具价值而忽视了民主立法本身所具有的内在价值或固有价值。民主立法不仅是追求良法善治的工具,其本身还体现了平等尊重、公共自治和认识论意义三个方面的独立价值。[102]

社会主义核心价值观融入立法过程的内在逻辑之一在于对民主立法的推崇。民主立法是全过程人民民主在立法过程中的重要体现,习近平总书记指出,"践行以人民为中心的发展思想,发展全过程人民民主"[103]。2021 年 10 月 13 日,在中央人大工作会议上,习近平总书记对全过程人民民主重大理念进行了系统阐述,为发展全过程人民民主提供了根本遵循。[104] 全过程人民民主既是对中国共产党领导人民治国理政基本经验的历史总结,也是对新时代立法工作的全面概括与原则要求。其不仅彰显了人民群众在国家政治和社会生活中当家作主的政治和法律地位,而且在吸纳人民群众的智慧、经验以确保立法、政策、决策合理性的基础方面具有重要的科学价值。[105] "要制定出人民群众满意、管用、能解决问题的法律,就必须抓住最广泛、最真实、最管用的'全过程民主'立法这个关键。唯此,才能在立法的全部过程和各个环节听取各方面意见,才能不断创新立法民主的工作形式。"[106]

基于民主立法,社会主义核心价值观的融入也要遵循两个维度。第一,在立法过程中的程序性融入。社会主义核心价值观本身即有"民主"的要求,对于协商过程,这种"民主性"本身就应有所体现。我国《宪法》序言中规定:"中国共产党领导的多党合作和政治协商制度将长期存在和发展。"多党合作和政治协商

---

〔101〕 关于对民主立法的代表性看法,如宋方青:《习近平法治思想中的立法原则》,载《东方法学》2021 年第 2 期;封丽霞:《高品质立法与国家治理现代化》,载《中国领导科学》2020 年第 1 期;刘彦宁:《新时代如何推进科学立法民主立法依法立法》,载《中国党政干部论坛》2018 年第 9 期;冯玉军:《中国法律规范体系与立法效果评估》,载《中国社会科学》2017 年第 12 期。

〔102〕 叶会成:《超越工具论:民主立法的内在价值》,载《法学家》2022 年第 2 期。

〔103〕 习近平:《在庆祝中国共产党成立 100 周年大会上的讲话》,载《人民日报》2021 年 7 月 2 日,第 2 版。

〔104〕 习近平:《在中央人大工作会议上的讲话》,载求是网,http://www.qstheory.cn/dukan/qs/2022-02/28/c_1128420137.htm。

〔105〕 胡玉鸿:《全过程人民民主的价值依归》,载《上海政法学院学报(法治论丛)》2022 年第 3 期。

〔106〕 封丽霞:《民主立法:全过程民主的展现》,载《中国党政干部论坛》2021 年第 7 期。

体现了对多元主体在参政方面的容纳。就立法行为而言，《宪法》和《立法法》对人民代表大会和地方人大的立法权限的确立，就充分反映了立法的民主性。因为人民代表大会立法的本质在于，通过民选代表参与具体的立法活动，"民选"行为本身即意味着民众的个人意志体现在对代表的信任上，并通过投票的形式表现出来，民选代表则在立法活动中将民众的利益表达出来。在这过程中，不同的立法参与主体之间，应通过平等协商的方式发表对立法的意见。这就形成了立法活动的内部民主。除立法草案本身的协商外，立法的试运行过程、评估过程等也都是立法面向民众意志的体现。同时，民主性立法在体现社会主义核心价值观中的"民主"意义的时候，也体现了"自由"价值，因为立法的协商是建立在言论自由的基础上的；还体现了"文明"价值，因为立法的协商过程本身体现了社会关系的文明性，正是因为不同社会主体在同一平台按照特定时间、顺序就同一立法议题发表意见，体现出的是主体间的平等关系，不同意见交织下形成的"少数服从多数"或是"同情性理解"，都意味着对人的主体性的确立与尊重。社会主义核心价值观融入立法过程的内在逻辑在于对立法行为本身应具有的民主性的维护，在具体的立法上，社会主义核心价值观的融入要把上述立法行为应包含的协商价值凸显出来。

第二，在立法过程中就立法调整的社会关系所体现的民主意义。立法过程必然意味着立法参与主体要预估立法的效果，这就关乎对立法调整的具体事物与民众的整体利益的关联。在当下，以宪法为核心的中国特色社会主义法律体系主要以公民权利作为调整目标，形成权利本位的立法。诸如，对民众个人信息的保护，体现的就是围绕民众对信息处置的自主利益的维护；诉讼法上对简易程序的设置，体现的就是对民众的诉权实现之便利价值的维护。但立法活动本身就是一种基于具体的规范，实现对抽象的社会关系的类型化调整，而不是在立法与社会关系之间寻求一种严丝合缝的对接关系——一是无法做到，二是没有必要。毕竟，社会关系的复杂性不可能完全被立法者写入文本，立法者也难以精确地预料到社会关系未来会发生的变化。立法语言的表述只需要将同类型社会关系合并，实现类型化调整，并且应对立法要确认和保护的利益在立法过程中筛选，因为不是所有的社会利益都应被立法所涵盖，有的利益不具有正当性，立法自然不应予以保护；有的利益虽然对于人类整体发展而言具有价值，但不宜通过立法以一种相对确定的方式保护。既然如此，对于社会关系的界定以及其关联的利益就需要筛选，因而需要立法参与者基于立法的民主性原则探求具体的筛选路径。社会主义核心价值观本身提出了"民主"的要求，另外，对于"富强""自由""文明"等价值，立法过程中应通过对所调整的社会关系的调整方向、方式的确立得以实现。

“在现代立法活动过程中,立法机关面对的问题日益复杂、利益主体多元化且比较活跃。”[107]这使得立法过程对民主的需求性越来越大。而社会主义核心价值观融入立法过程,必然会形成基于民主立法而导向的立法进路。基于民主立法的社会主义核心价值观融入,构成了其融入立法过程的内在逻辑。

3. 基于依法立法的社会主义核心价值观融入

依法立法是立法的基本原则,它意味着立法必须遵循《宪法》《立法法》等对立法活动提出的具体规范要求。《立法法》第3、4、5条的规定,[108]学界将之概括为法治原则,但正式提出依法立法,并将依法立法与科学立法、民主立法三项原则并列,则始于习近平总书记所作的党的十九大报告。[109] 党的十九大报告指出:“推进科学立法、民主立法、依法立法,以良法促进发展、保障善治。”依法立法的核心在于,立法应当遵守宪法的基本原则,应当依照法定的权限和程序,从国家整体利益出发,维护社会主义法制的统一和尊严。依法立法的关键是依宪立法。宪法是立法工作的总依据和正当性根源,“依宪立法”是立法工作的基本内涵和最低法治要求。[110] 依法立法既体现了立法本身的效力来源,也彰显了立法的形式理性;既体现了对作为公权力的立法权的制约,也促进了立法对大众的理性预期的尊重。反之,缺乏法律依据的立法,本身没有法律效力,也很难达到法律所需的调整效果。正所谓“效力是法律的特征,实效是人们实际行为的特征”。[111]

依法立法主要表现在以下四个方面:一是不同立法主体要在法律规定的立法权限内进行立法,不得逾越权限。同时,立法权限要求立法主体必须作出规定的事项,立法主体有义务形成完备的立法。二是立法应遵循法定程序,依据法定的时限、时序、步骤展开立法活动。三是下位立法的内容要遵循上位法已有的规定,不能背离上位法,而对某一特定法律而言,具体的规则应遵循原则的要求。四是如果对于立法权限、立法程序或上位法立法内容的理解存在模糊,立法者应

---

〔107〕 蔡定剑主编:《公众参与:风险社会的制度建设》,法律出版社2009年版,第25-26页。

〔108〕 《立法法》第3条规定:“立法应当坚持中国共产党的领导,坚持以马克思列宁主义、毛泽东思想、邓小平理论、‘三个代表’重要思想、科学发展观、习近平新时代中国特色社会主义思想为指导,推进中国特色社会主义法治体系建设,保障在法治轨道上全面建设社会主义现代化国家。”第4条规定:“立法应当坚持以经济建设为中心,坚持改革开放,贯彻新发展理念,保障以中国式现代化全面推进中华民族伟大复兴。”第5条规定:“立法应当符合宪法的规定、原则和精神,依照法定的权限和程序,从国家整体利益出发,维护社会主义法制的统一、尊严、权威。”

〔109〕 宋方青:《习近平法治思想中的立法原则》,载《东方法学》2021年第2期。

〔110〕 莫纪宏:《依宪立法原则与合宪性审查》,载《中国社会科学》2020年第11期。

〔111〕 沈宗灵:《现代西方法理学》,北京大学出版社1992年版,第166-167页。

结合立法本身应遵循的基本精神和立法调整的社会关系的本质，以及正当程序的要求展开立法工作，正如哈贝马斯所言："理性道德法和实证法之间存在一种互补关系。"[112]对于立法行为应遵循的规则，良法精神所关联的道德法能够对实证法的不足形成补充，从而生成立法活动应有的良法之维。但对于上述工作，立法者在立法过程中应予以详尽论证。

社会主义核心价值观融入立法过程将实现依法立法。社会主义核心价值观本身的"法治"要求意味着推动良法善治在社会各领域的实现，立法活动自然也要遵循良法精神——已有的立法规则整体上能够凸显立法的良善性，加之立法者本身应当基于立法的实质需求和立法规则的基本精神推动法律之善。并且，社会主义核心价值观的"平等""公正"等要求也折射出立法的合法性要求，因为"平等""公正"表现在同一层级的法律对于上位法应遵循"不抵触"原则，所有法律的制定都应在《宪法》《立法法》确定的立法规范框架内进行。而"富强""自由"等价值也可通过立法活动对法治精神的遵循实现，正如前文所述，依法立法包含了对不限于已有法律的良法精神的遵循。

由此可知，基于社会主义核心价值观的基本精神，其对立法过程的融入是依法立法的应有之义，依法立法也因而构成了社会主义核心价值观融入立法过程的内在逻辑。

基于立法三大基本原则，社会主义核心价值观融入立法过程的内在逻辑得以呈现并阐释。这种内在逻辑的揭示不是对客观存在的呈现，而是要融入主体的利益取向。根据哲学诠释学的基本进路，诠释主体的"前见"与诠释对象之间形成意义交融，[113]形成的视域乃是诠释事物的结果。就社会主义核心价值观融入立法过程的内在逻辑的诠释而言，立法原则本身已经成为人们的共识，也构成了社会主义核心价值观融入立法过程的诠释"前见"。立法基本原则与社会主义核心价值观的精神实质、立法过程本身之间的视域融合所形成的诠释结果，形成了这种融入的内在逻辑。正如德沃金所言："任何一种含义都在规则的意义上把原则和政策的整体当作法律。"[114]就立法过程而言，立法所遵循的规则、立法的原则和作为党的政策的社会主义核心价值观融为了一体。因此，基于正当

---

〔112〕［德］哈贝马斯：《在事实与规范之间——关于法律和民主法治国的商谈理论》，童世骏译，生活·读书·新知三联书店2014年版，第128－130页。

〔113〕［德］汉斯－格奥尔格·伽达默尔：《真理与方法》，洪汉鼎译，商务印书馆2007年版，第397页。

〔114〕［美］罗纳德·德沃金：《认真对待权利》，信春鹰、吴玉章译，中国大百科出版社1998年版，第60页。

的诠释学路径形成的对这种内在逻辑的解读，为社会主义价值观融入立法过程确定了方向。

三、社会主义核心价值观融入法律规范体系的层次与进路

社会主义核心价值观融入法律规范体系的层次与进路既要考察社会主义核心价值观融入法律规范的层面，也要关注社会主义核心价值观融入立法过程的层次与进路，两者相辅相成，不可偏废其一。

（一）社会主义核心价值观融入法律规范的层次与进路

既然社会主义核心价值观融入法律规范具有充分的理由，就需要进一步考虑融入方式方法的问题。同样，我们将首先讨论道德融入法律的层次与进路，以此启发社会主义核心价值观融入法律命题的结论。从伦理学上说，可以被观察到的道德现象一般被认为存在由外向内三个层次。其中，最外层的是这种善行义举本身，可称为道德行为；更深一个层次的是激发行为人作出善行义举的善心，可称为道德动机；最深的一个层次是据以产生此种善心的优良美德，可称为道德品质。相较道德而言，法律具有一些独有特性，这些特性将分别作用于道德现象的三个层次。基于此，道德融入法律的路径主要包括如下三种。

第一，运用法律的权威性强化道德动机。现代社会的一个特殊之处就在于，由于理性的祛魅，宗教、宗族等一系列传统权威消失殆尽，出现了大量的道德失范现象。权威是道德动机的主要来源之一，法律则是现代社会中提供这种权威最行之有效的办法。法律的权威并不是运用暴力强制，[115]而是指"一定的行为具有法律效果这一事实普遍地影响实践性审慎和特定地影响道德考量因素"。[116]理论上，针对以法律的权威实现道德目标主要有三种不同的态度。第一种以德沃金为代表的新自然法学派，主张法律权威必然蕴含道德权威。德沃金指出，法律原则"应当得到遵守，并不是因为它将促进或者保证被认为合乎需要的经济、政治或社会形势，而是因为它是公平、正义的要求，或者是其他道德层

---

〔115〕 哈特在批驳奥斯丁的"劫匪命题"时就指出守法源于义务而非威胁，"事实上我认为，除了导引人类行为和对行为提供批判的标准之外，进一步为法律探求任何更特定的目的，都只是无用的尝试。"参见［英］H. L. A. 哈特：《法律的概念》（第2版），许家馨、李冠宜译，法律出版社2006年版，第230页。

〔116〕 ［英］约瑟夫·拉兹：《法律的权威：法律与道德论文集》，朱峰译，法律出版社2005年版，第2页。

面的要求”[117]。在他看来，由于法律作为一种阐释性概念，法律权威其本身就蕴含道德权威，以法律权威强化道德动机自不待言。第二种以科尔曼为代表的包容性实证主义，主张道德可以通过作为社会性惯习的承认规则进入法律。科尔曼指出，“在具体的法律体系中道德是否是合法性的条件依赖于一个社会的或者社会惯习性的规则，即承认规则”，[118]他认为法律的权威不必然来源于其内容的道德性，但也不排除某些道德要求进入法律体系，而这部分法律的权威性影响着道德动机。第三种以拉兹为代表的排他性实证主义，主张法律权威排除其他一切权威的考虑。拉兹指出，“法官不必否认道德理由的重要性，它们有时为违法行为辩解，但却不是法律上的藉口和理由……法官主张人们应当放弃相抵触的考量因素，无论它们多么重要”[119]。需要注意的是，拉兹所要表明的是法律权威要求排除包括道德在内的其他考虑，但并不反对将道德目标作为法律的间接社会功能之一。[120] 可见，这三种意见虽然程度不同，但至少都认可以法律的权威推动道德目标。其中，需要特别重视的是第三种意见，因为其提出了上述命题的限度问题。拉兹指出，权威要求服从者“放弃个人判断”，因此其正当性需要证明，主要概括为三个论题。一是依赖性论题，即“所有的权威命令都应依据这样一些理由，这些理由已经可以单独地应用于权威命令的手中，并且与他们在权威命令所使用的环境下的行动有关”[121]。二是正常理由论题，即“确定一个人拥有对另一个人的权威的正常方式应当包括这样的内容，它能够表明被断定的服从者可能会更好地服从适用于他（而不是被断定的权威）的理由，如果他承认所认定的权威命令具有权威性的约束力，并且肯于服从这些命令，而不是想要直接服从适用于他的理由”[122]。三是优先性论题，即“既然权威命令约束力的合理性在于依赖性理由，那么，它们所依赖的那些理由就会被那些命令所取代，而不是被那些命令所填补”[123]。换言之，在道德融入法律的问题中，法律就可以依据其权威性对公民提出某些道德要求，而不一定要附带违反这些义务的相应责

---

[117] ［美］罗纳德·德沃金：《认真对待权利》，信春鹰、吴玉章译，中国大百科全书出版社 1998 年版，第 41 页。

[118] ［美］朱尔斯·L. 科尔曼：《原则的实践——为法律理论的实用主义方法辩护》，丁海俊译，法律出版社 2006 年版，第 140 页。

[119] ［英］约瑟夫·拉兹：《法律的权威：法律与道德论文集》，朱峰译，法律出版社 2005 年版，第 206 页。

[120] ［英］约瑟夫·拉兹：《法律的权威：法律与道德论文集》，朱峰译，法律出版社 2005 年版，第 154 页。

[121] ［英］约瑟夫·拉兹：《自由的道德》，孙晓春等译，吉林人民出版社 2011 年版，第 43 页。

[122] ［英］约瑟夫·拉兹：《自由的道德》，孙晓春等译，吉林人民出版社 2011 年版，第 48 页。

[123] ［英］约瑟夫·拉兹：《自由的道德》，孙晓春等译，吉林人民出版社 2011 年版，第 53 页。

任,以起到宣誓、引导、提示等作用。但立法者应注意的是,此种基于法律权威性的道德融入法律意味着要求守法者在不考虑其他行动理由的前提下接受前者所提出的行动理由。这就需要立法者对具体情境中的守法者可能的行为动机加以全盘考虑,并从法律上提供一个能够说服其履行道德义务的更好理由。

第二,运用法律的强制性促进道德行为。现代化的过程是一个从身份到契约的过程,市场经济构造了大量的陌生人社会场景。在此类场景下,人们的行为更多地是基于功利的计算而非道德的约束,但在利益的诱惑下容易产生一些严重的失德行为。道德的法律强制是法学理论中一个经典又极富争议的命题,20世纪以来,该问题由《沃尔芬登报告》所引发,即对于私下卖淫和同性恋行为是否应当以法律加以惩罚的问题。对于该类问题主要可以分为三种意见,哈特曾以两个层次问题的答案来对它们加以区分,即“在其对某种社会共享道德的影响之外,这种行为会伤害到其他人吗?”,以及“如果这种行为有损于共享的道德,那么它就一定会削弱社会吗?”〔124〕这三种意见中,第一种是以斯蒂芬为代表的法律道德主义极端论,主张道德法律强制的正当性不取决于以上任何问题,斯蒂芬指出:“复仇心和报复欲是人性的重要组成部分,在这类案例中应当以规范的公权力和司法的形式予以满足。”〔125〕第二种是以德富林为代表的温和派,主张强制的正当性取决于对第二个问题的肯定回答,即其著名的“社会崩溃论”,主张应当对削弱社会连带的不道德行为加以法律强制。第三种是以哈特为代表的“密尔式”自由主义,主张只有对第一个问题作出肯定的回答,强制才具有正当性,仅承认将道德的法律强制限制在伤害他人的行为。值得注意的是,这三种意见中,德富林与哈特都提出了一些道德的法律强制的限制条件。德富林基于司法实践提出了四个原则,即“必须默认与社会的完整相协调的个人自由最大化”“容忍限度会发生变迁”“应当尽可能地尊重隐私”“法律关注最小值而非最大值”。〔126〕哈特则较德富林更进一步,从理论上对道德的法律强制予以了更为彻底的分析,并与德富林的观点针锋相对。其一,德富林认为社会有权动用法律对道德加以强制执行,哈特则提出“实在的道德”与“批判的道德”的区别。例如,种族歧视可能是某一社会的“实在的道德”,但并不意味着种族隔离的法律就具有正当性。换言之,使用法律强制道德仍然存在一个证成问题,“任何一个社会

---

〔124〕[英]H. L. A. 哈特:《法律、自由与道德》,支振锋译,法律出版社2006年版,第49页。

〔125〕[英]詹姆斯·斯蒂芬:《自由·平等·博爱》,冯克利、杨日鹏译,江西人民出版社2016年版,第105页。

〔126〕[英]帕特里克·德富林:《道德的法律强制》,马腾译,中国法制出版社2016年版,第22-26页。

为了实现其正义之诉求所采用的明显令人生厌的法律强制，只有在其是为某种补偿福利（countervailing good）的情况下才是可以被容忍的"[127]。其二，德富林认为社会有权进行道德判断，哈特则区分了"隐私的不道德"与"公共场合的行为不检"。例如，大多数国家针对重婚罪的规定不包括姘居行为，而只有在举行法定结婚仪式后才介入，因为"法律关注的是其行为对他人的冒犯，而不是因为他私人生活中的不道德，这种不道德在绝大多数的国家里都是一种应予惩罚的行为"[128]。其三，德富林指出，共享道德对社会存在重要作用，哈特则认为社会的道德并非一张无缝隙之网，"没有证据表明对已为公众接受的性道德的背离，即使在成年人的私人生活之中，也是某种像叛国罪一样会危及社会之存在的危险"[129]。综合德富林与哈特的意见可知，基于强制性的道德融入法律是存在一些限制条件的。一是道德的法律强制是对自由的一种侵入，因此天然需要对其正当性加以论证；二是法律的强制是一种公权力的运用，因此不能对私领域造成不必要的侵犯；三是法律只应当对社会产生现实威胁的道德义务而非道德理想作出强制。总而言之，法律的道德强制是一种需要审慎运用的公权力方式，由于它与公民的自由存在冲突的可能，只能被用于最为严重的领域。

第三，运用法律的建构性增进道德品质。在古代社会，以法律对民众予以道德教化的传统十分普遍，但现代法治社会将公民个人的自由视为一种重要价值，这种至善主义的道德融入法律变得越来越有争议。在罗伯特·乔治看来，自由主义阵营中针对至善论的态度主要有两种。第一种是以罗尔斯为代表的反至善论自由主义，罗尔斯认为处在"无知之幕"后的人们"各方并不是共享一种善的观念……他们也没有一个一致同意的至善标准：即一个可作为原则用来选择制度的标准……他们不可能通过赋予一个价值标准（它确定什么是一个目的论的正义原则要最大限度地追求的目标）以某种权威地位而使他们的自由处于危险之中"，[130]因此他们将会选择"平等的自由原则"而不是某种至善论原则。第二种是以拉兹为代表的至善论自由主义，拉兹虽然认同自由是一种内在善，但不承认国家的中立性。他认为"全部政治行为的目标就是使个人能够追求有效的善观念并且阻止邪恶的或者空虚的善观念"，故"自主的价值仅体现在对善的追求

[127]　[英]H. L. A. 哈特：《法律、自由与道德》，支振锋译，法律出版社2006年版，第22页。

[128]　[英]H. L. A. 哈特：《法律、自由与道德》，支振锋译，法律出版社2006年版，第42页。

[129]　[英]H. L. A. 哈特：《法律、自由与道德》，支振锋译，法律出版社2006年版，第50页。

[130]　[美]约翰·罗尔斯：《正义论》，何怀宏、何包钢、廖申白译，中国社会科学出版社1988年版，第316页。

中。自主的理想只是要求具备各种道德上可以接受的选项”。[131] 在罗伯特·乔治看来,拉兹已经初步发展了多元至善主义,但成熟的多元至善论还需要明确“多元性、自由和隐私尽管不是内在的善但是具有工具性价值”[132]。言论自由、隐私权等自由权能够促进社会中个体之间合作所需的交流以及每个个体独立于交流的内在性(interiority),因此其有利于人类的多元善。但只有在这些自由不被正确使用的时候(如辱骂他人或者暗箱操作时),法律方得以干涉。同时,至善论的传统不仅提供了对自由的少量限制措施的论证,还提供了许多其他促进善的重要因素。例如,亚里士多德关注的家庭等社会组织因素。“最好是有一个共同的制度来正确地关心公民的成长。如果这种共同的制度受到忽略,每个人就似乎应当关心提高他自己的孩子与朋友的德性……正像在城邦生活中法律与习惯具有约束作用一样,在家庭中父亲的话与习惯也有约束作用。”[133] 又如,阿奎那关注到的物质因素,“对于个人的幸福来说,有两件事情是必要的:第一件并且也是最重要的事情是行不逾矩(事实上我们是通过德行才能过幸福生活的);另一件事或者也可以说是次要的条件是一种手段,它存在于德行所必须的物质利益的充裕中……必须依靠统治者的智慧保有那种为幸福生活所不可缺少的物质福利的充裕”[134]。罗伯特·乔治在至善主义传统的基础上做了更加理论化的阐释,指出“道德环境”的重要性。无论是合理地对自由加以少量的限制还是重视社会组织因素抑或重视物质条件,归根到底,法律都能够为维护一种道德环境提供一种支持性的(supporting)或次级性的(secondary)的角色,可以使“(1)阻止人们选择沉溺于不道德行为的(进一步的)自我堕落;(2)阻止会诱使其他人模仿同样行为的坏榜样;(3)帮助保护道德环境,在其中人们做出他们在道德上具有自我构成性(self - constituting)的选择;(4)教导人们道德上的是非,法律禁止某些非常诱人的和堕落的不道德行为(有一些关乎性,有些不是),从而有助于人们确立保持一种有德性的品质”[135]。就道德融入法律的问题来说,立法者除了对不道德行为加以直接强制之外,还有其他促进道德的方式,即运用法律所具有的一种建构性特征,分配资源、设置组织、形成制度,为全社会提供引

---

[131] [英]约瑟夫·拉兹:《自由的道德》,孙晓春等译,吉林人民出版社2011年版,第121、362页。

[132] [美]罗伯特·乔治:《使人成为有德之人——公民自由与公共道德》,孙海波、彭宁译,商务印书馆2020年版,第320页。

[133] [古希腊]亚里士多德:《尼各马可伦理学》,廖申白译注,商务印书馆2003年版,第315-316页。

[134] [意大利]托马斯·阿奎那:《阿奎那政治著作选》,马清槐译,商务印书馆1963年版,第88页。

[135] [美]罗伯特·乔治:《使人成为有德之人——公民自由与公共道德》,孙海波、彭宁译,商务印书馆2020年版,第15页。

人向善的制度环境。

现在,我们从道德融入法律之层次与限度的问题上回到社会主义核心价值观融入法律的命题。在官方的文件中,社会主义核心价值观融入法律的方式有三种表述:弘扬、培育和践行,[136]这与道德融入法律的三个层次是一致的。因此,社会主义核心价值观融入法律规范就有以下三种主要方式。

第一,以法律规范的权威性弘扬社会主义核心价值观。如同法律的权威性能够强化道德动机一样,其也能够起到弘扬社会主义核心价值观的作用。2019年10月,党的十九届四中全会通过的《中共中央关于坚持和完善中国特色社会主义制度　推进国家治理体系和治理能力现代化若干重大问题的决定》提出,要"坚持依法治国和以德治国相结合,完善弘扬社会主义核心价值观的法律政策体系,把社会主义核心价值观要求融入法治建设和社会治理"。2020年12月,中共中央印发《法治社会建设实施纲要(2020－2025年)》进一步提出,要"完善弘扬社会主义核心价值观的法律政策体系,加强见义勇为、尊崇英烈、志愿服务、孝老爱亲等方面立法"。这就意味着上述领域的法律规范常常不是基于法律上的不利后果,而是运用法律权威性的产物。但是,2012年修订后的《老年人权益保障法》第18条的"常回家看看"条款[137]在司法实践中就出现了被告给付赡养费后仍不愿探望老人的社会现象,其根据原因在于,运用法律的权威性来弘扬社会主义核心价值观具有某种限度。

第二,以法律规范的强制性践行社会主义核心价值观。与促进道德行为一样,以法律规范践行社会主义核心价值观运用的也是法律之强制性。2016年12月,中共中央办公厅、国务院办公厅印发《关于进一步把社会主义核心价值观融入法治建设的指导意见》,指出"社会主义法律法规直接影响人们对社会主义核心价值观的认知认同和自觉践行。要……把社会主义核心价值观的要求……转化为具有刚性约束力的法律规定"。2018年5月,中共中央印发《社会主义核心价值观融入法治建设立法修法规划》,进一步强调要用社会主义核心价值观塑造民法典的精神灵魂,推动民事主体自觉践行社会主义核心价值观。例如,2021年起施行的《民法典》第184条"紧急救助免责"条款[138]就是一个通过调整主体

---

[136] 弘扬、践行和培育只是狭义上的区分,其广义上都属于弘扬核心价值观的范畴。

[137] 《老年人权益保障法》(2012年修订)第18条规定:"家庭成员应当关心老年人的精神需求,不得忽视、冷落老年人。与老年人分开居住的家庭成员,应当经常看望或者问候老年人。用人单位应当按照国家有关规定保障赡养人探亲休假的权利。"

[138] 《民法典》第184条规定:"因自愿实施紧急救助行为造成受助人损害的,救助人不承担民事责任。"

间的民事责任分配来保护和鼓励善行义举的典型立法例。

第三,以法律规范的建构性培育社会主义核心价值观。与增进道德品质一样,以法律规范培育社会主义核心价值观运用的也是法律之建构性。2014 年 10 月,党的十八届四中全会审议通过的《中共中央关于全面推进依法治国若干重大问题的决定》提出,"必须坚持一手抓法治、一手抓德治,大力弘扬社会主义核心价值观,弘扬中华传统美德,培育社会公德、职业道德、家庭美德、个人品德,既重视发挥法律的规范作用,又重视发挥道德的教化作用"。2016 年 12 月,中共中央办公厅、国务院办公厅印发《关于进一步把社会主义核心价值观融入法治建设的指导意见》进一步指出,要"完善市民公约、乡规民约、学生守则、行业规章、团体章程等社会规范,发挥党和国家功勋荣誉表彰制度的引领作用、礼仪制度的教化作用,使社会治理的过程成为培育和践行社会主义核心价值观的过程"。例如,《国旗法》《国歌法》《国徽法》中就有大量关于这些国家象征物的相关使用场景、使用要求、注意事项等规定,[139] 这些礼仪、制度的规定对于爱国主义精神的教育和培养都是不可或缺的。

(二)社会主义核心价值观融入立法过程的层次与进路

立法是构建国家法律制度、实现国家治理制度体系现代化的主要途径和方式,是社会主义核心价值观融入国家治理法治化的重要通道。"国家倡导社会主义核心价值观"已经被写入《宪法》,社会主义核心价值观的内容如何进一步转化成法内原则,如何将社会主义核心价值观的内容细化成构成要件和法律后果是未来立法亟需面对和重点解决的问题。社会主义核心价值观的融入应当是整体性的融入,包含国家、社会、个人三个层面,三个位阶层面的价值体系观念都应直接纳入立法建设之中。[140] 因此,将社会主义核心价值观确定为制定、修改、废止法律、法规、规章等规范性法律文件的指导思想,是社会主义核心价值观入法的主要途径。把社会主义核心价值观融入立法程序具体有两个层次:第一,用社会主义核心价值观统摄中央和地方各层级立法、统摄科学民主立法以及提高立法质量全过程;第二,将社会主义核心价值观的精神融入法律原则和法律规则当中。在建设中国特色社会主义法治国家的新征程中,社会主义核心价值观只有通过立法目的条款、法律原则和法律规则的方式转化,全面贯穿立法的全过

---

[139] 例如,《国歌法》第 7 条规定:"奏唱国歌时,在场人员应当肃立,举止庄重,不得有不尊重国歌的行为。"

[140] 谢之杰、邹鹏:《社会主义核心价值观融入立法的若干思考》,载《合肥师范学院学报》2021 年第 2 期。

程，才能真正实现科学立法、民主立法和依法立法，切实提高我国的立法质量。同时，在这一过程中应当如何使用立法技术的问题也值得深入研究。立法准备、从法案到法以及立法完善的立法过程显现出立法的阶段性，分阶段地探究社会主义核心价值观融入立法的过程，也体现出这种融入的层次性。

1. 立法准备阶段的社会主义核心价值观融入

立法的准备阶段是为正式立法提供条件、奠定基础的阶段，主要包括确定立法项目、采纳立法建议、接受立法创议、作出立法决策、编制立法规划和年度立法计划、组织法案起草等工作。在这一阶段，立法机关对一定范围、一定时间内的立法工作进行统筹安排，依据立法规划与立法计划确定法案起草机关或者决定委托起草，为法案进入正式立法程序创造条件。立法的准备阶段虽然不属于正式的立法程序，但对正式立法程序产生“锚定”作用，对法案的形成具有一定指导性作用。[141]

立法活动意味着立法者对已有社会关系的诠释，体现为立法者通过对已有社会关系的理解与对该社会关系未来发展状况的判断，形成权利义务分配方案。诠释表明诠释主体已有的“前见”与诠释对象之间的“对话”，将诠释者的主体性融入诠释结果中。[142] 立法准备阶段对社会关系的诠释“前见”之一就在于对社会主义国家“以人为本”的发展进路的认知，而社会主义核心价值观体现的国家治理进路就在于这种全面考量人民利益的发展进路。由是，立法活动之诠释背后的“前见”与社会主义核心价值观产生关联，社会主义核心价值观的内容为立法准备活动提供方向与指导。

实践中，一般由政府相关部门根据自身立法需求提出立法建议，由人大作出立法决策，确定立法项目，进而编制立法规划和立法计划，再由政府相关部门承担起草工作。这种模式可以借助政府相关部门的专业背景为立法的专业性和实效性提供保障，但可能由于起草过程中征求意见的对象主要是法案涉及的职能部门，就会在一定程度上忽视汇集民意、体现民声。民意是一定空间时域内社会公众在有关公众事务或公共治理议题的讨论中所持有的情感态度和意见诉求表达，它强调的既不是单个公众的意见诉求，也不是零散公众意见诉求的简单相加，而是多数公众意见诉求的共识性集合。[143] 因此，要提升立法者的民意获取

〔141〕 宋方青：《践行全过程人民民主理念　完善民主立法体制机制》，载《民主与法制时报》2022 年 6 月 9 日，第 6 版。

〔142〕 [德]汉斯－格奥尔格・伽达默尔：《真理与方法》，洪汉鼎译，商务印书馆 2007 年版，第 397 页。

〔143〕 王逸帅：《民意采集与立法输出：全过程人民民主在超大城市的实践》，载《探索与争鸣》2022 年第 4 期。

和民意回应能力。此外,要强化人大在立法过程中的主导作用,完善相关审议程序,尤其是涉及广大人民群众切身利益或者社会影响比较大的立法项目,必须依法通过民主方式进行确立。起草过程应充分听取、考量不同社会主体的意见,做到全过程人民民主的"全链条、全方位、全覆盖"。立法参与者之间也需要基于民主程序协商立法。"立法协商的优势就在于,既能够保证立法过程吸纳多方意见、谋取最大共识,同时也可以提高政治意见表达的合理性,并将意见共识有效地转化为法律的价值目标,确保科学立法、民主立法的深入推进与有机统一。"[144] 而基于"富强""自由"的价值取向,起草的法案要以所调整的社会关系与国家、社会和个人的正当利益之紧密关联为导向。

尽管立法准备工作还未形成具有效力的正式规范,但在立法准备阶段,社会主义核心价值观的过程性融入,为接下来要做的正式立法工作奠定了基本走向。而社会主义核心价值观体现的价值要义能够对中国特色社会主义立法目标的确立形成直接的助推作用。

2. 从法案到法阶段的社会主义核心价值观融入

从法案到法的阶段是立法机关行使立法权的专有活动,主要包括法案的提出、审议、表决和公布等环节。在这一阶段,程序性问题显得尤为重要,因为这关乎法案是否应成为正式规范性文件。立法机关本身也代表着共同体之善形成的一种过程。其是社会中各种重要竞争观点的代言者的集合体(议会),并且在他们的竞争和争议当中,立法机关引导他们协商并作出决定。立法机关的结构特征在于规模性、多元性和分歧,同时制度安排在于通过党组织、审慎设计的结构、正式辩论、相关议事规则和投票,以便顺利作出相关决定。[145] 其中,论证过程涉及对多元主体意见的听取与整合,也涉及对立法效果的预估及最终的意见决断。这些都需要在特定的时空场域下有步骤地展开。社会主义核心价值观的融入为这种"展开"确立了准则。

基于立法活动遵循的价值理念,社会主义核心价值观在从法案到法阶段需要进一步弘扬。针对法案的论证,社会主义核心价值观中的"法治""民主"理念对意见的信息交涉形成了指引。"民主"与社会大众观点的表达之间具有紧密联系,但除了听取大众的意见之外,这里还涉及立法专家和民众表达之间的协调性。例如,在对法案的审议环节、法案的协商环节等可能需要听取专家意见。立法要遵循民主原则,但并不意味着一切立法都完全吸纳一般民众的意见。而在

---

[144] 朱志昊:《论立法协商的概念、理论与类型》,载《法制与社会发展》2015 年第 4 期。

[145] [美]杰里米·沃尔德伦:《法律与分歧》,王柱国译,法律出版社 2009 年版,第 29－30 页。

专业性较强的重点领域，需要相关专家学者发挥他们的专业优势指导立法草案的形成。对于社会主义核心价值观而言，其指向的是国家、社会和公民的价值理念，是共产党作为执政党全心全意为人民服务的目标所指，更多体现的是立法的大众性。但社会主义核心价值观对立法的融入往往需要涉及更为专业的、大众认知难以应对的领域。这时，专家的专业性知识与社会主义核心价值观的结合将体现在其中，因为专业性知识本身不是独立存在的，而是源自国家、社会和个人的需求，所以这种专业知识与国家、社会、公民之理想所形成的社会主义核心价值观关联起来，成为指导立法的重要因素，因而立法机关要注重采纳专业知识；对于一般领域而言，专家的专业知识与社会主义核心价值观的融合、民众的一般认知与社会主义核心价值观的融合，都应被立法机关综合考量。

从法案到法的过程还涉及立法活动的公开。公开本身是立法程序中的重要一环，公开机制也是公权力行使的正当性之体现，表明公权力的实施是围绕民众的利益需求展开的——基于“社会契约理论”，公权力源自自然权利的让渡，也应服务于自然权利的满足，因此公权力的运行过程应向民众公开，这体现出对民众的尊重，并且通过这种公开实现对民众的指引。现代文明社会的立法应摒弃古代社会推崇的立法非公开化的理念，因为那样只会让民众生活在对未知的法律惩罚的不确定之中而显得无所适从。因此，公开制度关联社会主义核心价值观的“法治”——体现的是尊重民众主体性的良法善治；同时，公开本身也是民众参与并监督立法的前提，因而反映了社会主义核心价值观中的“民主”。“公开”虽然是重要的程序，但并不是公权力行使的最终目的，对立法工作而言，在法案的审议、表决、公布等程序中，法律制定过程会在一定范围内实现公开透明。通过增强民众对社会主义核心价值观融入法律案的认知，实现立法信息向民众的广泛传递，并且在法案公布前要听取民众对法案的看法以调整法案的内容，实现法案调整与民众利益之间的契合。人大代表对立法的参与，意味着人大代表与民众之间要形成特定的程序以实现真正的民主立法。

价值因人、因地、因时而有所不同，观念的差异性使立法的程序性尤为重要，因为观念有差异就需要意见交流，而只有通过立法程序下的多元主体的沟通论证路径所作出的立法决策，即形成的立法价值及在其指引下的立法文本，才因为尊重了多元主体的意见而具有说服力。这时，社会主义核心价值观中的“民主”与“法治”要求对程序的构建起到了助推作用，因为“民主”意味着多元主体的参与、意见发表与意见的相互听取，这是正当程序的表现之一。同时，立法程序的正当性本身也是法治的要求。对于立法价值的确定，社会主义核心价值观本身就意味着中国特色社会主义建设要遵从的价值，因而其为立法价值的确立指明了方向，甚至其本身就构成立法的目标。这使从法案到法的过程具有了方向性，最终的立法决断因而有了合理的依凭。

从法案到法的过程是立法参与者合力形成一部正式立法文本的过程，该过程在整个立法中具有重要地位——其最终指向的是一种具有确定性、权威性、对民众生活具有深远影响的规范性文件，这一过程的具体步骤较之立法准备工作将更加细化。社会主义核心价值观融入从法案到法的全过程，为该细化工作确立了准则，也为最后的立法决断确定了方向。推动社会主义核心价值观融入立法过程的这个阶段是促进立法之正当性的重要路径。

3. 立法完善阶段的社会主义核心价值观融入

立法完善是对所立之法进行反复推敲使之契合民众的需求。立法的完善阶段主要包括法的修改、补充和废止，法的清理，法的编纂，法的解释等内容。毕竟，立法形成的文本以确定的文字为载体，而民众的需求是变动不拘的，因而立法需要通过动态化的完善工作寻求与民众需求之间的对话。法律解释、法律修改等完善工作需要弥合这种抽象规范与具体事实之间的距离。“法律主要不是强制秩序，它主要是对期望的促进。”[146]通过不断满足社会各主体的利益期望，法律的实效逐步显现出来。由于社会主义核心价值观关联国家、社会和公民的基本利益，立法的完善应遵循社会主义核心价值观所提供的理念供给。

立法完善本身是需要遵循特定程序的。与从法案到法的过程一样，其关乎对价值问题的考量。立法完善是以价值的满足为方向的，价值却是多元的。当立法形成之后，对立法的看法会在民众中呈现多元的理解。例如，对征收问题涉及的“公共利益”的理解，不同的人会基于自身的立场在不同的社会关系下对其形成不同的解读；对离婚制度中的“感情确已破裂”的理解，不同的人也会基于不同家庭的背景形成不同的解读。毕竟人们在对法律词汇进行诠释时会融入不同主体的“前见”。这时，对立法完善的方向就会存在多重意见的交织。因而，立法完善程序制度的完备就尤为重要，其通过对不同意见的整合实现多元信息的交涉，形成立法完善的方向。这也意味着法律解释是立法完善工作的重要环节。立法机关和司法机关往往会围绕已经形成的法律文本，出台相应的立法解释和司法解释。正如丹宁勋爵指出的那样：“人们用准则来帮助解释。这些准则叫做‘解释规则’，当它们适合你的案件时，你就可以求助于它们，不过这样做有时要靠自由裁量。”[147]这些文本的形成就是对立法的模糊性概念的释明。而

---

〔146〕 Niklas Luhmann, *A Sociological Theory of Law*, published by Routledge & Kegan Paulple, 1985, p. 78.

〔147〕 ［英］丹宁勋爵：《法律的训诫》，杨百揆、刘庸安、丁健译，群众出版社 1985 年版，第 7 页。

释明的过程，需要社会主义核心价值观的融入。这种融入具体表现在："民主"理念的融入——通过多元主体的意见交涉实现对概念的阐明；"法治"理念的融入——在阐明概念的时候要尊重立法的规则和已有的法律体系之逻辑自洽。

立法完善意味着在立法文本与社会需求之间寻求平衡。因而，立法的试行及立法的评估制度是立法完善的两个重要环节。立法的试行，使立法在调整社会关系时存在的问题暴露出来，这将促使立法者结合这些问题调整立法内容。在立法试行前或试行后，对立法调整效果的评估将成为完善立法的方向。袁曙宏就立法评估的内涵指出，立法评估是指"在法律法规制定出来以后，由立法部门、执法部门及社会公众、专家学者等，采用社会调查、定量分析、成本与效益计算等多重方式，对法律法规在实施中的效果进行分析评价，针对法律法规自身存在的缺陷及时加以矫正和修缮"〔148〕。可见，立法评估过程是一个综合性较强的、融合了技术和观念的立法过程。对立法评估而言，评估主体需要了解民众对融入了社会主义核心价值观的立法案的满意度和相应立法案的社会效果。作为立法受众的广大民众也会基于对立法效果的估量，向立法机关反馈该立法案的实施情况并提出意见建议。基于上述形成的意见、建议和人们对立法社会效果的认知，相应的立法案、立法评估报告才能得以形成。立法试行与立法评估的过程同样需要考虑社会主义核心价值观。在形式层面，立法试行与立法评估要符合立法本身的规则，因而需要"法治"和"民主"精神的融入。而在实质层面，立法试行和立法评估都是以其调整的社会关系之价值为完善依据的，这就意味着社会主义核心价值观反映的国家、社会和公民的价值取向能够内化于这两个环节中，从而成为其价值所指。

立法的完善还体现在法律的修改、补充和废止上。尽管这几个制度是需要耗费较大成本的，但如果存在立法确实严重滞后于社会发展和民众需求的问题，则修改、补充和废止同样是需要的。法律修改与补充相当于新的立法，结合前述的立法准备和从法案到法的程序，社会主义核心价值观在其中的融入无疑大有裨益，也具有必要性。对于法律废止而言，废止工作也需要符合国家、社会和公民的利益需求，社会主义核心价值观所关联的利益取向在其中的融入也将为怎样废止、具体废止哪些内容提供方向。

"一切法律知识，不论是一般性质的还是具体性质的，都是当下的法律知识，无一是永恒超验的。"〔149〕这使法律需要结合时代的变化而变化——当然核心

---

〔148〕 袁曙宏主编：《立法后评估工作指南》，中国法制出版社 2013 年版，第 2 页。

〔149〕 刘星：《法律是什么》，中国政法大学出版社 1998 年版，第 261 页。

是结合社会利益需求的变化而变化。这就是法律完善工作的基本方向,而通过对社会主义核心价值观基本要求的依循,这种完善的目标将更加具体化。总之,将社会主义核心价值观融入立法完善工作,能够有效解决既有立法存在的问题,促进立法向新的高度迈进。

在立法过程中完善并弘扬社会主义核心价值观的根本优势在于,它能把我们社会主义的共同理想、民族精神、时代精神和社会主义道德风尚内化为国家、社会、公民的具体行为准则,使之反映在立法文本之中,并且基于立法的调整效果,这种准则会内化为某种自觉的要求,从而成为国家、社会和公民的精神合力。基于社会主义核心价值观提供的利益导向,立法准备、从法案到法与立法完善工作方能形成各环节相互衔接的有机整体,使立法内容在具备逻辑自洽性的同时能够对社会关系进行科学地调整。社会主义核心价值观融入立法过程的进路与层次,在具体的立法环节全面实现,使立法过程具有合理性与正当性。

第三节　社会主义核心价值观融入法律规范体系的现状与问题

现行多层次、多维度的法律规范体系为全面依法治国提供了基本遵循,为"完善和发展中国特色社会主义制度、推进国家治理体系和治理能力现代化"提供了重要制度支撑。但实践发展永无止境,立法工作也需要与时俱进。同时,社会主义核心价值观融入法律规范体系的范围、程度等方面也还存在一些不足,需要以问题为导向,有针对性地进行完善。

一、社会主义核心价值观融入法律规范的现状与问题

党的十八大以来,我国的立法系统开始自觉将社会主义核心价值观融入各部门、各层级所立之法中。这些弘扬社会主义核心价值观的立法实践在取得了显著成效的同时,也暴露出一些值得关注的问题。

(一)社会主义核心价值观融入法律规范的现状

为了深刻理解这些问题产生的前因后果,我们需要立足于社会主义核心价值观融入法律规范的当前状况,并向前延伸至其形成过程,向后延伸至其最新举措,以期对其现状作出全面描述。

1. 社会主义核心价值观融入法律规范的当前状况

社会主义核心价值观可以从多个角度融入法律规范。例如,可以直接以一部专门的法律法规融入,或是间接地在其他法律规范中融入,抑或分散地通过某些制度性规定融入。又如,融入法律规范的可以是“社会主义核心价值观”的完整概念,也可以是其基本内容中的部分价值。再如,社会主义核心价值观不仅可以融入法律,还可以融入行政法规、地方性法规和规章。在我国当前的立法实践中,社会主义核心价值观融入法律规范主要表现为以下三个方面。

(1)产生了一些直接促进社会主义核心价值观的相关立法。虽然目前还没有一部专门促进弘扬、培育或践行社会主义核心价值观的法律法规,但是已经有了一些专门促进社会主义核心价值观基本内容中某些价值的法律规范。这些法律规范都有一个显著的特点,那就是所要促进的那些社会主义核心价值已经直接融入了其名称中,因此可以很容易地被识别出来,如《海南自由贸易港法》、各地的《文明行为促进条例》等。这些立法带有强烈的价值倾向,整部法律法规都服务于某一种特定的价值,并通常设专章加以规定。根据北大法宝数据统计,在我国现行有效的法律规范中,社会主义核心价值观直接融入的情况如下(见表2-1)。

表2-1　社会主义核心价值观直接融入法律规范情况

单位:部

效力位阶	融入价值													
	社会主义核心价值观	富强	民主	文明	和谐	自由	平等	公正	法治	爱国	敬业	诚信	友善	合计
法律	0	0	0	0	0	1	0	0	0	0	0	0	0	1
重大事项决定	0	0	0	0	0	4	0	0	2	0	0	0	0	6
行政法规	0	0	0	0	0	0	0	0	0	1	0	0	0	1
部门规章	0	0	0	5	0	14	0	0	0	0	0	0	0	19
中央立法合计	0	0	0	5	0	19	0	0	2	1	0	0	0	27
省级地方性法规	0	0	19	23	0	50	0	0	45	22	0	0	0	159
设区市地方性法规	0	0	6	216	0	3	0	0	5	30	0	0	0	260
经济特区法规	0	0	0	10	2	4	2	0	1	1	0	0	0	20
自治条例、单行条例	0	0	0	3	0	0	0	0	0	0	0	0	0	3
地方规章	0	0	6	29	0	40	0	0	1	24	0	0	0	100
地方立法合计	0	0	31	281	2	97	2	0	52	77	0	0	0	542
总计	0	0	31	286	2	116	2	0	54	78	0	0	0	569

资料来源:北大法宝法律法规数据库,最后检索时间:2022年8月14日。

数据显示，在社会主义核心价值观直接融入现行有效的法律规范中，中央立法共计 27 部，其中部门规章最多，达到 19 部；然后是重大事项决定，共有 6 个；最少的是法律和行政法规，仅各有 1 部（见图 2－1）。

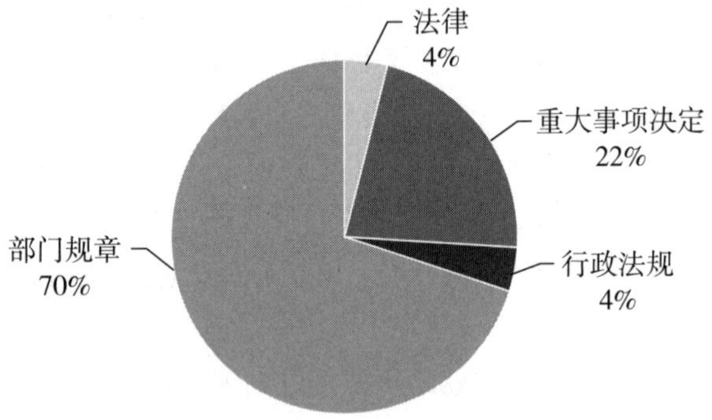

图 2－1　社会主义核心价值观直接融入中央立法情况

资料来源：北大法宝法律法规数据库，https://www.pkulaw.com/，最后访问时间：2022 年 8 月 14 日。

直接融入的地方立法共计 542 部，其中最多的是设区的市的地方性法规，达到 260 部；然后是省级地方性法规和地方规章，分别有 159 部和 100 部；经济特区法规和自治条例、单行条例最少，分别仅有 20 部和 3 部（见图 2－2）。

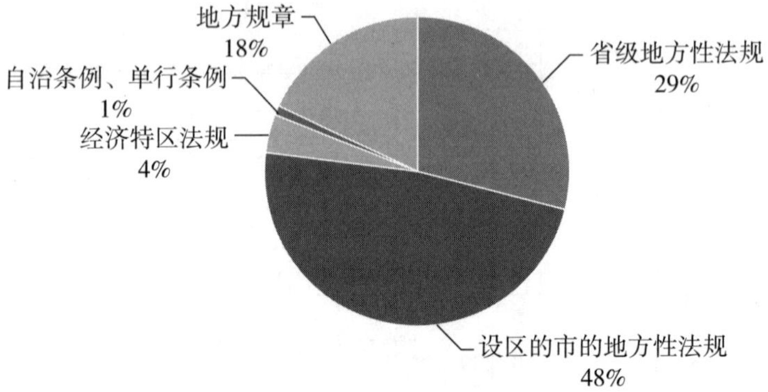

图 2－2　社会主义核心价值观直接融入地方立法情况

资料来源：北大法宝法律法规数据库，https://www.pkulaw.com/，最后访问时间：2022 年 8 月 14 日。

从社会主义核心价值观中各种价值的融入情况来看，目前，文明、自由、爱国、法治、民主等价值已经有较多直接融入法律规范的立法例（见图 2－3）。可以看出，在直接融入中央立法层面，以自由价值的相关立法例最多，达到 19 个。

其后,依次是文明、法治、爱国价值的立法例,数量分别是5、2和1。而在直接融入地方立法层面,则是文明价值的相关立法例最多,共281个。其后,依次是自由、爱国、法治价值的立法例,数量分别是97、77、52。和谐与平等价值的立法例各只有2个。

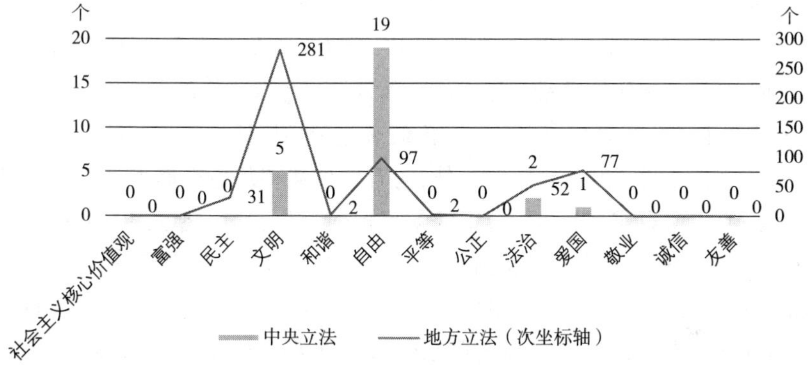

图2-3　社会主义核心价值观中各类价值直接融入法律规范情况

资料来源:北大法宝法律法规数据库,https://www. pkulaw. com/,最后访问时间:2022年8月14日。

总体来看,各类价值直接融入法律规范的具体情况差异很大。首先,在自由价值方面。2013年起,全国人大常委会和各地方人大陆续通过了自由贸易试验区相关决定和地方性法规。2021年6月颁布实施的《海南自由贸易港法》设专章分别规定贸易自由便利、投资自由便利。此后,海南省又密集出台了一系列涉及企业公平竞争、社会信用治理、科技开放创新、知识产权保护等针对自由贸易港的地方性法规,形成了一定规模的规范体系。其次,在法治价值方面,自1991年起,全国人大常委会每5年就会通过一个关于开展或加强法制宣传教育的决议,2016年后其中的"法制"改为了"法治",相应的各地也有关于法治宣传教育的决议或条例加以规定。2018年中央印发的《社会主义核心价值观融入法治建设立法修法规划》中提出,要加强法治文化建设,推进法治宣传教育立法,下一步可能制定的"法治宣传教育法"也属此类。

相对而言,民主、文明等价值直接融入法律规范的效力位阶就低一些,以地方性法规为主。比较典型的是,全国各地都出台了相当数量的《企业民主管理条例》《文明行为促进条例》《爱国卫生条例》。以其中数量最为庞大的《文明行为促进条例》为例,目前已经有11个省、100多个设区的市进行了相关的地方立法,[150]

〔150〕 北大法宝法律法规数据库,https://www. pkulaw. com/,最后访问时间:2022年8月14日。

一般都对具体的文明行为规范作专章规定,并辅以激励与惩戒措施。2018年的《社会主义核心价值观融入法治建设立法修法规划》提出要探索制定公民文明行为促进方面法律制度,引导和推动全民树立文明观念,养成良好行为习惯,提升社会文明程度,预计下一步制定的相应法律也属此类。除了上述核心价值外,值得特别注意的是,平等与和谐价值直接融入法律规范也各有一个地方性法规的立法例,它们分别是《深圳经济特区和谐劳动关系促进条例》和《深圳经济特区性别平等促进条例》,这种立法方式是值得加以借鉴推广的。

(2)产生了一些对社会主义核心价值观起到间接促进作用的相关立法。除了社会主义核心价值观的直接融入外,还有一些法律规范虽然不是专门针对社会主义核心价值观或其基本内容中的某类价值,但是其所规范的事项对促进弘扬、培育或践行社会主义核心价值观起到了积极作用。一般而言,社会主义核心价值观或其基本内容中的部分价值融入了这类法律规范的立法目的、法的原则或法律规则之中。具体而言,这种间接融入又分为融入“社会主义核心价值观”的完整概念与融入社会主义核心价值观基本内容中的部分价值两种。根据北大法宝数据统计,在我国现行有效的法律规范中,社会主义核心价值观间接融入的情况如下(见表2-2)。

表2-2 社会主义核心价值观间接融入法律规范情况

单位:部

效力位阶	融入价值													
	社会主义核心价值观	富强	民主	文明	和谐	自由	平等	公正	法治	爱国	敬业	诚信	友善	合计
法律	28	9	70	74	27	79	92	107	33	29	2	36	0	586
重大事项决定	3	4	30	10	6	13	1	9	23	7	0	3	0	109
行政法规	9	0	31	48	9	41	41	66	7	11	3	31	0	297
部门规章	35	2	275	327	33	218	273	918	94	63	25	234	2	2499
中央立法合计	75	15	406	459	75	351	407	1100	157	110	30	304	2	3491
省级地方性法规	367	52	1198	1599	621	804	964	1177	736	366	32	763	17	8696
设区市地方性法规	405	2	634	1835	433	196	397	569	548	317	94	636	92	6158
经济特区法规	18	0	43	106	50	55	63	79	40	14	3	79	3	553
自治条例、单行条例	88	9	248	391	241	237	297	95	153	195	21	63	16	2054
地方规章	187	5	758	1413	237	512	660	1405	480	234	19	595	4	6509
地方立法合计	1065	68	2881	5344	1582	1804	2381	3325	1957	1126	169	2136	132	23,970
总计	1140	83	3287	5803	1657	2155	2788	4425	2114	1236	199	2440	134	27,461

资料来源:北大法宝法律法规数据库,最后检索时间:2022年8月14日。

数据显示，社会主义核心价值观在现行有效的法律规范中间接融入的数量明显高于直接融入。中央立法共计3491部，其中部门规章最多，达到2499部；其后，依次是法律586部、行政法规297部，重大事项决定109个（见图2-4）。

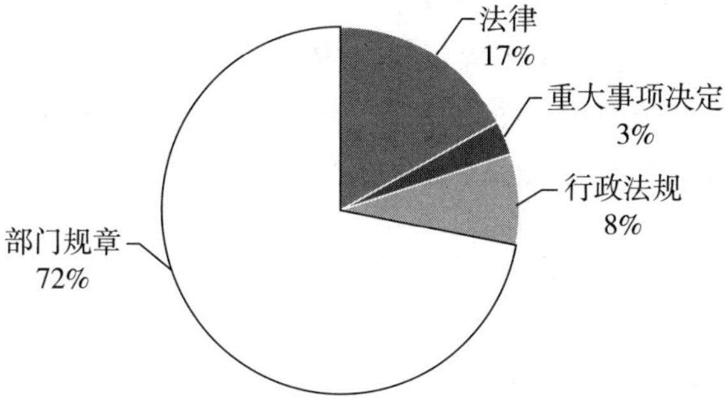

图2-4　社会主义核心价值观间接融入中央立法情况

资料来源：北大法宝法律法规数据库，https://www.pkulaw.com/，最后访问时间：2022年8月14日。

间接融入的地方立法共计23,970部，其中最多的是省级地方性法规，达到8696部；其次是地方规章和设区的市的地方性法规，分别有6509部和6158部；自治条例、单行条例和经济特区法规最少，分别有2054部和553部（见图2-5）。

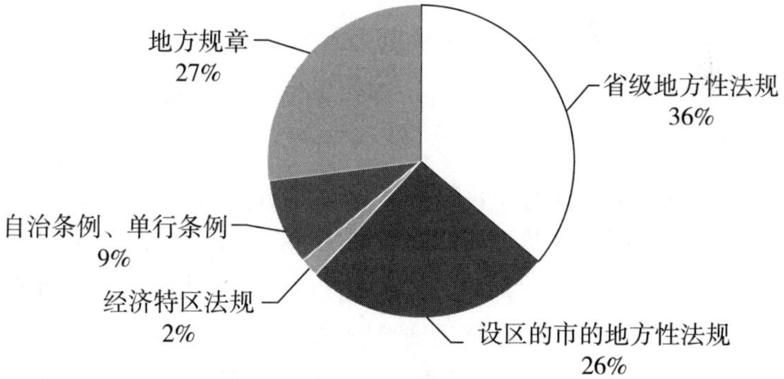

图2-5　社会主义核心价值观间接融入地方立法情况

资料来源：北大法宝法律法规数据库，https://www.pkulaw.com/，最后访问时间：2022年8月14日。

从社会主义核心价值观完整概念及其基本内容中各种价值的融入情况来看，目前，社会主义核心价值观完整概念的间接融入共有75个中央立法例和1065个地方立法例。此外社会主义核心价值观基本内容中的各种价值的间接融入情况也不尽相同（见图2-6）。在间接融入中央立法层面，公正价值的相关立法例最多,达到1100个。其后,依次是文明价值459个、平等价值407个、民主价值406个、自由价值351个、诚信价值304个、法治价值157个、爱国价值110个,和谐、敬业、富强、友善价值的相关立法例则均不足100个。而在间接融入地方立法层面,则是文明价值的相关立法例最多,共5344个。其后,依次是公正价值3325个、民主价值2881个、平等价值2381个、诚信价值2136个、法治价值1957个、自由价值1804个、和谐价值1582个、爱国价值1126个,敬业、友善、富强价值则均不足200例,数量差距明显。

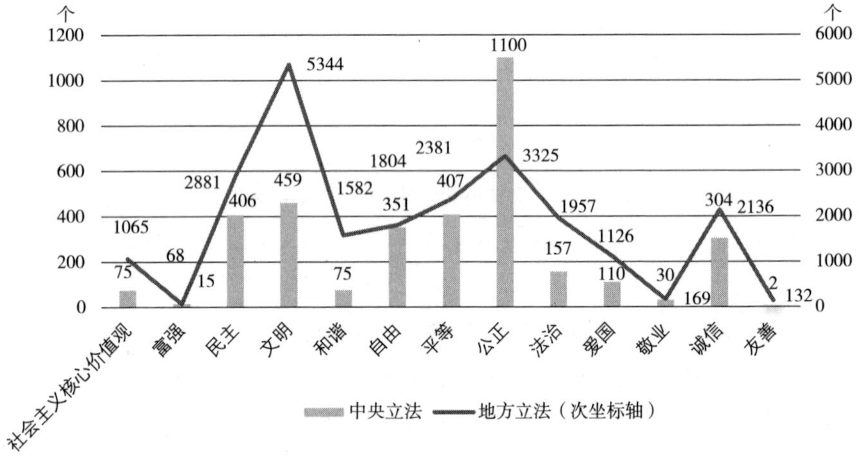

图2-6 社会主义核心价值观中各类价值间接融入法律规范情况

资料来源:北大法宝法律法规数据库,https://www.pkulaw.com/,最后访问时间:2022年8月14日。

具体来看,在社会主义核心价值观完整概念的间接融入方面。首先,作为统摄整部法律的立法目的,表达为"弘扬"或"培育和践行"社会主义核心价值观的要求,一般位于该法总则中的第1条,如《电影产业促进法》《公共文化服务保障法》《国歌法》《英雄烈士保护法》《民法典》《国徽法》《国旗法》等都将社会主义核心价值观作为立法目的之一。其次,作为政策性条款,表达为国家"鼓励"或"倡导"社会主义核心价值观。例如,《慈善法》、《网络安全法》、2018年《宪法修正案》都将社会主义核心价值观作为统摄整部法律的政策性原则。又如,《广告法》《国家安全法》《电影产业促进法》《档案法》分别将社会主义核心价值观作为公益广告宣传、意识形态阵地、重大题材电影创作、馆藏利用开发等某一方面工作的政策导向。最后,作为具体的行为规范,表达为"应当"按照社会主义核心价值观行事。例如,《公务员法》和《退役军人保障法》对公务员和退役军人带头践行社会主义核心价值观的要求。一种如《公共图书馆法》对公共图书馆的要求,以及《未成年人保护法》和《预防未成年人犯罪法》对国家、社会、学校和家庭的要求;另一种虽无明确义务主体,但针对某类业务,如《教育法》《公共文化服务保障法》分别对教育和公共文化服务业务的要求。行政法规、地方性法规与法律中的情况类似,不再赘述。

在社会主义核心价值观基本内容的间接融入方面。上述已经直接融入法律规范的文明、自由、爱国、法治、民主价值,其间接融入的情况也相对较好。富强、和谐、平等、公正、敬业、诚信、友善等价值在间接融入方面还呈现出以下几种不同的情况。一是某些价值,如富强价值更多地融入中央立法,而地方立法仅作为辅助,一般表现为中央立法的实施办法。例如,地方立法中的富强价值基本只出现在各地为配合全国人大常委会《关于实行宪法宣誓制度的决定》而制定的《实施宪法宣誓制度办法》中。值得注意的是,较有特色的立法例是《湖北省构建促进中部地区崛起重要战略支点条例》和《湖北省全面深化改革促进条例》,结合本地实际对富强价值予以推动。二是某些价值,如敬业、友善价值的间接融入,基本只涉及地方立法。例如,敬业价值仅在《退役军人保障法》和《医师法》中出现,但地方性法规中则涉及教师、会计、警辅人员、邮政人员、个体工商户等多个群体。又如,完全没有间接融入中央立法的友善价值,在地方立法中,还能够通过民族团结进步、物业管理、校园欺凌预防和治理、艾滋病防治等具体条例加以体现。其余的一些核心价值,如公正、平等、诚信、和谐等价值的间接融入则既涉及中央立法又涉及地方立法,已有数量十分庞大的立法例了。

(3)社会主义核心价值观还通过制度性方式分散地融入其他相关立法中。一些法律规范的名称、立法目的、法的原则和法律规则中虽然并未写明社会主义核心价值观,但是通过具体的制度体现了社会主义核心价值观或其基本内容中的部分价值。最典型的例子莫过于《民法典》中关于紧急救助免责的条款等。但是由于这些制度性融入呈现分散状态,无法进行数量统计,而只能在实践中加以甄别。目前,司法实践中已经开始总结相关经验。2015 年起,最高人民法院先后印发了《关于在人民法院工作中培育和践行社会主义核心价值观的若干意见》《关于在司法解释中全面贯彻社会主义核心价值观的工作规划(2018—2023)》《关于深入推进社会主义核心价值观融入裁判文书释法说理的指导意见》,并分别于 2016 年 3 月、8 月和 2020 年 5 月各发布了 10 起关于弘扬社会主义核心价值观的典型案例。根据上述文件,目前总结出来的这些社会主义核心价值观制度性融入的规定主要涉及以下几个方面:在国家层面的价值目标中,主要涉及有关国家利益和重大公共利益以及环境保护方面的法律规范;在社会层面的价值准则中,主要涉及民族宗教事务、弱势群体和特殊群体保护、见义勇为以及社会公德和公序良俗方面的法律规范;在个人层面的价值取向中,主要涉及革命英烈和当代英烈保护、诚实守信、友善互助以及中华孝道和家庭美德方面的法律规范。

总而言之,当前社会主义核心价值观已经融入不同效力位阶、不同领域、不同地域的法律规范。这些立法例虽然呈现出较为丰富多样的融入形态,但数量上还是以间接融入为主,而价值取向最为鲜明的直接融入与针对性、可操作性最强的制度性融入仍然较少。这一方面固然与某些核心价值本身的特性有关,但另一方面也说明在目前的立法实践中对此仍然存在认识上或是技术上的困难。

2. 社会主义核心价值观融入法律规范的形成过程

任何社会现实都不是凭空产生的,而是都有其历史脉络。同理,社会主义核心价值观融入法律规范也经历了一个逐步深化的过程,其现状是在漫长的历史进程中逐步形成的。如前所述,从逻辑上看,社会主义核心价值观融入法律规范有多种方式,一方面可以融入"社会主义核心价值观"的完整概念;另一方面也可以融入其基本内容"富强、民主、文明、和谐、自由、平等、公正、法治、爱国、敬业、诚信、友善"中的一部分价值。因此,虽然"社会主义核心价值观"完整融入法律规范是 2012 年党的十八大正式提出社会主义核心价值观以后的事情,但其基本内容中部分价值的融入则是从中华人民共和国成立以来就开始的。以载明"社会主义核心价值观"及其基本内容的法律为例进行统计(见表 2 - 3),[151] 可知在党的十一届三中全会召开的 1978 年和党的十八大召开的 2012 年这两个时间节点前后,社会主义核心价值观融入法律规范的内容与形式出现了较为明显的差异:1949 年至 1978 年间制定的法律文本中只出现了民主、自由、平等、爱国和富强的表述,在 1979 年至 2012 年间新增了公正、文明、和谐、法治、诚信和敬业的表述,而"社会主义核心价值观"的完整表述则在 2013 年后才出现。[152]

---

[151] 以北大法宝法律法规数据库为来源,以"社会主义核心价值观""富强""民主""文明""和谐""自由""平等""公正""法治""爱国""敬业""诚信""友善"之一为关键词,以 2021 年 8 月 20 日为最后检索时间,去除标题包含"关于修订""关于修改""关于修正""修正案""废止"的数据。此处的法律包括全国人大及其常委会、中华人民共和国成立前夕的全国政协、"五四宪法"颁布之前的中央政府委员会所制定的法律。

[152] 考虑到"爱国"、"诚信"与"公正"分别有近义词"爱祖国"、"诚实信用"和"公平正义",分别重新进行检索发现:法律中最早出现"爱祖国"表述的是 1949 年制定的《共同纲领》;最早出现"诚实信用"表述的是 1986 年制定的《民法通则》;最早出现"公平正义"表述的是 2018 年制定的《法院组织法》和《检察院组织法》,因此对结论没有影响。

表 2-3　文本中出现社会主义核心价值观及其基本内容的立法数量

单位:部

时间段	社会主义核心价值观	富强	民主	文明	和谐	自由	平等	公正	法治	爱国	敬业	诚信	友善
1949—1978 年	0	2	29	0	0	17	12	0	0	8	0	0	0
1979—2012 年	0	4	93	71	13	112	131	113	6	39	2	7	0
2013 年至今	27	3	47	71	16	62	76	94	20	24	1	32	0
总计	27	9	169	142	29	191	219	207	26	71	3	39	0

资料来源:北大法宝法律法规数据库,最后检索时间:2021 年 8 月 20 日。

以此为线索,可以将中华人民共和国成立以来社会主义核心价值观融入法律规范的历史较为清晰地划分为中华人民共和国的探索起步(1949—1978 年)、新时期的深化拓展(1979—2012 年)和新时代的发展完善(2013 年至今)三个主要阶段,它们在融入的价值目标、制度载体与具体内涵方面都有着明显的差异。

(1)从价值目标的选择上看,各个历史时期的法律规范不同的价值目标是由社会主要矛盾的转化所决定的。毛泽东曾指出:“在复杂的事物的发展过程中,有许多的矛盾存在,其中必有一种是主要的矛盾”“捉住了这个主要矛盾,一切问题就迎刃而解了”。[153] 中华人民共和国的成立标志着新民主主义革命已基本胜利。从此,近代中国半殖民地半封建社会的矛盾转化为人民大众同帝国主义、封建主义和国民党残余势力之间的矛盾。1949 年 9 月,中国人民政治协商会议第一届全体会议通过的《中国人民政治协商会议共同纲领》(以下简称《共同纲领》)第 1 条就提出:“中华人民共和国……为中国的独立、民主、和平、统一和富强而奋斗。”虽然这部“临时宪法”主要体现着反帝、反封建的新民主主义价值目标,但其中确立的民主、自由、平等、爱国、富强等目标为改革开放前的立法奠定了价值基调。1952 年,随着国民党反动残余势力被消灭以及土地改革完成,我国进入社会主义改造时期,国内的主要矛盾转化为无产阶级和资产阶级之间的矛盾。1954 年 9 月,全国人民代表大会第一次会议全票通过了中华人民共和国的第一部宪法——“五四宪法”。这部社会主义性质的宪法进一步确认了《共同纲领》中所提出的民主、自由、平等价值。1956 年,社会主义改造基本完成后,党的八大对当时的社会主要矛盾作出了正确判断,指出:“我们国内的主要矛盾,已经是人民对于建立先进的工业国的要求同落后的农业国的现实之间的矛盾,已经是人民对于经济文化迅速发展的需要同当前经济文化不能满足人民

[153] 毛泽东:《矛盾论》,载《毛泽东选集》(第 1 卷),人民出版社 1991 年版,第 320、322 页。

需要的状况之间的矛盾。”但后来一段时期，由于没有能够继续坚持这个正确判断，当时的社会主义建设包括法治建设遭遇严重挫折。1975 年 1 月，四届全国人大一次会议通过的“七五宪法”将“五四宪法”中的“人民民主专政”改为“无产阶级专政”并删除了“公民在法律上一律平等”的表述，直至 1978 年才得到纠正和恢复。总结正反两方面的经验，可以发现这一时期宪法和法律的制定和修改中对民主、自由、平等、爱国、富强等价值的确认和坚持，正是回应中华人民共和国成立以来一系列社会主要矛盾转化的产物。

党的十一届三中全会开启了改革开放历史新时期，全会对党的八大进行了继承和发展，作出把全党工作重点转移到社会主义现代化建设上来的战略决策，重新强调了民主与平等价值，决定在党的生活和国家政治生活中加强民主，强调民主和集中的辩证统一关系，使民主制度化、法律化，同时提出要保证人民在自己的法律面前人人平等，不允许任何人有超于法律之上的特权，这些提法为改革开放初期的立法提供了明确的价值导向。1979 年，邓小平在党的理论工作务虚会上指出：“我们的生产力发展水平很低，远远不能满足人民和国家的需要，这就是我们目前时期的主要矛盾，解决这个主要矛盾就是我们的中心任务。”[154] 1979 年 6 月至 7 月，五届全国人大二次会议通过一系列体现党的十一届三中全会关于民主、平等价值主张的法律，如恢复国家正常政治活动的国家机构组织法、吸取“文化大革命”教训、保障人权的刑事立法、为吸引外资发展经济而制定的《中外合资经营企业法》等。1981 年 6 月，党的十一届六中全会通过的《关于建国以来党的若干历史问题的决议》肯定了党的十一届三中全会以来确立的正确道路，指出：“在社会主义改造基本完成以后，我国所要解决的主要矛盾，是人民日益增长的物质文化需要同落后的社会生产之间的矛盾。”为了反映改革开放为中国社会生活面貌带来的巨大变化，1982 年 12 月，五届全国人大五次会议通过了我国现行宪法，即“八二宪法”。这部宪法除了恢复“五四宪法”中的人民民主专政和公民在法律面前一律平等外，还提出了要加强精神文明建设。此后的 30 多年间，社会主义商品经济、市场经济的发展使宪法的修改以及刑法、民商法、行政法、经济法、社会法等的制定和修改中既巩固了民主、平等、自由等原有价值，又纳入了公正、文明、和谐、法治、诚信、敬业等新的价值，及时回应了改革开放所带来的新问题、新挑战。

党的十八大以来，中国特色社会主义进入新时代。党的十九大报告指出：“我国社会主要矛盾已经转化为人民日益增长的美好生活需要和不平衡不充分

---

[154] 邓小平：《坚持四项基本原则》，载《邓小平文选》（第 2 卷），人民出版社 1994 年版，第 182 页。

的发展之间的矛盾。”改革开放使我国社会生产力总体上显著提高，摆脱了落后的局面，但出现了发展不平衡、不充分的新情况。而同步发展起来的人民美好生活需要，则不仅包括对物质生活和文化生活的要求，还包括民主、法治、公平、正义、安全、环境等方面的更多新要求。这些广泛的价值目标在党的十八大报告中凝练为“社会主义核心价值观”。社会主义核心价值观的基本内容确定以来，党和国家制定了一系列弘扬社会主义核心价值观的政策。它们深刻影响了立法实践，最明显的变化就在于一些法律文本中不再只是体现社会主义核心价值观基本内容中的某些价值，而是直接融入了“社会主义核心价值观”的综合概念。这种变化不仅体现在《宪法》的修改和《民法典》的编纂中，还体现在国家安全、思想文化、生态环境等各个重点领域立法当中。除了在法律文本中直接写入“社会主义核心价值观”外，其他一系列法律的制定和修改中也对公正、平等、文明、自由、民主、诚信、爱国等部分价值作了进一步的继承和发展。2015 年 1 月，习近平总书记在中共中央政治局第二十次集体学习时强调：“面对复杂形势和繁重任务，首先要有全局观，对各种矛盾做到心中有数，同时又要优先解决主要矛盾和矛盾的主要方面，以此带动其他矛盾的解决。”[155] 党的十八大以来，党和国家着眼于社会主要矛盾转化，围绕一系列长期想解决而没有解决的问题，推动社会主义核心价值观入法入规，建立了许多培育和践行社会主义核心价值观的法律制度，不断回应着新时代所提出的新要求、新期待。

(2)从制度载体变化上看，社会主义核心价值观融入我国法律规范的过程同时也是中国特色社会主义法律体系不断发展完善的过程。“不论是英国、法国、美国，或者是苏联，都是在革命成功有了民主事实之后，颁布一个根本大法，去承认它，这就是宪法。”[156] 宪法也当然地成为中华人民共和国成立初期新政权彰显价值追求的最重要法律载体。1949 年至 1978 年，除《共同纲领》外，中华人民共和国先后制定了 3 部宪法性法律文件，其中“五四宪法”继承了《共同纲领》中的民主、自由等价值理念并进一步发扬平等精神，但“七五宪法”和“七八宪法”却削弱了民主和平等价值。党的十一届三中全会后，“八二宪法”使宪法中所承载的民主、平等、文明等价值基本得到恢复和定型。其后的更新主要采用“宪法修正案”的形式，如 1993 年、1999 年和 2018 年修正时分别加入的富强、法治价值与“社会主义核心价值观”的综合概念。宪法的制定和修改带动了各类宪法相关法的发展，中央人民政府、检察院、法院以及地方国家机关等一系列国

---

[155] 《坚持运用辩证唯物主义世界观方法论提高解决我国改革发展基本问题本领》，载《人民日报》2015 年 1 月 25 日，第 1 版。

[156] 毛泽东：《新民主主义的宪政》，载《毛泽东选集》（第 2 卷），人民出版社 1991 年版，第 735 页。

家机构组织法的制定和修改对宪法所承载的民主、平等价值作了具体规定。除此之外,《全国人民代表大会和地方各级人民代表大会选举法》《立法法》《民族区域自治法》《香港特别行政区基本法》等一系列针对专门领域和专门地域的宪法相关法也体现了民主、法治、平等、自由等不同价值。特别值得注意的是,2015年起制定和修改的《国家安全法》《国歌法》《国徽法》《国旗法》文本中都直接出现了"社会主义核心价值观"的表述。可以说,随着中华人民共和国的成立而产生并与时俱进的宪法及宪法相关法为社会主义核心价值观融入其他法律规范奠定了制度根基。

1978 年 12 月,邓小平在中央工作会议闭幕会上讲话时指出:"现在的问题是法律很不完备,很多法律还没有制定出来……应该集中力量制定刑法、民法、诉讼法和其他各种必要的法律。"[157] 改革开放后,各个部门法的制定和修改得到了重点关注。首先,在"文化大革命"中遭受侵害的公民基本权利和自由需要重新得到保障。1979 年制定的《刑法》及其 1997 年的修订使刑事立法中的民主、自由、平等价值取向基本得到确立。其次,社会主义商品经济的发展催生了调整平等主体间法律关系的需要,民事立法获得空前发展。1986 年制定的《民法通则》,以及继承、收养、担保、合同、物权等民事单行立法在各领域的具体规定中都体现了民法最核心的平等价值。2017 年制定的《民法总则》采用提取"公因式"的方法确认了平等、自由、诚信等价值,同时写入了"社会主义核心价值观"的综合概念。2020 年制定的《民法典》对上述民事单行法和《民法总则》中的价值作了较为完整的继承和发展。私法的发展离不开一系列公法的支撑。1996年起制定的行政处罚、复议和许可相关立法确立了行政法的平等与公正价值。此外,1979 年起制定的刑事诉讼、民事诉讼以及行政诉讼立法无一例外都将公正作为最主要的价值进行关注。除了上述这些传统的部门法外,商事立法、经济立法和社会立法等一系列新兴的部门法也承载着各自领域所重视的价值追求。总体而言,各部门法的不断发展完善使中国特色社会主义法律体系如期形成,社会主义核心价值观基本内容中的绝大部分价值都有了较为可靠的法律载体。

习近平总书记指出,"转变经济发展方式,扩大社会主义民主,推进行政体制改革,保障和改善民生,加强和创新社会管理,保护生态环境,都会对立法提出新的要求。"[158] 党的十八大以来,社会主义核心价值观融入法律规范的方式逐渐从部门法转向重点领域的立法当中。这些重点领域立法不仅十分注重直接在法

---

[157] 邓小平:《解放思想,实事求是,团结一致向前看》,载《邓小平文选》(第 2 卷),人民出版社 1994 年版,第 146 页。

[158] 习近平:《论坚持全面依法治国》,中央文献出版社 2020 年版,第 19 页。

律文本中体现“社会主义核心价值观”的综合概念，还各有侧重。例如，2015 年制定的《国家安全法》《反恐怖主义法》、2016 年的《网络安全法》、2020 年的《生物安全法》等国家安全领域立法表达了保护自由民主、坚持平等法治、促进文明和谐的价值目标。又如，2013 年《旅游法》、2015 年《广告法》《反家庭暴力法》、2016 年《公共文化服务保障法》、2017 年《公共图书馆法》等社会文化领域立法集中体现了提高全社会文明素质的价值追求。再如，在 2014 年修订的《环境保护法》、2016 年修订的《野生动物保护法》、2018 年修正的《环境影响评价法》、2018 年公布的《土壤污染防治法》等环境保护领域的立法中，突出了运用诚信体系推进生态文明、促进人与自然和谐的价值理念。在这些重点领域立法中加入“社会主义核心价值观”的综合概念并突出其在各自领域内的独特价值，对于将社会主义核心价值观全面融入法律规范起到了以点带面的重要作用。

(3)从具体内涵表达上看，不同时期法律制度中核心价值的具体内涵回应着不同时代的主要关切。恩格斯曾指出，每一时代的理论思维，以及我们时代的理论思维，都是一种历史的产物，在不同的时代具有完全不同的形式，并因而具有完全不同的内容。[159] 在社会主义核心价值观融入法律规范的历史进程中，其所表达的具体内涵也概莫能外。

首先，民主、平等、自由等一些基石性价值的具体内涵得以逐步确认和深化。作为区别于旧的法律秩序的首要价值追求，民主、平等和自由在新政权的法律中最先得以确认。[160] 它们在法律中分别表达为民主的国体和政体、[161] 公民的各种基本权利和自由以及男女平等、民族平等与国家间的平等。改革开放后，保障民主权利的具体制度安排逐渐完善，法律中的民主价值表现为国家权力机关的民主选举、各类组织的民主管理、决策和监督等。商品经济和市场经济的发展使自由价值更加重视保障生产要素自由流动，而社会主义法制的发展则使平等价值逐渐从民族、性别等身份属性转向了制度属性，表现为诉讼程序、民商事活动中的平等。此外，社会保障的需求使自由与平等价值开始关注妇女、老年人、未

[159] [德]恩格斯：《〈反杜林论〉旧序。论辩证法》，载《马克思恩格斯全集》(第 20 卷)，中共中央马克思恩格斯列宁斯大林著作编译局译，人民出版社 1971 年版，第 382 页。

[160] “富强”“爱国”等价值也早在中华人民共和国成立后就出现在法律文本中，但前者出现的次数较少，而后者则内涵较为单一且整体的表达形式也没有太大的变化。不过一个需要关注的特例是 2018 年《宪法修正案》中增加了“致力于中华民族伟大复兴的爱国者”这一表述。

[161] 毛泽东曾指出：“国体——各革命阶级联合专政。政体——民主集中制。这就是新民主主义的政治，这就是新民主主义的共和国。”参见毛泽东：《新民主主义论》，载《毛泽东选集》(第 2 卷)，人民出版社 1991 年版，第 677 页。但值得注意的是，1954 年的《检察院组织法》《法院组织法》《全国人大组织法》中还尚未将这民主集中制的原则写入法律文本，前两者在 1979 年修改、最后者直至 2021 年修改才写入这项原则。

成年人、残疾人和精神病人等群体。中国特色社会主义法律体系形成后,特别是进入新时代以来,民主、自由与平等价值在法律中的表达形式已较为定型但依然与时俱进,表现为更加成熟的基层民主选举、管理和监督制度,移动互联等新技术的发展带来的网络民主和数据自由流动,以及公共服务均等化;等等。

其次,公正、文明、诚信、法治、和谐等一批新的价值的具体内涵不断得到承认和拓展。[162] 改革开放的实践为法律带来了新的价值目标,并呈现出不同的表达方式。党的十一届三中全会后,社会主义法制的发展提出了制度公正的命题,法律中的公正价值从个人品质转向行政和审判等公权力领域,而社会组织多元化和复杂化发展带来的权力泛化,又使公正的要求进一步渗透到考核评价、评估鉴定、分配社会资源、解决非诉讼争议以及新闻宣传报道等各种具有社会权力的领域。党的十一届四中全会提出社会主义精神文明建设后,法律中的文明价值开始从物质文明、精神文明向政治文明、社会文明和生态文明方面不断扩展,并从指向国家机关工作人员的文明执法逐步转向社会生活中的各种行为和各种关系。1986 年的《民法通则》写入诚实信用原则后,诚信价值转化为一项民商事活动的法律原则、一项法定义务、一种资信状况,并随着经济社会发展走向制度化的诚信体系建设。党的十五大提出建设社会主义法治国家后,法治价值进入宪法,成为一系列法律的立法目的,并在中国特色社会主义法律体系建成后更加注重法治宣传教育、增强全民法治观念、推进法治社会建设。党的十六届四中全会提出建设社会主义和谐社会后,和谐价值进入法律文本,此后又进一步延伸至劳动关系、人与自然关系、民族关系、家庭关系、医患关系等具体领域。

最后,党的十八大后,社会主义核心价值观基本内容中的各种价值升华为统一的综合概念,融入法律的各个领域,并表现为国家文化安全、公益广告宣传、教育立德树人、鼓励慈善活动、支持电影创制、文明网络行为、公共文化服务、公共图书馆发展、英雄事迹精神、退役军人义务、馆藏开发利用、未成年人引导、乡村繁荣振兴等具体内涵,以更为多样的方式在法律文本中出现。

3. 社会主义核心价值观融入法律规范的最新举措

自中华人民共和国成立以来,社会主义核心价值观基本内容中的绝大部分价值已在不同时间、通过不同方式写入法律制度当中,为进一步推动社会主义核心价值观入法做好了充分准备。党的十八大以来,以习近平同志为核心的党中央坚持依法治国与以德治国相结合,高度重视培育和践行社会主义核心价值观,取得了以下几项进展,这些进展预示着社会主义核心价值观融入法律规范的未

---

[162] “敬业”也是改革开放后才进入法律文本的价值,但其出现的次数也很少,不做专门讨论。

来发展趋势。

(1)政策导向更加明确。“党的政策是国家法律的先导和指引,是立法的依据和执法司法的重要指导。”[163]作为典型的政策法律化(lawmaking from policy),完善弘扬社会主义核心价值观的法律规范,不仅涉及法律规范本身,更关系其政策依据。党的十八大以来,党和国家推动社会主义核心价值观入法的政策导向越来越明确,表现为三个标志性成果。

一是在党的政策层面确立了法治建设对于培育和践行社会主义核心价值观的重要意义。2012年,党的十八大报告正式确定社会主义核心价值观的基本内容后,2013年12月,中共中央办公厅印发了《关于培育和践行社会主义核心价值观的意见》,提出要把培育和践行社会主义核心价值观融入国民教育全过程、落实到经济发展实践和社会治理中、加强宣传教育和开展涵养社会主义核心价值观的实践活动,并指出:“法律法规是推广社会主流价值的重要保证”,要把社会主义核心价值观“贯彻到依法治国、依法执政、依法行政实践中,落实到立法、执法、司法、普法和依法治理各个方面”,用法律的权威来增强人们培育和践行社会主义核心价值观的自觉性。针对法律规范,该意见还特别提出要注重把社会主义核心价值观相关要求“上升为具体法律规定,充分发挥法律的规范、引导、保障、促进作用”,形成有利于培育和践行社会主义核心价值观的良好法治环境。这标志着中国共产党已经意识到法治建设对于培育和践行社会主义核心价值观的重要作用,并将社会主义核心价值观的相关要求融入法律法规作为一项重点工作来抓。

二是社会主义核心价值观入法从党的政策转化为国家政策。2014年,《中共中央关于全面推进依法治国若干重大问题的决定》将弘扬社会主义核心价值观作为依法治国和以德治国相结合的重要举措,提出要“坚持一手抓法治、一手抓德治,大力弘扬社会主义核心价值观”。2016年12月,中共中央办公厅、国务院办公厅联合印发《关于进一步把社会主义核心价值观融入法治建设的指导意见》,进一步提出社会主义核心价值观融入法治建设的四个具体方面,即推动社会主义核心价值观入法入规、强化社会治理的价值导向、用司法公正引领社会公正、弘扬社会主义法治精神。在法律规范方面,特别强调“坚持立改废释并举,积极推进相关领域立法”,强化维护公平正义、加强诚信建设、保障改善民生、提高文明素质、加强网络治理、保护生态环境等领域的重点立法工作。这标志着党和国家进一步深化了对于社会主义核心价值观与法治建设关系的认识,并提出

---

[163] 习近平:《论坚持全面依法治国》,中央文献出版社2020年版,第43页。

了推动社会主义核心价值观入法的主要目标。

三是制定了社会主义核心价值观融入法律规范的立法具体安排和配套制度。2018 年 5 月,中共中央印发《社会主义核心价值观融入法治建设立法修法规划》,以完善社会主义市场经济法律制度、推进社会主义民主政治法治化、建立健全文化法律制度、加快完善民生法律制度、建立严格严密的生态文明法律制度、加强道德领域突出问题专项立法为主要任务,提出"力争经过 5 到 10 年时间,推动社会主义核心价值观全面融入中国特色社会主义法律体系"。2019 年 10 月,党的十九届四中全会进一步强调,要"完善弘扬社会主义核心价值观的法律政策体系"。2021 年 9 月,中央宣传部、中央政法委、全国人大常委会办公厅、司法部印发《关于建立社会主义核心价值观入法入规协调机制的意见(试行)》,对社会主义核心价值观入法入规协调机制作了具体规定,成立社会主义核心价值观入法入规协调机构、明确审查范围与审查工作程序。这些举措标志着完善弘扬社会主义核心价值观的法律规范被提到了一个全新的高度,并进入系统性立法修法的实质性阶段。

(2)重点立法稳步推进。党的十八大以来,社会主义核心价值观入法的明确政策指引为相关法律的立改废释奠定了扎实的政策基础。

"宪法集中体现了党和人民的统一意志和共同愿望,是国家意志的最高表现形式",[164]将社会主义核心价值观写入居于统帅地位的宪法,是社会主义核心价值观融入中国特色社会主义法律体系的根本要求。2018 年 1 月,党的十九届二中全会审议通过中共中央《关于修改宪法部分内容的建议》,提出在《宪法》第 24 条第 2 款中加入"国家倡导社会主义核心价值观"的内容。2018 年 3 月,十三届全国人大一次会议《关于〈中华人民共和国宪法修正案(草案)〉的说明》指出,"社会主义核心价值观是当代中国精神的集中体现,凝结着全体人民共同的价值追求",并增加倡导社会主义核心价值观的内容,"贯彻了党的十九大精神,有利于在全社会树立和践行社会主义核心价值观,巩固全党全国各族人民团结奋斗的共同思想道德基础"。十三届全国人大一次会议第三次全体会议经投票表决通过了《宪法修正案》,将党的这一主张上升为国家意志。由此,社会主义核心价值观进入中国特色社会主义法律体系的最高效力位阶,为其进一步融入法治建设提供了根本法律依据。

习近平总书记指出:"民法典在中国特色社会主义法律体系中具有重要地

---

[164] 习近平:《论坚持全面依法治国》,中央文献出版社 2020 年版,第 198 页。

位，是一部固根本、稳预期、利长远的基础性法律。”[165]在被誉为“社会生活的百科全书”的民法典中体现社会主义核心价值观，对建设社会主义法治国家、发展社会主义市场经济、依法维护人民权益、推动国家治理体系和治理能力现代化等方面都具有重要意义。2017 年 3 月，十二届全国人大五次会议表决通过了《民法总则》，将弘扬社会主义核心价值观写入立法目的，为后来《民法典》的编纂工作奠定了基础。2020 年 5 月，十三届全国人大三次会议上作出的《关于〈中华人民共和国民法典（草案）〉的说明》指出，做好民法典编纂工作，必须“坚持依法治国与以德治国相结合，注重将核心价值观融入民事法律规范，大力弘扬传统美德和社会公德，强化规则意识，倡导契约精神，维护公序良俗”。该会议表决通过《民法典》，不仅继续将弘扬社会主义核心价值观作为一项重要的立法目的，而且在维护公序良俗、鼓励善行义举、保护弱势群体等各个方面有许多具体的细化规定，为未来社会主义核心价值观融入其他部门法的修改和编纂工作提供了参考和借鉴。

党的十八大以来，除了修改《宪法》和编纂《民法典》外，适时制定《国家安全法》《英雄烈士保护法》等补短板、填空白的法律，与及时修改《广告法》《教育法》等不适应改革要求的法律中都体现了社会主义核心价值观的相关要求。在这些重要领域法律规范的立法目的、国家政策、事业发展、行为准则等方面的规定中融入社会主义核心价值观，对于把道德要求贯彻到法治建设的各个方面起到了积极的作用。

（3）配套制度日趋完备。作为一套完整的规范体系，调整人们行为的不只有法律本身，还包括其他各种类型的规范。党的十八大以来，社会主义核心价值观进一步融入了次级立法和政府规范性文件[166]以及各类社会规范中。

中国特色社会主义法律体系不仅包含作为统帅的宪法和作为主干的法律，行政法规、地方性法规也是其重要组成部分。截至 2022 年 8 月 14 日，共有 9 部行政法规、367 部省级地方性法规、405 部设区的市地方性法规、88 部单行条例和自治条例、18 部经济特区法规的文本中写入了“社会主义核心价值观”。[167]其中，行政法规涉及志愿服务、宗教事务、国家科学技术奖励、民办教育促进以及

---

〔165〕 习近平：《论坚持全面依法治国》，中央文献出版社 2020 年版，第 278 页。

〔166〕 指除国务院的行政法规、决定、命令以及部门规章和地方政府规章外，由行政机关或者经法律、法规授权的具有管理公共事务职能的组织（以下统称行政机关）依照法定权限、程序制定并公开发布，涉及公民、法人和其他组织权利义务，具有普遍约束力，在一定期限内反复适用的公文。

〔167〕 国家法律法规数据库，https://flk.npc.gov.cn/，最后访问时间：2022 年 8 月 14 日。

行政法规和规章制定程序等各个领域,当中最重要的莫过于2017年修订的《行政法规制定程序条例》和《规章制定程序条例》,它们分别规定了行政法规的起草和规章的审查要符合社会主义核心价值观的要求,为社会主义核心价值观全面融入行政立法做好了铺垫。在地方性法规方面,从地域上看,广东、江苏、山东、云南等省的社会主义核心价值观相关立法走在了全国前列,其中广东的省级地方性法规、江苏和山东的设区的市地方性法规以及云南的自治条例、单行条例发展较为突出。从效力位阶上看,省级地方性法规的起步时间较早,有关立法数量增长已趋于平缓,但省级立法实践已经对设区的市地方性法规和自治条例、单行条例的制定和修改产生了较好的示范作用,相关立法数量目前仍保持较快增长。

政策性立法的特殊性使弘扬社会主义核心价值观的法律规范天然地依赖政府实施,而政府规章和行政规范性文件则是相关法律的重要配套规定。在政府规章方面,截至目前共有35部国务院部门规章、187部地方政府规章写入了"社会主义核心价值观"。[168] 除了政府规章,制发行政规范性文件也是行政机关依法履行管理职能的重要方式和手段,它们直接关系人民群众切身利益,事关政府形象。党中央、国务院高度重视行政规范性文件的制定和监督管理工作,2015年12月,中共中央、国务院印发的《法治政府建设实施纲要(2015－2020年)》以培育和践行社会主义核心价值观为指导思想之一,对行政规范性文件的监督管理和建立清理长效机制提出明确要求。2018年5月,国务院办公厅印发《关于加强行政规范性文件制定和监督管理工作的通知》提出起草行政规范性文件,要对其是否符合社会主义核心价值观等方面进行把关。近年来,各地区、各部门不断加强行政规范性文件的制定和监督管理工作,将社会主义核心价值观的要求融入行政规范性文件。据不完全统计,截至2022年8月14日,已有80多个国务院规范性文件、420多个国务院部门规范性文件和6200多个地方规范性文件写入了社会主义核心价值观的相关内容。[169]

各类社会规范有效调节人们在共同生产生活中的关系和行为,是国家法的重要补充。2014年2月,习近平总书记在中央政治局第十三次集体学习时强调,要按照社会主义核心价值观的基本要求,健全各行各业规章制度,完善市民公约、乡规民约、学生守则等行为准则,使社会主义核心价值观成为人们日常工

---

〔168〕 国家法律法规数据库,https://flk.npc.gov.cn/,最后访问时间:2022年8月14日。

〔169〕 国家法律法规数据库,https://flk.npc.gov.cn/,最后访问时间:2022年8月14日。

作生活的基本遵循。[170] 习近平总书记的重要讲话在社会各界引起热烈反响,各地区、各部门开始引导在社会规范中融入社会主义核心价值观。例如,2014 年 3 月,中共云南省委办公厅印发《关于培育和践行社会主义核心价值观的实施意见》,要求全省各个行业、社会各个方面要结合各自职能,按照社会主义核心价值观的基本要求,健全社会规范。又如,2018 年 4 月,民政部印发《关于在社会组织章程增加党的建设和社会主义核心价值观有关内容的通知》,要求各地民政部门在社会组织登记管理工作中,应及时要求社会组织在章程中增加社会主义核心价值观有关内容等。在各地区、各部门的有力推动下,社会主义核心价值观融入各类社会规范成效显著,如铜陵市 2014 年制定的新版《市民公约》、佛山各村居 2015 年制定的《村规民约》、教育部 2015 年修订的《中小学生守则》、中华全国律师协会 2018 年修订的《中华全国律师协会章程》等一系列社会规范纷纷融入社会主义核心价值观的相关要求。2019 年 10 月,中共中央、国务院印发《新时代公民道德建设实施纲要》再次强调:“要按照社会主义核心价值观的基本要求,健全各行各业规章制度,修订完善市民公约、乡规民约、学生守则等行为准则,突出体现自身特点的道德规范,更好发挥规范、调节、评价人们言行举止的作用。”可以预见,未来社会主义核心价值观将进一步融入各种社会规范,对社会生活起到潜移默化的影响。

(二)社会主义核心价值观融入法律规范的问题

社会主义核心价值观融入法律规范的理论与现状梳理展现了完善弘扬社会主义核心价值观法律规范体系的理想与现实之间还存在一定的差距。2016 年 12 月,中共中央办公厅、国务院办公厅印发《关于进一步把社会主义核心价值观融入法治建设的指导意见》指出,“有的法规和政策价值导向不鲜明,针对性、可操作性不强,保障不够有力”。因此,我们有必要进一步从理论层面对上述现实中出现的问题加以审视。

1. 社会主义核心价值观融入法律规范的价值导向不够鲜明

当前的立法实践中,许多地方尚不能自觉、有效地将社会主义核心价值观作为法律法规制定和修改的价值追求,使社会主义核心价值对这些法律规范的导向作用不够鲜明。产生这种现象的原因有以下三种。一是某些法律规范并不符合社会主义核心价值观的要求。虽然法律的目的性使其总是要体现某种价值

---

[170] 《把培育和弘扬社会主义核心价值观作为凝魂聚气强基固本的基础工程》,载《人民日报》2014 年 2 月 26 日,第 1 版。

观,但是现代社会的价值目标呈现多元化特征,这就导致一些法律法规的价值目标并不符合社会主义核心价值观的要求。二是一些法律规范中的价值冲突模糊了其价值导向。社会主义核心价值观中包含十二种核心价值,而法律规范可能同时蕴含其中几种不同的核心价值,这些价值如果相互冲突,则将从整体上模糊法律规范的价值导向。三是如果不能将社会主义核心价值予以法律化表达就会削弱其价值导向。通过法律规范促进某些价值就意味着要采用法律特有的方式,如果仅仅在法律文本中载明某些价值而非将其转化为法律上的权利义务关系,那么这些难以实现的价值就不能对实践加以有效指导。由此,提升社会主义核心价值观对法律规范的价值导向作用就需要注意以下三个问题。

(1)法律规范中价值目标的来源问题。法律规范中的价值目标又被称为法的价值。所谓价值,是一种主体与客体之间的关系,指客体对主体要求的满足。法的价值是法律对于人的要求之满足,并因此具有以下几个特点。首先,法的价值具有社会性。每个人都有着自己的价值追求,但法所指向的是社会共同的而非私人生活的价值,其追求的是一种社会价值。其次,法的价值具有共识性。不同个体的价值追求之间既有共同性也有差异性,但一个社会只能允许一套法律规范存在,因此法的价值必须是公认的共同价值。最后,法的价值具有实践性。社会共同价值中有一些指向的是理论层面,但法律总是指向某种行动的,因此法的价值只能是一种实践的价值。

法的价值是法律规范对主体要求的满足,而社会主义核心价值观的主体是人民,因此我国法的价值是指法律规范对于人民群众要求的满足。从主体上看,价值是主体提出的要求,因而法律规范中的核心价值是人民群众而不是其他主体所提出的要求,这在价值多元的现代社会中需要加以准确识别。从客体上看,由于价值是客体对主体要求的满足,法律规范中的核心价值的实现方式是通过法律法规而不是其他客体,这就限定了价值实现的手段。从关系上看,价值是主体与客体之间的一种关系,故法律规范中的核心价值是人民群众的要求与法律规范之间的一种要求与满足的关系,这就需要协调二者以实现平衡。

由此,我们就把握了法律规范中核心价值的来源。它源于人民群众与法律规范之间的一种社会性、共识性与实践性的要求与满足关系,既不是十二种社会主义核心价值在法律中的套用,也不是简单动用法律手段来实现包括个体的、自我的、理论的价值在内的一切价值。落实到立法层面,就需要一套切实可行的标准来对融入法律规范的价值进行检验。以友善价值为例,首先,所选取的价值必须是在社会实践中真实产生的。例如,市场经济发展带来的陌生人社会客观上导致了人情冷漠的现象,而改善这种状况是具有实际意义的。其次,这些客观存在的价值必须通过社会共同价值倾向表达出来。例如,“彭宇案”和“小悦悦事件”引发了社会舆论的强烈反应,促进相关法律规定的修改。最后,这种改善有利于保障人民群众的合法权益。例如,《民法典》中增加关于紧急救助免责的“好人条款”有利于保护善行义举,打消见义勇为者的后顾之忧,切实增进了社会福利。

(2)法律规范中价值目标的体系化问题。通过前述的检验标准,我们可以得到一批需要融入法律规范的具体价值目标,但是它们尚不能无差别地在法律法规中随意安放,而需要通过分类、整合形成一个完整的价值体系。从理论上看,法的价值至少可以划分为目的价值(外在价值)与形式价值(内在价值)两种。一方面,完善弘扬社会主义核心价值观的法律规范,其最终目的是要将各种核心价值融入法律规范,使其成为法所追求的价值目标,即要使十二种核心价值成为法的目的价值。另一方面,采用法治方式推动社会主义核心价值观的弘扬、培育和践行就意味着必须符合法本身的价值,如富勒的法律内在道德八项要求〔171〕和拉兹的形式法治八项原则,〔172〕即法的形式价值。值得一提的是,法的目的价值与形式价值之间并不是完全无涉的,因为形式价值不仅与目的价值具有共同的根源,而且会影响目的价值的实现。例如,社会主义核心价值观中的法治价值就既是一种目的价值,又是一种形式价值。

由于法律规范需要承载多种核心价值,其中不同的目的价值之间、形式价值之间,以及目的与形式价值之间都会产生相互关系,这些相互关系存在几种不同情形。首先,不同核心价值之间可能是无涉的,法对某(几)种价值的促进不会影响其对其他价值的实现。其次,核心价值之间也有可能是协同的,法对某(几)种价值的促进会同时带动其他价值的实现。最后,也是最需要注意的是,不同核心价值之间可能产生的冲突,即法对某(几)种价值的促进会削弱其他价值。这种冲突可以表现为国家、社会和个人三个不同层次的目的价值之间的冲突;也可以表现为同一层次内部不同目的价值之间的冲突;还可以表现为法的目的价值与形式价值之间的冲突;等等。

由于在法律规范中存在核心价值之间的这些相互关系,需要在立法过程中

---

〔171〕 即法律的一般性、颁布、不溯及既往、明确性、不矛盾性、可遵守性、安定性、官方行为与公布规则的一致性。参见[美]富勒:《法律的道德性》,郑戈译,商务印书馆2005年版,第50页。

〔172〕 拉兹将其更加抽象地概括为两组,即“法律应当符合规定的标准以便能有效的指引行为”以及“确保执法设施不应通过歪曲执法来剥夺法律本身指引行为的能力,它们应当有能力监督服从法治并且当出现违法情况时提供有效的矫正。”参见[英]约瑟夫·拉兹:《法律的权威:法律与道德论文集》,朱峰译,法律出版社2005年版,第187-190页。

按照一定的步骤予以整合。第一,最基本的方法是统筹兼顾。如果需融入法律规范的不同价值之间是无涉或协同的关系,则在立法过程中,应当尽可能对这些价值予以全面照顾,防止有所遗漏。第二,如果需融入法律规范的不同价值之间是冲突关系,则在立法过程中就需要针对具体事项进行位阶排序,确定价值之间的优先顺位。第三,采用价值位阶对冲突的价值进行排序之时,必须遵循比例原则,即为了实现一种优先价值而对另一种后顺位价值的削弱不得超过必要的限度。

(3)法律规范中价值目标的表达问题。在对社会主义核心价值进行分类、整合并实现体系化后,就面临如何使用法律方法加以表达的问题。当前我国法律规范中社会主义核心价值观的表达在微观和宏观两个层面存在不同问题。

从法律条款的微观层面上看,主要的问题是宣示性条款多于操作性条款,具体包括以下三个方面:一是融入立法目的多于融入具体规定。在立法实践中,许多地方对于社会主义核心价值观入法入规要求的理解仅仅停留在将弘扬、培育和践行社会主义核心价值观写入其立法目的,而不是写入具体的法律规定中。二是融入法的原则多于融入法律规则。一些地方即使认识到除了在立法目的中写入社会主义核心价值观外还应当配有相应的具体规定,但是这些规定中较为模糊的原则性规定仍然多于更加明确的法律规则。三是价值载明多于制度安排。许多地方的立法即使认识到应当通过具体的法律规则来弘扬社会主义核心价值观,也只是生硬地将弘扬、培育或践行社会主义核心价值观作为一项义务,而非通过法律权利义务的安排将其转化为具体的制度。

从整部法律的宏观层面上看,主要的问题是间接融入多于直接融入。例如,我国尚未制定一部如"社会主义核心价值观促进法"这样专门规定弘扬、培育和践行社会主义核心价值观的统一立法。类似《海南自由贸易港法》这样一部法律直接促进社会主义核心价值观中某种特定核心价值的法律数量极少,虽然地方法中有较多的《企业民主管理条例》《文明行为促进条例》《爱国卫生条例》《社会信用条例》等,但是其效力位阶较低,类型也尚不丰富。

因此,在法律规范中的社会主义核心价值观的表达上要注意做好以下两个方面的工作:一方面,要处理好宣示性条款与操作性条款之间的关系,其中宣示性条款更加适用于高位阶、"大部头"的法律,如《宪法》《民法典》就比较适合将社会主义核心价值观融入其立法目的,但是在低位阶、细分领域的立法中还是更加适合通过操作性条款,特别是法律规则来体现社会主义核心价值观的具体要求。另一方面,要处理好直接融入与间接融入的关系。针对社会直接关注的焦点价值比较适合采用直接融入的方式,即以一部完整的法律法规来加以调整。

例如,《深圳经济特区性别平等促进条例》和《深圳经济特区和谐劳动关系促进条例》就是较好的例子。而针对从社会现象中反映出的一些价值问题,就可以通过调整具体的社会现象加以促进。例如,各地的《多元化解纠纷条例》等就是通过化解纠纷来间接促进和谐价值。

2. 社会主义核心价值观融入法律规范制度安排的可操作性不强

我国《立法法》(2023)第 7 条第 2 款规定:“法律规范应当明确、具体,具有针对性和可执行性。”但以间接融入和宣示性条款为主的融入不仅使弘扬社会主义核心价值观的法律规范存在价值导向不鲜明的问题,还会削弱其针对性和可操作性。一是有的法律规范的问题意识不强。在一些地方立法中,存在没有根据当地的实际问题,照搬照抄上位法或兄弟单位制定的条款,不能解决当地急需解决的问题。二是有的法律规范手段与目的不匹配。一些法律法规虽然旨在弘扬社会主义核心价值观,但所规定的手段难以达成规制目标。三是有的法律实现机制不足。许多立法中仍然仅仅是将社会主义核心价值观写入立法目的、法的原则,而不是附带一些具体的行为规范,导致法律规范可操作性差。要克服这些困难,在法律制度的安排上就需要着重考虑以下三个问题。

(1)社会主义核心价值观融入法律规范的目的问题。社会主义核心价值观融入法律规范的问题意识源于清晰的立法目的。目的是指其有待实现的目标和结果,包含与核心价值观相关的意识、行为与品格三个方面,而这三个方面又可分别再细分为个体、群体与组织三个层面。[173]

首先是在意识方面弘扬社会主义核心价值观。所谓弘扬是指推崇与发扬,即要求广大干部群众认同社会主义核心价值观。人的意识活动由低级到高级分为不同的层次:最基础的是单纯的心理活动,即个体从内心认可社会主义核心价值观及其相关要求,但这种心理活动较为模糊,如油然而生的正义感、爱国情等。群体在心理活动的基础上可以进一步产生更为高级的观念。例如,关于何为公平、何为自由的看法,这种关于社会主义核心价值观的观念更为明确且可以言说、分享并为他人所知晓;当组织在观念的基础上进一步反思,就可以采用社会主义核心价值观对外在世界予以评价,作出何者符合或不符合社会主义核心价值观的判断。

其次是在行为方面践行社会主义核心价值观。所谓践行是指实践力行,即要求将社会主义核心价值观运用于日常生活中。人的实践活动也包括几个不同

---

〔173〕 关于社会群体与社会组织的区别,参见郑杭生主编:《社会学概论新修》(第 5 版),中国人民大学出版社 2019 年版,第 218 – 219 页。

的层次:处于最低层次的是个体的行为,即个人遵循社会主义核心价值观的要求行事,这种行为一般是私下的、偶发的,如个人的见义勇为行为;更高一个层次的是群体的行动,即某一特定群体共同基于社会主义核心价值观而产生的一致行动,这种行动发生在一群人之中但依然是较为简单的、临时的,如为了阻断疫情传播自发佩戴口罩;处于最高层次的是有组织的实施,即通过规划安排、分工配合的集体行动来实现社会主义核心价值观的要求。

最后是在品格方面培育社会主义核心价值观。所谓培育是指培养使之发育,对社会主义核心价值观的认同与运用是一种可以培养的品性,其包括三个层次:一是个体习性的养成,社会主义核心价值观可以通过家庭和学校的教育从年幼时期就加以熏陶,使之成为一种习惯,养成品性;二是群体风俗习惯的培养,在群体交往中,社会主义核心价值观可以成为习俗的组成部分,逐渐形成一种崇德向善的社会风气;三是组织规范的形成,因循先例与遵纪守法被认为是正当的,当社会主义核心价值观成为一个社会中的惯例和纪律,其中的所有人均可直接参照行事。

(2)社会主义核心价值观融入法律规范的手段问题。社会主义核心价值观融入法律规范的手段是指其实现目的的途径、办法。在确定社会主义核心价值观融入法律规范的任务目标后,就需要进一步考虑法律规范的制度安排。弘扬、培育和践行社会主义核心价值观的三个目标分别需要运用法律规范的三种不同特点。首先,弘扬社会主义核心价值观依赖法律的权威性,所针对的是意识问题,涵盖有关社会主义核心价值观的个体信念、群体观念与组织评价。运用法律的权威性时,应当注重具体的弘扬机制是否能够为守法者提供足以引导其内心认同的合理理由。其次,践行社会主义核心价值观依赖法律的强制性,所针对的是行为问题,涉及有关社会主义核心价值观的个体行为、群体行动与组织实施。运用法律的强制性时,应当注重限定使用条件,在设定权利义务时注重维护公民的基本权利与自由。最后,培育社会主义核心价值观依赖法律的建构性,所针对的是品格问题,关乎个体习惯、群体习俗、组织规范。运用法律的建构性时,应当采用多元化手段来营造引人向善的良好制度环境。

法律的不同特征分别对应弘扬、培育和践行三个独立目标,但社会现象是复杂的,人的意识、行为与品格往往交织在一起,因此不同的手段之间有时需要进行搭配。首先,不同的手段可以单独使用,即分别针对意识、行为与品格选用弘扬、践行和培育中较为适合的手段。其次,不同手段也可以组合运用。当同一个需要调整的社会现象涉及两个以上的方面时,就可以综合运用弘扬、践行和培育中的部分或全部手段来加以调整。例如,要促进文明行为,就不仅需要禁止一些不文明行为，还需要提倡文明的行为并辅以配套措施。最后，不同手段也可以前后相序的运用。价值观无论其意识实践还是养成都具有时间性，品格的培育先于意识又先于行为，因此某些核心价值可能需要随着时间的推移采用先培育、再弘扬、最后践行的分步方式。

当然，无论是选择某种单一的手段还是将这些手段组合使用，都需要遵循一定的标准。立法者需要对社会主义核心价值观融入法律规范的必要性、有效性和可行性加以论证。从必要性上看，立法者应当思考与其所面对的社会主义核心价值观相关的社会现象是否是必须调整的，必须调整的，是否一定要采用法律手段来进行；必须采用法律手段的，是否要达到特定的强度。从有效性上看，立法者应当思考当前的手段是否足以实现促进社会主义核心价值观的目的，足以实现目的的，是否可以在较长的一定时期内发挥作用；可以发挥长远作用的，是否可复制、可推广。从可行性上看，立法者应当思考以这种手段来促进社会主义核心价值观是否可操作，具有可操作性的，是否有其效率能够达到足够的经济性；达到足够的经济性的，是否可以实现社会福利的最大化。

(3)社会主义核心价值观融入法律规范的实现机制问题。社会主义核心价值观融入法律规范的手段需要具体的实现机制将针对性和可操作性落到实处，在法律规范的草拟中有以下三个方面的机制尤其需要重点关注。

一是宣告与声明机制。作为政策性立法，完善弘扬社会主义核心价值观的法律规范是具有很强目标指向性的立法活动，因此在法律规范的制定中就需要格外突出宣扬立法的目标。在法的规范结构中，法的名称、立法目的和法的原则都是表明立法目标的重要内容。法的名称是每一部法律的必备要件，当一部法律的立法目标完全是实现某项核心价值时，可以直接将其融入法的名称，如《文明行为促进条例》就将文明价值融入其名称中。立法目的具有层次性，如果一部法律虽然不完全为了促进某项核心价值，但是通过该法可以间接实现某种核心价值，就可以写入某一个层次的立法目的中，如《民法典》第1条将弘扬社会主义核心价值观放在立法目的的最后一个层次上。法的原则规定了整部法律所要坚持的准则，如果一些法的领域与社会主义核心价值观的关联较弱，但是在执法、司法过程中也应当符合某些核心价值的要求，就比较适合写入法的原则中，如《网络安全法》就将推动传播社会主义核心价值观作为一项政策性原则。

二是权利义务机制。社会主义核心价值观融入法律区别于融入其他规范的一大特征就是其具备了核心价值相关的法律权利与法律义务的具体规则。这些规则又分为权利、义务与(职权)职责的规定。权利是一种法律认可的请求权或豁免权,社会主义核心价值观融入法律归根结底是要依法保障人民权益,承认或赋予公民相关权益,有助于发挥其追求核心价值的主动性。此外,法律调整的是社会生活,法律的自由不是绝对的自由,义务的规定也是必不可少的,许多核心价值都需要主体履行一定的义务才能达成。社会主义核心价值观的实现也离不开包括政府在内的各种组织机构的推动,因此法律对一些相关的职权行为及其职责加以规定,以确保这些组织机构履行其弘扬、践行和培育社会主义核心价值观的职能。

三是保障机制。所谓"无救济则无权利",一套完善弘扬社会主义核心价值观的完整法律规范必然包含相应的保障机制。这些保障机制至少包括处罚机制、奖励机制以及一系列配套措施。对于严重违反社会主义核心价值观并对社会产生实质性危害的行为必须加以处罚,这些处罚机制可以《刑法》这样整部法律的面貌出现,也可零星分布于不同的法律法规当中。对于一些符合社会主义核心价值观的要求应当予以鼓励的行为,法律也可以设置相应的奖励机制,这些值得奖励的行为往往超过了对普通民众的基本要求,如见义勇为的奖励机制。除此之外,弘扬社会主义核心价值观的法律规范中还需要各种配套措施,如组织机构、人员安排、物资供应等人、财、物保障。

3. 社会主义核心价值观融入法律规范不够协调统一

影响社会主义核心价值观相关法律法规保障力度的因素有很多,这不仅关乎法治保障体系的完善程度,也关乎其法律规范本身的问题。如果法自身无法做到协调统一,那么无论怎样有力的保障都难以使法律规范发挥其真正的作用,反而会导致意想不到的结果,甚至是有害的反作用。一是一些社会主义核心价值观融入法律规范违反了维护法制统一的相关规定,导致了下位法对上位法的抵触。二是一些促进社会主义核心价值观的相关法律制度内部衔接不顺畅,出现了横向冲突。三是一些法律规范与其他社会规范之间不能相互协调。因此,社会主义核心价值观相关法律规范的协调统一需要关注以下三个问题。

(1)社会主义核心价值观相关法律规范的一致性问题。党中央提出将社会主义核心价值观融入法治建设的要求以来,产生了大量将社会主义核心价值观融入法律规范的立法修法需求。然而,中国特色社会主义法律体系业已形成,新的法律制定和修改行为往往牵一发而动全身。因此,社会主义核心价值观融入法律规范体系时就需要十分注意维护相关法律规范体系的一致性,具体而言包括以下三个方面。

一是社会主义核心价值观融入某部法律规范时其内部的一致性。将社会主义核心价值观融入某一部特定的法律法规时,可能会与这些法律规范的原有规定之间产生冲突,这往往出现在大量修改既有法律规范的情况下,如果新增的规定对原有的法律规范产生全局性影响,则要确保所有可能产生冲突的部分都加以修改,做到应修尽修。

二是社会主义核心价值观相关法律法规之间的一致性。当社会主义核心价值观融入法律法规的数量达到一定规模后,这些相关的法律规范之间会根据其调整对象形成一组规范群。在确保每一部相关法律法规内部一致性的基础上,应当进一步保障这些法律规范群的和谐统一,使分布在不同法律法规之间的原则与实施细则、专门规定与补充规定之间形成有机整体,做到点面结合。

三是社会主义核心价值观相关法律规范与其他法律规范之间的一致性。由于一个辖域内的法律规范是整体发生作用的,许多法律规范虽然与弘扬社会主义核心价值观并无直接或间接的关系,但是也应当防止它们之间的相互冲突。在实现社会主义核心价值观相关法律规范之间的一致性的基础上,为防止损害法律的权威,有必要进一步审视这些法律法规与其他法律规范之间的和谐统一关系。

(2)遵守法制统一的主要制度安排问题。社会主义核心价值观相关法律规范的一致性要求并不仅仅停留于理论层面,其落实到制度层面就是要符合法制统一原则。所谓法制统一原则,在法律规范层面又称为不相抵触原则,具体包含三个子原则,即一切法律规范都不能与宪法相抵触;下位法不能与上位法相抵触;同位阶的法相互之间不能相互冲突。《宪法》(2018)第5条和《立法法》(2023)第5条都明确了法制统一原则,其中《立法法》中还具体规定了以下三项维护法制统一的制度安排。

一是规定了不同法律规范的制定权限。就法律的制定权限而言,《立法法》(2023)第10条规定了全国人大及其常委会行使国家立法权。就行政法规的制定权限而言,《立法法》(2023)第12条和第72条分别规定了国务院根据全国人大及其常委会的授权或根据宪法和法律制定行政法规。就地方性法规的制定权限而言,其又分为一般地方立法和特殊地方立法。《立法法》(2023)第80条和第81条规定了一般地方立法,即省级地方性法规和设区的市的地方性法规的制定权限,第84条和第85条分别规定了包括经济特区、浦东新区、海南自由贸易港、民族自治地方等特殊地方立法的制定权限。[174] 就规章的制定权限而言,《立

---

[174] 特别行政区立法也属于特殊地方立法的一种,但没有规定在《立法法》中,而是规定在特别行政区基本法中。

法法》(2023)第91条至第93条分别规定了国务院部门规章和地方政府规章的制定权限。

二是规定了不同法律规范的效力位阶。《立法法》(2023)第98条至第102条规定了不同法律规范的效力位阶。其中宪法具有最高的法律效力,一切法律、行政法规、地方性法规、自治条例和单行条例、规章都不得同宪法相抵触。法律的效力高于行政法规、地方性法规、规章。行政法规的效力高于地方性法规、规章。地方性法规的效力高于本级和下级地方政府规章。省、自治区的人民政府制定的规章的效力高于本行政区域内的设区的市、自治州的人民政府制定的规章。自治条例和单行条例依法对法律、行政法规、地方性法规作变通规定的,在本自治地方适用自治条例和单行条例的规定。经济特区法规根据授权对法律、行政法规、地方性法规作变通规定的,在本经济特区适用经济特区法规的规定。部门规章之间、部门规章与地方政府规章之间具有同等效力,在各自的权限范围内施行。

三是规定了立法监督制度。立法监督制度包括立法的批准制度、备案审查制度、改变撤销制度,以及立法裁决制度。就批准制度而言,《立法法》(2023)第81条和第85条分别规定了设区的市的地方性法规与自治条例和单行条例的批准要求。就备案制度而言,《立法法》(2023)第109条规定了行政法规、地方性法规、自治条例和单行条例、规章等的备案制度。就审查制度而言,除了批准和备案中的审查外,《立法法》(2023)第110—115条还规定各种主、被动审查制度。就改变与撤销制度而言,《立法法》(2023)第107条和第108条分别规定了改变和撤销法律、行政法规、地方性法规、自治条例和单行条例、规章等的情形与权限。就立法裁决制度而言,《立法法》(2023)第105条和第106条分别规定了涉及法律、行政法规、地方性法规和规章裁决的情形与主体。

(3)社会主义核心价值观融入法律规范的法制统一目标问题。社会主义核心价值观相关法律规范的一致性要求与法制统一原则为完善弘扬社会主义核心价值观的法律规范体系的法制统一提出了具体目标。

首先,要确保社会主义核心价值观融入法律规范的合宪性。《宪法》(2018)第24条第2款虽然明确提出"国家倡导社会主义核心价值观",为社会主义核心价值观入法入规提供了合宪性基础,但同样重要的是《宪法》中的其他很多内容也对相关立法或修法提出了许多限制。推动社会主义核心价值观的践行需要运用法律的强制性特征,但有些规定往往与宪法中的公民基本权利发生冲突。因此,在社会主义核心价值观融入法律规范时,需要全面考察其各种制度安排是否符合宪法的各项要求,不可任性立法。

其次，要实现不同社会主义核心价值观相关法律之间的有效衔接。社会主义核心价值观作为我国法治建设的灵魂，不会仅停留于某几部法律，而将贯穿所有部门和领域的法律规范当中。因此，相关立法或修法中必然出现大量的准用性规定，这就涉及不同部门法之间的衔接问题。例如，《英雄烈士保护法》第26条规定对侮辱诽谤英烈构成犯罪依法追究刑事责任[175]与《刑法》中第299条之一[176]侵害英雄烈士名誉、荣誉罪的衔接。又如，《民法典》第128条[177]关于弱势群体民事权利特别保护的规定与《未成年人保护法》《老年人权益保障法》《残疾人保障法》《妇女权益保障法》《消费者权益保护法》等相关法律规范的衔接等。

最后，要处理好社会主义核心价值观相关地方立法与中央立法之间的关系。在社会主义核心价值观相关立法或修法中，地方立法由于其先行先试与地方特色，往往走在法律的制定和修改之前。一方面，应当确保地方立法与上位法之间不抵触。在社会主义核心价值观融入法律的过程中，既要防止类似“祁连山事件”中的立法不合规行为，又要防止为了改革目的而突破上位法规定，相关地方立法应当遵守法律规范制定权限与立法监督制度安排。另一方面，应当及时对上位法进行调整。对于阻碍社会主义核心价值观融入法律规范的上位法确需调整的，应当及时修改；地方立法中已经成熟并具有可复制、可推广性的经验也应当及时上升为法律。

二、社会主义核心价值观融入立法过程的现状与问题

党的二十大报告强调，广泛弘扬社会主义核心价值观。我们在关注社会主义核心价值观融入法律规范文本的同时，更要着重描述立法过程中融入社会主义核心价值观的现状。在具体的立法过程中凸显社会主义核心价值观，从而实现社会主义核心价值观对立法过程的引领，切实推进立法过程的正当性。但与此伴随的是，在社会主义核心价值观融入立法过程中，也暴露出相关问题，这使现有的立法过程及相关制度存在一定的完备空间，需要我们给予足够重视。

---

〔175〕《英雄烈士保护法》第26条规定：“以侮辱、诽谤或者其他方式侵害英雄烈士的姓名、肖像、名誉、荣誉，损害社会公共利益的，依法承担民事责任；构成违反治安管理行为的，由公安机关依法给予治安管理处罚；构成犯罪的，依法追究刑事责任。”

〔176〕《刑法》第299条之一规定：“侮辱、诽谤或者以其他方式侵害英雄烈士的名誉、荣誉，损害社会公共利益，情节严重的，处三年以下有期徒刑、拘役、管制或者剥夺政治权利。”

〔177〕《民法典》第128条规定：“法律对未成年人、老年人、残疾人、妇女、消费者等的民事权利保护有特别规定的，依照其规定。”

（一）社会主义核心价值观融入立法过程的现状

从当下立法来看，社会主义核心价值观已经逐步、大量地融入具体的立法过程，体现出了立法者对社会主义核心价值观的价值内涵、对社会的积极作用的高度认同。而从整体上看，立法者在当下的立法过程中，高度重视对社会主义核心价值观的论证，且在融入过程中注重这种融入对立法应有的社会效用之促进。但与此同时，在社会主义核心价值观融入立法的过程中也暴露了一些不足，这些不足或多或少地减损了社会主义核心价值观融入立法过程的理性要求。因此，我们必须特别关注以下三个方面的问题。

1. 融入立法过程之规范体现

就规范依据而言，强调社会主义核心价值观融入立法修法过程的主要包括中央文件以及相关法律法规的规定：2018 年中共中央印发《社会主义核心价值观融入法治建设立法修法规划》，指出“坚持全面依法治国，坚持社会主义核心价值体系，着力把社会主义核心价值观融入法律法规的立改废释全过程，确保各项立法导向更加鲜明、要求更加明确、措施更加有力”。2021 年，中央宣传部、中央政法委、全国人大常委会办公厅、司法部印发《关于建立社会主义核心价值观入法入规协调机制的意见（试行）》，明确成立社会主义核心价值观入法入规协调机构，负责统筹协调社会主义核心价值观入法入规审查工作，并对社会主义核心价值观入法入规审查工作程序作出规范。《行政法规制定程序条例》（2017 修订）第 12 条第 1 项规定，起草行政法规，要求之一便是其要“弘扬社会主义核心价值观”；《规章制定程序条例》（2017 修订）第 19 条第 2 项规定，法制机构在审核规章送审稿时，审查内容之一就包括规章“是否符合社会主义核心价值观的要求”。

通过北大法宝网检索，先后输入“立法条例”和“社会主义核心价值观”两个字样，得出以下结果（见表 2－4）。

表 2－4　“社会主义核心价值观”字样在地方立法条例中的表述

序号	地方法规	定位	表述
1	《楚雄彝族自治州人民代表大会及其常务委员会立法条例》（2020 年 8 月 28 日公布）	第 3 条	体现社会主义核心价值观的要求
2	《迪庆藏族自治州人民代表大会及其常务委员会立法条例》（2020 年 8 月 11 日公布）	第 5 条	充分体现社会主义核心价值观要求

续表

序号	地方法规	定位	表述
3	《西双版纳傣族自治州人民代表大会及其常务委员会立法条例》(2020 年 8 月 10 日公布)	第 5 条	充分体现社会主义核心价值观要求
4	《甘肃省地方立法条例》(2020 年修订)	第 3 条第 4 项	坚持体现社会主义核心价值观
5	《怒江傈僳族自治州人民代表大会及其常务委员会立法条例》(2020 年 4 月 27 日公布)	第 5 条	充分体现社会主义核心价值观要求
6	《新疆维吾尔自治区人民代表大会及其常务委员会立法条例》(2019 年修正)	第 3 条第 1 款	融入社会主义核心价值观
7	《巴音郭楞蒙古自治州人民代表大会及其常务委员会立法条例》(2019 年 9 月 3 日公布)	第 3 条第 2 款	把社会主义核心价值观融入地方立法
8	《德宏傣族景颇族自治州人民代表大会及其常务委员会立法条例》(2019 年 5 月 1 日公布)	第 5 条	充分体现社会主义核心价值观要求
9	《汕头市立法条例》(2019 年修正)	第 3 条	弘扬社会主义核心价值观
10	《大理白族自治州人民代表大会及其常务委员会立法条例》(2019 年 4 月 25 日公布)	第 5 条	充分体现社会主义核心价值观
11	《红河哈尼族彝族自治州人民代表大会及其常务委员会立法条例》(2019 年 4 月 20 日公布)	第 5 条	充分体现社会主义核心价值观要求
12	《邢台市地方立法条例》(2019 年 3 月 29 日公布)	第 3 条第 1 款	推动社会主义核心价值观全面融入地方立法工作
13	《河北省地方立法条例》(2018 年修订)	第 3 条第 4 项	体现社会主义核心价值观
14	《克孜勒苏柯尔克孜自治州立法条例》(2018 年 6 月 15 日公布)	第 4 条	将社会主义核心价值观融入地方立法
15	《湖南省地方立法条例》(2018 年修正)	第 3 条第 1 款	体现社会主义核心价值观要求

资料来源:北大法宝法律法规数据库,最后检索时间:2022 年 12 月 3 日。

通过北大法宝网检索,先后输入“立法程序规定”和“社会主义核心价值观”字样,得出以下结果(见表 2－5)。

表 2-5 “社会主义核心价值观”字样在部门规章中的表述

序号	部门规章	定位	表述
1	《国家市场监督管理总局规章制定程序规定》(2022 年修改)	第 24 条第 2 项	是否符合社会主义核心价值观的要求
2	《国家广播电视总局立法工作规定》(2020 年 1 月 20 日公布)	第 3 条第 3 款	立法工作应当将社会主义核心价值观融入立法全过程

资料来源:北大法宝法律法规数据库,最后检索时间:2022 年 12 月 3 日。

通过上述梳理,可见,与社会主义核心价值观搭配的动词主要有:融入、体现、推动、符合等。“融入”强调的是不同事物的区别。因为只有不同的事物,才意味着相互“融合”并且“进入对方的语境”,且这些不同事物之间有联系,使这种“融合”具有可能性。“体现”意味着只存在一个事物,但从这个事物中能看到其他事物,其他事物是本体事物反映出的特性。“推动”强调了立法者的主体性,表明立法者主动推进社会主义核心价值观进入立法过程,因而侧重于说明立法者的价值取向,是主观色彩浓于客观色彩的词。“符合”侧重于确立一种客观标准,意味着将社会主义核心价值观作为立法过程必须要达到的标准。“符合”表现的是社会主义核心价值观的重要性,强调其是指引整个立法过程的准则。这些动词在不同语境下虽有区别,但最终的指向都是经由社会主义核心价值观融入相关的立法立规、审查等过程,并使其在法律规范体系中得到弘扬。

从时间维度看,2013 年中共中央办公厅印发《关于培育和践行社会主义核心价值观的意见》指出,“要把社会主义核心价值观……落实到立法、执法、司法、普法和依法治理各个方面”。2016 年中共中央办公厅、国务院办公厅印发《关于进一步把社会主义核心价值观融入法治建设的指导意见》指出,“把社会主义核心价值观融入法治国家、法治政府、法治社会建设全过程,融入科学立法、严格执法、公正司法、全民守法各环节”。2018 年中共中央印发《把社会主义核心价值观融入法治建设立法修法规划》强调,“把社会主义核心价值观融入立法体制,从源头上确保鲜明的价值导向”。作为规范立法活动的重要依据,将社会主义核心价值观写入立法条例和立法程序规定,这一行为本身即体现了社会主义核心价值观融入立法过程的要求。截至 2022 年 12 月,仅有 15 部地方立法条例、3 部部门规章中规定了“社会主义核心价值观”,规范文本远未达到全覆盖的要求。据统计,全国 31 个省(自治区、直辖市)面临同样的问题,仅甘肃、新疆、河北、湖南 4 个省、自治区的立法条例,以修正或修订的形式增加了地方立法融入社会主义核心价值观。社会主义核心价值观融入立法过程,无论是国家立法,还是地方立法,应然状态与实然状态之间还存在较大改善空间。

2. 融入立法过程之指导原则

原则问题是法律的纲领性问题。原则意味着在整个规范体系中的价值观和规范调整方向的确立。尽管原则相较于规则和概念这两个要素而言是抽象的，在概念上也是独立于“法律规则”和“法律概念”的，但规则和概念的形成与适用事实上不可能离开原则所确立的制度目标。换句话说，原则几乎在任何情形下都在制度实现方面有所体现。正如向来主张原则是法律重要组成部分的德沃金所说：“当我们说某一条原则是我们法律制度的原则时，它的全部含义是：在相关的情况下，官员们在考虑决定一种方向或另一种方向时，必须考虑这一原则。”[178]原则的方向性体现出立法者的理念。对于立法制度而言，它的原则体现在科学立法、民主立法和依法立法三个方面。无论是国家层面的立法还是地方立法，这三大原则都融入其间。科学、民主、依法立法原则，意味着立法过程中立法者的理念指向了这三个方面，社会主义核心价值观融入立法过程的时候，具体体现在这三个原则之中。

科学立法原则指导社会主义核心价值观融入立法过程时，应考虑对立法应有逻辑和修辞的尊重，并且立法过程应着眼于对国家、社会、公民的正当利益的考量。上述凯尔森对法律规范的看法从逻辑的角度来看也是成立的，即法律规范的构成要素之间是严丝合缝的、围绕特定价值理念整合起来的。现有的立法过程也强调所立之法本身在构成上合乎逻辑三大规律——同一律、排中律和不矛盾律，不同的立法之间也同样遵循这三大规律，即在整个立法思维过程中，对其中某个特定事项的规定保持同一性（同一律）；对某一规定的事项确定为假，那么对它的否定必定为真（排中律）；对某一规定的事项确定为真，那么对它的否定也必定为假（矛盾律）。在立法过程中注重对不同部分的逻辑关系的梳理，实现立法整体的合逻辑性。在设立新法、法律编纂、法律废止的过程中，也注重与其他立法之间的逻辑关系，避免出现违背逻辑规律的情形。对于立法修辞问题，立法者在立法过程中认真斟酌立法语句的表达，对于过于啰嗦的表达予以精简，注重立法语句的庄重性，注重对汉语语法、标点符号与字词的合理使用。就如考夫曼所言：“最好的法律文本是出色的文学作品，它们用精确合适的语词模塑出一种世界经验，并帮助我们通过同样精确得富有美学意义的语言模式，把人类的共同生活调控到有秩序的轨道上。”[179]对于立法实质性问题的制定过程，立

---

〔178〕［美］罗纳德·德沃金：《认真对待权利》，信春鹰、吴玉章译，中国大百科全书出版社1998年版，第45页。

〔179〕［德］阿图尔·考夫曼、［德］温弗里德·哈斯默尔主编：《当代法哲学和法律理论导论》，郑永流译，法律出版社2002年版，第293页。

法者也要努力通过立项、立法调研、立法评估等制度，确定立法所应回应的社会问题以及立法应如何具体地回应这些问题，结合中国特色社会主义建设的时代背景，将自由、秩序、正义等价值以及它们之间的衡量体现在立法的准备过程中，为后续的立法确立基础。

民主立法原则指导社会主义核心价值观融入立法过程，意味着对立法的多元主体之意见的尊重。这涉及程序自然法中的“意见表达”的要素（另一个要素是任何人不得做自己的法官），即所有的意见都要被听取。当然，前提在于现有的制度能够保障多元意见的表达。对现有立法过程而言，现有的立法制度从立法主体的广泛吸纳、立法公开、立法听证等程序的完善出发，将社会各主体的意见纳入立法过程，并且使各主体的意见在立法过程中都得到充分的考量。尽管在很多事项上，立法遵循的是“少数服从多数”的原则，但一方面，这一原则旨在形成最终的决断，毕竟不同意见的交锋在程序上不能无限制地拖沓下去；另一方面，“少数人”的看法并没有被忽视，因为“少数人”的意见被记录在案以备未来的法律修正，并且在遵循“少数服从多数”原则的时候，少数人的核心利益是被保护的。就如凯尔森所言：“多数表决的原则绝不等于多数的绝对支配、多数对少数的独裁。就其本身定义来说，多数表决就预定要有少数的存在；多数的权利因而也就意味着少数存在的权利。在一个民主国家中，只有在允许全体公民参与法律秩序的创造时，多数表决原则才算得到遵守。将任何少数排除在法律秩序创造之外，即使这种排除是由多数决定的，但也不是民主的，因为这违反了多数表决原则。总之，社会主义核心价值观融入立法过程反映的民主原则在于，其在现有立法过程中整合了民众的意见，贯彻了立法为民。”〔180〕

依法立法原则指导社会主义核心价值观融入立法过程，意味着法律规范的制定要关照上位法已经确定的立法内容和相应的立法制度对立法权限的要求。作为纯粹规范分析法学派的代表凯尔森的研究着眼点在于“法律规范及其要素和相互关系、作为一个整体的法律秩序及其结构、不同法律秩序之间的关系”〔181〕。对于立法过程的合法性而言也是如此，我们的立法过程要预设法律规范之间要相互契合而不能有违背之处。凯尔森把“基础规范”看作所有法律规范的前提，认为基础规范“之所以有效是因为它是被预定为有效的；而它之所以被预定为有效力的，是因为如果没有这一预定，个人的行为就无法被解释为一个

〔180〕［德］阿图尔·考夫曼、［德］温弗里德·哈斯默尔主编：《当代法哲学和法律理论导论》，郑永流译，法律出版社2002年版，第319页。

〔181〕［奥］凯尔森：《法与国家的一般理论》，沈宗灵译，中国大百科全书出版社1996年版，第2页。

法律行为,尤其是创造规范的行为”[182]。对于我国现有的立法而言,作为“基础规范”的宪法即被预设为毋庸置疑具有最高法律效力的,下位法的制定围绕宪法已确立的规定展开,其他下位法也按照同样的法理在制定时预设它的上位法的法律效力,由此形成了等级结构完备的立法体系,这种体系实现了立法过程的合法原则之价值取向。

科学立法、民主立法和依法立法是立法应遵循的原则,“科学立法”包含了立法过程中对自由、平等价值的融入,二者也属于社会主义核心价值观的组成部分。因而,从这个角度上看,科学立法实现了社会主义核心价值观融入立法过程。而法治与民主本身是社会主义核心价值观的要求,正是当前立法对法治与民主原则的遵从,使立法的核心价值观直接体现在立法过程中。总之,基于三大立法原则,社会主义核心价值观融入立法过程的理念得以呈现出来。

3. 融入立法过程之基本理念

立法作为一项国家的重要政治活动,需体现全体人民的意志。就立法过程而言,民主和自由理念之间是密不可分的。基于古典自然法学家的社会契约理论,民众的自然权利应受到保护。而公权力源自自然权利的让渡,是在自然权利的实现存在困难的情况下,基于契约使被民众委托的权威性组织具有保障民众权利的义务,[183]民众则是权威性组织实施公权力的主体。反之,悖离了民众意志的公权力应当被摒弃。立法的本质在于决策,习近平总书记强调了决策应具有的民主性:“在中国共产党统一领导下,通过多种形式的协商,广泛听取意见和建议,广泛接受批评和监督,可以广泛达成决策和工作的最大共识……可以广泛凝聚全社会推进改革发展的智慧和力量,有效克服各项政策和工作共识不高、无以落实的弊端。这就是中国社会主义协商民主的独特优势所在。”[184]这是决策活动的全过程民主的体现。我国全过程人民民主,独特性地把民主选举、民主协商、民主决策、民主管理、民主监督等各个环节彼此贯通起来,具有时间上的连续性、内容上的整体性、运作上的协同性、人民参与上的广泛性和持续性。[185]现有的立法过程的民主性,整体体现在立法的各环节——提案、审议、表决、公布、监督、试运行阶段。

---

[182] [奥]凯尔森:《法与国家的一般理论》,沈宗灵译,中国大百科全书出版社1996年版,第132页。

[183] [英]霍布斯:《利维坦》,黎思复、黎廷弼译,商务印书馆1985年版,第131－132页;[英]洛克:《政府论》(下篇),叶启芳、瞿菊农译,商务印书馆1964年版,第91－92页;[法]卢梭:《社会契约论》,何兆武译,商务印书馆1980年版,第39页。

[184] 习近平:《习近平谈治国理政》(第2卷),外文出版社2017年版,第295－296页。

[185] 本书编写组编著:《党的十九届六中全会〈决议〉学习辅导百问》,党建读物出版社、学习出版社2021年版,第136－137页。

中国特色社会主义立法旨在推动中华民族伟大复兴的中国梦的实现,基于目前尚处于社会主义初级阶段并将长期处于社会主义初级阶段的现状,以及我国当前社会发展的主要矛盾——人民日益增长的美好生活需要和不平衡不充分的发展之间的矛盾,中国的立法须立足于人民的具体需求,将利益关系与人民的生活需要紧密结合起来。改革开放40多年来,民主政治、市场经济、多元文化的迅猛发展使民众对自由意志的重视度逐步加强,即民众越来越认识到,对政治、经济、文化活动的参与需要依托个体的意志。民众只有在具体的社会生活中将自我意志作为确立理想的先决条件,基于这种自我理想而确立行动目标,从而参与具体的社会活动,才能产生幸福感。自由之于人类社会的重要价值在于,人的思想与行为被充分尊重,且人与人的和谐相处也通过自由的本质体现出来。反之,如果自由意志没有得到充分尊重,民众的幸福就很难实现。立法的主体是人民,立法本身也体现为一种关乎民众基本生活的国家治理活动。在立法过程中对自由价值的尊重,是社会主义核心价值观融入立法过程的重要体现。这种尊重体现在立法参与者在立法各环节的意见之自由表达、立法调研活动的自由参与以及立法项目的自由确立与探究等方面。

一言以蔽之,立法过程既要注重形式,也要注重实质,前者涉及立法过程本身的理性,后者关涉的是立法过程对价值问题的整合。这二者之间是不可分离的辩证关系,形式问题指向了实质,实质问题反映了形式。法治建设既需要面向形式的正当性,也需要面向实质的合理性,二者不可偏废,否则法治的建设是不完整的。在社会主义核心价值观融入立法过程的时候,基于立法过程的形式法治与实质法治体现得更为明显。

对于形式层面而言,当社会主义核心价值观融入立法的时候,立法过程的形式意义主要体现在立法的民主性上,即通过民主协商的方式形成规范。这就意味着法治的形式合理性中的民主性意义体现了出来。新自然法学家富勒提出的形式自然法理论旨在通过立法过程的形式意义构造自然法思想。他结合雷克斯国王造法的例子指出立法应遵循的八项原则——法律的一般性、颁布、溯及既往、法律的清晰、不矛盾、不要求做不可能之事、具有连续性、官方行动与颁布的规则之间的一致。[186] 这八项立法的要求都是围绕民众对法律的理性预期,即认知事物的一般规律展开的,是充分体现法的民主意义的立法。法治意味着良法善治,其中的“良”与“善”就包含了法律形成过程的良善,这种良善性意味着法律在形成过程中充分尊重广泛参与立法活动的主体的意见,使法治基由立法过

---

[186] [美]富勒:《法律的道德性》,郑戈译,商务印书馆2005年版,第55-107页。

程的理性得以证成其良善的本质。因这种形式层面的理性,法律被民众广泛认同,即民众在形式层面获得了主体性尊重,体现了富勒对法治事业定义的“使人类行为服从规则之治”,[187] 而这种“服从”的前提在于人民对法治的形式大加认可,法治的形式良善也会因这种普遍的认可而得以凸显。换句话说,当下的立法过程已经在整体上融入了社会主义核心价值观中的“民主”,也就在一定意义上通过对民主立法的尊重推动了法治的形式之良善。

就实质层面而言,当立法过程融入了社会主义核心价值观的时候,其体现的价值追求在于公民的自由。法治的“良法善治”之意蕴除了体现在立法过程的民主性上,还通过立法过程中立法者的主体性价值呈现出来。对于当下的立法而言,立法过程追逐的价值主要体现在自由上,秩序价值则是为自由价值确立界限,本身并不是立法的核心目的。这主要体现在对当下社会背景的考量上,当下社会以经济发展为中心,以保障社会稳定为第一要务,改革也是为维护社会稳定服务的,因而立法对社会需求的满足也应指向这种稳定性。而对社会稳定的维护意味着立法更多关切的是民众的日常生活,意味着在立法过程中更多考量的是任意性规范的设置而非强制性规范的设置,以尊重而非干涉民众已有的生活状态。这时,立法过程体现的就是对民众自由的推崇。并且,对民众而言,生活物质条件的满足度已经逐渐加大,对精神世界的需求也在随之而增加,精神世界的满足则是建立在自由思想、自由表达的前提下的。因此,通过当下的立法过程对社会主义核心价值观中的“自由”的融入,特定时空下法治的实质性意义——自由因之呈现出来,民众同样因自由价值的满足而尊重相应的立法,法治应有的良法善治意义就此体现出来了。

二者之间的辩证关系也因各自的要义而体现出来。法治的形式民主性指向了对民众意志的尊重,法治的实质自由通过对人的主体价值的考量体现出来。因此,尽管法治的民主形式与自由实质属于不同角度的“良法善治”,但它们之间基于人的目的而具有相互关联性。这就是当下社会主义核心价值观融入立法过程中立法良性对法治建设的助推点所在。通过这种融入,法治的人文主义呈现出来,良法善治应有的对人性利益的理性关照也呈现了出来。胡玉鸿就法对人的关照问题的重要性指出:“法学是人学,法学的研究离不开对人的行为的分析,从这个意义上说,法律存在的正当性及其终极依据只能是人……人又不是宇宙中微不足道的一粒尘埃,人有足够的理由使其成为有尊严的道德主体,同样,人也是能动的、自律的主体,所有的法律规则都必须体现人的这些特性,只有如

---

[187] [美]富勒:《法律的道德性》,郑戈译,商务印书馆2005年版,第107页。

此,法律才真正是属人的规则。"[188]上升到整体的治理层面与人性的关联也是如此:"要坚持以人为本的施政理念,察民情、知民需、解民忧、纾民困,妥善处理社会多元诉求,平衡好各方利益,积极营造更加公平公正的社会环境。要让广大居民更好分享发展成果,改善生活质量,提高幸福指数。"[189]当下的立法过程着眼于人的特性,通过对人的意义的揭示与对人的价值的满足,实现了法律的制定充分彰显人性的应有意义。

总之,社会主义核心价值观的提出本身就意味着党和国家推崇良善的治理,将社会主义核心价值观融入立法过程,意味着通过立法技术实现这种良善性对民众的积极作用,而立法的良善性本身又是法治的重要组成部分,导向了法治在形式上的民主维度和在实质上的自由维度,而这种民主和自由的维度也是中国特色社会主义建设所需要的。基于社会主义核心价值观在整个立法过程的融入,当下的中国特色社会主义法治建设整体效果较好,国家治理体系和治理能力的现代化进程因这种融入而不断推进。

(二)社会主义核心价值观融入立法过程的问题

"立法是为国家定规矩、为社会定方圆的神圣工作",[190]无论是社会主义核心价值观建设,还是法治建设,立法都承载了我国社会特定时期的价值追求,在新时代中国特色社会主义伟大事业的进程中,两者在价值追求上具有高度同向性,这便为两者的融合提供了最为根本的前提。这表明,将社会主义核心价值观融入立法要遵循人的认知特性和思维习惯,而人的思维和行动的有限性使其不能离开特定的时空范围。同时,立法活动是具有国家强制力、关涉民众基本利益的活动,是将具体的社会关系纳入抽象的规范世界的活动,即规范对社会的类型化技术。因此,社会主义核心价值观在融入立法过程时不能违背基本的立法伦理和立法技术本身的要求。现有的立法对社会主义核心价值观的融入整体上契合立法本身的要求,但也有一些不足之处需要我们反思。

1. 现阶段的融入未能与立法原则相融贯

立法原则在整个立法制度中起到了提纲挈领的作用,因而社会主义核心价值观融入立法过程也应与立法原则形成相互融贯的关系,切实推进立法的逻辑自洽。但现有的融入与立法原则的融贯性存在不足。

首先,立法的依法原则指的是立法行为合乎法律的规定,包括对上位法确定

---

〔188〕 胡玉鸿:《"法律人"建构论纲》,载《中国法学》2006年第5期。

〔189〕 习近平:《习近平谈治国理政》(第2卷),外文出版社2017年版,第426页。

〔190〕 习近平:《习近平谈治国理政》(第2卷),外文出版社2017年版,第122页。

的具体范围和规定的遵从，对立法主体的权限的遵从，以及对立法法定程序的遵循等。但社会主义核心价值观中的“法治”包括但不限于合法性问题。因为“法治”的内涵除了对实定法本身的遵循之外，还包括对良法的遵循，即实定法本身反映的规则理念，如人权等。

其次，立法的民主原则面向的是立法这一特定活动，其涉及的面向不仅停留在立法的时空场域内，同时社会主义核心价值观中的民主是落足于国家范围内的“人民当家作主”。立法的民主只能面向所立之法本身的性质，有限度地纳入相应的社会主体并听取意见，而非征询全体人民的意见。其原因在于：一是基于中国人口众多的国情难以实现；二是立法本身可能只是面向某个特定空间或特定事项，如地方性立法或国务院的行政法规；三是有的立法事项更多需要听取专家意见，普通民众难以就特定事项形成理性看法。社会主义核心价值观中的民主是更为宽泛的民主，是对人民意志的彰显，因而与立法所强调的民主性原则存在外延上的差异，二者之间并非对等关系。

最后，立法的科学原则难以涵盖社会主义核心价值观的全部内容。“科学”的外延很广，对于立法而言，其包含了对事物认知的精确性，而这种精确性又时常需要在具体的法律规范里加以明确。例如，在环境保护领域，立法者必须精确地了解废弃排放量达到什么程度才能对人的健康达到影响，并以此为基础制定法律。又如，在食品安全领域，立法者必须精确认知在食品中掺杂哪些物质会影响食用者的健康，并以此为标准制定出相应的食品生产规范或食品加工规范。但社会主义核心价值观的12个关键词体现的是“价值理念”而非认知精确性的问题，所以不能与立法的科学原则形成严丝合缝的对接关系。立法的逻辑要求，意味着民众能够对法律形成理性预期，与此同时法律适用者也能够“便利地”适用法律。对前者而言，能够与社会主义核心价值观中的“民主”相融贯，但对后者而言很难与社会主义核心价值观形成融贯性。

综上所述，社会主义核心价值观的语境相较于立法的语境更为广泛，社会主义核心价值观融入立法过程就意味着语境范围的限缩，这种限缩的过程会导致社会主义核心价值观的意义与立法原则存在不兼容之处，进而需要通过立法过程来对二者进行协调。

2. 社会主义核心价值观未能充分贯彻立法全过程

社会主义核心价值观在融入立法过程时，要注重立法活动应有的全局性。面向立法的全过程意味着立法的各阶段都要被充分关照。但社会主义核心价值观在当下对立法过程的融入尚存在不能完全渗入立法各阶段的情形。具体表现在以下几个方面：

首先,立法准备中的立项阶段意味着对立法所调控的具体事务的确立,对于立法事项的确立需要考量很多因素,其中立法对特定事务的调整能否反映社会主义核心价值观的问题容易被立法者忽略。有的事项通过立法予以调整,尽管可以带来一定的经济收益或其他利益,但可能整体方向与社会主义核心价值观的实质内核存在一定程度的背离。

其次,按照社会主义核心价值观的要求,立法的协商过程和委托起草的过程应反映立法为民的民主之要义。但在立法协商阶段有时会因对专家意见的听取而过度吸纳专家的观点,忽略了广大民众对相应事务的看法,导致立法过程对民主的融入没有体现出来。委托起草立法也存在同样的问题,尽管特殊事项的立法需要委托特殊主体起草,但立法本身应面向广大民众体现其民主性。立法主体本身也是由民众授权而产生的,在委托过程中也难免会忽略大众的意愿因而未能全面贯彻社会主义核心价值观中的民主要义。

再次,法律的公布过程也涉及社会主义核心价值观的融入问题。其中,法律的公布要面向广大人民群众,这体现的是对社会主义核心价值观中的民主的融入。这种"面向"要充分考量民众的文化水平与对法律的认知能力,因此这种公开既要包含对立法内容本身的公开,也要包含对其中可能会引起理解歧义或是难以理解的词汇的解释,以及对其关涉的特殊利益的说明。毕竟,立法的语言与生活用语之间难免会存在差异,同时立法活动又是关切民众生活利益的活动。现有的立法公布只注重对内容的公布,而忽略了对上述细节问题的说明。另外,对社会主义核心价值观的融入还包含对富强、自由等价值的融入,法律的制定过程难免涉及对不同价值的论证与取舍,这些价值问题的对话与取舍需要通过公布的方式让民众感知到,从而实现对法律的接受与认可。目前的法律公布没有注重对这些价值衡量问题的公布,甚至公布的前提都不存在——立法者有时对价值问题的论证本就是缺失的。这就意味着,对民主以及其他社会主义核心价值观的融入在立法公布阶段存在不足。

最后,就法律的修改与废止而言,社会主义核心价值观在相应立法过程中的体现存在不足。法律作为一个系统化、整体性的规范集合,对它的变动是"牵一发而动全身"的,即对规范的修改需要考量其关联的社会主义核心价值观问题是否也发生了变动。但当下,在法律的修改过程中,很少有立法者注重所修改的部分与社会主义核心价值观之间的关联性论证。同样的,对立法的废止也涉及法律背后的社会主义核心价值观的问题,当立法者宣布对某部法律或某些规范予以废止时,该法律以及这些规范本身关联的社会主义核心价值观问题、废止之后对立法与社会主义核心价值观的联系问题都需要论证。其中,前者尽管在宏观层面看，属于立法过程中的社会主义核心价值观融入的问题，但在微观上要考量的问题又属于对已有立法的立法结果与社会主义核心价值观的关联，二者的辩证问题更是需要通过立法者予以论证的，但上述问题的论证在当下的立法过程中是缺失的。

因此，立法过程对社会主义核心价值观的融入要体现在立法过程的各阶段，实现立法对社会主义核心价值观内容与思想的全方位吸纳。现有的立法过程对其的吸纳尽管整体上看较为全面、理性，但目前仍存在一些不足之处，这些不足也是需要未来进一步完善的方面。

社会主义核心价值观融入立法过程目前已经被立法者高度重视，在具体的立法活动上，这种融入已经体现在立法过程的各环节，并且这种融入是与立法的原则相结合的融入。但同样是在这两个方面，融入工作还存在继续完善的空间。通过对融入过程现状的梳理以及通过对融入过程的不足的揭示，中国特色社会主义立法的未来走向将更加明晰。

第四节　完善弘扬社会主义核心价值观融入法律规范体系的方法与路径

"法律的生命力首先在于法律必须有自己的灵魂，即必须有自己的价值，对于立法来说，则要求立法要有自己的价值诉求。"[191] 立法质量的判断标准主要包括五个方面，即价值标准、合法性标准、科学性标准、融贯性标准以及技术性标准。[192] 而其中价值标准是判断立法质量的重要维度。社会主义核心价值观融入立法全过程，就是保障立法质量、追求良法善治的过程，即将社会主义核心价值观在法律、法规、政策制定层面融入规范，形成良法；在法律、法规、政策实施层面融入实践，形成善治的过程。社会主义核心价值观融入法律、法规、政策制定的全过程，有利于更好地实现良法善治。

一、社会主义核心价值观融入法律规范的方法与路径

在依法治国与以德治国辩证统一的法理基础上，针对新时代社会主义核心价值观融入法律规范的实践现状，为做好社会主义核心价值观的入法入规工作，

---

〔191〕 宋方青：《立法质量的判断标准》，载《法制与社会发展》2013 年第 5 期。

〔192〕 宋方青：《立法质量的判断标准》，载《法制与社会发展》2013 年第 5 期。

完善弘扬社会主义核心价值观的法律规范,应当从以下三个方面着手。

(一)提升社会主义核心价值观对法律规范的引领作用

中国自古有综合运用法律和道德进行社会治理与国家治理的传统,在新时代依法治国与以德治国相结合的大背景下,社会主义核心价值观成为了社会主义法治建设的灵魂。因此,社会主义核心价值观融入法律规范的首要目标应当是提升社会主义核心价值观对法律规范的引领作用。建议在相关立法工作中,做好以下三个方面的工作。

一是审慎选择融入法律规范的具体价值。要发挥社会主义核心价值观对法律规范的引领作用,源头是关键。自 1949 年中华人民共和国成立以来,特别是 1978 年改革开放以来,我国经济快速发展,社会生活发生巨大变化。随着经济社会的发展变化,社会主体类型不断增加,并呈现出多元化特征。不同主体之间的利益可能产生冲突,价值诉求也纷繁复杂,甚至社会上还滋生了一些形式主义、官僚主义、享乐主义和奢靡之风等歪风邪气。在这种复杂的社会价值状况之前提下,在法律规范中融入特定的价值就需要特别慎重地加以筛选。具体而言,一方面,应当把握社会主义核心价值观的社会性、共识性与实践性特征。将哪些价值融入法律规范要从国家的经济社会发展的客观实际出发,紧紧围绕人民群众"急难愁盼"的问题,将与公民合法权益息息相关的价值目标融入法律。另一方面,还要防止不符合社会主义核心价值观的内容对法律规范的渗透。现代社会结构日趋复杂,不同组织、团体的价值目标差异巨大,社会的价值目标呈现多元化的特征,而立法作为一个政治过程必然要经历各种利益集团之间的博弈,因此就需要仔细甄别立法中不同主体的价值诉求,找出符合社会主义核心价值观的部分来加以法律化。只有把融入法律规范的价值源头控制好,才能把握住社会主义法律规范的意识形态特征,确保法律规范中始终体现社会主义核心价值观。

二是对社会主义核心价值观融入法律规范的情况进行查缺补漏。中华人民共和国成立以来,社会主义核心价值观及其中的各种核心价值分别融入了法律规范,但融入程度不尽相同。其中,既有一些直接促进社会主义核心价值观的相关立法,又有一些对社会主义核心价值观起到间接促进作用的相关立法,还有一些法律规范以制度性方式分散地体现着社会主义核心价值观;既有法律规范融入"社会主义核心价值观"的完整概念,又有法律规范融入了社会主义核心价值观基本内容中的部分价值;有的核心价值较好地融入了中央立法,而有的核心价值则较好地融入了地方立法。对于当前核心价值融入法律规范的不同情况,一方面，要对照中央的相关政策完善各项立法。党的十八大以来，党和国家出台了多项社会主义核心价值观入法入规的相关政策，《关于培育和践行社会主义核心价值观的意见》《关于进一步把社会主义核心价值观融入法治建设的指导意见》《社会主义核心价值观融入法治建设立法修法规划》《关于建立社会主义核心价值观入法入规协调机制的意见(试行)》等都提出了一些具体要求，要及时更新政策信息，逐一检视党和国家的大政方针，对照现行有效的法律规范开展立法修法工作。另一方面，要以历史的、发展的眼光看待社会主义核心价值观融入法律规范的进度。中华人民共和国成立以来的立法史表明，核心价值融入法律规范并不是一蹴而就的，而是根据每一个历史时期的社会主要矛盾，有重点、分阶段地逐步融入。在社会主义建设的不同历史时期，法律规范中所体现出的价值观有着很大差别，站在"两个一百年"的历史交会点上，应当顺应时代潮流，勇于开拓创新，立足于新时代新的历史条件、风险挑战与重点任务，开展社会主义核心价值观入法入规的工作。

三是注意社会主义核心价值观融入法律规范的体系化。法的价值纷繁复杂，不仅包括目的价值还包括形式价值。社会主义核心价值观主要作为法的目的价值又可以分为国家层面的富强、民主、文明、和谐价值目标；社会层面的自由、平等、公正、法治价值取向；个人层面的爱国、敬业、诚信、友善价值准则。而其中的每一种具体价值又包含更多的、丰富的内涵。这些不同的法的价值之间可能是无涉的，也可能是协同的，还有可能是冲突的。因此，要将如此多不同种类的价值在同一套法律规范体系内共存并不是一件简单的事情。立法者在对拟融入法律规范的各种价值进行取舍时，一方面，要预防各种价值之间可能产生的冲突。在立法实践中，应当综合运用统筹兼顾、价值位阶与比例原则等价值权衡方法，在保证不相冲突的前提下使法律规范中尽可能兼容多种不同的社会主义核心价值，保证法律规范中社会主义核心价值的多元性。另一方面，还要促进不同价值之间的优势互补。例如，富强价值要求解放和发展生产力，在社会主义市场经济的条件下就需要法律规范充分发挥市场在资源配置中的决定性作用，但与此同时，市场失灵又可能损害富强价值本身。因此，以平等、公正价值作为补充则能很好地通过预防这种情况的发生支持富强价值，并进而通过"做大蛋糕"来实现更高水平的平等与公正，与富强价值形成互补。

(二)增强法律规范对社会主义核心价值观的承载能力

道德是内心的法律，法律是成文的道德。社会主义法治对于社会主义道德，特别是社会主义核心价值观具有重要的规范和保障作用。因此，社会主义核心价值观融入法律规范还应当重视法律规范对社会主义核心价值观的承载能力。建议在相关立法工作中,做好以下三个方面的工作。

首先,要研究制定专门的社会主义核心价值观促进法。社会主义核心价值观融入法律规范的法理基础在于以社会主义法律规范促进社会主义道德,因此通过法律手段促进社会主义核心价值观的弘扬、培育和践行,最直接的办法就是制定一部专门针对社会主义核心价值观的促进型法律。但是目前,我国无论是在中央立法还是地方立法层面都还没有一部专门促进弘扬、培育或践行社会主义核心价值观的法律或法规。一般来说,这种促进型立法是相对于管理型立法而言的,旨在对某些事项起到倡导和推动作用,而不是对某一领域的社会生活实施管理。党的十八大以来,中央出台了一系列推动社会主义核心价值观入法入规的政策,其涉及国民教育、经济发展与社会治理、思想宣传、道德实践等各个领域,要对其中所涉及的所有法律规范加以修改,所需的时间是极为漫长的。虽然社会主义核心价值观的相关立法工作涉及社会生活的方方面面,不可能一蹴而就,但《立法法》第 103 条肯定了特别法优于一般法的原则,通过先行制定一部统一的社会主义核心价值观促进法,可以直截了当、不重不漏地落实党和国家的各项政策要求,相关的法律修改则可以后续再逐步进行。当然,社会主义核心价值观的促进型立法也不需要一步到位,可根据实际情况,在论证必要性和可行性的前提之下,先制定行政法规和地方性法规,待时机成熟时再通过法律的制定和修改将这些法规上升为法律。

其次,要加强社会主义核心价值观融入法律规范的直接性。除了缺乏一部专门规定弘扬、培育和践行社会主义核心价值观的法律之外,目前我国社会主义核心价值观融入法律规范还存在直接融入不足的问题,具体表现为直接促进社会主义核心价值观中某种特定核心价值的法律数量极少,效力位阶较低,类型也尚不丰富。2011 年以来,我国形成了以宪法、民法商法、行政法、经济法、社会法、刑法、诉讼与非诉讼程序法等多个部门法为主干的法律规范体系。我国的立法工作已经从部门立法转向国家安全、思想文化、生态环境等各个重点领域立法。这些重点领域中有的体现出较为强烈的价值目标,《海南自由贸易港法》就是一个典型的例子。在海南建设自由贸易港,是推进高水平开放、深化市场化改革、贯彻新发展理念、支持经济全球化的重大战略决策,凸显了对自由价值的追求。以贸易和投资自由便利为核心的《海南自由贸易港法》被用于专门促进自由价值。当然,除了法律以外,目前全国各地也已经制定了相当数量直接融入核心价值的地方性法规,其中既有《深圳经济特区和谐劳动关系促进条例》和《深圳经济特区性别平等促进条例》这样十分创新的地方性法规,也不乏相当成熟者，如各省和设区的市制定的数量庞大的《企业民主管理条例》《文明行为促进条例》《爱国卫生条例》《社会信用条例》等，它们都可在合适的时机上升为法律，提升社会主义核心价值观直接立法的效力位阶，由此在社会主义法律体系中更加明确地凸显价值取向。

最后，要进一步完善社会主义核心价值观相关间接立法中的各项条款。对于立法起草者而言，社会主义核心价值观的直接立法拥有较为广阔的施展空间，当然是社会主义核心价值观融入法律规范的首选模式，但目前，其毕竟还是少数，立法实践中更多的还是间接融入。从数据统计看，社会主义核心价值观直接融入的立法例仅有 500 多部，而间接融入的立法例达到 27000 多部，相差 50 多倍。〔193〕 可以说，间接融入是现阶段社会主义核心价值观融入我国法律规范的主要形式。具体来看，社会主义核心价值观间接融入法律规范有多种方式，如可以通过宣示性条款，也可以通过操作性条款。一方面，就宣示性条款而言，其一般仅仅表达立法者态度，并不附带法律后果。然而，由于社会主义核心价值观具有强烈的价值倾向，因此宣示性条款是必不可少的。目前，在社会主义核心价值观的立法实践中，宣示性条款主要表现为立法目的与法的原则两种方式，它们都具有层次性。社会主义核心价值观抽象程度较高，因此要重视社会主义核心价值观内容在立法目的或法的原则中所处的位置，并尽可能附带一些具体要求。〔194〕 另一方面，由于社会主义核心价值观的高度抽象性，应尽可能扩大操作性条款的使用，更多采用权利义务和保障措施的方式来加以表达，但也应当注意不要仅仅将践行社会主义核心价值观作为一种义务生硬地写入法律，而是应当附带一些具体的行为规范，以增强条款的明确性和可操作性。只有在立法起草中妥善安置社会主义核心价值观相关条款的类型，才能防止社会主义核心价值观的融入流于形式，使之真正影响行为人的信念结构，进而产生社会实效。

（三）注重融入过程中法治与德治的协调统一

徒法不足以自行，徒善不足以为政。社会主义核心价值观融入法律规范是在依法治国与以德治国的大背景下提出的，因此在融入的过程中应当注重法治

〔193〕 北大法宝法律法规数据库，https://www.pkulaw.com/，最后访问时间：2022 年 8 月 14 日。

〔194〕 例如，《反食品浪费法》的立法目的条款中，践行社会主义核心价值观就被置于“弘扬中华民族传统美德”之后、“节约资源，保护环境，促进经济社会可持续发展”之前。又如，《网络安全法》的政策性原则中，将推动传播社会主义核心价值观置于“国家倡导诚实守信、健康文明的网络行为”之后、“采取措施提高全社会的网络安全意识和水平，形成全社会共同参与促进网络安全的良好环境”之前。

与德治的相互融合、协调统一。建议在相关立法工作中,做好以下三个方面的工作。

第一,要准确把握社会主义核心价值观融入法律规范的目的。从中央相关政策可以看出,社会主义核心价值观融入法律规范的主要目的是通过法律规范弘扬社会主义核心价值观,而广义的弘扬社会主义核心价值观概念又包含三个具体的目的,分别是对社会主义核心价值观的弘扬、践行和培育。其中弘扬社会主义核心价值观即推崇与发扬使大众从内心认可的社会主义核心价值观、产生符合社会主义核心价值观的观念,并将其用于指导实践;践行社会主义核心价值观即引导个人行为、群体行动和集体组织对社会主义核心价值观的实践力行;培育社会主义核心价值观即将社会主义核心价值观培养成个体习性、社会风俗和组织惯例。这三个目的处于不同层次,其中弘扬社会主义核心价值观针对的是人的行为动机层面,践行社会主义核心价值观针对的是人的行为本身层面,而培育社会主义核心价值观针对的是人的品格层面。因此,将社会主义核心价值观融入某一部法律法规时最好明确一个主要目的。例如,将社会主义核心价值观融入国民教育的主要目的是通过基础教育、高等教育、职业技术教育、成人教育等各个环节来培养国民遵循社会主义核心价值观的品性,那么就应该将社会主义核心价值观的培育而非弘扬或践行作为相关立法的主要目的。当然,人的品格、行为动机与行为本身息息相关,不可能仅仅通过培育而不弘扬、不践行就能达到养成国民对社会主义核心价值观一体遵循的目的,但只有明确了主要目的,将其中一些手段作为主要的,而将另一些作为辅助性的,才能有的放矢地提高相关法律规范的针对性。

第二,要运用合适的法律手段并注意其限度。法律规范不同于其他社会规范,其具有一些独有的特性,如权威性、强制性与建构性。因此,采用法律手段来促进社会主义核心价值观就需要理解法律的不同特性与促进社会主义核心价值观三种目的之间的对应关系。其中弘扬社会主义核心价值观运用的是法的权威性,即法律提供一种符合社会主义核心价值观的行动理由,其作用于人的行为动机,指引人们自觉主动地按照社会主义核心价值观的规定行事;践行社会主义核心价值观运用的是法的强制性,即法律以符合社会主义核心价值观的权利义务分配方式引导行为,其作用于人的具体行为,依靠激励与惩罚来规训人,使其行为符合社会主义核心价值观的要求;培育社会主义核心价值观运用的是法的建构性,即法律为弘扬或践行社会主义核心价值观创造一系列条件和环境,其作用于人的内在品质,培养人们遵循社会主义核心价值观的行为习惯。在明确了促进社会主义核心价值观的主要目标后,就应当有针对性地突出法律的某项特征。

还以将社会主义核心价值观融入国民教育为例，就应当着重突出运用法律的建构性特征为在国民教育的全过程中开展社会主义核心价值观教育创造条件。如果突出法律的权威性与强制性，强调说理与权利义务分配，则不仅难以真正实现立法的目的，还可能催生笨法乃至恶法。与此同时，在运用不同的法律方式时还应当注意不同手段的限度，防止对公民基本权利的侵害。

第三，要注重法律规范的体系性。法制统一是一个系统工程，既要求立法主体在立法过程中遵循法定权限和法定程序，又要求贯彻对立法过程和立法结果的监督制度，还要注重法律规范本身的逻辑一致性。就法律规范而言，中国特色社会主义法律体系是以宪法为统帅，以法律为主干，以行政法规、地方性法规为重要组成部分，由多个法律部门组成的有机统一整体。从法律层面上看，融入社会主义核心价值观就需要根据宪法、各部门法与重点领域立法的不同特点，合理安排相关制度设计。比如，社会主义核心价值观的相关内容在宪法中就多是以政策性条款的形式出现；在部门法中就多表现为立法目的条款；而在各个具体领域的立法中就可以呈现为具体的制度性安排。从行政立法和地方立法层面上看，由于行政法规和地方性法规相较法律具有灵活多样的特点，可以承担社会主义核心价值观以新方式融入新领域的先行先试功能。比如，《立法法》规定，尚未制定法律的事项国务院可以根据授权或职权先行制定行政法规，地方人大可以在遵循不抵触原则的前提下制定地方性法规。从体系的层面上看，社会主义核心价值观融入法律规范是一个庞大的系统工程，可谓牵一发而动全身。因此，采用法律方式促进社会主义核心价值观就应当符合法治的基本规律，具体在法律规范领域就表现为法制统一原则，要重视社会主义核心价值观相关立法的合宪性、不同法律部门的有效衔接，以及正确处理不同效力位阶的法律规范之间的关系。

二、社会主义核心价值观融入立法过程的方法与路径

基于上述分析，在立法过程中融入社会主义核心价值观，仍然可以从科学立法、民主立法、依法立法的角度探寻完善的方法与路径，实现社会主义核心价值观对立法过程的全面融入。

（一）科学立法的动态保障

立法既是一项国家的重要政治活动，也是一门有自身规律可循的技术性工作。科学立法，就是要求法律准确反映和体现所调整社会关系的客观规律，同时遵循法律体系的内在规律。其核心在于，立法要尊重和体现规律。确保社会主

义核心价值观在立法过程中通过科学立法得以弘扬,其关键在于不仅要尊重客观规律,还要实现立法权限的优化配置、立法决策的有效进行以及做到立法评估的动态开展,呈现一种动态的、全过程的保障。

1. 立法技术的科学指引

立法表现为一种公共决策的活动或过程,具有国家性、程序性和技术性的特点。作为法制系统的前提性、基础性的子系统,立法过程的各个环节都依托立法技术进行。立法技术能够使立法成为科学的立法,正确调整社会关系,科学、有效地反映立法者和执法者的意愿,保障国家法制系统健康稳定的运行。所谓立法技术,有广义和狭义两种理解。"广义立法技术指与立法活动有关的一切规则,包括:规定立法机关组织形式的规则,规定立法程序的规则,关于法的结构和形式、法的修改和废止的方法、法的文体、法的系统化方法等方面的规则;狭义立法技术专指营造法的结构的规则。"[195] 为探讨社会主义核心价值观如何更有效地融入立法过程,此处应将立法技术作广义的理解。实践中,无论是国家立法还是地方立法,都需要立法技术的指引。科学性是立法技术的根本特性,系统性是立法技术的必然追求,民主性是立法技术的价值目标。技术的本质在于方法,方法论问题是独立于方法所指向的实体目标的,探究方法本身,寻求方法的科学性,是实现技术理性的必要条件。但同时我们也不能忽视,方法的实施旨在推动特定目的的实现。立法的目标就在于将其调整的事项运用权利、义务机制实现利益的科学分配,从而实现自由、秩序、效率等价值。这就使立法的技术在本质上是促进法律价值的实现技术。这就意味着,立法技术的科学性要面向立法的受众,即立法取得相应实效要建立在受众理解法律并切实遵从法律的前提下。立法技术是保证立法质量的关键因素,海伦·赞塔基教授认为,有效性就是立法质量的最终标准。[196] 因此,立法技术作为保证立法质量的前提性条件,在提高立法质量方面具有举足轻重的作用。

社会主义核心价值观与我国法治建设相辅相成。社会主义核心价值观从国家、社会、个人三个层面对社会主义意识形态的价值追求进行了高度提炼和总结。2018 年中共中央印发的《社会主义核心价值观融入法治建设立法修法规划》强调,"坚持全面依法治国,坚持社会主义核心价值观体系,着力把社会主义核心价值观融入法律法规的立改废释全过程,确保各项立法导向更加鲜明、要求更加明确、措施更加有力"。"在将社会主义核心价值观融入法律法规的过程

---

[195] 周旺生:《立法学》(第 2 版),法律出版社 2009 年版,第 376 页。

[196] [希腊][英国]海伦·赞塔基:《立法起草:规制规则的艺术与技术》,姜孝贤译,法律出版社 2022 年版,第 7 页。

中,不同层面的价值观进入权利义务性规范的方式必定有所差异,影响主体行为的途径与方式也会相应有所不同。”[197] 对于社会主义核心价值观所体现的国家的价值目标、社会的价值取向、公民的价值准则,从表述上就可以看出,这三个层面的价值观在入法的时候,应采用不同的路径。其方式主要包括“以立法目的条款作为首选载体、通过法的基本原则条款间接引入、在制度设计层面的直接体现”等,[198] 上述三种融入方式都依靠立法技术的科学指导,主要涉及的有立法目的的表述、采用何种立法思路等或抽象或具体的技术模式。2020 年 5 月全国人大表决通过《民法典》,“弘扬社会主义核心价值观”写入第 1 条立法目的条款,“‘体制中立’的民法传统实现与社会主义核心价值观的‘和平共处’,《民法典》编纂的科学性与社会主义核心价值观实现‘有机统一’”[199]。立法技术成为沟通社会主义核心价值观与立法过程的重要纽带。立法技术在立法实践中的运用本身就体现了社会主义核心价值观在立法过程中的融入,通过法律法规的实施实现对社会主义核心价值观的弘扬。

2. 立法决策的有效进行

立法决策是一项权衡的艺术。无论是古代西方社会君权、神权、市民社会利益的多元性,还是古代东方社会国家君权、家族家长权和其他臣民利益的多元性,都体现了制度要面对的核心问题——对多元利益的整合。如果缺乏制度整合,则多元的利益会导致国家社会的失序,使人们需求的秩序性生存环境荡然无存。历史事实也证明,古代社会的统治集团劳心劳力地寻求制度对多元利益的分配,始终关注如何为国家治理构造理性秩序的问题。现代社会随着社会生产力的高度发展以及民众自由度的高度提升,更是体现出一种多元利益并存的格局。立法对社会利益进行分配,需要立法主体对具体的社会利益作出权衡,进而作出选择。立法主体在深入了解民情、充分反映民意、广泛集中民智的基础上,通过立法预测、立法调研、立法听证、立法论证等多种手段,在众多的利益中进行取舍与权衡,就立法活动中的实际问题,作出某种选择和决定。一言以蔽之,立法决策是立法主体依据法定职权,通过价值判断和决定取舍作出的一种具有实在性、旨在解决立法实际问题的对策性决定的行为。[200] 立法决策贯穿立法活动

---

[197] 王怡:《社会主义核心价值观如何入法——一个立法学的分析框架》,载《法学》2019 年第 9 期。

[198] 王怡:《社会主义核心价值观如何入法——一个立法学的分析框架》,载《法学》2019 年第 9 期。

[199] 钟瑞栋:《〈民法典〉对“体制中立”民法传统的承继与超越——兼论“社会主义核心价值观”的规范内涵及立法技术》,载《苏州大学学报(法学版)》2022 年第 1 期。

[200] 周旺生:《立法学》(第 2 版),法律出版社 2009 年版,第 433 页。

的各个环节,更是展开这些活动、行为的先决条件之一。作为在高度民主基础上的高度集中的立法活动,立法决策须尊重法定制度原则,这是立法的法治原则对立法决策的基本要求。对于立法决策者来说,决策应当有法的根据或不与法相抵触。此外,还要注重综合作用原则,具体表现为,立法决策的作出除了要根据法的规定和经验以外还要考虑主要国情的综合作用,要在决策阶段全面规划立法对国家利益、社会利益和个人利益的协调,以及立法与其他规范渊源之间的联系,而不能只考虑某一方面的利益却忽视利益之间的关联性,在利益的取舍上要注重主要利益与次要利益的关系。最为关键的是,立法的科学原则要求立法决策者在准确、全面的信息作依据的前提下,摒弃专断、任意,重视发挥集体智慧。这与立法的民主原则有一定的契合度,但从科学立法的角度理解,立法决策基于准确、全面的信息形成,意味着立法决策技术实施的正当性。

立法决策通过"明确需要做出决策的实际问题、明确解决问题的程度、制定出解决方案、做出抉择、完善决策"五个步骤得以作出科学、正确的决策。上述五个步骤的提出意味着立法决策的形成不能独立作出,而是要依托立法论证。也就是说,立法决策要通过多元主体的意见交涉、决策者基于已有规定以及其他影响立法理性的要素进行利益衡量。立法论证是立法推理的延伸与应用,是立法者通过列举立法理由来支持或推翻某项或某类立法主张的思维过程或方法,一般包括论题(立法项目或法律规范)、论据(事实或法律规范)和论证方式(主要指推理方式)三部分。对于立法论证的认识,包括狭义说和广义说。狭义说强调对作为结果的论证,而广义说的论证则是指一种多个人之间进行的交流对话,其中需要根据给定的对话规则和对话程序来提供支持结论的前提,即包括作为结果的论证和作为过程的论证。[201] 针对立法过程的论证,当采广义说。因为立法论证具有公共决策性质,为立法决策服务,贯穿于法律立项、法案起草与前期论证、立法审议通过、立法后评估与法规清理等不同的立法环节和过程。立法论证涉及所论证规范的正当性、合理性,即它不仅要评价论证立法目的,还需要联系目的对手段进行衡量,从而证成立法的正当性和合理性。

立法决策过程的有效性意味着对国家、社会、公民利益的全盘考量,这时社会主义核心价值观的所有内容都会在立法决策的过程中体现出来。因为社会主义核心价值观的本质指向的是社会主义建设需要满足的价值需求,而立法决策的过程针对的正是社会主义建设的价值目标。因此,立法决策的过程是社会主义核心价值观融入立法过程最为全面的体现。

---

〔201〕 邓世豹主编:《立法学:原理与技术》,中山大学出版社 2016 年版,第 243 页。

3. 立法评估的动态开展

2015 年《立法法》修改增加了关于组织开展立法评估的相关规定。[202] 根据法条内容可以得知，在没有特指的情况下，立法评估主要侧重于立法后评估。然而，学界对立法评估的讨论并没有因为《立法法》仅限于对立法后评估的明确规定而止步。相反，他们结合立法的全过程，认为立法评估应渗透到具体的立法阶段。例如，有学者认为，以立法过程为参照，立法评估是分阶段的，即包括立法前评估、立法中评估和立法后评估。三个阶段评估的指标体系也应有所区别，只有三者综合才能全面检验立法的质量。立法前评估重在解决立法项目能否进入立法程序和法律是否当立、何时立、如何立的问题；立法中评估主要涉及人大立法的审议阶段和行政立法的审查阶段，即存在于立法程序阶段的评估；立法后评估指标体系相对健全，主要包括对文本质量和实施效果的双重评估。[203] 然而，从实践来看，我国立法评估首先兴起于地方然后延伸到中央，已发展成为一项实践型、操作性很强的制度。同时，现行《立法法》已经将立法评估确认为一项法定制度。

目前理论界和实务界对于立法评估的认识，从现有的文献分析，大多论证的是立法后评估，具体是指在立法制定出来实施一段时间后，由评估主体借助一定的评估指标，运用一定的方法对其实施的社会实际效果进行评价，为之后开展相关立法的修改、补充、废止提供参考依据。[204] 事实上，立法评估也需要注重立法全过程应有的覆盖面，而不能局限于后评估阶段。在立法准备阶段和实施阶段，立法评估也同样重要，它体现出对立法目的的调整，是实现立法科学化的重要路径。同时，评估活动的展开遵循客观、公开、民主的原则。在整个评估过程中，无论是立法评估的准备阶段、实施阶段，还是最后的评估结论形成阶段，注重收集社会意见，保持意见表达渠道的畅通，及时对社会公众表达较为一致的科学合理建议进行反馈回应都是立法评估的重要主题。社会主义核心价值观作为一种价值指引，其核心内容也随着立法评估的开展，得以贯穿相关立法全过程，为确保良法善治保驾护航。因此，立法评估的核心一方面在于构建一种回应性机制，通过民众回应立法、形成对立法的评价，调整立法的方向与内容；另一方面在于它需要融入不同的立法阶段，要时时关注民众对立法的评价。这种回应机制和多阶段融入意味着立法评估的合理性在于它的动态性特点，而不宜将立法评估工

---

〔202〕《立法法》第 67 条规定："全国人民代表大会有关的专门委员会、常务委员会工作机构可以组织对有关法律或者法律中有关规定进行立法后评估。评估情况应当向常务委员会报告。"

〔203〕李店标、冯向辉：《地方立法评估指标体系研究》，载《求是学刊》2020 年第 4 期。

〔204〕邓世豹主编：《立法学：原理与技术》，中山大学出版社 2016 年版，第 322 页。

作静态化。

立法评估活动开展的动态性意味着，将社会主义核心价值观的“民主”落实到立法过程，通过民众对立法的反馈，实现对立法的完备。同时，这种反馈机制也意味着社会主义核心价值观中的“自由”在立法过程的体现，正是制度赋予民众发表对立法问题的自由，使立法评估活动呈现出动态性。因此，立法评估活动动态开展也是社会主义核心价值观融入立法过程的表现，它将社会主义核心价值观体现在民众与立法的互动性上。

（二）民主立法的不断增进

“民主”意味着人民当家作主，体现出人民在国家治理体系中的主体性。民主与法治本身关系密切。从民主与科学的关系来看，一般情况下，在立法活动中越是发扬民主，立法就越可能科学。因为立法的“科学性”在很大程度上反映的正是立法与民众需求的契合度，立法的最重要使命在于实现利益调和的正当性而非对事实的精准描述。而这也是社会科学与自然科学对“科学”的理解存在差异之处。结合上述对“民主”意义的阐释，立法的“民主性”体现在两方面：第一，立法活动的主体是人民；第二，立法内容反映人民的意志。胡玉鸿站在法的层面对“事物本质”的描述是，所谓事物本质，是指存在于事物内部的固有、常态的秩序，它能够为理性的人们所理解、掌握。不仅如此，事物虽然处于不断的发展变化之中，但事物的本质并不会轻易地发生改变。立法者只有对事物的本质有着切实的了解，才能够作出科学而合理的立法决定。[205] 可见，立法者对事物本质的把握就意味着对立法科学性的把握。同时，胡玉鸿也指出：“更为重要的是，事物本质更多的是指称人的本质，因而，以事物本质作为法律的终极依据，也就是以人作为法律的终极依据。”[206] 这就一针见血地指出了立法本质在于对人的关怀，因而能推导出立法的科学性在于实现人的利益，这时民主价值就与立法的科学性关联起来了。科学立法与民主立法的关系反过来也是一样的，立法要实现科学化，就要尽可能地实现民主最大化。

2019 年 11 月，习近平总书记在上海考察时提出的“全过程人民民主”理念，成为新时代发展社会主义民主政治、建设社会主义政治文明的指引和遵循。[207] “从法理的层面而言，全过程人民民主是程序与实体、手段与目的、过程与结果

---

[205] 胡玉鸿：《“法律人”建构论纲》，载《中国法学》2006 年第 5 期。

[206] 胡玉鸿：《“法律人”建构论纲》，载《中国法学》2006 年第 5 期。

[207] 本书编写组编著：《党的十九届六中全会（决议）学习辅导百问》，党建读物出版社、学习出版社 2021 年版，第 136 页。

的辩证统一。"[208]在立法过程中,民主本身既是法律所要建构和维护的基本制度、基本原则和基本权利,又可以作为一种程序,体现为人民在决策、立法及参与上的形式、步骤和方法。这其中,民主作为立法程序的价值之一,要凸显立法对大众利益的全面关照,促进大众对立法的全面接受,这就意味着立法过程是一个民众广泛参与的过程,背后必然存在吸纳多元主体进入立法场域的制度。因此,民主管理体现在立法过程中,意味着需要以可见的方式在立法过程中得到程序性的保障。民主参与有利于持续激发人民群众的积极性、主动性和创造性,为立法、决策贡献社会共识和群众智慧。民主又是社会主义核心价值观的重要组成部分,对民众主体性的推崇是社会主义法治建设的必要条件,确定并发扬民主立法,使社会主义核心价值观在立法过程中得到进一步弘扬。

1. 充分发挥人大在立法过程中的主导作用

我国国情决定推行民主化立法,无法做到让所有民众都能切实参与立法活动,而要通过民选代表的方式构建相应的立法制度。我国现有的人民代表大会制度就反映了民选代表的优越性。在立法经验上,人大立法制度充分将这种民意表现在立法过程中。因而,我国人大的地位与性质以及立法权的属性决定了我国的立法工作应由人大来主导。以人大主导立法,意味着民选代表将民众的意见表达于立法过程,最大可能地在立法过程中实现社会主义核心价值观中的"民主"。另外,人大代表代表了不同阶层的民众,意味着在立法过程中不同阶层民众的话语权是平等的。"人大主导立法"是我国立法体制的根本要求,同时也为立法获得正当性与权威性提供支持。党的十八届四中全会通过的《中共中央关于全面推进依法治国若干重大问题的决定》中指出:"健全有立法权的人大主导立法工作的体制机制,发挥人大及其常委会在立法工作中的主导作用。"[209]党的十九大报告再次提出,发挥人大及其常委会在立法工作中的主导作用,健全人大组织制度和工作制度,支持和保证人大依法行使立法权、监督权、决定权、任免权,更好发挥人大代表作用。"《立法法》中也对人大在立法中的主导作用进行了相应的规定。[210]立法是一项系统性的工作,人大及其常委会的主导作用体现在法律法规的立项、起草、审议、修改、表决等各个环节。宏观层面,人大及其常委会通过每届任期的立法规划、年度立法计划,加强对立法工作的总体把控,从

[208] 胡玉鸿:《全过程人民民主的法理释读》,载《法律科学(西北政法大学学报)》2022年第4期。

[209] 《中共中央关于全面推进依法治国若干重大问题的决定》,载中国政府网,http://www.gov.cn/xinwen/2014-10/28/content_2771714.htm。

[210] 《立法法》第54条规定:"全国人民代表大会及其常务委员会加强对立法工作的组织协调,发挥在立法工作中的主导作用。"

而把握立法进度;微观层面,对于法律中的关键性条款,积极督促有关部门“下决心、想办法”解决,切实做到人大主导立法。

纵观我国立法发展,人大主导立法存在缺陷,主要体现在相关制度优势没有充分被挖掘,人民的利益没有完全通过民选代表体现在立法过程中。正如有的学者所言,“一个显著的事实就是,人大立法权、尤其是人民代表大会立法权的虚置弱化以及由此形成的立法过程中‘人民形式上有权、实际上无权’的状况”,[211]使提升人大主导立法的能力,成为加强和改进立法工作、提升立法质量的基本着力点。要发挥人大在立法中的主导作用,首先要发挥人大各专门委员会在起草法案、提出法案中的作用;其次要发挥各级人大代表在立法工作中的积极性;最后要发挥人大专业立法人才的作用,优化和调整立法工作人员结构,建设高素质的立法工作队伍。与此同时,人大在主导立法工作时切忌只听一家之言,还需调和与党委、政府、政协等多个主体的外部关系。

2. 完善基层立法联系点制度

基层立法联系点制度是全过程人民民主的生动实践,也是我们对过往基层立法实践经验的全面总结。《中共中央关于全面推进依法治国若干重大问题的决定》提出了建立基层立法联系点的要求——“建立基层立法联系点制度,推进立法精细化”。2015 年全国人大常委会法工委遴选首批位于东部、中部、西部 3 个区域的 4 个基层立法联系点,分别是上海市虹桥街道办事处、江西省景德镇市人大常委会、湖北省襄阳市人大常委会、甘肃省临洮县人大常委会。首批 4 个基层立法联系点涵盖了市、县、街 3 个层次。2021 年 7 月,增设 12 个地方和单位为基层立法联系点。[212] 2022 年 8 月,第四批全国人大常委会法工委基层立法联系点确定,增设 10 个基层立法联系点,在全国 31 个省(自治区、直辖市)实现全国

---

〔211〕 封丽霞:《人大主导立法的可能及其限度》,载《法学评论》2017 年第 5 期。

〔212〕 2021 年 7 月,增设北京市朝阳区人大常委会、天津市和平区小白楼街道办事处、重庆市沙坪坝区人大常委会、山东省青岛市黄岛区人大常委会、安徽省合肥市人大常委会、福建省上杭县才溪镇人大主席团、海南省三亚市崖州湾科技城、河南省驻马店市人大常委会、湖南省长沙市人大常委会、四川省雅安市人大常委会、贵州省毕节市人大常委会、陕西省汉中市人大常委会等 12 个地方和单位为基层立法联系点。参见《从 4 到 22,基层立法联系点开启国家立法“直通车”》,载中国人大网,http://www.npc.gov.cn/npc/c2/c30834/202111/t20211104_314467.html。

人大常委会法工委基层立法联系点的全覆盖。[213] 基层立法联系点自设立以来，经历了“地方实验—制度扩散—功能拓展”三个阶段。全国人大常委会制定的《基层立法联系点工作规则》明确发挥联系点六个方面的作用：一是就立法规划、立法计划、法律草案征集意见建议；二是协助立法机关赴联系点开展立法问题调研，或接受立法机关委托开展立法问题调研；三是派员参加立法机关组织的立法座谈会、论证会、听证会；四是跟踪法律实施情况，收集修改完善法律的建议；五是结合立法工作开展法制宣传活动；六是征集对立法工作的意见建议。同时，该规则还明确，联系点工作要与普法宣传工作结合起来，与参与社会治理工作结合起来。[214] 经过多年实践，基层立法联系点已发展成为倾听民意、了解民情、汇聚民智、发扬民主的重要平台与载体，其形式多样、内容丰富，极大地拓宽了公众参与立法的途径。[215] 在探索基层立法联系点的优势基础上，将其在各层级立法中逐渐推广，是推进立法民主性的重要渠道。

基层立法联系点是基于基层立法的主体互动需要所设立的基层立法单位，它的运作需要围绕制度逻辑，实现立法活动的有效性与正当性。具体而言，基层立法联系点的功能核心在于“联系”。所谓“联系”意味着多元主体的联结，对于立法活动而言，意味着将法律规定的立法参与主体扩展到联系点的组织场域，并整合这些主体提供的立法信息。无论是中央层面的基层立法联系点，还是地方层面的基层立法联系点，都体现了立法应遵循的全过程人民民主之逻辑。而立法活动所体现的民主，本身是《立法法》等相关规定的要求，也体现了立法的正当维度。

对于基层立法联系点而言，其体现的治理良善意义主要面向的是立法过程的良善，它包括了两个方面。一方面，通过整合多元主体对立法的参与实现治理之程序良善。俞可平强调了“善治”中公民角色的重要性：“善治的本质特征，就在于它是政府与公民对公共生活的合作管理，是政治国家与公民社会的一种新

---

[213] 增设的10个基层立法联系点包括：山西省太原市杏花岭区杏花岭区域党群服务中心、内蒙古自治区鄂尔多斯市人大常委会、辽宁省大连市西岗区人民广场街道办事处、吉林省珲春市人大常委会、北大荒集团黑龙江尖山农场有限公司、云南省大理白族自治州人大常委会、西藏自治区拉萨市堆龙德庆区东嘎街道办事处、青海省格尔木市人大常委会、宁夏回族自治区平罗县人大常委会、新疆维吾尔自治区伊宁县胡地亚于孜镇人大主席团，载新华网，http://www.xinhuanet.com/legal/2022-08/26/c_1128950389.htm。

[214] 王伊瑶：《充分发挥基层立法联系点在公众参与立法中的作用》，载《人大研究》2022年第7期。

[215] 中国法学会立法学研究会秘书处：《不断推进基层立法联系点制度发展和实践创新——中国法学会立法学研究会“基层立法联系点的实践与理论研讨会”发言摘报》，载《人大研究》2022年第7期。

型关系，是两者的最佳状态。”[216] 对于基层立法联系点而言，其通过立法机构与公民生活需求的直接对话，实现了政治国家与公民社会的有机联系，无疑是“善治”的体现。基于对“善治”的推崇，基层立法联系点制度中民众与基层政府的互动，是基层“善治”所不可或缺的。另一方面，基层立法联系点通过收集、筛选各立法参与主体提供的立法信息形成基层立法的正当决断——基于基层利益的正当性形成的立法结论。因而，基层立法联系点的存在，不仅是公众参与立法的新途径，还充分彰显了基层治理的应有价值取向，是基层治理不可或缺的角色。我们对立法过程的探究，需要充分考量基层立法联系点在治理中发挥的优势。

3. 扎实推进全过程人民民主

全过程人民民主是围绕中国特色社会主义建设的需求提出的重大理念，是对我国人民民主理论的创新发展。这突出表现在强调人民民主的全程性，即民主主体的广泛性、民主生活的全域性、民主过程的持续性、民主流程的闭合性。[217] 围绕全过程人民民主的理念，民众对治理活动的参与得到进一步提升。党的二十大报告强调，发展全过程人民民主，保障人民当家作主。作为我国独有的民主形式，全过程人民民主是一种在党的领导下，全链条、全方位、全覆盖的民主。全过程人民民主的实践就是求同存异的一个过程，其科学价值在于从法律、政策、决策的科学性、正当性着眼，强调通过全过程人民民主集中群众智慧经验，尊重群众首创精神，使普遍规范建立在民意、民智、民心之上，有社会共识的支撑。[218] 细化并扎实推进全过程人民民主，实现其与立法过程中的民主性制度的完善工作的同步展开。而立法活动的三阶段，即立法准备阶段、从法案到法的阶段以及立法的完善阶段都涉及民主化的问题。具体而言，涉及立法主体、立法体制、立法效力、立法程序、立法的利益分配、立法的公众参与、立法预测、立法规划、立法协商、立法起草、立法决策、立法解释、立法修正、立法监督乃至立法技术、立法语言等方面。

全过程人民民主是社会主义核心价值观在政治领域中的高度提炼和总结。立法作为我国一项重要的政治活动，它的过程也是践行并弘扬社会主义核心价值观的过程。“立法的民主化意味着国家立法活动的所有领域和不同阶段都要坚持民主价值的指导，在决策的关键环节都要有‘多数人统治’的决断机制发挥

[216] 俞可平：《论国家治理的现代化》，社会科学文献出版社 2014 年版，第 59 页。

[217] 李忠：《论全过程人民民主的制度化法律化》，载《西北大学学报（哲学社会科学版）》2022 年第 1 期。

[218] 胡玉鸿：《全过程人民民主的价值依归》，载《上海政法学院学报（法治论丛）》2022 年第 3 期。

决定性作用。”[219] 在我国，立法民主化的本质是在人民民主专政的国体和人民代表大会制度的政体基础上，积极发扬社会主义民主，使法律真正反映最广大人民的共同意愿、充分实现最广大人民的民主权利、切实维护最广大人民的根本利益。同时，实现民主立法，得充分保证人民通过多种途径有序参与立法，使立法更好地体现民情、汇聚民意、集中民智，使立法能够贴近民众的具体需求而非远离民众的实际生活。所以，我国立法内容的民主化，还要求在立法之后通过法律实施的实践来检验立法的成效；而立法过程的民主化，则要求在立法中通过保证立法权正当行使的民主程序控制来加以实现。[220] 立法过程中全过程人民民主的实践就是社会主义核心价值观在立法过程中的体现。其中民主价值本身就是国家层面的价值理念。因而，国家相关立法活动遵循民主原则也是其题中应有之义。

（三）依法立法的持续强化

立法应当遵循宪法的基本原则，应当按照法定的权限和程序，从国家整体利益出发，维护社会主义法制的统一和尊严，此乃依法立法的核心要义。有学者指出，立法程序是影响立法质量的关键因素：激情、鲁莽、专断将被程序一一化解，唯存理性；偏私、贪婪、邪恶将被程序一一阻隔，唯有正义。[221] 如何构建正当的程序使其在立法过程中发挥上述功能以实现正义，是我们需要思考的问题。因为正当的立法程序意味着在法律规定的权限范围内按照时空要求从事立法活动，体现了立法过程的“形式理性”。由此可见，将社会主义核心价值观融入立法过程，更重要的是对依法立法的遵守。

1. 立法权限的优化配置

目前，理论界对立法权的定义，尚无定论。例如，我国有的学者认为，“立法权是由特定国家机关行使的，在国家权力体系中占据特殊地位的，用来制定、认可和变动法的综合性权力体系”[222]。其强调立法权是一种综合性权力体系，不是一种单一的权力结构。有的学者认为，“立法权主要是一个国家政体结构意义上的概念，它的存在以分权学说和分权制度为前提；它的归属以立法机关为主体；它的功能既包括立法，也包括议决预算、监督、调查、宣战媾和、质询、弹劾

---

[219] 莫纪宏：《在法治轨道上有序推进“全过程人民民主”》，载《中国法学》2021 年第 6 期。

[220] 朱力宇：《全过程人民民主在我国立法中的体现论析》，载《人权》2022 年第 1 期。

[221] 孙潮、徐向华：《论我国立法程序的完善》，载《中国法学》2003 年第 5 期。

[222] 周旺生：《立法学》（第 2 版），法律出版社 2009 年版，第 198 页。

等”[223]。其强调立法权源于国家主权,这一概念的确立是以政府职能区分的需要及其现实运作为前提。毫无疑问的是,立法权的观念源自分权思想,分权思想的本质又在于权力的制约。毕竟,权力具有天然的扩张属性,权力的扩张意味着对权利的压缩,这就悖离了权力的初衷——民众通过社会契约,基于权利让渡而形成的权力在本质上应是服务于权利的实现的。因此,无论是权利对权力的制约还是权力之间的相互制约都是文明社会必不可少的。“立法权”的内涵和外延,本身就意味着对该权力的形式形成了一定的限制。立法权的现实化必须依靠组织这一制度载体来实现,而组织的运行则是一个制度化的过程。结合对组织制度的相关权力制约的法理,我们应围绕权力的关系型结构分析权力的应有形态。具体而言,权力结构是以权力为核心、以关系为纽带而形成的体系。同时,权力结构又具有明显的纵向与横向嵌套的特征。所谓纵向嵌套性,是指每个权力结构都可视为上一级的“子结构”,不同层次的权力结构之间的分权与集权。横向嵌套性则是指,同一层级的权力结构中,不同权力主体之间权力的分工与协调关系。[224] 可见,通过“嵌套性”,权力的职能划分得以明确,权力的相互制约也得以实现。因而,权力结构相应就有制约与集权两种结构。由此可见,组织结构与权力结构之间互相影响。立法权配置的核心问题就是在集权与分权之间寻求动态的平衡点。[225]

新时代的国家治理是以功能分化为基础的多层级治理,各个治理主体之间不再是单向的“命令—控制”关系,而是“自主—相互依存—协同”的宪制合作关系。对于立法体系而言,不同层级的立法主体的“依存”与“协同”体现了国家立法对新时代治理需求的满足。我国是统一的单一制国家,从而确立了我国统一而又分层次的立法体制。从立法权限划分的角度看,我国的立法体制是中央统一领导和一定程度分权的,多级并存、多类结合的立法权限划分体制,由最高权力机关及其常设机关统一领导,国务院行使相当大的权力,地方行使一定权力。这样的体制使我国的立法权限在多层级主体之间实现合理分配,且能够基于权限的大小理清、协调各层级的规范。长期的立法实践暴露出我国的立法体制在某些方面仍存在不足,表现在功能分化的充分性、不同立法层级之间的平等互动、演化的固有动力等方面。面对这一困境,将我国立法体制的优化置于国家治

[223] 李林:《立法权与立法的民主化》,载《清华法治论衡》2000 年第 00 期。

[224] 宋方青、姜孝贤、程庆栋:《我国地方立法权配置的理论与实践研究》,法律出版社 2018 年版,第 350 - 351 页。

[225] 宋方青、姜孝贤、程庆栋:《我国地方立法权配置的理论与实践研究》,法律出版社 2018 年版,第 47 页。

理现代化的语境予以把握。从新时代的国家治理角度出发，基于功能分化为基础的多层级治理以及各个治理主体之间的宪制合作关系，我国立法体制的优化包括三个方向：一是在维持立法系统的功能分化的基础上，建构以"竞争性单一制"为基础的功能分化式立法体制；二是借助基于结构耦合的宪制合作机制来协调各立法层级之间的互动；三是引入辅助性原则和相互承认规则作为立法权配置的方法论原则，为中央与地方、不同地方之间构建适度的立法竞争格局，为立法体制的进一步优化提供宪制动力。〔226〕 这三个方向面向的是立法权的限制与立法权的实现之间的辩证关系，即在权力相互制约的前提下发挥出立法应有的、能够对社会关系进行理性调控的功效。

2. 备案审查的程序保障

备案审查是我国保障法制统一、政令畅通的一种宪法法律监督制度。备案的目的之一，就是使报送备案的法规和规章能够接受有关国家机关的审查监督，是我国立法监督的重要方式。备案审查的程序，有利于实现立法的合宪性要求，因为备案审查制度对于违背上位法的立法起到了纠偏作用，这种纠偏意味着对整个立法体系的完备，宪法位于整个法律体系的最高位阶，立法体系的完备自然意味着对宪法规定和宪法精神的遵从。因此，在当前的立法体系下，需要加强对立法形式、立法过程和立法结果等方方面面的监督，以防止产生不合宪或违法的法律性文件，避免立法体系内部混乱冲突，从而保障公民的基本权利，故对备案审查制度的理解，也要从立法监督的角度予以考量。〔227〕 党的二十大报告指出，要完善和加强备案审查制度。而这体现的就是宪法对法律的监督，使法律不与宪法的相关规定相抵触。《立法法》第五章"适用与备案审查"比较集中地体现出我国对立法进行民主监督的特点。〔228〕

在立法过程中完善并弘扬社会主义核心价值观，确保良法善治的实现，一方

---

〔226〕 姜孝贤：《论我国立法体制的优化》，载《法制与社会发展》2021 年第 5 期。

〔227〕 秦前红、李雷：《人大如何在多元备案审查体系中保持主导性》，载《政法论丛》2018 年第 3 期。

〔228〕 《立法法》第 110 条规定："国务院、中央军事委员会、国家监察委员会、最高人民法院、最高人民检察院和各省、自治区、直辖市的人民代表大会常务委员会认为行政法规、地方性法规、自治条例和单行条例同宪法或者法律相抵触，或者存在合宪性、合法性问题的，可以向全国人民代表大会常务委员会书面提出进行审查的要求，由全国人民代表大会有关的专门委员会和常务委员会工作机构进行审查、提出意见。前款规定以外的其他国家机关和社会团体、企业事业组织以及公民认为行政法规、地方性法规、自治条例和单行条例同宪法或者法律相抵触的，可以向全国人民代表大会常务委员会书面提出进行审查的建议，由常务委员会工作机构进行审查；必要时，送有关的专门委员会进行审查、提出意见。"第 113 条规定："全国人民代表大会有关的专门委员会、常务委员会工作机构应当按照规定要求，将审查情况向提出审查建议的国家机关、社会团体、企业事业组织以及公民反馈，并可以向社会公开。"

面,要通过民主科学的方法制定法律,保证法律能够准确地反映社会中绝大多数人的理性意志;另一方面,还要通过备案审查制度,及时地对违反宪法以及上位法规定的法律法规进行修改或废止。检视当下我国立法的现状可以发现,现行法律法规体系之中,与社会主义核心价值观的要求不相适应的法律规定不在少数。[229] 改变和撤销是最能体现立法监督效果、监督力度最大的一种立法监督方式,但我国现有的改变和撤销程序并不完善,在实践中运用很少。因而,加强立法备案审查制度,建立健全法律法规清理机制,依照法定程序及时修改和废止,能够确保良法的形成与维护,从而完善中国特色社会主义法律体系。

3. 合宪性审查的制度空间

合宪性审查,是指为了确保宪法的最高法地位,由有权机关对国家公权力机关的规范和行为的合宪性进行判断。[230] 合宪性审查机制预设了党和国家拥护宪法在整个法律体系中的地位,从而基由这种机制的运行,促进立法能够以宪法为中心形成体系严谨的规范结构。这种预设意味着对宪法权威的尊重。同时,合宪性审查也要先假定立法是合乎宪法的,从这样的假定出发,逐步找寻其悖离宪法之处,这种假定也意味着对以宪法为中心的法律体系的形式理性的推崇,意味着对立法合法性的价值取向。鉴于我国社会目前在治理规则上存在治理规则不统一、不稳定、不确定性等问题,推进合宪性审查的系统化建设具有紧迫性。如果说备案审查强调审查的"途径"和"方式",那么合宪性审查强调的则是审查的"属性"问题。[231] 党的十八大报告中社会主义核心价值观的提出,有效整合了社会意识,是社会系统得以正常运转、社会秩序得以被有效维护的重要途径。社会主义核心价值观的提出,从观念、制度、秩序、生活等方面进行了深层次的凝练概括。社会主义核心价值观首先是人们在生活中的一种观念,通过宪法和法律将其转化为制度,从而形成一种客观秩序,以此来保障人们的社会生活。换言之,社会主义核心价值观在宪法已经确认的前提下,由法律在特定领域中具体化,宪法和法律的实施就是捍卫、弘扬、保障社会主义核心价值观的过程。[232]

合宪性审查的目的是实现宪法对立法的指引,推动立法对宪法的遵循,而宪法的核心价值则在于人权保障。宪法的有效实施,不仅保证了统一宪法秩序的

---

〔229〕 刘风景:《社会主义核心价值观入法的理据与方式》,载《当代世界与社会主义》2017 年第 4 期。

〔230〕 王锴:《合宪性审查的百年历程与未来展望》,载《环球法律评论》2022 年第 3 期。

〔231〕 苗连营:《合宪性审查的制度雏形及其展开》,载《法学评论》2018 年第 6 期。

〔232〕 胡锦光:《论推进合宪性审查工作的体系化》,载《法律科学(西北政法大学学报)》2018 年第 2 期。

实现，还促使社会主义核心价值观在以宪法为核心的法律体系中得以弘扬，使全体社会成员达成社会共识。但实践中，社会主义核心价值观虽然已经进入宪法，但在法律的立改废释方面往往因为观念向制度、制度向秩序转换的阻碍而体现出消极性。[233] 党的二十大报告指出，要加强宪法实施和监督，健全保证宪法全面实施的制度体系……统筹立改废释纂，增强立法系统性、整体性、协同性、时效性。据此，合宪性审查为建立健全社会主义核心价值观入法提供了专门的制度支撑。合宪性审查作为一种专门的监督制度，对法规范的合宪性进行审查，推动社会主义核心价值观在各层级法规范中层层传递。与此同时，合宪性审查也能够将社会主义核心价值观作为规范意义上的评价标准，起到立法导向的作用。

立法的合宪性审查过程将社会主义核心价值观中的法治融入了立法过程，使立法过程严格地遵循了上位法的规定，保持了立法的融贯性。并且，在合宪性审查的过程中，中国特色社会主义宪法所主张的民主、自由、文明等价值也会融入立法过程中，这意味着在对立法实施合宪性审查的时候，社会主义核心价值观的融入是全方位的。

总之，社会主义核心价值观本身反映了人的正当权益，将其融入立法过程，也体现了立法工作对人的终极意义的关怀。立法是一项复杂的系统工作，与民众的权益息息相关，其不完全是人大或者政府的工作，也需要全社会多元主体共同参与、共同协商。这要求社会主义核心价值观融入立法过程的完善路径，要紧紧围绕立法过程展开的各个环节进行，实现过程与结果的有机统一。

---

〔233〕 刘志刚、万千慧：《宪法与社会主义核心价值观的融合发展及实现机制》，载《河北法学》2020年第10期。

第三章

完善弘扬社会主义核心价值观的法治实施体系

建设中国特色社会主义法治体系是党的十八届四中全会提出的全面推进依法治国的总目标。其中,建设高效的法治实施体系是重要的组成部分,是良法善治的着力点。党的二十大报告指出要“以良法促进发展、保障善治”“在法治轨道上全面建设社会主义现代化国家”,突出强调“更好发挥法治固根本、稳预期、利长远的保障作用”。这说明,从“良法”到“善治”,是世界法治文明历程所彰显的永恒追求,也是人类社会发展历史的经验总结。如果说“良法”是立法的永恒追求,那么“善治”便是面向法治实施的价值观。实践经验表明,将社会主义核心价值观融入法治建设的全过程和法治实施全环节,已经成为完善法治实施体系的必要环节。在此背景下,有必要夯实社会主义核心价值观融入法治实施体系的基础理论,分析当前法治实施体系的现状及其问题,探索社会主义核心价值观融入法治实施体系的方法路径。

第一节 法治实施体系的构成

建设高效的法治实施体系是建设中国特色社会主义法治体系中的重要环节。欲研究完善弘扬社会主义核心价值观的法治实施体系,首先要厘清法治实施体系的概念内涵,识别法治实施体系中的关键问题,梳理社会主义核心价值观与法治实施体系的内在关联。只有对这些基本问题进行剖析,我们才可以为后文的讨论奠定基础、指明方向。

一、法治实施体系的概念

社会主义核心价值观是社会主义核心价值体系基本理念的统一体,党的十八大报告关于社会主义核心价值观的表述明确了社会主义核心价值体系的基本内容。社会主义核心价值观分别从国家层面、社会层面、个人层面对社会主义核心价值体系提出了精确的判断。其中,富强、民主、文明、和谐是国家层面的价值取向,自由、平等、公正、法治是社会层面的价值取向,爱国、敬业、诚信、友善是公民个人层面的价值准则。其中,国家层面的社会主义核心价值观是理想目标,个人层面的社会主义核心价值观是社会道德生活的基础,社会层面的社会主义核心价值观则是沟通国家层面与个人层面不可或缺的中间阶段。将社会主义核心价值观融入法治实施体系,首先需要我们厘清究竟什么是法治实施体系,以及社会主义核心价值观为何需要融入法治实施体系。

(一)从法律实施到法治实施

"法治实施体系"是党的十八届四中全会提出的,是党在中国特色社会主义法治思想理论的重大创新和重大突破,是在法律实施基础上作出的重大理论贡献。法律的生命在于实施,只有把法律落到实处才能保证法律的权威得到体现,无论立法者制定的法律在体系上多么完备、逻辑上多么严谨,如果没办法在现实生活中得到有效实施,且不能指导人们的行为选择,那么法治也将无从谈起。在古希腊思想家亚里士多德看来,所谓的"法治"就是立法者制定的良善法律能够被严格执行。在逻辑结构上,亚里士多德的"法治"观念包含两种义务:一种义务针对立法者,指向立法质量;另一种义务针对法律受众(包括司法者、执法者、一般公民),指向法的实效,也就是法律实施环节的效果。因此,从亚里士多德的观点出发,可以说法律实施是实现法治的重要组成部分,并且与"法的实效"存在密切的联系。法律实施是立法活动的延续,立法者制定的法律无论多么良善,离开了法律实施环节都无异于无源之水、无根之木。对此,清末法学家沈家本有言:"法立而不行,与无法等。"所谓"法律实施",简单地说,就是指"书本上的法律"变成"行动中的法律"。但是,"法律实施"究竟由哪些环节构成,我国学者的表述存在细微的差别。有的学者认为法律实施就是指法律的贯彻落实,只谈及法律执行机关执行法律和一般公民遵守法律两种环节;[1]还有学者基于"法律生命周期"的"过程三部曲"提出,法律实施不同于制定过程和解释过程,是一种与法律制定和法律解释处于同一水平的范畴,法律实施就是指法律的适用。[2]

上述几种观点存在初步的共识,但也有一定的分歧。此处较有争议的是,守法行为是否应该纳入法律实施范畴。如果把法律实施的类型划分为主动实施法律和被动遵守法律,那么公民的守法行为自然也属于法律实施。再者,从宽泛意义上来讲,公民的守法行为不仅仅包括被动地遵守法律(不违法),也包括主动行使权利、承担义务,从这一意义上讲,守法也可以被归入最广义的法律实施中。

---

〔1〕 夏锦文:《法律实施及其相关概念辨析》,载《法学论坛》2003年第6期。

〔2〕 肖强:《法律实施学刍议》,载《法学杂志》2017年第1期。

有学者就提出:“守法是法律实施的一种最正常和最自然的方式,是法律主体自觉自愿的行为,也是法律实施的最经济途径。”[3]除此之外,我国法理学教材倾向于采取较为广义的“法律实施”概念,即把执法、司法、守法、法律监督视为主要的环节,这种“四分法”主要是为了将“法律实施”和“法律制定”区分开来。

不过,即便是目前法理学教材通行的这一观点,在学术界当中也存在一些分歧。最主要的分歧在于如何处理“宪法实施”与“法律实施”的关系。在法律实施过程中,尊重和维护宪法的权威当然是极为重要的原则,但是否可以就此认为“宪法实施”就是“法律实施”的其中一个环节?一些学者认为,在我国,宪法实施的方式主要是通过立法手段转变为具体部门法中的规定,只有这样,宪法上规定的权利(力)义务关系才有可能转变为具体部门法上的权利义务。同时,由于宪法在一个国家中占据重要地位,可以说宪法实施又是整个法律实施的基础与关键。由于“宪法实施”相较“法律实施”有其独特的地方,本章在界定“法律实施”时延续了目前主流法理学教材的观点,并未将一般意义上的“宪法实施”环节也纳入其中,以免造成概念上的牵强附会。同时,本章在论述过程中,将主要讨论执法、司法、守法这三个最典型的环节。

在传统法学理论中,“法律实施”是一个偏重法律运作实效的概念。“法治实施”与“法律实施”虽然都强调法律在功能意义上的运作,但这两个概念之间依然有着一定的区分。虽然二者都包含了法的动态实施,但二者着重点是有区别的。法律实施仅仅是指法律制度在现实生活中得到贯彻和执行,它只是强调法律制度从应然意义上的规范效力转变成实然意义上的现实效果。法律实施只是对法律运作的一种价值上中立的描述,因此即便是在道德上不完美的法律制度之下,同样也可以说存在法律实施。相比之下,“法治实施”虽然以“法”作为实施对象,但其更强调“治”,也就是“善治”。法律实施只是指法律制度的执行和落实,是偏向价值中立的,而法治实施不仅要求法律得到贯彻落实,还要求法律实施的过程必须体现法治价值。从这个意义上来讲,“法律实施”和“法治实施”就是“法制”和“法治”在应然方面上的延伸。法律实施同法制一样,它们的产生和发展与有组织的社会结构(最典型的就是国家)产生直接联系,并且高度依赖国家强制力(如警察、法院等)。它们是客观存在的国家管理制度和手段。而法治实施则是民主政治下的产物,法治是相对“人治”而言的国家、社会治理的理论、方法、原则。如果把这个问题放在“法概念”的理论背景下加以阐释,则可以说古往今来法学理论对法概念问题的答复大致上都会侧重权威的制定性、

[3] 李龙、孙来清:《论法律权威的生成机制及其维护》,载《湖北社会科学》2015 年第 7 期。

社会的实效性以及内容的正确性之间的彼此关联及其比重分配。[4] 法律实施侧重前两种要素,而法治实施则侧重后两种要素,尤其是内容正确性。

鉴于法律实施与法治实施在概念上存在较为明显的差异,可以说法治实施体系的内涵超越了法律实施。过去很长一段时间里,法学界在谈及法律的运作与执行时,多使用"法的实施""法的运行""法律实施"等提法,在党的十八届四中全会之后才开始逐渐使用"法治实施"这一概念。而对于"法治实施体系",不同的学者对这一概念的理解并不一样。有的学者认为:"法律实施是法治实施体系的核心和基础,但法律实施并不等于法治实施。法治实施不仅包括法律实施,还包括党内法规实施、社会组织规范实施、道德规范实施以及乡规民约等社会生活规范实施等在内的实施体系。"[5]有的学者则认为,法律实施和法治实施"在法治实施体系这一论域中的区别并不大",其理由主要是法治以法律为基础,法治实施体系的最终目的就是法律的实现。[6] 其实这些看法已经在不同层面上留意到了法律实施与法治实施之间的关系。整体而言,法律实施是法治实施的基础和核心,法治实施则是法律实施经过升华后的高级阶段。在"有法可依"问题已经得到总体解决,中国特色社会主义法律体系基本建成的情况下,逐步推进法律实施向法治实施的转向,意味着我国法律实施工作走向了新的历史阶段。

(二)从法治实施到法治实施体系

中华人民共和国成立以来,我国法治建设走过了漫长而光辉的历程,在很多方面都取得了值得历史书写的贡献。党的十一届三中全会上提出"有法可依,有法必依,执法必严,违法必究"的方针,标志着我国法治建设步入了新的轨道。由于当时我国法律制度遭受严重破坏,通过立法手段建立体系化的法律制度成了很长一段时间里我国法治建设的重点。很长一段时间以来,我国法治建设的主要重心在于完善法律制度体系,因此是"立法中心主义"的。然而,仅仅依靠立法并不足以保证法律制度的贯彻落实,在相当长的时间内,我国很多法律制度规定并未得到贯彻落实。

党的十八大以来,以习近平同志为核心的党中央高度重视依法治国,围绕新

---

〔4〕 [德]罗伯特·阿列克西:《法概念与法效力》,王鹏翔译,商务印书馆2015年版,第13页。

〔5〕 孙来清:《马克思主义法学观与依法治国(下)——访武汉大学人文社科资深教授李龙》,载《马克思主义研究》2015年第9期。

〔6〕 李中天:《中国特色社会主义"法治实施体系"研究动态述评》,载《湖北行政学院学报》2015年第4期。

时代全面依法治国的历史意义、战略布局、具体举措等问题，提出了一系列具有原创性的理论观点和思想创新。党中央高度重视法治实施在依法治国基本方略中的重要地位。党的十八大报告提出："要推进科学立法、严格执法、公正司法、全民守法，坚持法律面前人人平等，保证有法必依、执法必严、违法必究。"这段表述实际上已经明确地将执法、司法、守法作为法治实施体系的重要组成部分提出来了。党的十八届四中全会进一步提出，建设中国特色社会主义法治体系的关键环节之一，就是形成"在中国共产党领导下，坚持中国特色社会主义制度，贯彻中国特色社会主义法治理论，形成完备的法律规范体系、高效的法治实施体系、严密的法治监督体系、有力的法治保障体系，形成完善的党内法规体系"。"法治实施体系"是党的十八届四中全会的最新提法，是党关于建设中国特色社会主义法治的理论创新。这一战略定位意味着，法治实施体系是一个复杂的系统工程，是指执法、司法、守法等各个环节构成的体系。在党的二十大报告中，尽管没有出现"法治实施体系"的字眼，但充分体现了法治实施作为一项系统化工程的理念。在第七部分"坚持全面依法治国，推进法治中国建设"中，习近平总书记明确指出，"全面推进科学立法、严格执法、公正司法、全民守法，全面推进国家各方面工作法治化"。这意味着加快融合执法、司法、守法等环节，保障实施过程的体系性，将是今后法治实施工作的重点。

法治实施体系的提出并非空穴来风，这个概念意味着当前我国法治建设中的立法中心主义正在向法律实施发生战略转移，将逐步深化对法治实施过程中各个环节之间的相互衔接。党的十九届六中全会通过的《中共中央关于党的百年奋斗重大成就和历史经验的决议》对当前我国法治建设现状作了精确的总结，明确指出："党的十八大以来，中国特色社会主义法治体系不断健全，法治中国建设迈出坚实步伐，法治固根本、稳预期、利长远的保障作用进一步发挥，党运用法治方式领导和治理国家的能力显著增强。"然而，应当注意的是，法治实施是执法、司法、守法等环节共同构成的有机整体，其中一个环节出现问题，都可能会降低法治实施的有效性。公平正义是法治建设过程中必须坚持的底线，也是我国立法过程中始终追求的基本价值。但在执法、司法和守法等法治实施环节中，如何同样贯彻公平正义，合理、合法、有效地处理人民群众对公平正义的诉求与法律制度的供给能力之间的辩证关系，是我国法治实施体系建设中的痛点和难点。法治实施体系不同于法律实施过程，其强调的是不同的法律实施环节以一种体系化的协作方式联系在一起。

法治实施体系作为中国特色社会主义法治体系的五个核心元素之一，是"全面推进依法治国"本身的内在组成部分。正如一些学者指出的，"'全面推进依法治国'是对十五大以来'依法治国方略'的新发展。'全面'意味着作为一种治权结构,它必须强调治理体系内部不同主体和不同环节的协同性、互相作用和均衡发展"[7]。党的十五大以来,党和国家越来越深刻地意识到,法治建设必须坚持依法治国、依法执政、依法行政共同推进,坚持法治国家、法治政府、法治社会一体建设。严格执法、公正司法、全民守法所代表的法治实施环节,是实现上述两个坚持的重要组成部分。缺少了其中任一环节,法治实施都不可能完整。在这三个实施环节中,严格执法和公正司法是最为关键的环节,"在法治实施体系中,严格执法、公正司法是核心环节"[8]。"法治实施体系的常规力量是执法和司法,它们是将法律规范体系的效能发挥出来的关键。"[9]这是因为"法治政府"作为建设"法治国家"的关键,意味着一切国家公权力都必须要受到法律的限制,不仅要"把权力关进笼子里""让权力在阳光下运行",还要强调执法和司法的效率,"努力让人民群众在每一个案件中感受到公平正义"。然而,仅仅依靠严格执法和公正司法是远远不够的,脱离了全民守法,法治国家同样是难以为继的。

二、建立健全法治实施体系的主要问题

过去的10年是中国法治建设取得长足进步和历史性突破的10年,是中国特色社会主义法治体系建设取得历史性进展的10年。在这10年中,中国践行法治、尊奉法治、推动法治的能力不断提升。在过去10年中,我们见证了宪法实施机构的成立和合宪性审查、备案审查工作的推进,见证了行政执法体制的多轮改革,见证了司法领域纠正和防范冤错案件的决心,见证了基层法治社会建设的全面铺开。然而,在法治实施过程中,我们也应当留意到在执法、司法、守法等数个环节中,依然存在不少亟需解决的问题。

(一)法治实施中的严格执法与裁量问题

法律执行的关键难点在于裁量问题,无论是在司法裁判还是行政执法中,如何统一裁量基准,实现规则、标准、原则的相互融通,避免陷入武断和专制,一直以来都是学术界研究的热点问题。

众所周知,法律执行过程是规则与原则之间相互角力的过程。虽然规则意识是法律执行的基本原则,但任何规则在适用于具体情境时都可能会出现漏洞,

---

[7] 王旭:《"法治中国"命题的理论逻辑及其展开》,载《中国法学》2016年第1期。

[8] 张文显:《习近平法治思想的理论体系》,载《法制与社会发展》2021年第1期。

[9] 张文显:《习近平法治思想的基本精神和核心要义》,载《东方法学》2021年第1期。

更遑论法律体系中还充斥着许多法律标准、法律原则了。在法律规则、法律标准和法律原则中，决定法律不确定性的主要原因，往往是立法者在有意无意当中采取了不确定法律概念。例如，民法上的公序良俗原则、重大过失、显失公平，刑法上的犯罪行为显著轻微、社会危险性大等概念，无不寓示着严格照章办事并非法律实施的全部内容。裁量问题不仅存在于行政执法语境，还存在于司法语境。近年来，基层执法中的"裁量基准制度"、刑事案件中的量刑指南，以及我国最高人民法院正在推行的指导性案例制度，最终目标都是实现羁束与裁量的平衡。

然而，值得关注的问题是，目前我国尚未构建统一的裁量基准，行政执法领域内畸轻畸重、司法裁判中"同案不同判"的现象屡见不鲜，在相当大的程度上影响了法律统一适用和公众对法律的信心。在裁量权的行使方面，执法人员没有基于公平正义适当约束自由裁量权，赋予当事人必要的知情权、辩护权，在裁量幅度上轻重自由，导致法律实施风险不断放大。法学界普遍认为，裁量权并非不受限制，毋宁说是一种羁束性裁量。在法律官员运作裁量权的过程中，需要将之纳入法律规则、法律制度、法律精神当中实现裁量正义。如果说裁量的本质就是选择，选择与决策者的价值判断相关联，那么在我国追求"法律效果与社会效果有机统一"的过程中，裁量的运作必然离不开社会主义核心价值观的指引。

法治首先就是规则之治，在传统法律形式主义者看来就是要严格依据法律规则办事。按照传统形式主义的立场，法律适用的本质其实就是将具体个案涵摄到具有普遍意义的规范当中，从而演绎性地推导出所有合理的规范后果。质言之，具体个案已经被事先存在的法律规范所调整了。法律形式主义对规则意识的强调，源于对立法权威的尊重以及对法律执行机构的相对不信任，源于对道德原则的不可知论。在现实生活中，如果立法者已经制定好的法律规则被漠视，不能被贯彻落实，那么就相当于根本就不存在法律规则。如此一来，法治赖以存在的前提条件将荡然无存，整个社会将陷入无政府主义的混乱。

但是，同样应该指出的一点是，部分法律实证主义者或法律形式主义者对道德原则采取一种怀疑主义的立场，这导致他们在处理依法裁判问题时陷入了一种奇怪的"二分法"。也就是说，他们认为从语用学的角度来说，正义或不正义只是用来形容法律适用，而不属于法律的内容。[10] 如果说法律是极端不正义的，那么官员们确实可以依据道德上的理由偏离法律。但是，因为他们相信道德

---

〔10〕 例如，对于布莱克斯通而言，法律规范不得与客观正义标准发生冲突，这是法律规范在概念上得以成立的必要条件。但边沁和奥斯丁持反对意见，他们认为法律效力的标准并不包括对法律内容的道德约束。相关评述，See Kenneth H. Einar, *Morality and the Nature of Law*, Oxford University Press, 2019, p. 5。

理由是专断、不可靠的,所以相比较之下,严格遵守法律依然会是更好的选择。[11] 法律形式主义更相信形式(form),而不是价值(substance),这也是它在法学理论中声誉滑坡的重要原因。

(二)法治实施中的公正司法与价值判断问题

完善弘扬社会主义核心价值观的法治实施体系离不开法律方法论的研究。2016年12月25日,中共中央办公厅、国务院办公厅联合印发的《关于进一步把社会主义核心价值观融入法治建设的指导意见》提出,社会主义核心价值观是社会主义法治建设的灵魂;把社会主义核心价值观融入法治建设,是坚持依法治国和以德治国相结合的必然要求,是加强社会主义核心价值观建设的重要途径。从司法裁判的角度来说,法官应该严格依照法律规定裁判案件,因此司法的首要义务是以规则裁判。

但是,传统法教义学方法排除了法官的价值评价因素,只是将法官当作法律的喉舌、无声的复写纸,因此在面对需要进行权衡、衡量的价值冲突型案件时,其往往无法保证裁判结果的可接受性。从实践来看,法律实施活动经常要在严格规则与自由裁量之间取得恰当的平衡。以"天津大妈摆枪案"为例,尽管按照公安部有关"枪支"的技术定义和刑法上"非法持有枪支罪"的构成要件而论,法院可以按照"非法持有枪支罪"定罪量刑,但这种裁判结果并不符合公众对"看得见的正义"的期待,在情理上也不妥当。如果基于这种情理考量,从《刑法》总则部分有关犯罪行为"情节显著轻微危害不大的,不认为是犯罪"这一总括性的条款进行体系性解释,就可作出无罪处理。

将社会主义核心价值观融入法治实施体系,首先必须处理好法律这类"内容中立"的裁判基准和社会主义核心价值观所代表的价值评价因素的关系,恢复法教义学方法的价值论基础。法律推理和法律论证理论普遍认为,以情理为核心内容的要素在司法裁判中可以充当"二阶证成"的功能。同时,上述理论也区分了对裁判结果的发现以及对裁判结果的证成。从这些学理观点出发,检讨社会主义核心价值观在方法论意义上所承担的论证功效,无疑是重要的研究方向。

(三)法治实施中的全民守法与法律信仰问题

党的二十大报告深刻地指出:"法治社会是构筑法治国家的基础。"在法治

---

[11] David Lyons, *On Formal Justice*, 58 Cornell Law Review 838(1972).

实施过程中,公民是否能够在日常生活中以常态化的方式践行社会主义核心价值观,是否将法律内化为内心尊崇的行为规范,对我国法治建设的重要性无须赘言。公民的守法状态可以分为:初级层面上出于畏惧法律的惩罚而在行动上不违反法律,中级层面上因为接受法律的权威性而在行动上遵守法律,以及在高级层面上接受法律的道德权威性并在信念上将法律内化为行动自觉。从法治教育的角度来说,社会主义核心价值观要真正发挥作用,需要将之融入人们的信念和行为准则之中。党的二十大报告明确指出,弘扬社会主义法治精神,传承中华优秀传统法律文化,引导全体人民做社会主义法治的忠实崇尚者、自觉遵守者、坚定捍卫者。如何通过社会主义核心价值观的法治教育,提高公民的法律意识、权利意识、义务观念,最终实现对中国特色社会主义法律体系的信仰,将成为新时代中国面临的重要问题。

三、社会主义核心价值观与法治实施体系的内在关联

上文的分析主要是就当前我国法治实施体系中所存在的问题展开的。接下来,我们要讨论的问题则更为直截了当:既然我国法治实施体系中存在上述问题,那么社会主义核心价值观能够从哪些方面成为提升我国法治实施体系的重要臂助?在这里,我们可以从执法、司法和守法等法治实施体系的环节切入。

(一)社会主义核心价值观融入严格执法

严格执法是中国法治建设的重要环节,也是弘扬社会主义核心价值观进入法治实施体系的必然要求。清末法律改革家沈家本曾言:“法立而不行,与无法等。世未有无法之国,而能长安久治者也。”这句话的意思是,倘若空有法律的制定,却没有法律的严格实施,那么法律将形同虚设。同样的,将社会主义核心价值观融入执法体系,意味着要将社会主义核心价值观融入严格执法当中去,执法体系和社会主义核心价值观是相辅相成的。

当然,严格执行法律并不意味着我们要以一种纯粹工具论的立场来看待法律。相反,在法律的实施过程中,离不开社会主义核心价值观的指引。中华人民共和国成立以来,尊重和保障人权已经成为我国法治建设过程中不断追求的目标,在这个过程中我们也积累了不少丰富的经验。进入新时代以后,中国特色人权理论研究面临几个重要的问题,包括“发展马克思主义人权理论、立足本土的人权理论研究互鉴、人权实践新命题引发的新论域的研究,以及‘以人民为中

心’‘美好生活’‘人类命运共同体’理论阐释和话语表达的新命题”[12]。执行法律规定的最终目的是保障公民的自由、权利,以及维护社会公平正义。如果在执行法律的过程中忘却了这一初心,那么作为一种道德理想的法治建设将难以维系,我们所获得的也仅仅是一种道德上中立的甚至远远不及的“法制”。例如,如果派出所民警称接群众举报,以“放黄碟”为由闯入公民住所,那么公民的个人隐私权和住宅安宁权可能会受国家公权力侵害。

在执法问题上,还需要考虑到严格规则与自由裁量之间的关系。行政法学家戴维斯指出:“只要针对官员的权力的有效约束,仍然使得他能够在可能的行动方案或不行动方案之间做出选择,那么这个官员就拥有裁量权。”[13]在这里,戴维斯实际上是在说,裁量权诞生于严格法律规则之外,属于可由官员自由决定的领域。这就涉及规则的严格程度问题了。这是在司法裁判的意义上而言的,英国分析法学家哈特对“裁量”的讨论也颇有影响。按照哈特的立场,如果法律规则的规定十分清楚,则此时不存在裁量问题;但如果法律规定不清楚甚至没有可供适用的规则,那么法官将拥有近乎毫无限制的裁量权。在这里,哈特的立场其实并不准确,德沃金后来在对他的裁量模式进行批判性反思的过程中,重点指出法官的裁量权受到法律原则、公共政策的限制。[14] 尽管德沃金似乎对“自由裁量”这一概念表示强烈的不满,但他对“裁量权应受限制”的论述,与行政法学界有关“羁束性裁量”的论述最终导向的结果都是一致的:尽管官员们可以在法律规定的范围内自由选择行为,但这一选择既受到法律体系的限制,也受到法律原则、法律价值的限制。质言之,行政执法过程中裁量权的运作,依赖执法官员对社会主流价值观念的肯认和内化。行政执法过程中的裁量问题一直以来都被视为行政法学界中的一颗璀璨明珠,如何准确把握裁量标准、构建系统的裁量基准,被视为行政法学中的关键问题。社会主义核心价值观融入行政裁量,亦是本章需重点研究的对象。

---

〔12〕 刘鹏:《新中国70年人权研究历程及理论面向》,载《法律科学(西北政法大学学报)》2019年第5期。

〔13〕 K. Davis, *Discretionary Justice: A Preliminary Inquiry*, Louisiana State University Press, 1969, p. 4.

〔14〕 关于德沃金与哈特对“司法裁量”问题的讨论,参见 H. L. A. Hart, *The Concept of Law(Third Edition)*, Oxford University Press, 2012, p. 127; Ronald M. Dworkin, *The Model of Rules*, 35 The University of Chicago Law Review 14(1967)。

（二）社会主义核心价值观融入公正司法

“理国要道，在于公平正直。”[15]公平正义是中国共产党追求的一个非常崇高的价值。中共中央办公厅、国务院印发的《关于进一步把社会主义核心价值观融入法治建设的指导意见》提出以完善司法政策、加强司法解释、强化案例指导作为推动社会主义核心价值观融入法治建设的三条主要路线。这三条主要路线契合法院在实现司法正义的过程中所扮演的基本角色，表明我国将社会主义核心价值观融入公正司法的坚定决心。

推动社会主义核心价值观融入公正司法的第一项重要举措是遵循法律精神和原则，施行适应社会主义核心价值观要求的司法政策。面对司法裁判中层出不穷的个案，以复杂多变的社会生活，适时根据情势变更施行相应的司法政策，能够弥补法律法规的僵硬性、一般性和宽泛性所导致的法律适用问题。司法政策是在深刻理解法律的基础上，基于法律精神和法律价值对于法律适用尺度的高度凝练，它虽然不是司法解释，但作为一种宏观指导和导向，可以在法律标准的基础上发挥补充、调试和指导作用。通过司法政策的形式，将社会主义核心价值观融入司法裁判，可以为惩治违背社会主义核心价值观、严重失德败德行为，提供具体、明确的司法政策支持。

推动社会主义核心价值观融入公正司法的第二项重要举措是加强司法解释。法学作为“理解的”科学，致力于理解语言表述及其表达的规范性意义。制定法、法院判决、行政行为、一般情形下的契约都涉及语言表述，而“解释”是一种媒介行为，借助解释，解释者使在他看来存疑的文本意义变得可以理解。法律解释根据正式解释主体不同可以分为立法解释、司法解释、行政解释等，其中司法解释是指国家最高司法机关在适用法律过程中对具体应用法律问题所作的解释，包括审判解释和检察解释两种。法律即使再完备，也难以避免存在“法律漏洞”现象。在法律存在漏洞的情况下，司法解释具有填补漏洞的作用，这种漏洞填补的作用既是针对具体个案展开的，也具有创设潜在普遍规范的意义。这就是国内有些学者所说的，法官通过个案裁判的经验积累所创设的“法官之法”所具备的“个案总结”及“立法预备”两项功能。[16]

通过案例指导制度，将社会主义核心价值观融入司法活动当中，是目前我国案例指导制度承担的基本功能之一，也是推动社会主义核心价值观融入公正司

〔15〕《贞观政要》卷五。

〔16〕钱炜江：《论最高人民法院司法解释的定位与限制》，载《甘肃政法大学学报》2021 年第 5 期。

法的第三项举措。对此,最高人民法院原院长周强也认为:“案例指导制度有利于弘扬社会主义法治精神和社会主义核心价值观。”[17] 2016 年《关于进一步把社会主义核心价值观融入法治建设的指导意见》明确:“完善案例指导制度,及时选择对司法办案有普遍指导意义,对培育和弘扬社会主义核心价值观有示范作用的案例,作为指导性案例发布,通过个案解释法律和统一法律适用标准。”目前,以最高人民法院为代表,各地法院系统已经在积极推进社会主义核心价值观典型案例的选编和发布,在“阐明事理、释明法理、讲明情理”方面,这类案例对深化社会主义核心价值观与法律适用的关系,让公众了解、同化社会主义核心价值观基本要求起到了不可忽视的作用。

(三)社会主义核心价值观融入全民守法

《中共中央关于全面推进依法治国若干重大问题的规定》指出,“坚持把全民普法和守法作为依法治国的长期性基础工作”。而要完成这项基础工作,一方面需要强化立法者制定良善法律的观念,另一方面也要进一步加强普法、推进全民守法,让法治信仰根植于人民心中,形成全民守法的氛围。中国正在从人治社会走向法治社会,尽管改革开放以来,中国的法治建设已经取得了长足的进步,但有法不依、执法不严、违法不究的现象依然屡见不鲜。究其根本,在于公众对法律的尊重和信仰不够坚定,公众有时未能感受到法律的生命和权威。法律不是冷冰冰的规则,也不是被镌刻在石柱上的机械法律,如果公众不能从内心认同、尊重和信仰法律,那么法治也就形同虚设了。

在中央全面依法治国工作会议上,习近平总书记特别指出,普法工作要在针对性和实效性上下功夫,特别是要加强青少年法治教育,不断提升全体公民法治意识和法治素养。[18] 普法工作是社会主义法治国家建设的基础性工作,提升普法工作的实效对于形成全民守法的氛围、提升国民法律素养的意义不言而喻。不过,当前普法宣传教育依然存在许多问题。例如,当前社会法治宣传教育往往以被动传输为主,往往停留在低水平、低层次的守法意识(不违法犯罪);在基层地区和偏远地区,受到地缘、血缘、宗族观念的影响,“清官难断家务事”“山高皇帝远”等不良法治意识浓厚,基层普法工作僵硬、执法机制机械、人治思维难以打破;在社会事件中,群体极化和从众效应表明,公民容易丧失独立判断能力,导

---

〔17〕 周强:《充分发挥案例指导作用 促进法律统一正确实施》,载《人民法院报》2015 年 1 月 4 日,第 1 版。

〔18〕《坚定不移走中国特色社会主义法治道路 为全面建设社会主义现代化国家提供有力法治保障》,载《人民日报》2020 年 11 月 18 日,第 1 版。

致守法意识淡薄,等等。因此,在全社会范围内开展长期、深入的普法宣传教育,加强普法力度,注重普法工作向基层“最后一公里”延伸,创新普法工作机制,依然是当前一段时间内推进全民守法的重点内容。

习近平总书记在中共中央政治局第十三次集体学习时指出:“要切实把社会主义核心价值观贯穿于社会生活方方面面。要通过教育引导、舆论宣传、文化熏陶、实践养成、制度保障等,使社会主义核心价值观内化为人们的精神追求,外化为人们的自觉行动。”“一种价值观要真正发挥作用,必须融入社会生活,让人们在实践中感知它、领悟它。要注意把我们所提倡的与人们日常生活紧密联系起来,在落细、落小、落实上下功夫。”〔19〕推动社会主义核心价值观融入法治建设,意味着以“法”的基本形式体现和吸收社会主义核心价值观,因而作为公民守法对象的“法”本身就是符合社会主义核心价值观的法律。与此同时,通过规范和引导公民行使权利、承担义务,观察社会成员是否遵守法律判断他们是否生成了与社会主义核心价值观相符合的法治观念,实际上就是把传统意义上单纯的守法教育转变为法治意识的培养,以法治精神滋养社会主义核心价值观。

第二节　完善弘扬社会主义核心价值观的执法体系

执法体系作为国家治理体系及法治实施的重要构成部分,扮演着保障公民自由权利与维护社会公平正义的核心角色,需要强化执法在社会治理中的价值导向。将社会主义核心价值观融入执法体系,就是在强化这一价值导向,同时也适应了现代行政法治向回应型法治转型的治理要求。〔20〕党的二十大报告明确指出,深化行政执法体制改革,要加大关系群众切身利益的重点领域执法力度。这为今后执法体系的完善指明了基本方向和价值依归。

一、法治实施体系中的执法体系定位

“现代法治作为国家治理中最重要的规则之治,实质上是良法善治。”〔21〕法

〔19〕《把培育和弘扬社会主义核心价值观作为凝魂聚气强基固本的基础工程》,载《人民日报》2014年2月26日,第1版。

〔20〕周佑勇、周维栋:《社会主义核心价值观如何融入执法建设》,载《中共中央党校(国家行政学院)学报》2021年第6期。

〔21〕周佑勇:《推进国家治理现代化的法治逻辑》,载《法商研究》2020年第4期。

之不行，不如无法。即使具备了完备的法律法规体系，在具体实践中发挥其作用，也需要辅之以科学的实施方式。对于法治实施体系的研究以及相关问题的解决，将直接影响立法成果能否转化为治理实效。因此，把握好法治实施体系的运作，就等于把好法治建设“最后一公里”这一关键环节。要做到将社会主义核心价值观融入执法体系，就必须厘清执法体系在法治实施体系中的定位。

（一）作为法治实施体系之一的执法体系

关于行政执法的概念，行政法学界和实务界历来有多种不同解释，主要有以下三种：一是将行政执法等同于行政机关实施法律、法规、规章等所有法律规范性文件活动的总称，这一概念因含义过于宽泛，在理论和实践中很少使用。二是将行政执法等同于行政机关依法定职权实施的具有社会管理性质的具体行政行为，包括行政许可、行政处罚、行政强制、行政确认、行政给付、行政征收、行政裁决、行政指导等，一般将行政规划、行政立法、行政决策等行政行为排除在外，现在理论和实务界多采此意。[22] 三是在更狭义上使用，即主要指行政机关依法监督行政相对人权利行使和义务履行情况并对违法行为予以行政制裁的活动，一般包括行政处罚、行政强制、行政检查等行政行为。这一概念使用最早，目前行政法学界已较少使用，但政府法治实践中仍在一定范围使用，以此来确定相应工作范围，如在推进综合行政执法、规范行政执法组织、实施执法人员资格管理等工作中往往在此含义上使用。[23]

从执法体系的内涵来说，根据“科学立法、严格执法、公正司法、全民守法”的十六字方针的划分，执法应与立法、司法、守法相对应，指的是以政府为行为主体的各类行政行为。执法体系的外延，按照中国行政法体系的划分，包括各类的具体行政行为、行政组织架构、行政程序设定、行政监督与行政救济等。各类具体执法行为的作出直接影响着政府与社会、与公民之间的关系，政府执法作为一种有形的手直接对社会生活进行管理与调控，也是政府实施行政治理的主要手段。

与法治实施体系的其他环节相比，执法体系的实施主体、实施方式、实施标准皆有不同。执法体系的实施主体也就是执法者，主要是政府，即行政体制下的行政公职人员及被授权行使行政职权的非公职人员。现代法治国家将立法权、

---

〔22〕 宋大涵主编：《行政执法教程》，中国法制出版社 2011 年版，第 1－10 页；马怀德主编：《行政法学》（第 3 版），中国政法大学出版社 2019 年版，第 110 页。

〔23〕 周继东：《深化行政执法体制改革的几点思考》，载《行政法学研究》2014 年第 1 期。

司法权从此前的庞大全能政府中剥离的做法已成为共识，根据不同的公权力性质确立相对独立的部门，再分别选任全职或兼职的公民成为公职人员代表国家和公民行使宪法、法律授予的权力。与专职立法人员和司法人员区别，执法人员即根据国家权力性质划分和职能分工而选任出来的行政人员，其依附的行政部门领导管理体系以及科层制官僚体系，成为执法体系中作为执法主体的执法人员作出执法行为的行为逻辑和利益驱动的重要背景。执法体系中实施主体的组织关系和与之相关的执法者个体行为逻辑，是影响执法体系实施效果的根本性因素。

执法行为具有依法执法的属性。古往今来的政治理论无一不致力于将公权力关进笼子里，现代法治理念的宪法至高原则旨在将政府这一权力巨大、影响深远且架构复杂的行使公权力的机构纳入法治的框架之内，除了基于人民主权的权力机关，在一国之内没有任何一个意志可以超越宪法法律，政府之所以能够行使行政管理权能，是因为其权力来源也是宪法、法律的授权。也就是说，在保证立法活动的民主、科学与合法的情况下，作为立法活动产物的立法过程和法律文本，其本身就代表着基于一定规模民意认同的正当性，与众多群众专家智慧凝结的科学性。立法活动产生的对于国家内部事务的规定，对于权责的划分，都在社会契约论的意义上对政府与公民的活动产生法律效力。法律文本本身的正当性与科学性，既从反面规定了政府必须运行在法制的框架下而不可恣意妄为，随意侵害公民权益，也从正面授权了政府，可以合法合理主动地干预公民的各类行为与社会生活。所以，在现代社会中理解政府执法，必须在法制的框架下来审视，行政执法权力源于宪法法律，行政执法行为要遵循宪法法律，行政执法目的要合于宪法法律，这就是作为法治实施体系之一的执法体系位于立法体系之后的必然要求，而实践中执法活动的种种问题，也不外乎没有合法合理地处理好法律与执法之间的关系。

（二）作为公共管理手段的执法体系

行政执法体系由宪法法律授权，其行为体现着公共属性，即行政机关的公权力属性以及作为公共管理行为的行政执法行为的特殊性。孙中山先生曾将政治定义为“管理公共事务的活动”，如何理解“公”，也就是“公私”之辨，是中国传统政治思想中的重要议题。人类对于集体生活的需求随着人类文明诞生便一直凸显着。从《礼记》中的“大道之行也，天下为公”的理想蓝图，到顾炎武的“天下兴亡匹夫有责”，这种对于“天下”，对于集体利益的“公”的追求一直蕴藏在中华民族的政治文化当中。这种公共性质的理想追求和历史惯性，也促进了中国大一统文化和集体主义倾向的形成，加之中国自古以来就幅员辽阔与人口众多这一基本国情，强有力的公权力机关对于一个有着集体主义倾向和集权需求的中国来说是必要的。在这一现实背景之下，中国的行政执法体系承担的政治责任与社会义务是无比巨大的。上述的历史塑造与现实条件，也直接造就了中国公权力机关的“全能”形象，乃至对个体进行无微不至的管控和照顾的家长式管理，这与在补充性原则指导下建立的小型政府形成强烈对比。总之，在中国的历史与现实背景之下，执法体系所承担的公共职能对于社会生活的正常运行来说具有不可替代的重要意义，只有认识中国行政执法体系的历史特殊性，才能更清楚地认识发生在现今中国的执法体系所需要解决的问题。

从马克思主义的国家与政治理论来看，统治阶级如果需要按照他们预想的方式来改造和管理国家，就必须利用各类国家机关的职能来将理想蓝图落实。执法行为的公共属性就在于，行政执法体现着优势阶级的整体意志并且将阶级统治落实，这与法治实施体系对于法律运行过程的划分有着相对应的关系。

综上所述，法治实施体系中的执法体系，是以行政系统为实施主体，在功能上与司法系统形成分工关系，处于法律规范与社会经济活动的具体矛盾之间，为现行法秩序纠偏，实质上细化、创造法秩序的国家治理体系重要构成部分。因其承担着保障公民权利、维护社会稳定、衔接司法与守法体系的重要职责，在实施过程面临具体实践困境时，更需要更高层次的社会主义价值观融入与引领。

二、社会主义核心价值观融入行政执法体系的现状与问题

党的十八大报告关于社会主义核心价值观的表述，明确了社会主义核心价值体系的基本内容。社会主义核心价值观分别从国家层面、社会层面、个人行为层面对社会主义核心价值体系提出了精确的判断。在三位一体的社会主义核心价值观中，个人层面的核心价值观是社会道德生活的基础，国家层面的核心价值观是理想目标，社会层面的核心价值观则是沟通国家层面与个人层面不可或缺的纽带。而社会主义核心价值观的价值指引与理念导向功能，对于推进法治政府的建设、优化行政执法体制机制、突破执法体系的困境有着至关重要的作用。

这种重要作用主要体现在社会主义核心价值观作为一种社会意识层面的内容，与形式上较为严格且固定的成文法律法规不同，具有一种“软性”的属性。也就是说，社会主义核心价值观从不同的角度为一个健康文明的现代社会提供了一套行为准则与价值判断基础，但是其判断方式并非简单地划分“法”与“不法”，判断标准也并非最基础的“守法即可”，而是更多地考虑到了社会整体的道德水平，给出了更高的价值追求，且在形式上并未像成文法律法规那样“硬性”。

所以，在属性上，社会主义核心价值观与成文法律法规具有互补性。这种能够与硬性法律法规互补的软性规范，将进一步优化行政执法体系，是法治实施体系下行政执法至臻完善所必备的组成部分。

也就是说，要令行政执法体系真正达到法治理想社会中应有的状态，社会主义核心价值观的融入必不可少。反言之，当下行政执法体系所遭遇的种种实践困境仍未解决，正是未将社会主义核心价值观恰当融入执法体系之中的现实反映。本部分将着力梳理、展现当下行政执法体系所面临的实践困境，以此来说明“软性”社会主义核心价值观融入的必要性，并为后文社会主义核心价值观融入行政执法体系的可行性提供实践背景。

（一）行政执法体系的内外部困境

行政执法的实践困难一直是理论研究的重点，《中共中央关于全面推进依法治国若干重大问题的决定》指出，同推进国家治理体系和治理能力现代化目标相比，法治建设还存在许多不适应、不符合的问题，有法不依、执法不严、违法不究现象比较严重是其主要表现之一。造成上述问题的主要原因在于行政执法体制结构不合理，职能配置不科学，执法权责不清，执法程序和机制很不健全、缺乏以人为本的执法观念等。

1. 行政执法体系的内部消耗

从行政执法机关的内部运作来看，行政系统的条块分割非常容易产生内部的沟通协调成本，从而导致最终传输到行政体系末端的执法实践中的资源和意思理解出现严重偏差。执法体系从来不是“铁板一块”，体系中的组成机构具有显著的自主性，它们各自拥有组织目标，容易在执法过程中产生分歧和摩擦。因此，执法体制天然具有结构性的内部张力，这种张力阻碍着体制合力的形成，使执法能力在体制运作过程中不断发生损耗。[24]

执法能力的损耗这一论断首先要解决的是，究竟何为执法能力。从公共产品理论的角度来看，执法能力也就是执法部门能够提供执法产品的能力，包括提供执法产品的质量及数量。如果一次执法能够在法律框架下恰到好处地处理一次社会问题，或者解决一次社会矛盾，起到化解纠纷、稳定秩序的效果，那么就能将这一次的执法活动变成高质量的执法产品。而如果在一定的时间和地域范围内，执法部门能够解决的问题数量基本满足本时段、本区域内所需要的数量，那

---

〔24〕 刘杨：《执法能力的损耗与重建——以基层食药监执法为经验样本》，载《法学研究》2019 年第 1 期。

么这种高频次也就是执法能力高的体现。由质量与次数构成的执法能力,其损耗也就体现在执法部门提供的执法产品质量不高和数量不足上。

从另一个角度来看,要形成一次合格的执法过程,如果所需要的人力、财力以及物资是一个定量,那么在一定的时段和地域范围内的资源供给不变,消耗在行政系统内部管理的资源越少,行政系统所能产出的产品就越多。比如,在道路交通执法当中,当地交通执法部门的交警人力、出警机动车数量以及相关辅助工具的配备,构成了这个部门的执法资源的基本要素。编制供给分配不均、机动车调配不合理、执法人员疲于文书或其他事物而无暇出警等问题都会影响该交通执法部门能够向社会提供的道路交通执法产品的质量及数量。也就是说,行政执法部门内部的损耗越少,在同样的资源供给之下,其所能提供的执法产品越多越好。

除了执法机构本系统内部的执法能力损耗,条块冲突以及职能部门割裂所造成的执法能力损耗也不容忽视。相对于垂直管理模式,地方分级管理下的执法机构与地方党政体制的关系更为紧密,也更容易受到地方治理需求和偏好的影响。在基层,作为职能部门的执法机构参与地方治理事务的现象较为普遍,如基层执法人员需要花费大量的时间和精力,去完成创建文明城市、创建卫生城市、创建旅游城市等中心工作的配套任务等,按照上述的资源投入与产品产出模式,如果执法部门的人力投入这类事务中过多,就会削弱执法机构投入一线执法实践的人力资源和工作时间。近年来,尽管依法行政被高度强调,但对于地方政府而言,地方经济发展和社会稳定仍然是首要治理目标。地方党政体制主导下的治理工作倾向于追求宏观社会效果,执法部门的专业化法律目标往往与地方的综合性治理需求存在一定程度的冲突。

所以,中国行政执法的困境,首先便体现在行政执法机关内部运作时对于有限的行政执法能力的消耗,以至于行政执法难以真正在量的层面上满足社会需求,实现政府治理社会的相关职能。而传统的解决方案主要是通过硬性的体制改革等方式来精简政府架构,细致地明确部门分工以降低内部沟通成本。“优化政府结构的核心是精简机构”,[25]并且“政府职能不转变,机构精简和结构优化就难以取得实质性进展;而机构不精简,政府组织结构不优化,政府职能转变又难以取得实质性突破”[26]。此种思路在调整行政组织内部架构的同时试图降低内部消耗,增强行政职能的社会面输出。但是,行政组织改革并非一朝一夕之

〔25〕 崔俊杰:《我国当代行政法治变迁的特色、反思与前瞻》,载《行政法学研究》2016 年第 1 期。
〔26〕 薄贵利:《论优化政府组织结构》,载《中国行政管理》2007 年第 5 期。

事，且组织架构的调整对于降低内部消耗的作用有一定的限度。在面对日渐复杂的社会现实时，行政执法体系外部的压力使社会主义核心价值观作为一种软性调整力量融入行政执法具有必要性与急迫性。

2. 行政执法体系的外部压力

从行政执法的外部实行角度来看，社会现状对于行政执法部门的执法能力提出了较高的要求，而且在不断提升。与社会环境相比，行政体制内部的运行较为稳定，而社会发展日新月异，执法部门面对的社会实践时刻都在变化着，层出不穷的社会问题亟待行政执法部门去研究和调查，每一个问题的解决都需要大量的治理资源的投入。更为重要的是，在中国的历史惯性和现实需求的交叉之下，中国政府所承担的调节经济社会生活的责任相对较重。全能型政府的建设与维持本身便需要消耗大量的社会资源，加之中国本身疆域辽阔、人口众多的治理现状，统一权威政府的正常运行也会产生不可避免的内部成本。大量的内部成本与维持消耗，加之社会问题频发、复杂，执法实践的偏差与困境在所难免。

产生这种偏差的本质因素来自整体社会历史的背景，即在观念层面上法治理想与社会主义核心价值观尚未在社会整体的范围内被贯彻，进而从执法环境的角度对行政执法体系提出了更高的要求。从行政执法体系的运行过程的整体性而言，执法环境虽然外在于执法部门与执法人员，但是其对具体的执法实践的开展及落实都起着基础性的作用。法律实践源于特定现实且作用于特定区域，执法行为必须在特定的土壤上发挥其社会治理的功能，而当社会土壤中的观念要素与执法活动本身对法治的追求不相匹配时，行政执法的实践推进也就会在落后社会观念的影响下处处受阻。也就是说，在执法环境的层面上没有贯彻以社会主义核心价值观为主要内容的先进社会观念体系，行政执法体系所面临的外部压力也就难以真正得到解决。

最为典型的例子是20世纪公安部门提出的“有困难找警察”口号，即“有警必接、有难必帮、有险必救、有求必应”。在特定的时代环境之下，社会事务没那么复杂，公安部门有能力处理一些社会服务活动。但是到了21世纪，已有不少基层民警叫苦不迭，过多非紧急警情甚至是不属于公安部门处理事由的呼叫，挤占了过多的警力，甚至延误了真正需要警力的紧急事件。这就是有限的执法资源在面对社会快速发展时产生的绝对性的资源缺口，这种缺口既来自执法资源在转化为执法能力时效率不高，也来自社会对于治理和执法需求的爆炸式增长。特别是在现代法治初创时期，无论是从“熟人社会”向“陌生人社会”转变，还是乡土分散治理向现代集中治理的转变，社会生活方式的转变都伴随排异的不适与阵痛。而作为扮演着教化、启蒙角色的公权力机关，在社会个体还普遍不知法、不懂法的阶段便承担着传播现代法治知识的大任,[27]执法部门作为与民众联系最为紧密的公权力部门,所要弥合的社会整体认知与法律制度的差距较大。甚至,法言法语所要求的准确性以及专业概念形成的学术传统,都为非专业人士了解法律制造了相当的困难,执法人员自身也可能难以理解法律文本的含义,因此立法者原意的获取成本就更为高昂了。例如,实践中,福建省执法人员与司法人员对于《福建省违法建设处置若干规定》第13条中的“依法立即拆除”便有不同的理解,而且通过调研发现,对这一条文的歧义的困惑在福建省内具有相当的普遍性。所以,在法治政府法治社会还未真正建成的阶段,有限的执法资源与社会需求之间的缺口也将会一直存在。

此外,社会发展日新月异,需要行政执法部门处理的社会事务日趋复杂与综合,原本方便行政机关内部管理而划分的块状职能部门无法适应社会事务的综合性与复杂性,出现了执法权限交叉或者空白的现象。换言之,社会发展出现了新的执法产品需求,行政执法部门时常因为跟不上社会变化,而无法提供相对应的执法产品,产生了需求缺口。

也就是说,在执法环境的不断变化与发展之下,由于执法机构的内部设置以及法律体系固有的稳定属性,单纯依靠硬性成文法律法规的作用,行政执法体系本身难以提供能够长期支撑社会需求的执法产品。由此,解决这种需求与供给之间的缺口,不仅需要行政执法制度性的改革,还需要改善行政执法环境,即需要社会主义核心价值观为主要内容的先进社会观念进行指引,在行政执法体系中贯彻落实作为软性治理力量的社会主义核心价值观,在成文法律法规空白或模糊之处,克服恣意、随机的“潜规则”或未经法律授权的“便宜之策”,以应对不断变化的社会问题。

(二)行政裁量与实质法治困境

价值体系指引不清晰的问题不仅体现在行政执法体系自身架构和与社会现实的互动之中,在具体行政执法案件中的行政裁量问题,也因价值体系指引不清晰而面临难以达成实质法治的困境。

行政执法具体实践中所面临的难点之一是行政裁量的标准问题,“行政法的精髓在于裁量”[28]。行政裁量意味着在成文法规与具体案件解决之间仍然留存灵活的空间,通过具体执法者的个体判断,在这一既不违法又可以灵活变通的

---

〔27〕 社会群体关于法律的认知缺乏,参见李娜:《守法社会的建设:内涵、机理与路径探讨》,载《法学家》2018年第5期。

〔28〕 杨建顺:《行政规制与权利保障》,中国人民大学出版社2007年版,第1页。

范围内将具体案件的处理结果导向实质性的公正与法治。“凡法律没有详细规定,行政机关在处理具体实践时,可以依照自己的判断采取适当的方法的,是自由裁量的行政措施。”〔29〕行政裁量的两个要素分别为“法律没有详细规定”以及执法者“依照自己的判断”,此两点构成了行政裁量施行的领域、范围以及实际运作的逻辑。有学者指出:“无论是法律要件之中对不确定性法律概念的解释和对案件事实的评价,还是法律效果中决定的做出和措施的选择等,均存在着裁量。”〔30〕“任何个案中的裁量决定都必然涉及对各种实施情节的综合考量,并建立在权衡各种利益关系的基础上,其实质是一个复杂的利益衡量过程。而个案裁量中的这种对‘事实要件的认定’涵摄在法律规范之‘要件—效果’的逻辑结构中,也就是对‘法律要件的判断补充’,其必然面临着对法律要件中不确定性法律概念作出解释和具体化。从这种意义上讲,行政裁量就是行政机关在对法律要件作出判断补充后对法律效果作出的适当选择,由此可以得出这样一个公式:裁量 = 要件判断 + 效果选择。”〔31〕也就是说,从对于法律文本本身的理解,到具体案件中事实判断以及处理措施,均存在裁量的空间。所以,行政裁量的适用范围在法律没有详细规定的领域内,其内容贯穿具体执法的绝大部分环节,裁量过程依赖执法者的个体判断,因此行政裁量对于行政执法实践影响甚广且存在诸多不稳定因素。

“行政裁量急剧扩大,但又缺乏良好的内部自治与外部监督机制,从而使行政裁量更易被滥用。”〔32〕行政裁量的适用空间决定了其涉及的个案之中存在相当广阔的灵活选择范围,虽然从理性要求的角度出发,“目光在事实与法律规范间‘来回穿梭’,是法律适用的普遍特征”,〔33〕但是在成文法律文本规定模糊甚至空白的地带,则隐藏着相当自由的执法者在实践中可以恣意利用的寻租空间。因此,作为给出裁量判断的最终主体,执法者个体所存在的不稳定因素,会影响到执法实践中作出符合实质法治的行政裁量的能力,即行政裁量的执法者困境。此外,行政裁量手段本身便是在成文法律文本规定模糊和空白地带发挥作用,即使不考虑执法者个体的不稳定因素,行政裁量手段本身与实质法治的目标之间存在一定的张力,这种张力是由法律手段与现实状况之间的矛盾所带来的。执法者个体不稳定以及法律与现实之间的张力的产生,与过于信奉概念化的成文

---

〔29〕 王珉灿主编:《行政法概要》,法律出版社 1982 年版,第 113 页。
〔30〕 王贵松:《行政裁量的内在构造》,载《法学家》2009 年第 2 期。
〔31〕 周佑勇:《裁量基准的技术构造》,载《中外法学》2014 年第 5 期。
〔32〕 刘权:《目的正当性与比例原则的重构》,载《中国法学》2014 年第 4 期。
〔33〕 [德]伯恩·魏德士:《法理学》,丁小春、吴越译,法律出版社 2003 年版,第 296 页。

法律体系相关,此时,迫切需要以社会主义核心价值观为代表的先进价值观念体系进行引领,破解上述矛盾与张力,扫清法治建成路上难以逾越的、固有的结构性障碍。

1.行政裁量视角下执法者队伍面临的问题

无论行政执法体制机制设计多么复杂和精妙,执法实践也就是行政裁量的任务最终还是落在处于行政体制末端的执法者个体身上,执法者的个体行为直接影响着单个行政执法事件的相关人的权利义务变动,而无数个执法者实行的无数个行政裁量的聚合,便成了中国行政执法实践最真实的样态。因此,从执法者个体的视角去讨论中国行政执法的困境所在,可以清晰地看到夹在法律空白或模糊处与社会现实之间的具体执法者,在缺乏价值指引时陷入两难困境与"脱轨"风险。

首先,行政执法任务对于执法者个体的专业素养提出了极高的要求。在执法实践中执法者要作出合法合理的行政执法,就必须深入具体事件和相关法律规定当中,对案情事实进行全面的考察,并且清楚地理解法律规定的具体含义,在这次执法案件中充当事实上的法官,目光在案件事实与法律规范之间穿梭往返。但是这种严密的、精细的工作,对执法人员的专业能力和职业态度提出了极高的要求。其次,执法者个体的职业道德素养也在很大程度上影响着行政执法的质量。从更加抽象的层面上理解,执法人员自身的专业素质和职业道德,以及客观上能够投入的时间精力,也是一种微观层面上的执法能力。如果不理顺行政执法体制机制,执法能力就会在内部被损耗;而如果执法人员自身的专业性与职业道德素养不高,那么投入的治理资源也无法很好地传递到社会需要之处。

"善治之道,以人民为本;良政之要,以法治为纲。"〔34〕之所以要强调以执法者个体的视角来看待执法问题,是因为处于实践第一线的执法人员可能因为各类客观或者主观的原因,而无法作出合法、合理、合情的执法判断。面对复杂的社会利益关系,执法者需要综合衡量各种利益因素,充分协调各种利益关系,在尽可能的范围内保护各种合法利益,使之处于均衡状态。〔35〕

第一,在主观方面,执法人员对于法律的认识不到位,法治信仰的缺失,都容易在具体执法实践中产生偏差。例如,前述的上级考核标准问题,基于个人利益的动因,个别执法人员会有"做样子"的执法倾向,其个体目的便与执法机关整体的执法目标产生了偏差,执法活动只看最后考核结果,不看社会效果。更有甚

---

〔34〕 江必新:《为良法善治发声》,载《法制日报》2015年1月21日,第10版。

〔35〕 周佑勇:《行政裁量的均衡原则》,载《法学研究》2004年第4期。

者，执法人员利用手中权限向外寻租，认真执行执法任务所获得的经济利益远远比不上利用权力寻租的收益，便容易产生基于执法人员一己私利而主观上不作出合法、合理、合情的执法判断的结果。

第二，在客观方面，执法人员的综合素质和业务能力参差不齐，不同的职能部门所招录的人员专业背景不同，工作能力、工作经验存在差异，这给法治政府建设背景之下执法活动的合法合理要求提出了考验。更何况，能够直接转化为执法能力的执法人员综合素质是一个多方面的复合指标，如果要追求执法人员业务能力的提升，则需要在招录端和业务培训端花费资源去更为仔细地筛选和培养，这无疑又间接提升了提升执法能力所需要投入的治理资源。另外，由于行政人员的录用与遴选机制的天然特性，能力强、素质过硬的行政人员大多会随着工作时间的推移在行政体制内不断上升，能够坚守执法一线的行政人员实属难得。这也涉及行政体制内治理资源与绩效分配问题。

所以，具体执法者在进行行政裁量时所仰赖的专业知识以及相关法律规定，难以保证在每一个行政执法案例中取得稳定且良好的社会效果，在没有先进社会观念指引的情况下，个体执法者既容易陷入对法律概念的理解旋涡之中，消耗宝贵的执法资源，又容易在权力与利益的诱惑之中迷失自我，从而放弃了对行政权力正当行使的敬畏与慎重。

2. 行政裁量与法治整体困境

行政裁量不仅在执法者个体层面上存在人员素质带来的执法能力参差不齐的困境，而且从执法部门整体来看，裁量活动所需要面对的是固定的成文法律法规以及日益复杂的社会环境之间的缺口。面对复杂环境，对于行政行为的要求也并不能仅仅停在形式合法的程度，“任何行政行为的价值都是他所预期的目标，并且这一目标只能与公共服务相关”。“（行政法院）它可以以这种行为所试图达到的目的违背了法律在其授权规定中要求行政机构追求的目的为由而宣布它无效，哪怕这种行为在形式上完全合法。”〔36〕在如此运行背景之下，对于行政执法活动的实质法治要求成为仅凭成文法律法规无法单独实现的奢望。

如前所述，一个好的符合预期的行政裁量执法的判断标准应该是合法、合理、合情的，其中最为重要的便是合法标准。政府执法是社会治理的核心和关键，为了实现善治的目标，政府需要承担“元治理”的角色和职责。〔37〕在法治政府建设的背景之下，执法活动作为政府与社会接触的最前线，其行为必须运行在

〔36〕［法］莱昂·狄骥：《公法的变迁》，郑戈、冷静译，辽海出版社、春风文艺出版社1999年版，第129、165页。

〔37〕熊节春：《善治的伦理分析》，中国社会科学出版社2014年版，第2页。

宪法法律的框架之下,正如一次不公正的判决会污染整条法治长河一般,不公正、不合法的执法活动对民众的合法权益、法治政府的形象、社会整体的法治信念,都会造成不可磨灭的伤害。前文提及,执法体系与司法体系在抽象功能建构的层面来说应该同属于维持秩序的功能体系,只是在维持程序、维持环节和处理效力方面有所分工,而这两个体系在行使维持秩序的功能的同时,十分依赖在立法阶段的秩序构造。例如,2016 年的天津摆摊老太赵春华非法持枪案便明显体现了法律文本滞后对于法治实施和社会公正的影响,如果说此案仅涉及旧法未及时废、改、撤的问题,那么《福建省违法建设处置若干规定》第 13 条中的具体法律条文理解问题,更能凸显出执法实践中在面对法律模糊甚至空白地带时的困境。

与前述几个困境不同的是,夹在法律与社会现实之间的问题更为基础也更难解决,并非直接加大治理资源的投入便可顺利解决,而需要从法治实施体系整体的完善入手。学界提倡通过划定行政裁量基准的方式缓和这一矛盾,“任何裁量权的行使都必须有一定的判断标准,否则就会导致裁量权的滥用或不当。当立法者没有提供这种判断的标准或提供的判断标准不完备时,就需要由行政机关在刑事裁量权的过程中来加以设定或补充。这种由行政机关在裁量权刑事过程中设定的判断标准,就是所谓的‘裁量基准’”〔38〕。使用行政裁量技术为执法实践设定新的“基准”,在效果上可以弥合成文法固化、模糊和空白等问题,令执法人员能够更加随机应变地处理法律上模糊或无规定的事件。行政裁量的手段究其本质,也是一种立法、审判权限的下放,通过拓宽法律能够接受的执法结果的范围,将具体事件中的决定权限授权给执法人员,期望通过在信息获取上更加细致、更加贴近社会事件的执法人员的具体裁量实现实体上的执法公正。早有研究者精确地指出,法律适用机关在裁量时,“几乎成了法律制定者,成为具体案件的立法者”〔39〕。但是由于前述的执法人员专业素养的参差不齐,这种裁量手段难以获得法制统一、同案同判的效果,并且将判断权力下放,也就增加了执法人员利用权力寻租的空间,在体制内分配问题没有理顺的情况下,具有一定的风险。有学者直接指出:“法律授予行政执法者裁量权所基于的前提是执法者有广博的专业知识、专门经验和专门技能,能正确行使裁量权,但在实践中,执法者的素质并非全都如此,某些执法者可能存在品质缺陷或存在知识局限,某些执法者还可能既存在品质缺陷,又存在知识局限,在他们那里,法律赋予的裁量

〔38〕 周佑勇:《裁量基准的制度定位——以行政自制为视角》,载《法学家》2011 年第 4 期。
〔39〕 [德]卡尔·恩吉施:《法律思维导论》,郑永流译,法律出版社 2004 年版,第 159 页。

权完全可能被滥用或不正确行使,他们可能故意考虑不相关因素,不考虑相关因素,或者面对裁量权不知怎样正确行使而放弃行使或胡乱行使。"[40]

更何况,如果不考虑行政执法人员的职业道德风险,将具体判断的环节交给执法一线的行政人员,就变相地增加了行政人员的工作量。可以很直观地得知,在法律文本意思明确,与社会事件的案情能够一一对应的情况下,执法人员可以很容易依法作出判断。但是当待处理的案件恰好处于法律条文的模糊或者空白地带时,执法人员即使有一定的裁量权限,也需要考虑更多的相关案情,利用不那么确定的个体逻辑思维进行判断,在裁量范围内作出决策,这种新增的判断过程对执法人员的公平正义理念和对法律精神的理解都提出了较高的要求,无疑将增加执法人员的执行负担和整个执法部门所需要投入的治理成本。

此外,执法体系虽然是法治实施体系的组成部分,但是其面对的社会现实事件,甚至并非能够通过现有的法律工具得到解决。德国著名刑法学家李斯特直指法律问题与社会整体的关联性,认为最好的社会政策即最好的刑事政策。诚然,法治政府与法治社会的建设离不开法律法规体系以及法律实施体系的建设,但是从社会整体的角度来看,法律作为公权力机关管理、调控社会的工具,甚至作为使人们遵循规则之治的事业,在特定的历史阶段都是有其局限性。为实现实质上的公正,"行政机关处于这种情形之下:既要按照法定目的观考虑(法律目的、合理性),又要考虑案件的具体情况,从而找出适当的、合理的解决办法",[41]在其他的社会政策与社会环境还未准备好的阶段,妄图通过法律手段解决一切社会问题,是一种不科学、不理性的态度。有必要设计一套机制来控制行政权,要求执法者必须按照法律行动,任何违反法律的行为都是侵犯个人自由的行为。[42] 在执法过程中所遇到的问题,并非都可以通过完善的法律和合乎程序的执法手段得到解决。以违法建设查处为例,执法者发现违建行为时,建筑物往往已经成形,如果严格执法,就应当强制拆除建筑物,而这会遭遇激烈抵制,引发社会不和谐。虽然政府可以组织人力强制执法,但不可能总是"兴师动众"。久而久之,与违法建设相伴的"执法不严"就成为常态。再以殡葬管理为例,最初强制推行火葬时,一旦发现有人土葬,政府就组织队伍强行火化,后来由于执法阻力太大,地方政府不再"严格"执法,土葬依然盛行。此类案例数不胜数,虽然表面上看似执法尺度不严,执法手段不甚科学,但是究其原因,仍旧是社会风俗、个体思维与理想中的法治社会之间的张力问题。即使政府通过铁腕或巧妙的执

---

[40] 姜明安:《论行政裁量权及其法律规制》,载《湖南社会科学》2009 年第 5 期。

[41] [德]哈特穆特·毛雷尔:《行政法学总论》,高家伟译,法律出版社 2000 年版,第 127 页。

[42] [英]洛克:《政府论》(下篇),叶启芳、瞿菊农译,商务印书馆 1996 年版,第 16－17 页。

法技术解决了个案，这种整体的社会氛围问题也会普遍存在，并且不断地给执法工作的顺利施行带来困难。

综上所述，从两个理解维度共四个角度来观察，中国行政执法体系存在内部治理资源损耗、外部社会需求压力、执法者个体并不完美、法律与现实存在张力这四个困境，而社会主义核心价值观作为一种凝练的理念目标和软性价值引导，可以为中国行政执法体系的困境提供具有针对性的破局思路，通过对内部体制机制的调整，对执法者个体的选任、规训与考评，以及对整体社会氛围的建构与改造，进而为解决执法资源供需矛盾、弥合法律与现实之间的张力提供一种区别于资源输送与威权压制的软性手段。

三、社会主义核心价值观优化执法体系的可行性基础

前文对于中国行政执法体系的困境描述可以看出，若要改进、完善中国行政执法体系，使行政裁量发挥其应有的功能，既要通过体制机制改革，深入推进法治政府建设，继续优化社会主义法律制度，走制度主义的法治路径，又要在法治运行特别是法治实践全过程中弘扬社会主义核心价值观，培育社会主义法治信仰，营造遵从规则之治的社会氛围，走社会观念层面的法治理念培育之路。

作为社会观念的法治信仰要产生作用，必须体现在一个个活生生的个体的社会行为中，然后积少成多，最终形成以社会主义核心价值观为核心的，调整复杂社会实践与稳定成文法律法规的软性力量。也就是说，要在法治政府建设中进一步完善弘扬社会主义核心价值观的执法体系，则需要确立以执法系统中的个体角色与个体行为为改革中心，既要从宏观的角度去确立相应的规范、培训甚至是教化制度，让每一位行政执法人员的理想信念与执法行为都达到与社会主义核心价值观相统一的境界，又要从微观的角度去观察、评价与引导每一位行政执法人员的具体行政执法行为，将更多的资源倾斜到具体执法人员与执法行为的正确评价上，通过更加正确、科学的评价体系去引导，令社会主义核心价值观的精髓与灵魂深入执法人员以及执法活动相关人的精神世界。最后，在宏观建设与微观评价都相当完善的前提下，进一步解放行政执法系统末端的执法能力。也就是说，在保证有良法可依、有值得信任的执法人员去执行的时候，给予他们以更多的信任，充分发挥行政执法人员个体在具体执法实践中的主观能动性，以弥合成文法条与复杂社会现实之间的张力，从而达到建设社会主义法治社会的目的。

（一）社会主义核心价值观融入执法体系的可能路径

社会主义核心价值观融入行政执法体系的具体路径，应当包括个体案件层

面的具体融入以及宏观上对于执法体系的融入。[43]

社会主义核心价值观在执法活动个案层面上的融入，体现在执法者在个案执法活动之中积极运用社会主义核心价值观取得公平公正的执法效果，这一路径将社会主义核心价值观作为决策依据以及解释理据，从提升个案执法实效的角度，促进整体执法水平的提升。

首先，在执法案件中将社会主义核心价值观作为决策依据，由于前述成文法律与现实案件之间的张力，具体法律规则难以解决案件问题的时候，法律原则的独特地位为社会主义核心价值观成为决策依据提供了空间。由于社会主义核心价值观作为一种价值指引，并不包含具体的裁判规则，所以只有在成文法律模糊、空白之时，其才能为决策的作出提供一种基于公共理性与社会整体观念导向的理由。虽然个案正义与法的安定性容易产生冲突，但基于社会主义核心价值观的合理性论证可以有效调和这对矛盾关系。

其次，将社会主义核心价值观作为解释理据，既是执法者作为公权力代表与执法对象理性沟通、有效互动的重要方式，也是提升执法案件社会价值的有效手段。除了依靠威权压制化解社会矛盾，基于一种群体共识的理性说服是更加“润物细无声”的定分止争的手段。执法者在调停矛盾、制止违法行为的时候，将社会主义核心价值观作为解释执法行为作出理由的理据，既能够有效使执法对象理解执法行为，也能够在解释的过程中完成对社会主义核心价值观的弘扬与宣传，进而营造更加和谐的社会氛围。若要将这一工作流程和核心思路在执法队伍之中普及，则还需从宏观上调整执法体系的体制机制，重点是将社会主义核心价值观融入作为执法主体的法治政府建设的全过程，以及作为执法行为具体作出者的执法队伍的建设过程之中。

宏观上的融入路径应当将社会主义核心价值观融入法治政府的建设过程之中，即从执法机构、行政机构本身的改进与优化着手，将社会主义核心价值观融入法治建设、法治实践的重要主体与领导力量之中。党的十八大把法治政府基本建成确立为到2020年全面建成小康社会的宏伟目标之一，要求建成职能科学、权责法定、执法严明、公开公正、廉洁高效、守法诚信的服务型政府。具体而言，建成法治政府，必须坚持中国共产党的领导，坚持人民主体地位，坚持法律面前人人平等，坚持依法治国和以德治国相结合，坚持从中国实际出发，坚持依宪

---

〔43〕 有学者认为，社会主义核心价值观融入执法的技术路径应包括规范路径、权衡路径以及解释路径，这一总结囊括了执法活动中寻找依据、作出判断、给出解释的三个步骤，属于对于个案执法活动的融入。参见周佑勇、周维栋：《社会主义核心价值观如何融入执法建设》，载《中共中央党校（国家行政学院）学报》2021年第6期。

施政、依法行政、简政放权，把政府工作全面纳入法治轨道，实行法治政府建设与创新政府、廉洁政府、服务型政府建设相结合这八项原则。法治政府建设的主要任务，分为依法全面履行政府职能，完善依法行政制度体系，推进行政决策科学化、民主化、法治化，坚持严格规范公正文明执法，强化对行政权力的制约和监督，依法有效化解社会矛盾纠纷，全面提高政府工作人员法治思维和依法行政能力这七个大项。可以看出，坚持严格规范公正文明执法，正是法治政府建设的重要任务之一。[44] 其中，无论是执法严明、公开公正、守法诚信的法治政府角色形塑，还是有效化解社会矛盾纠纷、提高政府工作人员法治思维的工作要求，都需要执法体系的深层次变革和执法活动的高效运转，也需要社会主义核心价值观在执法领域的有机融入。

《法治政府建设实施纲要(2015－2020年)》指出，坚持严格规范公正文明执法的目标就是权责统一、权威高效的行政执法体制建立健全，法律法规规章得到严格实施，各类违法行为得到及时查处和制裁，公民、法人和其他组织的合法权益得到切实保障，经济社会秩序得到有效维护，行政违法或不当行为明显减少，对行政执法的社会满意度显著提高。具体而言，要做到改革行政执法体制，完善行政执法程序，创新行政执法方式，全面落实行政执法责任制，健全行政执法人员管理制度，加强行政执法保障这六点。

上述目标也就是法治政府建设之中所需要解决的执法体系的改进着力点，既包括内部体制机制的改革，也包括具体个案中的责任追究与人员管理，更涵盖了对于行政执法方式的创新要求。顶层设计文件所提出的法治政府建设与行政执法优化的目标及要求相当全面，但是行政执法体系的优化既需要宏观上的目标规划与指导，也需要理论上对于行政执法领域普遍出现的难点的分析和突破。社会主义核心价值观的总结和提出，为行政执法体系的改进提供了一个全新的视角，法治政府建设所需要维持的政府形象，以及在此基础上行政执法体系所需要的优化路径，均可以在弘扬社会主义核心价值观的诠释之中找到可资利用的理论资源。

(二)社会主义核心价值观融入执法体系的指引功能

当前，中国执法体系面临的困境包括体制内执法能力损耗、执法能力与社会

---

[44] "以执法为中心的法治政府建设，应该更加注重执法的全面建设。一是配套制度建设和完善……二是执法体制、机制的建设和完善……三是加强和完善严肃执法严格执法的权力保障和体制保障……四是执法机构和执法人员的约束和规范。"参见杨小军：《论法治政府新要求》，载《行政法学研究》2014年第1期。

需求的缺口、执法人员个体综合素养参差不齐、成文法律与具体社会问题之间的张力这四个方面。而这些困境的破局，需要社会主义核心价值观的价值引领，以此来实现对于行政管理体制机制优化的方向指导、对于执法体系中行政人员个体的价值提升，以及对于社会整体风气氛围的改善，实现治理资源与执法能力、个体素养与实践要求、法律固化与社会变化之间的矛盾缓解甚至消解，从而实现法治政府、法治社会建设的理想图景。

具体而言，社会主义核心价值观为行政体制改革，以及公权力机关把握与社会之间的距离提供了大方向上的指引。社会主义核心价值观开篇便直指“富强”这一经济发展价值取向，与以经济建设为中心这一中国共产党在社会主义初级阶段基本路线相呼应，凝结了社会主义的本质就是解放生产力这一重要命题，为公权力机关整体职能的行使指明了方向。在处理好政府与市场关系的同时，牢记经济建设这一中心，在行政执法的过程中谨记服务型政府的建设任务，并从简政放权入手，降低行政执法体制以及程序带来的成本损耗，将有限的治理资源转化成更多的有效执法成果，理顺市场主体之间的关系，营造良好的经济社会环境，落实国家“富强”这一指导性价值。“民主”价值的推崇为整体公权力运转带来了正当性的根基，从“为人民服务”的宗旨到“紧密联系群众”的基本工作方法，顺应民意、依靠民心是公权力能够顺利运转的必要条件，也是执法活动能够获得最终实效的底线要求。脱离群众不但是执政党最大的危险，而且是包括执法体系在内的整个执政系统所必须规避的危险。在执法运作之中，“民主”价值的功能不仅仅体现在执法结果深入民心，还体现在执法过程中与影响对象的有效沟通互动。只有在程序上将告知、公示、听证等互动环节真正贯彻落实，从内容和渠道两方面充分尊重执法对象的意见表达权利，才能有效提升执法活动的社会价值。“文明”“和谐”等价值又直接关联社会整体运行的基本样态，直接指出社会各主体之间的交流应当秉持着“和而不同、友善互融”的文明态度，以期实现社会运转的高效率、强互动。公权力机关也不例外，在执法活动中与其他社会主体进行交互的同时，应遵循“文明”“和谐”等社会主义核心价值观的指引，使执法活动在整体基调上有可供依循的尺度，着重提升执法对象的体验、信服感。“公正”价值在社会运行与互动的内容与程序上提出了要求，“公正”是公权力机关在向社会提供治理资源时必须遵循的底线。而公权力机关基于公正的规范性考量而作出的干预与调整，则是保护弱势方，维系群体凝聚力的重要手段，把握住每一次执法活动中的公正决策，便把握住了执法活动干预社会的核心追求。

所以，无论是对于社会整体运行，还是针对包括执法活动在内的公权力机关的运作,社会主义核心价值观皆在一个宏观的角度给出了全局性的指引。这种指引不仅为法治政府建设、行政体制改革提供了重要方向,也为一次次具体的执法活动提供了最根本的遵循。

(三)社会主义核心价值观融入执法体系的理念培育

针对行政执法体系内部消耗与外部压力的双重困境,亟需一种宏观且根本的变革来改善局面。首先,必须遵循社会主义核心价值观的总体指引进行行政执法体制机制的内部改革,行政体制的内耗,条块之间的孤岛化、利益化,从行为个体的角度来看,就是部分行政人员集体意识不强、法治信仰缺失所造成的恶果。对于法治理想的追求,会使行政人员主动践行社会主义核心价值观,在理念上对各类行政体制改革措施产生认同,进而使体制改革的推进更为顺利。对于法治理想的追求,也会令行政人员更加主动地学习业务相关的法律知识,加深对于行政法治与法治政府的理解,理顺行政体制内部沟通。通过对行政执法人员进行法治理想的培育,可以在体制机制改革的同时,更加软性地降低治理资源在行政体制内部的损耗,从而使行政人员能够更好地参与到执法实践当中。在治理资源向执法能力转化的方面,执法实践人员综合素养直接影响执法体系的有效产出。执法人员思想上的认识水平以及业务能力,都属于综合素养的范围,在完善选拔、遴选和培训等制度的同时,应着力提高执法人员对法治价值进行认识。通过社会主义核心价值观对执法人员进行约束,降低执法人员主观上认识不到位而在执法实践中产生偏差的风险,从理念和制度上共同推进对于执法人员的管理机制,杜绝寻租、怠工等严重消耗治理资源的行为,从而提升执法活动的社会效果,进一步填补与社会需求的缺口。

社会主义核心价值观为法治政府、法治社会建设提供法治理想的理念支撑。一个现代的社会应该是倡导自由、平等、公正的法治社会,将法治理想提升到核心价值观的层面,有利于社会整体法治信仰的培育,这与“使人们遵循规则之治”的法律事业不谋而合。社会主义核心价值观对于社会整体理想信念的培育,更有可能营造一种愿意接受法治理想、人人遵循规则之治的社会氛围,降低社会整体对于执法力量的需求,从社会层面弥合执法能力供给与社会需求之间的缺口。社会主义核心价值观倡导的文明、和谐、诚信、友善等价值理念,都在不同程度上规训着社会成员的行为,在合乎法律的基础之上提出更高的要求。如果社会成员都将诚信价值内化于心,在进行社会经济活动的时候主动保持交易诚信与商业道德,那么将会从社会整体的层面降低需要执法体系介入的事件数量,降低行政执法部门的业务数量压力,通过案件数量的降低间接提升剩余案件处理的社会效果,从而在总体上提供更具质量的执法产品,进而降低社会矛盾,解决案件纠纷。而具有质量的执法产品对于法治社会的建成具有重要的推进作用,由此产生案件数量降低—执法效果提升—社会矛盾化解—案件数量进一步降低的良性循环。在间接节省治理资源、提高执法能力之外,社会主义核心价值观对于社会成员的价值导向,更能够直接地转化成法治社会的治理效能。与法治实施体系中的执法、司法手段不同,社会主义核心价值观的指引与导向更为软性,也更加容易被民众所接纳,从而更有效地提升社会整体的文明与法治水平,将冲突矛盾化解在未起之时。可以认为,社会主义核心价值观的弘扬与培育,相对单纯的法治实施体系而言,更具有"治未病"的前置地位,与传统的基于利益驱动的体制机制改革相比,更具有"治本"的核心功能。

延续上述思路,若要突破内部治理资源损耗、外部社会需求压力、执法者个体并不完美、法律与现实存在张力这四个执法体系困境,则需要运用社会主义核心价值观的相关功能,对行政裁量、执法实践以及执法队伍建设进行深度优化,以实现执法体系社会功能的有效输出,在个案中实现实质意义上的法治。

四、社会主义核心价值观融入执法体系的方法与路径

现代法治政府的形象要求政府在干预经济社会生活时把握住进退的尺度,退一步则可能无法实现社会管控的公共管理目标,进一步就有侵犯公民合法权益的风险。而社会主义核心价值观作为公权力机关把握与社会之间进退尺度的全局指引,在全面深化改革的背景之下,依据社会主义核心价值观对执法体系优化成为行政体制改革的必经之路。首先,执法体系最终落实到社会实践的末端,也就是行政执法人员群体。无论是治理资源向执法能力转化的问题,还是法律与社会之间张力弥合的问题,都需要抓住行政执法人员群体这一关键点。只要厘清"所有制度的运作核心是人",运用社会主义核心价值观对具体的人的价值引导作用来突破制度与实践问题的可行性便十分明显。其次,执法实践问题集中在法律法规不明确之处的行政裁量问题上,要解决行政执法体系的实践问题必须从行政裁量的优化上着手。最后,执法实践的工作过程与实施环境是决定执法活动能否获得社会效果的决定性因素,通过社会主义核心价值观的全局指引功能对执法实践的实施环境作出宏观的改进,是更具整体性的做法。

(一)社会主义核心价值观推进执法队伍建设

不同于过去行政活动中简要地提倡为人民服务的工作宗旨和要求讲政治、讲法治的工作理念,党和国家已将行政活动的制度理念提升到了更加全面的高

度，不仅要求行政机关实施“行政决策科学化、民主化、法治化”“树立重视法治素养和法治能力的用人导向”，而且对执法理念提出了“坚持严格规范公正文明执法”的系列要求。[45] 可见，行政活动制度理念的更新已经对执法队伍自身素质提出了更高的要求。

如前所述，与完善法律工具以达成法治的思路不同，基于社会主义核心价值观的法治理念培育将焦点聚集在行政执法系统内个体，以个体行政人员以及个案执法行为为中心，是更具效率与效果的改进路径。

首先，以个体为中心，最主要的就是高素质执法队伍的建设，在执法人员的选用方面需要就思想理念方面进行严格筛选，严防无信念无意志的投机分子进入执法工作队伍。可以运用访谈问答、情境考察等多种方式对志愿加入执法队伍的人员进行综合素质测试，而非如行政能力测验一样单纯地测试工作能力和思维能力，而且必须将法治素养的标准纳入考察，加大现有思想政治考察的权重，对社会主义核心价值观的理解作出重点考察，以保证一线执法人员在工作能力和法治素养两方面均能达到要求。此外，还可以从侧面利用执法人员选用的程序，将思想政治水平和对社会主义核心价值观的理解水平加入考察，发挥选用考试程序的指挥棒作用。具体而言，在笔试与面试中增加此类题目的权重，甚至单独形成一种新的考试形式。针对新的考察选用形式，应试人员即使是为了提高分数而应付考试，也会加强吸收社会主义核心价值观成分，并在潜移默化式的影响之中形成与社会主义核心价值观相统一的个人价值观。

其次，在执法工作中加入思想政治学习、案例学习与经验分享等切实有效的培训制度，使执法者在执法实践之余能够有效反思自己所作出的执法行为的意义。特别是要落实法治、和谐等社会主义核心价值目标在执法人员群体中的共同认识。通过对具体案例、典型经验的分享与宣讲，一方面，将特殊案件、疑难案件的优秀解决方案在执法系统内进行有效传播，特别是要注重一线工作人员的实践经验的分享与上传，将执法现场中最鲜活、最典型、最复杂的社会现实带入行政人员之中，让整个行政系统都了解在执法第一线里的一件件真实案例，促进执法系统内的行政人员对社会现状的了解以及加深对执法工作如何才能做好的知识性学习。另一方面，在提升对执法实践的理解、增强专业能力培训的同时，要紧抓思想政治教育与学习，在案例分享中加入对社会主义核心价值观的社会效用的观点与看法，在日常学习中统一学习中央关于社会主义核心价值观的重要部署，听取专家学者关于社会主义核心价值观的理论研究最新成果，并形成常

---

〔45〕 张剑平：《社会主义核心价值观融入行政法治的软法范式》，载《求索》2021 年第 2 期。

态化的学习培训机制,建立有效且高效的学习培训平台,从而加深行政执法系统整体上的思想政治水平。

最后,将社会主义核心价值观融入考评体系,运用更加科学合理的评价方式来调动行政执法人员的积极性。将社会主义核心价值观的相关内容融入考评体系,增加对考评工作的资源倾斜,加强对考评标准和工作流程的重视程度,在公正与诚信价值的指引下,更加深入且真实地评价每一位执法人员的执法工作及其社会效果。对于显著化解社会矛盾、针对重点难点问题作出突破的创新工作方式的人员给予合理的激励,平衡一线工作人员以及系统内坐班人员的分配机制,形成更加真实有效的奖惩机制,真正使社会主义核心价值观深入行政执法系统中的每个个体心中,让行政执法人员真心实意地遵守与践行社会主义核心价值观。

概言之,只有以个体行政人员的选用、培训与考评为改进重点,让社会主义核心价值观融入其中,才能使基于社会主义核心价值观的法治理念深入行政执法系统的个体之中,在行政执法系统内部形成良好的思想政治氛围。在运用社会主义核心价值观规训个体执法人员的基础上进一步解放执法能力,真正发挥社会主义核心价值观对执法系统困境的突破作用,反过来,也只有解放了执法能力的行政执法系统,才能够更好地弘扬社会主义核心价值观,在法治政府、法治社会的建设之中发挥执法系统应有的功能。

(二)以社会主义核心价值观引领行政裁量

为了完善执法体系的具体实践,实现行政裁量与实质法治的有效联结,必须运用社会主义核心价值观优化行政裁量体系及裁量基准。

在法律文本固化、模糊和空缺这一法律治理的整体问题上,行政裁量最大的问题便是不能保证行政执法人员在每一次实践中都能够合法、合理地用好裁量权力,而完全放开裁量,近似于执法者群体的人治,完全依赖个体执法者的判断,也有违现代法治的精神。从行政裁量自我规制的角度出发,基于行政裁量一元论的前提,[46]加强对裁量行为的管控,构建更加精细的裁量基准体系,是目前社会环境下较为现实的方案。

《法治政府建设实施纲要(2015—2020年)》明确指出需要"规范裁量范围、种类、幅度",通过对裁量行为的分类、整理以及精细化分析,再通过行政机关内

〔46〕 裁量一元论认为裁量问题应在法律的管束之下,并非法外的任意空间,裁量二元论认为裁量问题是行政机关的自由领域,并不容司法力量的干涉。参见王天华:《从裁量二元论到裁量一元论》,载《行政法学研究》2006年第1期。

部工作文件等非法律文件形式形成裁量基准,在执法部门内部形成对于类案处理的共识,是目前较为普遍的优化行政裁量的进路。坚持以社会主义核心价值观为导向,要求执法活动在裁量的过程之中严格遵循公正、法治等价值,并从结果上实现执法文明、社会和谐的实质法治,就必须在精细化裁量基准的基础之上对行政裁量体系的优化提出更高的要求。

首先,要坚定站在裁量一元论的立场之上,任何裁量行为的作出、裁量基准的划定,都要遵循宪法法律的规定,而不能在法治整体以外另立中心。也就是说,要将行政法领域的合法性原则贯彻到执法活动的全过程之中,并且维护公权力领域"法无明文规定即禁止"的法治底线,将裁量的范围严格控制在法律文本模糊或空缺的范围之内,保证执法活动中宪法法律的优先性。

其次,裁量结果要达到定分止争的效果,实现社会和谐的价值要求,就必须处理好促进裁量效果与防止裁量滥用的矛盾,突破"一管就僵、一放就乱"的恶性循环。行政法领域的合理性原则要求行政行为的作出必须遵循比例原则,不将案外因素纳入考量,具体到执法活动中,必须加强源自外部系统的事前、事后监督以及内部自控。外部监督包括司法系统的审查以及社会成员的普遍监督,司法系统在处理具体行政案件时不可避免地会涉及对裁量问题的判断,包括裁量基准的设定与适用问题,如在"玉庆公司诉信阳物价办案"中,原告就被告行政机关在行政处罚决定书中适用的《价格违法行为行政处罚规定》并非正式法律渊源而提出控告,[47]法院便对行政机关援引此规定的效力作出了确认。此案中便集合了行政机关以外的司法机关以及公民私人两方主体对行政行为的裁量基准适用进行讨论,其中私人主体对于裁量基准的性质以及适用的合法性提出疑问,认为划定裁量基准的文件并未像法律法规那样公开透明、便于查阅,仅为行政机关内部文件,因而不应对私主体产生效力。法院则认为"《价格违法行为行政处罚规定》行政处罚裁量标准"虽然不是行政规章,但是也属于规范性文件,行政机关在作出行政处罚时应参照适用。而在"邬某勋与舟山市市场监督管理局金塘分局食品行政处罚案"中,[48]私主体与作出行政处罚的行政机关就处罚额度发生争议,法院在审理过程中认为,虽然行政机关的处罚幅度仍处于《食品安全法》的规定范围内,但是考虑到原告的涉案金额以及主观过错等因素,此案中行政机关作出的行政处罚的幅度裁量仍然有违行政法比例原则,法院有权依据《行政诉讼法》予以变更。此案中,法院基于具体案情、立法趋势等因

---

〔47〕 河南省信阳市中级人民法院行政判决书,(2015)信中法行终字第10号。

〔48〕 浙江省舟山市中级人民法院行政判决书,(2015)浙舟行终字第16号。

素对行政机关作出的行政处罚的裁量进行审判，起到了行政裁量事后审查的监督作用。所以，基于社会主义核心价值观以及相关法律法规的原则性规定，司法系统通过个案对行政裁量行为进行监督是优化行政裁量体系的重要方式，也是法治、文明、和谐等价值在行政执法体系中落实的有效途径。

除司法系统对行政裁量进行审查外，行政机关的自我规制是优化行政裁量体系的又一路径。“行政裁量的自我拘束方式，可以让上级行政机关更好地指导下级行政机关行使裁量权；通过裁量的自我拘束，行政机关会将许多执行层面的内容成文化、公开化，不仅有利于公众了解行政运作的具体情况，也有利于行政机关宣示未来的政策倾向，从而确保政策的稳定性。”〔49〕这种行政裁量的自我拘束包括设立更加精细的裁量基准，更为关键的是将执行层面的内容成文化、公开化，主动将能够作为裁量基准的内容制作成公开透明的文件，从而增强裁量的确定性并减轻恣意。科学合理设立裁量基准的解决方案，在本质上也是一种进一步精细化立法的行为，对于成文法标准与复杂具体实践问题之间的张力仅有缓解作用，难以从本源上解决行政执行中的法律适用问题，需要在合理设置裁量基准的基础上从另一角度寻找配套的措施。在法律治理与具体现实之间的张力问题上，作为软性治理力量的社会主义核心价值观便能发挥其独特的调和作用。在可预想的范围内，法治最终实现的可能性必须包括一个巨细无遗的“完美”的成文法体系，且不论其正当与否，在这一囊括了所有社会矛盾的解决办法的“完美”法典之下，可达成全社会范围内的绝对公正的法律治理。但是在“完美”法典的理性要求与现实条件尚未达成一致时，若要调和法律与现实的张力，则必须将在一定范围内的法律判断的权力交由介入具体案件的执法者（或司法者），即将自由裁量的权力赋予执法者。但是在具体执法者的理性水平与主观意志并不完美的现实情况之下，只有依靠一种软性的规训力量，也就是社会主义核心价值观和法治理想的培育，才能够更为现实地提升执法系统整体的执法能力，尽力弥合法律与现实之间难以解决的张力。在社会主义核心价值观和法治理想的熏陶之下，执法人员的公平正义理念得到深化，在行政裁量范围放宽的措施之下，更有可能运用好裁量权力，去仔细甄别具体案件细节，从而提升执法产品的质量，带来更为贴合实体公正的社会效果。所以，在优化行政裁量体系之外，社会主义核心价值观对执法实践的主体与环境的浸润与熏陶更具治本的效用。

〔49〕 高秦伟：《论行政裁量的自我拘束》，载《当代法学》2014 年第 1 期。

（三）社会主义核心价值观融入执法实践

为了实现社会主义核心价值观“入法入规”，尤其是进一步实现“完善弘扬社会主义核心价值观的执法体系”的基本目标，需要构建相应的机制。[50] 因为“价值系统自身不会自动地‘实现’，而要通过有关的控制来维系。在这方面要依靠制度化、社会化和社会控制一连串的全部机制”。[51] 执法活动是执法系统与社会交互的一个过程，通过融入社会主义核心价值观，建设更加全面、科学的考评体系和公平、合理的分配机制，在行政执法系统内形成普遍的法治信仰，是提升执法能力的必由之路，更是为执法活动更好地服务于特定社会管理目的而提供的重要保障。行政执法是一个既有约束也有弹性的复杂活动，执法者所秉持的法治意识、法治文化、实践理性，是实际影响执法质量的要素，必须将社会主义核心价值观全面融入其中。[52]

首先，作为执法体制机制背景的改革，在融入社会主义核心价值观的同时，要求根据不同层级政府的事权和职能，按照减少层次、整合队伍、提高效率的原则，合理配置执法力量。推进执法重心向市县两级政府下移，把机构改革、政府职能转变调整出来的人员编制重点用于充实基层执法力量。完善市县两级政府行政执法管理，加强统一领导和协调。大幅减少市县两级政府执法队伍种类，在重点领域推行综合执法，支持有条件的领域推行跨部门综合执法。加大关系群众切身利益的重点领域执法力度。理顺城管执法体制，加强城市管理综合执法机构和队伍建设，提高执法和服务水平。理顺行政强制执行体制，科学配置行政强制执行权，提高行政强制执行效率。健全行政执法和刑事司法衔接机制，完善案件移送标准和程序。这些措施的重点在于从内部改革层面提升政府整体的行政效能，在提高执法效率的基础上提升行政行为所产生的治理效果。

其次，通过社会主义核心价值观，提升执法人员的执法理念和执法水平。行政执法的实践困境有相当一部分源于执法系统内的人员的主观原因，政治思想素养不达标，对法律制度认识不到位，法治信仰缺失，使本就已经在执法系统内部损耗的执法能力，在系统末端的实践第一线也难以输出成具有社会效果的执法产品。如果在选用、培训以及考评方面，按照社会主义核心价值观的指引，将

---

〔50〕 张启江、祝子斌：《核心价值观融入法治政府建设的三大机制构建——以行政争议裁判中存在的困境为视角》，载《时代法学》2018 年第 3 期。

〔51〕 ［美］帕森斯：《现代社会的结构与过程》，梁向阳译，光明日报出版社 1988 年版，第 141 页。

〔52〕 肖峰：《社会主义核心价值观融入严格执法的价值内涵及其实现》，载《新疆师范大学学报（哲学社会科学版）》2019 年第 1 期。

法治信仰、政治思想素养等标准纳入执法队伍建设的全过程，全面发挥社会主义核心价值观的价值引领功能，显著提升由个体执法人员聚合而成的执法系统整体的主观素养，强化法治信仰、制度理解的能力，并且杜绝主观认识不到位而带来的消极、负面影响，就可以打通行政执法实践的“最后一公里”，通过经过社会主义核心价值观洗礼的个体执法人员，将有限的治理资源输送到全社会，并且显著降低执法系统末端对执法能力的损耗，将良善的法律法规、合理正确的行政决策贯彻落实到执法实践中，使执法活动中的每一个参与个体都享受到法治政府、法治国家建设的卓越成果。

再次，通过社会主义核心价值观的培育间接拓展执法人员的能动空间。在法治、和谐、诚信等社会主义核心价值观的指引下，执法人员在实践中获得了理性、正确且体系化的理论资源与实践目标。一次有效的执法活动，既需要执法人员有以高水平的思想政治素养为基础的充沛行动热情，也需要执法人员有过硬的业务能力和法律知识作为支撑。但是若要达到更进一步的社会效果，考虑到社会公众整体的法律知识水平，仅靠合理、合法可能还不足以让执法活动中的当事人完全信服，让矛盾纠纷完全平息。当事人由于执法结果不合自己的意见，将怒火转而发泄到执法人员身上，或者运用各类手段阻止执法结果的发生与执行，此类复杂情况屡见不鲜，通过法律制度等常规手段无法完全处理好制度规范以外的社会现实。而通过社会主义核心价值观的融入，执法人员便有了权威且正确的理论资源与教育素材。执法人员采用训导、教育和说服等沟通方式，利用社会主义核心价值观蕴含的感召能力，在执法人员与执法活动当事人之间建立一种更为理性的商谈情境，使执法活动的参与各方具有达成理解与和解的可能性，在社会主义核心价值观的引导之下达成共识，使在法律工具无法完全覆盖之处的社会矛盾纠纷得到有效的处理。在现行法制的规范性以及稳定性的框架之下，做到具体问题具体分析，采用理念教化的形式，更好地实现个案的公平正义，这也是社会主义核心价值观作为社会“软法”治理的独特功能体现。此外，创新行政执法也应与社会主义核心价值观的融入进行配套，推行行政执法公示制度，加强行政执法信息化建设和信息共享，有条件的地方和部门要建立统一的行政执法信息平台，完善网上执法办案及信息查询系统，强化科技、装备在行政执法中的应用，推广运用说服教育、劝导示范、行政指导、行政奖励等非强制性执法手段，健全公民和组织守法信用记录，完善守法诚信褒奖机制和违法失信行为惩戒机制。从信息技术利用到非强制性执法手段的推行，穷尽一切方法提升行政执法效能。

最后，社会主义核心价值观的培育为执法人员制度角色转换提供了可能。

行政执法困境之中最为核心的矛盾是稳定但容易滞后的成文法规与不断变化的社会事件之间的张力难以得到解决,而各类遵循制度主义基础给出的方案也容易陷入现实问题越复杂,对应的制度设计也就越复杂,制度设计越精巧,制度推广与实施成本越高的困境之中。必须承认制度手段具有相当的局限性,如果坚持运用巧妙的制度设计解决超越其能力范围的问题,则会陷入脱离实际的危险。但过度严格的权力限制在事实上无法应对前文所述的中国幅员辽阔、人口众多的治理基本面,"一抓就死,一放就乱"在中国基层治理中常有出现。而社会主义核心价值观的培育提供了另一种控制权力的可能途径,也就是基于执法系统整体法治信仰的一种信任,将执法人员从被限制权力的公权力角色中解放出来。这一放权思路虽然存在由于权力扩张而导致的失控风险,但是由于社会主义核心价值观的融入,在执法系统末端放松对非成文法涉及领域的管控成为可能。反之,将更多的裁量机会交予身负坚定法治信仰的执法人员手中,能够在更多个案中发挥执法人员的主观能动性,突破执法人员因畏权畏责而浪费治理资源的局面,最终达到社会主义核心价值观赋能执法实践的目的。

这种末端执法权力的限制与不足的矛盾,究其原因是整个法治体系不够完善。在规则之治没有完全深入人心、法治信仰没有普遍树立、成文法制度无法穷尽社会现实中所有复杂问题与纠纷的时候,以利害关系、奖惩机制驱动的制度并不具备那种能让所有非法手段全部被排除的崇高特性。在个体权衡自身行动的利弊时,永远会将非法行为与依法行为做对比,如果非法行为能够带来更多的回报,那么没有法治信仰、政治素养不过关的人就完全有可能选择铤而走险。更加遗憾的是,在越来越多人遵循法律规范而行为的同时,非法行为的收益总是越来越高。若要继续遵循奖惩驱动的制度逻辑,通过将合法行为的收益提高,并且降低非法行为的激励的手段来推进规则之治,则需要投入大量的资源,如加强监管、增加惩罚以及实行更多的法治教育培训。在执法系统方面,以人性恶的预设为制度设计起点,则必须考虑到执法人员过于积极地利用手中过大的权力进行寻租,也要考虑执法人员个体的信息收集能力、对法律规范的理解程度等业务能力无法驾驭超出其能力范围的权力,更要考虑执法人员因为激励与惩戒不足而怠于执法的可能,所以执法制度在设计时就要将限制权力与绩效考核纳入制度内容。但是在限权和考核的双重考验下,执法人员面临权力不大但是又必须承担执法责任的双重压力,一方面是不得不介入处理的社会矛盾,另一方面又没有合适的法律授权去解决纠纷,制度主义的奖惩激励机制就在这种矛盾之中不断消耗治理资源。而只有脱离单纯的奖惩激励,通过社会主义核心价值观的培育,才有可能另辟蹊径。在把握好选用、考评和日常培训的情况下,行政执法队伍的可信任程度完全能够承担一种更加能动、更加独立的执法活动，将束缚执法人员双手的限制稍微放松，就能让执法人员的制度角色转化成能够合情合理且细致地解决社会矛盾的专业纠纷化解人员，在不投入更多治理资源的条件下，更好地解放执法能力，输出更具成效的执法产品，从而为行政执法困境的突破提供一种区别于利益驱动的有益借鉴。

第三节　完善弘扬社会主义核心价值观的司法体系

完整的司法体系应当由公、检、法、司四大机关组成，实践中一般指法院系统和检察院系统。鉴于法院及其运作过程是我国司法体系中相对显性的一环，且近年来法院在追求"法律效果与社会效果有机统一"的整体背景下，越来越自觉地强调社会主义核心价值观融入司法裁判，因此本节主要围绕司法裁判展开讨论。

法学教科书以及法律工作者一般这样描述法官的司法过程：首先，认定具体案件事实，将已经发生的纠纷或生活事实，归入特定法律规范领域内，用法律语言描述认定后的事实，使其符合某一抽象规定的构成要件中各个构成要件要素，据以实现该规范的构成要件；其次，"目光来回流转"地为认定的事实在既有实在法律体系中寻找相关的法律规范；最后，将案件事实归摄于法律规范，推导出司法结论。简言之，司法裁判就是一个以法律规范为大前提，以案件事实为小前提，运用"演绎"的逻辑方式获致结论的过程。这一司法过程运用三段论思维方式，强调了法官恪守法律、严格适用法律，但也带来了机械司法的刻板印象。然而，在承认法官司法能动性的现代司法理念下，法官不再是机械的法律规则适用者。如杨仁寿所言，法官的主要工作，是基于法律规定的一般性价值标准，对于具体的事实作出价值判断。法官的主要任务，在于目的实现领域，而非在于逻辑领域。〔53〕因此，我们在分析司法适用社会主义核心价值观的理由前，有必要先讨论逻辑和价值判断在司法中的地位和作用，以及两者之间存在何种关系。

一、司法中的逻辑思维

司法裁判援引社会主义核心价值观的做法，虽然是中国司法领域中独特的

〔53〕 杨仁寿：《法学方法论》(第2版)，中国政法大学出版社2013年版，第37页。

做法，但追根溯源，这种做法其实符合近代以来司法裁判学说从形式主义走向实质主义的整体趋势。换言之，司法裁判之所以需要援引这类实质性的理由，主要是因为在“后形式主义”的时代下，法律人对纯粹的逻辑思维方法不足的担忧与批判。因此，作为分析的起点，我们首先要解决的问题是，逻辑在法律分析中究竟占据何种地位？

（一）法律形式主义的逻辑自主

法律形式主义是一种追求逻辑自足、法律确定性的法律观，这一法律观在大陆法系国家体现为概念法学。[54] 19 世纪，随着自然科学的发展，法律形式主义将逻辑的自足性推崇到极致，主张法律体系是一个自给自足、封闭的体系。法律形式主义的主要特征在于：其一，强调法律体系具有逻辑自足性且不存在漏洞，依逻辑方法可以解决一切社会问题；其二，认为法律解释主要在于形式逻辑的操作，是一种受规则约束的活动，排斥法官对具体案件的目的考量及利益衡量，不让法官自行价值判断；其三，否定法官的能动作用，视法官为机械适用法律的机器，只能对既定的法律作三段论之逻辑操作。[55] 法律形式主义在司法裁判实践中主要体现为规则形式主义，认为规则已由一个健全的法律体系给出，所有的司法裁判不过是规则的机械适用，司法对法官的要求只是阅读法律材料及执行逻辑操作，法官不从事形式逻辑之外的价值判断，没有任何裁量余地。[56] 在法律形式主义影响下，司法裁判理念由广义的法治转变为狭义的法治，即“规则之治”[57]。

法律形式主义这种机械的司法裁判理念认为司法裁判不过是对规则的机械适用，将规则适用于案件事实的过程不过是一种演绎推理程序：以法律规则为大前提，以案件事实为小前提，就可以推导出唯一正确的裁判结论。法律形式主义“把理想的然而就其性质而言是暂时的和纯粹主观的概念视为一种具有永久性的客观实体……结果是把整个实在法体系——一种先验的东西——限定在数量有限的逻辑范畴之中，而这些逻辑范畴本质上又是预先确定的、基础上不可动摇的，受毫无灵活性的教条支配，并因此无法使自身顺应生活中永远变化且正在变

---

〔54〕 解兴权：《通向正义之路——法律推理的方法论研究》，中国政法大学出版社 2000 年版，第 56 页。

〔55〕 梁慧星：《民法解释学》，中国政法大学出版社 2000 年版，第 62 页。

〔56〕 ［美］查理德·波斯纳：《法官如何思考》，苏力译，北京大学出版社 2009 年版，第 38 页。

〔57〕 王云清、陈林林：《依法裁判的法理意义及其方法论展开》，载《中国法律评论》2020 年第 2 期。

化的事件"[58]。法律形式主义在后来受到了现实主义法学的批判，现实主义法学认为法律形式主义忽略了法官的裁判案件的实质理由，忽视了审判结果的实质正义。

（二）演绎推理的逻辑运用

法律形式主义的裁判理念体现在我国司法实践中，即认为我国的法律推理方法主要为形式的演绎推理。我国法官的裁判过程遵循了一个严格的逻辑三段论公式：$T \rightarrow R, S = T$，那么 $S \rightarrow R$。也就是说，以法律规范为大前提，以认定的事实为小前提，推出司法结论的演绎推理过程，是一般逻辑推导在司法中的应用。逻辑被传统法哲学家视为法律稳定的主要保障，逻辑是法官用以组织法律材料，增强裁判结论说服力的有力工具。"以事实为根据，以法律为准绳""严格依法裁判"这类审判工作原则就体现了司法裁判对逻辑三段论的严格遵循，这使司法裁判摆脱法官主观臆断的弊端，对实现司法裁判的确定性、可预测性以及法律秩序的安定性发挥着极其重要的作用。自亚里士多德建立起一套严密的逻辑理论体系以来，逻辑三段论不仅构成了现代法治的基本结构，也是法律人的基本思维方式和思维技术，不可置疑地在司法裁判方法中起着基础性作用。[59]

司法中的法律推理是一般逻辑推导的应用，一般的法律规范构成推理的前提条件，法律推理中逻辑的运用使一般的法律规范与具体的案件事实结合得更加融贯，使结论更加合理、客观。比如，法官的判决书总是先陈述认定的案件事实，再找可适用的法律条文，从而推导出判决结论。英国学者麦考密克认为："在提出正当理由的过程中，演绎推理有时是完全可能的。这种推理旨在说明，一个命题（论证的结论）是其他某个或某些命题（论证的前提）中所默示的。一个演绎论证，不管前提和结论是什么内容，如果它的形式是它的前提事实上意味或造成结论，那么它就是有效的。任何人如果肯定前提同时又否认结论，那就成了自我矛盾。"[60]因此，形式的演绎推理促使法官要严格按照这个裁判逻辑推理过程去说服当事人、说服社会，可以最大限度地实现法官受规则约束以及排除其个人因素的司法负面效应。

---

〔58〕［美］本杰明·卡多佐：《司法过程的性质》，苏力译，商务印书馆1998年版，第27页。

〔59〕冯文生：《推理与诠释——民事司法技术范式研究》，法律出版社2005年版，第22页。

〔60〕解兴权：《通向正义之路——法律推理的方法论研究》，中国政法大学出版社2000年版，第111页。

（三）形式逻辑的法治意义

法治在形式层面的主要特征体现为：法律至上、法律的稳定性与明确性、法律的体系一致性和安定性、法律的公开性和可预期性等。[61] 形式法治要求保证法律被严格遵守和执行，而形式逻辑要求法官在司法裁判中要严格依法办事，是避免司法擅断、保证形式法治的重要工具。在现代法治社会中，遵循形式逻辑的法律推理是法官判决获得合法性的必要途径，逻辑是法治的基础，形式法律推理则是法治运行中的一个至关重要的环节，有助于形式层面法治目标的实现。[62] 形式逻辑的基本功能在于：

有利于法律秩序的安定性和法律体系的一致性，保障法官依法独立行使职权。形式逻辑对既存实在法体系的严格遵守，保证了规则的适用不受道德、宗教、政治以及掌权者意志等实质要素的影响。[63]

制约法官自由裁量，督促法官严格依法裁判，依照逻辑推导出判决结论，可以促进司法公开。法官在司法裁判中具有能动性，除逻辑外，法官的一些个人因素（如前见、直觉、判断）也构成了司法裁判的影响因素，但是这些因素主观性较强，可能会削减司法裁判结论的确定性和客观性，因此司法裁判遵从形式逻辑能够对司法中法官的个人因素形成有效的制约作用。

增强司法判决的一致性和合法性，为司法结论提供公开、合理的可检验标准，减少法官的论证负担。逻辑至少为裁判结论的得出提供了正当理由，增强判决结论的说服力。形式逻辑推理告诉人们判决结论是规则与事实逻辑运作后的结果。因此，司法裁判遵循形式逻辑可以增强裁判结果的可预测性，案件当事人乃至社会公众可以预先了解法院可能会采取的行动，并据此安排自己的行为。哈耶克指出，法治"意味着政府在所有的行动中都受到事先已明确与颁布之规则的拘束——这些规则使得我们有可能十分明确地预见到，掌权者在既定情形中会如何使用强力，并根据这一知识来安排自己的个人事务"[64]。

有利于形式上的正义和平等。逻辑因素是实现法律推理合法性的第一要素，是检验、鉴别、衡量法官的判决在形式上是否合格的标准。[65] 如果缺少法律规则、案件事实和结论中的任何一部分或者有任何一部分是错误的，法律推理的

---

〔61〕 张翔：《形式法治与法教义学》，载《法学研究》2012 年第 6 期。

〔62〕 谢晖、陈金钊：《法理学》，高等教育出版社 2005 年版，第 490 页。

〔63〕 陈林林：《法治的三度：形式、实质与程序》，载《法学研究》2012 年第 6 期。

〔64〕 雷磊：《法教义学与法治：法教义学的治理意义》，载《法学研究》2018 年第 5 期。

〔65〕 梁慧星：《裁判的方法》（第 3 版），法律出版社 2017 年版，第 9 页。

链条就会断开,就得不出具有合理的、具有说服力的裁判结论。比如,某一法官撰写的判决书上只载明法院查明的法律事实部分,却没有引出法律依据,这个判决就是不完整的。只有以事实为依据,以法律为准绳,得到的判决才可能是正确的判决。逻辑三段论有利于限制法官的裁量空间,从而从形式上维护法律秩序的安定,增强说理的可预测性,实现形式合法性,从而体现出形式正义。〔66〕

(四)形式逻辑的消极影响

20世纪初期,法律现实主义者看到了逻辑的不自足,逻辑的缺陷使形式法律推理受到学者们的责难,归纳起来主要有以下四点:第一,这种推理只能解决简单案件,一旦遭遇疑难案件便束手无策;第二,法律文本的不周延性、相互矛盾及缺漏使推理无法进行下去,因而需要实质推理加以补充;第三,三段论式推理的依法判案,不过是一种包装,真正的推理实际上从来没有发生过;第四,三段论推理模式使法律出现了机械性和僵化模式。〔67〕 在我国法治建设过程中,形式逻辑也在司法实践中体现出种种缺陷。

首先,形式逻辑不足以应对疑难案件。从司法实践的角度来看,绝大多数的案件都属于案件事实清楚、法律没有解释疑义的简单案件。因此,面对这些简单案件,法官只要严格适用法律规则,就能推导出一个合法且基本合理的裁判结论。对于这些案件来说,要求法官遵循形式逻辑依法裁判不仅符合常理,而且是形式法治的基本要求,因为形式法治要求法官必须按照事先设定的一般性规则对类似的案件作出类似的裁判。〔68〕 但是随着科学技术的高速发展,如医学技术领域的人工授精、冷冻胚胎及基因编辑等技术的日益发达,以及计算机科学技术中的自动驾驶、人脸识别技术的发展,这些技术应用产生的法律问题给既存的法律制度体系带来了冲击。面对日新月异的社会,法律存在一定的滞后性,这些问题多数难以在法律体系中找到可以确切适用的规则,形式主义法律观的逻辑自足性与体系的完善性因此不攻自破。例如,我国的"宜兴冷冻胚胎案"〔69〕"同性

---

〔66〕 韩登池:《司法三段论——形式理性与价值理性的统一》,载《法学评论》2010年第3期。

〔67〕 谢晖、陈金钊:《法理学》,高等教育出版社2005年版,第490页。

〔68〕 王云清、陈林林:《依法裁判的法理意义及其方法论展开》,载《中国法律评论》2020年第2期。

〔69〕 江苏省宜兴市人民法院民事判决书,(2013)宜0282号民初字第2729号;江苏省无锡市中级人民法院民事判决书,(2014)苏02号民终字第01235号。

伴侣抚养权纠纷案"[70],以及发生在美国亚利桑那州坦佩的全球首例无人驾驶汽车撞人事件[71]等,都是典型例子。面对这类案件的"事实之新","规则"之治便束手无策。

其次,形式逻辑不能保证演绎推理结论的合理性。形式逻辑的缺陷在司法实践中还表现为,其无法避免规则适用的合法性和合理性的冲突问题。发生于2006年的"许霆案"就是一个深受形式主义法律观影响的典型案例。在该案中,许霆多次操作ATM取款的行为,若严格依照刑法规定,构成盗窃罪,可判处10年以上有期徒刑,一审判决许霆犯盗窃罪并处无期徒刑。但在案件发回重审后,其却被改判盗窃罪判处5年有期徒刑。就许霆案两次裁判结果而言,对盗窃罪的法律条文以及许霆实施盗窃行为的法律事实都不存在争议,即该案的法律推理的大、小前提都存在共识,但是两次的量刑结果却大相径庭。[72] 许霆案的重审结果根据法律适用的社会效果对一审量刑结论进行改判,引发人们对规则适用之合法性与合理性冲突的思考。

最后,形式逻辑对于唯一正确的裁判结论的追求只是一种幻想。例如,在我国公序良俗第一案"泸州遗赠案"中,四川泸州已婚男子黄某彬在临死前立下书面遗嘱,将所有遗产悉数赠与其情人张某英。黄某彬去世后,张某英持遗嘱要求其妻子蒋某芳交付遗赠财产,并诉至法院。泸州市中级人民法院终审确认,该遗赠行为因违反公序良俗而无效。[73] 该案若严格适用原《继承法》关于遗嘱效力的规则,即"公民可以立遗嘱将个人财产赠给国家、集体或者法定继承人以外的人",可以经过演绎推理得出黄某彬的遗赠行为是合法有效的。但是,由于张某英身份的不道德色彩,为了否定该遗赠行为的有效性,也可以从原《民法通则》关于公序良俗的规定中获得支撑理由。以上两种主张都符合形式逻辑,但其得

---

[70] 该案为全国首例同性伴侣争夺抚养权案,基本案情是两位女性当事人,原告通过医学取卵技术提供卵子,与购买的案外人提供的精子培育出胚胎,然后将该胚胎移植到被告体内,由其提供母体孕育分娩。一审判决驳回了原告的诉求。该案法官认为,"在本案中,原被告双方系同性伴侣关系,尚不为我国婚姻法乃至其他民事法律所规范,无法根据我国现有辅助生殖技术的相关规定实现生育目的,故双方购买精子进行体外受精乃至胚胎移植的一系列行为是违法的"。参见《全国首例! 一个孩子两个妈? 厦门一对同性伴侣争夺抚养权……法院判了!》,载微信公众号"厦门政法"2020年9月10日:https://mp.weixin.qq.com/s/rxLPD-hHZVPUEogM-cF9PQw。

[71] 《全球首例无人车致死事件,Uber做错了什么?》,载中华网2018年3月21日,https://news.china.com/internationalgd/10000166/20180321/32207292_all.html。

[72] 蔡宏伟:《"许霆案"与中国法律的形式主义困境——兼论波斯纳的法律活动理论》,载《法制与社会发展》2008年第5期。

[73] 四川省泸州市纳溪区人民法院民事判决书,(2001)纳溪0503民初字第561号;四川省泸州市中级法院民事判决书,(2001)泸民一终字第621号。

出的裁判结果却截然对立。[74]

综上所述，尽管逻辑对我国法治有着重要意义，但是仅仅依靠逻辑不能解决当下社会高速发展产生的各种法律问题。

二、逻辑迷梦的破碎与价值判断的引入

上文主要是就逻辑思维方法的不足所展开的分析，我们的分析主要是针对以逻辑思维为核心的形式主义法学所展开的批判。随着逻辑迷梦的破碎，法律人开始从理论层面反思逻辑思维，并尝试着从这种批判中寻找到拯救法律思维客观性的出路。

（一）现实主义法学对逻辑的批判

在19世纪末，受自由法运动的影响，法律现实主义在对法律形式主义的批判中发展起来，这一时期的司法观主张逻辑的不自足性，因此更加强调利益权衡、目的考量以及政策判断等因素的必要性和重要性。霍姆斯认为抽象规则是不能机械地适用于具体案件的，其直接否定了形式主义的逻辑自足性的核心前提——存在唯一正确的法律规则。对于司法裁判中的逻辑问题，霍姆斯则认为，虽然逻辑的方法和形式迎合了人们对司法裁判确定性的渴求，但是确定性一般来说是一种幻想，"在逻辑形式的背后，存在着对于相互竞争的立法理由的相对价值和重要意义的判断，通常是一种无以言表且毫无意识的判断，这是实际存在的，然而却是整个诉讼程序的根源和命脉所在。你们可以给任何结论披上逻辑的外衣……但是，你们为什么要这样做呢？"[75]

在经历法律现实主义的批评后，学者们逐渐意识到法律推理正确与否并不依赖形式逻辑，一项法律决定就算无法从事先存在的法律规则中逻辑地推导出来，也不妨碍这项法律决定的正确性。比利时逻辑学家佩雷尔曼指出："法官在听审后并非像一架机器而是像一个人一样作出判决，他所拥有的判断权，虽然自由但并非专断，往往会对辩论结果产生决定性的影响。"[76]佩雷尔曼的观点实际上指出，对于司法裁判而言，更为重要的因素并非逻辑三段论，而是法官的价值评判。由此可见，司法过程不可能仅仅依赖逻辑三段论。法官是要将法学上的

---

〔74〕 孙海波：《疑难案件否定法治吗——依法裁判立场之重申》，载《政治与法律》2017年第5期。

〔75〕 ［美］霍姆斯：《法律的生命在于经验——霍姆斯法学文集》，明辉译，清华大学出版社2007年版，第217页。

〔76〕 Chaim Perelman, *The Idea of Justice and the Problem of Argument*, Routledge and Kegan Paul, 1963, p. 101.

认识应用于具体司法实践的法律人,其将“理论认识”应用于“实际问题”的活动则具有“实践”的性格。[77] 实际的司法裁判过程是非常复杂的,法官不是仅仅依靠机械的逻辑推导就可以获得可靠的裁判结论。相反,司法过程中认定事实、选择规范这两个步骤往往是以法官的价值判断和利益衡量为基础的,司法裁判的实践性包含了法官的主观能动性,法官可以通过价值判断使司法结论符合当事人的目的性需要。司法裁判常常包含诸多不确定因素,也涉及诸多利益冲突,离不开法官的权衡、判断。然而,这些都超出了逻辑所能概括的范畴,进入了实质推理的视域。

(二)实质推理的合理性

显然,现代法治排斥法官恣意判断,法官必须受到法律的制约。但是当依据法律条文进行的形式推理结果与法律体系的目标乃至社会的最终理想相矛盾时,法官就不能将形式逻辑推导出来的结果宣称为审判的结论。[78] 在司法活动中,我们不是要像数学和科学实验一样追求裁判结论的逻辑严密及精确性,而是要借助法律解决纠纷,构建一个有序而正义的社会。霍姆斯在《普通法》一书中的一段文字就表明了司法过程不能仅仅诉诸逻辑,这段文字写道:“法律的生命一直在于经验而非逻辑。为人们所感受到的一个时代的迫切需求、主流的道德和政治理论、对公共政策的直觉——无论是公开的还是下意识的,甚至是法官与同行们所共持的偏见,在决定赖以治理人们的规则方面的作用要远远超过三段论推理。”[79] 因此,司法过程中以价值判断为基础的实质推理就成为必要,在司法裁判中恰当地运用价值判断可以保证获得一个符合正义的个案裁判。如果说形式的逻辑推理实现的是形式合理性或形式正义,那么实质推理实现的就是实质合理性或实质正义。

(三)价值判断的必要性

从前面形式法律推理受到的批判分析,我们知道即使在形式的法律推理中也是存在价值判断空间的,从法律规则的选择和法律条文意义的释放到案件事实的收集与陈述,无不渗透着法官的价值判断。甚至可以说,判决就是特定法官

---

〔77〕 杨仁寿:《法学方法论》(第2版),中国政法大学出版社2013年版,第52页。

〔78〕 [日]川岛武宜:《现代化与法》,王志安等译,中国政法大学出版社1994年版,第245页。

〔79〕 O. W. Holmes, Jr. *The Common Law*, ed. by M. Howe and Little Brown, 1963, p. 5.

利用审理特定案件的机会,将一项价值具体化的过程。[80] 具体而言,价值判断在司法中的必要性主要可以归纳为以下两点。

首先,价值判断可以弥补形式逻辑的不自足性。形式逻辑不足以解决日新月异的社会出现的所有法律问题,当面对未能被既存的法律规范所容纳的案件事实时,法官机械地适用法条就会出现合法但不合理的弊端。正如卡多佐法官所言:"我们不再必须从理性推演出来的文本或体系之中,而是从社会效用中,从某些后果会追随某些假定而来的必然性中寻找法律的渊源……当需要填补法律的空白之际,我们应当向它寻求解决办法的对象并不是逻辑演绎,而更多的是社会需求。"[81] 霍姆斯在《法律的道路》一文中也指出了逻辑的不自足性及价值判断的必要性,试图运用逻辑达到确定性是不可能的,因为确定性只是一种幻觉,在逻辑的背后,我们不得不去对相互竞争的利益理由的相对价值和重要意义进行判断。[82] 由此,卡多佐和霍姆斯都认为,真正值得重视的是通过法律要实现何种社会目的,而不是追求逻辑上的自洽,这就要求法官必须对社会价值观念作出价值判断,并积极回应社会需求。[83]

其次,疑难案件中的法律解释和利益衡量离不开价值判断。需要法律解释的情形有很多,如法律规则模糊、法律条文的字面意义过宽或过窄、法律规则滞后而达不到立法目的等。在大多数情况下,从表面上来看,法官是直接适用了某一具体明确的法律规则,如裁判文书中法官依据某条文就下了裁判结论,但是隐含在规则选择背后的真正依据以及法官的考虑往往被大众忽略,认为简单案件存在明确适用的规则就不需要进行法律解释。然而,事实上,即使是明确、清晰的条文在适用于面对具体个案时也需要被解释,有法律解释就有价值判断存在的空间。疑难案件的产生,往往是因为没有明确可适用的法律规范,或存在规则但可以得出多个可接受的结论,或适用规则的结论会与正义冲突。仅仅依靠形式逻辑无法解决这些问题,需要法官运用价值判断进行法律解释或利益衡量,得出合理的结论。苏力在分析"许霆案"时道出了价值判断之于疑难案件裁判的必要性,他认为司法裁判中的价值判断和考量是不可避免的,司法总是会遇到一些规则无法直接适用的难办案件,这时形式逻辑已经不足以应对,因此需要一些

---

〔80〕 吕荣海:《法律的客观性》,台北,蔚理法律出版社1987年版,第171页。转引自解兴权:《通向正义之路——法律推理的方法论研究》,中国政法大学出版社2000年版,第195页。

〔81〕 [美]本杰明·卡多佐:《司法过程的性质》,苏力译,商务印书馆1998年版,第75-76页。

〔82〕 [美]霍姆斯:《法律的生命在于经验——霍姆斯法学文集》,明辉译,清华大学出版社2007年版,第217-218页。

〔83〕 郭春镇、王云清:《作为法律实用主义的"权利话语"——以一起"难办"案件的"能动司法"为切入点》,载《法制与社会发展》2012年第4期。

政治判断和政策考量的参与,在难办案件中价值判断起着支配或指导作用。[84]因此,在疑难案件中法官不能充当法条主义法官,其在裁判时要考虑的不仅仅是法律条文的字面意思,还得考虑法律所保护的价值,在价值发生冲突时还需要判断哪一价值更为重要。

最后,价值判断有助于司法实现个案正义。法治不仅是依法裁判,还要求司法实现"努力让人民群众在每一个司法案件中感受到公平正义"。[85] 司法实践中,法官所面对的具体个案具有复杂性,法官既要依法裁判,还要对复杂的个案进行变通考量,以取得裁判结论的可接受性。因此,法官为实现个案正义进行个案决定时就不可避免地会进行价值判断。努力让人民群众在每一个司法案件中都感受到公平正义,是人民法院和人民法官肩负的永恒责任和使命。形式逻辑只能实现形式正义,若要实现个案的实质正义,就必须要求法官在个案中进行法律解释、利益衡量等价值判断。

正如德国学者魏德士所说:"法官的主要工作是基于法律规定的一般性价值标准对具体的事实作出价值评价。"[86]没有价值判断,就没有法律的适用。因此,在司法裁判中纳入价值判断已经成为必然选择。

(四)价值判断的局限性

不可否认,不论是在形式的法律推理中还是实质法律推理中,价值判断都发挥着重要作用。但是价值判断存在法官的主观因素,使价值判断的客观性以及正当性都招致怀疑。许多学者担忧,如果过分强调价值判断、法官的能动性,过于强调法官实现个案正义的使命,就容易忽视对司法权的限制,就会走向司法能动主义。"司法能动主义走向极端,有可能会导致法治的死亡:试图以激进革新或冒险的方式来重铸法律,将使法律变得不确定和不可预测,进而走向法治的对立面。"[87]

价值判断会导致"越法裁判",给法律带来不确定性。依法裁判要求法官在裁决案件时应该忠于法律,不得随意违反法律规定,更不能歪曲法律的立法原意,或以法律之外的其他理由替代法律理由。[88] 然而在司法实践中,经主观价

---

〔84〕 苏力:《法条主义、民意与难办案件》,载《中外法学》2009 年第 1 期。

〔85〕 《中共中央关于全面推进依法治国若干重大问题的决定》,中国共产党第十八届中央委员会第四次全体会议,2014 年 10 月 23 日。

〔86〕 [德]伯恩·魏德士:《法理学》,丁晓春、吴越译,法律出版社 2013 年版,第 295 页。

〔87〕 雷磊:《法教义学与法治:法教义学的治理意义》,载《法学研究》2018 年第 5 期。

〔88〕 王云清、陈林林:《依法裁判的法理意义及其方法论展开》,载《中国法律评论》2020 年第 2 期。

值偏好为基础的价值判断得出的判决,通常要比严格遵守形式逻辑的判决表现出更大程度的不确定性和不可预见性,这主要是因为价值判断本质上是一种基于目的合理性的主观评断。价值判断不仅要关乎道德信条,还涉及利益衡量,其实质是一种非此即彼、独占性决断,法律规范只能起到次要作用,甚至在某些情况下沦为一个可有可无的注脚。[89]

基于上述担忧,如果我们承认在司法裁判过程中法官的价值判断是不可避免的,那么随之而来的问题将是,我们如何给这种价值判断戴上"镣铐"。从法学方法论的角度来说,我们可以借助一国宪法的基本权利所建立起来的客观价值秩序或价值体系来完成价值判断的客观化论证。但是,从最根本、最终极的渊源上来说,这种客观价值体系无非一个国家主流价值观念在宪法中的折射。从这个角度来说,在当下中国的语境下,社会主义核心价值观无疑有助于强化价值判断的客观证成。

三、社会主义核心价值观融入司法场域的法治意义

社会主义核心价值观融入法治实践,要求司法场域对道德、价值等持开放的态度。因此,司法实践除了要遵循形式逻辑外,还要为法官价值判断提供空间。只有如此,社会主义核心价值观才能够渗透在法治建设的方方面面。社会主义核心价值观融入司法,不是让价值判断代替依法裁判,而是让价值判断弥补严格依法裁判的消极后果,因此价值判断是有限的,需要在适用的同时不断克服其缺陷。司法适用社会主义核心价值观的意义体现在指导、制约法官的价值判断上,并为司法结论提供正当性基础和合法性论证。

(一)指引法官的价值判断

社会主义核心价值观是受到社会公众广泛认同的基本价值的凝练表达,存在社会共识性,能够指引法官作出符合公众可接受的价值判断。法官进行价值判断所涉的价值应为存在基本共识的价值,如果公众对该道德问题不存在共识,那么法官价值判断就会缺乏合理性和可接受性。因此,社会主义核心价值观也是作为检验法官是否合理进行价值判断的重要标准。

社会主义核心价值观指引法官进行目的论解释,尤其是客观目的解释。客观目的解释基于法律规范的客观意旨对法律文本进行解释,因此客观目的解释在司法适用过程中必然牵涉解释者的价值选择。为保证解释结论的客观性,客

〔89〕 高一飞:《论司法价值判断的客观性》,载《浙江社会科学》2021 年第 2 期。

观目的解释至少必须服从于社会公众的主流价值观、基本法律原则和法律精神。因此,社会主义核心价值观作为体现社会共识的主流价值观,能够对法官进行客观目的解释起着指引与规范作用。社会主义核心价值观还指引法官在具体个案中进行价值衡量。社会存在多元价值,价值的多元化容易产生冲突,因此当遇到价值冲突时需要法官进行价值选择。法官个人的价值观念也影响着他的决定,社会主义核心价值观为法官的价值选择提供指引,指引法官选择符合社会主义核心价值的价值,符合大众的心理预期。

(二)构建法官的信念之网

法官的信念之网,包括法官这一职业共同体关于司法的信念、法律判断力等。这一信念之网受法律教育的影响,通过经验产生,并在每个案件的审判中通过调查、反思和论辩而不断被塑造。关于司法责任的信念则是法官的核心信念,即法官肩负维护法律的使命,不得依据与法律不一致的个人价值观进行裁判。因此,法官的裁判应当符合法治及法治理想。[90] 法官的信念之网是由其所处的社会和环境所决定的,因此司法实践中的价值判断与选择也并不主要是法官的个人主观意见,法官的价值判断与选择受到诸多因素的制约,包括自觉的或不自觉的,内在的或外在的。[91] 社会主义核心价值观融入司法,就可以参与塑造法官的信念之网,从而引导法官的裁判符合法治的要求。美国卡多佐法官也指出,法官不能"自由地以他们自己的关于理性和正义的观点来替代它们所服务的普通人的观点。法院的标准必须是一种客观的标准。在这些问题上,真正作数的并不是那些我认为是正确的东西,而是那些我有理由认为其他有正常智力和良心的人都可能会合乎情理地认为是正确的东西"[92]。

法官的信念之网可以在一定程度上督促其在行使自由裁量权时保持自我克制,减少价值判断的主体性和个人化,即社会主义核心价值观可以起着制约法官价值判断的作用。在疑难案件的处断方面,如果法官的价值判断能够与社会当中通行的、居于主流地位的价值观保持一致,那么案件裁判结果往往可以取得更高的社会可接受性;反之,如果法官的价值判断无法与社会主流价值观保持一致,那么案件裁判结果则容易引发社会公众的普遍质疑。

---

〔90〕 [美]史蒂文·J. 伯顿:《法律和法律推理导论》,张志铭、解兴权译,中国政法大学出版社 1998 年版,第 148 - 151 页。

〔91〕 解兴权:《通向正义之路——法律推理的方法论研究》,中国政法大学出版社 2000 年版,第 204 页。

〔92〕 [美]本杰明·卡多佐:《司法过程的性质》,苏力译,商务印书馆 1998 年版,第 54 页。

(三)夯实判决的正当性之基

法官为实现个案正义而超越依法裁判时,就负有说明其做如此选择的正当性与合理性的论证义务,法官有义务论证司法结论是由理性推理得出且符合社会主流价值观的,因而有必要运用社会主义核心价值观为司法结论提供正当性和合理性的论证。此外,即使是仅由逻辑推导得出的司法结论,也往往要用社会的现实状况加以检验和考量,是否符合社会主义核心价值观,就是考量标准之一。

蕴含在制定法规则与法律原则中的规范目的与法治理念无不彰显着社会主义核心价值观,社会主义核心价值观为法律规则乃至整个法律价值体系提供正当性基础和合理性论证,同时为法官进行利益衡量提供指引。通过利益衡量的司法结论,可能具有宣示社会主义核心价值观、教育社会公众的作用。“社会主义核心价值观并不是某一个人或者某一个团体的单独价值诉求,其是整个社会一般公众的价值共识,是多元价值诉求中大家共同遵守、共同信奉的基本价值诉求。”〔93〕社会主义核心价值观具有社会共识性,因此社会主义核心价值观可以指引司法裁判恰当地回应社会需求,提高社会公众对裁判结论的可接受性,从而兼顾司法裁判的法律效果与社会效果。

(四)强化司法的权威性

社会主义核心价值观是司法权威的体现,有利于引领司法公正。自由、平等、公正、法治不仅是社会层面的基本价值,还是法的一般性要求,是司法的权威性保障。“法律面前人人平等”“类似案件类似对待”无不彰显司法的平等价值观,公正是法治对司法的要求,也是司法权威性的体现。若个案不公正,则会减损司法在公民心中的权威性,也不利于公民法治观念的形成。此外,司法的公信力来自社会公众对公正司法出自内心的认同和接受。与立法活动不同,司法裁判活动主要承担着实现矫正正义的任务,司法的权威性主要来自法律的权威性,〔94〕社会主义核心价值观融入司法对裁量权的限制作用,可以在一定程度上督促法官公正司法,公正司法才能具有权威性。而社会主义核心价值观中的“法治”,除了追求法治的一般目标外,还具有意识形态上引领作用。法治的实现需要价值共识予以支撑,而法治对社会主义核心价值观中的其他内容也具有

---

〔93〕 蒋太珂:《社会主义核心价值观融入法教义学的路径》,载《法律方法》2018年第1期。
〔94〕 王国龙:《自由裁量及裁量正义的实现》,载《上海政法学院学报(法治论丛)》2020年第4期。

保障作用。[95] 因此,社会主义核心价值观融入司法,有利于引领司法公正,从不同层面加强司法的公信力和权威性。

四、社会主义核心价值观司法适用的实证调查

接下来,我们将就司法实践中社会主义核心价值观的适用状况开展实证调查,以便直观、确切地看到社会主义核心价值观的司法适用样态。

(一)总体数据

实证研究的目的是揭示相关现象或关联现象中所存在的整体趋势,借此解释其中可能存在的相关关系。社会主义核心价值观广泛地存在于司法裁判文书中,所涉及的相关案件事实纷繁多元,在相关变量的选择上,我们重点考虑与本论题密切相关的几个指标:援引数量、援引案由和援引的价值观内容。

1. 援引数量

笔者以“社会主义核心价值观”为关键词在北大法宝网上进行全文检索,共检索到31512篇裁判文书,以这31512篇裁判文书作为样本,分析司法裁判援引社会主义核心价值观的案件数量情况。[96] (参见图3-1)

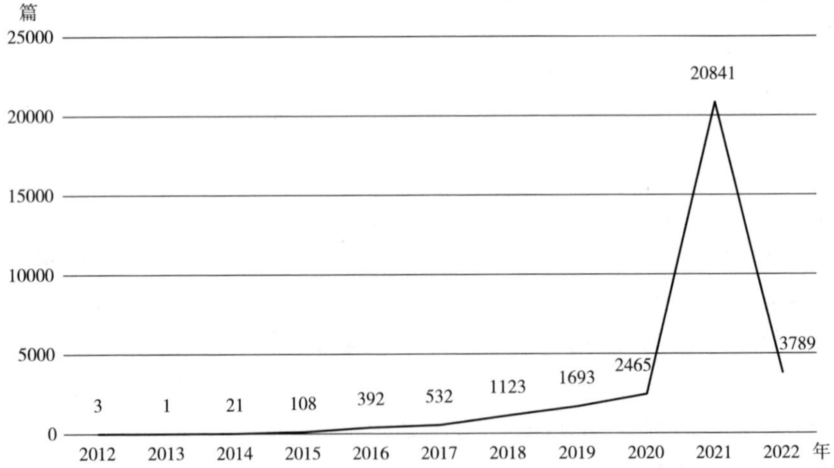

图3-1 涉社会主义核心价值观的裁判年度分布情况

[95] 陈金钊:《对法治作为社会主义核心价值观的诠释》,载《法律科学(西北政法大学学报)》2015年第2期。

[96] 北大法宝:https://www.pkulaw.com/case/,最后访问时间:2022年8月29日。

从图3－1可以看出,这些涉社会主义核心价值观的裁判年份跨度是2012年至2022年,[97]在裁判文书网中涉核心价值观案件最早的判决是2012年审结的“某小区业主委员会诉邓某某物业服务合同纠纷案”,该案在2016年被最高人民法院纳入弘扬社会主义核心价值观的10起典型案例之中,其典型意义在于对“诚实守信”价值的弘扬。在2015年前,涉社会主义核心价值观的案件数量,不到百件。为贯彻中共中央办公厅《关于培育和践行社会主义核心价值观的意见》,2015年10月12日,最高人民法院颁布《关于在人民法院工作中培育和践行社会主义核心价值观的若干意见》。此后,最高人民法院又于2016年8月23日公布10起弘扬社会主义核心价值观典型案例,涵盖民事、行政、刑事审判及执行领域。2016年12月25日,中共中央办公厅、国务院办公厅发布《关于进一步把社会主义核心价值观融入法治建设的指导意见》,强调准确把握法律精神和法律原则,适应社会主义核心价值观建设的实践要求,发挥司法解释功能,正确解释法律,以司法公正引领社会公正。从审判年份分布图可以看出,法官适用社会主义核心价值观在判决书进行说理的案件数量在2016年至2021年逐年大幅增长,体现出近年来人民法院更加注重在司法裁判中体现鲜明的价值导向。2020年5月13日,最高人民法院发布人民法院大力弘扬社会主义核心价值观十大典型民事案例。2021年,涉社会主义核心价值观案件从2465篇激增到20841篇,占全部案件约66.17%。从时间和数量上看,社会主义核心价值在司法裁判说理中的应用呈现出“政策冲击—司法反映”的特点,体现了司法实践对国家政策的反馈与回应。[98]

2. 援引案由

涉社会主义核心价值观案件最多的是民事案件,其中接近半数为合同纠纷案件。一是因为民事案件本来就是所有案件中体量最大的案件类型,随着法治社会的建设,人们法律意识加强,会更加积极运用法律来解决民事纠纷,民事诉讼就会更多。二是因为人们更加遵纪守法,违法犯罪行为在一定程度上也会减少。法治政府建设,政府执行能力提高,行政诉讼案件也会相较民事案件少。三是因为社会主义核心价值观的运用实质是法官的一种价值判断,而相较罪刑法定的刑法,民法中法官可以运用价值判断的自由裁量空间更大。这些原因都使社会主义核心价值观在民事案件中运用最广泛。截至2022年8月29日,北大

---

〔97〕 在裁判文书网上检索“社会主义核心价值观”,可以检索到最早的相关裁判文书发布于2010年,共2篇。

〔98〕 杨彩霞、张立波:《社会主义核心价值观融入刑事裁判文书的适用研究——基于2014－2019年刑事裁判文书的实证分析》,载《法律适用》2020年第16期。

法宝网上检索“社会主义核心价值观”得到的31512篇裁判文书中，民事案件有30179件，占案件总数的95.77%（见图3－2）。2016年，最高人民法院发布10起关于弘扬社会主义核心价值观典型案例，其中5件民事案件，2件刑事案件，2件执行案件，1件知识产权纠纷案件。2020年，最高人民法院发布了人民法院大力弘扬社会主义核心价值观十大典型民事案例。在所有最高人民法院发布的典型案例中，民事案件也是占绝大多数的。因此，社会主义核心价值观在民事领域的适用最为广泛。

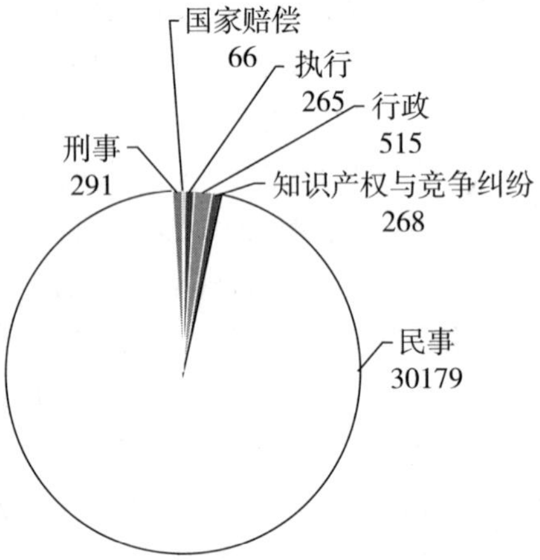

图3－2　涉社会主义核心价值观的裁判文书援引的案由分布情况

3. 援引的价值观内容

针对价值观内容的分析，由于社会主义核心价值观案件体量过大，笔者进一步限缩样本范围。以“社会主义核心价值观”为关键词在北大法宝网中检索到2020年的一审判决书共478篇，经过筛选，删除无关判决书后，以461篇涉社会主义核心价值观判决书为样本分析司法裁判援引社会主义核心价值观的具体内容的情况。[99]

从价值观的适用内容上看，一些判决书直接援引社会主义核心价值观中的

---

〔99〕 2021年1月1日，最高人民法院《关于适用〈中华人民共和国民法典〉时间效力的若干规定》开始正式实施，第2条规定“民法典施行前的法律事实引起的民事纠纷案件，当时的法律、司法解释有规定，适用当时的法律、司法解释的规定，但是适用民法典的规定更有利于保护民事主体合法权益，更有利于维护社会和经济秩序，更有利于弘扬社会主义核心价值观的除外”。笔者在北大法宝以“社会主义核心价值观”为关键词，检索出2021年一审判决书共6763篇，有半数以上的判决书都是援引该条规定作为适用民法典的依据，也未阐释价值观的内容。因此，为了排除该影响，笔者将检索范围限定在2020年，并进一步限缩裁判文书类型为一审判决书。筛选删除无关判决书17件，剩余461件涉社会主义核心价值观案件作为样本。

某一价值的概念,一些判决书援引与社会主义核心价值观相近似的概念。还有许多判决书仅涉及"社会主义核心价值观"字眼。大多数判决书援引"社会主义核心价值观",不是严格依照12个具体价值的概念为裁判结论提供论证支持的,而是将援引的价值观表述为与这12个具体价值相近似的价值概念。例如,2020年最高人民法院发布《人民法院大力弘扬社会主义核心价值观十大典型民事案例》之董存瑞、黄继光英雄烈士名誉权纠纷公益诉讼案,该案的指导意义就在于对革命英雄烈士的保护,该案在社会主义核心价值观的12个价值中无对应的价值,却是作为"爱国"这一价值的衍生价值即"英烈保护"在该指导案例中适用。又如,"孝道"这一伦理道德并未体现在社会主义核心价值观的凝练表达中,但其作为社会主义核心价值观的应有之义已成为司法实践的共识。在最高人民法院于2020年5月发布的弘扬社会主义核心价值观十大典型民事案例中,对没有法定赡养义务而自愿赡养老人的赡养行为给予了高度肯定,肯定了"中华孝道"的价值。实践中,法官面对赡养纠纷、继承纠纷等案件,也积极运用这一价值对裁判文书进行说理,如"孝敬老人是中华民族的传统美德,也是社会主义核心价值观的应有之义,每一个人都应当继承和弘扬"。可以看出,社会主义核心价值观是受到社会广泛认同的基本价值的凝练概括,从这12个价值中可以衍生出的其他价值,也属于人民法院在司法实践中应该践行和弘扬的价值观。

从价值观的适用频率上看,就具体适用价值观内容的判决书而言,价值层次不同,适用的频率也不同,国家层面的价值观和社会层面的价值观在司法裁判中适用的频率低于个人层面的价值观。个人层面的"诚信"价值在司法裁判中适用的频率最高,且主要是民事案件和行政案件。民事案件对"诚信"价值的适用主要体现在涉及诚实信用原则的纠纷,如买卖合同纠纷、民间借贷纠纷等。"诚信"价值与诚实信用原则结合形成裁判依据,或者在裁判依据形成后对裁判结论起到价值补强作用。例如,在"陈某颖与陈某杰民间借贷纠纷"案中,裁判文书载明"被告的违约行为有违'诚信'的社会主义核心价值观,应承担相应的违约责任即被告应及时偿还原告借款及逾期利息"。[100] 利用社会主义核心价值观对当事人的行为进行价值评价,起到裁判文书说理的价值补充作用。行政案件中,援引频率最高的价值也是"诚信"。例如,"综上,诚实守信是依法行政的基本要求,是社会主义核心价值观的重要内容。政务诚信是社会信用体系建设的关键,各类行政行为主体的诚信水平,对其他社会主体诚信建设有着重要的导向作用。只有政府诚信施政,带头履行即使是对其不利的行政允诺、行政契约等,

---

〔100〕 福建省安溪县人民法院民事判决书,(2020)闽0524民初3652号。

才能带动全社会诚信意识的树立和诚信水平的提高”[101]。“富强、民主、文明、和谐”这些国家层面的价值,在判决书援引的频率低,在样本中未见单独适用“富强”“民主”来分析或评价案件的裁判文书,国家层面的价值主要作为社会主义核心价值观具体内容的描述出现在裁判文书中。例如,“还应说明,赡养老人是中华民族的传统美德,也是每个成年子女应尽的法定义务,这亦与我国倡导的富强、民主、文明、和谐、自由、平等、公正、法治、爱国、敬业、诚信、友善的社会主义核心价值观相吻合……”[102]

(二)社会主义核心价值观司法适用的形式与说理

在司法裁判的过程中,援引社会主义核心价值观无疑有助于提升裁判结果的可接受性。因此,就中国裁判文书网上可见的案例而言,可以发现无论是当事人还是法官都热衷援引社会主义核心价值观释法说理。尽管如此,援引社会主义核心价值观这类实质性论据,相比较援引形式性论据需承担更为繁重的论证负担,在检视、审查社会主义核心价值观的司法适用方面,需要一种更为严格的反思性态度。对于实践中援引相关论据所引发的问题,亦不可视而不见。

1. 社会主义核心价值观适用方式不规范

法官援引社会主义核心价值观的方式存在一定的概括性和笼统性。对社会主义核心价值观理解不当,且适用方式粗糙,易向一般条款逃逸。例如,法官仅在裁判文书中指出当事人的行为“与社会主义核心价值观不符”,或“符合社会主义核心价值观”[103],但是对于违背了社会主义核心价值观的什么内容、如何违背,符合社会主义核心价值观的什么内容、如何符合,并没有进行详细的阐述和说明。

法官援引社会主义核心价值观的具体价值内容与具体案件事实关联性不强、契合度不高。社会主义核心价值观在司法裁判中的适用,应注重价值的选择和具体案件的相关性和契合度。然而,在涉社会主义核心价值观裁判文书中对价值的援引和案件事实并不具有明显的关联。例如,“王某云与孙某江、杜某侠民间借贷纠纷案”裁判文书载明:“社会主义核心价值观中倡导的爱国、敬业、诚

---

[101] 江苏省泰州市海陵区人民法院行政判决书,(2020)苏 1202 行初 72 号。

[102] 黑龙江省甘南县人民法院民事判决书,(2020)黑 0225 民初 158 号。

[103] 例如,江西省萍乡市安源区人民法院刑事判决书,(2020)赣 0302 刑初 381 号,“关于辩护人提出‘许康忠系上栗县赤山镇泉坡村扶贫干部,对其进行刑事处罚的社会效果不佳’的辩护意见,与社会主义核心价值观不符,不予采纳”。又如,重庆市江津区(县)人民法院行政判决书,(2020)渝 0116 行初 205 号中,“对违法行为进行教育是从人性化执法角度出发作出的有利于行政相对人利益的行政处理行为,符合社会主义核心价值观”。

信、友善，既是公民必须恪守的基本道德准则，也是评价公民道德行为选择的基本价值标准。民法总则也明确规定民事主体在从事民事活动时，应当遵循诚信原则，秉持诚实，恪守承诺。而本案被告孙某江、杜某侠在从事民事活动中的违约行为明显与此要求相悖。”[104] 该案是民间借贷纠纷案件，当事人的违约行为主要与社会主义核心价值观的诚信价值相悖，而与“爱国”“敬业”价值关联性不大。一般认为，“富强”这一价值无法在直接体现在民法的适用中，只能依靠民法规则的有效运作，间接地实现富强目的。[105]

法官援引社会主义核心价值观进行说理呈现出形式化和模板化。例如，将“努力让人民群众在每一个司法案件中感受到公平正义，是每位司法者的工作目标，从弘扬社会主义核心价值观、社会主义文明新风尚及传播社会主义法治精神的基本要求与理念出发，人民法院通过裁判的目的与宗旨在于为人民群众定分止争、化解矛盾、案结事了，并通过法庭的调解与释明，进一步防止矛盾激化、减少诉累，以节约司法资源，给社会提供一个正确的导向、良好信息及价值理念”。这段文字在北大法宝网不限检索条件地进行全文检索，可以检索到 155 篇裁判文书，涉及交通事故责任纠纷、买卖合同纠纷、财产保险合同纠纷等案由。[106] 该段文字虽然让判决书看似在说理，但实际上只是一种修辞。而且该段文字作为一种“模板”在裁判文书中的运用，呈现出司法实践中社会主义核心价值观融入裁判文书的高度形式化特征，也在一定程度上造成了某些案件的“机械裁判”。

2. 社会主义核心价值观的作用有限

实践中，社会主义核心价值观融入裁判文书主要起到价值宣示的作用。法院作出裁判结论之前，仅援引“社会主义核心价值观”这一字眼，既不说明案涉社会主义核心价值观的具体内容，也不对案件事实中当事人行为或事件与社会主义核心价值观的联系进行说明，仅以“社会主义核心价值观”来宣示法律的目的或司法裁判的宗旨，如“法律是实现公平正义的工具，而非当事人获取不正当利益的盾牌，司法的目的是弘扬社会主义核心价值观、维护健康向上的社会主义经济秩序，体现良好的社会价值取向，因此，本案原告的诉求不应得到支持”[107]。除此之外，法院对案件进行裁判前，还可能以“社会主义核心价值观”表明其价值立场，如在一起侵权责任纠纷案中，法院指出：“本院调整民事关系，注重弘扬

---

〔104〕 黑龙江省红兴隆农垦人民法院民事判决书，（2020）黑 8109 民初 2253 号。

〔105〕 崔建远：《我国〈民法总则〉的制度创新及历史意义》，载《比较法研究》2017 年第 3 期。

〔106〕 例如，河南省漯河市中级人民法院民事判决书，（2021）豫 11 民终 1017 号。

〔107〕 辽宁省沈阳市和平区人民法院民事判决书，（2020）辽 0102 民初 2997 号。

社会主义核心价值观。”[108]

在有些案件中，社会主义核心价值观与法律规则或法律原则结合，可以作为裁判依据。这在民法的诚信原则的适用中十分典型。例如，在一起房屋买卖合同纠纷中，裁判文书的裁判理由载明：“‘人无信不立，业无信不兴’，诚信是每一名公民必须遵守的基本道德规范，是人类社会千百年传承的优良传统。自《论语》记载‘言必信、行必果’，到今天诚信已成为社会主义核心价值观公民个人层面的价值准则之一，无不强调‘诚实守信’是一个人的立身之本。《民法总则》明确规定：‘民事主体从事民事活动，应当遵循诚信原则，秉持诚实，恪守承诺。’然而本案中原、被告……”[109]该案法官将社会主义核心价值观的“诚信”价值与原《民法总则》关于诚实信用原则的具体规定结合形成裁判依据，论证案涉房屋的征收补偿款的归属问题。此外，在“王某璞与任某执行异议之诉”中，[110]法官判决认为：根据《民法通则》第 4 条“民事活动应当遵循自愿、公平、等价有偿、诚实信用的原则”的规定以及我国社会主义核心价值观中对公民的诚信、友善的价值准则。在被告任某申请执行第三人骆某玲民间借贷一案中，第三人骆某玲的行为显然是与之相悖的。所以，原告王某璞所主张判令解除对原告在凉山彝族自治州中级人民法院的执行款 50 万元人民币的查封，并不得执行该案款的请求，并无充分的法律和事实依据。该案也是将社会主义核心价值观的“诚信”价值与民法的诚实信用原则相结合，形成法律依据。

此外，社会主义核心价值观融入司法场域，除了起着价值立场和道德宣示的作用，还可以指导冲突法律规范的选择、模糊法律规范的解释以及冲突社会利益的衡量，即社会主义核心价值观辅助法律方法的作用。但是社会主义核心价值观的这些作用，在司法裁判中并未得到充分发挥。例如，社会主义核心价值观可以通过客观目的解释的途径，而影响刑法案件的量刑。然而，在一些刑事裁判文书中，法官仅仅援引“社会主义核心价值观”一词进行价值宣示，并未将社会主义核心价值观作为刑法规范解释的“客观目的”，没有将社会主义核心价值观作为影响量刑的因素加以考虑。因此，社会主义核心价值观在司法场域中的作用十分有限。

3. 判决书说理存在问题

最高人民法院负责人答记者问时说：“在司法实践中，仍有不少法官存在对‘社会主义核心价值观融入裁判文书释法说理’认识不统一、运用不规范，‘不会

---

[108] 重庆市北碚区人民法院民事判决书，(2020)渝 0109 民初 3639 号。
[109] 四川省广元市昭化区人民法院民事判决书，(2019)川 0811 民初 1542 号。
[110] 四川省德昌县人民法院民事判决书，(2020)川 3424 民初 370 号。

用''不愿用''用不好'等问题,既造成部分案件中的'机械裁判',也在一定程度上影响了人民群众对法院审判工作的接受度和满意度。"[111]从上文分析来看,社会主义核心价值观融入裁判文书释法说理主要存在以下问题。

一是裁判文书运用社会主义核心价值观进行说理流于形式。从上文的分析来看,裁判文书援引社会主义核心价值观主要进行道德宣示和表明法院价值立场,就是裁判文书说理流于形式的表现。比如,"为弘扬社会主义核心价值观"对裁判文书说理来说就意义不大。[112] 社会主义核心价值观具体是如何与案件事实相结合的,违反了哪一层次的何种内容的价值观或者弘扬怎样的核心价值观等均未明确说明。社会主义核心价值观融入裁判文书,不应只是形式化的引用,而应进行具体化的说理论证。裁判文书适用社会主义核心价值观还要考虑选择的价值与案件的相关性、契合度。"法律如果要受到尊重,就必须提出理由,而法律论证要被人接受,就必须符合逻辑思考的规范。"[113]

二是裁判文书运用社会主义核心价值观说理呈现简单化、不充分的现象。从上文的分析来看,裁判文书对社会主义核心价值观的不规范适用,如概括化、模糊化、形式化和模板化,都是裁判文书说理简单化的表现。法院只是单纯地引用社会主义核心价值观融入裁判文书的法律依据,但是并非按照最高人民法院《关于深入推进社会主义核心价值观融入裁判文书释法说理的指导意见》进行释法说理,即明知应该进行充分说理,但又说理不充分甚至不说理。所谓的"理"在他们看来就只是司法结论有法律的支持,但是是否符合结论,以及为什么符合社会主义核心价值观却未进行说明。将体现社会主义核心价值观的法律条款、司法解释作为裁判依据,但是依据是依据,事实是事实,缺少如何从依据和事实得出裁判结论的推理论证。

三是对社会主义核心价值观内涵理解不够,望文生义式地援引。例如,"诚信"价值作为引用频率最高,适用范围最为广泛的价值,在法官在援引的过程中就存在对其不恰当理解的问题。例如,"原告潘某华被强制拆除的案涉油茶林已经通过征收补偿程序得到补偿,其请求再予以赔偿既不符合社会主义核心价

---

〔111〕 白龙飞:《深入推进社会主义核心价值观融入裁判文书释法说理以公正裁判引领社会风尚——最高人民法院司改办负责人答记者问》,载《人民法院报》2021 年 2 月 18 日,第 4 版。

〔112〕 例如,"公民的身体健康权受法律保护,高某在自身无过错的情况下,被万某泽无故打伤,给其造成了严重的精神损害,为弘扬社会主义核心价值观,精神抚慰金应予支持"。云南省元谋县人民法院民事判决书,(2020)云 2328 民初 1691 号。

〔113〕 [美]鲁格罗・亚狄瑟:《法律的逻辑——法官写给法律人的逻辑指引》,唐欣伟译,台北,商周出版社 2005 年版,第 18 页。

值观中的'诚信'理念,亦不符合法律规定"[114]。将原告已经得到补偿再请求赔偿的行为视为不符合"诚信"的行为,实在是有些牵强了。

五、社会主义核心价值观融入司法场域的法律方法

社会主义核心价值观融入司法场域,"是以方法论为主的命题"[115]。为了维护法律的确定性以及法律的约束力,社会主义核心价值观不能直接用于裁判,只有通过一般条款的立法设计、法律解释(尤其是客观目的解释)、利益衡量方法、裁判文书说理等才能将其融入司法场域。[116]

(一)基于客观目的解释落实裁判的合理性和正当性

法律方法论的核心和重点是为裁判结论提供合理性和正当性方面的证成,其中合理性指向裁判结果内容上是否可以被接受,而正当性(狭义的)则往往指向形式意义上是否可以从某个既定标准中推导出来。在涉及需要价值评价的法律解释场合中,基于客观目的的法律解释往往被视作法律解释中的"桂冠",并被视作实质—评价性法律解释方法中的不二法门。

1. 客观目的解释的内涵

解释是理解的前提。"法律非经解释不得适用""法律不重诵读而重理解"等法谚昭示着,法律的适用离不开解释。2016 年 12 月 25 日,中共中央办公厅、国务院办公厅发布《关于进一步把社会主义核心价值观融入法治建设的指导意见》,强调准确把握法律精神和法律原则,适应社会主义核心价值观建设的实践要求,发挥司法解释功能,正确解释法律,以司法公正引领社会公正。司法实践符合社会主义核心价值观建设的实践要求,关键在于法律规则和法律原则经解释的结论兼具法律效果和社会效果。司法裁判结论若要取得法律效果和社会效果的统一,司法场域中社会主义核心价值观的融入必不可少。2021 年最高人民法院出台的《关于深入推进社会主义核心价值观融入裁判文书释法说理的指导意见》中规定,社会主义核心价值观融入裁判文书说理可以采取的解释方法有文义解释、体系解释、目的解释以及历史解释,但是在各类解释方法中,客观目的解释对既存现实问题及法律实施社会效果的关注最能容纳价值考量,是社会主义核心价值观融入司法场域的重要法律方法。

---

[114] 湖南省衡阳市中级人民法院行政判决书,(2020)湘 04 行初 80 号。

[115] 陈金钊:《"社会主义核心价值观融入法治建设"的方法论诠释》,载《当代世界与社会主义》2017 年第 4 期。

[116] 许德风:《论法教义学与价值判断 以民法方法为重点》,载《中外法学》2008 年第 2 期。

一般认为,客观目的解释,是指解释者将法律所调整的对象的本质、目的以及法理念、法伦理原则作为支持或反对某种法律解释的理由。用阿列克西的话说,客观目的解释是指法官或法律适用者的理性目的和在法秩序框架内客观上被要求的目的作为支持或反对对某个法的渊源文本的解释结果的理由。[117] 目的解释作为澄清文本意义的解释方法之一,在具体适用时存在主观目的解释和客观目的解释的界分,解释探求立法者的调整意志被纳入主观目的解释,解释探求法律规范内的客观意旨则被纳入客观目的解释。不同于主观目的解释对立法者历史的意图的遵循,客观目的解释试图赋予法律文本在起草时具有的含义,忽视解释时既存的现实问题。客观目的解释更多地关注法律文本在将来想要取得的效果和目的,可以更好地解决法律的滞后性和现实性之间的矛盾。

2. 客观目的解释的价值

首先,客观目的解释能够容纳实质的价值考量,有助于法律规范目的更加契合社会主义核心价值观。法律体现了一定的目的和价值追求,具有合目的性。法律从形式化转向实质化,法律适用不再是纯粹的逻辑推演,还包含实质的价值考量。尤其在难办案件中,对于法律目的以及法律适用的社会效果的考量更为重要。苏力在分析"许霆案"时认为司法裁判中的价值判断和考量是不可避免的,司法总是会遇到一些规则无法直接适用的难办案件,依照法律规则的字面解释可能会背离法规范的目的或是整体法体系的价值。这时形式逻辑解释方法已经不足以应对,因此需要一些政治判断和政策考量的参与。[118] 法律规则的严格性有时会与法律的目的背离,所以需要客观目的解释予以扩张或限缩,使之契合法律目的。

其次,客观目的解释有助于实现法律效果与社会效果的统一,符合社会主义核心价值观融入司法的要求。"坚持法律效果与社会效果的统一"是司法裁判的一项基本工作准则,具体而言,法律效果就是"以事实为依据,以法律为准绳"的司法裁判过程对法律的严格适用所体现出的依法审判的作用和效果,而社会效果就是通过客观目的解释实现法律规范之客观意旨(公平、正义等基本价值)的效果。立法者在创制法律时所能想象的法律的适用情形都是相对典型的情况,并且是根据他们所处的社会环境来判断适用情形的"典型性"。因此,他们无法预见社会环境变化之后未来社会可能出现的种种情况。客观目的解释能够考虑到立法者未能预见的社会环境变化,使法律解释结论更加符合社会实际情

---

〔117〕 舒国滢、王夏昊、雷磊:《法学方法论》,中国政法大学出版社 2018 年版,第 356－357 页。

〔118〕 苏力:《法条主义、民意与难办案件》,载《中外法学》2009 年第 1 期。

况,从而实现裁判结论的合法性和合理性,以司法公正引领社会公正。

最后,客观目的解释是解决疑难案件的重要方法。在司法实践中,绝大多数案件都是案件事实清楚、没有解释疑义并且可以流水线作业的简单案件,只有极少数的案件是真正意义上的疑难案件。面对简单案件,法官只需要对预先设定的一般性规则进行严格的字面解释,就可以将规则适用于案件事实,没有人会怀疑由此得出的判决结论的合法性及可接受性。然而,疑难案件的疑难之处在于,规则与事实之间形式逻辑链条存在断裂,可能是因为严格的字面解释无法涵盖具体的案件事实,也可能是因为严格的字面解释结论明显不公正。运用客观目的解释可以有效处理疑难案件中法律语言可能出现的指涉过宽、指涉过窄甚至指涉不明三种状态,有助于法官基于价值判断决定是否将案件事实归属于特定法概念之下。[119]

3. 社会主义核心价值观作为客观目的的依据

客观目的解释适用的核心环节就是对客观目的的析取,该解释方法的"客观性"体现在其所探求的法律文本的目的不是立法者的意图。在较低的抽象层次上,客观目的是规范文本背后预设的理性作者的目的。在较高的抽象层次上,客观目的则是法律体系的意图,即文本旨在实现的当代社会所广泛认可的价值观、目标、利益、政策和功能。法律作为一种社会控制手段有着价值追求,其追求的价值体现在社会主义核心价值观的凝练表达中,[120]社会主义核心价值观与法律价值具有同质性。社会主义核心价值观的一部分已经被具体化为法律条文的价值观念,而部分未被纳入法律条文的依旧可以作为"客观目的"通过目的解释方法融入司法实践之中。[121]

最高人民法院颁布的《关于深入推进社会主义核心价值观融入裁判文书释法说理的指导意见》载明,"民商事案件无规范性法律文件作为裁判直接依据的,除了可以适用习惯以外,法官还应当以社会主义核心价值观为指引,以最相类似的法律规定作为裁判依据",肯定了社会主义核心价值观指引裁判依据选

---

〔119〕 王云清:《制定法中的目的解释——以英美国家为中心》,载《法制与社会发展》2020 年第 1 期。

〔120〕 郑文革:《法律的客观目的解释》,载《法律方法》2015 年第 2 期。

〔121〕 相关讨论,参见严立:《论作为民法典立法目的的社会主义核心价值观》,载《时代法学》2019 年第 5 期。

择的作用。[122] 将社会主义核心价值观作为客观目的解释的依据和指引，能将客观目的的获取限制在正当的范围之内，从而限制法官价值选择的恣意性。客观目的解释的客观性取决于能被大多数社会成员接受的共同观念。[123] 因此，社会主义核心价值观作为我国公众普遍认可的主流价值观，同样承载着我国社会对公平正义等客观法伦理的追求，其作为"客观目的"具有合理性和正当性。法官不能将其对基本价值的看法强加给社会，司法裁判不应反映法官个人的价值观，而应反映他们认为由其法律体系的性质及其特征所保证的价值观。"客观目的"的获取问题不在于法官认为什么，而是社会需要什么。法官有时会发现某种价值观似乎是基本且恰当的，但这并不足以说明该种价值就是法律文本的客观目的。法官需要认识到社会公众广泛认可的基本价值观，在获取客观目的时要考虑社会的"深层"价值观和国家信条。[124]

4. 如何借助社会主义核心价值观进行客观目的解释

（1）社会主义核心价值观仅作为辅助性材料，不作为法律解释的主要或首要考量因素。借助社会主义核心价值观进行客观目的解释，首先要遵从各个解释标准的先后适用顺序。一般认为，各种法律解释方法之间不存在固定的位阶关系，但是存在某种程度上适用的先后顺序。我国民法解释学中存在文义解释优先规则。也就是说，无论何种案由的民事案件，无论解释哪一法律条文，都应尊重法律条文的文义，优先采用文义解释方法，而不能脱离文义进行任意解释。[125] 拉伦茨也认为，"任何文本的解释都始于对文字文义的解释"，[126] 文义解释作为出发点，划定了解释的范围。[127] 除此之外的体系解释、立法者意图解释都在该文义范围内运作。客观目的解释就是，当文义解释的结果有多种可能性时，进一步确定文本意义使之明确的方法。[128] 目的与文义在多数情况下具有一

---

〔122〕 此外，2021 年 1 月 1 日实施的最高人民法院《关于适用〈中华人民共和国民法典〉时间效力的若干规定》也规定了"民法典施行前的法律事实引起的民事纠纷案件，当时的法律、司法解释有规定，适用当时的法律、司法解释的规定，但是适用民法典的规定更有利于保护民事主体合法权益，更有利于维护社会和经济秩序，更有利于弘扬社会主义核心价值观的除外"。这一规定将是否有利于弘扬社会主义核心价值观作为选择裁判依据的考量因素。

〔123〕 [德]齐佩利乌斯：《法学方法论》，金振豹译，法律出版社 2009 年版，第 32 – 33 页。

〔124〕 Aharon Barak, *Purposive Interpretation in Law*, Princeton University Press, 2005, p. 166 – 167.

〔125〕 梁慧星：《裁判的方法》（第 3 版），法律出版社 2017 年版，第 118 页。

〔126〕 梁慧星：《裁判的方法》（第 3 版），法律出版社 2017 年版，第 403 页。

〔127〕 文义作为解释的范围，自然就不能与客观目的解释方法并列，因此本文所指的文义解释仅是狭义的文义解释，即语义学解释。相关讨论参见舒国滢、陶旭：《论法律解释中的文义》，载《湖南师范大学社会科学学报》2018 年第 3 期。

〔128〕 杨仁寿：《法学方法论》（第 2 版），中国政法大学出版社 2013 年版，第 180 页。

致性,在少数情况下文义解释的结果符合多种“客观目的”,极少数情况下文义会背离法律的目的。因此,文义应该是客观目的解释的适用基础,客观目的必须在文本可能的文义范围内运作。如果脱离文义直接去寻求法律的客观目的,就越出法律解释的范围而进入法律续造领域。法律适用者应该先进行文义解释,当文本含义存在多种解释可能性,或文本的字面意义偏离法律目的时,再适用客观目的解释方法进一步确定法律文本的意义。

(2)客观目的解释的适用范围应受限制,有限地适用于法官拥有更多裁量空间的疑难案件。疑难案件指的是那些对法律内容的理解存在困惑以及法律的适用存在困难的案件。[129] 具体来说,主要包括法律规则缺位、可适用的法律规则之间存在冲突、法律规则的含义模棱两可或者法律规则与案件事实不一一对应的案件,以及那些适用演绎推理模式得出的判决结论与法律追求的正义背道而驰、其判决结果得不到公众认可的案件。如前文所述,面对这类案件,演绎推理往往会遭遇困境,如果在审理这些疑难案件时法官还要坚持运用演绎推理模式,无异于“在囚笼中跳舞”,而法官运用关注既存现实问题及法律实施社会效果的客观目的解释方法作出裁判,既解决了当下的案件,也使司法及时回应了社会的变动,能够对将来的案件产生良好的示范效应,符合司法追求的目标。总之,将客观目的解释的适用范围限定于疑难案件,既可以维护法律的安定性,在一定程度上防止这种方式的滥用,防范法律工具主义的风险,也可以使司法及时回应社会的发展,促进法律的进化。

(3)客观目的解释的结果应进行充分论证。客观目的解释可以在不同的“概括水平”上进行操作,社会主义核心价值观属于相对概括、抽象的目的,而且这种目的可以包容不同乃至矛盾的解释。一旦法官选择社会主义核心价值观作为客观目的,就面临适用情境上的选择问题,也会引起人们对解释结果不确定性的担忧。[130] 因此,为减少此种担忧,法官应对客观目的解释的结论进行充分的论证。司法权威的来源之一是公众对司法的信赖,而法官对判决结论进行充分的论证说理是增强公众司法信赖的路径之一,特别是一些疑难案件本身就存在很大的争议,如果法官含糊其词,不能将自己的裁判理由充分、有逻辑地展现出来,其判决结论就很难具有说服力。对客观目的解释的结论进行充分论证说明,既可以使结论于法有据并具有可接受性,也可以约束法官的价值裁量。

---

[129] 孙海波:《疑难案件否定法治吗——依法裁判立场之重申》,载《政治与法律》2017年第5期。

[130] 王云清:《制定法中的目的解释——以英美国家为中心》,载《法制与社会发展》2020年第1期。

（二）通过利益衡量寻找裁判的冲突点和平衡点

2012年，最高人民法院颁布《关于在审判执行工作中切实规范自由裁量权行使保障法律统一适用的指导意见》，强调正确运用利益衡量方法，“要综合考量案件所涉各种利益关系，对相互冲突的权利或利益进行权衡与取舍，正确处理好公共利益与个人利益、人身利益与财产利益、生存利益与商业利益的关系，保护合法利益，抑制非法利益，努力实现利益最大化、损害最小化”。2021年，《关于深入推进社会主义核心价值观融入裁判文书释法说理的指导意见》第7条规定：“案件涉及多种价值取向的，法官应当依据立法精神、法律原则、法律规定以及社会主义核心价值观进行判断、权衡和选择，确定适用于个案的价值取向……”上述规定进一步强调了社会主义核心价值观指引法官进行价值判断、权衡和选择的作用。

1. 利益衡量的内涵

自由法运动后，利益法学派认为法律的实际作用比法律的抽象内容更为重要，主张法官在司法过程中，不仅要尊重法律文本，还要兼顾立法者意图。对立法者于立法之际疏忽的问题，法官要运用自身的智慧，自动审查各种利益，加以衡量。[131] 具体而言，利益衡量就是在司法实践中，当法律所保护的利益存在冲突时，法官不再严格适用机械规则；反之，探求立法者面对当今环境变化所可能的利益取舍，对冲突的利益依照社会、经济、价值等观念加以权衡和取舍，并在既定法秩序内为衡量结论寻找依据，从而作出符合个案正义的裁量结论。

社会主义核心价值观也可以解读为体系化的个人、社会、国家这三个层面的利益集合。在多元化的社会变迁中，利益的形成日益多元化及复杂化，不同主体的价值与利益常常发生冲突。当案件存在多元价值取向时，法官就会面临权衡和取舍的问题，需要运用利益衡量来衡平价值。例如，最高人民法院发布的关于社会主义核心价值观的一些典型案件，体现了对英烈保护的重视，而这类英雄人物的名誉权纠纷案件所涉利益十分复杂，往往涉及言论自由、学术自由等个人利益与社会公共利益的关系，如“狼牙山五壮士”案[132]中，法官在利益衡量上，结合个案具体事实分析了言论自由、学术自由与英雄群体权益保护的关系，恰当地平衡了冲突利益。法官在进行利益衡量时，要尽其所能保持客观，根据个体和社会的需求，行使自己的判断力来平衡不同的利益。

---

〔131〕 杨仁寿：《法学方法论》（第2版），中国政法大学出版社2013年版，第221页。

〔132〕 最高人民法院公布四起“狼牙山五壮士”等保护英雄人物人格权益典型案例之三：葛长生、宋福宝分别诉洪振快名誉权侵权纠纷系列案。

2. 利益衡量的必要性

首先,利益衡量是解决权利或利益冲突的必然要求。利益衡量的必要性根源在于现实中利益多样性及复杂性,社会主体多元的利益诉求之间常常会发生冲突与矛盾。“即使是最粗糙的、最草率的或者最反复无常的关系调整或行为安排,在其背后总有对各种相互冲突和互相重叠的利益进行评价的某种准则。”[133]社会主义核心价值观可以解读为三个层面的利益或价值集合,不同层面的价值以及同一层面的价值或相互补充或相互联结或相互冲突。垂直层面的价值之间会发生矛盾,同一层面的不同价值也可能发生冲突。而法律作为一项社会控制工具,其所调整的就是社会中各种各样的利益关系,所反映的就是人们的利益诉求。因此,面对司法实践中的各种利益冲突和矛盾,需要利益衡量方法予以回应和解决。

其次,利益衡量是解决疑难案件的重要方法。疑难案件往往价值分歧大、公共色彩浓厚、外部效应强,尤其是情理法相冲突的疑难案件,总是与社会共识和主流价值观相关。此类疑难案件的审判不仅关乎冲突利益的保护,还关乎判决的价值彰显功能。因此,利益衡量是疑难案件审判必不可少的方法。客观目的解释在一定程度上有助于解决疑难案件中的法律模糊性问题,但利益衡量之于疑难案件审判更有独到优势,既能解决法律模糊性问题,也能解决法无规定的漏洞情形。利益衡量对价值观念和社会需求等因素的考量,能够有效解决情理法冲突的疑难案件。法院在处理多元价值取向、涉多种利益的案件时,应注重解读当下社会的主流观点和立场。法官在处理疑难案件时,应摆脱机械的逻辑规则的束缚;反之,探求立法者在制定法律时衡量各种利益之后所做的取舍。

最后,利益衡量是实现形式正义与个案正义的路径。新时代全面推进依法治国要求司法实现“努力让人民群众在每一个司法案件中感受到公平正义”,[134]而利益衡量作为一种具有价值导向的法律方法,其目标正是在于实现法律的形式正义与个案的实质正义。一方面,利益衡量的前提是在既定的整体法律秩序与制定法体系内运作,使通过利益衡量的结论具有形式上的合法性,以实现法律的形式正义;另一方面,要对个案中冲突的利益进行价值衡平与取舍,使司法裁判结论具有合理性与正当性,以实现个案中的实质正义。[135] 努力让人民群众在每一个司法案件中感受到公平正义,是人民法院和人民法官肩负的永恒

---

[133] [美]罗科斯·庞德:《通过法律的社会控制》,沈宗灵译,商务印书馆 2010 年版,第 62 页。

[134] 《中共中央关于全面推进依法治国若干重大问题的决定》,中国共产党第十八届中央委员会第四次全体会议,2014 年 10 月 23 日。

[135] 王婷:《析司法界域中的利益衡量》,载《人民检察》2011 年第 7 期。

责任和使命。徒法不足以自行，为实现每个具体案件中的实质正义，就必须要求法官在个案中对冲突的利益进行斟酌衡量，利益衡量是实现形式正义和个案正义的重要路径。因此，要想在保证法律的形式正义的同时实现法律的个案正义，就必须在既定的法律秩序框架内，基于社会主义核心价值观进行必要的利益衡量，从而实现法律规范适用的能动性。

3. 社会主义核心价值观如何通过利益衡量融入司法

如前所述，利益衡量是解决权利或价值冲突的必然要求，有助于疑难案件的审理，并在保证形式正义的前提下实现实质正义。但司法裁判中法官的利益衡量实质是一种价值判断行为，为防止衡量行为的恣意性以及确保衡量结果的公信力，法官应当依照具体的操作程序和规则对冲突利益进行判断、衡量和取舍。[136]

（1）利益分析。利益衡量的前提是找出案件中的不同利益，并对不同利益的共同点和冲突点进行分析。社会主义核心价值观按照价值抽象程度的不同，分为国家层面的价值、社会层面的价值和个人层面的价值，但是实践中冲突的利益关系十分复杂，与社会主义核心价值观的三个层面并不存在一一对应关系。另外，基于利益衡量的个案性质与价值的抽象程度不同，在具体个案中，有些利益之间极少发生冲突，而有些利益则频繁发生冲突。因此，根据具体个案中利益衡量的需要，我国有的学者将利益分为“当事人的具体利益”“群体利益”“制度利益”“社会公共利益”。[137] 我们可以依据社会主义核心价值观从具体到抽象的层次将社会生活中的利益分为个人利益（包括个体利益和群体利益）、社会利益（社会公共利益）和国家利益，并在具体个案中对这三个不同层次的利益进行进一步划分。个人利益即案件中当事人之间的具体利益，具体包括个人或群体的人身利益、财产利益等；社会公共利益涉及社会的经济秩序、生活秩序、公德等方面，如交易秩序、公序良俗、平等、公平正义等；国家利益即国家制度的利益、民主、文明等。利益冲突在具体案件可能表现为不同的当事人之间不同具体利益

---

〔136〕 北京市第二中级人民法院民事判决书，(2016)京02民终6272号。2016年最高人民法院公布的保护英雄人物人格权益典型案例之“狼牙山五壮士”案中，人民法院在利益衡量方法上，遵循了利益分析、利益取舍及利益论证三个步骤。人民法院先是充分认识到此类案件涉及的权益的广泛性并在多个利益之间进行合理界分，分析了英雄人物个人权益保护以及公民言论自由、学术自由之间的关系；进一步对以上利益进行合理平衡，既要保护个人权益，也要防止司法对学术问题、言论自由作出不当干预，最后以个案的事实和证据为基础，依照现有法律和社会主义核心价值观对衡量的结果进行充分论证。

〔137〕 梁上上：《利益的层次结构与利益衡量的展开——兼评加藤一郎的利益衡量论》，载《法学研究》2002年第1期。

的冲突,也可能表现为当事人的具体利益与社会公共利益的冲突。因此,利益衡量首先要求法官要在全面收集证据、查清案件事实的基础上,梳理案件争议,从案件事实与争议焦点中整理归纳出案件所涉的利益种类、利益冲突的性质和利益冲突的大小。

(2)利益取舍。利益取舍也就是利益衡量中的实质判断,是利益衡量的核心环节,即根据一定的原则对冲突的利益进行重要性等的衡量。"利益的层次结构要求法官在利益衡量时遵循这样一种思维过程——以当事人的具体利益为起点,在考虑社会公共利益的基础上,联系法律的制度利益,考量不同利益的性质和分量,从而得出妥当的调和结论。"[138] 这一思维过程需要遵循一定的原则,即价值位阶原则、整体利益最大化原则和损失最小化原则以及社会主流价值观原则。

一是价值位阶原则。利益的取舍往往取决于宪法上的"价值秩序",也就是一种利益较之其他利益是否具有明显的价值优越性。尽管拉伦茨认为,之所以进行利益衡量是因为缺乏一个由所有利益以及法价值所构成的确定的位阶秩序,基于这种鲜明的价值秩序,法官可以像运行程序一样准确地获得结论。[139] 但是,从社会主义核心价值观的不同层面来看,大多数情况下国家利益比个人利益拥有更高的位阶,而少数情况下国家利益要让位于个人重大利益。同一层面如个人层面的利益产生冲突时,人的生命或人性尊严应拥有较高的位阶。具体案件中,个人利益和社会利益之间的冲突更为复杂,社会利益并不总是高于个人利益,要根据案件情况作具体判断。笔者认为,其实无须对社会主义核心价值观进行严格的价值排序,在特定个案中并不需要将法律上所有一切价值都进行衡量,某些价值之间冲突的概率本来就很小,更多的情形是相冲突的利益之间的轻重优劣的取舍,这一过程尽管依然存在拉伦茨所说的涉及评价性的判断困难,但可以依据一定的衡量标准进行。

二是整体利益最大化原则和损失最小化原则。一个追求兼顾法律效益和社会效益的裁判不仅要保护个案当事人的合法利益,还应实现整体利益的最大化。法官在对案件所涉的多种利益进行衡量时,应从更为广阔的视野出发,不仅要考量个案当事人的利益,还要综合衡量判决结果的社会效益,把利益最大化作为利益衡量的总体目标。[140] 争取整体利益最大化并非意味着一定会有个人利益或

---

[138] 石毕凡:《"泸州遗赠案"的利益衡量方法透视》,载《河南社会科学》2016 年第 4 期。

[139] [德]卡尔·拉伦茨:《法学方法论》,陈爱娥译,商务印书馆 2003 年版,第 279 页。

[140] 马献钊、许小兰:《涉社会主义核心价值观案件裁判方法初探》,载《人民司法(应用)》2021 年第 10 期。

社会利益的损失,但是在利益冲突无法调和以致损失无法避免的案件中,损失最小化原则就是最好的选择。

三是社会主流价值观原则。利益的取舍要符合社会主流价值观,当司法裁判面临主流价值观与非主流价值观的冲突的时候,法官应当选择运用主流价值观作出裁判。在衡量冲突利益时,法官必须尽可能保持客观,要深入解读社会主流价值观,如社会的价值共识、社会的正义观念等。社会主义核心价值观是"一定社会意识形态中占据主导地位的相对成熟的、固定的道德信念及价值理念,它引导和决定绝大多数社会成员的行为方向和行为模式"。〔141〕社会主义核心价值观具有社会公众认同感,因此,利益冲突案件的裁判应强调彰显社会主流价值,即注重弘扬社会主义核心价值观。

(3)利益论证。利益论证即法官要对利益衡量的结论展开合法性和合理性论证。利益衡量的合法性在于法官要对衡量结论进行有法律依据的构建,利益衡量的合理性在于符合社会主义核心价值观的价值导向。只有对利益裁量结论进行充分论证,才能保证作出的司法判决具有合法化和可接受性。

首先,利益衡量的目的就是要克服法律规则适用的机械性,突破规则的约束,就要说明严格适用规则会存在什么问题。如果一个案件要适用的法律规则明确具体、不存在争议,适用此项法律规则得出的判决结论正当合理,受保护的利益不存在冲突,那么法官完全可以按照演绎推理的模式作出裁判,无须考虑利益衡量的裁判方式。因此,当法官通过利益衡量作出判决时首先要说明的是该案件运用演绎推理模式遭遇了何种困境,即进行利益衡量的理由。

其次,利益衡量依旧需要以个案事实和证据为基础,并有现有法律和司法解释为利益衡量的结论提供合法性支撑。依法裁判依旧是司法的重要原则,利益衡量也应当在既定的法律框架内进行,利益衡量作为法官自由裁量权的行使应限于法律允许的裁量范围,且衡量结论必须于法有据,能够被现有的实在法规则和法律原则所证明。正如梁慧星所言,利益衡量就是在实质判断之后再去寻找法律依据。〔142〕利益衡量是立足于超越法律的视角来分析问题的,所以利益衡量的合法性所应强调的不是积极意义上的符合法律,而只是消极意义上的不违法。利益衡量的合法性在于对法官形成制约,利益衡量实质是法官的一种价值判断,但是利益衡量不是依据法官的感情进行。司法过程是要在法律的框架内寻求解决冲突的方案。利益衡量归根结底是为了维护法治而不是僭越甚至破坏法治。

---

〔141〕 杨素云:《利益衡量:理论、标准和方法》,载《学海》2011 年第 5 期。

〔142〕 梁慧星:《裁判的方法》,法律出版社 2003 年版,第 186 页。

再次,释明利益取舍的依据、考量因素等事项。法官为什么在冲突的利益中择取该利益而舍弃另一利益,这一取舍的思维过程都考虑了哪些因素,都应向案件当事人和社会公众一一释明。具体而言,法官需要就以下考量因素展开说明:一是选择该利益所欲达到的目的;二是被舍弃的利益是否可能通过其他合乎理性的替代方法获取;三是被舍弃的利益若无法通过其他合乎理性的替代方法获取时,这种舍弃是否值得。[143]

最后,正当的诉讼程序能够限制法官的恣意裁判,出于程序正义的要求,法官应该充分给予诉讼参与人员对该后果发表意见的机会,并针对那些反对意见进行回应。案件当事人是受判决影响最为直接的对象,法官有必要听取当事人的意见并给予其进行辩论的机会,也应向当事人展现其法律见解,尤其是针对那些需要突破现有法律规则才能作出合理判决的案件,法官应该将这一"例外"的原因及时向当事人释明,否则会影响当事人基于现有法律规则作出的裁判预期,影响司法的权威。

(三)融入说理论证提升裁判的可接受性和满意度

2018年,最高人民法院发布《关于加强和规范裁判文书释法说理的指导意见》,对裁判文书释法说理的目的裁判文书说理的具体种类、重点聚焦、繁简分流、技术规范、增强说理效果的方法、裁判文书释法说理的保障机制建设等进行分析和论述。2021年,最高人民法院发布《关于深入推进社会主义核心价值观融入裁判文书释法说理的指导意见》,强调了社会主义核心价值观融入司法的必要性。深入推进社会主义核心价值观融入裁判文书释法说理,以公正司法引领社会公正,是人民法院推进国家治理体系和治理能力现代化的有效途径。公正是法治的生命线。司法公正对于社会公正具有重要引领作用,司法不公对社会公正具有致命破坏作用。

1. 裁判文书释法说理的内涵、目的及价值

裁判文书是反映案件当事人诉求和案件争议,记录审判活动过程并公开裁判依据与理由的司法裁判的"最终产出"。裁判文书释法说理则是法官得出裁判结论之后,在裁判文书中就裁判结论所依据的案件事实的认定、法律规范的适用以及推理过程,从法理、事理、情理、文理等方面展开说明理由以论证裁判结论之合法性与正当性的活动。[144] 裁判文书是否恰当、充分、透彻地释法说理是评

---

〔143〕 张建伟:《证据法学的理论基础》,载《现代法学》2002年第2期。

〔144〕 潘自强、邵新:《裁判文书说理:内涵界定与原则遵循》,载《法治研究》2018年第4期。

价裁判文书水平与质量的标准,也是衡量个案公平正义的重要标准。[145]“释法说理不当,对司法公信会产生严重负面影响,如南京彭宇案由于释法说理不当被媒体和社会公众误读,引发全国性负面舆情;释法说理得当,会极大提升司法公信,促进公众对社会主流价值取向的认可,如近年来人民法院审理的‘狼牙山五壮士’名誉权案、邱少云亲属提起的人格权案、郑州电梯劝阻吸烟案等一大批案件。这些案件裁判文书释法说理充分,案件处理得当,弘扬了社会主义核心价值观,取得了很好的社会效果。”[146]裁判文书释法说理得当,对于定分止争、实现诉讼目的、促进法治建设进程都具有十分重要的意义。因此,近年来,各级法院高度重视裁判文书的释法说理工作,也积极地运用社会主义核心价值观来补强裁判文书的释法说理,注重在司法裁判中弘扬社会主义核心价值观,彰显人民法院公正审判的立场。

《关于加强和规范裁判文书释法说理的指导意见》第1条指明了裁判文书释法说理的目的和主要价值。该条将弘扬社会主义核心价值观作为裁判文书释法说理的目的之一,公正的司法裁判不仅在于依法裁判,还在于实现个案正义,而社会主义核心价值观融入裁判文书释法说理,更有助于个案正义的落实。裁判文书释法说理即法官通过裁判文书将裁判结论的形成过程外化并阐明正当性理由,直接目的在于提高裁判结论的可接受性,从而实现司法裁判法律效果和社会效果的有机统一。裁判文书释法说理的主要价值体现在:一是规范行权,提升司法权威和公信力。要求法官在判决书中充分说理,公开行使自由裁量权的理由和推理过程,是对法官自由裁量权最有效的监督和制约方式。裁判文书释法说理保障法官的法律解释以及利益衡量等价值判断的思维过程以公开的方式进行,能够增强裁判行为公正度、透明度,规范审判权行使。二是解决纠纷,维护诉讼当事人合法权益。司法裁判有着定分止争的作用,有利于社会和谐稳定。裁判文书将裁判结论以书面文字方式固定下来,纠纷当事人可以据此维护自身权益。三是引领价值,弘扬社会主义核心价值观。司法裁判除了纠纷解决外,还有价值导向的重要作用,引导个案当事人乃至社会大众崇尚社会主流价值。裁判文书释法说理得当,也能够让社会公众感受到个案的公平正义。

2. 推进社会主义核心价值观融入裁判文书释法说理的缘由

最高人民法院司改办的负责人在答记者问时说道,社会主义核心价值观融入裁判文书释法说理是让社会公众感受个案公平正义的重要举措。裁判文书作

---

[145] 胡云腾:《论裁判文书的说理》,载《法律适用》2009年第3期。

[146] 夏克勤:《释法说理:彰显新时代司法裁判核心价值》,载《人民法院报》2018年8月19日,第2版。

为司法裁判过程的“最终产出”,呈现了案件的裁判依据和裁判理由。裁判文书释法说理是否恰当、充分、透彻,直接关涉到司法裁判的公信力和透明度,关涉到人民群众对司法裁判的接受度和满意度。[147] 裁判文书运用社会主义核心价值观进行释法说理主要有如下作用。

(1)增强裁判结论的说服力和社会认同度。裁判结论的社会认同度是指社会公众在社会主流价值观及一般道德标准的引导下,根据自身对裁判活动的了解及认知状况对裁判结论形成的一种综合评价体系。[148] 社会主义核心价值观具有广泛认同的群众基础,将社会主义核心价值观融入裁判文书释法说理,有助于增强个案当事人乃至社会公众对裁判结果的理解与支持。裁判文书是裁判结论的载体,宣判结论落于书面,当事人能够看到自己的陈述、案件事实以及裁判结论是如何得出的。因此,法官在裁判文书中将判断、分析、取舍的过程充分且尽可能完整地展现出来,并结合具有社会广泛认同感的社会主义核心价值观进行充分说理论证,减少个案当事人对裁判结论的怀疑和抵触心理,使裁判结论更容易获得个案当事人乃至社会公众的认同,进而取得社会效果的最大化。

(2)补强说理依据,指引裁判依据的选择。最高人民法院《关于深入推进社会主义核心价值观融入裁判文书释法说理的指导意见》将社会主义核心价值观在裁判文书中运用的方式区分为“说理依据”与“裁判依据”,前者为具体案件有直接适用的法律规范时,法官运用社会主义核心价值观进一步明晰法律内涵、释明立法目的、阐述裁判理由,即核心价值观起着补充、释明裁判依据的作用,属于规则正当化的过程;[149] 后者为具体案件缺少直接适用的法律规范时,社会主义核心价值观所起的辅助、指引法官进一步确定裁判依据的作用。社会主义核心价值观是当代中国的核心法理,[150] 其价值理念为裁判过程及结论提供了说理依据,将其作为论证资源运用于裁判文书释法说理,起到了增强裁判文书说理性及论证性的作用。

(3)促进裁判文书法理情相融,实现法律效果与社会效果的有机统一。裁判文书详细释明法理,即释明案件适用的法律规范依据的含义,以及适用该法律规范而非其他法律规范的理由。裁判文书准确阐明事理,即裁判认定的案件事

---

[147] 白龙飞:《深入推进社会主义核心价值观融入裁判文书释法说理以公正裁判引领社会风尚——最高人民法院司改办负责人答记者问》,载《人民法院报》2021 年 2 月 18 日,第 4 版。

[148] 沈玉忠:《刑事裁判文书说理性的应然思考与路径选择》,载《四川警察学院学报》2009 年第 3 期。

[149] 于洋:《论社会主义核心价值观的司法适用》,载《法学》2019 年第 5 期。

[150] 张文显:《社会主义核心价值观与法治建设》,载《中国人大》2019 年第 19 期。

实要有充分、真实的证据加以佐证,具备客观性与准确性。裁判文书积极讲明情理,即体现在裁判文书中的价值判断还要考虑社会公众的情感及心理预期。社会主义核心价值观融入裁判文书释法说理,为裁判结论增添了一道富有中国特色的情理底线。裁判文书释法说理符合社会主义核心价值观,能够协调法理、事理、情理,做到法理情相融合,法律效果和社会效果相统一。

(4)宣示社会主流价值,引导公众行为。社会主流价值对个体价值观念的塑造具有潜移默化的作用,在裁判文书中贯彻社会主义核心价值观,也就是要让社会公众树立该种价值观念。通过对主流价值的推崇引导社会公众,主流价值成为个体的行为规范。任何一种价值观念,如果仅在口头上提倡,却未在实践中加以贯彻落实,就只是一个"口号"。倘若社会主义核心价值观没有在司法实践中坚决加以贯彻落实,那么这种价值理念就可能成为虚伪的道德教化。[151] 最高人民法院《关于深入推进社会主义核心价值观融入裁判文书释法说理的指导意见》要求,对于裁判结果有价值引领导向、行为规范意义的案件,法官应当强化运用社会主义核心价值观释法说理,使符合社会主义核心价值观的行为得到倡导和鼓励,违背社会主义核心价值观的行为受到制约和惩处,促使司法公正的观念深入人心。

3. 裁判文书如何运用社会主义核心价值观进行释法说理

从上文对涉社会主义核心价值观案件的裁判文书分析来看,近年来,人民法院积极运用社会主义核心价值观来对裁判文书进行释法说理,但是司法实践中,仍然存在不少法官对"社会主义核心价值观融入裁判文书释法说理"的认识不统一,运用不够规范,说理缺乏针对性、说理粗糙、向规则逃逸等问题,造成部分案件的"机械裁判"。因此,只有"社会主义核心价值观融入裁判文书释法说理"得到规范,才能充分发挥社会主义核心价值观对于裁判文书释法说理的作用。

(1)遵循裁判文书说理的基本原则。一是合法合理原则。法官在释法说理时,应当针对争议焦点,根据庭审举证、质证、法庭辩论以及法律调查等情况,结合社会主义核心价值观,重点说明裁判事实认定和法律适用的过程和理由。既要在内容和程序上合法,也要在价值立场上符合社会主义核心价值观。二是层次性原则。裁判文书反映了裁判过程和结论,因此主要包括法律规范的适用、案件事实的认定与裁判结论的得出三个层次。裁判文书释法说理要围绕这三个层次的依据及推理过程进行说理,并采用合理的法律修辞方法来提升释法说理的可接受性。三是针对性原则。"裁判文书要认真回应、反驳或赞同当事人提出

---

〔151〕 彭中礼、王亮:《司法裁判中社会主义核心价值观的运用研究》,载《时代法学》2019 年第 4 期。

的各种要求和理由。"[152]就社会主义核心价值观的适用而言,用于说理的价值要与案件事实契合适用,要紧紧围绕案件的争议点及案件法律关系的关键问题来进行,而不能仅仅笼统地适用"社会主义核心价值观"这一抽象概念。四是差异性原则。裁判文书释法说理,不是说说理越充分越好,因为当前实践存在的主要问题是说理不充分,所以才强调要加强说理。社会主义核心价值观融入裁判文书释法说理,也应注意繁简适度,简单案件简单说理,复杂案件加强说理。

(2)应与案件事实相关联并具有针对性,具体案件具体分析,而不是一概适用"社会主义核心价值观"这一抽象概念。裁判文书适用社会主义核心价值观要考虑选择的价值与案件的相关性、契合度。因此,法官应该掌握社会主义核心价值观的具体内涵,加强对具体价值的理解。准确分析案件所涉价值,做到有的放矢。同时还应注意具体案件具体分析,有的案件无须运用社会主义核心价值观,而有些案件则应当强化运用社会主义核心价值观进行说理,尤其是最高人民法院《关于深入推进社会主义核心价值观融入裁判文书释法说理的指导意见》第4条强调的案件类型。法律适用存在异议的案件,需要法官运用实质判断来裁判,实质判断过程难免加入个人的价值判断。为避免法官实质判断的过程的随意性和封闭性,就要求我们进一步加强裁判文书的释法说理。例如,需要法官进行目的解释的案件,法官应对选择法律规范的含义以及适用的理由进行说明;涉及利益冲突的案件,法官应对进行利益衡量取舍的理由进行说明,法官所述的理由越充分,则实质判断的裁判结论越具说服力。

(3)避免向一般条款逃逸。为限制法官自由裁量权的行使,社会主义核心价值观本身并不作为裁判推理的"大前提"。因此,社会主义核心价值观作为裁判依据要注意避免规则逃逸。所谓规则逃逸,就是有可以适用的法律规范却不适用,主要适用社会主义核心价值观作为裁判依据。有具体的法律规范作为裁判依据的,法官应当先释明法律规范的具体规定的内涵,然后可以结合具体案情运用社会主义核心价值观进一步明晰法律规范内涵,社会主义核心价值观起着补充、辅助法律规范释明的作用。[153] 若存在可适用的法律规范却主要适用社会主义核心价值观,就颠倒了核心价值观与具体法律规范的主次关系,违背了裁判文书的释法说理要求。

---

[152] 胡云腾:《论裁判文书的说理》,载《法律适用》2009年第3期。

[153] 最高人民法院《关于深入推进社会主义核心价值观融入裁判文书释法说理的指导意见》。

第四节　完善弘扬社会主义核心价值观的守法体系

2012年11月，党的十八大报告明确提出，“要推进科学立法、严格执法、公正司法、全民守法”。“新十六字方针”是社会主义法治建设的方针，是提升治理体系和治理能力现代化的重要方式。在中国特色社会主义法律体系初步形成的背景下，守法体系的理论研究是完善法治实施体系的重要领域，法律被遵守的状态是治理能力与治理体系现代化的检验标准。从守法动机分析，守法不外乎基于对权威的服从习惯、惩罚的畏惧、道德的考虑、社会的压力、合法性的认识、个人利益的选择以及较高的法律意识等。因此，守法与社会主义核心价值观有着天然的联系，在建设中国特色社会主义新时代的背景下，社会主义核心价值观融入守法体系是提升全民守法意识的重要突破口。

一、守法体系的构成

现代国家普遍将法治作为治国理政的方式。相对人治而言，依照法律治理是法治的应有含义。检验一个国家或社会法治水平的方式是法律被遵守的实际情况，正如卢梭所言：“一切法律中最重要的法律，既不是刻在大理石上，也不是刻在铜表上，而是铭刻在公民的内心里。”〔154〕有学者认为，当代法治理论的弊端是，遵守字面规则就可以实现法治，即关注立法层面。〔155〕这反映出学界对守法体系研究的关注度不足。有学者将守法体系解释为影响守法形成的主体、客体、过程、文化和制度。〔156〕从概念构成看，“守法体系”包括“守法”和“体系”两个概念。守法是指“国家机关、社会组织和公民个人依照宪法法律的规定，行使权利（职权）和履行义务（职责）的活动”〔157〕。“体系”一般被解释为若干事物互相联系而构成的一个整体。它是一个兼具整体和部分的概念：各部分内部的有机组合和各个部分之间的有机组合是体系的两重含义。在法律解释学中，体系解释是一种法律解释方法，指在对某一规范进行解释时，要将其同其他规范联系起

---

〔154〕［法］卢梭：《社会契约论》，何兆武译，商务印书馆1980年版，第73页。

〔155〕黄涛：《从社会主义核心价值观看当代中国法治理论的应有品格——对当前法治理论之反思》，载《当代世界与社会主义》2017年第4期。

〔156〕裴铭光：《论守法体系之构成和全民守法之促进》，载《辽宁行政学院学报》2015年第12期。

〔157〕张文显主编：《法理学》（第5版），高等教育出版社2018年版，第255页。

来,考虑它在整个规范中的含义。综合这两个概念,守法体系应该是守法主体的守法动机、理由、方式和客体,以及守法主体之间在守法过程中形成的社会关系以及支持或阻碍守法的主客观环境等,概括起来,守法体系包括四个方面,守法的主体、守法的客体、守法的方式、守法的观念。

(一)守法的主体

守法的主体是指,在一个国家或社会中应当遵守法律的主体。《宪法》第5条第4款规定:"一切国家机关和武装力量、各政党和各社会团体、各企事业组织都必须遵守宪法和法律。一切违反宪法和法律的行为,必须予以追究。"第53条规定:"中华人民共和国公民必须遵守宪法和法律,保守国家秘密,爱护公共财产,遵守劳动纪律,遵守公共秩序,尊重社会公德。"从宪法文本看,守法的主体包括一切组织和个人,不存在不需要遵守法律的社会主体,守法的主体具有广泛性的特征。总之,守法作为法律实施的基本形式,在党的重要文件中也均有论述,党的十二大、十六大、十七大报告分别指出:"努力使每个公民都知法守法。特别要教育和监督广大党员带头遵守宪法和法律""党员和干部特别是领导干部要成为遵守宪法和法律的模范""弘扬法治精神,形成自觉学法守法用法的社会氛围"。2012年,党的十八大报告首次明确提出"全民守法"的概念,正式把"科学立法、严格执法、公正司法、全民守法"确认为全面推进依法治国、加快建设社会主义法治国家应当遵循的"新十六字方针"。

具体而言,守法的主体可分为以下三类。

第一类是一切国家机关、武装力量、政党、社会团体、企业事业组织。中国共产党是中国工人阶级的先锋队,是中国人民和中华民族的先锋队,是中国特色社会主义事业的领导核心。中国共产党的领导是中国特色社会主义最本质的特征,是中国特色社会主义制度的最大优势。党政军民学,东西南北中,党是领导一切的。中国共产党的性质和执政党的地位决定了,中国共产党必须成为其他各类社会组织和公民守法的榜样。例如,中国共产党为践行带头守法,制定并出台了一系列党内法规,根据现有官方统计,截至2021年7月,中国共产党现行有效的党内法规共3615部。[158] 国家组织和武装力量必须时时刻刻维护法律的权威。国家组织和武装力量包括国家权力机关、司法机关、行政机关、军事机关和武装力量。国家机关代表人民行使国家权力,执行国家职能,对社会的政治、经济、文化、军事和外交等活动进行全面管理。国家机关的性质和功能决定了,国

---

〔158〕 中共中央办公厅法规局编:《中国共产党党内法规体系》,人民出版社2021年版,第2页。

家机关必须担负起守法的责任,坚持依法立法、严格执法、公正司法等一系列新时代法治的基本原则。国家机关守法的含义不仅是国家机关作为一个组织遵守法律,还包括国家机关的工作人员和机关负责人遵守法律,并且机关领导人要对机关违法行为负责。例如,我国《行政诉讼法》第 3 条规定,"被诉行政机关负责人应当出庭应诉"。2020 年 3 月,最高人民法院发布的《关于行政机关负责人出庭应诉若干问题的规定》第 4 条第 1 款规定:"对于涉及食品药品安全、生态环境和资源保护、公共卫生安全等重大公共利益,社会高度关注或者可能引发群体性事件等的案件,人民法院应当通知行政机关负责人出庭应诉。"

第二类是中华人民共和国的公民。这里的"公民"是"个体"概念,指每一个具体的人。我国《宪法》第 33 条第 2 款规定:"中华人民共和国公民在法律面前一律平等。"从宪法文本的表述看,无论个人的身份、地位、金钱、职业等差异,公民在法律面前具有平等地位。进入新时代,公民守法在法治原则层面被进一步发展为"全民守法"。"全民守法就是全国各族人民、一切国家机关和武装力量、各政党和各社会团体、各企业事业组织,都必须以宪法和法律为根本活动原则,并负有维护宪法和法律尊严、保证宪法和法律实施的职责。"[159]

第三类是在我国领域内的外国组织、外国人和无国籍人。在我国境内的外国组织、外国人和无国籍人也必须遵守我国法律规定,这是法律效力中"属地原则"的要求。法律效力通常指法律所具有的保护力和拘束力。简言之,法律效力是法律对其所调整的对象所具有的支配性力量。属地原则是法律效力范围的下位概念,它以主体所处的领域为标准,而非主体的国籍等因素。属地原则强调,在一国领域内的人,无论是本国人还是外国人或无国籍人,均受该国法律的保护和拘束。例如,我国《刑法》第 6 条第 1 款规定:"凡在中华人民共和国领域内犯罪的,除法律有特别规定的以外,都适用本法。"该条规定,任何在我国领域内的外国人、外国组织和无国籍人都要受到法律的拘束。

(二)守法的客体

全民守法,"守"的是"法",是一个客体问题。对此,一般认为,守法的客体是指守法主体应当遵守的法律。也有学者将守法的客体表述为"守法的范围"。[160] 守法的客体与法律渊源是紧密联系的概念。法律的渊源是指法律规范的来源。法律渊源有主要渊源和次要渊源之分(也可以被称为正式渊源和非正

---

〔159〕 张文显:《全面推进依法治国的伟大纲领——对十八届四中全会精神的认知与解读》,载《法制与社会发展》2015 年第 1 期。

〔160〕 张文显主编:《法理学》(第 5 版),高等教育出版社 2018 年版,第 255 页。

式渊源),两者的划分依据主要是国家权威的体现程度。主要渊源是国家预先制定获得认可的并以明确的文字体现在规范性法律文件中的法律渊源,如制定法等;次要渊源不具有国家权威的特征,并非由国家预先制定和认可,如习惯和学理等。我国正式法律渊源有宪法、法律、行政法规、地方性法规、自制法规、经济特区法规、特别行政区的法律法规、国际条约与协定和法律解释等。此外,还有习惯、政策、指导性案例、道德规范和正义观念与法理等非正式法律渊源。

在我国,守法的客体不仅包括各种制定法——宪法、法律、行政法规、部门规章、地方性法规、地方政府规章、民族自治条例和单行条例、特别行政区法、经济特区的法规和规章等,还包括具有法律效力的命令、判决、裁定等法律适用或法律执行的法律文件。应当注意,守法的客体与法律渊源并不是完全重合的概念,社会治理的实践表明,守法的客体范围甚至大于所有的法律渊源。虽然有学者认为,"行业规范或乡规民约等不属于现有守法理论中的行为规范"[161],但是在社会发展的历史长河中,社会是多元复杂动态的发展过程,社会这条河流之所以能奔腾不息,是因为有坚固的河床,法律渊源无疑是河床的主要基石,但法律渊源仅仅是"主要"的,肯定不是全部。换言之,只要是有利于社会规范发展的力量,都值得提倡并遵守。因此,在这个意义上,守法的客体除了正式渊源、非正式渊源,还有那些存在于现实生活之中,那种说不清道不明的,但实际在发挥力量的,能引导人们作出符合社会基本秩序的行为,或许也可以称为"价值观""意识"。同时,在这些位阶不一、内容庞杂、交织在一起的"客体"中,我们无法像做数学题目一样来区分重要、次重要的。因此,对守法客体的研究不能仅限于守法视角本身,还需要关注法律规范本身和守法主体对法治的实际需求。

(三)守法的方式

守法的方式是指守法主体行使法律规定的权利和履行法律规定的义务的行为。法律是以权利和义务为核心的行为规范,它通过对各种具体社会行为的调整实现对社会的规制。守法的方式与法律行为在具体内涵上具有相似性。法律行为是指具有法律意义的、能够引起法律后果的行为。正如马克思所言,"对于法律来说,除了我的行为以外,我是根本不存在的,我根本不是法律的对象"[162]。根据不同的标准,法律行为有不同的分类。在守法方式的语境下,法律行为可分为合法行为与违法行为。合法行为是指,符合法律要求的行为。例如,依照诉讼

---

〔161〕 公丕祥主编:《法理学》(第 3 版),复旦大学出版社 2016 年版,第 236 页。

〔162〕 《马克思恩格斯全集》(第 1 卷),人民出版社 1995 年版,第 121 页。

法的规定进行诉讼。违法行为是指，违反国家现行法律法规，危害法律所保护的社会关系的行为，具体表现为法律禁止的行为或者不履行法律规定的义务。

守法意味着依法办事，依法办事有两层含义，一是依法享有权利，二是依法承担义务，所以守法的方式不仅是履行义务的行为，还包括积极行使法律赋予的权利。因此，守法方式需要研究的重点问题是，履行义务与行使权利的关系。履行义务是行使权利的前提。就整个社会而言，如果人人都不遵守法律，那么任何人的权利都无法得到保障。美国法学家罗斯科·庞德把法律作为社会控制的主要手段之一，他认为，“在社会中，每个人都有自己要履行的某些职能。法律不能容许人们不去履行他的职能，因为如果他不去履行，就会对社会产生危害”〔163〕。依法履行法律规定的义务既需要国家机关的保障，也离不开公民个人拒绝或谴责其他非法行为。在履行法律规定的义务的前提下，权利的行使才更有说服力。不存在只承担义务而不享受权利的行为，也没有只行使权利而不承担义务的行为。义务的履行与权利的行使是辩证统一的关系，两者统一于合法权益的保障。守法的本质要求是鼓励合法行为，制裁违法行为，从而保障各种合法权益。我国守法方式的发展可分为三个阶段，即被动守法—工具主义守法—尊法信法。有学者认为，“守法理论的发展是为以守法义务为核心；以法律主体性为基点；以认同现行法的价值为导向”〔164〕。还有学者认为，“我国守法观的演变趋势是，以服从为中心的消极守法观，以维权为中心的有限积极守法观和以护法为中心的全新积极守法观”〔165〕。总之，守法的方式不能只关注履行义务，更应当注重发挥主体的主观能动性，积极行使权利。正如日本法学家川岛武宜所言，“主体性意识是以守法精神为保障的现代法意识中的最根本因素，它包括主张自己的权利和尊重他人的权利”〔166〕。

（四）守法的观念

从一般意义上来讲，法律最重要的功能就是指引人们的行为，也就是我们常说的“协同”（coordination），而法律要形成有效指引，则需要公民普遍遵守法律。自古希腊著名的悲剧事件“苏格拉底之死”以来，公民的守法义务及其来源就成

---

〔163〕［美］罗斯科·庞德：《通过法律的社会控制》，沈宗灵译，商务印书馆2010年版，第55页。

〔164〕陆幸福、郭秉贵：《新中国守法理论的发展脉络与观念变革》，载《西南政法大学学报》2020年第5期。

〔165〕胡国梁：《积极守法：一个被忽视的法治维度》，载《中南大学学报（社会科学版）》2015年第1期。

〔166〕［日］川岛武宜：《现代化与法》，王志安等译，中国政法大学出版社1994年版，第53－54页。

为法哲学和法伦理学研究中一道无法回避的重要问题。为了证成公民的守法义务,学者们相继提出了契约论/承诺论、合法律论、功利论、制裁论、社会压力或习惯论、道义论等不同的理论。其实,这些理论不仅仅指向公民守法的理由,也指向公民守法的观念,而上述每一种因素都有可能影响公民守法观念的不同层次,很难说某一种理论绝对地影响公民守法观念的形成。

从类型而论,影响乃至决定公民守法观念的因素可分为主观因素和客观因素。一方面,守法的主观因素主要是主体的认知水平或主观心理状态等因素,通常是指人们的政治意识、法律意识、道德意识、文化教育程度等。另一方面,守法的客观因素则是指主体所处的客观社会环境,如法治运行状况,政治制度、经济状况、科学技术发展水平以及舆论状况等。鉴于公民守法是一个从机械盲从法律(不违法)到积极主动地践行法律(内化于心)的境界提升过程,在众多守法因素中,公民守法的主观因素尤其是守法道德因素发挥着至关重要的作用。确实,在一般情况下,如果规则是清楚的并且提供了确定的指引,那么公民往往不必思考遵守规则有何种道德上的好处。西方国家部分法律实证主义者或法律形式主义者往往对道德原则采取一种怀疑主义的立场,他们认为在法律极端不正义的情况下,官员们确实有道德上的理由偏离法律。然而,他们又认为,道德理由是专断、不可靠的,所以相比较之下严格地遵守法律依然是更好的选项。[167] 但是,衡量一个国家法治化水平,最为重要的指标就是公民对法律的遵守情况,而只有当公民出于道德上的自觉遵守法律,一个国家的法治水平才能处在最高等级的状态,法律价值的实现才有可能获得长足的动力。"如果说,对公民守法道德向度的关注主要是昭明公民面对法律应有的德性的话,那么,公民如何养成这一德性,则是实现道德对于法治建设意义的基础性问题,或者说是探讨公民守法道德向度必须解决的前置问题。"[168]

二、社会主义核心价值观融入守法体系的必然要求

守法体系中的守法客体、守法观念,乃至守法环境等,离不开这个社会的核心价值观指引,一个社会的核心价值观能在众多的价值观中脱颖而出,肯定是受社会共同体共同认可的,与这个社会的文化制度、法律制度具有高度的相容性,或者是经验的一致性。社会主义核心价值观是全民族奋发向上的精神力量和团

---

〔167〕 因此,法律实证主义或法律形式主义者往往会陷入一种奇怪的二分法。David Lyons, *On Formal Justice*, 58Cornell L. Review 833(1973).

〔168〕 龚怀林:《公民守法道德的向度及其养成》,载《安徽农业大学学报(社会科学版)》2013 年第 6 期。

结和睦的精神纽带,它的目的是引领社会思潮,尊重差异,包容多样,最大限度地形成社会思想共识。因此,社会主义核心价值观融入守法体系的必然性之一是,构建守法体系的价值基础。当然,融入过程不能只关注公民遵守法律,更包括把社会主义核心价值观的道德建构、培育机制等体现在守法过程中。同时,社会主义核心价值观融入守法体系的必然性还在于,充分调动公民行使权利的积极性,这也是守法方式的要求,从而有助于培养公民守法意识,提升守法能力,有助于凸显全民守法的价值导向。

(一)构建守法体系的价值基础

守法体系的价值基础主要是法治的价值,同时在逻辑上,社会主义的法治价值是社会主义本质的一个组成部分。同样的,社会主义核心价值观无疑是社会主义本质的集中体系,社会主义核心价值观体现着社会主义社会评判是非曲直的价值标准。从一定程度上看,法治是外显的,可以从外在的行为进行观察,具有可视化特点,而社会主义核心价值观作为一种价值观念,是我们国家在文明发展发展过程中沉淀下来的先进的文化传统,具有“内显”特点,具有什么样的“内显”文化,就有什么样的“外显”行为。因此,守法体系的价值基础离不开社会主义核心价值观,需要在社会主义核心价值观的指引下构建和完善。

1. 公平是守法体系的核心价值追求

公平正义是人类社会的共同理想,是社会存续的基石,是我国社会主义各项事业的内容特征与价值基础。1993 年 11 月,党的十四届三中全会通过的《中共中央关于建立社会主义市场经济体制若干问题的决定》首次提出“效率优先、兼顾公平”的分配原则。2013 年 11 月,党的十八届三中全会通过的《中共中央关于全面深化改革若干重大问题的决定》指出,“全面深化改革……以促进社会公平正义、增进人民福祉为出发点和落脚点”。与此同时,公平正义还体现在我国提出构建社会主义和谐社会的目标,2006 年 10 月,党的十六届六中全会通过的《中共中央关于构建社会主义和谐社会若干重大问题的决定》指出,社会主义和谐社会的总要求是民主法治、公平正义、诚信友爱、充满活力、安定有序、人与自然和谐相处。从对和谐的具体释义来看,实现公平便是和谐。平等是社会主义核心价值观在社会层面的价值,在共同富裕的语境下,平等的含义接近罗尔斯的第二正义原则——“社会和经济的不平等应这样安排,使它们(1)被合理地期望适合于每一个人的利益;并且(2)依系于地位和职务向所有人开放"[169]。罗尔斯将此解释为,第二原则适用于收入和财富的分配;所有人均有机会进入权威和负责地位。罗尔斯对正义的设计更偏向制度本身的正义,目的是使每一个人都获益。在此意义上,社会主义关于共同富裕的制度设计与罗尔斯的第二正义原则不谋而合。友善是社会主义核心价值观在公民层面的价值,在精神文明建设时期,它被表述为,有理想、有道德、有文化、有纪律的社会主义公民;平等、团结、友爱、互助的社会主义新型关系。所以,社会主义核心价值观的和谐、平等、公正、法治、友善等构建起法治价值的基础,具有天然的逻辑一致性。

同时,马克思主义认为,经济基础决定上层建筑,生产力决定生产关系。经济基础是一定社会发展阶段占统治地位的生产关系的总和,共同富裕是社会主义分配形式的体现,社会主义分配形式是生产关系的表现之一,因而共同富裕是社会主义经济基础的表现。上层建筑是在经济基础上的社会意识形态及其相适应的政治法律制度等的总和,社会主义核心价值观具有意识形态的含义;守法体系是依法治国的重要体现,因而落实共同富裕即完善经济基础,这将决定上层建筑——社会主义核心价值观融入守法体系。"社会主义通过核心价值观对自身进行自我认同,即自我确认和肯定,回答'我是谁',并在与他者的关系中显现自身的特殊性、差异性和自身的同一性。"[170]不同价值观念指引下的分配方式决定着社会利益的分配方式。作为社会主义的本质特征,共同富裕的共同性对社会主义核心价值观与守法体系的影响是,将改革与发展利益落实到人民群众,落实到每一个个体,使人民群众共享改革和发展的成果。"坚持从实际出发,致力于解决人民群众最关心最直接最现实的利益问题,不能仅从道德的高度制定'应当型'法律。"[171]因此,若脱离法律资源分配的公平问题,价值理念与倡导守法就有可能沦为一厢情愿式的说教。

2. 推动公平享有法律资源

任何体系都需要一种价值观的指引,这种价值观反映了体系建构者的目的,这种目的是建构者意图、建构历史背景和体系目的的共同体现。社会主义核心价值观不仅凝聚社会共识,还为社会的发展、运行提供基础和条件。在守法体系

---

[169] [美]约翰·罗尔斯:《正义论》,何怀宏、何包钢、廖申白译,中国社会科学出版社2009年版,第47页。

[170] 吴向东:《社会主义核心价值观的表述与逻辑:一种可能的思路》,载《哲学研究》2013年第1期。

[171] 吴增礼、王梦琪:《社会主义核心价值观入法的理论逻辑与现实省思》,载《学习与实践》2019年第10期。

语境下，让民众公平地享有法律资源是应有之义，社会主义核心价值观通过国家层面的制度安排，为普及法律知识、宣扬法律权威提供价值引导，通过普法宣传制度和现代公共法律服务制度，积极推动人民群众公平享有法律资源。

2020 年 12 月，中共中央印发的《法治社会建设实施纲要（2020 - 2025 年）》明确指出，"到 2025 年，'八五'普法规划实施完成，法治观念深入人心，社会领域制度规范更加健全，社会主义核心价值观要求融入法治建设和社会治理成效显著，公民、法人和其他组织合法权益得到切实保障，社会治理法治化水平显著提高，形成符合国情、体现时代特征、人民群众满意的法治社会建设生动局面，为 2035 年基本建成法治社会奠定坚实基础"。普法宣传制度的建构目的是，改革开放以来，通过国家宣传的模式，人民群众快速掌握法律知识，从而适应国家现代化建设，它的本质是促进"学法"，具体目标是向人民群众宣传法律知识，进行法治教育，培养法治意识，建设法治国家、法治政府和法治社会。中华人民共和国成立以后，我国现代法治建设相对空白，文盲率较高，人民群众的法律知识更是匮乏。改革开放以来，随着社会主义市场经济的确立和城镇化的不断推进，人民群众对法律的需求逐步提高，这主要体现在民商事领域的纠纷、婚姻与继承等方面。同时，规则意识的培养和诚信社会的建设要求建构一套大家共同遵守的规则。依照法律治理是现代国家普遍采用的治国理政的方式，法律体系就是大家需要共同遵守的规则。因此，满足人民群众对法律的需求是构建普法宣传制度的直接目的。我国历次普法宣传文件均有表述，普法的对象是一切有接受教育能力的公民。普法宣传的特征之一就是公平，即所有人民普遍享有接受法律知识学习的权利，无论身份、地位等外在条件，其目的是教育所有人民群众。知晓法律知识是人民群众享受法律权利和承担法律义务的前提与基础。普法宣传制度强调的是守法体系的全民性。

2014 年 10 月，党的十八届四中全会指出，"推进覆盖城乡居民的公共法律服务体系建设，加强民生领域法律服务。完善法律援助制度，扩大援助范围，健全司法救助体系，保证人民群众在遇到法律问题或者权利受到侵害时获得及时有效法律帮助"[172]。2019 年 7 月，中共中央办公厅、国务院办公厅印发的《关于加快推进公共法律服务体系建设的意见》指出，"公共法律服务是政府公共职能的重要组成部分，是保障和改善民生的重要举措，是全面依法治国的基础性、服务性和保障性工作。推进公共法律服务体系建设，对于更好满足广大人民群众

---

〔172〕《中共中央关于全面推进依法治国若干重大问题的决定》，2014 年 10 月 23 日中国共产党第十八届中央委员会第四次全体会议通过。

日益增长的美好生活需要,提高国家治理体系和治理能力现代化水平具有重要意义"。现代公共法律服务体系针对人民群众如何借助法律知识维护自身利益的问题,本质是保障"用法",目的是建立面向全社会所有成员、各个领域的法律保障制度。公共法律服务制度的建构初衷是让缺乏法律保障的人们享有"兜底"的法律资源,在功能上类似社会福利,即在发挥法律功能的层面织一张以法律为最低保障的网——为公众提供平等的法律资源。"现代公共法律服务体系的立法实践应当推动法治从'形式平等'到'实质平等',让人民群众共享法治建设的红利。"[173]从制度设计的目的看,现代公共法律服务体系离不开社会主义核心价值观的指引,社会主义核心价值观的价值追求有利于该制度充分发挥制度设计的原本目的。因此,现代公共法律服务体系需要一种倡导公平价值的观念的指引。

然而,仅论证到守法体系的全民性和公平性,并不足以解释社会主义核心价值观融入其中的必要性。守法体系需要一种具有社会主义性质的核心价值观、一种中国特色的话语体系作为理论基础。在守法实践中,虽然面临冲突选择时,核心的价值观念会起到引导作用,但是守法自身的价值导向并不能够体系化地解释选择的理由,这种单薄性没有较强的说服力。因此,守法体系的构建需要一种理论化、体系化的价值理念作为基础,这种价值理念能够为守法体系的构建坚定理论基础,成为守法体系应用、变革的理论渊源。新时代以来,面对守法体系对价值理念的迫切需要,社会主义核心价值观应运而生。

(二)培育守法主体的守法意识

守法意识是法律意识的一种,在守法体系中属于守法主观条件的法律意识,它是指守法主体在行为时将法律作为影响行使权利或履行义务的因素的心理。守法意识影响守法的主要方式,即守法主体行使权利与履行义务的问题。在法理学中,这是"义务重心论"向"权利本位论"转向的问题。"义务重心论"主要强调法律的威慑和控制手段,统治阶级通过义务性规范实现统治目的;"权利本位论"以法律权利为逻辑起点,代表一种平等的横向利益关系,从而更容易被人们接受。相较"义务重心论","权利本位论"更能使人们的需求得到满足,使权利主体的权益变为现实。因此,培养守法主体的权利意识是守法体系的主要目标。权利意识的培育离不开指引行使权利的价值导向和配套的权利行使制度,所以欲论证社会主义核心价值观培育守法主体的守法意识的必然性,首先需要

[173] 杨凯:《论现代公共法律服务多元化规范体系建构》,载《法学》2022 年第 2 期。

分析社会主义核心价值观的权利含义,然后以积极行使权利作为重要方式培育守法意识。

1.社会主义核心价值观具有法律权利的含义

2021年9月,中央宣传部、中央政法委、全国人大常委会办公厅、司法部共同印发《关于建立社会主义核心价值观入法入规协调机制的意见(试行)》,明确成立社会主义核心价值观入法入规协调机构,使立法立规工作更好地体现国家的价值目标、社会的价值取向、公民的价值准则。社会主义核心价值观入法入规的首要问题是,需厘清它在法律术语下的含义。从目的性角度看,入法入规为它被援引为判决依据提供合法性,即它可成为法律规则的组成部分,因此社会主义核心价值观也成为法律权利与义务的统一。从权利角度看,一般认为,权利是指社会主体享有的,由法律确认和保障的,以某种正当利益为追求的自由。法律权利的结构要素有三个:一是权能,即行使权利的权威和能力;二是利益,即行使权利的动力;三是自由,即权利的表现形式。

首先,行使权利的权威和能力——权能。行使权利的权威是指权利的立足之本,即权利的正当性来源,有的权利来自道德,有的权利来自法律。社会主义核心价值观是中国共产党凝聚全党全社会价值共识作出的重要论断。[174] 社会主义核心价值观作为一项法律权利的正当性不仅源自道德和法律,还来自具备中华民族特色的意识形态。俞吾金将马克思主义的意识形态解释为,"代表统治阶级根本利益的情感、表象和观念的总和……人们之所以接受意识形态的教化,是基于实践的目的,即人们进入社会、在社会中维持自己生存和实际活动的实用证书"[175]。中国共产党领导的中国人民推翻"三座大山",建立社会主义国家,具备中华民族意识形态的实践合法性。2013年12月,习近平总书记在中共中央政治局第十二次集体学习时强调,"当代中国价值观念,就是中国特色社会主义价值观念,代表了中国先进文化的前进方向"[176]。此外,权利行使的能力主要是权利行使的资格,社会主义核心价值观是中华民族精神的产物,具有中华民族的身份烙印。中华民族的身份就是追求社会主义核心价值观的最大共识。因而,"身份"存在的意义不是区分,而是聚合——一个共同体的组织或共同体的理论层面的认同,是一种抽象的理论建构,这与法律主体制度产生的原因类

---

[174] 《中共中央办公厅印发〈关于培育和践行社会主义核心价值观的意见〉》,载《人民日报》2013年12月24日,第1版。

[175] 俞吾金:《意识形态论》(修订版),人民出版社2009年版,第150页。

[176] 《建设社会主义文化强国　着力提高国家文化软实力》,载《人民日报》2014年1月1日,第1版。

似——通过法律以统一的标准将现实中的个人抽象成法律上的人，即"法律主体"。在抽象的意义上，法律主体的资格和身份都是在一个集体或组织的视角下，赋予个体一个统一符号，是身份是抽象的个体的集中表达。

其次，行使权利的动力——利益。社会主义核心价值观在国家层面的倡导是富强、民主、文明、和谐，在社会层面的倡导是自由、平等、公正、法治。这八种价值蕴含了每一个中国人民对建设何种国家与社会的期许，这种期许关涉个人的利益，从而汇集成最大多数人的幸福。英国哲学家约翰·密尔认为，"构成功利主义的行为对错标准的幸福，不是行为者本人的幸福，而是所有相关人员的幸福"。〔177〕但是，权利的行使不是抽象的而是具体的，它的利益表现形式也不是抽象的，而是每一个人具体利益的集合。正如英国伦理学家亨利·西季威克所言，"密尔的论证忽视了每个人追求自己的幸福和每个人追求公众幸福的关系，所以两者并无必然逻辑关系，因此，这一漏洞的弥补方法应当是对'合理仁爱'的直觉"〔178〕。社会主义核心价值观是公认的善的标准，是个人利益与最大多数人利益的联结点。《诗经》有云，"天生烝民，有物有则。民之秉彝，好是懿德"〔179〕。这也是孟子关于人性中"恻隐之心"〔180〕的论证依据。因此，人生而具有的恻隐之心是个人利益与最大多数人利益的连结点。在此角度，所谓的利益即卢梭认为的自爱心和怜悯心——"理智使人产生自爱心；怜悯心是一种不愿自己同类受苦的厌恶心理，使人不至过于为了谋求自己的幸福而损害他人"〔181〕。

最后，权利的表达形式——自由。在社会层面，社会主义核心价值观的自由价值与法律权利的自由具有重合性。法律权利概念下的自由是指，公民具有的在一国宪法和法律规定下的自由活动的能力，即受到法律约束并被法律保障的，按照个人意志活动的能力。因此，权利概念下的自由主要是公民自由与社会自由的边界问题——这也是严复将密尔的《论自由》翻译为《群己权界论》的原因。密尔在《论自由》的引论中即表明，"这里所要讨论的乃是公民自由或称社会自由，也就是要探讨社会所能合法施用于个人的权力的性质和限度"〔182〕。自由的两个原则是：在不涉及他人利害的前提下，个人有完全的行动自由，不必向任何

---

〔177〕［英］约翰·穆勒：《功利主义》，徐大建译，商务印书馆2019年版，第21页。

〔178〕［英］亨利·西季威克：《伦理学方法》，廖申白译，中国社会科学出版社1993年版，第402－403页。

〔179〕《诗经·大雅·烝民》。

〔180〕《孟子·告子章句上》。

〔181〕［法］卢梭：《论人与人之间不平等的起因与基础》，李平沤译，商务印书馆2015年版，第75－77页。

〔182〕［英］约翰·密尔：《论自由》，许宝骙译，商务印书馆1959年版，第1页。

人负责;当个人行为危害他人利益时,他应当接受国家或社会的惩罚。作为一种价值观念的指导,公民有按照社会主义核心价值观行使权利的自由,这也是它存在的理由。

2. 积极行使权利有助于培育守法意识

在培育公民守法意识层面,社会主义核心价值观的权利属性为公民积极行使权利提供意识形态与法律层面的正当性支持。“权利本位论”是现代法律制度的重要特征,倡导权利的行使也有助于法律义务的履行。因此,通过社会主义核心价值观呼吁公民积极行使权利就显得尤为重要。公民积极行使权利主要涉及法律对行为的激励,即法律如何调动守法主体的积极性,刺激主体追求行为目标的意愿程度。在融入守法体系时,社会主义核心价值观的民族认同、权益激励和正义认同有助于促进公民积极行使权利。

首先,社会主义核心价值观的民族认同感有助于激励公民行使权利。认同是个体承认或赞同群体的价值选择与行动方略,从而产生肯定和拥护群体共识和行动的心理。如果个人对群体或群体中的其他人缺乏认同感,缺乏共同语言,他们就很难作出符合群体期望的行为。根据社会主义核心价值观的民族认同性,当其融入守法体系时,公民基于对社会主义核心价值观的强烈认同,会积极践行法律对其行为规范的要求,作出符合法律期望的行为,实现法律预期的效果,提升公民遵守法律的积极性,这不仅包括积极履行义务,还包括积极行使权利,维护共同的民族认同感。其次,社会主义核心价值观通过法律维护公民利益的激励。社会主义核心价值观作为个人利益与最大多数人利益的连接点,应然地含有人们对利益的追求,如国家层面的四个价值。这些价值认同需要通过一定的制度建构转化为方法论,法律制度当然成为价值转换为方法的过滤器。人们通过积极行使权利,维护和争取个人合法权益时,就能感受到法律对其利益的保护。这时,法律对公民积极行使权利的激励作用转化为公民切实得到的个人合法权益,从而公民会产生对法律的信服,相信法律背后的公平正义,主动按照法律的要求办事,提升守法意识,实现法律对人民群众的培育作用。在这一培育过程中,通过个人利益的实现与维护,人们潜移默化地感受到社会主义核心价值观与法律价值的重叠与共识,更加信服以社会主义核心价值观为基础的法律制度。最后,社会主义核心价值观能够唤醒人们心中对公平正义等价值的期望。新时代以来,中华民族对正义的追求就体现在社会主义核心价值观中,当人们通过积极行使法律赋予的权利,践行社会主义核心价值观时,他们能够体会到公平正义,因此人们也愿意通过积极行使权利,追求法律背后的公平正义,感受法律的魅力,成为法律的遵守者。

公民积极行使权利在我国宪法层面的体现是公民行使监督权。我国《宪法》第41条第1款规定,“中华人民共和国公民对于任何国家机关和国家工作人员,有提出批评和建议的权利;对于任何国家机关和国家工作人员的违法失职行为,有向有关国家机关提出申诉、控告或者检举的权利”。公民行使监督权是社会法律监督的方式之一,属于法律监督的概念,它的宪法逻辑是“人民主权—人大—国家机构—公民”。[183] 公民行使监督权与公民积极行使权利之间需要提供一个具有激励意义的解释,有学者认为,“只有在权利体系的视角分析公民监督权实现的条件,才能准确把握问题的症结”[184]。社会主义核心价值观的法律权利解释能够为公民积极行使权利提供激励作用,这种正向激励能够为公民行使监督权提供意识形态和法律价值的双向支持,从而使权利行使的过程成为公民感受法律魅力的过程,实现在行使权利的过程培育守法意识。

(三)凸显全民守法的价值导向

“全民守法是引导全体人民遵守法律、有问题依靠法律解决,形成守法光荣的良好氛围。”[185] 全民守法是对传统守法的继承与完善,是同一个事物在不同发展阶段的不同表现,具备同一性,即共同服务于建成法治国家、法治政府、法治社会的全面依法治国的目标。全民守法的价值导向是守法主体的全面性,主要针对实践中法律适用的主体差异问题。从目的角度看,强调“全民”的原因有两个:第一,改变旧十六字方针中,只强调违法必究的法制理念;第二,突出强调领导干部法治建设和带头守法的责任。

1. 全民守法是法律被所有人遵守的应然理想

全民守法不是实然状态,这是一个浅显的道理,法律在制定过程,不可能吸纳每个公民的愿望,法律的条文所折射的价值并不能满足每个公民的需求,因而法律总是通过威慑或激励达到调整社会的目的。同时,公民在看待具体法律条款或者遵守法律时,会受到各种因素的影响,要达到全民守法在现实是无法达到的,这只是一种应然理想。因而,全民守法是新时代的法治原则,是法治运行的理想状态。

首先,全民守法不是现实问题,是一种状态的描述。现有全民守法的研究缺少“着力点”——全民守法是一个问题吗?守法是一个问题吗?守法和全民守

---

[183] 秦小建:《论公民监督权的规范建构》,载《政治与法律》2016年第5期。

[184] 王月明:《公民监督权体系及其价值实现》,载《华东政法大学学报》2010年第3期。

[185] 应松年:《加快法治建设促进国家治理体系和治理能力现代化》,载《中国法学》2014年第6期。

法都不是问题,"问题"的一般含义是需要研究讨论并解决的矛盾。那么,不守法是问题吗？不守法是客观存在的实然状态。什么是守法、不守法的原因、如何培养人民群众守法是问题。因此,"全民守法"这个概念本身不包含问题意识,它倾向于全社会成员都遵守法律的理想状态,它的应然性为国家治理提供合理性。

其次,国家治理更需要尊重公民权利。尊重公民权利的意义是赋予公民对公权力不当侵害的抵抗权,即罗尔斯在《正义论》中提到的"公民不服从"——"一种公开的、非暴力的、按照良心的又是政治性的对抗法律的行为,其目的是使政府的法律或政策发生转变"。[186] 罗尔斯讨论"公民不服从"的目的是,设计一种民主制度,针对在接近正义的社会中发生的、严重侵犯正义的现象。公民不服从的合法性是自然义务和职责的原则内容,即自然法赋予人的权利。自然法学派认为,自然权利是第一性权利,权力由每个人的自然权利的让渡组成,这构成权力限制部分权利的合法性,为国家管理提供法理依据。管理模式最大的弊端是,忽视了管理对象的积极能动性,放松了对管理者的监督,形成家长主义的管理模式。治理强调合作,即原管理对象通过积极行使法律赋予的权利,参与到自我管理中,这种自我管理包含自我监督和监督原管理者两层含义。自我管理、自我约束需要较强的自律性,对公民提出道德修养的要求,即"公民守法的道德自律精神是理性境界",[187] 这种要求就是形成一种理想状态。因此,全民守法应然状态的推理过程是:尊重公民权利—公民行使权利—监督与自我监督—道德自律—理想状态。

最后,全民守法是科学立法、严格执法、公正司法良性运行的集中体现。在结果检验论的视角下,全民守法是检验前三者是否良性运行的标准,即全民守法是评价社会法治程度的标准。全民守法的过程视角是全过程守法,是在立法、执法和司法的运行环节实现教育公民的目的。在法治运行环节,公民遵守法律与行使监督权,并非主动或被动接受守法理论教育,而是通过公权力行使主体的带头守法行为,理解、尊重、相信法律对权力的规制,这是教育的实践意义。在全过程守法的视角下,全民守法是全过程守法的主体性表达。第一,在立法领域,注重民主立法。2019 年 11 月,习近平总书记考察上海市长宁区虹桥街道基层立法联系点时,首次提出"人民民主是一种全过程的民主"。2021 年 7 月 1 日,在庆祝中国共产党成立 100 周年大会上的重要讲话中,习近平总书记特别强调"践

---

[186] [美]约翰·罗尔斯:《正义论》,何怀宏、何包钢、廖申白译,中国社会科学出版社 2009 年版,第 285－286 页。

[187] 刘同君:《论和谐社会语境下公民守法的道德机制》,载《学习与探索》2006 年第 6 期。

行以人民为中心的发展思想,发展全过程人民民主”。[188] 公民参与立法的过程是关注民生、发现问题、分析问题、提出建议,这个过程本身就是自我教育、自我学习的过程。第二,在执法领域,执法即普法。2017 年 5 月,《关于实行国家机关“谁执法谁普法”普法责任制的意见》[189] 的出台为落实“谁执法,谁普法”的普法责任制提供约束力。一线执法人员的普法,不仅要告知行为人的违法行为与违法依据,更要告知如何行为才是不违法的,毕竟处罚的目的不是再罚,而是使行为人认识到违法行为并不再违法。处罚行为也是在发挥法律的指引与预测作用。普法的核心原则不仅是普及法的威慑性,还是普及如何遵守法律。第三,在司法领域,重视发挥指导性案例的教化作用,以案释法。2020 年 5 月,最高人民法院发布《人民法院大力弘扬社会主义核心价值观十大典型民事案例》,[190] 意图通过典型案例的释法说理弘扬真善美、鞭笞假丑恶,为人民群众遵守法律提供说理式的判决依据。

依法治理的本质是依靠法律,依靠一个确定的、可靠的客观规律来治理社会,而不是传统的、随意的人治,并且依法治理本身含有一种违法就会受到强制力惩罚的外在强力。所以,人们相信法治是因为,规则或者法律本身所代表的规律的客观性,法律所具备的一种外在的、中立的强制力,相信的是法治背后的公正。因此,全民守法是科学立法、严格执法和公正司法的统一,不可孤立地看待全民守法。

2. 强化领导干部带头守法和法治建设的责任

共同富裕是全民守法的经济基础,主要针对的是现实中不平等与贫富差异。权力与金钱对生活的影响使人产生异化,异化后的人逐渐丧失尊重每个人全面而自由发展的能力,即丧失“亲民”的能力与责任,导致具体个人在遵守法律方面出现不平等的情况。因此,全民守法是上层建筑对经济基础的反作用,通过法律调节权力与金钱造成的差异,即强调法律面前人人平等。法律体现全体人民的意志,而不是特权阶级的意志,这为全民守法提供意识形态正确性——法律本身就包含限制权力,包括但不限于限制政治权力和资本权力。

中国共产党是自我革命的政党,领导干部的守法问题是党风廉政建设的问

---

[188] 习近平:《在庆祝中国共产党成立 100 周年大会上的讲话》,载《人民日报》2021 年 7 月 2 日,第 2 版。

[189] 《实行国家机关“谁执法谁普法”普法责任制》,载《人民日报》2017 年 5 月 18 日,第 6 版。

[190] 《人民法院大力弘扬社会主义核心价值观十大典型民事案例》,载《人民法院报》2020 年 5 月 14 日,第 3 版。此外,2016 年 3 月和 8 月,最高人民法院先后发布两批涵盖民事、行政、刑事审判及执行领域的弘扬社会主义核心价值观的典型案例。

题。1937年5月，毛泽东在论述干部问题时指出："这些人（领导干部）不要自私自利，不要个人英雄主义和风头主义，不要懒惰和消极性，不要自高自大的宗派主义，他们是大公无私的民族的阶级英雄，这就是共产党员、党的干部、党的领袖应该有的性格和作风。"[191] 2013年2月，习近平总书记在十八届中央政治局第四次集体学习时强调："各级领导干部要带头依法办事，带头遵守法律，对宪法和法律保持敬畏之心，牢固确立法律红线不能触碰、法律底线不能逾越的观念，不要去行使依法不该由自己行使的权力，也不要去干预依法自己不能干预的事情，更不能以言代法、以权压法、徇私枉法，做到法律面前不为私心所扰、不为人情所困、不为关系所累、不为利益所惑。不懂这个规矩，就不是合格的干部。如果领导干部都不遵守法律，怎么叫群众遵守法律？上行下效嘛！各级组织部门要把能不能依法办事、遵守法律作为考察识别干部的重要条件。"[192]

2016年11月，中共中央办公厅、国务院办公厅印发的《党政主要负责人履行推进法治建设第一责任人职责规定》指出，县级以上地方党委和政府主要负责人是推进法治建设第一责任人，并将履职情况纳入政绩考核指标体系，对不履行或不正确履行的严格问责。党政主要负责人是法治建设的第一责任人，对此可以从以下三个方面理解：第一，党政主要负责人为代表的国家工作人员学法用法；第二，国家机关普法责任的分配；第三，对国家机关工作人员行使权力的监督。2016年4月，中共中央组织部、中共中央宣传部、司法部、人力资源和社会保障部联合印发《关于完善国家工作人员学法用法制度的意见》，具体规定国家工作人员学法用法的主要内容：学习宪法、国家基本法律、与经济社会发展和人民生产生活密切相关的法律法规、与履行岗位职责密切相关的法律法规和推进法治实践；此外，把能不能遵守法律、依法办事作为考察干部的重要依据。[193] 2016年10月，党的十八届六中全会通过的《关于新形势下党内政治生活的若干准则》指出："新形势下加强和规范党内政治生活，重点是各级领导机关和领导干部，关键是高级干部特别是中央委员会、中央政治局、中央政治局常务委员会的组成人员。高级干部特别是中央领导层组成人员必须以身作则，模范遵守党章党规，严守党的政治纪律和政治规矩，坚持不忘初心、继续前进，坚持率先垂范、以上率下，为全党全社会作出示范。"2017年5月，中共中央办公厅、国务院

[191] 毛泽东：《为争取千百万群众进入抗日民族统一战线而斗争》，载《毛泽东选集》（第1卷），人民出版社1991年版，第277页。

[192] 中共中央文献研究室编：《习近平关于全面依法治国论述摘编》，中央文献出版社2015年版，第110－111页。

[193] 白阳：《部署完善国家工作人员学法用法制度》，载《人民日报》2016年4月8日，第4版。

办公厅印发的《关于实行国家机关"谁执法谁普法"普法责任制的意见》指出，国家机关是国家法律的制定和执行主体，同时肩负着普法的重要职责。[194] 因此，从中央文件的责任分配可看出中国共产党对加强领导干部带头遵守法律的决心，这体现着全面从严治党与全面依法治国的战略布局。

领导干部的守法问题（党风廉政建设）是领导干部这个关键少数接受道德教育的统一思想的问题。作为新时代凝聚共识的价值判断，社会主义核心价值观是统一领导干部思想的重要理论武器。领导干部践行社会主义核心价值观首先体现在"两学一做"中，各级党组织要肩负起组织领导干部不断学习党的先进思想、先进理论的任务，不断用社会主义核心价值观检视个人的行为。总之，各级党政负责人不仅要带头守法，还要压实法治建设的责任；在接受党组织的教育培训过程中，不但要学习社会主义核心价值观的具体内涵，还要善于用它解释法律法规和执法行为；在普法宣传活动中，不仅要宣传法律知识，还要注重诠释社会主义核心价值观融入法律法规的生动案例；在日常执行法律过程中，不仅要"不徇私"不走"人情账"，牢固树立法律思维，还要用社会主义核心价值观教导行政相对人，营造共同守法的良好社会氛围。

三、社会主义核心价值观融入守法体系的现状与问题

守法体系的五个要素在理论和实践层面有其固有缺陷，社会主义核心价值观的融入是对守法体系的完善。根据中共中央办公厅、国务院办公厅2016年联合印发的《关于进一步把社会主义核心价值观融入法治建设的指导意见》，社会主义核心价值观融入守法体系的现状与问题是，"部分社会成员尊法学法守法用法意识不强，全民法治观念需要进一步提高"。本节通过对两个案例的分析，试图发现社会主义核心价值观在融入守法体系时的主要问题。

（一）社会主义核心价值观融入守法体系的案例分析

社会主义核心价值观融入守法体系的现状研究离不开对典型案例的分析。本节选取的典型案例是C市D区公安局原党委委员、副局长赖某的违法违纪事件，J省L市G县人民法院院党组成员、执行局局长何某违法违纪事件。

案例一：2021年5月，C市D区公安局原党委委员、副局长赖某因

[194] 《实行国家机关"谁执法谁普法"普法责任制》，载《人民日报》2017年5月18日，第6版。

涉嫌严重违法接受D区监委检查调查。[195] 经查,赖某违反政治纪律,搞团团伙伙,参加迷信活动;违反中央八项规定精神,接受、收受可能影响公正执行公务的礼品、礼金、消费卡、宴请和旅游活动安排;违反组织纪律,在单位人事录用和工作调动中,利用职权及职务上的影响,说情打招呼;违反廉洁纪律,向管理服务对象提供借贷获取大额回报,并假借他人名义经商办企业;违反工作纪律,在处理交通违法工作中,不正确履职;违反生活纪律;利用职务上的便利为他人牟取利益并收受财物折合人民币共计216.77万元,构成职务违法并涉嫌受贿犯罪。2021年7月28日,赖某被开除党籍和公职。2021年12月30日,赖某因犯受贿罪被判处有期徒刑5年,并处罚金人民币30万元。违法所得予以追缴。

在赖某的忏悔书中,他将自己违法违纪的原因归结为,一是学习不够,思想觉悟不高;二是世界观、人生观、价值观扭曲;三是群众观念淡薄,利己思想严重。同时,他告诫广大党员干部,正确使用手中的权力,不要把权力当成自己谋私的工具,一旦越过了纪律的红线、踩踏了法律的底线,就会身陷囹圄、身败名裂。

案例二:2021年3月,J省L市G县人民法院院党组成员、执行局局长何某因涉嫌严重违纪违法接受G县纪委监委纪律审查和监察调查。[196] 经查,何某身为中共党员、司法工作人员,党的十八大以后不收手、不收敛,违反国家法律法规,代表所在单位向他人索取财物;利用职务之便在审判和执行方面为他人牟取利益,非法收受他人财物。2021年6月,何某被开除党籍、开除公职,涉嫌犯罪问题移送检察机关依法审查起诉。

从何某的忏悔书中可看出,何某在开始接受少量钱物时也会惶恐不安,睡不着觉,内心纠结,贪心与理智作激烈斗争。但随着时间推移,他逐渐喜欢上被人求着的感觉,喜欢上被"围猎"且高高在上的感觉,直到所谓的朋友建造的"空中楼阁"坍塌,自己从"美梦"中醒来,才无比后悔。

上述两个案例反映出,少部分国家公职人员背弃初心使命,丧失理想信念,以权谋私,毫无纪法底线。从二人的忏悔书来看,他们在面临金钱的诱惑和权力

---

〔195〕 郭兴:《警钟60秒|"后悔没有真正把思想用到正道上来"》,载中央纪委国家监委网,http://v.ccdi.gov.cn/2022/05/17/VIDE4IAygWMKhyIEvSW9fTZL220517.shtml。

〔196〕 《警钟60秒|思想滑坡就像洪水决堤一发不可收拾》,载中央纪委国家监委网,http://v.ccdi.gov.cn/2022/04/08/VIDEfXhiZde0pHJ5rVjZZrRf220408.shtml。

的腐蚀后，并未在内心确立一种正确的价值观念，树立法律思维、底线思维，严格按照国法党纪要求自己。社会主义核心价值观在这一环节是缺位的，它并未在党员干部带头守法中发挥应有作用。

（二）社会主义核心价值观融入守法体系的问题

案例一和案例二暴露出守法体系的两个问题，一是守法主体的特殊性问题，即现有守法主体的理论对“关键少数”的重视程度不够，并未考量领导干部违法行为的法律后果的严重性；二是守法主体在面对金钱或者权力的诱惑时，往往忽视社会主义核心价值观的观念引导作用，并且现有守法的原因也不能够为公民恪守底线提供理论支持。这为我们思考当前守法体系建设中可能存在的问题提供了一种可能的分析思路。

1. 守法的主体未突出强调“关键少数”

2021 年，《中共中央关于加强对“一把手”和领导班子监督的意见》全文公布。[197] 该意见指出，把对“一把手”和领导班子监督摆在管党治党突出位置，通过抓好“关键少数”带动“绝大多数”。“关键少数”是各级党组织和各级国家机关中的领导干部，在科层制的官僚体制下，领导干部的法治意识和法治思维对地方法治建设具有重要影响。现有守法主体具有多元性的特点，追求守法主体的全面性，正如前文所述，全民守法是指各社会主体都遵守法律。然而，过于强调守法主体的全面性容易忽视“关键少数”的特殊性。

马克思主义认为，矛盾具有普遍性和特殊性，两者的辩证统一关系主要表现为，普遍性寓于特殊性中，并通过特殊性表现出来，特殊性离不开普遍性。在守法主体的内部关系中，强调守法主体的全面性即普遍性，“关键少数”是特殊性。各社会主体守法的突出重点是“关键少数”的守法，因为“关键少数”是否遵守法律将直接影响其他主体对守法的态度。例如，案例一和案例二中，身为公安局副局长的赖某和人民法院执行局局长的何某在违规违纪地执行法律和适用法律的过程中，不仅直接践踏了法治的尊严，使法律形同虚设；还严重破坏法律的公信力，损害人民群众对法律的信任。“关键少数”的违法行为会使其他守法主体怀疑守法的必要性，因为他们可能会认为，“行使权力的领导干部都不遵守法律，我为什么要守法？”因此，作为守法主体的特殊性矛盾，领导干部的守法需要重点强调，社会主义核心价值观在融入守法体系时，应当注重塑造和引导领导干部

---

〔197〕《中共中央关于加强对“一把手”和领导班子监督的意见》，载《人民日报》2021 年 6 月 2 日，第 1 版。

的价值观,使他们在面对金钱和权力的诱惑时,能够时刻牢记社会主义核心价值观的应然性和正当性,洁身自好;在执行法律时,能够时刻按照体现着社会主义核心价值观的法律法规,依法执政,使每一次的执法活动既有法律的严肃性、又不失人性的关怀;在适用法律时,努力让人民群众在每一个司法案件中感受到公平正义。

2. 守法观念过于强调工具主义

美国纽约大学心理学和法学教授汤姆·泰勒在《人们为什么遵守法律》一书中,从两种视角审视人们遵守法律的原因——工具主义和规范主义。工具主义者以威慑论为基础,认为人们在行为之前,会根据遵守法律可能会受到的激励或违反法律可能会受到的惩罚作出评估,然后据此评估采取行为,即依据行为可能会带来的收益或损失而行动。规范主义分为两类:一类认为遵守法律的原因是个人的道德义务感,即他们认为法律是正义的,所以遵守法律;另一类认为遵守法律是因为当局的合法性,即因为法律当局制定了法律,所以人们有义务按照法律的指令行事。[198] 在规范主义的视角下,泰勒认为,人们在评价自己的经历是否公正时,以自己获得的结果是否公正为基础;在评价法律当局的裁决时,以其所依据的程序是否公正为基础。[199] 两者相较,法律未得到遵守的主要原因是,人们认为自己受到了不公正的待遇,而非结果。

泰勒否认法律威胁或利益是守法的主要原因,他认为这种工具主义的守法观是外在视角的审视,即守法的原因是基于人们对行为后果受损或获利的预测视角,并将守法的主要原因归为个人的道德价值判断和个人同法律当局打交道的经历。尽管泰勒的研究主要基于西方国家的法治实践,但他对工具主义和规范主义两种守法模式的分析,对于当前我国社会主义核心价值观融入守法体系具有参考意义。他的分析结论意味着,如果我们想要构建一种更为合理的守法体系,那么在守法观念上就需要寻求从工具主义到规范主义的转变。从实践来看,工具主义的守法观念在我国法治建设中,确实承担着普法宣传的前期任务——人民群众通过了解现代法律和感受它带来的权益保障,相信法律,遵守法律,而不是把个人权益的保障诉诸私力救济等方式。然而,在中国特色社会主义新时代,工具主义的守法观念会带来两个问题:第一,不利于法律背后的价值融入人们的守法观念。工具主义的思维方式过于注重法律带来的利益,而不是法律为什么能够带来权利的保障。这种基于利益衡量的守法观念并不能深入人

---

[198] [美]汤姆·R. 泰勒:《人们为什么遵守法律》,黄永译,中国法制出版社 2015 年版,第 1-2 页。
[199] [美]汤姆·R. 泰勒:《人们为什么遵守法律》,黄永译,中国法制出版社 2015 年版,第 66 页。

心,因为保障利益并不是解决社会规则的构建与维护的唯一方式,甚至不是最好的方式。第二,工具主义的守法观念把法律放在定分止争的首要位置,这会带来较高的法律运行成本。法律应当是维护社会公平正义的最后一道防线。换言之,当行为人没有其他救济手段时,法律才应该出场,从而起到一锤定音的作用,这也有利于维护法律的权威。但是,前期普法宣传工作的压力,使当时的工作重心不能顾及这一层面。相较调解等多元化纠纷解决方式,启动法律程序解决纠纷,无论对当事人还是司法机关,都意味着较高的时间、金钱和精力成本。

因此,转向规范主义的守法观念显得尤为必要。规范主义的守法观念,关注价值观念对人们自愿遵守法律的引导作用,同时注重引导人们服从司法机关作出的裁判。这正是社会主义核心价值观融入守法体系要重点解决的问题,用符合中国话语的价值观念引导人们,同时注重社会主义核心价值观在判决书说理部分的引导作用,使人们感受法律背后的价值导向,努力让人民群众在每一个司法案件中感受到公平正义。

3. 守法的体制机制不够健全完善

守法的条件不够完善主要指,守法褒奖机制、违法失信惩戒机制的不完善和法治教育环境仍需改进。

在守法褒奖机制和违法失信惩戒机制层面,这一机制的主要目的是放大遵守法律的奖励、提高违反法律成本。目前,社会主义核心价值观在融入守法体系时,对该机制的指引不够完善。在守法褒奖机制层面,宣传优秀典型事例的力度不够,对先进事迹的荣誉奖励和实质奖励相对不足。虽然在国家层面建立了"五章一簿"的国家功勋荣誉制度,地方立法亦常以物质奖励或荣誉奖励引导、提倡公民积极从事有利于社会的行为,但是相关法律规范往往表现为倡导性条款,没有建立与之配套的、较为完善的评价体系。在一定区域内,缺乏地方表彰制度不利于宣传"身边的"先进事例和先进个人,从而丧失直接有效的道德教育机会,使社会主义核心价值观在融入守法体系时缺乏"身边实例"的说服力,不利于提升守法的主观条件。在违法失信惩戒机制方面,2014 年 3 月,中央文明办、最高人民法院、公安部、国务院国资委、国家工商总局、中国银监会、中国民用航空局、中国铁路总公司八部门联合发布的《"构建诚信 惩戒失信"合作备忘录》规定,信用惩戒的范围主要包括三个方面:一是禁止部分高消费行为,如乘坐飞机、列车软卧;二是实施其他信用惩戒,包括限制在金融机构贷款或办理信用卡;三是失信被执行人为自然人的,不得担任企业的法定代表人、董事、监事和高级管理人员等。失信惩戒制度自实施以来取得良好效果,中国执行信息公开网统计显示，截至2022年8月21日，我国公布中的失信被执行人共7598394人。[200] 然而，惩戒范围的具体措施并不足以完善相关守法条件。例如，人们遵守法律的原因之一是社会压力，社会压力是指违法行为带来的来自其他社会主体的否定性评价，而失信惩戒的措施更多是金钱层面的限制，缺乏社区服务等为集体贡献的措施。

守法的条件与法治教育的环境密切相关，法治教育环境的优劣受部分守法条件的影响，如经济发展水平、政治意识、道德意识和文化教育程度等均会影响一定地区的人民群众的法治教育水平。因此，欲完善守法的条件，必须重视法治教育环境的改善。法治教育的本质是教育的问题，教育问题的解决首先需要一定的经济基础，需要客观物质条件，如学生温饱问题、教育支出问题等。其次，教育问题需要正确的价值观念指引。目前，我国已经全面建成小康社会，并朝着第二个百年目标奋进，在这一时期，法治教育在继续保障物质基础的前提下，应当更加关注如何构建正确的价值观念。但是，社会主义核心价值观在呼吁和凝聚人们关注法治教育的环境方面仍有欠缺。如何用社会主义核心价值观唤起更多人对贫困地区法治教育问题的关注，如何使社会主义核心价值观成为法治教育的价值观念指引，是社会主义核心价值观融入守法体系的重要问题。

四、社会主义核心价值观融入守法体系的方法与路径

社会主义核心价值观要在全社会得到重视和凝聚共识并得到切实践行，需要社会共同体成员的认同、遵守和践行。正如上述所论述的，社会主义核心价值观包含个人层面的道德要求，也明确用“法治”来要求全民应该有办事依法、遇事找法、解决问题用法、化解矛盾靠法的思维。在当前的语境下，在守法过程中推进社会主义核心价值观，在增强多元主体守法意识同时，应该强调公职人员，特别“关键少数”是重点，要有威慑和激励的传播机制，使正面的宣传教育与负面的惩罚惩戒互相配合，推进社会主义核心价值观更加深入人心，推动全民守法事业善作善成。

（一）增强多元主体的守法意识

现有守法主体具有多元性的特点，增强多元主体的守法意识，重点是具体问题具体分析，以矛盾的特殊性为切入口，以个性的不同要求为视角。具体而言，

---

[200] 数据源自中国执行信息公开网，http://zxgk.court.gov.cn/，最后访问时间2022年8月22日。

可尝试以职业身份的不同,划分不同的职业道德要求,根据不同的职业道德要求有针对性地宣传、培育多元主体的守法意识。

2018 年 5 月,中央有关部门负责人就《社会主义核心价值观融入法治建设立法修法规划》答记者问中提到,恪守职业道德是敬业的基本要求,要研究推动将职业道德规范转化为法律规范。在这个总要求的基础上,该规划以主体的职业身份为划分依据,共对五类人员的职业道德提出要求,即公职人员、法律服务工作者、公众人物、市场经济参与者和重点行业从业人员。践行社会主义核心价值观的主体不是抽象的而是具体的,在守法语境下,不同主体按照不同的职业道德要求有不同的行为模式。总体而言,将社会主义核心价值观融入职业道德要求共有两个问题需要厘清,一是公职人员的身份要求应当起到模范带头作用,尤其是中共党员的身份;二是职业身份是建立法律关系的重要因素。

第一,中共党员,特别是公职人员应当以身作则、率先垂范,做社会主义核心价值观的坚定信仰者和模范践行者。《中国共产党章程》第 2 条第 1、2 款规定,"中国共产党党员是中国工人阶级的有共产主义觉悟的先锋战士。中国共产党党员必须全心全意为人民服务,不惜牺牲个人的一切,为实现共产主义奋斗终身"。公民层面的价值准则是社会主义核心价值观中国家对公民道德规范的倡导,从价值取向和价值目标来看,党员身份的价值准则应严于公民身份的价值准则,前者包含后者,是对后者的更高层面的要求。因此,中共党员身份有两层含义:一是公民身份与党员身份的双重属性;二是全心全意为人民服务是党的宗旨,在义务层面,党员身份的义务性要求强于公民身份,这是成为党员的应有含义。陈金钊认为,"法治成为社会主义核心价值观之一,是中国共产党对社会主义理论的重大修正与发展,是法律、权利话语的形成"[201]。

"社会主义核心价值观是新时代中国共产党人在价值共识领域的探索。"[202] 如何体现党员身份的先锋作用,是社会主义核心价值观融入党员守法的重要问题。党的十九大报告指出,中国特色社会主义最本质的特征是中国共产党的领导。中共党员是中国共产党的组织成员,是践行初心与使命的先锋力量。党内法规就是社会主义核心价值观对党员身份的法律要求,这是社会主义核心价值观融入法治建设的表现之一。恩格斯在《给奥·倍倍尔的信》中提道,"一切官吏对自己的一切职务活动都应当在普通法庭面前遵照普通法向每一个公民

---

〔201〕 陈金钊:《对法治作为社会主义核心价值观的诠释》,载《法律科学(西北政法大学学报)》2015 年第 2 期。

〔202〕 黄涛:《从社会主义核心价值观看当代中国法治理论的应有品格——对当前法治理论之反思》,载《当代世界与社会主义》2017 年第 4 期。

负责”[203]。中国共产党是自我革命的政党，[204]党规党纪的法律化是党规党纪发展为党内法规的必然趋势。党内法规的法律化是指党规党纪在全面依法治国的指引下，在中国特色社会主义法治体系中，参照法律的基本精神、基本原则、基本方法，将党规党纪上升为党内法律的过程。党内法规的道德性与法律性是中华民族民族精神的体现，新时代中国特色社会主义理论对中华民族精神最有力的概括就是社会主义核心价值观。因此，充分发挥中共党员在不同职业领域的模范带头作用，是引导其他职业身份践行社会主义核心价值观的重中之重。

同时，法治工作人员基于职业的特殊性，也应该是重点。习近平总书记专门指出："坚持建设德才兼备的高素质法治工作队伍。全面推进依法治国，首先要把专门队伍建设好。要加强理想信念教育，深入开展社会主义核心价值观和社会主义法治理念教育，推进法治专门队伍革命化、正规化、专业化、职业化，确保做到忠于党、忠于人民、忠于法律。"[205]良法需要善治，法治制度再完善，也需要"人"的因素，而法治工作人员由于手中掌握"法器"，他们的道德水准、法治意识以及职业素养，决定着我国依法治国事业的成败。同时，法律是国家对公民的承诺，公民是否愿意去遵守法律，要看这种承诺是不是得到很好的兑现，违背法律的行为是不是得到切实的惩罚，守法行为是不是得到权利的奖励，因而法治工作人员的守法意识、守法状态起着全民守法的引领作用。这就要求法治工作人员首先要将社会主义核心价值观内化于心，用更高的理想信念、道德标准要求自己，在工作中外化于行。

另外，还有一个群体是需要密切关注的对象，这就是"关键少数"，各级领导干部作为当代语境中的"关键少数"，是坚持全面依法治国的关键。习近平总书记多次强调，要"坚持抓住领导干部这个'关键少数'"。中共中央办公厅《关于培育和践行社会主义核心价值观的意见》明确指出："党员、干部特别是领导干部要在培育和践行社会主义核心价值观方面带好头，以身作则、率先垂范，讲党性、重品行、作表率，为民、务实、清廉，以人格力量感召群众、引领风尚。"

第二，职业身份的要求与契约自由并不冲突。在法律法学界，提及"身份"这一概念，必然要涉及英国法律史专家亨利·梅因在《古代法》中将法律发展的规律总结为，"所有进步社会的运动，到此处为止，是一个'从身份到契约'的运

---

〔203〕《马克思恩格斯选集》(第3卷)，人民出版社2012年版，第348页。

〔204〕《中国没有辜负社会主义》，载《人民日报》2021年6月8日，第1版。

〔205〕习近平：《坚定不移走中国特色社会主义法治道路　为全面建设社会主义现代化国家提供有力法治保障》，载《求是》2021年第5期。

动”[206]。由此,社会是否进步的标准之一是,人际关系的基础是否建立在合意契约之上。自由意志是人与人之间建立合意契约的基础,但在家族依附性下,个人之间的关系建立在传统“父权”上。将个人从受束缚的血缘家族关系解放到依靠自由意志的民事关系中,是“从身份到契约”这一运动的目的。然而,身份存在于现代社会的事实和将合意的基础建立在自由意志之上,并不冲突,非血缘身份的身份也不是梅因反对的对象。将“身份”从梅因的论断中解放出来的最大意义是,重新给予它正当性,为身份义务与社会主义核心价值观的融合提供依据。“在健全的市场经济中,人际关系则是通过契约联结起来的身份关系,即身份通过契约的形式形成。”[207]人际关系不过是穿着契约的外衣,它本质仍旧是身份关系。例如,有学者认为,“区分身份是获取信息的方式,无论契约自由如何排除身份,在现实中,身份一直是契约关系的一部分”[208]。强调身份的差异并不是强调不平等,只是证明一种事实的存在——不同的身份在履行不同的职责时承担不同的义务。因此,“从身份到契约”这一论断的完整表达是“从血缘身份到平等契约”,实质含义是“从出生决定到自由意志”。“用契约代替身份是人的解放,是法治代替人治,是自由流动代替身份约束。”[209]中华人民共和国成立以来,中国共产党领导的中国人民坚定选择民主与法制的道路,特别是改革开放以来,民主与法制观念不断深入人心,中国已经初步形成中国特色社会主义法律体系。[210] 法律关系不全由契约行为实现,身份同样是确立法律关系的重要因素。身份的背后是组织,不同的身份隶属不同的组织,不同的组织体现不同的价值追求,不同的价值追求凝聚着因同一目标而聚集的人群。这由人的社会属性决定,不以个人的意志为转移,除非脱离社会、脱离一切人际关系。中华民族和中国人民在建设什么样的国家、建设什么样的社会和培育何种民族精神上,体现着共同的价值追求,并据此形成了各种民族精神和时代精神。在中国特色社会主义新时代,这一共同追求的凝练表达是社会主义核心价值观。

因此,在社会主义核心价值观增强多元主体的守法意识的过程中,要善于用社会主义核心价值观解释,对公职人员、法律服务工作者、公众人物、市场经济参

---

[206] [英]梅因:《古代法》,沈景一译,商务印书馆1959年版,第97页。

[207] 张永和:《血缘身份与契约身份——梅因“从身份到契约”的现代思考》,载《思想战线》2005年第1期。

[208] 丁晓东:《身份、道德与自由契约——儒家学说的制度性解读》,载《法学家》2014年第3期。

[209] 朱光磊:《从身份到契约——当代中国社会阶层分化的特征与性质》,载《当代世界与社会主义》1998年第1期。

[210] 2011年3月10日,全国人民代表大会常务委员会委员长吴邦国在十一届全国人大四次会议上庄严宣布,中国特色社会主义法律体系已经形成。

与者和重点行业从业人员共五类主体的法律义务和职业道德进行要求，要尽快出台不同行业的职业道德要求促进法，使职业道德要求法律化、系统化，从而被该行业的从业者接受、拥护。

总之，以职业身份的不同道德要求作为社会主义核心价值观融入守法体系的方法，符合法律发展的规律，这一过程的本质是将融入过程具体化、细则化与可操作化。

（二）传播营造全民守法环境

人的社会存在决定人的思想意识，而人的思想意识支配着人的外显行为。这其中，一个重要的实践是，经由媒介传播，通过精心设计的媒介激励与威慑传播，影响人们的内心判断，增强守法意识，使人们的信仰、态度和行为向着法律倡导的方向改变，推进守法秩序的形成。

培育公民守法需要一个漫长的过程。人的偏好和价值，与其说是从社会环境推导出来的，不如说是被塑造出来的。在现代信息时代，媒介传播不可或缺，如同空气弥漫在我们的生活之中，我们的日常生活深深地被其所引导和制约。各式各样的信息通过媒介包围我们，充斥在我们的生活空间，事无巨细地渗透到我们的日常生活。我们只能被动地生活在媒介构造起来的信息环境中。随着现代社会的不断发展，社会分工越来越细化，而且每个人的活动空间和活动精力毕竟有限，无法对所有的社会活动进行体验。那么，对于无法实际接触到的事物，只能通过外部媒介所提供的信息进行了解。由此，人们对无法接触到的事物的了解并不是真实的客观体验，而是对媒体构建起来的信息环境的认识。

我们知道，社会主义核心价值观在逻辑上属于道德范畴，而坚持全面依法治国，除了发挥法律的功能之外，还要强调道德的作用。法律规定不可能调整所有的社会行为，法律只是一种最低的道德，在一些法律无法触达的边界，需要道德引领社会行为，需要发挥社会主义核心价值观的教化作用，刺激民众自发行动，弥补法律调整的缺陷。传播学原理告诉我们，这些民众自发行动如果能够得到有效传播，为社会提供激励机制，则将使更多有利于社会秩序的行为替代反社会行为。在日常的事件传播中，关于见义勇为、悬赏公告、有奖举报的各种新闻层出不穷，这就是一种激励手段。事实上这些新闻事件传播的目的也在于此，希望通过这些行为的宣扬，激励更多的民众积极与各种违法行为斗争，维护社会的法治秩序。这些事件随着传播的扩大，在社会中营造对违法行为的积极威慑，使顺应社会行为的利益能压倒反社会行为的诱惑。培养获利的积极手段比惩罚违禁行为更能有效地消除不被允许的行为模式。如果人们在群体场合下体验到一些后果,观察到的结果就能影响群体的整体行为。法律对民间自发力量的激励以及媒介对这些行为的肯定性宣扬,在传播心理学方面,即使是轻微的表扬或谴责也会导致群体中其他成员去采纳受到表扬的行为,避免受谴责的行为。这些受到表扬的人成为对民众有替代性影响的人和同样情境中被效仿的榜样。而且,随着传播媒介的介入,这些替代性示范行为的次级效应进一步扩大了替代性影响的范围,即使受众中仅有一小部分人的行为得以改变,也会产生广泛的效应。

当然,除通过媒介进行道德宣传、榜样树立之外,还应该对那些失德行为进行各种惩戒、整治。让正面的宣传教育与刚性的失德惩戒相互配合,推动社会主义核心价值观进一步融入守法体系。在这方面,人民法院常规性发布的违反社会主义核心价值观的案例就是一种非常有效的传播行为。人民法院用它的全部活动教育公民忠于祖国,自觉遵守宪法和法律。由此,人民法院审判活动除了履行审判职能之外,同时也是法律传播的载体。现实中,除了法律对违法行为采取明显的惩罚给守法者带来的激励之外,还可以为其他人提供替代性信息激励。行为心理学研究结果表明,人们的行为会受到各种因素的影响,在这些影响的因素中,自己之前的亲身体验起着重要的影响作用,也就是说人们会对自己之前行为的结果进行评估,并指导自己之后的行为。如果之前的行为对自己有利,人们就愿意再次实施这种行为;如果之前行为被法律作出不利的评价,人们就不会或者不敢轻易地再次实施这种行为。在现实生活中,一些人的行为受到另一些人的影响或者一些人的行为被作为其他人评估、观察的对象是毫无疑问的。换言之,大部分人在实施行为之前,都会观察与他们情况接近的、之前实施的行为以及这些行为的效果,无论是成功还是失败,是受到法律的肯定性评价还是否定性评价。这说明,人们不但能从自己的直接行为中获取信息,也可以从别人行为的成功和失败中获取信息。

在实际生活中,人们如何实施行为以及对行为采取什么样的方式,都需要对各种信息进行综合的判断之后作出决定。人民法院发布的司法信息作为权威的替代性信息,为他人在类似情景下实施的行为能否得到肯定性评价或者产生满意后果提供决策依据,激励人们以类似方式实施行动。同时,我们还知道,当下处于信息爆炸的时代,人们每天都在不断接受各种新的信息,有些信息如果没有受到一段时间的持续关注,很快就消失在信息海洋中。因此,我们就要考虑对于一些激励性信息的传播长度问题。在持续的重复传播中,对合理激励的观点的持续性思考会使人形成一种与记忆中的信念和知识相一致的联系,在这种联系支撑下的态度能够很容易从人们的记忆中提取。

（三）推进社会主义核心价值观大众化

推进社会主义核心价值观全面融入全民守法的最佳方法和最彻底路径，就是推进社会主义核心价值观大众化。社会主义核心价值观是社会主义核心价值体系的内核，体现社会主义核心价值体系的根本性质和基本特征，反映社会主义核心价值体系的丰富内涵和实践要求。践行社会主义核心价值观，离不开广大人民群众。因此，将社会主义核心价值观传播给人民群众，转化为人民群众的共同认识，推动社会主义核心价值观大众化，从而将其融入全民守法，是推动中国式现代化、实现法治中国建设总体目标的基础工程。一种价值观转化为广大人民群众认识、改造世界的精神武器，是从小众到大众、从理论到实践的过程，这样的过程离不开践行和传播。为贯彻落实中央精神，全国各地、社会各界全方位宣传学习、多角度阐释、深层次解读社会主义核心价值观，切实把社会主义核心价值观贯彻落实到全面依法治国全过程。但社会主义核心价值观传播过程并不是一帆风顺的，需要面向社会主义核心价值观传播实践，归纳、分析现有的社会主义核心价值观传播特点、规律，构建社会主义核心价值观传播新格局，持续发力，久久为功。

从社会主义核心价值观的本质属性来看，社会主义核心价值观最广泛、最深厚的基础是以人为本，尊重人民主体地位。这就决定了社会主义核心价值观只有从自身走出，融进广大人民群众的实践之中，才能发挥自身的功能和作用，并不断发展和完善。从社会主义核心价值观传播的现实意义来看，社会主义核心价值观代表人民群众根本利益的价值诉求，是新时代中国法治文化软实力的灵魂，是依法治国与以德治国的纽带，是坚持全面依法治国的价值基础。从社会主义核心价值观的传播路径来看，毛泽东曾深刻指出："如果不为人民群众所掌握，即使是最好的东西，即使是马克思列宁主义，也是不起作用的。"[211]要让社会主义核心价值观为人民群众所掌握，就需借助一定的传播载体实现。

近年来，全国各地大力宣传社会主义核心价值观，宣传社会主义核心价值推进全面依法治国的意义，获得了人民群众的广泛赞誉。但随着形势发展，党的新闻舆论工作必须创新理念、内容、体裁、形式、方法、手段、业态、体制、机制，增强针对性和实效性。一是社会主义核心价值观的抽象性尚未回归大众的日常生活。理论根植于现实生活，并力图改善现实生活。但目前理论界更多研究社会主义核心价值观的时代背景、重大意义、核心要义和科学方法等内容，使群众认为社会主义核心价值观只是高屋建瓴，离大众的生活很远。二是社会主义核心

〔211〕《毛泽东选集》（第4卷），人民出版社1991年版，第1515页。

价值观的教育对象尚未凸显大众的广泛性。思想大众化的目标是受影响群众的数量之多,不是少数人的特定拥有,而是不分阶层、性别、民族、代际的多数人的学习和掌握。目前的传播实践还是将“关键少数”作为“突出学习宣传社会主义核心价值观”的重点对象,尚未凸显受众的广泛性。三是社会主义核心价值观的传播方式尚未关切大众的互动性。目前的传播方式大多停留在组织传播,传播内容、话语、方式上多以自上而下的姿态单一输出,信息权力仍由主流媒体控制,没有向民间化扩展,忽视了人民群众是社会主义核心价值观大众化的反馈者、传播者、实践者。

传播社会主义核心价值观,必须深刻领悟社会主义核心价值观的精髓要义。要深刻领悟和阐释社会主义核心价值观的人民性。社会主义核心价值观始终来源于人民,体现人民利益、反映人民愿望、凝聚人民共识,具有大众化的必然性。要深刻领悟和阐释社会主义核心价值观的历时性。社会主义核心价值观既立足于马克思主义,又基于历史积淀和现实。同时,社会主义核心价值观作为一种涉及国家、社会、公民层面的道德,与法治具有相同的本质属性,为更好发挥法治固根本、稳预期、利长远的作用提供重要纽带,为推动全面依法治国提供科学指引。要深刻领悟和阐释社会主义核心价值观的共时性。社会主义核心价值观不仅凝聚了极其珍贵的多元性文明元素,而且扎根中国特色社会主义实践沃土,提出了一系列重大课题。

把社会主义核心价值观融入全民守法实践,在实践中体会社会主义核心价值观。思想是行动的先导,围绕人民群众在每一项法律制度、每一个执法决定、每一宗司法案件中的实践感受,开展社会主义核心价值观的传播,将社会主义核心价值观作为思想武器指导守法实践,在指导实践、推动实践发展中展现强大精神力量和独特道德魅力。在传播中交流社会主义核心价值观融入全民守法的共同经验。实践是最生动的传播,传播是共同经验的交流,在广阔的全民守法实践中,民众对同一个法律制度或对同一个法律事件存在不同的看法。因此,需要在每一次传播中建构全民守法共通的意义空间,不断推进社会主义核心价值观大众化,在大众化中丰富社会主义核心价值观。理论落实于实践,实践对理论提出新要求。将社会主义核心价值观运用于具体全民守法实践,实现社会主义核心价值观对民众的具体意义,推进社会主义核心价值观大众化,并在具体的全民守法实践中检验社会主义核心价值观融入的实效性,促进其丰富与完善。

大众是社会主义核心价值观的接受者,应承认、考虑大众的分化事实,尊重大众的差异化,针对不同阶层、不同民族、不同地区、不同代际的分众传播配备与其相适应的内容和形式，且传播内容应该把标准定于平均数之下，免得过半数低水平的受众与传播内容脱节。要创新社会主义核心价值观传播的方式多样性。传播媒介主要有语言媒介、图像符号媒介、文字媒介、印刷媒介、电子媒介，这些媒介各有优势也有不足，要尊重受众对信息的流动可以有选择权和发表意见权，形成新旧媒介共存互补态势。要把握社会主义核心价值观传播的同一性。人类思想的传递需要凭借一定的物质载体，这个载体就是符号。社会主义核心价值观传播的最终落脚点是大众认同、大众践行，社会主义核心价值观经过诠释之后在社会传播符号系统反复出现，推动大众对社会主义核心价值观的符号意义拥有共通的理解，逐渐成为全民守法自觉遵循的道德符号。

在中国特色社会主义法治体系中，“高效的法治实施体系”是作为“完备的法律规范体系”的逻辑延伸出来的。法治实施的重点不在于制定了多少法律，以及这些法律是否是良法，而在于被立法者所制定、颁布的法律在多大程度上能够被付诸实施。有法而未实施，比之“无法”更加值得我们警惕，因为前者意味着人们对法治信仰的缺失，以及法律权威的丧失。“法治”的基本要求就在于已确立的法律能够得到普遍的遵守，也就是所谓“法秩序”的形成。要想更好地发挥法治固根本、稳预期、利长远的作用，离开了“高效的法治实施体系”便不可能成功。

正如法治是一项系统化的工程一样，践行法治涉及其中的多个层次、多个方面，需要协调、处理的环节多元而复杂。深化法治实施体系方面的改革，需要在执法、司法和守法等多个领域中下足功夫。但至关重要的一点是，法治实施体系的改革并非单纯的体制或机制的革新，而是在基本理念方面的重大变革。这是因为，建设“高效的法治实施体系”的最终目标依然要落脚于满足人民群众对民主、法治、公平、正义等价值日益增长的要求，让人民群众在每一项法律制度、每一个执法决定、每一宗司法案件中都感受到公平正义。在此意义上，将社会主义核心价值观融入法治实施体系，经由法治实施过程践行社会主义核心价值观，无疑发挥着价值表达、价值引领和价值评判的重要作用。

第四章

完善弘扬社会主义核心价值观的法治监督体系

如何监督和制约权力，是国家法治进程中不可忽视的重要问题。我国的法治监督体系是一个由立法监督体系、行政监督体系和司法监督体系等子体系所构成的全方位、制度化的监督体系，其作为我国法律政策体系的重要组成部分，理应被“完善弘扬社会主义核心价值观的法律政策体系”的大命题所涵盖。完善弘扬社会主义核心价值观的法治监督体系是一个重大的时代命题和系统工程，既需要完善现有的法治监督体系，又要探索弘扬社会主义核心价值观的新途径、新方法。故应当在明确法治监督体系概念的基础上，厘清法治监督体系弘扬社会主义核心价值观的法理基础及其意义，并分别从立法监督体系、行政监督体系、司法监督体系的角度进一步研究当前弘扬社会主义核心价值观的现状、问题与完善的路径。以上研究不仅对完善弘扬社会主义核心价值观的法律政策体系具有重要的理论价值与实践意义，也对国家治理体系和治理能力现代化具有巨大的推动作用。

第一节　法治监督体系与弘扬社会主义核心价值观

法治监督体系与社会主义核心价值观并非两个孤立的个体。通过对法治监督体系概念的进一步明确，可以发现法治监督体系与社会主义核心价值观具有内在一致性。法治监督体系弘扬社会主义核心价值观不仅具有坚实的法理基础，还具有充分的意义。

一、法治监督体系概述

2014 年 10 月，党的十八届四中全会明确了全面推进依法治国的总目标，即建设中国特色社会主义法治体系和社会主义法治国家。会议通过的《中共中央关于全面推进依法治国若干重大问题的决定》中指出，中国特色社会主义法治体系包括完备的法律规范体系、高效的法治实施体系、严密的法治监督体系、有力的法治保障体系、完善的党内法规体系。这是党的正式文件中第一次提出“法治监督”这一术语和“形成严密的法治监督体系”这一任务。党的十九大报告则进一步指出：“构建党统一指挥、全面覆盖、权威高效的监督体系,把党内监督同国家机关监督、民主监督、司法监督、群众监督、舆论监督贯通起来,增强监督合力。"党的二十大报告对立法监督、行政监督和司法监督均作了强调。针对立法监督,党的二十大报告强调要"完善和加强备案审查制度"。针对行政监督,党的二十大报告强调要"强化行政执法监督机制和能力建设,严格落实行政执法责任制和责任追究制度"。针对司法监督,党的二十大报告强调要"强化对司法活动的制约监督,促进司法公正"。构建并完善中国特色社会主义法治监督体系,显然有利于进一步为全面推进依法治国做出贡献。

当前学界主要以两种视角对法治监督的基本内涵进行界定。一是从权力运行的宏观视角来看,法治监督的基本内涵是运用法治来制约和监督公权力,既对权力的不正当行使进行制约和惩治,又为权力的正常运行提供保障,从而科学配置国家权力并使之正当运行。[1] 二是从法治运行的微观视角来看,法治监督是对法律实施进行的监督,即对法治运行的各个环节,包括从法的制定到法的实施所进行的监督。[2] 本节所涉及的法治监督,就是在立法、执法、司法、守法等环节运用法治思维和法治方式监督和制约权力,其具有以下三点特征:第一,法治监督内容广泛。其监督主体多元,监督方式丰富。第二,法治监督强调监督的体系化。我国已经基本形成了国家机关内部监督与国家机关外部监督相结合的监督体系。第三,法治监督是动态的监督。法治监督在"建设中国特色社会主义法治体系"的语境下被提出,它强调监督体系的动态性、整体性、有序性。法治监督由广泛的监督主体协同合作,服务于不同发展阶段不同的法治目标,是一个动态发展的有机系统,体现了对法治的追求。[3]

如前文所述,法治监督是运用法治思维和法治方式对公权力进行制约和监督,其涵盖法律从制定到实施的各环节,贯穿立法、执法、司法、守法全过程。党的十八届四中全会提出建立"严密的法治监督体系",强调了以体系化的方法推进法治监督的发展建设。本节所涉及的法治监督体系,是一个由立法监督体系、行政执法监督体系、司法监督体系和社会监督体系等子体系所构成的严密、完整的监督体系。由于法治监督体系包含多个子体系,故其建设是规模庞大且复杂的系统工程。用体系化的眼光看待法治监督,有助于我们把握法治监督体系建

〔1〕 江必新、张雨:《习近平法治思想中的法治监督理论》,载《法学研究》2021 年第 2 期。
〔2〕 罗洪洋、殷祎哲:《社会主义法治监督体系的逻辑构成及其定位》,载《政法论丛》2017 年第 1 期。
〔3〕 李晓明、李婧:《中国特色社会主义法治监督问题研究述评》,载《广西社会科学》2018 年第 3 期。

设的整体性，也有助于我们理解法治监督体系建设的过程性和长期性。在实践中以体系协调的方式全面构建法治监督体系，有助于提升法治监督的总体效果。〔4〕

立法监督、行政监督、司法监督作为法治监督中的三个重要部分，它们相互联系、相互作用、相互促进。当它们相互协调且充分发挥各自功能时，就能促进法治监督体系的整体建设。若其中某个部分存在问题与缺陷，则可能影响整个法治监督体系的正常运行与功能发挥。基于篇幅，本章将分别从立法监督、行政监督、司法监督三个视角来透视完善弘扬社会主义核心价值观的法治监督体系。

二、法治监督体系弘扬社会主义核心价值观的法理基础

法治监督体系弘扬社会主义核心价值观具有深厚的法理基础，这可以从二者价值目标的一致性及二者的互动关系等维度展开分析和探讨。

（一）社会主义核心价值观与法治监督体系在价值目标上的高度契合

如前文所述，法治监督正是运用法治手段对权力进行制约和监督。“其根本目的在于保障人民的权益，维护公平正义，防止人民的合法权益被权力的不正当使用所侵害。”〔5〕由多个子体系所构成的法治监督体系，与社会主义核心价值观所蕴含的价值目标具有高度的契合性与天然的一致性。

党的十八大明确了社会主义核心价值观在国家、社会、公民三个层面的基本内涵。社会主义核心价值观的多项内容与法治监督体系具有内在的一致性。

首先，从国家层面的价值目标来看。第一，就“民主”价值而言。“人民群众是权力制约与监督的主体。”〔6〕在我国，人民是权力的享有者，权力的运行自然应当受到人民的监督，权力的运行结果也应当以人民的满意程度为基本判断标准。法治监督体系不仅强调防止人民合法权益受到权力不正当行使的侵害，同时也为广大人民群众提供了对权力进行监督的具体渠道与方式。由此可见，法治监督体系不仅充分反映了“民主”的理念，也进一步彰显了我国人民当家作主的社会主义政权性质。〔7〕 第二，就“和谐”价值而言。我国曾出现过官员贪腐

〔4〕 罗洪洋、殷祎哲：《社会主义法治监督体系的逻辑构成及其定位》，载《政法论丛》2017 年第 1 期。

〔5〕 江必新、张雨：《习近平法治思想中的法治监督理论》，载《法学研究》2021 年第 2 期。

〔6〕 刘先江：《习近平权力制约监督思想的核心要义探析》，载《科学社会主义》2018 年第 6 期。

〔7〕 杨思斌、李德健：《核心价值观融入社会救助法的理论反思与实现路径》，载《行政管理改革》2021 年第 1 期。

以及冤假错案,并由此引发热点舆情、社会冲突与社会矛盾。其大都是由于权力的不正当行使、错用滥用所造成。可见权力一旦缺乏有效的监督将不利于社会稳定与社会和谐。建设严密的法治监督体系,能够在很大程度上缓解社会矛盾与社会冲突,从而进一步为社会和谐提供制度保障。

其次,从社会层面的价值取向来看。第一,就"平等"价值而言,习近平总书记在党的十九大与第十九届中央纪律检查委员会第二次全体会议上,均提出要实现对所有行使公权力的公职人员监察全覆盖。行使公权力的公职人员并不限于党员群体,还包括那些行使公权力的非党员群体。只要相关主体负有行使公权力的职责,其行为就应当受到制约和监督。〔8〕这体现了法治监督体系时刻强调法律面前人人平等,宪法和法律的权威不应被用权者的身份地位等因素影响。不论权力行使者的职务高低都应纳入监督范围,做到"不漏人,不缺项,不掉链"。〔9〕第二,就"公正"价值而言,在权力运行尤其是司法权的运行过程中极易受到各项因素的影响,如果不能确保司法机关依法独立公正地行使职权,则易滋生司法腐败。"司法不能受权力干扰,不能受金钱、人情、关系干扰,防范这些干扰要有制度保障。"〔10〕通过对权力运行的制约监督,能够督促权力的行使主体公正用权、依法用权、廉洁用权,从而保证权力在正确的制度轨道上运行。可见"公正"不仅是法治监督体系建设的重要目标之一,也是实践中判断法治监督工作是否到位的基本标准。第三,就"法治"价值而言,法治天然蕴含对公权力进行制约和监督的要义,其要求权力行使者既不能在行为方式上偏离法律轨道,也不能在权力行使的目标上违背法治的公平正义价值。〔11〕法治监督体系存在的根本目的就是对立法权、司法权、行政权等国家公权力进行监督。"法治"价值既是法治监督体系建设的基本遵循,也是法治监督体系所追求的重要目标。

(二)社会主义核心价值观对法治监督体系的价值引领

社会主义核心价值观与法治监督体系的互动可以分为两个方面:一方面,社会主义核心价值观对法治监督体系具有价值引领作用;另一方面,法治监督体系为弘扬社会主义核心价值观提供制度保障。社会主义核心价值观对法治监督体系的价值引领主要体现在以下几个方面。

---

〔8〕江必新、张雨:《习近平法治思想中的法治监督理论》,载《法学研究》2021 年第 2 期。

〔9〕中共中央文献研究室编:《习近平关于全面从严治党论述摘编》,中央文献出版社 2016 年版,第 208 页。

〔10〕习近平:《论坚持全面依法治国》,中央文献出版社 2020 年版,第 23 页。

〔11〕江必新、张雨:《习近平法治思想中的法治监督理论》,载《法学研究》2021 年第 2 期。

首先,从宏观上看,“法律作为调整社会生活的规范体系,从终极意义上说,它的存在本身不是目的,而是实现一定价值的手段”。[12] “真正的良法应当有坚实的价值根基,法律应当以公平正义等价值理念为其正当性的来源,并且以实现公平正义为其主要目标。”[13] 由此可见,我国的法律政策体系始终蕴含着一定的价值精神。法治监督体系作为我国法律政策体系中的重要部分,无疑也应当具有所追求的价值目标。法治监督实践中具体的价值判断,应当参考我国社会可探知、可认识的客观伦理秩序和公平正义原则,以期能够适应社会经济发展及道德价值观念的变迁。[14] 社会主义核心价值观凝结了我国最广大人民共同的价值追求,在法治监督过程中充分弘扬社会主义核心价值观,坚持适用法律规范与追求价值目标并重。其不仅能够消减法律规范的局限性,实现法的价值目标,还能使法治监督体系更好地体现国家的价值目标、社会的价值取向、公民的价值准则,并进一步实现社会主义核心价值观对法治监督体系建设的价值引领。[15]

其次,从微观上看,法治监督体系包括大量具体的法治监督活动。社会主义核心价值观对法治监督体系建设不仅要在宏观上进行价值引领,也要在微观上对法治监督活动进行价值指导。第一,应当根据社会主义核心价值观的具体要求,优化法治监督的方式。例如,在大量的法治监督活动尤其是司法监督活动中,往往涉及道德、价值等因素,这就要求监督主体在个案中充分发挥智慧。监督主体在进行法治监督的过程中应当以社会主义核心价值观为指导,处理好法律与情理的关系,注重监督的方式与策略,警惕引发价值冲突与社会矛盾的风险。[16] 将社会主义核心价值观作为法治监督的价值目标、取向与准则,特别是在监督文书中引入具体的社会主义核心价值观要素,在增强法律分析的说服力和可接受性的同时体现了法治监督的温度,满足了人民群众的朴素的公平正义感。[17] 第二,应当根据社会主义核心价值观蕴含的价值共识,注重监督结果的社会接受度。法治监督活动的结果不仅会对监督当事人,也会对社会公众在价值观甚至利益上造成影响。社会主义核心价值观对法治监督结果上的引导,体现在其要求监督主体在监督的各个环节上注重其监督行为与结果对社会整体利

---

〔12〕 张文显主编:《法理学》(第5版),高等教育出版社2018年版,第11页。

〔13〕 王利明:《法治:良法与善治》,载《中国人民大学学报》2015年第2期。

〔14〕 王泽鉴:《民法思维:请求权基础理论体系》,北京大学出版社2009年版,第194页。

〔15〕 陶泽飞:《社会主义核心价值观融入司法的机制构建》,载《法律方法》2021年第1期。

〔16〕 肖峰:《社会主义核心价值观融入严格执法的价值内涵及其实现》,载《新疆师范大学学报(哲学社会科学版)》2019年第1期。

〔17〕 周尚君、邵珠同:《核心价值观的司法适用实证研究——以276份民事裁判文书为分析样本》,载《浙江社会科学》2019年第3期。

益的增减。此外,通过增强法治监督活动对社会主义核心价值观的弘扬力度,也能够提升法治监督当事人与社会公众对法治监督活动的认可度。

(三)法治监督体系为弘扬社会主义核心价值观提供制度保障

培育与弘扬社会主义核心价值观不仅需要宣传与教育引导,还需要制度的规范与保障。[18] 社会主义核心价值观能够对法治监督体系建设进行价值引领,而法治监督体系建设也将进一步规范和保障对社会主义核心价值观的弘扬。

首先,《中共中央关于坚持和完善中国特色社会主义制度　推进国家治理体系和治理能力现代化若干重大问题的决定》中指出:“坚持依法治国和以德治国相结合,完善弘扬社会主义核心价值观的法律政策体系,把社会主义核心价值观要求融入法治建设和社会治理。”由此可见,推进我国治理体系和治理能力现代化,需要在具体的制度建设与运行中弘扬社会主义核心价值观。一方面,法治监督体系与社会主义核心价值观具有天然的目标一致性。法治监督体系的运行正是对平等、公正、法治等社会主义核心价值的追求。故法治监督体系的建设完善将自然地加强弘扬社会主义核心价值观的力度,为弘扬社会主义核心价值观提供制度保障。另一方面,法治化是国家治理体系和治理能力现代化的主要标志。法治监督作为法治化的重要保障,自然也是国家治理体系和治理能力现代化的制度动力。具体而言,在党的十八届三中全会提出推进国家治理体系和治理能力现代化的改革目标以来,我国的法治监督体系进行了大量的制度革新。例如,完善全国人大及其常委会宪法监督制度和健全宪法解释程序机制;各级人大常委会应以询问、质询、备案审查等方式积极进行监督;建立行政机关内部重大决策合法性审查机制、重大决策终身责任追究制度及责任倒查机制;实行审理办案质量终身负责制和错案责任倒查问责制;强化检察机关对刑事诉讼、民事诉讼、行政诉讼的法律监督;鼓励公民、社会组织有序参与国家治理等。[19] 以上举措包含了人大监督、行政监督、司法监督、社会监督的新途径、新方法。这些制度和方法的创新不仅能够推动国家治理体系和治理能力现代化,而且能够为社会主义核心价值观提供制度依托,同时也加强了对社会主义核心价值观的弘扬力度。

其次,法具有规范作用和社会作用。“这两种作用是手段与目的的关系,即

---

〔18〕 中共中央文献研究室编:《习近平关于社会主义文化建设论述摘编》,中央文献出版社2017版,第111页。

〔19〕 罗洪洋、殷祎哲:《社会主义法治监督体系的逻辑构成及其定位》,载《政法论丛》2017年第1期。

法通过其规范作用(作为手段)而实现其社会作用(作为目的)。"[20] 法治监督体系作为法律政策体系的一部分,自然也具备上述作用。一方面,法治监督体系通过有意识的指引,保障社会主义核心价值观在全社会的弘扬。在法治监督过程中,要重视价值层面的引导。[21] 监督主体、人民群众及社会组织多方共同对社会主义核心价值观的适用进行调整、优化和完善,积极稳妥地推进法治监督弘扬社会主义核心价值观。另一方面,当前对于弘扬社会主义核心价值观的方式与程度仍只有政策文件宏观上的指引而缺乏具体的指导,如此一来易导致部分个案中适用社会主义核心价值观时的偶发性、任意性、擅断性,故需要法治规范进行约束。[22] 通过法治监督体系监督权力的行使,也监督了社会主义核心价值观的适用过程。从宏观上看,法治监督体系将弘扬社会主义核心价值观纳入了法治轨道,自然而然地符合公正、法治等社会主义核心价值。从微观上看,法治监督体系保障了个案中社会主义核心价值观通过正确的方式、在合理的限度内得到弘扬。

三、法治监督体系弘扬社会主义核心价值观的意义

社会主义核心价值观的孕育、提出经历了较为漫长的过程。直到2012 年11 月,党的十八大才正式提出了社会主义核心价值观。党的十八大报告指出,要“加强社会主义核心价值体系建设”“倡导富强、民主、文明、和谐,倡导自由、平等、公正、法治,倡导爱国、敬业、诚信、友善,积极培育和践行社会主义核心价值观”。2013 年 12 月,中共中央办公厅印发《关于培育和践行社会主义核心价值观的意见》,要求“要把社会主义核心价值观贯彻到依法治国、依法执政、依法行政实践中,落实到立法、执法、司法、普法和依法治理各个方面,用法律的权威来增强人们培育和践行社会主义核心价值观的自觉性”。2014 年,党的十八届四中全会也要求要“贯彻社会主义核心价值观,使每一项立法都符合宪法精神、反映人民意志、得到人民拥护”。2016 年 12 月,中共中央办公厅、国务院办公厅印发《关于进一步把社会主义核心价值观融入法治建设的指导意见》,要求“把社会主义核心价值观融入法治国家、法治政府、法治社会建设全过程,融入科学立法、严格执法、公正司法、全民守法各环节”。2018 年 5 月,中共中央办公厅印发《社会主义核心价值观融入法治建设立法修法规划》,要求“坚持社会主义核心

---

〔20〕 张文显主编:《法理学》(第 5 版),高等教育出版社 2018 年版,第 78 页。

〔21〕 陈金钊:《法治与改革的关系及改革顶层设计》,载《法学》2014 年第 8 期。

〔22〕 周尚君、邵珠同:《核心价值观的司法适用实证研究——以 276 份民事裁判文书为分析样本》,载《浙江社会科学》2019 年第 3 期。

价值体系,着力把社会主义核心价值观融入法律法规的立改废释全过程,确保各项立法导向更加鲜明、要求更加明确、措施更加有力"。2019 年 10 月,党的十九届四中全会通过《中共中央关于坚持和完善中国特色社会主义制度 推进国家治理体系和治理能力现代化若干重大问题的决定》,其中指出:"坚持依法治国和以德治国相结合,完善弘扬社会主义核心价值观的法律政策体系,把社会主义核心价值观要求融入法治建设和社会治理。"这为新时代社会主义核心价值观的制度建设指明了方向。2020 年 12 月,中共中央印发《法治社会建设实施纲要(2020 – 2025 年)》,将完善社会主义核心价值观的法律政策体系列入五年法治建设的规划。完善弘扬社会主义核心价值观的法律政策体系是一个崭新且重大的时代命题。严密的法治监督体系是中国特色社会主义法治体系的重要内容,在把社会主义核心价值观融入法治建设的大背景下,把社会主义核心价值观融入法治监督是必然要求和应有之义。在法治监督过程中弘扬社会主义核心价值观,也是法治监督工作必须承担起的政治责任。

第一,在法治监督过程中弘扬社会主义核心价值观,有利于让法治监督体系的中国特色更加鲜明。

首先,从立法监督的视角来看,西方国家也存在立法监督制度,特定的审查机关会对议会制定的法律进行违宪审查。在美国等国家,违宪审查权被赋予法院;在德国、奥地利等国家,违宪审查权被赋予宪法法院;在法国等国家,违宪审查权被赋予宪法委员会。西方国家的"违宪审查"有着特定的内涵,其背后的理论根基和制度基础是西方国家所选择的法治道路和法治模式。在这些西方国家看来,自己所选择的法治道路和法治模式是正当的,选择与自己相同法治道路和法治模式的国家便是正当的,不选择与自己相同法治道路和法治模式的国家便是不正当的。事实上,法治道路和法治模式从来都不是唯一的。一个国家选择何种法治道路和法治模式,是由历史原因和现实原因综合决定的。我国坚定不移地走中国特色社会主义法治道路。中国特色社会主义法治道路是一条迥异于西方的法治道路,是中国对世界法治道路多样性的独特贡献。中国特色社会主义法治道路对中华优秀传统文化、具体的实践经验、国外的有益法治成果持开放态度。"只有传承中华优秀传统法律文化,从我国革命、建设、改革的实践中探索适合自己的法治道路,同时借鉴国外法治有益成果,才能为全面建设社会主义现代化国家、实现中华民族伟大复兴夯实法治基础。"[23]社会主义核心价值观是

---

〔23〕 习近平:《坚定不移走中国特色社会主义法治道路 为全面建设社会主义现代化国家提供有力法治保障》,载《求是》2021 年第 5 期。

优秀传统法律文化的凝练表达,是优秀传统法律文化的集中体现,将社会主义核心价值观融入法治建设,可以更加凸显中国特色社会主义法治道路的独特性和优越性。立法监督制度是法治建设的重要内容,将社会主义核心价值观融入立法监督,可以使我国立法监督制度的中国特色更加鲜明。

其次,从行政监督的视角来看,“加强中国特色行政检察制度建设是坚持和完善作为我国根本制度的人民代表大会制度的需要,是坚持和完善中国特色社会主义法治体系,建设法治国家、法治政府、法治社会,推进国家治理体系和治理能力现代化的需要,是坚持和完善党和国家监督体系,强化对公权力进行制约和监督的需要”。[24] 行政执法检察监督弘扬社会主义核心价值观,是中国特色社会主义检察制度马克思主义中国化的重要成果。在我国,作为我国检察制度元问题的“检察权”性质渊源于马克思主义国家学说,但受到我国历史逻辑、政治体制以及现实国情等因素的综合作用,其既有普遍性的一面,又具有中国特色。[25] 当下,我国形成了以“刑事、民事、行政与公益诉讼”四大检察为核心的监督格局,这是为了进一步发挥检察机关作为法律监督机关的监督效能,顺应现代社会以及国家治理任务的发展而作出的重要变革,“新时代背景下,检察权不仅在国家司法权力配置中起到枢纽性的作用,更是现代国家治理与社会治理体系中的重要一环”。[26] 行政执法检察监督则是对四大监督的进一步凝练和理论总结,主要目的在于督促行政机关依法行政。人民检察院是国家的法律监督机关,有权监督行政执法行为。加强检察机关对执法司法活动的监督,让检察机关成为高效的法律监督机关,是全面推进依宪治国、落实检察机关宪制定位的必然要求。[27] 法律监督就是这样一种授权性职能。权力机关有权监督其他国家机关。权力机关也有权将法律监督交由其他国家机关实施。如果说,法律监督作为权力机关的职能具有正当性、必然性,则检察机关作为权力机关授权的法律监督机关实施法律监督同样有其正当性和必然性。[28] 目前在国家制度层面的行政法制监督体系中,权力机关、人民法院、行政监督机关对行政执法的监督具有明显的局限性,不足以保障行政机关依法行政,只有发挥检察机关法律监督的功能和比较优势,扩大行政执法检察监督的范围,将行政执法检察监督和其他监督

〔24〕 姜明安:《论新时代中国特色行政检察》,载《国家检察官学院学报》2020 年第 4 期。

〔25〕 周新:《论我国检察权的新发展》,载《中国社会科学》2020 年第 8 期。

〔26〕 周新:《论我国检察权的新发展》,载《中国社会科学》2020 年第 8 期。

〔27〕 黄文艺:《权力监督哲学与执法司法制约监督体系建设》,载《法律科学(西北政法大学学报)》2021 年第 2 期。

〔28〕 蒋德海:《论我国法律监督的政治和法治价值》,载《华东政法大学学报》2011 年第 4 期。

相结合,才能保障行政机关依法行政。[29] 社会主义核心价值观是中华民族对美好价值和精神追求的一种凝练,是中国特有的产物。将社会主义核心价值观运用于行政执法检察监督过程中,能够将中国特色的检察监督制度与中国特色的价值表达产物结合起来,能够真正反映中国特色社会主义制度的鲜明特色和优越性,真正做到一切为了人民,以最广大人民的根本和长远利益作为根本的出发点,切实做到为人民谋求福祉。

最后,从司法监督的视角来看,基于中国国情与实践经验所提出的社会主义核心价值观,具有鲜明的中国特色,也具有明显的社会主义特性。[30] 如前文所述,将社会主义核心价值观融入法治建设是党中央提出的重大时代命题,意味着新时代的中国特色社会主义法治体系必须接受社会主义核心价值观的引领,也意味着社会主义核心价值观应当在中国特色社会主义法治体系中得到体现。司法监督是中国特色社会主义法治体系的重要部分,在司法监督中弘扬社会主义核心价值观,一方面能够与我国正在开展的社会主义法治建设紧密联系,促进我国建设完善符合中国国情、顺应广大人民群众价值观、极具中国特色的司法监督制度,彰显中国特色社会主义法治的优越性;另一方面,大力弘扬社会主义核心价值观是中国特色社会主义法治体系发展完善的必由之路,在司法监督中大力弘扬社会主义核心价值观,将进一步推动新时代中国特色社会主义法治体系的完善。

第二,在法治监督过程中弘扬社会主义核心价值观,有利于促进法治监督体系的完善。首先,从立法监督的视角来看,在本质上,价值是值得人们希冀和追求的美好事物。社会主义核心价值观是一系列价值的组合,是人们应当追求的"善"。"善"的基本含义犹如"好",可以理解为主要是指"对人和人类的生存、进步、发展具有普遍的肯定性意义"。[31] 立法监督制度的存在目的有二:其一,发现、纠正法律体系内部与宪法、法律相抵触、相冲突的规范性法律文件,确保法律体系的内在协调性,确保国家的法制统一;其二,对立法权进行监督,保障这一权力在法治的轨道上行使,确保立法权不会因为被滥用而损害公民的权利。立法监督制度的两个目的,鲜明地体现了社会主义核心价值观中的"和谐""自由""公正""法治"等价值。一方面,追求法制统一实际上就是追求法律体系内部的

---

〔29〕 杜睿哲、赵潇:《行政执法检察监督:理念、路径与规范》,载《国家行政学院学报》2014 年第 2 期。

〔30〕 李其瑞、王金霞:《社会主义核心价值观融入法治文化建设研究的现状、意义及前景》,载《陕西师范大学学报(哲学社会科学版)》2018 年第 4 期。

〔31〕 李德顺:《价值论:一种主体性的研究》(第 3 版),中国人民大学出版社 2013 年版,第 96 页。

和谐。法律体系内部的法律规范应当是有机联系且相互协调的。“在现代国家中,法不仅必须适应于总的经济状况,不仅必须是它的表现,而且还必须是不因内在矛盾而自相抵触的一种内部和谐一致的表现。”〔32〕法律体系内部的法律规范存在不和睦、不协调的问题,影响法律体系的融贯性,进而影响法律体系的整体质量。立法监督是保障法律体系这种和睦协调状态的重要手段。没有立法监督的介入和干预,法律体系内部不和睦、不协调的状态只能等待其自然消亡。在法律规范没有被修改或废止的前提下,这种不和睦、不协调的状态将永远存在。只有通过立法监督的干预,才能及时纠正不和睦、不协调的状态。另一方面,通过立法监督对违法的、不适当的、不公正的规范性文件进行纠正,可以充分保障和救济公民的权利。保障公民的权利便是弘扬社会主义核心价值观,权利和价值具有内在一致性。例如,在立法不公的语境中,受立法影响的部分民众受到不公正对待,这无疑会损害这部分民众的权利。“一次不公正的立法比数次违法行为危害更甚;因为违法行为只是污染了法治的水流,而不公正的立法却是污染了法治的水源,对法治的前提与基础、对人们的法律信仰、对法律的公正及其权威形象,都构成了严重的妨害。”〔33〕通过立法监督纠正不公正的立法结果,可以有效弘扬“公正”等社会主义核心价值。法治的内涵虽然难以被精确定义,但在现代社会,法治至少包含约束国家公权力和保护公民私权利两个方面的内容。立法监督的目的之一便是约束公权力和保障私权利。立法监督的目的与现代法治的核心要义是高度一致的。换言之,进行立法监督工作,就是在推进法治的事业,就是在弘扬法治的价值。在这一意义上,立法监督与弘扬社会主义核心价值观存在逻辑上的内在关联。进行立法监督就是在弘扬社会主义核心价值观。立法监督制度越完善,纠正违法立法、不当立法的现象越多,弘扬社会主义核心价值观的力度就越大;反之,立法监督制度如果不能有效发挥作用,不能纠正立法实务中出现的违法立法、不当立法的现象,弘扬社会主义核心价值观的力度就越弱。强调在立法监督过程中弘扬社会主义核心价值观,可以实质促进立法监督制度的完善和立法监督工作的改进。

其次,从行政监督的视角来看,行政执法检察监督制度的主要功能是对行政权展开监督,防止因行政执法不当而损害公民的权利。社会主义核心价值观中的“法治、平等、公正、和谐”等价值有助于完善行政执法检察监督制度,建立较为完备的法律规范体系,让行政执法检察监督在法律的框架内进行,一方面有助

---

〔32〕《马克思恩格斯选集》(第4卷)(第2版),人民出版社1995年版,第702页。

〔33〕宋方青、周刚志:《论立法公平之程序构建》,载《厦门大学学报(哲学社会科学版)》2007年第1期。

于保障公民权利,另一方面也能防止越权干预行政权力的行使。当前,行政执法检察监督制度有待完善,行政执法检察监督的方式也有待改进。弘扬社会主义核心价值观有助于构建更加符合“法治、公平、正义”精神的法律规范体系。党的二十大报告指出,“一些人对中国特色社会主义政治制度自信不足,有法不依、执法不严等问题严重存在”。在新时代背景下,行政权力的运行存在诸多实际问题,包括行政执法不文明不公正、滥用行政执法裁量权、不少时间跨度长的行政争议多发易发等。[34] 如何有效制约行政权力、保障公民基本权益是新时代面临的重要课题。一则,行政执法检察监督能够对行政执法行为展开直接与间接监督。前者指的是对运用检察建议、行政公益诉讼、行政实质争议化解工作等手段对行政机关的执法行为展开监督,这种多维度、全方面、多层级的监督体系能够弥补传统监督方式带来的固有缺陷,充分发挥检察机关的法律监督职能。二则,检察机关可以充当公众与行政机关之间的重要沟通纽带。检察机关可以通过社会治理类的检察建议,来反映民意,并且向行政机关提供检察建议,在此过程中,坚持“党委领导、政府负责、社会协同、公众参与”的治理结构,检察机关可以向相关行政机关、事业单位等提出检察建议,并通过开展听证会的形式,邀请相关媒体、专家、被建议单位负责人、利害关系人等共同参与到听证会中,进而形成有关社会治理类检察建议。[35] 三则,行政执法检察监督能够对严重损害公共利益的违法行政规定或具体行政行为展开监督。[36] 当前,社会公共利益迅速增加,但是在依法行政水平未能提高的情况下,当行政违法行为侵害的不是特定公民利益时候,由于不存在符合原告资格的诉讼方,因此检察机关能够对行政机关提起行政诉讼,维护国家利益和公共利益。[37] 但是,检察机关应当遵循谦抑原则,以防止侵犯行政权力等国家权力的职权行使。

最后,从司法监督的视角来看,党的十八届四中全会通过的《中共中央关于全面推进依法治国若干重大问题的决定》中指出:“全面推进依法治国,总目标是建设中国特色社会主义法治体系,建设社会主义法治国家。”司法监督是中国特色社会主义法治体系的重要部分,故司法监督本身符合法治的要求,也贯彻了法治的精神。此外,司法监督的目的在于保障司法权正当运行,防止司法权力滥用,维护司法公正,树立司法权威。“法治”与“公正”贯穿司法监督的全过程,越

〔34〕 章志远:《新时代行政审判因应诉源治理之道》,载《法学研究》2021 年第 3 期。

〔35〕 王林、王柏洪:《社会治理类检察建议的权力边界及规范化》,载《广西大学学报(哲学社会科学版)》2021 年第 2 期。

〔36〕 刘畅、肖泽晟:《行政违法行为检察监督的边界》,载《行政法学研究》2017 年第 1 期。

〔37〕 崔建科:《论行政执法检察监督制度的构建》,载《法学论坛》2014 年第 4 期。

完善的司法监督制度,对于法治的贯彻以及对于公正的追求力度越大。一方面,司法权承担着裁判案件、定分止争的任务,其权力来源和运行依据来自于国家的法律规定和授权。但权力主体在行使权力过程中,可能会背离权力设计的初衷。"一个被授予权力的人,总是面临着滥用权力的诱惑,面临着逾越正义和道德界限的诱惑。"[38]滥用司法权力无疑是对法治精神的违背,所以应当运用法治思维和法治方式对司法权进行监督和制约,司法监督制度也因此产生。另一方面,"只有通过一定的制度设计,使国家权力机关和社会公众有权对司法权行使的合法性与正当性进行制约和督促,司法公正才可以被相信并得到保证"[39]。正是有了司法监督,才能保证司法权在正当的轨道运行,人民群众才有理由相信在监督状态下的司法裁判结果是公正的。"法治"与"公正"不仅是司法监督所追求的目标,同时也是社会主义核心价值观的重要内容。从宏观上看,进行司法监督与弘扬社会主义核心价值观具有一致性。例如,通过司法监督及时纠正了错误的司法判决,即用法治的方式实现司法公正,也自然而然地在全社会弘扬了"法治""公正"的社会主义核心价值。在司法监督中大力弘扬社会主义核心价值观,能够更加强化司法监督对法治与公正的追求,进而推动司法监督制度的完善。而司法监督制度越完善,也将更好地弘扬"公正""法治""自由"等社会主义核心价值。

第三,在法治监督过程中弘扬社会主义核心价值观,有利于提升法治监督的质量和效果。首先,从立法监督的视角来看,评价立法监督的质量和效果的标准包含两条:一是规范性法律文件存在的应当予以纠正的合法性、适当性问题,能够及时被发现,并被认定为不合法或者不适当。二是审查决定能够及时作出,并得到充分贯彻和落实,存在合法性、适当性问题的规范性法律文件能够被及时修改。社会主义核心价值观融入立法监督,可以促进上述标准的实施,提升立法监督的质量和效果。一方面,社会主义核心价值观融入立法监督,可以使审查机关更容易、更彻底地发现审查对象所存在的问题。价值作为人类的目标和尺度,总有对现实的某种超越意义。[40] 因此,价值具有评判和衡量实践的作用。将社会主义核心价值观作为监督和审查的尺度,可以帮助审查机关更客观地发现审查对象存在的问题。中共中央办公厅、国务院办公厅印发的《关于进一步把社会

---

〔38〕［美］E.博登海默:《法理学——法律哲学与法律方法》,邓正来译,中国政法大学出版社2017年版,第378页。

〔39〕范愉:《司法监督的功能及制度设计(下)——检察院民事行政案件抗诉与个案监督的制度比较》,载《中国司法》2004年第6期。

〔40〕李德顺:《价值论:一种主体性的研究》(第3版),中国人民大学出版社2013年版,第93页。

主义核心价值观融入法治建设的指导意见》指出,与推进国家治理体系和治理能力现代化建设的要求相比,把社会主义核心价值观融入法治建设还存在不小差距。在立法方面,这主要表现为有的法规和政策价值导向不鲜明,针对性、可操作性不强,保障不够有力。社会主义核心价值观融入立法监督,有利于上述问题的解决。另一方面,审查决定的执行,不能仅仅依靠国家强制力,不能仅仅依靠法律规定的改变、撤销手段。审查机关凭借权力来压服制定机关,会使制定机关产生抵触情绪,影响审查决定的实际效果。贯彻落实审查决定,应当让制定机关内心认可和赞同审查决定的内容。只有让制定机关自己内心认可和赞同审查决定的内容,才能树立审查决定的权威,才能保证审查决定的自觉实施。在立法监督过程中,社会主义核心价值观具有凝聚审查机关和制定机关共识的作用。审查机关在和制定机关沟通、协商的过程中,通过援引社会主义核心价值观来进行说理,可以使审查结果更容易获得制定机关的认可,进而让制定机关自觉履行审查决定,提升审查结果的实效。

其次,从行政监督的视角来看,一则,通过弘扬"法治、和谐、公平、正义"等社会主义核心价值,能够使检察机关发挥较之其他监督机关更大的效用。行政执法检察监督是规制行政行为、促进行政执法法治化的有力手段。与行政机关内部的监督相比,基于行政执法不作为、滥用行政执法自由裁量权等处分权力"灰色地带"的滥用行政执法权行为,单纯依靠内部监督难以及时覆盖,内部监督的判断标准也很难确定,一旦作出有利于行政机关的判断,则可能被质疑为"暗箱操作"或内部操作;相反,行政执法检察监督可以避免行政机关内部监督的"暗箱操作"问题,更有利于提升行政法律监督的效果,也有利于提升行政机关的公信力。[41] 二则,通过行政执法检察监督能够有助于解决行政执法领域中出现的"执法难、难执法、执法乱、乱执法"的现象。[42] 将社会主义核心价值观运用于行政执法检察监督之中,能够有效解决"行政执法法治化水平较低"与"行政执法方式不适当、不合理"这两个重要问题。行政执法检察监督必须遵循"合法性和审慎性"标准。[43] 在监督过程中,通过规范行政机关的执法行为,能够促进行政执法机关遵循法定程序、以适当的方式解决行政争议,当出现可能违反法定程序或者执法行为明显不适当的情况下,检察机关能够通过检察建议、行政争议实质化解制度等对行政执法展开全过程监督。在行政执法前以及行政执

---

〔41〕 崔建科:《论行政执法检察监督制度的构建》,载《法学论坛》2014 年第 4 期。

〔42〕 张伟国:《公法学视野中的行政执法》,载《行政法学研究》2009 年第 1 期。

〔43〕 秦前红、陈家勋:《论行政执法外部监督中正式监督机关的确立》,载《行政法学研究》2022 年第 1 期。

法过程中,检察机关能够运用“行政执法协同平台”,及时掌握行政执法现状,对于高频率发生的冲突和争议展开行政执法检察监督,必要时可以牵头召开会议(包括相关行政机关、法院等),开展专项行动,尽早将行政争议化解在诉讼前。同时,检察机关有必要指出行政执法行为中存在的问题,要求行政机关予纠察和改正,提早预防因行政执法手段不当带来的官民纠纷。另外,在行政执法后,检察机关也能对经过诉讼的案件进行监督,通过开展行政实质化解工作来解决行政争议。在这一过程中,社会主义核心价值观中的“和谐、公平、正义、法治”等价值都能有效指引检察机关展开监督,能够指出行政机关不符合社会主义核心价值观的行政执法行为,并要求其依法进行改正,进而化解“官民”纠纷,促进社会和谐。

最后,从司法监督的视角来看,我国司法监督主体众多且形式广泛,同一案件中可能同时存在多个司法监督主体与多种司法监督形式。高效的司法监督,首先表现在不同监督主体间对司法公正拥有相对统一的判断标准,能够追求相对一致的监督结果,提升监督效率;其次表现在监督主体能够及时发现、释明司法权运行中存在的问题并将其纠正。在司法监督中大力弘扬社会主义核心价值观,能够提升上述司法监督的实效。一则,司法监督的目的在于维护司法公正,但不同的司法监督主体往往持有不同的价值观,对于“公正”价值也存在自身的判断标准。这在实践中表现为同一个案件中不同司法监督主体追求差异较大的监督结果,例如法院经过再审监督得出的案件结果仍与舆论监督所期盼的结果存在差异。[44] 在司法监督中大力弘扬社会主义核心价值观,能够逐渐统一各项价值的判断标准,为司法监督提供正确的价值参考,减少不同监督主体之间的价值分歧。二则,大量非专业化监督主体往往不具备相关专业知识,在实践中难以及时发现司法权运行中的问题,或是发现了问题但难以进行具体的陈述与说理。在司法监督中大力弘扬社会主义核心价值观,其包含的十二种具体的价值可以为司法监督主体提供具体的参考,以便及时地发现司法权运行中与社会主义核心价值相抵触的情形,同时也为广大司法监督主体提供了援引说理的依据。

---

〔44〕 例如,2016 年的“于欢案”中,山东省聊城市中院一审以故意伤害罪判处于欢无期徒刑。山东省高院二审判定于欢防卫过当,构成故意伤害罪,判处其有期徒刑 5 年。虽然经过审级监督,大幅减轻了于欢的刑罚,但大量公众舆论仍认为其杀死辱母者属于“人之常情”,应为正当防卫。参见山东省高级人民法院刑事判决书,(2017)鲁刑终 151 号。

第二节 完善弘扬社会主义核心价值观的立法监督体系

立法监督是法治监督体系的重要内容。将社会主义核心价值观融入法治监督体系，首先是要将社会主义核心价值观融入立法监督。

一、立法监督的内涵

学界对立法监督的含义存在不同认识。一种观点认为，立法监督是指立法机关对其他国家机关，如行政机关和司法机关进行的监督。在这一意义上，立法监督是指立法机关的监督职权。我国《宪法》第3条第3款规定，国家行政机关、监察机关、审判机关、检察机关都由人民代表大会产生，对它负责，受它监督。另一种观点认为，立法监督是指特定的监督机关对立法机关行使立法权的行为和行使立法权的结果所进行的监督。“立法监督是享有立法监督权的主体对依照立法程序制定的规范性法律文件的合宪性、合法性或者适当性进行审查并依法决定该规范性法律文件的法律效力的法律制度。”〔45〕理论界和实务界多是在第二种意义上使用“立法监督”一词。如中共中央印发的《法治中国建设规划(2020－2025年)》，这一文件在“加强立法监督工作”部分所提及的内容均是关于备案审查的。本节亦在第二种意义上使用“立法监督”一词。

在我国，立法监督制度包括多项具体制度。

第一，批准制度。我国地方立法中主要有两种立法必须遵循批准制度：一是民族自治地方的自治法规立法，二是设区的市的地方性法规立法。按照《立法法》第85条的规定，自治区的自治条例和单行条例，报全国人大常委会批准后生效。自治州和自治县的自治条例和单行条例，报省级人大常委会批准后生效。按照《立法法》第81条的规定，设区的市的地方性法规须报省、自治区人大常委会批准。需要指出的是，省、自治区人大常委会对设区的市地方性法规的批准，应当限于合法性审查，设区的市地方性法规不存在合法性问题的，省、自治区人大常委会应当在四个月内予以批准。

第二，备案制度。备案主要是一种信息收集手段，备案与否不影响法的生效。在我国，接受备案的主体和应当备案的法的范围都是十分广泛的。全国人

〔45〕 周伟：《论立法监督的概念》，载《法学》1996年第12期。

大常委会、国务院、省级人大常委会、设区的市人大常委会都有权接受备案。除了宪法和法律外，行政法规、地方性法规、自治条例和单行条例、部门规章和地方政府规章、经济特区法规等规范性法律文件，均应当进行备案。

第三，审查制度。审查制度主要是指有关主体对规范性文件的合宪性、合法性、合理性进行监督的一项制度。目前，我国已经建成了五套备案审查体系：以全国人大常委会为审查主体的法规备案审查体系；以国务院为审查主体的规章备案审查体系；以地方人大常委会为审查主体的规范性文件备案审查体系；以党中央、地方党委为审查主体的党内法规和党内规范性文件备案审查体系；以中央军事委员会为审查主体的军事规章和军事规范性文件备案审查体系。其中，全国人大常委会对法规进行的审查，是我国审查制度的典型形式。

依据2015年《立法法》第110、111条的规定，审查分为主动审查和被动审查两种形式。所谓主动审查，是指有关的审查主体对报送备案的规范性文件直接进行审查，审查无需第三人的申请便可进行。所谓被动审查，是指审查活动由第三人发起，审查主体根据申请对规范性文件进行审查。国务院、中央军事委员会、最高人民法院、最高人民检察院和各省、自治区、直辖市的人大常委会认为行政法规、地方性法规、自治条例和单行条例同宪法或者法律相抵触的，可以向全国人大常委会书面提出进行审查的要求；其他国家机关和社会团体、企业事业组织以及公民认为行政法规、地方性法规、自治条例和单行条例同宪法或者法律相抵触的，可以向全国人大常委会书面提出进行审查的建议。对于审查要求，审查主体应当进行审查。对于审查建议，审查主体可以决定是否进行审查，审查主体决定进行审查的，可以开展审查活动。

第四，改变、撤销制度。改变是指修改、补充、删除法律、法规或规章的部分条款或内容；撤销是指废止整个法律、法规或规章。[46] 依据《立法法》第108条的规定，全国人大有权改变或者撤销它的常务委员会制定的不适当的法律，有权撤销全国人大常委会批准的自治条例和单行条例；全国人大常委会有权撤销同宪法和法律相抵触的行政法规，有权撤销同宪法、法律和行政法规相抵触的地方性法规，有权撤销省级人大常委会批准的自治条例和单行条例；国务院有权改变或者撤销不适当的部门规章和地方政府规章；省级人大常委会有权改变或者撤销它的常委会制定的和批准的不适当的地方性法规；地方人大常委会有权撤销本级政府制定的不适当的规章；省、自治区政府有权改变或者撤销下一级政府制定的不适当的规章；授权机关有权撤销被授权机关制定的法规。

---

〔46〕 周旺生：《立法学》(第2版)，法律出版社2009年版，第349页。

第五,裁决制度。立法裁决是中国立法监督制度的重要内容,也是中国立法监督的一种重要处理方式。规范性法律文件之间存在冲突和抵触是非常常见的现象,尤其是在立法数量十分庞大的情况下。为了解决规范性法律文件之间的冲突和抵触,各国一般都会明确法律效力的等级,我国也不例外。我国《立法法》明确规定了规范性法律文件的效力等级:宪法具有最高的法律效力;法律的效力高于行政法规、地方性法规、规章;行政法规的效力高于规章。规范性法律文件之间发生冲突时,按照上位法优于下位法,新法优于旧法,特别法优于一般法的规则进行处理。然而,在法律体系内部,部分法的效力等级问题是不容易确定的,如地方性法规与部门规章之间的效力问题;部门规章、地方政府规章之间的效力问题;新的一般规定和旧的特别规定之间的效力问题等。当这些规范之间产生冲突时,便需要立法裁决机制。按照《立法法》第105、106条的规定,法律之间对同一事项的新的一般规定与旧的特别规定不一致,不能确定如何适用时,由全国人大常委会裁决;行政法规之间对同一事项的新的一般规定与旧的特别规定不一致,不能确定如何适用时,由国务院裁决;同一机关制定的新的一般规定和旧的特别规定不一致时,由制定机关裁决;地方性法规和部门规章之间对同一事项的规定不一致,不能确定如何适用时,由国务院提出意见,国务院认为应当适用地方性法规的,应当决定在该地方适用地方性法规的规定,国务院认为应当适用部门规章的,由全国人大常委会裁决;部门规章之间、部门规章与地方政府规章之间对同一事项的规定不一致时,由国务院裁决。

需要指出的是,我国立法监督各项具体制度在实践中的运行情况存在较大差异。改变、撤销制度和裁决制度在实践中发挥作用的情形较为少见。实践中运行较为正常的是批准制度、备案制度和审查制度。“我们对自己智力工作中想当作工具用的那些术语,可以随意界定。唯一的问题是它们是否符合我们打算达到的理论目的。”[47]为了更好地聚焦问题,本节所称的立法监督,主要是指对立法的事后监督,即对规范性法律文件的合宪性、合法性、适当性所进行的监督和审查。完善弘扬社会主义核心价值观的立法监督体系,即探讨在对立法的合宪性、合法性、合理性进行监督和审查的过程中,如何弘扬社会主义核心价值观的问题。

二、立法监督弘扬社会主义核心价值观的现状

前文已经指出,立法监督弘扬社会主义核心价值观具有重要的理论意义。

---

〔47〕［奥］凯尔森:《法与国家的一般理论》,沈宗灵译,商务印书馆2013年版,第31页。

为了进一步凸显这一意义，应当在立法监督实践中大力弘扬社会主义核心价值观。当下，立法监督实践已经在规范和实践两个层面弘扬社会主义核心价值观，具体表现如下。

（一）将弘扬社会主义核心价值观明确写入制度规定

对于备案审查的主体、权限、基本程序等内容，我国《立法法》《各级人民代表大会常务委员会监督法》等法律均已经作了明确规定。为了细化法律的规定，实践中，审查主体多是制定了相应的实施办法或者条例。在中央层面，2019年12月16日，第十三届全国人大常委会第四十四次委员长会议通过了《法规、司法解释备案审查工作办法》，这一工作办法将原有的《行政法规、地方性法规、自治条例和单行条例、经济特区法规备案审查工作程序》和《司法解释备案审查工作程序》合并进行修改完善，形成统一的备案审查工作制度规范。《法规、司法解释备案审查工作办法》第39条规定，法规、司法解释"明显违背社会主义核心价值观和公序良俗"的，应当被认定为不适当。之所以如此规定，其理由在于"明显违背社会主义核心价值观和公序良俗的规定，无法获得社会公众的内心认同和自觉遵守，执行中也会给社会公认的价值观和秩序带来破坏，在价值上应给予否定评价，并予以纠正"。〔48〕 在地方层面，2007年《各级人民代表大会常务委员会监督法》授权省级人大常委会参照《立法法》的规定制定规范性文件备案审查程序，随后，多数省级人大常委会制定了关于规范性文件备案审查的地方性法规。党的十八大以来，部分省级人大常委会根据备案审查的新形势、新特点对规范性文件备案审查的地方性法规进行了修改。在这一过程中，一个鲜明的特点是这些办法、条例将弘扬社会主义核心价值观明确写入了制度规定。黑龙江省、内蒙古自治区、云南省、新疆维吾尔自治区、天津市、辽宁省、青海省等省、自治区、直辖市制定的规范性文件备案审查条例均将弘扬社会主义核心价值观的内容明确写进了条例。例如，2018年出台的《黑龙江省各级人民代表大会常务委员会规范性文件备案审查条例》把社会主义核心价值观作为备案审查的重要内容，是全国范围内首次将社会主义核心价值观列为审查标准的地方性法规。该条例第9条规定："对报送备案的规范性文件，主要审查是否存在下列情形：……（九）不符合社会主义核心价值观等其他应当予以修改或者撤销的不适当情形。"将弘扬社会主义核心价值观的内容明确写入制度规定，为审查主体在具体

---

〔48〕 全国人大常委会法制工作委员会法规备案审查室：《〈法规、司法解释备案审查工作办法〉导读》，中国民主法制出版社2020年版，第111页。

的审查过程中弘扬社会主义核心价值观提供了规范依据。

(二)在审查的具体环节自觉弘扬社会主义核心价值观

随着党和国家对社会主义核心价值观融入法治建设的高度重视,地方人大常委会也增强了在立法、监督环节弘扬社会主义核心价值观的自觉性。这些具体做法主要包括:第一,在具体的审查工作中自觉弘扬社会主义核心价值观。审查主体在开展审查活动时,将社会主义核心价值观作为指导,时刻注意审查对象是否符合社会主义核心价值观。例如,在审查规范性文件时,浙江省政府法制机构注重将贯彻社会主义核心价值观的要求与准确把握上位法的法意相结合,挖掘上位法蕴含的价值要求,用实质合法性审查矫正不符合社会主义核心价值观的内容;在没有上位法或上位法规定模糊时,按照社会主义核心价值观要求纠正规范性文件中存在的明显问题,重点审查规范性文件是否符合“自由、平等、公正、法治”的要求。〔49〕 第二,将弘扬社会主义核心价值观和法规清理活动相结合,在法规清理活动中自觉融入社会主义核心价值观。例如,重庆市人大常委会2013年将社会主义核心价值观是否入法作为重要标准,对全市195件地方性法规进行严格“体检”,为今后几年中相关法规的“立改废”打牢基础,2018年集中修改了环境保护条例、河道管理条例等15件法规,对法规修改内容是否符合社会主义核心价值观均进行了严格细致的审查。〔50〕

三、立法监督弘扬社会主义核心价值观存在的问题

立法监督在弘扬社会主义核心价值观的过程中取得了非凡成就,但毋庸讳言,立法监督在弘扬社会主义核心价值观的过程中也存在诸多问题。

(一)立法监督弘扬社会主义核心价值观的力度仍有待加强

诚如前文所述,立法监督与社会主义核心价值观存在逻辑上的内在关联,二者具有内在一致性。立法监督的理念本身及其制度安排都充分体现了社会主义核心价值观的基本要求。从宏观层面讲,进行立法监督工作就是在弘扬社会主义核心价值观,开展立法监督工作的力度就是弘扬社会主义核心价值观的力度,开展立法监督工作越有力,弘扬社会主义核心价值观的力度便越强。党的十八

〔49〕 浙江省社会科学院课题组:《将社会主义核心价值观融入法治建设》,载《浙江日报》2018年5月23日,第5版。

〔50〕 王越:《深入践行社会主义核心价值观 坚持以良法促进发展保障善治》,载中国人大网,http://www.npc.gov.cn/npc/c35258/201809/25ba1f090cb14acaaa20877feb76fb56.shtml。

大以来,我国的立法监督工作取得了前所未有的进步,弘扬社会主义核心价值观的力度显著增强,这主要表现在以下几个方面:

一是备案审查制度日益完善且体系化。随着《立法法》《各级人民代表大会常务委员会监督法》《地方各级人民代表大会和地方各级人民政府组织法》等法律的出台和修改,我国的备案审查制度已经日渐完善。党的十八大以来,备案审查制度建设方面的一个突出特点是备案审查开始形成体系,并开始了体系化的运作。目前,我国已经形成党委、全国人大、地方人大、政府、军队等各系统分工负责、相互衔接的规范性文件备案审查体制机制。实践中,各个系统的备案审查制度通过衔接联动机制相互配合。对于不属于自己审查权限的案件,受理主体可以通过衔接联动机制将案件移交给有管辖权的审查主体。此外,各个审查主体在共商研究意见、共享工作信息、共同培训研讨、协调解决问题等方面进行合作,提高备案审查的质量和效率。[51]

二是备案审查工作的开展常态化。在过去,备案审查工作没有持续化、高频率地进行。2004 年法规备案审查室成立至 2011 年,共收到公民、组织审查建议不过 900 多件。[52] 十二届全国人大以来,法制工作委员会共收到公民、组织提出的各类审查建议共 1527 件,其中 2013 年 62 件,2014 年 43 件,2015 年 246 件,2016 年 92 件,2017 年 1084 件。[53] 2018 年,法制工作委员会共收到公民、组织提出的审查建议 1229 件,其中属于全国人大常委会备案审查范围的有 112 件,占 9.1%。[54] 2021 年,共收到公民、组织提出的审查建议 6339 件,其中以书面寄送形式提出的 1274 件,通过在线受理审查建议平台提出的 5065 件。经研究,属于全国人大常委会审查范围的有 5741 件。[55] 备案审查工作的开展频率明显有所提升。

三是备案审查工作的公开性有了较大程度的改善。在过去,备案审查的各项工作基本不公开。公民向备案审查机关提出的审查建议是否收到、是否受理、

---

〔51〕 全国人大常委会法制工作委员会法规备案审查室:《规范性文件备案审查理论与实务》,中国民主法制出版社 2020 年版,第 25 页。

〔52〕 全国人大常委会法制工作委员会法规备案审查室:《规范性文件备案审查理论与实务》,中国民主法制出版社 2020 年版,第 21 页。

〔53〕 沈春耀:《全国人民代表大会常务委员会法制工作委员会关于十二届全国人大以来暨 2017 年备案审查工作情况的报告》,第十二届全国人民代表大会常务委员会第三十一次会议,2017 年 12 月 24 日。

〔54〕 沈春耀:《全国人民代表大会常务委员会法制工作委员会关于 2018 年备案审查工作情况的报告》,第十三届全国人民代表大会常务委员会第七次会议,2018 年 12 月 24 日。

〔55〕 沈春耀:《全国人民代表大会常务委员会法制工作委员会关于 2021 年备案审查工作情况的报告》,第十三届全国人民代表大会常务委员会第三十二次会议,2021 年 12 月 21 日。

是否开展过审查、是否得出审查结论等问题基本不公开，外界无从得知。在纪念“82宪法”实施30周年论坛上，时任全国人大常委会副秘书长乔晓阳将审查违背上位法的地方性法规的工作形容为“鸭子浮水，脚在下面动，上面没有看出来”。随着备案审查工作的常态化开展，备案审查工作的公开性有了较大改善，这直接体现在了2015年修正的《立法法》中。该法第101条规定，全国人大专门委员会和常委会工作机构应当按照规定要求，将审查、研究情况向提出审查建议的国家机关、社会团体、企业事业组织以及公民反馈，并可以向社会公开。实践中，全国人大常委会法工委备案审查室梳理选取了地方部分案例并汇总全国人大常委会有关案例，形成案例交流材料，陆续印发各地开展交流。[56] 这些公开的案例，为地方人大常委会进一步明确审查标准、掌握审查尺度提供了参考，也为学界对备案审查进行理论研究提供了宝贵的素材。

四是备案审查工作的实效性有了较大程度的提升。在过去，备案审查的实效性不强。全国人大常委会法工委认为地方性法规存在合法性问题，发函要求地方人大常委会纠正的，地方人大常委会多以“相关规定属于地方特色，不存在抵触问题”为由进行答辩，不对地方性法规进行修改。地方人大常委会按照全国人大常委会法工委的意见纠正存在问题的地方性法规的意愿不强。实际上，地方人大常委会不按照全国人大常委会法工委的意见进行修改的，最终也不了了之。据统计，1993年7月1日至1996年2月底和1997年1月至1998年6月底两个时间段内，全国人大常委会对3702件法规进行了审查，只完成了2049件，完成率约为55%，发现存在问题并要求整改的法规有65件，但绝大多数地方人大常委会对此不予理睬，只有11件法规的制定机关向全国人大常委会反馈了意见。[57] 党的十八大以来，党和国家的文件密集强调“宪法法律至上”“加强宪法实施和监督”，备案审查是维护宪法法律权威，保障宪法法律实施的重要制度。在这一语境下，备案审查制度受到空前重视，各地人大常委会普遍提高了对备案审查的重视程度。“祁连山”事件发生后，[58] 地方人大常委会对备案审查

---

〔56〕 梁鹰：《2019年备案审查工作情况报告述评》，载《中国法律评论》2020年第1期。

〔57〕 蔡定剑：《法律冲突及其解决的途径》，载《中国法学》1999年第3期。

〔58〕 2017年7月，中共中央办公厅、国务院办公厅就甘肃祁连山国家级自然保护区生态环境问题发出通报。通报指出，甘肃省在立法层面为破坏生态行为“放水”。截至2017年，《甘肃祁连山国家级自然保护区管理条例》历经4次修正，部分规定始终与《自然保护区条例》不一致，将国家规定“禁止在自然保护区内进行砍伐、放牧、狩猎、捕捞、采药、开垦、烧荒、开矿、采石、挖沙”十类活动，缩减为“禁止进行狩猎、垦荒、烧荒”三类活动，而这三类都是近年来发生频次少、基本已得到控制的事项，其他七类恰恰是近年来频繁发生且对生态环境破坏明显的事项。参见《中共中央办公厅、国务院办公厅就甘肃祁连山国家级自然保护区生态环境问题发出通报》，载中国政府网，http://www.gov.cn/xinwen/2017-07/20/content_5212107.htm。

决定的重视程度得到显著提升。

在肯定立法监督工作所取得成就的同时,我们也应当清醒地认识到我国立法监督所存在的不足。与推进国家治理体系和治理能力现代化建设的要求以及深度弘扬社会主义核心价值观的要求相比,立法监督工作还存在不小的差距,这主要表现在以下几个方面。

1. 审查制度仍存在完善空间

经过多年的发展,我国的备案审查制度已经相对完善,但这一制度仍存在进一步完善的空间。

首先,部分规范性法律文件尚未成为审查制度的监督对象。全国人大常委会制定的法律便是如此。对于法律,我国目前只存在立法过程中的自我审查,不存在正式意义上的事后审查。"迄今为止,法律这种更为重要的法的形式,还没有成为法定审查监督的对象,相应地,对法律进行审查的专门的法律制度亦不存在。"〔59〕合宪性审查制度如何构建、备案审查与合宪性审查如何衔接、衔接的标准什么、程序如何等问题尚不清楚。

其次,审查决定的效力问题不明确。全国人大常委会法工委开展审查工作主要采用沟通、协商的方法。在审查的过程中,全国人大常委会法工委发现审查对象存在合法性、适当性问题的,会与制定机关进行沟通、协商,敦促制定机关对审查对象进行修改。这种进行审查的方式被学界称为柔性审查。柔性审查符合我国国家机关间处理彼此关系的行事风格,带有中国特色,是符合国情的备案审查方式。〔60〕但柔性审查机制也存在自身的问题。这一审查方式过于柔和,对制定机关的威慑力、强制力不足。备案审查制度在运行之初之所以效果不佳,很大程度上是由于柔性审查缺乏强制力。当下,在极度强调备案审查的语境中,柔性审查发挥的作用尚可以维持,一旦对备案审查的强调减弱,柔性审查是否能一如既往地发挥作用便存在疑问了。此外,审查结果的溯及力问题也不明确。全国人大常委会作出的审查结果是否具有效力,具有何种效力的问题,法律上也没有明确规定。由于法律对这一问题没有明确规定,实践中,制定机关自行修改问题法规后,新法和旧法可以无缝衔接,按照"法不溯及既往"的原则,依据问题法规作出的行政行为、司法判决等均无需修改,审查决定保护公民权利的意蕴大大减弱。"价值构成了权利的内容,权利的存在将价值作为先决条件。"〔61〕审查决定

〔59〕 周旺生:《立法学》(第2版),法律出版社2009年版,第348页。

〔60〕 李松锋:《"沟通"与"协商"是符合国情的备案审查方式》,载《法学》2019年第3期。

〔61〕 [法]让-马克·夸克:《合法性与政治》(第2版),佟心平、王远飞译,中央编译出版社2008年版,第16页。

保护公民权利的功能不足,也意味着审查制度在弘扬社会主义核心价值观方面存在不足。

2. 备案审查的运行机制仍需优化

顺畅的工作机制有利于节省审查主体的时间和精力,提高审查效率。备案审查的运行机制需要优化集中体现在以下几个方面。

首先,审查机关内部机构的合作机制需要优化。规范性文件备案审查流程一般由接收、登记、分送、审查、纠正、反馈、归档等环节组成。接收、登记、分送通常由同一机构完成。在全国人大常委会,接收、登记、分送由全国人大常委会办公厅负责。在地方人大常委会,各地方的规定不甚一致。有的地方确定由地方人大常委会办公厅(室)对规范性文件进行接收、登记和分送,如2020年《天津市人民代表大会常务委员会和区人民代表大会常务委员会规范性文件备案审查办法》第12条规定,市和区人大常委会办公厅(室)对报送备案的规范性文件进行登记,并根据职责分工分送有关专门委员会、常委会有关工作机构和法制工作机构进行审查研究。有的地方确定由法规备案审查工作机构对规范性文件进行接收、登记和分送,如《广东省各级人民代表大会常务委员会规范性文件备案审查条例》第11条规定,报送备案的规范性文件,符合条件的,县级以上人大常委会法制工作机构予以备案登记。但是,审查职权在不同内部机构之间的分散配置,增加了彼此之间沟通、协调的难度,增加了时间成本。事实上,部分专门委员会在实际审查工作中发挥的作用有限。有的专门委员会由于人员不足和日常工作的压力,无暇对对口的规范性文件进行审查;有的专门委员会审查流于形式,不能发现和提出实质问题。审查职权在内部的优化配置,可以进一步提高审查的效率。

其次,审查过程中的公众参与机制需要优化。按照《立法法》的规定,审查程序启动后,审查主体可以向制定机关提出书面审查意见,制定机关应当在两个月内回复是否修改的意见。制定机关同意进行修改并事实上进行了修改的,审查终止;制定机关不同意进行修改的,审查主体应当向委员长会议提出予以撤销的议案、建议,由委员长会议决定提请全国人大常委会会议审议决定。纵观整个过程,审查主体和制定机关在审查程序中进行充分的互动和意见交涉,但提出审议建议的公民、组织基本没有参与审查程序。除了提出审查建议外,公民在审查过程中没有进一步表达自己意见的机会。参与是权利中的权利。[62] 公众通过参与,在程序中表达自己的意见,明确自己的立场,知悉、了解他人的意见,持有

〔62〕 [美]杰里米·沃尔德伦:《法律与分歧》,王柱国译,法律出版社2009年版,第304页。

不同立场和观点的对立方互相辩论，进行充分的交涉，充分考虑对方的观点并审慎实现立场转换，在自由、平等且实质参与的前提下达成最终的共识。如此得到的最终结果，是各方内心都能够赞同和接受的最佳结果。我国现有的审查程序具有封闭性，没有和公民、组织进行充分的交流和互动，审查程序中缺乏公众参与的机制和安排，不符合民主的价值要求。

最后，不同审查体系之间的衔接联动工作机制有待优化。如前所述，我国目前已经建成了五套备案审查体系。在中央层面，不同审查体系之间的衔接联动工作机制已经较为顺畅。全国人大常委会法制工作委员会积极参与、建立并完善与中央办公厅、司法部、中央军委办公厅之间的备案审查衔接联动机制。2018年全国人大常委会法工委向有关方面转送审查建议14件。2018年8月，司法部将备案审查工作中发现的存在问题的43件地方性法规“一揽子”转送法制工作委员会研究处理，经初步研究，其中15件存在与法律或行政法规不一致、缺乏上位法依据增设行政审批事项等问题，其他28件存在与国家有关政策要求不一致等问题。[63] 在地方层面，各地的规范性文件备案审查条例、规定、规程对衔接联动工作机制的规定不够完善。多数备案审查条例、规定、规程只是规定，规范性文件不属于本级人大常委会备案审查范围的，将审查要求或者审查建议退回，由提请主体向有权进行备案审查的机关提出。这一工作机制仍存在完善空间，以便切实提高规范性文件备案审查工作的水平，同时减轻提请主体的诉累。

3. 审查能力与人们对备案审查工作的高要求、高期待不相匹配

2015年，中央办公厅下发《关于建立法规、规章和规范性文件备案审查衔接联动机制的意见》，提出“有件必备、有备必审、有错必纠”，这意味着，只要规范性文件的制定主体属于人大监督的对象，其制定的规范性文件就应当纳入人大备案审查的范围；只要有收到报备的规范性文件，审查主体就应当对备案的规范性文件进行审查，做到件件有处理、有结果；只要在审查过程中发现报备的规范性文件存在不合法、不合理等情形，审查主体就应当予以纠正。“有件必备、有备必审、有错必纠”对备案审查工作提出了更高的要求。实现人们对备案审查工作的高要求、高期待，需要各级审查主体强大的审查能力。然而，实践中全国人大常委会和地方各级人大常委会的审查能力却成为了制约备案审查工作开展的瓶颈。审查机关的机构设置、人员配备、所能获得的各种支持、所能使用的物质资源等因素均能影响审查机关的审查能力。这些因素中，机构因素和人员因

〔63〕 沈春耀：《全国人民代表大会常务委员会法制工作委员会关于2018年备案审查工作情况的报告》，第十三届全国人民代表大会常务委员会第七次会议，2018年12月24日。

素对审查能力的影响尤为明显。

在机构设置方面,目前全国31个省、自治区、直辖市人大常委会均设立了专门的备案审查工作机构,配备了专职人员;但在设区的市一级,有的地方人大常委会没有专门从事备案审查的机构和人员,317个地级市、自治州中,只有160个设立了专门机构,140个配备了专职人员;在县(区)一级,有专门机构和专职人员的地方所占比例不足10%。[64] 备案审查专门机构设置的不足,阻碍了备案审查能力的提升。

在人员配备方面,专门负责备案审查工作的人员也存在较大程度的不足,这可以从各级人大常委会法工委的人员数量中看出。专门负责备案审查的人员整体上属于法工委组成人员的一部分,法工委组成人员的情况在一定程度上能够反映备案审查人员的情况。根据2017年全国人大常委会法工委披露的数据,27个省、自治区人大常委会的法工委实际从事工作的人员有520人,平均每省有19.2人。273个设区的市、自治州人大常委会的法工委实际从事工作的人员有1133人,平均每个设区的市、自治州有4.1人。[65] 人员配备整体上呈现出层级递减的趋势。在法工委组成人员整体不足的情况下,专门负责备案审查的人员数量更是捉襟见肘。此外,备案审查是一项专业性较强的工作,如果从事备案审查的人员没有深厚的法学知识积淀或者丰富的法律实践经历,将难以胜任这一工作。在人员的专业背景和实践经历方面,在法制委员会的成员中,具有法律知识和法治工作经历的人员比例依然不高。在273个设区的市、自治州法制委员会配备的1966名委员中,具有法律工作经历的有1087人,约占总数的55%。法工委到位的1133名立法工作人员当中,具有法律工作经历的有719人,约占总数的64%。[66] 综上,备案审查工作中的机构、人员问题较为突出。人大备案审查工作力量整体不足,无法保证备案审查工作的有效开展。可以说,无论是机构设置,还是人员数量、知识结构等方面的情况,审查能力均无法与备案审查的高要求、高期待相适应。

---

〔64〕 信春鹰:《加强备案审查制度和能力建设　完善宪法法律监督机制》,载中国人大网,http://www.npc.gov.cn/npc/c30282/201606/a854e7a2fb8f4b02b207d94efaf6e b10.shtml。

〔65〕 全国人大常委会法工委:《第二十二次全国地方立法研讨会会议交流材料之四:各地人大及其常委会立法机构和立法队伍建设的情况》,载中国人大网,http://www.npc.gov.cn/zgrdw/npc/lfzt/rlyw/2016-09/20/content_1997858.htm。

〔66〕 全国人大常委会法工委:《第二十二次全国地方立法研讨会会议交流材料之四:各地人大及其常委会立法机构和立法队伍建设的情况》,载中国人大网,http://www.npc.gov.cn/zgrdw/npc/lfzt/rlyw/2016-09/20/content_1997858.htm。

（二）立法监督弘扬社会主义核心价值观的具体方式有限

我国存在合宪性审查、合法性审查和适当性审查三种审查类型。合宪性审查是对规范性法律文件，尤其是“法律”是否符合宪法进行的审查；合法性审查是对规范性法律文件是否符合上位法进行的审查；适当性审查是对规范性法律文件具体内容合理与否进行的审查。适当性审查的标准和程度较难把握，何为适当，何为不适当，在很多情形下都难以判断，着实考验审查主体的理论功底和实践智慧。但适当性审查也不是完全无可遵循，比例原则便是适当性审查领域的重要理论工具。比例原则是公法中的“帝王原则”，这一原则的应用领域不仅越来越广，而且也正在被世界上越来越多的国家所接纳。经典意义上的比例原则由三个具体的子原则构成：适当性原则、必要性原则和均衡性原则。其中，适当性原则要求手段必须能够有助于目的之达成；必要性原则要求在可供选择的数个手段之间，应当选择造成损害最小的手段；均衡性原则要求手段所造成的损害与其所追求的目的之间应当相均衡、成比例。在比例原则传统的三原则之外，当代德国基本权利教义学增加了对立法目的的要求，即立法所追求的目的必须具有正当性。[67] 正当性的证成必须从事实、法律和价值这三个在现实中密不可分的维度进行。[68] 在事实维度上，一个既有事物如果要想具备正当性，其必须取得民众内心的赞同和认可。没有民众内心的赞同和认可，事物的存在难以称得上是正当的。但仅有事实维度的赞同和认可是不够的，因为这种赞同和认可可以通过欺骗的方式取得。事物如果要想具备正当性，还必须要符合特定的价值。“这些核心价值既是集体生活的源头也是其终极目标，它们构成了基本规范。”[69] 事物的存在如果不符合特定的价值，也难称得上是正当的。此外，事物的存在还必须符合既有法律的规定，即事物的存在必须具有合法律性。因此，在判断立法目的是否具有正当性时，价值具有重要作用，价值是判断立法目的正当与否的重要遵循。社会主义核心价值观和适当性审查通过立法目的可以有效勾连起来。社会主义核心价值观在判断审查对象立法目的的适当性方面具有重要作用。也正是基于这一认识，《法规、司法解释备案审查工作办法》以及地方人大常委会制定的规范性文件备案审查条例均将社会主义核心价值观作为适当性

---

〔67〕 陈鹏：《合宪性审查中的立法事实认定》，载《法学家》2016 年第 6 期。

〔68〕 ［法］让 - 马克·夸克：《合法性与政治》（第 2 版），佟心平、王远飞译，中央编译出版社 2008 年版，第 10 页。

〔69〕 ［法］让 - 马克·夸克：《合法性与政治》（第 2 版），佟心平、王远飞译，中央编译出版社 2008 年版，第 18 - 19 页。

审查的判断标准。

社会主义核心价值观在适当性审查中发挥着重要作用,那社会主义核心价值观在合法性审查中发挥着何种作用?合法性审查的审查标准主要是上位法的明确规定。审查对象与上位法的具体规定实质一致的,便不存在合法性问题;审查对象与上位法的具体规定实质不一致的,便存在合法性问题。因此,在合法性审查中,审查主体主要是依据法律、法规的具体规定来进行审查。在合法性审查中,审查主体可否直接依据社会主义核心价值观,而不依据上位法的具体规定来认定审查对象是否存在合法性问题?换言之,社会主义核心价值观可否作为合法性审查的审查标准?这实际上涉及形式法治和实质法治的关系问题。如果坚持认为,在任何情况下合法性审查都只能将法律、法规的具体规定作为审查标准,便是形式法治的立场;如果坚持认为,在特定情况下合法性审查可以绕开法律、法规的具体规定,将特定价值作为审查标准,追求结果的实质公正,便是实质法治的立场。

实质法治和形式法治的关系问题,是第二次世界大战以来法哲学领域最具争议的话题之一。形式法治关注和强调对法律规定的严格执行,不关注法律的内容,不强调法律的内容必须符合实质的价值。在形式法治论者看来,最终的结果是严格适用法律所自然而然得到的结果。实质法治不仅关注和强调对法律规定的执行,还强调法律的内容必须符合特定的价值,必须具有正义性。在实质法治论者看来,法治必须是良法之治,适用法律必须得到一个公正的、正义的结果。“法院不仅是法律的法院,也是正义的法院。”〔70〕如果严格适用法律会得到一个不公正的结果,那么,绕开法律的具体规定追求实质结果的正义在某些特定情况下也是可取的。形式法治论者坚决反对这一立场和主张。在形式法治论者看来,在适用法律的过程中追求最终的结果的公正性会损害法治的独立价值。〔71〕如果在适用法律的过程中追求某些实质的价值,实际上是把法治当成了追求某些价值的工具。一旦在适用法律的过程中打开了这一缺口,法律的重要性便会大大降低。如果人们拥有了更好实现所追求的最终价值的工作,法律要么被边缘化,要么被弃之不用,这均是对法治莫大的损害。实质法治论者同样对形式法治给予严厉批评。在实质法治论者看来,形式法治所强调的严格适用法律,太过于机械化和形式化,在某些特定情形下可能会导致荒谬的结果。

形式法治论者和实质法治论者的争论在备案审查领域也有体现。在特定的

---

〔70〕 Endicott, Timothy, *Adjudication and the Law*, 27 Oxford Journal of Legal Studies 321(2007).

〔71〕 [美]R. M. 昂格尔:《现代社会中的法律》,吴玉章、周汉华译,译林出版社 2008 年版,第 166 页。

场合中,审查机关在合法性审查中也会面临着立场选择的难题。一方面,民主是立法机关赖以维系的价值。立法机关对民主价值的依赖,首先表现在立法机关的组成人员是公民通过民主选举产生的,具有民主正当性;其次还表现在立法是法定立法程序约束下多数人意见的表达。立法是民主的产物,是多数人决定的结果。对立法进行监督即意味着对民主进行监督,推翻立法的最终决定即意味着推翻多数人的决定。因此,对立法进行监督应当格外慎重,应当严格依法进行。另一方面,严格依据法律规定进行审查,在特定情况下却可能产生不符合当下时势或者社会常理的结果。法律具有稳定性和滞后性,无法对社会情势的变化和新生事物作出快速反应。此时,严格依照滞后的法律规定进行审查,可能得到不如人意的审查结果。例如,2020 年通过的《宁德市城市市容和环境卫生管理条例》(以下简称宁德市条例)第 43 条规定,在主要街道的临街建(构)筑物的阳台、窗外和屋顶堆放、吊挂有碍市容的物品,由城市管理主管部门责令改正;拒不改正的,处 200 元以上 2000 元以下罚款。而 1994 年通过的《福建省城市市容和环境卫生管理办法》(以下简称福建省条例)第 30 条第 4 项却规定:"在规定街道的临街建筑物的阳台和窗外堆放吊挂物品,或在市区道路冲洗机动车辆,搭建、封闭阳台、破墙开店、设置大型户外广告,影响市容的,处以 100 元至 1000 元罚款。"与福建省的规定相比,宁德市条例将罚款额度整体提高了一倍。按照《立法法》《行政处罚法》的规定,设区的市地方性法规在设置行政处罚时,可以在上位法规定的行政处罚幅度内作出具体规定,但不得降低上位法规定的罚款下限,也不得提高上位法规定的罚款上限。宁德市条例突破了福建省条例所规定的罚款上限,宁德市条例与福建省条例规定的抵触之处显而易见。审查机关在对这一条款进行审查时便面临着立场选择的难题。一方面,如果选择形式法治的立场,审查机关会得出审查对象不具有合法性的判断。如果严格按照《立法法》《行政处罚法》的规定进行审查,则可以断定宁德市条例存在合法性问题。另一方面,如果选择实质法治的立场,审查机关会得出审查对象具有合法性的判断。其理由在于,罚款是重要的规制手段和规制工具,福建省条例制定于 1994 年,其所规定罚款额度可能与当时的社会情势相适应,但随着经济的快速发展和人们生活水平的提高,这一规定难以满足当下的管理需要,无法达到相应的惩罚效果。宁德市条例的规定是从本地的实际情况出发,更符合社会的需要,更符合"文明"的价值追求。

审查机关在面临这种情况时应当如何作出选择?笔者认为,在这种情况下,审查机关不宜忽略法律的明确规定而直接将价值作为审查标准。首先,依法立法是法治最低限度的要求,是立法活动应当恪守的基本遵循。如果立法活动都不遵守法律,国家的法治便无从谈起。立法应当遵循法治原则是学界的共识,也早被写进了我国《立法法》的文本之中。如《立法法》第5条规定,立法应当依照法定的权限和程序,从国家整体利益出发,维护社会主义法制的统一和尊严。但在政策话语中,国家的政策文件对民主立法、科学立法强调得较多,对依法立法强调得较少。党的十七大报告明确提出要"坚持科学立法、民主立法,完善中国特色社会主义法律体系",并未提及依法立法。党的十八届四中全会通过的《中共中央关于全面推进依法治国若干重大问题的决定》也提出要"深入推进科学立法、民主立法",同样没有提及依法立法。直到2017年,党的十九大报告才将依法立法与民主立法、科学立法相并列,提出"推进科学立法、民主立法、依法立法,以良法促进发展、保障善治"。在新时代,国家对依法立法的强调和重视达到了前所未有的高度。这要求,一方面,立法机关所进行的立法活动和所产出的立法结果必须依法进行,审查机关对立法活动和立法结果是否依法进行监督;另一方面,审查机关自身所进行的审查活动也必须要严格依法进行。因此,在法律、法规存在明确规定的情况下,审查机关不宜绕开法律、法规的明确规定,直接将社会主义核心价值观作为合法性审查的判断标准。

其次,立法活动、审查活动一旦背离了形式法治的基本要求,完全采用一种实质性的立法模式,可能会产生较大的风险。[72] 不管实质正义如何界定,它都只能通过具体问题具体分析的方法来实现。问题在于,我们无法保证每一次具体分析的结果都能实现正义。如果在每一次审查中,制定机关都认为审查对象符合地方实际,追求了实质价值,进而通过诉诸实质合理性为自己进行辩护,会使立法审查工作的开展面临较大的阻力。事实上,实质性立法模式也无法实现其所追求的法治理想。如果地方立法能够以存在更具实质合理性的方案为由,不遵守上位法的规定,那么,普通民众也可以存在更具实质合理性的方案为由,不遵守地方立法的规定。综上所述,社会主义核心价值观在合法性审查中发挥的实质作用有限。

(三)在立法监督过程中协调价值之间的冲突考验实践智慧

价值是值得希求和珍视的美好之物,如果所有价值都完全不受任何限制地充分实现,确实是一件再好不过的事情。然而,这却是不可能的。受多种因素的影响,价值之间不时的会出现冲突。在现代社会,价值冲突之间的典型表现就是

〔72〕 程庆栋:《执行性立法"抵触"的判定标准及其应用方法》,载《华东政法大学学报》2017年第5期。

公平和效率、自由和秩序之间的冲突。例如在税收问题上,高额的税收可能缩小贫富差距,促进社会公平,但高额的税收也会抑制投资的热情进而降低经济效率。再如在社会治安问题上,如果政府出台过多的规制措施,尽管可能会提高社会的治安水平,有利于实现秩序的价值,但这也是以牺牲公民的自由为前提的。社会主义核心价值观是一套价值体系,在国家层面,其包含富强、民主、文明、和谐等价值;在社会层面,其包含自由、平等、公正、法治等价值;在个人层面,其包含爱国、敬业、诚信、友善等价值。价值体系内部的各个价值在具体问题上也会发生冲突。价值、原则之间发生冲突时的处理方式与规则之间发生冲突时的处理方式不同。规则之间发生冲突时,只能择一适用,要么选择适用这一规则,要么选择适用那一规则,规则总是以"全有"或者"全无"的方式出现。价值、原则发生冲突时,并不是择一适用,而是在价值、原则之间进行衡量。价值、原则是以或多或少的方式出现的。在价值之间发生冲突时,审查机关需要对价值冲突进行衡量。价值之间的确存在一定的优先关系,例如,在一般情况下,生命权要优先于健康权,健康权要优先于财产权,价值高的财产权要优先于价值低的财产权。但价值之间并不存在类似化学元素周期表一般的位阶秩序,[73]生命权并不是在任何情况下都优先于健康权,健康权也并不是在任何情况下都优先于财产权,价值高的财产权也不是在任何情况下都优先于价值低的财产权。如何协调价值之间的冲突,并没有固定的模式可供遵循,需要根据具体情境进行具体判断,这考验着实务工作者的实践智慧。

审查机关需要对价值进行衡量的情况在实践中较为常见。例如,近年来,"职业打假"行为及其引发的社会问题越发突出。为了规制这一问题,2018 年 1 月公布的《深圳经济特区食品安全监督条例》第 97 条曾规定:"食品药品监督管理部门、消费者委员会受理关于食品安全问题的投诉举报时,发现投诉人超出合理消费或者以索取赔偿、奖励作为主要收入来源的,可以终止调查并将相关线索纳入食品安全风险监测范围。但是,可能引发食品安全事故或者涉嫌犯罪的除外。"2018 年 4 月,有公民向全国人大常委会法工委提出审查建议,建议对《深圳经济特区食品安全监督条例》第 97 条进行审查。这一事例便体现了价值之间的冲突。一方面,实践中的确出现了一些"职业打假人"利用举报制度威胁、敲诈勒索商家,在达到目的后又撤回投诉举报的现象。举报制度没有被用来制止假冒伪劣产品,却被利用来严重破坏营商环境,浪费行政资源、司法资源。因此,对

---

〔73〕 林来梵、张卓明:《论权利冲突中的权利位阶——规范法学视角下的透析》,载《浙江大学学报(人文社会科学版)》2003 年第 6 期。

举报进行适当控制有利于维护“秩序”价值。[74] 但另一方面,2018 年 1 月公布的《深圳经济特区食品安全监督条例》规定食品药品监督管理部门、消费者委员会有权对投诉举报终止调查处理却可能损害公民投诉举报的权利,“一些不属于敲诈勒索的投诉、举报也被涵盖在内,不利于打击假冒伪劣”。[75] 审查机关在审查的过程中便面临着价值选择的难题。审查机关如果认定深圳经济特区的上述规定合法,便是肯定了对职业打假行为的规制措施,将“秩序”价值摆在了突出位置;反之,如果认定深圳经济特区的上述规定不合法,便是否定了对职业打假行为的规制措施,将保护公民权利摆在了突出位置。

判断出价值之间存在冲突较为容易,但在实践中对相互冲突的价值作出妥当安排却较为困难。在备案审查过程中,审查机关对价值冲突进行衡量应当遵循何种步骤和方法并不清晰。司法裁判中的利益衡量方法为此提供了一定的参考和借鉴。在司法裁判中,利益衡量可以基于利益的层次结构进行重构。重构后的利益层次可以分为当事人的具体利益、群体利益、制度利益和社会公共利益。当事人的具体利益是案件双方当事人之间的各种利益。群体利益是类似案件中对类似原告或者类似被告做相似判决所产生的利益。就社会公共利益而言,它不仅包括经济秩序和社会公德,还包括深层次的公平正义等法律理念,包含着其他如热爱和平等抽象理念。[76] 制度利益则是指一项法律制度所固有的根本性利益。司法案件中利益衡量方法可能并不能当然地适用于审查的过程,只有经过改造后才可能适用于审查过程。首先,当事人的具体利益在衡量过程中存在的意义不大。在备案审查中,一方当事人是提出审查建议的公民、社会团体、企业事业组织,另一方当事人则是审查对象的制定机关。双方争讼的直接对象是问题法规的合法性或者适当性,而非双方当事人的具体利益。其次,群体利益是审查对象所直接影响的群体的利益,而非类似案件中类似原告群体或者类似被告群体的利益。因此,备案审查过程中的利益衡量实际上是对审查对象所影响的群体利益进行分析,判断其是否侵害了相应的制度利益,并在价值冲突中作出选择的过程。立法审查过程中的利益衡量,主要包括审查对象所影响的群体利益、制度利益和社会公共利益。

---

〔74〕 现行社会主义核心价值观的 12 个概念里面不包括“秩序”等词语,但是,毫无疑问,“秩序”“安全”“环境”等都是社会主义核心价值观的题中之义。参见张文显:《社会主义核心价值观与法治建设》,载《中国人大》2019 年第 19 期。

〔75〕 全国人大常委会法制工作委员会法规备案审查室编著:《规范性文件备案审查案例选编》,中国民主法制出版社 2020 年版,第 34 - 35 页。

〔76〕 梁上上:《利益衡量论》(第 3 版),北京大学出版社 2021 年版,第 118 - 120 页。

在上述案例中,审查机关如果认定深圳市条例具有合法性,便是保护了执法部门群体的利益。因为,按照这一条例的规定,执法部门可以视情况终止对相关举报的处理,从而节约了行政资源。同时,审查机关如果认定深圳市条例具有合法性,便没有保护职业打假人群体的利益,因为条例的规定在很大程度上堵塞了职业打假人的谋利途径。审查机关如果认定深圳市条例具有合法性,在一定程度上也会损害普通投诉人群体的正当权利,因为条例所规定的终止对相关举报的处理,在特定情况下会波及普通投诉人群体的正常举报。审查机关如果认定深圳市条例具有合法性,也会损害《消费者权益保护法》等法律规定的投诉举报制度。投诉举报制度存在的主要目的是帮助消费者打击假冒伪劣产品,维护自身的合法权益提供救济途径。深圳市条例的规定会使举报制度在特定情况下无法发挥预期的作用,这损害了投诉举报制度的制度利益。审查机关如果认定深圳市条例具有合法性,则维护了秩序等价值。通过支持深圳市条例规制职业打假人的举报行为,可以规范举报行为,营造良好的营商环境。反之,审查机关如果认定深圳市条例不具有合法性,它将损害执法部门群体的利益和秩序等社会公共利益,但它会维护职业打假人群体、普通投诉人群体的利益,也会维护举报制度的利益(见表4-1)。审查机关的不同判定会影响不同方面的利益,审查机关作出判断应当格外慎重。事实上,在这一案例中,制定机关的主要目的是规制和打击职业举报人恶意利用举报制度营利的行为,但在实现这一主要目的的过程中,附带性地、不可避免地损害了部分普通投诉人进行投诉、举报的权利。深圳市条例的主要目的维护了秩序价值,符合社会公共利益,但附带性地损害了部分普通投诉人的正当权利。深圳市条例的规定维护了收益更大的秩序价值,较小程度地损害个人权利。在个人权利与秩序价值之间,审查机关应当选择更重要的秩序价值。在实践中,审查机关最终认定深圳市条例的相关规定具有合法性,但审查机关同时也指出,深圳市条例的规定较为笼统简单,应当适时加以修改和完善。[77]

---

〔77〕 全国人大常委会法制工作委员会法规备案审查室编著:《规范性文件备案审查案例选编》,中国民主法制出版社2020年版,第35页。

表 4-1　审查过程中的衡量

<table>
<tr><th rowspan="3">审查结果</th><th rowspan="3">保护对象</th><th colspan="5">结果</th></tr>
<tr><th colspan="3">群体利益</th><th>制度利益</th><th>社会公共利益</th></tr>
<tr><th>执法部门群体</th><th>职业打假人群体</th><th>普通投诉人群体</th><th>举报制度</th><th>秩序等价值</th></tr>
<tr><td>具有合法性</td><td>执法部门</td><td>√</td><td>×</td><td>×</td><td>×</td><td>√</td></tr>
<tr><td>不具有合法性</td><td>投诉人</td><td>×</td><td>√</td><td>√</td><td>√</td><td>×</td></tr>
</table>

体现价值冲突问题的案例还有很多。近年来,部分省、自治区人大常委会在老年人权益保护的地方性法规中规定了老年人护理假。尽管各地的规定存在细微的差异,但老年人护理假制度的核心要义在于:独生子女需要照顾符合特定条件的老人时,可以获得一定期限的假期,在假期期间,用人单位应当保证独生子女的工资福利待遇不变。如《福建省老年人权益保障条例》第 27 条第 2 款规定:"独生子女的父母年满六十周岁,患病住院治疗期间,用人单位应当支持其子女进行护理照料,并给予每年累计不超过十天的护理时间,护理期间工资福利待遇不变。"2017 年 11 月,有公民向全国人大常委会法制工作委员会提出审查建议,建议对部分地方性法规中关于老年人护理假的规定进行审查。在这一案例中,价值冲突表现得较为明显。一方面,对患病住院的老年人进行照顾是子女的责任和义务,是中华民族敬老孝老的具体表现。地方性法规规定具体措施保障子女履行这一义务,体现了中华民族的优秀文化,弘扬了社会主义核心价值观。但另一方面,这一规定要求职工在休假期间,企业应当按照原工资标准支付福利,却额外增加了企业的负担,不符合"效率"等价值。

审查机关在进行审查的过程中,如果认定地方性法规具有合法性,便是肯定了地方性法规所规定的老年人护理假制度,突出保护了老年人群体和独生子女群体的利益,但同时也牺牲了用人单位群体的利益。审查机关如果认定地方性法规具有合法性,在制度利益方面更符合计划生育家庭老年人扶助制度。根据《人口与计划生育法》的规定,获得"独生子女父母光荣证"的夫妻,按照国家和省、自治区、直辖市有关规定享受独生子女父母奖励。地方性法规关于老年人护理假的相关规定,是这一规定的具体体现。在社会公共利益方面,审查机关如果认定地方性法规具有合法性,可以弘扬尊老敬老的优良传统,可以弘扬"友善"等核心价值,但同时也牺牲了效率等价值。因为,按照地方性法规的规定,用人单位额外承担了社会保障责任，增加了用人单位的负担。在群体利益和社会公共利益方面，均存在支持作出肯定性结论和否定性结论的理由。其中一方的理由并没有明显“压倒”另一方。在此情形下，结论的作出只能依赖审查机关的决断。由于没有明显占优势地位的理由的支持，本案例的审查结论也较其他案例更具有争议性（见表4－2）。

表4－2　审查过程中的衡量

审查结果	保护对象	结果					
		群体利益			制度利益	社会公共利益	
		老年人群体	独生子女群体	用人单位群体	计划生育家庭老年人扶助制度	友善等价值	效率等价值
具有合法性	独生子女	√	√	×	√	√	×
不具有合法性	用人单位	×	×	√	×	×	√

（四）立法监督弘扬社会主义核心价值观简单化、口号化的现象依然存在

社会主义核心价值观融入法治建设，不是口号式、标签式的形式主义，也不能简单地照搬套用，而是实质性融入，达致社会主义核心价值观和法律法规合为一体，水乳交融。〔78〕简单化、表面化、口号化，是当前推进社会主义核心价值观入法入规过程中最突出和最普遍的问题。〔79〕立法监督弘扬社会主义核心价值观的过程在一定程度上也存在这一问题。部分地方在材料汇报或者对外宣传中十分强调社会主义核心价值观的重要性，强调弘扬社会主义核心价值观，但在实际的具体工作中对弘扬社会主义核心价值观的重视程度却不够，贯彻力度不强。

导致这一现象的根源在于，部分主体未能意识到立法监督和社会主义核心价值观融入法治建设的重要意义。例如，有人认为社会主义核心价值观是虚幻缥缈的，看不见摸不着，对立法监督工作的指导意义有限。有人对备案审查工作存在畏难情绪，认为备案审查工作“涉及面宽、工作量大、政策性强”，备案审查工作容易产生较大责任和某种后果。有的是怕“得罪人”，认为规范性文件备案

〔78〕张文显：《社会主义核心价值观与法治建设》，载《中国人大》2019年第19期。

〔79〕肖北庚：《社会主义核心价值观入法入规立法审查机制的构建》，载《光明日报》2018年7月25日，第11版。

审查是“挑刺、找毛病”,会严重影响与被监督对象的关系,没有认识到备案审查和依法行政工作目的的一致性,在审查过程中,不求过得硬,只求过得去。有的地方对备案审查工作形势发生的变化认识不到位。全国人大常委会法制工作委员会向全国人大常委会报告备案审查工作情况,全国人大法律委员会变更为全国人大宪法和法律委员会,全国人大常委会向全国通报规范性文件审查的案例,都是备案审查工作形势的重大变化的表现。对此,有的地方还是按照老思路、老观点、老办法做事情,导致备案审查工作流于形式。还有人认为规范性文件的合法性由市政府各部门以及法制办层层把关,审与不审都不重要,审查了也没有太多意义,不仅不进行实质性的备案审查工作,连形式上的备案审查都不愿意去做。这些不正确的认识影响了备案审查工作的正常开展,阻碍了在审查的过程中贯彻落实社会主义核心价值观,使立法监督工作弘扬社会主义核心价值观存在简单化、口号化的现象。

四、立法监督弘扬社会主义核心价值观的完善路径与对策

上文已经指出,立法监督在弘扬社会主义核心价值观的过程中,存在力度有待加强、具体方式有限、价值之间的冲突需要协调、简单化和口号化现象依然存在等问题。改善这些问题,需要采取综合性的对策。

(一)从保障宪法实施的高度来认识立法监督的重要性

如前所述,立法监督与社会主义核心价值观具有内在的逻辑关联,二者的价值取向和最终目标均是一致的。因此,做好立法监督工作,就是弘扬社会主义核心价值观的最好方式。要想做好立法监督工作,就要从根本上提高对立法监督重要性的认识。立法监督是保障宪法实施的重要制度。宪法是国家的根本大法,具有最高的法律效力,任何规范性法律文件均不得与宪法相抵触。立法监督是监督、纠正与宪法相抵触的规范性法律文件的重要方式。依据《宪法》第 62、67 条的规定,全国人大及其常委会有监督宪法实施的职权,同时,全国人大常委会有权撤销国务院制定的同宪法、法律相抵触的行政法规、决定和命令;有权撤销省、自治区、直辖市国家权力机关制定的同宪法、法律和行政法规相抵触的地方性法规和决议。立法监督制度具有明确的宪法依据。

党的十八大以来,立法监督呈现出了新面貌。首先,中央对备案审查工作的要求明显提高。以习近平同志为核心的党中央高度重视宪法的实施和监督。2012 年 12 月,习近平总书记在首都各界纪念现行宪法公布施行 30 周年大会上的讲话指出,全国人大及其常委会和国家有关监督机关要担负起宪法和法律监

督职责，加强对宪法和法律实施情况的监督检查，健全监督机制和程序，坚决纠正违宪违法行为。[80] 党的十八届三中全会、四中全会对健全备案审查制度，加强备案审查能力均提出了明确要求。2019 年 7 月，习近平总书记对地方人大及其常委会工作作出重要指示，要求地方人大及其常委会结合地方实际，创造性地做好立法、监督等工作。其次，全国人大常委会进行备案审查的力度明显加大。对于存在问题的法规，全国人大常委会会向制定机关发函要求纠正。除此之外，全国人大常委会还对法规纠正情况进行跟踪督促，对有关地方性法规进行修改、废止的落实情况开展“回头看”。例如，在监督纠正地方著名商标制度的过程中，虽然 8 个省（区、市）、3 个设区的市均废止了各自制定的地方性法规，但 2018 年，个别地方采取变通规避方式，搞“上有政策，下有对策”，以地方商标协会名义继续开展地方著名商标的评比认定工作，全国人大常委会也及时督促有关方面予以纠正。[81] 最后，公民、社会团体通过备案审查制度维护自身权益的现象明显增多。随着全面依法治国的深入推进，全民尊法学法守法用法的法治观念不断增强，办事依法、遇事找法、解决问题用法、化解矛盾靠法的法治思维深入人心，理解法的内容、评判法的价值、甄别法的质量的法治素养也迅速提升。在全国人大常委会公布的审查案件中，不少案件是当事人在穷尽法律救济途径的情况下，通过备案审查制度向全国人大常委会寻求救济的。备案审查活动的公开和宣传，是一场生动的法治教育。公民通过备案审查制度维护自身权利的意识逐渐觉醒，通过备案审查制度维护自身权利的现象也将逐渐增多。

以上种种，均要求人们转变思想，从宪法实施的高度来认识立法监督的重要性。审查主体要深刻认识到备案审查工作所面临的新形势和新任务，深刻认识到备案审查制度是保障宪法法律实施的重要制度，在保障宪法法律实施过程中占有举足轻重的地位。审查主体要切实转变不正确的观念，将备案审查工作落到实处。备案审查制度充分实施，违法、不适当的规范性法律文件切实得到纠正，是在立法监督领域弘扬社会主义核心价值观的最好方式。

（二）以社会主义核心价值观为指导，完善审查制度机制，提升审查能力

以社会主义核心价值观为价值导向，可以进一步明确立法监督的目标价值，进而完善审查制度机制，提升审查能力。

---

〔80〕 习近平：《习近平谈治国理政》（第 1 卷），外文出版社 2018 年版，第 140 页。

〔81〕 沈春耀：《全国人民代表大会常务委员会法制工作委员会关于 2018 年备案审查工作情况的报告》，第十三届全国人民代表大会常务委员会第七次会议，2018 年 12 月 24 日。

首先,完善备案审查制度。完善备案审查制度,应当明确规范性文件备案审查的范围。地方人大常委会作出的决议,行政机关作出的决定和命令,满足一定的条件的,应当纳入备案审查的范围。这些决议、决定和命令是否应该纳入备案审查的范围,可以从内容和影响范围两个方面作出判断。内容标准是指规范性文件应当能够约束不特定的公民、组织的行为或者影响不特定公民、组织的权利和义务。"不特定"是指规范性文件所针对的对象不特定,规范性文件未指定具体的公民或者组织。如果规范性文件是关于某个人的任命决定、表彰或处分决定,即使其涉及相关主体的权利和义务,也没有必要将其纳入备案审查的范畴。外部性标准要求规范性文件应当适用于系统外部,而不仅仅适用于系统内部。内部文件是为了对隶属于自身的组织、人员和财务进行管理而制作的文件,如规范本机关内部的工作制度、管理制度、人事任免决定和针对具体事项的报告等。只有适用于系统外部的规范性文件才属于备案审查的范畴。满足以上两个方面要求的规范性文件均应当纳入备案审查的范围。其中,地方人大常委会作出的"决议"的备案审查程序可以参照地方性法规的备案审查程序进行。完善备案审查制度,应当明确审查决定的法律效力。对公民而言,守法激励、违法制裁才能彰显法律的权威。在完善弘扬社会主义核心价值观的法律政策体系时,最为关键的是,要建立严格的守法激励与违法惩戒制度,对那些长期遵纪守法、道德品格高尚的公民给予物质上与名誉上的奖励,对于违法行为给予法律公正的惩戒。[82] 对立法机关也同样如此,激励与追责双管齐下。审查决定的法律效力及其导致的后果,涉及国家机关彼此之间关系和立法权限的调整、安排,是十分重要的宪法性问题,应当由宪法或者法律加以规定。应当制定专门法律或者修改现有法律,使这一问题得到妥善解决。

其次,进一步优化审查机制。工作机制不够通畅,会使相关主体在沟通的过程中损耗更多的时间和精力。优化审查机制应做到以下三点:第一,应当将审查职权相对集中化。目前,常委会办公厅(室)、法工委、专门委员会均在一定程度上具有审查职权。常委会办公厅(室)负责对外沟通和联络,对规范性文件进行接收、登记和分送,法工委提出研究意见,专门委员会进行审查。由于这样或者那样的原因,专门委员会在实践中基本没有行使审查职权。相对分散的权力行使机制,使整个审查机制的运行较为繁琐,审查流程较为漫长,不利于审查职权的行使。审查职权相对集中化是指将审查职权相对集中到常委会法工委,让法

---

〔82〕 闫光永、郭锋:《弘扬社会主义核心价值观的法律政策体系研究》,载《行政管理改革》2020 年第 8 期。

工委统筹整个审查过程。这虽然有利于优化审查机制，提高审查效率，但这一安排也面临着正当性难题。在机构性质上，法工委是人大常委会的工作机构，“工作机构可以认为是一种半职能性机构，它可以行使一定的法律职权，但不可以以独立名义发布执行性的文件、指示、命令，它是为职能机构提供服务的。所以，它本质上是一种服务机构”。〔83〕在人员组成上，法工委的多数成员并非由选举产生，而是通过任命产生。因此，法工委可以承担实际的研究工作，提出研究意见，但不宜直接对外作出审查决定。一种可能的改进路径是坚持“名”“实”分离，将法工委的批准职能剥离出来，交给宪法和法律委员会，法工委专司辅助性工作，回归其自身机构定位。〔84〕第二，应当加强审查过程中的公众参与。审查程序启动后，应当允许提出审查建议的公民、组织进一步参与到审查程序中去，在审查程序中进一步表达自己的主张，回应制定机关提出的意见。同时，备案审查不应当仅仅将结果进行公开，审查过程也应当向社会进行公开。公开是公众参与的前提条件，没有公开，公众参与无从谈起。第三，应当加强备案审查衔接联动机制。目前，不同的备案审查体系之间建立一定的衔接联动机制。在中央层面，这一衔接联动机制已经建立并发挥作用，但在地方层面，法规备案审查与党内法规、规范性文件的备案审查工作联系对接还很不够。并且，这些衔接联动机制还没有充分制度化和规范化，处于不稳定的状态，易受到时势影响而被改变。加强备案审查衔接联动机制，需要将现有的衔接联动机制予以制度化和规范化，在制度化和规范化的基础上，完善衔接联动机制的内容，将其逐步科学化。

最后，进一步提升审查能力。第一，需要完善审查机构的设置。人大常委会配备专门的审查机构，是行使自身审查职权的重要保障。在部分地方人大常委会，法工委中至今没有配备专门的内设机构来负责审查工作。审查工作通常由负责其他工作的机构和人员兼任，这不利于提升审查能力。第二，需要加强审查工作队伍建设。应当重视人才的引进和培养，增加人才储备。应当逐步形成学习培训的长效机制，通过举办专题培训班、以会带训、挂职锻炼等多种形式，加强政治素质、业务素质和实践能力的培养、锤炼，使人员力量、队伍素质、队伍结构与备案审查工作相适应。应当注重在实践中积累经验，增强其实践能力。在人大及其常委会、政府审查能力相对不足的情形下，从社会中汲取相关资源以便快速提高审查能力十分必要。一方面，提升审查能力，有必要从社会中汲取人力资

---

〔83〕 蔡定剑：《中国人民代表大会制度》（第4版），法律出版社2003年版，第476页。

〔84〕 褚宸舸：《论答复法律询问的效力——兼论全国人大常委会法工委的机构属性》，载《政治与法律》2014年第4期。

源。2016年6月,中共中央办公厅下发的《从律师和法学专家中公开选拔立法工作者、法官、检察官办法》提出,具有立法权的人大常委会的法工委,政府的法制办可以从符合条件的律师、法学专家中公开选拔立法工作者。通过人才选拔,可以较为快速地解决立法工作队伍专业化、规范化的问题。另一方面,提升审查能力,也有必要从社会中汲取智识资源。通过建立顾问专家库,定向委托、招标等方式汲取社会智识资源参与地方立法的起草、调研、论证或者评估工作,是提高设区的市立法能力的重要途径。实践中,有的省份已经采用了这一方式,如江苏省。2018年,江苏省从法制实务部门、法学教学科研单位等聘请了37名专家,成立了新一届的备案审查咨询专家组。对于省政府的规章和规范性文件,在专门委员会、法制工作委员会进行审查的同时,还委托2名备案审查咨询专家开展审查。四年多的时间里,备案审查咨询专家向法制工作委员会提供了130多份审查意见和建议,为法制工作委员会的审查工作扩宽了视野,提供了智力支撑。[85]

(三)善于将社会主义核心价值观融入立法监督的各个环节

在目标确立环节,要将立法监督所要达到的目的、所要实现的目标自觉与社会主义核心价值观相对接,自觉用社会主义核心价值观来检验、校正立法监督的目标。社会主义核心价值观的价值导向与立法监督的目标具有一致性。立法监督的目标偏离了社会主义核心价值观的导向要求,便背离了立法监督的制度设置初衷和本意。人们关于任何价值的信念、信仰和理想一旦形成,就会成为人们心目中用以评量事物之意义、权衡得失轻重、决定褒贬弃取的"天平"和"尺子"。[86] 在每一项立法监督活动的进行过程中,监督者都要自觉用社会主义核心价值观来评价、衡量立法监督的目标。

在确立审查标准环节,在合法性审查中,社会主义核心价值观不宜直接作为合法性审查的审查标准。在合法性审查中,上位法的明确规定是合法性审查首先需要遵循的审查标准。具体言之,对行政法规进行合法性审查,应当将法律的明确规定作为主要的审查标准;对地方性法规进行合法性审查,应当将法律、行政法规的明确规定作为主要的审查标准;对地方政府规章进行合法性审查,应当将法律、行政法规、地方性法规作为主要的审查标准。在依据上位法的明确规定可以直接得出审查结果的场景中,不宜将社会主义核心价值观直接作为审查依据。在无法依据上位法的明确规定直接作出审查结论的场景中,需要借助立法

---

〔85〕 王腊生:《江苏省人民代表大会常务委员会法制工作委员会关于备案审查工作情况的报告》,江苏省十三届人大常委会第六次会议,2018年11月21日。

〔86〕 李德顺:《价值论:一种主体性的研究》(第3版),中国人民大学出版社2013年版,第153页。

目的来进行审查。此时,社会主义核心价值观可以作为评判立法目的的重要标准。立法目的符合社会主义核心价值观,则意味着立法目的具有正当性;立法目的不符合社会主义核心价值观,则意味着立法目的不具有正当性。审查机关可以据此得出审查对象是否具有合法性的结论。在审查结论面临价值冲突的场景中,审查机关需要对相互冲突的价值进行衡量。然而,如何在相互冲突的价值中进行取舍,考验审查机关的实践智慧。理论研究虽然可以为价值衡量提供一定的方法论指导,但并不能直接为这些问题提供答案。毕竟,价值衡量需要在具体案件和具体语境中进行。脱离了具体案件和具体语境的,普遍适用的判断标准是不存在的。因此,要想审查结果具有较好的可接受性,审查机关需要综合考虑多种因素,进而作出最终的决定。这种实践技能,非经过漫长的岗位学习和实践锻炼是不可能习得的。

第三节　完善弘扬社会主义核心价值观的行政监督体系

作为行政监督体系重要组成部分的行政执法检察监督,是新时代背景下监督行政权力的有力武器;探讨行政执法检察监督如何完善弘扬社会主义核心价值观,是推进马克思主义中国化时代化的重要体现。这一命题是“马克思主义基本原理同中国具体实践相结合、同中华优秀传统文化相结合”的产物。因此,如何在行政执法检察监督中完善弘扬社会主义价值观有助于系统地完善弘扬社会主义核心价值观的行政监督体系。下文将围绕行政执法检察监督制度,探讨行政执法检察监督制度弘扬社会主义核心价值观的现状,进而发现该制度在弘扬社会主义核心价值观中存在的问题,最终给出相应的解决方案。

一、行政监督与行政执法检察监督的内涵

行政执法检察监督指的是由检察机关对行政机关的行政执法行为进行的法律监督,作为一种新型行政监督方式,其试图直接对行政执法行为展开监督,有助于有效监督行政执法行为。因此,本节将以行政执法检察监督为微观视角,探讨行政监督弘扬社会主义核心价值观的现状、问题与路径。行政执法检察监督是行政监督与行政权检察监督的下位概念,因而本节首先将阐述行政监督、行政权检察监督的含义,进而解读行政执法检察监督的内涵与外延。

(一)行政监督内涵

行政监督的概念与内涵在学术界莫衷一是,未能达成共识。党的十八届四中全会通过的《中共中央关于全面推进依法治国若干重大问题的决定》首次明确提出建立“严密的法治监督体系”,提出了对行政权进行制约和监督的八种监督方式:党内监督、人大监督、民主监督、行政监督、司法监督、审计监督、社会监督、舆论监督等。本节所探讨的行政监督指的就是上述《中共中央关于全面推进依法治国若干重大问题的决定》所提出的“行政监督”,但理论界对“行政监督”的解读不一。总的来说,理论界对行政监督的概念界定的代表性观点如下:

一是“行政机关的自我监督说”。其主张行政监督仅指“由行政机关进行的内部自我监督”。[87] 认为监督只包括行政机关上下级之间的互相监督以及专门监督机关对其他行政部门的监督。此种方式的监督主体限定为行政机关自身,使监督完全成为自我监督,监督的目的在于提高行政效率、保证政令通畅,[88]是行政组织的一种自我调节机制,是行政权力主体自我控制、自我调节的手段。[89]很显然,行政监督不可能只包含自我监督,还需要外部力量对行政权予以制约。

二是“管理与制约说”。这种以监督作用的性质为中心的定义,其主张监督实质上是一种管理和制约行为,即通过管理与制约来及时完成任务或防止权力滥用的行为。管理意义上的监督目的是“行政控制”,主要是为了保证政令通畅和提高行政效率,制约意义上的监督目的是“制约行政权力”,其主要是为了保障权力的良性行使。[90] 此学说为明晰行政监督的内涵提供了有益的借鉴。但其将管理与制约并重的做法在一定程度上忽视了对权力监督的重视,亦会混淆管理与监督,故无法据此直接推出行政监督的含义。

三是“内部监督和外部监督构成说”。依据行政监督的主体不同,可将行政监督划分为外部监督与内部监督,外部监督是指行政机关以外的权力与非权力主体对行政机关及其工作人员实施的监督,内部监督可以划分为专门监督和非专门监督两类,基本上同上述行政机关的自我监督范围一致。[91] 随着国家法律与政策的变化,行政监督的主体也在不断扩大,譬如增加了以监察委员会为监督

---

〔87〕 刁田丁、蒋伟:《浅析行政监督的科学内涵》,载《社会主义研究》1996 年第 1 期。

〔88〕 侯志山、侯志光:《行政监督与制约研究》,北京大学出版社 2013 年版,第 68 – 69 页。

〔89〕 郭泽保:《加强我国行政监督机制的战略思考》,载《中国行政管理》1999 年第 12 期。

〔90〕 刁田丁、蒋伟:《浅析行政监督的科学内涵》,载《社会主义研究》1996 年第 1 期。

〔91〕 王世雄:《我国行政监督体制的现状与发展趋向》,载《政治与法律》2000 年第 6 期。

主体的监察监督，同时扩大了检察监督中公益诉讼的范围。[92]

四是"监督行政说"。此学说的划分依据为监督客体，主张行政监督是指法定的监督主体对行政机关及其工作人员的行政行为实施的监督活动。但是，对监督主体的不同理解致使此学说又衍生出不同的解释，包括最狭义、狭义、较狭义、较广义以及广义理解。概言之，其中的争议焦点在于监督主体是否仅限于行政机关内部，是否包括社会组织、公民。从功能角度而言，广义的解释蕴含了行政监督的真正要义，即通过各个不同的社会系统开展对行政权力的监督，以发挥各自不同的监督作用。[93]

综上，在综合"内部监督与外部监督构成说"与"监督行政说"的基础上，可以将行政监督定义为由国家机关、社会团体（包括政党）或个人对国家行政机关及其公务人员所做的约束、检查、督促，其目的是使行政机关及其公务人员的政务活动合法、合理，增强行政人员的"公仆"意识，提高行政效能，进而防止滥用行政权力并且保证行政权力正常行使。[94] 其中，防止权力滥用、保障行政权力正常行使是根本的监督目的。综合监督主体与监督客体学说，以内部监督与外部监督为分类依据，我国行政监督体系是指相对独立又共处一体的各行政监督主体所构成的对行政权力运行进行分工又协作监督的系统。我国的行政监督体系如图 4－1 所示[95]：

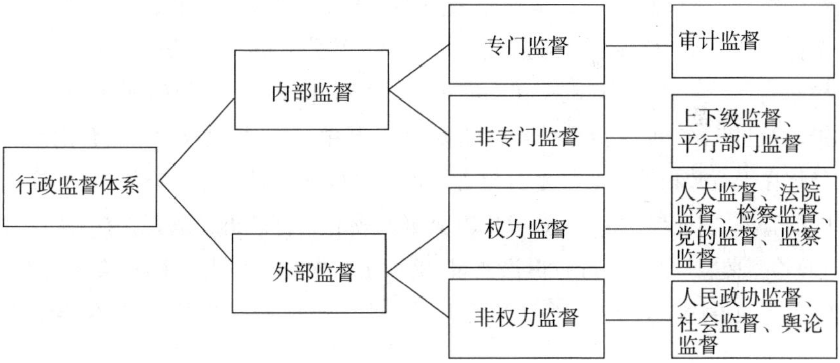

图 4－1　我国的行政监督体系

---

〔92〕 陈家勋：《行政检察：国家行政监督体系中的补强力量》，载《现代法学》2020 年第 6 期。

〔93〕 刁田丁、蒋伟：《浅析行政监督的科学内涵》，载《社会主义研究》1996 年第 1 期。

〔94〕 陈奇星：《行政监督新论》，国家行政学院出版社 2008 年版，第 2 页。

〔95〕 陈奇星：《试论加强和完善行政监督机制》，载《社会科学》1999 年第 11 期；陈奇星：《行政监督新论》，国家行政学院出版社 2008 年版，第 3、170－182 页。

（二）行政权检察监督内涵

当前，我国已经建立了较为完备的行政监督体系，但由于行政权力具有天然的膨胀性，我国开始逐步扩大检察机关的法律监督职能，以此展开对行政权力的有效监督。较之其他的监督方式，检察监督对诉讼制度的依赖较低，并能为行政监督活动提供客观公正的第三方保障和专业的法律支援，[96]其中的行政检察作为一项新兴事物也在试图展开对行政执法的直接监督。这些监督方式具有时代性、先进性和有效性，因而本节将集中探讨行政监督中的检察监督，探讨其在弘扬社会主义核心价值观中的作用。有学者将检察监督概括为行政权检察监督，即检察机关对行政权开展的法律监督活动，是对检察监督活动中所有与行政监督相关的概念之整合。[97] 本节采用此种表述，并用行政权检察监督来代表包括“行政检察”“行政检察监督”等监督行政权力的检察行为。当前理论界和实务界对行政权检察监督的概念界定、监督范围等方面均存在不同理解，不同观点又存在各自的优缺点，本节试图在综合各观点的基础上，结合我国的法律规范与实践，对行政权检察监督的内涵和外延做出尽可能全面和科学的界定。

有学者认为，从检察实践中看，行政权检察监督主要分为三类：一是行政检察，其核心是行政诉讼监督，包括裁判结果监督、审判人员违法行为监督和执行监督（含非诉执行监督）；二是行政公益诉讼检察，检察机关有权在生态环境和资源保护等领域对行政主体进行监督，提起行政公益诉讼；三是参与社会治理提出检察建议的工作，检察机关在办案中发现有关单位不依法及时履职的，可以向其提出改进工作、完善治理的检察建议。[98] 其中，关于行政权检察监督内涵的主要分歧在于行政权检察监督是否包含诉讼外的监督。对此，理论界和实务界存在不同的看法，实务界认为，行政权检察监督的核心是行政诉讼监督，[99] 并且常以“行政检察监督”来指代行政诉讼监督，例如张军检察长指出，“行政检察监督”要围绕着行政诉讼监督展开。[100] 理论界则认为，“行政检察监督”必然包含对诉讼

---

〔96〕 陈家勋：《行政检察：国家行政监督体系中的补强力量》，载《现代法学》2020 年第 6 期。

〔97〕 秦前红、陈家勋：《打造适于直面行政权的检察监督》，载《探索》2020 年第 6 期。

〔98〕 秦前红、陈家勋：《打造适于直面行政权的检察监督》，载《探索》2020 年第 6 期。

〔99〕 这是最高人民检察院副检察长张雪樵于 2019 年 9 月 25 日新闻发布会上的观点，参见闫晶晶：《强化案例指导　提升行政检察监督能力》，载《检察日报》2019 年 9 月 26 日，第 1 版。

〔100〕 姜洪：《全面贯彻习近平总书记重要讲话精神　推动各项法律监督工作全面协调充分发展》，载《检察日报》2019 年 1 月 18 日，第 1 版。

外行政行为的监督，[101]甚至有学者认为行政检察监督不包含诉讼监督，[102]也有学者创设了"行政执法检察监督"[103]"行政行为检察监督"[104]等概念，认为其是"行政检察监督"的重要部分，是监督行政权力的重要阵地。对"行政执法检察监督"这一概念，将在后文进一步阐述。

本节认为，行政权检察监督包括诉讼和非诉讼监督，而这一论断符合当前的检察实践。尽管有学者认为行政权检察监督不同于诉讼监督，行政权检察监督是检察机关对行政行为是否符合宪法法律开展的直接监督。行政权检察监督包括行政公益诉讼诉前程序，但不包括行政诉讼监督、提起行政公益诉讼，也不涉及行政立法、刑事司法等非行政管理活动。[105]但是，行政权检察监督作为检察机关的四大职能之一，不宜直接将诉讼监督排除在外，否则将存在合法性争议，将行政权检察监督理解为检察机关对行政行为的直接检察监督以及通过监督行政诉讼而对行政行为进行的间接监督更为妥当。[106]这一点也有国家政策文件的支持，《中共中央关于加强新时代检察机关法律监督工作的意见》（2021 年印发）第 10 条提出要全面深化行政检察监督，其首先提出检察机关依法履行对行政诉讼活动的法律监督职能。换言之，行政权检察监督是指为了维护行政法制秩序，检察机关根据宪法、法律的规定，对行政行为、行政诉讼活动展开的监督、纠正。[107]

（三）行政执法检察监督的内涵

行政执法检察监督是行政权检察监督的重要部分，是监督行政权力的重要

---

[101] 姜明安：《论新时代中国特色行政检察》，载《国家检察官学院学报》2020 年第 4 期；刘艺：《构建行政检察监督机制的意义、方法和重点》，载《人民检察》2016 年第 16 期；湛中乐：《三个层面构建科学的行政检察监督体系》，载《人民检察》2015 年第 2 期。

[102] 秦前红：《两种"法律监督"的概念分野与行政检察监督之归位》，载《东方法学》2018 年第 1 期；陈家勋：《行政检察：国家行政监督体系中的补强力量》，载《现代法学》2020 年第 6 期；解志勇：《行政检察：解决行政争议的第三条道路》，载《中国法学》2015 年第 1 期。

[103] 秦前红：《两种"法律监督"的概念分野与行政检察监督之归位》，载《东方法学》2018 年第 1 期；杜睿哲、赵潇：《行政执法检察监督：理念、路径与规范》，载《国家行政学院学报》2014 年第 2 期。

[104] 唐璨：《论行政行为检察监督及其制度优势》，载《江淮论坛》2015 年第 2 期。

[105] 陈家勋：《行政检察：国家行政监督体系中的补强力量》，载《现代法学》2020 年第 6 期；解志勇：《行政检察：解决行政争议的第三条道路》，载《中国法学》2015 年第 1 期。

[106] 葛晓燕：《我国行政检察监督的检讨与重构——兼及〈行政诉讼法〉的修改》，载《南京社会科学》2014 年第 6 期。

[107] 宋京霖：《我国行政检察监督研究热点与趋势》，载《人民检察》2017 年第 18 期；张步洪：《行政检察制度论》，中国检察出版社 2013 年版，第 13－14 页。

阵地,[108]行政执法检察监督对于监督行政权力而言至关重要。综观我国行政执法之现状,尽管近年来法治化水平已有较大的提升,但不规范执法、暴力执法、选择性执法、钓鱼式执法等问题依然存在,引发了诸多社会矛盾和纠纷。[109] 目前对行政执法检察监督尚无统一的概念和定义,主要有狭义和广义两种观点。

狭义观点主张,行政执法检察监督是指检察机关针对涉及国家利益、公共利益的行政违法行为的监督,主要基于行政体系内部监督不力,又缺乏其他法律救济途径。检察机关通过督促有关行政机关履行职责、向行政机关发出纠正意见等方式进行监督。[110] 检察机关所监督的行政违法情形包括地方和部门利益保护侵害国家利益与公共利益、滥用行政职权,损害国家利益与公共利益、行政不作为造成国家利益与公共利益严重损害等情况,对行政执法行为进行检察监督的方式包括督促行政机关履行职责、向行政机关提出纠正意见以及提出综合治理意见。[111] 有实务工作者认为,行政执法检察监督区别于行政诉讼检察监督,其专指检察机关对行政执法主体的行政执法行为所作的监督,不包括检察机关对审判机关行政诉讼活动的合法性进行监督,其属于检察机关诉讼外的法律监督。[112]

广义观点主张,行政执法检察监督指的是检察机关对行政执法行为实施法律监督的职能,检察机关的监督权主要包括司法监督和非司法监督,行政执法检察监督区别于传统意义上的司法监督,更加强调结合司法和非司法监督,更加凸显非司法监督的作用。[113] 此外,有的学者则不直接论述行政执法监察监督的概念,而是直接阐述行政执法监察监督的方式,认为监督方式包括检察建议、支持起诉、行政执法备案、提起行政公诉等。[114]

行政执法检察监督主要是学理概念,并未出现在法律法规之中,但是出现在部分规范性文件中,如2015年浙江省人民检察院和省人民政府法制办联合制定《关于在部分地区开展行政执法检察监督与政府法制监督协作机制建设试点工

---

〔108〕 秦前红:《两种"法律监督"的概念分野与行政检察监督之归位》,载《东方法学》2018年第1期。

〔109〕 林越坚、刘青青:《检察机关行政执法监督的法律经济学重述》,载《国家检察官学院学报》2017年第5期。

〔110〕 傅国云:《行政检察监督研究:从历史变迁到制度架构》,法律出版社2014年版,第128页。

〔111〕 傅国云:《行政检察监督研究:从历史变迁到制度架构》,法律出版社2014年版,第129-136页。

〔112〕 关仕新、马丽霞:《行政执法检察监督机制专题研讨会召开》,载中华人民共和国最高人民检察院网,https://www.spp.gov.cn/spp/zdgz/201507/t20150730_102200.shtml。

〔113〕 杜睿哲、赵潇:《行政执法检察监督:理念、路径与规范》,载《国家行政学院学报》2014年第2期。

〔114〕 崔建科:《论行政执法检察监督制度的构建》,载《法学论坛》2014年第4期。

作的通知》中提及行政执法检察监督,2014 年通过的《山东省检察机关行政执法检察监督工作规范(试行)》也提到了行政执法检察监督的概念。从功能主义的角度,本节主张对行政执法检察监督采用广义的解释,认为其包括司法监督和非司法监督。有学者认为,行政执法检察监督的监督方式包括四种,即行政检察建议、支持行政相对人提起行政诉讼、督促行政机关提起民事诉讼、提起行政诉讼。[115] 笔者认为,提起行政诉讼不应当是检察机关的职责,检察机关可以提起公益诉讼而不是行政诉讼,行政诉讼的当事人应当是"官"与"民",而不是"官"与"官"。此外,督促行政机关提起民事诉讼也不具有规范和实践依据,不属于行政执法检察监督的范围。行政执法检察监督还应当包括支持行政相对人提起诉讼,即当公民、法人或其他组织的合法权益因行政机关的执法行为受到重大侵害,无力起诉或不敢起诉时,支持行政相对人提起行政诉讼,以维护其合法权益。[116] 此外,为了区别于行政权检察监督,行政执法检察监督不包括针对审判人员的直接监督,其监督原因应当是违法或不合理的行政执法行为。综上,行政执法检察监督包括直接和间接对行政执法行为展开的监督。[117] 以上监督方式主要可以划分为两种类型:一是司法监督,包括提起行政公益诉讼、提起行政附带民事公益诉讼、支持行政相对人提起诉讼、提出抗诉;二是非司法监督,包括检察建议、行政争议实质化解工作。因此,凡是对行政机关的行政行为展开法律监督的行为均属于行政执法检察监督的范围。需要注意的是,其不包括因审判人员过错产生的监督,结合实践中的监督方式,行政执法检察监督方式从表 4－3 可见:

表 4－3　行政执法检察监督方式

<table>
<tr><th>监督对象</th><th colspan="2">过程、场景</th><th>监督方式</th></tr>
<tr><td rowspan="4">行政执法行为</td><td colspan="2">行政执法过程前</td><td>检察建议</td></tr>
<tr><td colspan="2">行政执法过程中</td><td>检察建议、提起行政公益诉讼、提起行政附带民事公益诉讼、支持行政相对人提起诉讼</td></tr>
<tr><td rowspan="2">行政执法终结后</td><td>诉讼后申请监督</td><td>检察建议、提出抗诉、行政争议实质化解工作</td></tr>
<tr><td>申请非诉监督</td><td>检察建议、行政争议实质化解工作</td></tr>
</table>

[115] 杜睿哲、赵潇:《行政执法检察监督:理念、路径与规范》,载《国家行政学院学报》2014 年第 2 期。

[116] 崔建科:《论行政执法检察监督制度的构建》,载《法学论坛》2014 年第 4 期。

[117] 崔建科:《论行政执法检察监督制度的构建》,载《法学论坛》2014 年第 4 期;杜睿哲、赵潇:《行政执法检察监督:理念、路径与规范》,载《国家行政学院学报》2014 年第 2 期。

综上,检察机关不断地扩大与完善其行政监督职能,国家也在不断修改《行政诉讼法》《刑事诉讼法》《人民检察院组织法》等法律以保障检察机关的法律监督地位。在监督行政权力的领域中,理论界和实务界关于“行政检察监督”的范围存在一定的争议,尽管权威观点主张“行政检察监督”主要是为了监督非诉讼行政行为,这是基于“公共行政”与“多方主体”分类标准所做的定义。但是从实践的角度出发,本节支持行政权检察监督包括与行政诉讼有关的监督,行政执法检察监督亦包括与诉讼有关的监督。但不可否认的是,尽管当前规范层面的行政权检察监督仍立足于诉讼层面,但是直接监督行政行为的配套制度已经在不断完善,例如《人民检察院检察建议工作规定》(2019 年实施)(以下简称《检察建议》)的实施。从实践来看,不少具体行政行为确实不适宜采取诉讼的手段进行规制和监督,例如不少涉及公共利益的行政执法行为等具体行政行为,这类行政行为可能存在合法但不合理的问题,采用诉讼的手段难以有效地规制,因此,行政执法检察监督不失为一种有效的规制手段。为了更加有效地规制行政行为,本节将重点探讨行政执法检察监督弘扬社会主义核心价值观的现状与存在的问题,以期为实践提供行之有效的建议。

二、行政执法检察监督弘扬社会主义核心价值观的现状

总的来看,当前我国还没有专门法律规定如何在行政执法检察监督中弘扬社会主义核心价值观,有关立法不足,法律仅规定检察机关应践行社会主义核心价值观。下文将从社会主义核心价值观融入法律规范与司法实践两个层面梳理行政执法检察监督弘扬社会主义核心价值观的现状。

(一)社会主义核心价值观融入有关法律规范的现状

现行法律规定检察机关应当践行社会主义核心价值观。当前的法律规定了检察机关与检察人员应当践行和遵守社会主义核心价值观的要求,《人民检察院组织法》(2018 年修订)第 5、6 条均提出了检察机关应当践行“平等、公正、法治”的要求,《检察官法》(2019 年修订)第 3 条至第 10 条提出检察人员应当维护社会公平正义、恪守职业道德、秉持客观公正的立场、维护国家利益和社会公共利益。此外,我国出台了《检察建议》规定检察机关可以针对特定事项向行政机关提出检察建议。综上,在法律层面,国家法律已经规定了检察机关应当践行社会主义核心价值观。

但是,没有专门制定法律规范要求展开行政执法检察监督,也没有要求行政执法检察监督弘扬社会主义核心价值观,行政执法检察监督立法不足。总体来

说，国家层面没有出台相关的法律、法规、规范性文件规定行政执法检察监督制度。党的十八大以来，检察体制改革的一个重要方向，就是推动检察机关回归法律监督机关的宪制定位，加强检察机关对执法司法活动的监督，让检察机关成为高效的法律监督机关，强化检察机关监督行政执法的职能。根据国家的规定，行政检察部分的职能包括办理申请监督和提请抗诉的行政案件的审查、抗诉，对诉讼活动开展法律监督，对审判监督程序外的其他程序中审判人员的违法行为提出检察建议，对行政执法活动实行法律监督。实践中，各地检察机关也在行政执法检察监督方面作出尝试，2004 年珠海市人民检察院制定的《法律监督工作实施细则》对检察机关监督行政执法活动作出了规定。2011 年，山东省人民检察院确定了全省 10 个基层检察院，开展行政执法检察监督的试点工作，山西、浙江、广西、黑龙江、广东等省也进行了该项试点工作，试点取得了很好的效果，为建立行政执法检察监督制度提供了有益的经验。[118] 江苏省丹阳市人民检察院建立了“行政执法检察监督平台”，以此来解决执法中涉及犯罪、侵犯公共利益和国家利益的现象。[119]

（二）社会主义核心价值观融入有关司法实践的情况

房屋土地纠纷、生态环境保护、安全生产、社会治理四个领域是行政执法检察监督的重点。在解决行政争议的过程中，检察机关试图平衡好法律与道德之间的关系，以便有效化解“官民”间的实质性矛盾，进而满足双方对“公正”等价值的追求，这些做法本质上弘扬了社会主义核心价值观。截至 2022 年 1 月 7 日，通过对最高人民检察院公布的指导性案例和典型案例进行筛选，共计获得 38 件行政执法检察监督案件，通过对 38 个案例进行分析，可以得出行政执法检察监督的监督方式类型分布（见表 4 －4）。

表 4 －4　行政执法检察监督方式类型分布

监督方式	诉前检察建议	行政争议实质化解工作	行政公益诉讼	检察建议	抗诉	行政附带民事公益诉讼	支持起诉
次数	18	8	5	5	4	1	0

注：每件案件中一般不止采用一种监督方式。

如表 4 －4 所示，检察建议与行政争议实质化解工作是两种最为常用的方

[118] 崔建科：《论行政执法检察监督制度的构建》，载《法学论坛》2014 年第 4 期。

[119] 卢志坚、杨磊：《江苏丹阳：大数据平台推动行政执法检察监督工作》，载江苏检察网，https://www.spp.gov.cn/spp/zdgz/201804/t20180413_374242.shtml。

式,总计为31次,而使用司法类监督的次数总计为10次。由此可见,在行政执法检察监督中,非司法类监督多于司法类监督。这从侧面反映了社会主义核心价值观在行政执法检察监督中的重要作用。相较之于司法监督这类硬手段,非司法监督作为一种软性的监督手段能够弥补正式制度的不足,进而有助于实现个案正义,这种方式与社会主义核心价值观的精神内核相契合。2016年中共中央办公厅、国务院办公厅印发的《关于进一步把社会主义核心价值观融入法治建设的指导意见》强调,把社会主义核心价值观融入法治国家、法治政府、法治社会建设全过程,融入科学立法、严格执法、公正司法、全民守法各环节,把社会主义核心价值观的要求体现到宪法法律、法规规章和公共政策之中,以法治体现道德理念、强化法律对道德建设的促进作用,推动社会主义核心价值观更加深入人心。将社会主义核心价值观融入行政执法检察监督,本质上是促进法治与德治的融合,使有关道德理念和要求能够弥补法治的不足。由此可见,大力推行非司法性监督有助于充分发挥囊括德治意涵的法治精神,让社会主义核心价值观中的具体价值观指导行政执法与检察实践。

在38件行政执法检察监督的案例中,检例第117号案例陈某诉江苏省某市某区人民政府强制拆迁及行政赔偿检察监督案(以下简称案例一)与行政检察与民同行系列典型案例(第一批)倪某某诉浙江省文物局政府信息公开检察监督案(以下简称案例二)便是弘扬社会主义核心价值观的典型案例。

案例一:2013年,陈某位于某村民小组的房屋被损毁,其向某公安局报警,因属于政府征地拆迁案件,公安机关未予立案。2015年8月18日,陈某向某市中级人民法院提起行政诉讼,请求确认区人民政府拆除其房屋及厂房(与房屋一体)的行政行为违法,并判决赔偿其损失,法院经审理认为,陈某的起诉缺乏事实根据,不能证明案涉房屋系区政府拆除,故裁定驳回起诉。陈某不服,提起上诉。江苏省高级人民法院裁定驳回上诉,维持原裁定。陈某提出再审申请,被最高人民法院裁定驳回。陈某不服人民法院生效裁定,向检察机关申请监督。江苏省人民检察院依法受理,经审查,提请最高人民检察院抗诉。最高人民检察院经过调查核实查明因陈某与区人民政府未能就区人民政府的补充赔偿方案达成一致意见,由区人民政府委托的某房产拆迁公司指派专项拆除的某建筑拆除公司对陈某的房屋进行了强制拆除。检察机关审查认为,区人民政府应当对受委托公司的行为后果承担责任,原审人民法院以被告主体不适格裁定驳回起诉不当。鉴于双方具有和解意愿,最高人民检察院决定推动区人民政府与陈某达成和解,由最高人民检察院成立办案组,办案组与江苏省三级检察机关联动,与区人民政府展开座谈,强调其应当秉持诚实信用原则,依法承担责任,随后三级检察机关与区人民政府多次对接,并召开多方参与的听证会,在四级检察院合力推动和各方积极参与下,双方按照拆迁安置补偿标准和相关利率达成赔偿协议。2020 年 7 月 31 日,陈某向检察机关提交撤回监督申请,最高人民检察院依法作出终结审查决定。持续 7 年的行政争议最终化解。

案例二:2017 年 7 月,倪某某所在村确定农房改造方案,其被安置到该村中学附近地块。2018 年 1 月,该地块经浙江省考古研究所实地勘察,属于某故城遗址,具有重要的历史价值,需及时开发保护,倪某某安置房建设因此无法进行,需另行安置。倪某某遂向浙江省文物局申请政府信息公开,要求公开案涉地块勘探文物和确认文物的依据。因对公开信息内容存疑,倪某某向人民法院提起诉讼,但因超过起诉期限,法院裁定驳回起诉。后申请再审亦被驳回。2020 年 11 月,倪某某向浙江省杭州市原下城区人民检察院(现为拱墅区人民检察院)申请监督。原下城区人民检察院经审查认为,法院以超过起诉期限为由驳回起诉并无不当,检察机关不应支持倪某某的监督申请。但经调查核实,了解到倪某某因安置房迟迟未能落实,合法安置建房权益未得到保障,一家四口居住在拥挤破旧的老房中,该案行政争议并未得到实质化解,案涉地块的某故城遗址开发保护工作也受到阻滞。为了更好地推动本案行政争议化解,帮助申请人尽快落实安置建房手续,推进某故城遗址开发保护工作,原下城区人民检察院成立以检察长为主办检察官的办案组,赶赴当地调查核实,查明申请人的实质诉求是实现“尽早落实安置建房”和“要求政府对某故城遗址考古工作作出说明和不会用于商业开发的承诺”。2021 年 3 月 30 日,原下城区人民检察院召开公开听证会,邀请人大代表、政协委员、文物专家、法学教授、基层群众代表担任听证员,围绕倪某某原安置房地块是否确系因某故城遗址考古需要而重新选址、遗址所在地是否会被用于文物保护之外的其他用途、倪某某现安置房建设能否得到保障三个焦点问题展开听证。听证会上,文物部门对某故城遗址的历史价值、开发情况和后续规划作出说明,相关行政机关提出安置建房方案,并承诺及时为其办理相关手续,让其尽早安置建房。倪某某表示接受,愿意息诉罢访,当场签订息诉罢访承诺书。

这两个案例均是涉及房屋拆迁的行政执法检察监督案件，不同之处在于案例一的案由是强制拆迁及行政赔偿，案例二的案由是政府信息公开。在两个案件中，检察机关的主要目的是推动行政争议纠纷的实质化解工作，为此，检察机关在一定程度上都“突破”了法律的现行规定。例如，在案例一中，依照法律的规定，检察院审查确认原生效裁定不当时应当提出抗诉，再由法院进行再审，判决区人民政府承担相应的赔偿责任。但是，由于双方皆有和解意愿，故检察机关展开行政争议实质性化解工作，促成双方签订赔偿协议。在案例二中，依照法律的规定，倪某某的监督申请本无法得到检察机关的支持，但是，检察机关依旧牵头处理好倪某某与文物部门以及相关行政机关之间的纠纷，切实保障倪某某的权益。这是由于自2019年10月以来最高人民检察院不断开展“加强行政检察监督促进行政争议实质化解”专项活动。[120] 在行政执法检察监督过程中，开展行政争议实质化解工作有助于协调好审判机关、行政机关以及当事人之间的关系，对行政机关展开高效的监督，促进社会和谐，其本身就是在贯彻和弘扬社会主义核心价值观。

但是，正如以上两个典型案例所展现的，为了实现个案正义，检察机关也会超越法律的边界以追求实质正义，这反映了在行政执法检察监督中，检察机关对社会主义核心价值观的把握依旧不够全面，实施不够科学，未能够充分实现德治与法治、实质正义与形式正义之间的平衡的问题还是存在。

三、行政执法检察监督弘扬社会主义核心价值观的问题

总的来看，当前我国行政执法检察监督弘扬社会主义核心价值观主要存在如下问题。

（一）行政执法检察监督不符合“法治”价值中的形式法治要求

在宏观层面，行政执法检察监督制度能够弘扬社会主义核心价值观。行政执法检察监督的目的是监督行政权力，保障公民权利，尤其契合“法治”价值中的实质法治要求。具体而言，检察机关在开展行政争议实质化解工作过程中，为了尽可能最大限度保障公民的权利、维护社会的和谐与稳定，往往会牺牲“法治”价值中的形式法治的要求，但是，这也是行政执法检察监督制度本身固有的不足和缺陷。

---

[120] 徐日丹、刘亭亭：《最高检：全国检察机关实质性化解行政争议6300余件》，载光明网，https://m.gmw.cn/baijia/2021-02/24/1302130003.html。

在自身性质方面,行政执法检察监督制度本身缺乏明确的法律依据。《人民检察院组织法》没有明确检察机关在行政执法监督中的地位与身份,也没有直接授权检察机关在行政公益诉讼之外展开正式的执法监督,大部分监督工作主要依据法律监督机关的宪法定位和检察机关内部司法文件,案件一般来自于检察机关在履行法定职责或办理案件中发现的违法行为。[121] 根据38个案例可知,行政执法检察监督中运用不少监督方式直接或间接展开对行政行为的监督,在实践中,检察机关可以通过提出诉前检察建议、提起行政公益诉讼、提起行政附带民事诉讼、支持行政相对人提起诉讼、抗诉以及开展行政实质纠纷化解工作来监督行政执法行为。其中,抗诉是由《人民检察院组织法》(2018年修正)规定的;支持行政相对人起诉是由最高人民检察院公布的《关于加强民事行政检察工作若干问题的意见》规定的;[122]《行政诉讼法》提出了检察建议这一概念,但系统规定检察建议制度的规范为最高人民检察院出台的《检察建议》;同样,《行政诉讼法》对行政公益诉讼作出了初步的制度设计,但系统规定行政公益诉讼制度的规范为《人民检察院公益诉讼办案规则》。此外,由检察机关直接向行政相对人提起行政附带民事公益诉讼既无法律规定,亦无司法解释规定。"开展行政争议实质化解工作"是在最高人民检察院的案例以及政策文件[123]中提出的,非法律或司法解释的规定。综上,行政执法检察监督的制度本身以及实施监督的方式均存在合法性疑义,难以满足社会主义核心价值观中"法治"价值中的形式法治要求。

在微观层面,即从行政执法检察监督的实施效果上看,该制度在实现社会效果与法律效果相统一方面还是存在不足。法律效果主要包括三个方面,即法律适用的强制性、法律适用的统一性以及法律适用的程序性,[124]这三个方面要求行政执法检察监督必须在法律框架内实施监督行为,对类似情况类似处理,相同情况相同处理,并且严格按照法律程序处理案件。社会效果指的是法律外的诸多因素,尤其以实现法律价值与社会价值、回应民意为重要内容。[125] 在行政执

---

[121] 秦前红、陈家勋:《论行政执法外部监督中正式监督机关的确立》,载《行政法学研究》2022年第1期。

[122] 其为最高人民检察院内部规范性文件,其中提出"要积极稳妥地开展支持起诉工作。对侵害国家利益、社会公共利益的案件,支持有起诉权的当事人向人民法院提起民事、行政诉讼"。参见崔建科:《论行政执法检察监督制度的构建》,载《法学论坛》2014年第4期。

[123] 《中共中央关于加强新时代检察机关法律监督工作的意见》。

[124] 邱水平:《论执法实践中坚持法律效果、社会效果与政治效果的统一》,载《法学杂志》2016年第10期。

[125] 陈金钊:《被社会效果所异化的法律效果及其克服——对两个效果统一论的反思》,载《东方法学》2012年第6期。

法检察监督中,不少检察机关为了追求社会效果而忽略了法律效果,甚至成为超越法律的“正当理由”,由于社会效果的判断标准、评价对象、取舍条件难以确定,因而很容易使基于社会效果下的监督沦为一种没有法律依据的独断,进而使检察人员使用价值判断代替(法律)规范判断,甚至于这种社会效果过于追求人民的满意,异化成为民众社会心理基础上的可接受性。[126] 检察机关的监督行为在一定限度上过于追求“社会治理”的实质效果,常常跳到了法律规范之外。[127] 例如,在案例一与案例二中,依据法律规定检察机关不应当越权行使法律监督权,在案例一中,检察机关应当指令法院再审,而不是直接开展和解工作,在案例二中,检察机关直接驳回监督申请即可,开展相关的工作没有法律依据,一是由于存在明确的法律规定以指引检察机关的行为,二是检察机关开展的行政争议实质化解工作不存在法律依据,因此检察机关实际上正是为了追求社会效果而忽视了法律效果,本质上也没有平衡好社会主义核心价值观中各个具体价值的关系,尤其是“形式法治”价值与其他价值之间的关系。

综上,行政执法检察监督为了追求社会主义核心价值观中的“实质法治”或其他价值,而一定程度上牺牲了“形式法治”的要求。形式法治在价值选择上偏重效率与自由,维护形式公平,实质法治主张对弱势群体的特殊关照,抑制功利主义效率所导致的实际不公平后果,通过对特殊情况给予特殊关照,避免适用普遍、一般规则可能造成的具体不公正结果。[128] 案例一与案例二为了保障当事人的权益没有遵循再审以及诉讼时效的规定,虽然在结果上实现了“公平与正义”,但是侵害了法的安定性、稳定性和可预测性,不符合“形式法治”的要求,甚至从长远来看还会消解法律的权威。

(二)行政执法检察监督弘扬社会主义核心价值观尚未成为一种有意识的、自觉的活动

从主观上来看,行政执法检察监督弘扬社会主义核心价值观还未成为一种有意识的、自觉的活动。从宏观层面上看,行政执法检察监督在弘扬社会主义核心价值观,但是从微观上看,检察案例中很少体现与社会主义核心价值观有关的文字。

---

〔126〕 陈金钊:《被社会效果所异化的法律效果及其克服——对两个效果统一论的反思》,载《东方法学》2012 年第 6 期。

〔127〕 舒平安:《行政争议实质性化解的现状与出路——以最高人民检察院典型案例为研究对象》,载《中国检察官》2021 年第 21 期。

〔128〕 高鸿钧:《现代法治的困境及其出路》,载《法学研究》2003 年第 2 期。

如前文所述，本节对最高人民检察院公布的指导性案例和典型案例进行筛选，共计获得38件行政执法检察监督案件，以“社会主义核心价值观”为关键词进行检索，未获取相应结果，分别用12个具体价值为关键词进行检索，所得结果从表4－5可见：

表4－5　社会主义核心价值的适用次数

价值	公正	和谐	法治	自由	平等	友善	爱国	民主	文明	富强	敬业	诚信
次数	8	5	4	1	1	1	0	0	0	0	0	0

注：其中在一件案例中多次出现的算作1次。

在宏观方面，实施行政执法检察监督，便是在弘扬社会主义核心价值观。行政执法检察监督本质上是对行政执法行为进行的监督，符合法治、公平、正义、诚信等价值。案例一直接表明区人民政府应当遵守“诚实信用”。此外，也能从案例中间接概括出社会主义核心价值观，譬如，案例一与案例二帮助当事人解决了难题，符合人民心中对“公正”“法治”的价值追求，通过解决纠纷有助于缓解“官民”矛盾，有助于弘扬“文明”“和谐”“友善”等价值。检察机关的工作人员面对履行职务中的问题，不是持有“多一事不如少一事”的态度，而是积极投入争议化解工作之中，反映了检察人员遵循“敬业”价值。

在微观方面，在行政执法检察监督的具体案件中，弘扬社会主义核心价值观尚未成为一种有意识的、自觉的活动。社会主义核心价值观主要是以“隐形”“碎片”的方式影响行政执法检察监督。根据表4－5可知，没有任何一个案例直接使用“社会主义核心价值观”来对案件进行阐释和说明，12个核心价值的使用比例也较低，最高的使用词汇“公正”仅出现在8个案例中，占据总案例数的21%。当前的行政执法检察监督没有明确适用社会主义核心价值观来指导其实践和工作，且也不是以一种“系统、整体”的方式适用社会主义核心价值观来对案例进行解读和阐述，也难以准确界定社会主义核心价值观在监督中的具体内涵。大部分案例多是通过间接的方式弘扬社会主义核心价值观。

（三）行政执法检察监督弘扬社会主义核心价值观的程度不深、力度不够

从现实的情况看，行政执法检查监督弘扬社会主义核心价值观的作用还是比较小，监督中缺乏明显的价值引领。在案例一与案例二中，行政执法检察监督的主要推动力是最高人民检察院所推行的“加强行政检察监督促进行政争议实质化解”专项活动，这也是为何在案例一中，自2013年存在的行政争议纠纷在

2020年才由检察机关主动推动进而成功化解,在监督过程中,“行政争议实质化解”的工作任务发挥主要作用,社会主义核心价值观在行政执法检察监督引领不足,社会主义核心价值观还未内化为检察人员的行为准则,监督主体与监督对象也没有就社会主义核心价值观达成价值认同、获得价值信任。[129] 换言之,弘扬社会主义核心价值观未能成为监督主体的自觉行动,正如前文提及,社会主义核心价值观在监督中的适用较少,监督的出发点是为了保障私权利和制约公权力,“社会主义核心价值的引领力是对国家、社会和个人思想与精神的价值凝聚与价值指引”。[130] 行政执法检察监督中缺乏社会主义核心价值的引领力,只是片面追求“秩序”等价值,没有形成一种能够为事物发展提供持久不衰的动力,[131] 这种动力是社会主义核心价值观才能提供的。

检察人员尚未能实现弘扬社会主义核心价值观与依法监督的深度融合,弘扬社会主义价值观的程度不深入。实际上,若能着重强调社会主义核心价值观的作用,深入剖析社会主义核心价值观的内涵,并以此指导检察实践,那么将有助于行政执法检察监督工作的开展。之所以行政争议中矛盾频发,关键原因还是在于社会主义核心价值观不够深入人心。因而,有必要结合社会主义核心价值观的内涵进行进一步的分析。对于社会主义核心价值观的解读,不能仅仅从“国家、社会、个人”这三个层面进行解读和倡导。[132] 实际上,社会主义核心价值观蕴含的“三个倡导”,分别是中华民族共同的理想、制度的价值沉淀以及中华民族共同的道德,其中“富强、民主、文明、和谐”作为“第一个倡导”是中华民族共同的理想,“自由、平等、公正、法治”作为“第二个倡导”是制度的价值沉淀,“爱国、敬业、诚信、友善”作为“第三个倡导”是中华民族共同的道德。[133] 通过分析案例可知,如果检察机关能够依据社会主义核心价值观引导当事人,那么行政争议的化解速度应当更快,若行政机关能够遵循社会主义核心价值观,具备实现中华民族的理想,那么在处理行政争议之时,也能更好地保障公民的权利以及正当的权益。此外,若行政相对人能够以一种更具友善的方式看待政府并信任政府,那么在双方共同的努力下,行政纠纷应当更容易化解。

---

〔129〕 沈壮海:《爱国、敬业、诚信、友善:公民的价值准则》,载《湖北社会科学》2014年第10期。

〔130〕 董杰:《论社会主义核心价值观的引领力》,载《中南民族大学学报(人文社会科学版)》2021年第3期。

〔131〕 董杰:《论社会主义核心价值观的引领力》,载《中南民族大学学报(人文社会科学版)》2021年第3期。

〔132〕 杜鸿林:《关于培育和践行社会主义核心价值观的若干思考》,载《理论与现代化》2013年第2期。

〔133〕 徐显明:《十八大报告关于法制建设的十大亮点》,载《光明日报》2012年12月3日,第2版。

（四）行政执法检察监督中适用的具体价值观存在冲突

检察机关在行政执法检察监督过程中存在适用具体的价值不平衡的状况，适用方法缺乏一套行之有效的标准，导致过于侧重“和谐”价值，忽略了“法治”价值，甚至因弘扬“和谐”价值而忽视了“法治”价值。虽然社会主义核心价值观是一个整体，我们可以从整体性的高度认识其间的紧密关联与相互蕴生、涵化，但是我们也需要逐一详析其中每一价值的内涵。[134] 并且从整体视角判断不同情境下应当着重适用何种价值。社会主义核心价值观的“12 个价值”是高度抽象的概念，在融入政府这双“看得见的手”来治理社会的过程中，是有可能产生冲突的。但社会主义核心价值观的多元价值共存是对当今多元化时代特征的一种应对，价值之间的冲突并非不可调和。“法治”应当是社会主义核心价值观的基础性价值，是实现其他价值的重要工具。[135] 如前文所述，在案例一中，检察机关本该抗诉，要求法院再审，才符合当前法律规定，但为了尽快化解官民矛盾，检察机关选择展开行政争议实质化解工作。实践中，为了弘扬“和谐”价值，检察机关会忽略“法治”价值，超越法律的边界行使监督权。并且，为了维持社会的和谐稳定，检察机关还需要动用大量的力量来释法说理，但提出法律监督的当事人可能采用“闹访”的手段，这在某种程度上也给予民众一种错觉：只要能够“拉长战线”，检察机关会督促行政机关解决问题。这种处理方式只会导致恶性循环，浪费巨大的司法资源，有违公正和法治精神。

综上，通过对行政执法检察监督的具体案例进行分析，可以总结出行政执法检察监督弘扬社会主义核心价值观中存在的问题，包括不符合“形式法治”方面、主客观方面以及技术性方面的问题。

四、行政执法检察监督弘扬社会主义核心价值观的完善路径

行政执法检察监督弘扬社会主义核心价值观的关键在于遵循制度路径，即完善法律规范体系，积极推进社会主义核心价值观有效融入法律规范，是弘扬社会主义核心价值观的重要途径。[136] 此外，弘扬社会主义核心价值观的路径还包括两个层面：一是实践路径，二是技术路径。前者指的是需要在监督实践中具体地弘扬社会主义核心价值观，后者指的是依照法治思维和法律方法，依照一定的

---

〔134〕 沈壮海：《爱国、敬业、诚信、友善：公民的价值准则》，载《湖北社会科学》2014 年第 10 期。

〔135〕 周佑勇、周维栋：《社会主义核心价值观如何融入执法建设》，载《中共中央党校（国家行政学院）学报》2021 年第 6 期。

〔136〕 宋友文：《当代中国价值观建设的历史进程及其内在规律》，载《教学与研究》2020 年第 3 期。

技术方法来保障“弘扬”的可执行性。[137] 只有系统整合制度路径、实践路径和技术路径,才能有效解决问题,在行政执法检察监督中完善弘扬社会主义核心价值观。

(一)完善弘扬社会主义核心价值观的制度路径

完善法律规范体系是在行政执法检察监督中弘扬社会主义核心价值观的前提和核心。应当先以法律的形式确立行政执法检察监督制度。但在立法条件不成熟的情况下,应当尝试以司法解释系统化地规定行政执法检察监督制度。有学者认为,应当将检察机关设立为正式的行政执法监督机关,并配以调查权、合法性评议权和程序性处置权。[138] 由此可见,检察机关作为法律监督机关,开展行政执法检察监督不仅具有宪法上的依据,其还是功能最适合的机关。[139] 因此,以法律的形式建构该制度具有重要的理论和实践意义。笔者认为,要想在行政执法检察监督中充分弘扬社会主义核心价值观,必须要遵循“法治”价值,故必须在规范制度上建构规范体系与填补法律漏洞。

1.建构法律规范体系

专门立法抑或分散立法。当前与行政执法检察机关相关的法律规范存在分散化的特征,碎片化地规定在《行政诉讼法》《民事诉讼法》《人民检察院组织法》《人民法院审理人民检察院提起公益诉讼案件试点工作实施办法》《人民检察院公益诉讼办案规则》《检察建议》等法律与司法解释中。同时,《中共中央关于加强新时代检察机关法律监督工作的意见》等政策性文件也规定了行政公益诉讼等受案范围。那么,针对行政执法检察监督制度,是应当继续适用分散化的规范体系,还是应当专门制定一部关于行政执法检察监督的规范?有学者认为,行政执法检察监督的监督方式包含“检察建议与公益诉讼”两种方式,但对于行政实质性化解工作是否为行政执法检察监督的手段,并没有给出准确答复,其认为应当避免以法外标准衡量行政执法的对错、提出与法律专业性无关的意见。例如,在行政争议实质性化解中,检察机关对于行政执法存在的问题应当坚持以

---

[137] 周佑勇、周维栋:《社会主义核心价值观如何融入执法建设》,载《中共中央党校(国家行政学院)学报》2021年第6期。

[138] 秦前红、陈家勋:《论行政执法外部监督中正式监督机关的确立》,载《行政法学研究》2022年第1期。

[139] 张翔:《我国国家权力配置原则的功能主义解释》,载《中外法学》2018年第2期;秦前红、陈家勋:《论行政执法外部监督中正式监督机关的确立》,载《行政法学研究》2022年第1期。

合法性监督为主,不应当为了化解争议而开展工作。[140] 很显然,对于行政执法检察监督的研究存在争议,不论是概念还是范围均存在不同意见,行政执法检察监督作为一个新兴的研究对象,是否具备专门立法的条件?其一,从立法目的来看,行政执法检察监督的目的是能够有效监督行政执法行为,全面促进行政机关依法全面履行政府职能。除了行政执法检察监督外,行政机关内部的行政复议制度,行政机关外部的权力机关监督、监察机关监督、法院监督等监督方式均能在一定程度上达到促进行政机关依法行政的效果,虽然效果上逊于行政执法监察监督。[141] 其二,从立法必要性来看,行政执法检察监督的实践案例并不充分,实务人员对行政执法检察监督的整体认识不够清晰和深入,甚至说这项制度未能得到实务界和理论界的普遍认可,学者对行政执法检察监督的研究处于刚刚起步的阶段。综上,从立法目的和立法必要性两个角度观之,采取专门立法的模式不具有可行性,继续以“分散式”的立法模式规定行政执法检察监督是一种更为可行的做法。当前,有必要对散落在法律和司法解释中的具体规则予以细化。

法律抑或司法解释。行政执法检察监督概念应当规定在法律还是司法解释之中是需要深入探讨的问题。总的来说,行政执法检察监督规范概念生成包括以下三个路径:一是在《人民检察院组织法》第20条中规定行政执法检察监督制度,将其视为检察机关的一项职能,可以将该项职能表述为“对行政执法活动实行法律监督”,但是,这种表述会存在一个问题,即该项职能与其他检察院职能存在重合,提起公益诉讼、对诉讼活动实行法律监督与对生效法律文书的执行工作实行法律监督是《人民检察院组织法》第20条规定的与行政执法检察监督相关的职能,如果将该制度规定在“职权条款”中,将造成职权的重复和冲突。二是在《人民检察院组织法》中规定行政执法检察监督制度,将其规定在《人民检察院组织法》第2条中,即在“追诉犯罪”后面增加一句话“监督行政执法活动”,以此将监督行政执法活动规定为检察机关的任务。[142] 三是在第二种路径的基础上再出台具体应用“监督行政执法活动”的司法解释,这种模式是否属于专门立法模式?我们认为,对具体应用法律的问题进行解释,不属于专门立法,因为司法解释不是法律,在司法解释中具体规定行政执法检察监督制度,是对具

[140] 秦前红、陈家勋:《论行政执法外部监督中正式监督机关的确立》,载《行政法学研究》2022年第1期。

[141] 秦前红、陈家勋:《论行政执法外部监督中正式监督机关的确立》,载《行政法学研究》2022年第1期。

[142] 徐继敏、张承思:《宪制视野下法律监督和检察权能逻辑的重构》,载《四川师范大学学报(社会科学版)》2020年第2期。

体应用《人民检察院组织法》的解释,依旧是适用分散的立法模式,如果该制度在实践中运行得好,则可以考虑进行立法。总的来说,必须将细化法律与制定专门司法解释相结合才能够有效地制定行政执法检察监督规范体系。

在行政执法检察监督中弘扬社会主义核心价值观不广泛也不明显,其重要原因在于没有将弘扬社会主义核心价值观视为法定义务,进而导致监督主体对社会主义核心价值观运用较少。因此,应当将"弘扬社会主义核心价值观"写入《人民检察院组织法》以及与"行政执法检察监督"有关的司法解释之中。只有将"弘扬社会主义核心价值观"从"软性要求"转向"硬性要求",才能促使监督主体广泛、整体、明确地将社会主义核心价值观真正融入个案之中。[143] 对于如何将社会主义核心价值观融入立法需要结合行政执法检察监督制度作深入的探讨,一般而言,融入立法的方式包括三种:融入立法目的、法律原则与法律规范。[144] 最恰当的方式是将弘扬社会主义核心价值观作为立法目的写入《人民检察院组织法》抑或与"行政执法检察监督"有关的司法解释之中,《人民检察院组织法》第 2 条第 2 款规定了立法目的,即人民检察院通过行使检察权,追诉犯罪,维护国家安全和社会秩序,维护个人和组织的合法权益,维护国家利益和社会公共利益,保障法律正确实施,维护社会公平正义,维护国家法制统一、尊严和权威,保障中国特色社会主义建设的顺利进行。该法中的大部分立法目的均与社会主义核心价值观相吻合,如维护国家安全、维护国家法制统一符合了"爱国"价值,维护社会公平正义符合了"法治""公正"价值,保障中国特色社会主义建设与"社会主义核心价值观"的主流意识形态的身份相符。此外,检察机关作为法律监督机关,需要与审判机关、行政机关以及其他社会组织、个人接触,因此在法律监督中最容易滋生矛盾,以弘扬社会主义核心价值观为指导,有助于有效地化解矛盾,促进社会和谐与稳定,因此,应当将弘扬社会主义核心价值观写入立法目的之中。

2. 填补法律漏洞

在确定行政执法检察监督的法律规范体系后,还应当赋予行政执法检察监督的具体监督方式以法律依据,以填补当前法律的漏洞。当前法律没有规定检察机关作为法定的行政执法外部监督的正式监督机关,也没有赋予行政执法检察监督合法地位。行政执法检察监督的监督方式在内涵上亦没有统一而清晰的界定,但随着实践的发展,有学者认为行政执法检察既包括诉讼外的监督,也包

[143] 蒋传光:《关于推动社会主义核心价值入法入规的思考》,载《学习与探索》2017 年第 8 期。
[144] 张启江:《社会主义核心价值观入法入规的重点、方向和方式》,载《湖湘论坛》2020 年第 4 期。

括诉讼内的监督。[145] 依据前文所述，可以将行政执法检察监督定义为检察机关对行政执法行为实施法律监督的职能，监督方式包括司法监督和非司法监督等法定监督方式。当前规定行政执法检察监督的监督方式散见于有关法律法规、司法解释之中，如《人民检察院组织法》（提出抗诉）、《检察建议》（检察建议）、《人民法院审理人民检察院提起公益诉讼案件试点工作实施办法》、《人民检察院公益诉讼办案规则》（行政公益诉讼）[146] 等。如前文所述，在建构起行政执法检察监督的法律规范体系之后，能够将行政执法检察监督从学理概念转换为规范概念。但是，行政执法检察监督的不少监督方式缺少法律依据，存在法律漏洞。因此，有必要在法律或司法解释中明确行政执法检察监督的监督方式，尤其应当建构"提起行政附带民事公益诉讼、支持行政相对人提起行政诉讼、行政争议实质化解工作"等制度，以摆脱法律存在漏洞的困境。此外，根据检察实践，行政公益诉讼的受案范围也应当予以完善。

一是完善行政公益诉讼的受案范围。根据最高人民检察院颁布的指导性案例和典型案例，在四类案件中最容易引起行政争议，分别是房屋土地纠纷、生态环境保护、安全生产、社会治理领域的四类案件。但是，房屋土地纠纷中的拆迁纠纷、安全生产、社会治理三个领域的案件均不属于《人民检察院组织法》《人民检察院公益诉讼办案规则》中规定的行政公益诉讼受案范围。因此，为了完善行政公益诉讼制度，有必要将土地拆迁纠纷、安全生产领域、社会治理领域中与国家利益和公共利益相关的案件纳入行政公益诉讼的受案范围。但是，需要区分行政公益诉讼制度与抗诉、行政非诉监督制度。行政公益诉讼是普通诉讼制度，而抗诉和行政非诉监督是主要针对已经生效的判决书和裁定书的法律监督，应当予以区分。

二是规定行政附带民事公益诉讼制度。检例第 29 号是国内首个提起行政附带民事公益诉讼的案例，检察机关除了向行政机关提起行政公益诉讼外，还可以对违法民事侵权行为提起民事诉讼。但是，这种做法不是直接由法律或司法解释规定的，检察机关参照《行政诉讼法》第 61 条规定的行政附带民事诉讼制度，进而推断出检察机关同当事人（行政相对人）一样享有提起民事诉讼的能

---

[145] 秦前红、陈家勋：《论行政执法外部监督中正式监督机关的确立》，载《行政法学研究》2022 年第 1 期。

[146] "提出抗诉制度、检察建议制度"规定在《人民检察院组织法》第 20、21 条；此外"检察建议制度"还规定在最高人民检察院 2019 年公布的《检察建议》；"行政公益诉讼制度"规定在《行政诉讼法》第 25 条、《人民检察院组织法》第 20 条、最高人民法院 2016 年公布的《人民法院审理人民检察院提起公益诉讼案件试点工作实施办法》第 11—19 条、最高人民检察院 2021 年公布的《人民检察院公益诉讼办案规则》。

力,明显超出了立法目的,属于超出了立法目的范围的扩大解释。在检察机关监督行政执法过程中,为了有效地提高审判效率,有必要赋予检察机关同时提起民事诉讼的资格,可以让侵权行为人直接承担责任进而让诉讼形成制裁的威慑力,弥补了司法程序仅追究单一责任的缺陷,同时可以在必要时替代行政执法,达到与行政管理相同的治理效果。[147] 但是,有关案件范围、程序规范等问题,法律和司法解释并未作出明确的规定,仍需进一步探讨。[148]

三是规定行政实质争议化解工作。行政实质争议化解工作最早起源于法院行政审判工作中的"行政争议实质性解决"工作。"行政争议的实质性解决,要求人民法院在办案过程中着眼于当事人的实质诉求,以践行能动司法为手段,以实现案结事了为目标,力求实质正义与形式正义的统一。"[149] 总的来说,行政实质争议化解工作是为了解决行政审判实践中的问题,从近十年的审判实践工作来看,实质性解决行政争议是解决行政争议的"升级版""加强版",是对"流于形式"的简单裁判和"迫于形势"的任意协调的双重否定,是向依法裁判为后盾、协调处理为补充、辅助机制为激励的理性回归。[150] 行政实质争议解决工作,是指"检察机关或人民法院在对行政行为的合理性和合法性的审查,围绕着行政争议产生的基础事实和真实的诉讼目的,通过依法裁判、调解和协调化解相结合并辅以其他机制的灵活运用,对涉案争议进行整体性、彻底性的一揽式解决,实现对公民、法人和其他组织正当诉求的切实有效的保护"。[151] 因此,行政实质争议解决工作是最有助于弘扬社会主义核心价值观的机制,其不仅充分考虑到合法面向,还考虑合理面向,能够有助于弘扬"和谐""友善""民主"等价值,解决社会矛盾。但为了进一步弘扬"法治"价值,有必要将该制度从学理性概念转化为规范性概念,实现从政策到法律之间的跨越。一方面,应当结合行政审判经验来完善实质性解决行政争议的诉讼制度;另一方面,必须明确该制度的内涵、适用范围和适用程序。虽然,当前有学者认为《行政诉讼法》的立法目的和相关法律条款规定了该制度,如第 60 条的"调解程序"、第 61 条的"一并解决相关民事争

---

[147] 刘艺:《论国家治理体系下的检察公益诉讼》,载《中国法学》2020 年第 2 期。

[148] 石春雷:《检察机关提起行政附带民事公益诉讼诸问题——从"检例第 29 号"谈起》,载《海南大学学报(人文社会科学版)》2021 年第 1 期。

[149] 章志远:《作为行政争议实质性解决补充机制的司法调解》,载《学习与探索》2021 年第 12 期。转引自江必新:《以推进三项重点工作为契机 努力破解行政案件申诉上访难题——在全国法院行政审判工作座谈会上的讲话》,载最高人民法院行政审判庭编:《行政执法与行政审判》(总第 41 集),中国法制出版社 2010 年版,第 8 页。

[150] 章志远:《行政争议实质性解决的法理解读》,载《中国法学》2020 年第 6 期。

[151] 章志远:《行政争议实质性解决的法理解读》,载《中国法学》2020 年第 6 期。

议程序”和第 62 条“协调撤诉程序”。[152] 但是，这些制度的适用情形依旧仅围绕于行政审判过程中，而对于行政诉讼前、再审、非诉执行阶段是否能由检察机关开展实质性化解工作没有给予明确规定。因此，有必要在法律规范中建构行政争议实质化解工作，赋予检察机关相应的权限。

四是规定支持行政相对人提起行政诉讼制度。当前法律规范体系没有规定该制度，是否支持行政相对人提起行政诉讼存在争议，有学者认为支持起诉不符合检察机关事后监督的属性，并且会打破“民告官”的诉讼平衡，亦不符合维护社会公共利益的客观诉讼的特征。[153] 有学者认为虽然《行政诉讼法》没有规定支持起诉的制度，但是《民事诉讼法》规定了支持受损害的单位或个人起诉，实践中亦存在检察机关支持行政相对人起诉的案例。[154] 此外，该制度能够解决弱势群体怕起诉和起诉难等难题。但是，必须严格设计该制度，否则将导致“滥诉”行为的产生，鉴于行政相对人存在其他途径解决纠纷，因此，只有能够证明行政相对人确实面临“难以起诉的困境”，例如法院拒绝接收起诉材料，或者收到起诉材料后拒不出示收据、不予答复，且将使当事人的利益遭受严重的侵害之时，检察机关才能履行支持行政相对人起诉的职能。

综上，建构行政执法检察监督的法律规范制度能够解决弘扬社会主义核心价值观中违背“形式法治”等一系列问题，一方面能够使该制度本身完善弘扬社会主义核心价值观；另一方面也能促进弘扬社会主义核心价值观的方式更加符合法治精神，通过健全的法律规范体系也能促进社会效果与法律效果相统一，防止检察机关为了追求社会效果而忽视了法律效果。

（二）完善弘扬社会主义核心价值观的实践路径

党的十八届四中全会通过的《中共中央关于全面推进依法治国若干重大问题的决定》就强化对行政权力的监督制约提出了三项明确的要求：第一，“完善对涉及公民人身、财产权益的行政强制措施实行司法监督制度”；第二，“检察机关在履行职责中发现行政机关违法行使职权或者不行使职权的行为，应该督促其纠正”；第三，“探索建立检察机关提起公益诉讼制度”。这就要求建立健全行政强制措施司法监督、督促纠正行政违法行为和行政公益诉讼三项制度。这些重大改革部署，对进一步加强行政检察工作提出了更高的要求。在这种背景下，建立健全行政执法检察监督机制，符合检察机关法律监督职能在国家权力结构

---

[152] 江必新：《完善行政诉讼制度的若干思考》，载《中国法学》2013 年第 1 期。

[153] 冯孝科、刘东杰：《行政检察支持行政相对人起诉的匡正》，载《人民检察》2021 年第 18 期。

[154] 秦前红、陈家勋：《打造适于直面行政权的检察监督》，载《探索》2020 年第 6 期。

中的定位，符合全面推进依法治国的基本要求。[155] 在弘扬社会主义核心价值观的过程中，应当构建司法权与行政权之间的功能秩序，探索多元监督模式，以预防与减少行政机关的不作为或乱作为。[156]

在行政执法检察监督中弘扬社会主义核心价值观不仅要遵循制度路径，还需要考虑实践效果，将社会主义核心价值观融入常态化的监督之中，因此，规范地适用各种监督方式有助于解决弘扬社会主义核心价值观程度不深、力度不够等问题，同时，在此过程中还需要将弘扬社会主义核心价值观贯穿监督的全过程，特别是还需要提升社会主义核心价值观的价值引领作用，如此才能将弘扬社会主义核心价值观发展成一种自觉的、有意识的活动和实践。具体措施如下。

1. 明确监督方式的适用顺序

只有深入实施"制度嵌入"策略，将社会主义核心价值观嵌入制度之中，以制度的形式固定、承载和彰显社会主义核心价值观，发挥制度规范、引导、保障的重要作用，促进形成有利于培育和弘扬社会主义核心价值观的良好环境，才能保障社会主义核心价值观在行政执法检察监督功能的有效发挥。[157] 如前文所述，行政执法检察监督的方式多样，但是不同监督方式的性质和本质均不相同，有必要厘清不同监督方式的性质和关系，进而确定检察机关的适用顺序，方能有效弘扬社会主义核心价值观，实现合法与合理的统一。

目前我国不同监督方式的规范依据从表4－6可见：

表4－6 行政执法检察监督的监督方式

序号	监督方式	规范依据
1	行政公益诉讼	《行政诉讼法》第25条 《人民检察院组织法》第20条 《人民检察院公益诉讼办案规则》 《人民法院审理人民检察院提起公益诉讼案件试点工作实施办法》第11—19条
2	行政附带民事公益诉讼	无
3	支持行政相对人起诉	无
4	提出抗诉	《人民检察院组织法》第20、21条

〔155〕 关仕新、马丽霞：《行政执法检察监督机制专题研讨会召开》，载中华人民共和国最高人民检察院网，https://www.spp.gov.cn/spp/zdgz/201507/t20150730_102200.shtml。

〔156〕 姜涛：《检察机关行政法律监督制度研究》，载《东方法学》2016年第6期。

〔157〕 王永友、宁友金：《社会主义核心价值观融入社会治理的策略选择》，载《思想政治教育研究》2020年第1期。

续表

序号	监督方式	规范依据
5	检察建议	《人民检察院组织法》第 21 条 《行政诉讼法》第 25 条 《检察建议》
6	行政争议实质性化解	无

有学者认为,《行政诉讼法》第 1 条规定的"解决行政争议"是为"行政争议实质性化解工作"提供法律依据。但是,"解决行政争议"是行政诉讼法的目的之一,"行政争议实质性化解工作"不是行政诉讼,二者是不同的范畴,因此,不能将《行政诉讼法》规定的"解决行政争议"与"行政争议实质性化解工作"等同视之。概言之,检察机关参与"行政争议实质性化解"制度设计无规范依据。

从以上规范依据,我们可以看出,第 1—4 项监督方式主要指的是司法监督,第 5—6 项监督方式属于非司法监督。其中,第 2 项行政附带民事公益诉讼、第 3 项支持行政相对人起诉与第 6 项行政争议实质性化解缺乏法律等规范依据。行政公益诉讼是《人民检察院组织法》规定的检察院的职权,而抗诉、检察建议是《人民检察院组织法》规定的为了促使检察院履行职权而赋予检察院的工作方法。因此,为了避免方法上的冲突,检察机关有必要设定行政执法监督的法律流程、法律程序,[158]进而有效开展行政执法检察监督。总的来说,不同监督方式的适用方法如下:

在第 1 项行政公益诉讼中,检察建议是行政公益诉讼的前置程序,因而,检察机关的监督方式为:检察建议—行政公益诉讼。

在第 2 项行政附带民事公益诉讼中,检察机关在对因行政机关不作为或乱作为导致的损害社会公共利益的行为,可以提起行政附带民事公益诉讼,检察机关的监督方式为:提起行政附带民事公益诉讼。

在第 3 项支持行政相对人起诉中,检察机关在因行政相对人无法或不能提起行政诉讼,因不能提起诉讼致使个人权益遭受重大侵害的时候,可以支持行政相对人提起诉讼,但是为了防止浪费司法资源,可以设置前置程序,对相应的法院提出检察建议,如若不能,再支持起诉。因而,检察机关的监督方式是:检察建议—支持行政相对人提起行政诉讼。

在第 4 项抗诉中,提起抗诉是检察机关对诉讼活动实行法律监督后作出的监督方式,检察机关的监督方式为:再审监督—提起/不提起抗诉。

---

〔158〕　解志勇:《行政检察:解决行政争议的第三条道路》,载《中国法学》2015 年第 1 期。

在第5项检察建议中,检察建议是适用广泛的监督方式,检察建议的制作是与多方主体沟通和协商的过程,是检察机关监督行政活动的主要方式,这决定了其与诉讼、复议的主要差别在于弱对抗性。[159] 检察机关可以依据《检察建议》的规定直接作出检察建议,也可以依据在其他监督方式中提出检察建议。根据《检察建议》第2条的规定,检察建议是人民检察院依法履行法律监督职责,促进依法行政是检察建议的目的之一。因此,检察机关在适用检察建议时,应当遵循两种路径:一是出于促进依法行政需要直接向有关行政机关提出检察建议;二是结合其他法律监督职责提出检察建议。

在第6项行政争议实质性化解中,当事人往往经历了"行政复议—行政诉讼—再审检察监督"才会走到行政争议实质性化解阶段,在此过程中,具体的化解方式往往是"签署和解(补偿)协议"、作出检察建议以及释法说理等。[160]

总的来说,以上六种方式之间存在相互交叉的关系且性质不尽相同。检察建议可以作为辅助检察机关履行职能的一种监督方式,并不是一种类似于"诉讼"的检察机关的职能;行政公益诉讼是法定的检察机关的职能;抗诉也是为了履行检察机关职能的一种监督方式;按照本节的制度构建,支持行政相对人提起诉讼和行政附带民事公益诉讼亦是检察机关的职能之一,其中行政附带民事公益诉讼是由民事公益诉讼和行政公益诉讼结合而成的诉讼形式;[161] 行政争议实质性化解工作可以被期待成为有效化解实质争议、建立在调解基础之上的制度。概言之,检察建议与抗诉更偏向于履行检察机关职能的方法,其他监督方式更偏向于履行检察机关的职能,尽管当前存在将以上方式统称为"监督方式"的情况。除了以上具体的适用方法外,检察机关宏观上的适用方式应为:应当先确定相应的职能,再酌情选择和适用履行职能的具体方法。

综上,通过明确行政执法检察监督方式的适用顺序,有助于在行政执法检察监督全过程中深入贯彻、弘扬社会主义核心价值观,使弘扬社会主义核心价值观更加全面、程度更深、力度更大。但如前文所述,检察机关往往为了追求社会效果而忽略法律效果,尽管前文提出了建构规范的法律体系来明确检察机关的具体职责,但是在实践中,有必要加强检察机关、审判机关以及行政机关之间的沟通和协作,由此才能大力弘扬社会主义核心价值观。

---

〔159〕 解志勇:《行政检察:解决行政争议的第三条道路》,载《中国法学》2015年第1期。

〔160〕 舒平安:《行政争议实质性化解的现状与出路——以最高人民检察院典型案例为研究对象》,载《中国检察官》2021年第21期。

〔161〕 石春雷:《检察机关提起行政附带民事公益诉讼诸问题——从"检例第29号"谈起》,载《海南大学学报(人文社会科学版)》2021年第1期。

2. 依法增强检察机关、审判机关与行政机关的沟通与协作

行政执法检察监督大致分为行政执法前阶段、行政执法过程中以及行政执法终结后三个阶段，其中终结后又包括诉讼后申请监督以及申请非诉监督两个阶段。在每个阶段，检察机关应当如何履行监督职责，如何正确处理好与其他机关之间的关系？我们认为，检察机关必须在法律的框架内行使法律职权，不得超出法律的框架对行政机关展开越权监督，检察机关应当始终保持谦抑的态度来监督行政权力，因为“检察权与行政权属于同一层级的国家权力，在我国两者之间并不存在制约关系，而检察权对行政权应当具有有限的监督权”。[162] 总的来说，依据监督方式的性质，可以将行政执法检察监督划分为程序性监督权与实体性监督权，并且侧重于程序性的监督作用。在行政执法前阶段和行政执法过程中，检察机关可以通过检察建议的方式对行政机关展开行政执法检察监督，在此过程中，检察机关只能对行政机关作出审慎的合法性评议，[163] 这种监督不具有实体处分效果，不具有终局性和裁决性。[164] 此时，行政机关应当加强和检察机关的沟通，回应检察机关的检察建议，并做出整改。否则，检察机关有权针对违法的行政执法行为提起行政公益诉讼、行政附带民事公益诉讼以及支持行政相对人提起行政诉讼。而且检察机关与审判机关之间应当明确各自的职权，检察机关不得以便利当事人为理由“剥夺”审查机关的审判权。在行政执法终结后，行政执法检察监督主体可以提出检察建议、提起抗诉以及开展行政实质争议多元化解工作。在这个阶段行政执法检察监督权依旧是以程序性监督权为主，检察机关必须依法开展监督，不得违法监督行政机关，亦不得以“开展实质争议多元化解工作”为由影响审判权力的行使。在此过程中，行政机关、审判机关以及检察机关应当加强沟通与协作，在法律的框架内开展审慎的法律监督。

3. 提升社会主义核心价值观的价值引领作用

行政执法检察监督弘扬社会主义核心价值观是确立马克思主义在意识形态领域指导地位的重要体现。党的二十大报告指出，社会主义核心价值观是凝聚人心、汇聚民力的强大力量。弘扬以伟大建党精神为源头的中国共产党人精神谱系，用好红色资源，深入开展社会主义核心价值观宣传教育，深化爱国主义、集体主义、社会主义教育，着力培养担当民族复兴大任的时代新人。其中，“担当民族复兴大任的时代新人”是在党的十九大报告中首次提出的，在党的二十大

---

[162] 江国华、王磊：《行政违法行为的检察监督》，载《财经法学》2022 年第 2 期。

[163] 秦前红、陈家勋：《论行政执法外部监督中正式监督机关的确立》，载《行政法学研究》2022 年第 1 期。

[164] 谢玉美、刘为勇：《行政违法行为检察监督程序论》，载《行政法学研究》2017 年第 1 期。

报告中再次提出这一概念，其重要地位不言而喻。概括而言，“时代新人”是“社会主义建设者和接班人”在新时代的体现和要求，指走在中国特色社会主义新时代的前列，具有坚定、自信、奋进、担当的精神状态，具有理想信念、爱国情怀、道德品质、知识见识、奋斗精神和综合素质，能够担当中华民族伟大复兴历史重任的奋进者、开拓者、奉献者。[165] 在行政执法检察监督过程中，检察人员应当时时刻刻将社会主义核心价值观内化到自己的行为中，努力践行社会主义核心价值观，坚持一手抓德治、一手抓法治，保障公民的基本权利，最大限度化解行政实质争议，维护社会稳定和秩序，进而促进国家治理体系和治理能力现代化。

为了让弘扬社会主义核心价值观成为检察人员一种自觉的、有意识的活动，必须使检察人员深入理解社会主义核心价值观的理论内涵，提升社会主义核心价值观的价值引领作用，同时将社会主义核心价值观与检察伦理紧密结合，由此方能使在行政执法检察监督中弘扬社会主义核心价值观成为一种自觉的活动。

检察人员应当以一种“系统”“动态”的目光解读和适用社会主义核心价值观。不同学者对于社会主义核心价值观作出了不同的解读。对于社会主义核心价值观的解读，不能仅仅从“国家、社会、个人”这三个层面进行解读和倡导。[166] 如前文所述，社会主义核心价值观分为三个层次的倡导，对于中华民族共同理想层面的倡导是社会基本生活领域的体现，是外在价值，对制度的价值沉淀是与外在价值相对应的内在价值，前者与后者是互为表里的关系。[167] 因此，对于社会主义核心价值观的解读不能囿于三个层面，而应当以一种“系统目光”考虑其应当如何适用。有学者将社会主义核心价值观视为与法治相对应的德治，[168] 按照文义解释，可以视为价值观。那么，在行政执法检察监督领域，如何解读社会主义核心价值观，发现社会主义核心价值观的本质，是梳理实践中适用社会主义核心价值观现状的理论前提。习近平总书记指出：“核心价值观，其实就是一种德，既是个人的德，也是一种大德，就是国家的德、社会的德。国无德不兴，人无德不立。”[169] 综上，社会主义核心价值观体现为一种道德理念、道德要求以及意

---

[165] 刘建军：《论“时代新人”的科学内涵》，载《思想理论教育》2019 年第 2 期。

[166] 杜鸿林：《关于培育和践行社会主义核心价值观的若干思考》，载《理论与现代化》2013 年第 2 期。

[167] 杨义芹：《十八大以来关于社会主义核心价值观的研究述要》，载《理论与现代化》2013 年第 4 期。

[168] 冯玉军：《把社会主义核心价值融入法治建设的要义和途径》，载《当代世界与社会主义》2017 年第 4 期。

[169] 习近平：《习近平谈治国理政》，外文出版社 2014 年版，第 168 页。

识形态，社会主义核心价值观是新时代中国主流意识形态的核心内容和本质体现。[170]

社会主义核心价值观不仅应当写入有关法律规范，还应当充分发挥社会主义核心价值观在行政执法检察监督中的价值引领作用。社会主义核心价值观的引领方式应当从外部与内部两个维度推进，前者指的是思想统合方式与利益认同方式，后者指的是理论深化方式与实践推进方式。[171] 具体而言，社会主义核心价值观应当充分发挥整合思想、凝聚共识的作用，检察机关应树立正确的价值体系和理想追求，用习近平新时代中国特色社会主义思想武装头脑，统合各机关之间以及不同群体之间的思想观念，加强马克思主义理论教育。社会主义核心价值观的引领离不开利益认同，在行政执法检察监督过程中，检察机关必须将人民的利益和需求视为第一位，要努力解决人民群众最关切的现实问题，应当重点监督行政执法争议最多的领域，如房屋征收、社会治理等问题。此外，还要结合历史发展规律和中国社会变革对社会主义核心价值观进行理论深化，根据实践的发展探索社会主义核心价值观的基本内涵，适当拓宽社会主义核心价值的外延。但是，对于外延的扩展必须紧密围绕着当前 12 个具体价值，外延的扩展主要通过对具体价值的深入解读实现，譬如，维护社会安全和稳定可以视为实现"和谐"价值的重要路径，检察机关为维护社会安全所提起的行政公益诉讼案件是弘扬"安全"价值的重要验证；[172] 实践推进方式要求检察机关应当在检察实践中弘扬社会主义核心价值观，通过理论进一步指导实践。

在行政执法检察监督过程中弘扬社会主义核心价值观，不仅需要在制度的层面构建弘扬社会主义核心价值观的规范体系，还需要使检察人员能够形成以社会主义核心价值观为核心的共同理想信念、价值信念与道德观念。

同行政执法规制一样，行政执法检察监督不仅仅要靠法律的规制、遵守"法治"价值，还需要塑造和建设检察伦理，为检察官提供道德、伦理和良知指引，为监督主体提供内在的道德自律。[173] 检察伦理，是指检察官在职业活动以及日常

---

〔170〕 王娟：《社会主义核心价值观的生成逻辑、目标机理及其实践进路》，载《学校党建与思想教育》2021 年第 2 期。

〔171〕 董杰：《论社会主义核心价值观的引领力》，载《中南民族大学学报（人文社会科学版）》2021 年第 3 期。

〔172〕 例如，浙江省衢州市衢江区人民检察院督促整治自备储油加油设施安全隐患行政公益诉讼案，最高人民检察院、应急管理局联合发布安全生产领域公益诉讼典型案例三（2021 年）、黑龙江省七台河市检察机关督促整治燃气安全隐患行政公益诉讼系列案等案件，最高人民检察院、应急管理局联合发布安全生产领域公益诉讼典型案例四（2021 年）。

〔173〕 贲国栋：《行政执法的伦理研究》，法律出版社 2011 年版，第 6 页。

生活中遵循和实践的道德准则和伦理规范。[174] 检察伦理与社会主义核心价值观中的诸多价值契合,例如平等、公正、法治、敬业、诚信价值均是检察伦理应当涵盖的内容。有学者认为,检察伦理应当包含五个方面,分别是正义精神、公平意识、公益之心、法治信仰、诚信伦理。[175] 正义、公平、公益、法治、诚信的伦理要求与社会主义核心价值相契合。检察官应当通过遵循检察伦理来弘扬社会主义核心价值观,检察伦理的培养蕴含两个层面的内容:一是底线伦理,[176] 二是上线伦理。底线伦理指的是道德底线是一种基础性的东西,其保障人们合理的基本利益,倡导相对合理主义。[177] 底线伦理要求检察官应当明确底线、坚守底线。[178] 检察官应当尊重客观事实、遵守法律规范、遵守法律程序,应当对监督行政权力保持谦抑的态度,不能超出法律的限度干预行政权力的行使。上线伦理指的是具有"灯塔"作用的能为人们的精神提供指引的伦理,由此使检察官能够因底线伦理维系规范性和有序性的同时,能不时闪烁理想主义的光芒。[179] 领导干部应当以身作则,遵守公务伦理,为部门树立榜样。

检察伦理除了对检察官本身的伦理要求以外,还需要建构以弘扬社会主义核心价值观为重点的检察文化。检察文化指的是检察机关和检察人员在检察工作中创造、发展和传承的,体现检察工作职业规定性的检察观念、检察伦理和检察形象等精神成果。[180] 社会主义核心价值体系是社会主义文化的精髓,是检察文化的灵魂,只有坚持用社会主义核心价值体系引领检察思想政治工作和理论建设,才能在全国检察系统内形成统一指导思想、共同理想信念、强大精神力量、基本道德规范,才能促进和保持检察文化的大繁荣和大发展。[181] 从宏观上,应当牢固树立社会主义法治观念,提升检察观念科学化水平。必须坚持和发展中国特色社会主义检察制度,坚持正确的政治方向,以人民利益为首位。从中观上,应当增强程序正当的观念,树立保障发展的观念,必须按照法定的程序追求实质正义和形式正义的统一,同时将发展观念置于经济社会发展大局中去谋划,保障检察工作的科学发展与和谐发展。[182] 从微观上,检察机关与检察人员应当

---

[174] 龙宗智:《检察官客观义务与司法伦理建设》,载《国家检察官学院学报》2015 年第 3 期。
[175] 龙宗智:《检察官客观义务与司法伦理建设》,载《国家检察官学院学报》2015 年第 3 期。
[176] 何怀宏:《一种普遍主义的底线伦理学》,载《读书》1997 年第 4 期。
[177] 龙宗智:《论司法改革中的相对合理主义》,载《中国社会科学》1999 年第 2 期。
[178] 龙宗智:《检察官客观义务与司法伦理建设》,载《国家检察官学院学报》2015 年第 3 期。
[179] 龙宗智:《上帝怎样审判》,法律出版社 2006 年版,第 46 - 49 页。
[180] 谢鹏程:《检察文化的概念重构》,载《国家检察官学院学报》2013 年第 3 期。
[181] 谢鹏程:《检察文化的概念重构》,载《国家检察官学院学报》2013 年第 3 期。
[182] 张国臣:《论我国检察理念文化的建构与发展》,载《贵州社会科学》2012 年第 5 期。

深化法律监督的理念，加强对行政权力的监督，打造回应型司法式的监督方式，检察机关的目的在于解决冲突和纠纷，能够避免走向僵化和协调泛化的局面，真正能够通过监督行政执法行为化解社会矛盾，顺应新时代的需要。[183] 正如德沃金所言，我们应当期盼一个包括平等、民主、自由、公民社会的价值等所有核心政治价值的言之成理的理论，并且这些价值都是从所有其他价值中成长起来并反映在它们身上，如平等不但与自由相容，而且是珍惜自由者都会予以珍惜的一个价值。[184] 检察的监督伦理要求检察机关和检察人员在最大限度上容纳社会主义核心价值观中的各种具体价值，在多元价值失序的社会中提供价值指引。

综上，实践路径主要包括明确监督方式的适用顺序，依法增强检察机关、审判机关与行政机关的沟通与协作以及提升社会主义核心价值观的价值引领作用。通过这些方式能够有效解决行政执法检察监督弘扬社会主义核心价值的主客观问题，同时还能解决不够重视法治价值观的形式法治等问题。但是，只有制度和实践路径不足以全面解决问题，还需要通过技术手段来具体地纾解弘扬社会主义核心价值观中的难题。

（三）完善弘扬社会主义核心价值观的技术路径

规范路径的主要目的是弘扬"法治"价值，进而促进形式法治和实质法治的统一。如前所述，在行政执法检察监督过程中，检察机关会为了实质法治而牺牲形式法治，而实质法治背后的价值支撑往往包括"和谐""友善"等价值，因而，如何在个案中对相冲突的价值观进行取舍是必须解决的重要难题。为此，本节参考阿列克西的衡量法则作为监督中解决价值冲突的标准与方法。

阿列克西的衡量法则是一种合宪性审查中的判断方法，是用来判断立法是否合宪的重要法则，其主要通过判断不同的相冲突法益之间的重要性程度，来确认立法的规制是否恰当。本节所要判断的对象与衡量法则判断的对象不同，检察人员在弘扬社会主义核心价值观的过程中需要判断如何确定优先保障的具体价值观，衡量法则需判断立法的合宪性与否，二者在判断应当如何确定不同"利益"的优先性层面存在共同点，因此衡量法则值得借鉴。

阿列克西的衡量法则规定："立法不能对基本权利人施加过度的负担，立法者应当整体衡量立法规制理由的重要性与迫切性，防止对基本权利人造成严重的侵害。"衡量法则的重点即在于衡量达成目的所得到的利益有无大于对私人

---

〔183〕 章志远：《行政争议实质性解决的法理解读》，载《中国法学》2020年第6期。

〔184〕 ［美］罗纳德·德沃金：《至上的美德：平等的理论与实践》，冯克利译，江苏人民出版社2003年版，第5－6页。

基本权造成的损害，则应分别确定立法措施所侵犯权利的强度和促进公益之大小。[185] 汉斯·凯尔森提出的“实践整合原则”可以作为提供衡量法则的起点。其认为在宪法所保障的法益发生冲突时，应适度安排宪法所保护的法益，尽可能地实现每个法益，当法益冲突时，不应轻率地以“利益衡量”为由牺牲其他法益。当法益之间产生冲突之时，立法者应当首要考虑如何完成“最佳化的任务”，通过合理限制冲突法益，最大限度满足各个利益。鉴于此，阿列克西认为，应抽象地看待各个法律原则所拟保护的不同利益间是否存在绝对的关系，如果存在优先关系，立法者需要结合具体案情以衡量各项法益，判断措施之间孰轻孰重。根据上述提出的衡量法则，当基本权被限制得越大，那么与此将促进的公益目的之重要性应越大。[186]

检察机关在判断应当优先保障哪种价值观的时候，应当综合衡量不同价值观所能促进之利益以及所造成的侵害，并结合具体案情做进一步的判断，并且证成所要优先保障法益的重要性与迫切性。

因此，本节主张的“衡量法则”指的是检察机关在对行政执法检察监督的过程中需要进行价值衡量，当具体的价值观存在冲突时，应当找到协调价值观冲突的方式，进而促进价值观多元共存。总的来说，衡量法则应当遵循如下规则：一是始终坚持以法治价值观为“元价值观”，将其作为实现其他价值的有利工具。[187] 二是协调好不同价值观之间的关系，既要把握价值的特定内涵，又要注重价值在不同层面的关联性。[188] 三是在价值观冲突的情况下，衡量具体价值观造成的公共利益和损害、所适用价值观的迫切性程度综合判断应当优先保障何种价值观。

1. 以法治价值为“元价值”

如何在多元价值冲突的情况下，找到一个可以协调冲突关系并促进价值之间多元共存的方式呢？如果这种冲突的化解机制只停留在价值与价值之间的观念辩论，那么就较容易陷入价值多元逻辑论证的困境，难以协调具体纠纷。因此，在社会主义核心价值观融入执法过程中挖掘“元价值”，把“元价值”作为不

---

[185] 张志伟：《比例原则与立法形成余地——由法律原则理论出发，探讨审查密度的结构》，载《中正大学法学集刊》2008 年第 24 期。

[186] 张志伟：《比例原则与立法形成余地——由法律原则理论出发，探讨审查密度的结构》，载《中正大学法学集刊》2008 年第 24 期。

[187] 周佑勇、周维栋：《社会主义核心价值观如何融入执法建设》，载《中共中央党校（国家行政学院）学报》2021 年第 6 期。

[188] 周佑勇、周维栋：《社会主义核心价值观如何融入执法建设》，载《中共中央党校（国家行政学院）学报》2021 年第 6 期。

同价值之间相互融贯的"权衡中介",是解决价值冲突的重点途径与论证进路。[189] 在弘扬社会主义核心价值观过程中,应当以法治价值作为"元价值"。首先,法治价值是建构法治话语体系的关键,是树立法治优于人治、权利优于权力的价值观念的重要前提。[190] 其次,法治价值是社会主义条件下的法治,以人民性作为首要价值原则,深刻体现了党的领导、人民当家作主以及依法治国三者有机统一。[191] 因而法治价值实际上是在意识形态层面支持"用法治思维和法治方式解决社会矛盾"。[192] 概言之,将法治价值作为"元价值"具有必要性和现实需求。法治价值观具备丰富的内涵,是一种蕴含着形式法治的实质法治观,其中,法的道德伦理性构成了"实质法治"的本质与核心。[193] 因此,法治价值观不仅要求建构完善的法律规范体系,还要求所制定的法律规范体系是良法,同时实现制约公权力、保障公民权利、满足法治的道德目的与保证法律的实质内容有机统一。[194]

2. 协调好各具体价值的关系

一般情况下,法治价值必须优先于其他价值,不能为了单纯追求其他的价值而违背法治价值。检察机关应当正确处理好不同价值之间的关系:其一,要处理好和谐价值与法治价值的关系,以和谐价值引领法治价值,和谐价值需要法治的保障,二者是互动的关系,彼此互为条件、互为支撑。如前文所述,和谐价值是与行政执法检察监督最具相关性的价值,例如,行政争议实质性化解工作是行政执法监督中的重要监督方式,其主要目的为化解矛盾和维护社会和谐。正如习近平总书记指出:"和谐社会应该是法治社会。"[195] 检察机关监督过程,必须在法律框架内弘扬和遵循和谐价值,使行政争议能够有效、终局的解决。[196] 其二,处理好法治价值与公正价值之间的关系,将公正视为法治价值的核心。检察机关

---

[189] 周佑勇、周维栋:《社会主义核心价值观如何融入执法建设》,载《中共中央党校(国家行政学院)学报》2021年第6期。

[190] 陈金钊:《对法治作为社会主义核心价值观的诠释》,载《法律科学(西北政法大学学报)》2015年第2期。

[191] 周丹、尹江燕:《社会主义核心价值观体系下的法治意蕴》,载《求是学刊》2021年第1期。

[192] 陈金钊:《对法治作为社会主义核心价值观的诠释》,载《法律科学(西北政法大学学报)》2015年第2期。

[193] 杨开愚:《从"形式法治"到"实质法治":新时代我国行政法治学理的更新》,载《人民论坛·学术前沿》2019年第22期。

[194] 杨开愚:《从"形式法治"到"实质法治":新时代我国行政法治学理的更新》,载《人民论坛·学术前沿》2019年第22期。

[195] 习近平:《论坚持全面依法治国》,中央文献出版社2020年版,第103页。

[196] 杨开愚:《从"形式法治"到"实质法治":新时代我国行政法治学理的更新》,载《人民论坛·学术前沿》2019年第22期。

在监督过程中应当判断是否遵循公正价值,社会主义核心价值观中的公正价值是指形式正义与实质正义的统一,检察机关应当以最高人民检察院颁布的指导性案例为重要参照标准,通过实现类案监督弘扬公正价值。类案监督指的是在对基本事实、争议焦点、法律适用等方面相同或者类似案件在裁判标准、裁判尺度上的统一性,类案监督的目的是保障统一的法律适用标准。[197] 检察机关可以不断探索"行政执法与检察监督信息共享平台"以有效监督行政执法行为,通过数据汇总、数据挖掘、分析研判、线索初查、线索确认、开展监督、跟踪成效等从数据到监督的闭环运转,推动检察机关类案监督的精准化。[198]

在行政执法检察监督中应参照衡量法则进行价值的判断和选择。价值是一种关系,是主体与客体之间的一种特殊关系,即意义关系。价值关系本质上是利益关系。价值观念则是人们对客观的价值关系的观念把握。因而,价值观的取舍是建立在利益取舍之上的。[199] 从主体、适用对象、适用方法三个部分可以初步探析监督过程中的衡量法则:一是适用主体,以检察机关作为衡量主体;二是适用对象,相冲突的价值;三是适用方法,检察监督不能对行政机关施加过度的负担(超过法律的边界),检察机关应当整体衡量所适用的价值带来的利益与损害,并结合迫切性进行综合考量。在监督过程中应当遵循如下两个步骤:第一步,检察机关可将支持价值设定为 A,将为行政相对人所带来的利益设定为 A1,将为行政机关带来的损害设定为 A2,将支持价值的迫切性设定为 A3,当 $A1 + A3 > A2$ 时候,则可以认定支持价值 A 是必要的;反之,则无须支持价值 A;第二步,在获取所应支持的价值后,当发现所涉价值之间存在冲突的时候,应进一步判断价值 A 与价值 B 之间的优先关系,即判断 $A1 + A3 - A2$ 与 $B1 + B3 - B2$ 之间的关系,最终判断应当优先支持何种价值,如此持续,以论证所应支持的价值(见表 4-7)。这一过程,检察人员需要具有充足的实践智慧来对不同的价值之间做出相应的判断,具备从具体的案例事实中抽象、概括出相应价值观的能力。由此,才能集合经验事实做出合乎理性的判断。

表 4-7 价值的衡量要素

	价值 A	价值 B	价值 C、D……
利益(对行政相对人)	A1	B1	C1、D1……

[197] 肖建国:《类案监督目的与实现路径》,载《检察日报》2020 年 8 月 31 日,第 3 版。

[198] 余钊飞:《"四大检察"与执法司法制约监督体系之构建》,载《法律科学(西北政法大学学报)》2021 年第 1 期。

[199] 杨耕:《价值、价值观与核心价值观》,载《北京师范大学学报(社会科学版)》2015 年第 1 期。

续表

	价值 A	价值 B	价值 C、D……
损害(对行政机关)	A2	B2	C2、D2……
迫切性(对行政相对人)	A3	B3	C3、D3……

3. 对适用社会主义核心价值观进行说理论证

在监督过程中,检察机关应当充分论证适用社会主义核心价值观的理由和根据。如前文所述,当不同价值存在冲突时,检察机关可以依据具体的适用标准与方法来衡量所应适用的价值,应当充分论证其合理性,尤其当适用特定的价值将与现行法律制度不符之时,检察机关应当进一步提高论证的强度。在案例一中,检察机关开展行政争议实质化解工作,而不是对法院作出抗诉,其本身就对现行法律制度产生了冲击,检察机关应当充分论证其作出检察行为的原因。根据前文所述,当"弘扬社会主义核心价值观"成为法律规范即立法目的之时,检察机关还需要结合社会主义核心价值观作进一步论证,以防止适用社会主义核心价值观的泛化,进而危害法制统一与法的安定性。参照最高人民法院印发的文件《关于深入推进社会主义核心价值观融入裁判文书释法说理的指导意见》,将社会主义核心价值观融入释法说理应当遵循三个准则:一是对于已经转换为法律规范的社会主义核心价值,应当直接适用体现该社会主义核心价值的法律规范;二是对于没有转化为法律规范的社会主义核心价值观,但已经被公共政策、司法政策、指导性案例等吸收的,应当在适用时对此类转化的方式进行具体而详细的说明;三是对除此之外的社会主义核心价值,可以作为解释法律的方法或资源,以确定法律概念、揭示立法目的或弥补法律漏洞。[200] 同时,当社会主义核心价值之间存在冲突之时,检察机关应当着重论证优先适用价值的依据,根据上述的衡量法则公式,结合实证材料进行充分的说明和论证。

总的来看,行政执法过程中依旧存在诸多不符合社会主义核心价值观的问题,长远来看,这些问题需要依赖于行政执法检察监督才能有效得以解决。因此,本节主要从规范和案例两个层面来研究行政执法检察监督弘扬社会主义核心价值观的现状与问题,并得出结论。社会主义核心价值观在行政执法检察监督中的适用不足,无论是从制度层面还是实践层面,检察机关较少将其直接适用到案件的监督和处理之中。对此,本节提出了相应的解决方案,旨在通过制度路

[200] 陈为:《法理　知理　智理——将社会主义核心价值观融入知识产权裁判文书释法说理》,载《人民法院报》2021 年 4 月 30 日,第 5 版。

径、实践路径以及技术路径来解决社会主义核心价值观的适用缺陷,进而构建出一套较为完整的适用社会主义核心价值观的法律体系、适用方法以及适用保障等,以期达到监督行政权力的终极目的。

综上,行政执法检察监督弘扬社会主义核心价值观是马克思主义中国化时代化的重要理论产物。该制度将扎实推进依法行政与严格公正司法有机融合,是党在不断总结检察实践的制度创新,是强化行政执法监督机制和能力建设的重要制度。该制度能够呼应人民的最真实、最广泛的需求,并且充分发挥检察机关的法律监督职能,进而有效提升国家治理体系和治理能力现代化,是贯彻和落实党的二十大精神的实践总结。

第四节　完善弘扬社会主义核心价值观的司法监督体系

在依法治国方略之下,司法的最高目标是实现公平正义。习近平总书记指出:"要努力让人民群众在每一个司法案件中都感受到公平正义,所有司法机关都要紧紧围绕这个目标来改进工作,重点解决影响司法公正和制约司法能力的深层次问题。"[201] 司法权力起到了裁判社会纠纷、解决社会矛盾的重要作用。作为一种公共权力,其理应受到来自司法系统内外的监督与制约。司法监督的主要作用正是防止司法权力滥用,维护司法公正,树立司法权威。完善弘扬社会主义核心价值观的司法监督体系,首先应系统地、清晰地认识司法监督的基本内涵,才能正确探寻司法监督弘扬社会主义核心价值观的基本方向与路径。

一、司法监督制度的内涵

研究司法监督,首先应对司法监督的概念及分类进行厘清与界定。学界对司法监督的概念主要存在两种不同的理解:第一种观点认为,司法监督是指司法机关依法对行政机关及其工作人员的执法活动进行监督。在此观点下,司法机关是监督的主体,司法监督本身是一种司法活动。[202] 第二种观点为目前学界中的通说,这一观点认为,司法监督是各类主体对司法活动进行的监督和制约,在

---

〔201〕《依法治国依法执政依法行政共同推进　法治国家法治政府法治社会一体建设》,载《人民日报》2013 年 2 月 25 日,第 1 版。

〔202〕司法公正权威与司法监督的关系课题组:《司法监督制度研究》,法律出版社 2015 年版,第 3 页。

此观点下，司法是监督的客体，司法监督即对司法权的监督。“为了保证司法公正，使司法行为准确、合法地实施，就必须对司法行为实行必要的监督，防止和纠正错捕、错诉、错判行为的发生，这也是监督司法的根本目的所在。”[203]本节所涉及的司法监督即为第二种概念下的司法监督，其内涵可以界定为：国家机关、社会团体和公民等主体，对人民法院及司法工作人员的司法活动及其他相关活动进行的监督、制约活动，目的是保障司法权的正确行使。

依据我国宪法和法律规定，我国目前享有司法监督权的主体众多，司法监督主要有以下八种。

第一，县级以上各级党委及其政法委、监察委可以对司法权进行监督。我国《宪法》确认了中国共产党的核心领导地位，县级以上党委中设政法委统领政法机关的工作。县级以上各级法院必须服从同级党委及其政法委的领导，并接受其监督。

第二，县级以上人大可以对司法权进行监督。我国《宪法》第 3 条第 3 款规定：“国家行政机关、监察机关、审判机关、检察机关都由人民代表大会产生，对它负责，受它监督。”县级人大及其常委会有权选举或任命同级法院的领导人员、审判人员以及审委会委员。根据《各级人民代表大会常务委员会监督法》的规定，各级人大常委会享有听取和审议本级人民法院的专项工作报告、进行执法检查、询问和质询同级法院的负责人、组织特定问题调查、司法解释等规范性文件的备案审查等形式的监督职权。

第三，检察机关可以对司法权进行监督。我国《宪法》第 134 条规定：“中华人民共和国人民检察院是国家的法律监督机关。”《人民检察院组织法》第 20 条规定，检察院“对诉讼活动实行法律监督”的职权。检察机关对司法权的监督主要体现在通过抗诉程序纠正法院错误的裁判。此外，检察机关还可以通过提出检察建议、量刑建议、纠正违法意见、民事执行检察监督等形式对司法权进行监督。

第四，上级法院可以对司法权进行监督。我国《宪法》第 132 条第 2 款规定：“最高人民法院监督地方各级人民法院和专门人民法院的审判工作，上级人民法院监督下级人民法院的审判工作。”《人民法院组织法》第 10 条第 2 款规定：“上级人民法院监督下级人民法院的审判工作。”上级法院对司法权的监督主要体现在以下几个方面：一是通过上诉审查纠正下一级法院错误的裁判；二是通过指令再审或提审的方式纠正下级法院已生效的错误裁判；三是最高人民法院通

[203] 梁旭红：《人大监督司法之应然状态》，载《政治与法律》2006 年第 5 期。

过司法解释来预防性监督下级法院办案。

第五,同一法院内部可以对司法权进行监督。《人民法院组织法》中规定的合议制、审判委员会讨论重大疑难案件制、公开审判制、审判监督程序、院长对助理审判员的任免权、法院内部监察机构的设置等,都是法院内部对司法权的制约与监督的体现。

第六,当事人可以对司法权进行监督。当事人作为司法案件直接利害关系人,其有权行使诉讼权利,并对法院的司法权进行监督。

第七,人民政协可以对司法权进行监督。人民政协主要通过其委员提案、视察法院工作、旁听法院庭审、对法院工作开展民主评议、向法院反映社情民意,以及视察法院工作等方式对司法权进行监督。

第八,新闻媒体、社会组织与公民个人可以对司法权进行监督。我国《宪法》第 27 条第 2 款规定:“一切国家机关和国家工作人员必须依靠人民的支持,经常保持同人民的密切联系,倾听人民的意见和建议,接受人民的监督,努力为人民服务。”依据审判公开原则,人民法院必须接受来自新闻媒体、社会组织和公民个人的监督。

综上所述,我国司法监督的主体十分广泛,不同的监督主体在地位、权力、监督方式、监督效力等方面存在差异。根据不同的分类标准,可以将司法监督进行不同的分类。

以监督的来源作为分类标准,可以分为来自司法系统内部的司法监督和来自司法系统外部的司法监督。来自司法系统内部的司法监督有上级法院对下级法院的监督,以及同一法院内部的监督,这些监督来自于诉讼程序自身的运作过程中;来自司法系统外部的监督有各级党组织的监督,人大的监督,检察机关的监督,当事人的监督,人民政协的监督,公民、民间组织以及新闻媒体的监督,这些监督来自于诉讼程序的运作过程之外。

以监督主体的性质作为分类标准,可以分为官方监督和民间监督。官方监督主要有各级党组织的监督、人大的监督、检察机关的监督、人民政协的监督、上级法院的监督以及同一法院的内部监督。官方监督具有审级监督、抗诉、再审、审判监督制度等形式,其监督效力较强;民间监督主要有当事人的监督、新闻媒体与公民的监督、民间组织的监督,相比于官方监督,其监督效力较弱。

以监督的专业化程度作为分类标准,可以分为专业监督与非专业监督。专业监督主要有上级法院对下级法院的监督、同一法院内部的监督、检察机关的监督;非专业监督主要有各级党组织的监督、人大的监督、人民政协的监督、当事人的监督、新闻媒体与公民的监督、民间组织的监督。

以监督的行为对象作为分类标准，可以分为对审判行为的监督和对审判外其他行为的监督。对审判行为的监督，主要体现在监督司法裁判在实体方面事实认定是否合法、法律适用是否正确，以及在程序方面是否严格遵守诉讼程序法。对审判外其他行为的监督，主要体现在监督那些可能影响法官职业道德和公正形象、可能影响司法公正的行为，如法官违法从事或参与营利性活动、收受贿赂等。

二、司法监督弘扬社会主义核心价值观的现状

从前文所述我国司法监督的主体以及分类，可以看出我国司法监督体系庞大，具有监督主体广泛、监督内容全面、监督方式多样的特点。在“社会主义核心价值观融入法治建设”这一宏大命题之下，我国的司法监督实践也在不断进行弘扬社会主义核心价值观的探索。通过收集与整理适用社会主义核心价值观的司法监督案例，可以从司法系统内部监督和司法系统外部监督两方面概括司法监督弘扬社会主义核心价值观的现状。

（一）司法系统内部监督弘扬社会主义核心价值观的现状

司法系统内部监督主要在诉讼程序自身的运作过程中出现，如审级监督、再审监督、审判管理监督等。这些监督方式是我国司法监督中的重要组成部分，其相比于司法系统外部监督更具专业性、规范性和全面性，既是当事人寻求权利救济的重要保障，也是司法机关的一种内部纠错和司法权的自我监督机制。司法系统内部监督弘扬社会主义核心价值观的主体主要为各级人民法院，其主要通过制定发布司法解释、司法政策文件，发布弘扬社会主义核心价值观的指导案例、典型案例，以及具体的司法监督活动等形式弘扬社会主义核心价值观。〔204〕就各级人民法院在弘扬社会主义核心价值观中发挥的职能而言，可以从最高人民法院和地方各级人民法院两方面概述司法系统内部监督弘扬社会主义核心价值观的现状。

第一，从宏观上看，最高人民法院“居于法院系统的最高等级，在发布政策、制定规则方面具有充分优势”。〔205〕其具有法律解释权，具有监督地方各级人民法院和专门人民法院审判工作的职责，并在法律规定的职责范围内管理全国法院的司法行政工作。最高人民法院弘扬社会主义核心价值观的主要方式是通过

〔204〕陶泽飞：《社会主义核心价值观融入司法的机制构建》，载《法律方法》2021 年第 1 期。

〔205〕孟融：《中国法院如何通过司法裁判执行公共政策——以法院贯彻“社会主义核心价值观”的案例为分析对象》，载《法学评论》2018 年第 3 期。

制定司法解释、司法政策文件,发布弘扬社会主义核心价值观的指导案例、典型案例,利用其领导地位及政治影响力积极指导和监督地方各级人民法院贯彻执行司法监督弘扬社会主义核心价值观的任务。2015 年 10 月 12 日,最高人民法院发布的《关于在人民法院工作中培育和践行社会主义核心价值观的若干意见》明确了人民法院培育和践行社会主义核心价值观的指导思想、基本原则和目标任务,对全国各级人民法院弘扬社会主义核心价值观进行了系统全面部署;2018 年 9 月 18 日,最高人民法院发布的《关于在司法解释中全面贯彻社会主义核心价值观的工作规划(2018 – 2023)》中明确了将社会主义核心价值观融入司法解释制定的各项工作中,对在司法解释工作中弘扬社会主义核心价值观提出了明确而具体的要求;2016 年 3 月 10 日、2016 年 8 月 23 日及 2020 年 5 月 13 日,最高人民法院三次发布了共 30 个弘扬社会主义核心价值观的典型案例,并在 2016 年 10 月 19 日发布了 5 个保护英雄人物合法权益的指导案例,用以规范指引地方各级人民法院的行为。最高人民法院的以上做法,不仅能够提升司法系统内部监督适用社会主义核心价值观的规范性和准确性,还能够增强司法系统内部监督对社会主义核心价值观的弘扬力度。

第二,从微观上看,司法系统内部监督主要以司法个案为载体,个案裁判正是地方各级人民法院承担的主要任务。各级人民法院在司法监督个案中"积极开展以案释法、以案说理,将核心价值观充分融入其中"。[206] 地方各级人民法院在具体的司法监督个案中,通过法律解释、法律论证等法律方法,合理运用自由裁量权,将社会主义核心价值观融入其中,最后以裁判文书说理的形式予以表现,实现司法系统内部监督对社会主义核心价值观的弘扬。在"社会主义核心价值观"提出以前,司法系统内部监督中的监督主体主要着眼于案件的事实认定、法律适用以及诉讼程序的正当性方面是否存在错误和瑕疵。在社会主义核心价值观以及"社会主义核心价值观融入法治建设"这一命题提出以后,我们可以发现在司法系统内部监督的案例中,不少监督主体有意识地以"是否符合社

---

[206] 周尚君、邵珠同:《核心价值观的司法适用实证研究——以 276 份民事裁判文书为分析样本》,载《浙江社会科学》2019 年第 3 期。

会主义核心价值观”作为司法监督的依据。例如在“电梯内劝阻吸烟案”[207]中，被告杨某在电梯内劝阻段某吸烟并与其发生争执，段某随后猝死。一审判决被告杨某补偿后其并未上诉，原告上诉。二审法院认为其劝阻吸烟的行为符合社会主义核心价值观，应当鼓励，最终撤销了一审判决。此外还有最高人民法院发布的弘扬社会主义核心价值观十大典型民事案例中的“村民私自上树摘果坠亡索赔案”。[208] 广州市中院依职权再审此案后，改判不文明出行人自行承担损害后果。再审判决书中明确地表明：“司法可以同情弱者，但对于违背社会公德和公序良俗的行为不予鼓励、不予保护，如果‘谁闹谁有理’‘谁伤谁有理’成为了惯例或者社会风气，公民共建文明社会的道德责任感将受到打击，社会的道德水准也将不断降低。”[209]本案的再审判决对爬树坠亡者的不文明行为作出了否定评价，改判其对坠亡后果自行担责，意在倡导社会公众遵守规则、爱护公物，既大力弘扬了社会主义核心价值观，也取得了良好的社会效果。

“法的正义即构成法的规范系统、价值观念和文化意识在最广泛主体范围内所具有的可接受性与可赞同性。”[210]综合来看，当前司法系统内部监督个案中不断体现出对社会主义核心价值观的弘扬，法院有意识地通过援引社会主义核心价值观来鼓励道德高尚的行为，推广正确的价值观以引领社会风尚。如在“电梯内劝阻吸烟案”中，二审法院并没有局限于法律层面，简单地围绕当事人的上诉请求进行审理，而是考虑到案件的社会效果以及对社会主义核心价值观的弘扬，撤销了一审不合理的判决并改判。这极大鼓励了社会公众自觉对公共

---

〔207〕 2017 年 5 月 2 日，段某某因在小区电梯内吸烟，被身为医生的邻居杨某劝阻，二人发生言语争执之后段某某猝死。段某某之妻田某某向河南郑州金水区法院起诉请求杨某赔偿 40 余万元。法院一审判决杨某向田某某补偿 1.5 万元。一审宣判后，田某某向郑州中院提起上诉，杨某未上诉。2018 年 1 月 23 日，郑州中院作出二审判决，认为劝阻电梯内吸烟的行为合法、正当，符合公序良俗，是自觉维护社会公共利益的行为，应当鼓励；杨某的行为理性、平和，并无不当，与段某某的死亡结果不存在法律上的因果关系，不应承担任何民事责任，故撤销一审判决，驳回田某某的诉讼请求。河南省郑州市中级人民法院民事判决书，(2017)豫 01 民终 14848 号。

〔208〕 案涉某村河堤旁边栽种有仅为观赏用途的杨梅树，该村村委会系杨梅树的所有人。该村村民吴某某私自上树采摘杨梅不慎跌落，当日抢救无效死亡。吴某某子女李某某等人以某村委会未尽安全保障义务为由起诉该村委会承担赔偿责任共计 60 余万元。广州市中级人民法院再审认为，吴某某私自爬树采摘杨梅不仅违反了该村村规民约中关于村民要自觉维护村集体的各项财产利益的村民行为准则，也违反了爱护公物、文明出行的社会公德，有悖公序良俗。吴某某坠落受伤系其自身过失行为所致，某村委会对吴某某的死亡不存在过错，不应承担赔偿责任。

〔209〕 广东省广州市中级人民法院民事判决书，(2019)粤 01 民再 273 号。

〔210〕 张义清、付梦婷：《社会主义核心价值观融入法治建设的文化结构分析》，载《法治现代化研究》2019 年第 4 期。

利益进行维护,也维护了社会公众的价值观,实现了法律效果与社会效果的有机统一,最终将以司法公正引领社会公正。[211] 近年来,不少受到公众普遍关注、产生广泛社会影响的案件的最终裁判,都是在司法系统内部监督过程中有意识地将社会主义核心价值观融入其中。司法监督主体进行充分的解释、论证、说理以消除公众质疑,得出符合社会广泛价值取向、契合社会主义核心价值观价值导向的监督结果,维护了社会公众广泛认可的公平正义。总之,司法系统内部监督是弘扬社会主义核心价值观的有效方式和重要保障,其有利于实现对社会主义核心价值观的实质弘扬。

(二)司法系统外部监督弘扬社会主义核心价值观的现状

司法系统外部监督主要在诉讼程序的运作过程之外出现,相较于司法系统内部监督,其涵盖更多的监督主体与监督形式。常见的有检察监督、舆论监督与人大监督。

第一,当前检察监督弘扬社会主义核心价值观的力度不断加强,但仍有欠缺。检察监督是指检察机关在宪法和法律的授权下,依法对法律事实情况进行检察和督促其产生法定效力的专门性工作。[212] 本节中将其限定为对司法的监督。随着我国司法改革的不断推进,检察监督也在不断强化,体现在监督的范围不断扩大、监督的形式不断增加。具体包括刑事抗诉检察监督、民行抗诉检察监督、检察建议、量刑建议、纠正违法意见、民事执行检察监督、检察长列席审委会等形式。从规范层面看,2014 年最高人民检察院下发的《关于检察机关培育和践行社会主义核心价值观的意见》中指出,培育和践行社会主义核心价值观是检察机关提升法律监督能力的重要途径,要切实把社会主义核心价值观的要求贯穿各项检察工作。2018 年修改的《人民检察院组织法》第 5 条规定:"人民检察院行使检察权在适用法律上一律平等,不允许任何组织和个人有超越法律的特权,禁止任何形式的歧视。"第 6 条规定:"人民检察院坚持司法公正,以事实为根据,以法律为准绳,遵守法定程序,尊重和保障人权。"上述规定要求人民检察院在履行职责时恪守"平等""公正""法治"的准则,这些准则同时也是社会主义核心价值观的内容。

人民检察院在进行司法监督时兼顾纠正法院在法律与程序方面的错误以及弘扬社会主义核心价值观两方面工作。人民检察院作为国家的法律监督机关,

---

[211] 林文学、张伟:《以司法方式加强社会主义核心价值观建设的方法论》,载《法律适用》2018 年第 19 期。

[212] 王日春:《检察监督与法律监督的解读》,载《社会主义研究》2009 年第 3 期。

应当站在客观公正的立场居中监督，不偏不倚，依法审查人民法院判决、裁定所基于的事实根据和法律依据。发现判决、裁定确有错误，符合法定监督条件的，则依法提出抗诉或再审检察建议，这正是对“公正”这一社会主义核心价值的实质弘扬。以最高人民检察院发布的第十五批指导案例中的“某实业公司诉某市住房和城乡建设局征收补偿认定纠纷抗诉案”为例，此案中某市政府决定对某片区实施棚户区改造项目房屋征收，随后向某实业公司作出房屋征收补偿面积的复函。实业公司对复函中的测绘面积认定不服，并向该市某区人民法院起诉。法院遂判决确认市住房和城乡建设局复函违法，责令其对争议部分建筑按非住宅房屋的补偿标准给予安置补偿或者货币补偿。一审判决后双方当事人均未提起上诉，也未申请再审。但该市人民检察院根据线索发现该案判决可能存在错误，如果按照判决进行补偿，不仅放纵违法建设行为，而且政府将多支付补偿款1000余万元，严重损害国家利益。人民检察院遂依职权启动司法监督程序，最终依法向该市中级人民法院提出抗诉。[213] 本案中，人民检察院通过抗诉程序，监督人民法院纠正了错误判决，既保护了国家以及当事人利益，也维护了社会公平正义。在以往法治不健全以及社会缺乏统一的、正确的价值准则的时代，若当事人对判决无异议且未申请检察机关介入监督，检察机关极少主动启动司法监督程序。可见如今即使当事人未提出异议与申请，人民检察院也会在“公正”“法治”等社会主义核心价值观的引领下进行司法监督，并通过监督职能的履行进一步弘扬“公正”“法治”等社会主义核心价值观。

但我们也必须看到，虽然检察监督弘扬社会主义核心价值观的个案不断增多，但从整体来看，与社会主义核心价值观有关的案例数量依然较少。最高人民检察院发布过多批指导性案例，但这些指导性案例大多涉及检察机关的公益诉讼、提起刑事公诉等职能，而较少涉及其司法监督职能。此外，相比于最高人民法院专门发布过的弘扬社会主义核心价值观的典型案例，最高人民检察院并未专门发布弘扬社会主义核心价值观的典型检察案例。因此，当前诸多指导案例虽然体现了对社会主义核心价值观的弘扬，但并未在“指导意义”一栏中释明。虽然检察监督的依法进行是对“法治”“公正”等社会主义核心价值观的天然贯彻，但若不加以说明，广大群众或者没有相关专业知识的人在接触到这些案例时难以感受到其对社会主义核心价值观的弘扬，这也体现出当前检察监督弘扬社会主义核心价值观的力度仍有所欠缺。

---

[213] 某实业公司诉某市住房和城乡建设局征收补偿认定纠纷抗诉案，最高人民检察院指导案例57号（2019年）。

第二,当前舆论监督弘扬社会主义核心价值观的力度较大,但仍不时出现公众与司法裁判在价值观上的冲突。新闻媒体、社会组织以及公民个人的舆论监督是当代司法监督的重要形式之一。当前互联网技术不断发展,自媒体、新媒体不断兴起,互联网自身的高度开放性、极快的传播速度、信息源的难以管控使网络舆论能在很短的时间内造成巨大的影响。网络媒体使每个公民都拥有了对司法案件的发声平台,往往能在短时间内形成针对某一案件的公众舆论。公众舆论是社会公众价值观的一种集中体现,司法机关在做出相应行为时不得不对其认真对待并将其作为参考适用的价值依据。[214] "司法活动的专门化和独立性是相对的,他们不可能完全排除社会思潮和舆论的影响。尤其在民主之信仰日益深入人心的时代,法律活动之结果必须在一定程度上反映社会的呼声,满足社会多数人在特定时期的某些具体要求,即使这些具体要求有时过分或太具感情化。否则的话,审判机构就会失去合法性,以至于最终完全失去其独立性。"[215] 一方面,社会公众皆有权对司法进行舆论监督,舆论监督本身就是社会主义核心价值观中"民主"价值的直接表现。另一方面,社会公众对公平正义的价值追求在舆论监督的过程中充分体现,这正是对社会主义核心价值观中"公正"价值的有力弘扬。

但是在近年来的许多司法案件中,由于裁判结果与社会公众对公平正义的价值判断不符,因而舆论热度在短时间内居高不下,形成民意与司法的冲突。这些案例主要有两种类型:一类是人民法院作出了判决,但社会舆论强烈质疑判决结果,司法机关受此影响启动司法监督程序再行审理并最终作出改判。典型的如"刘涌案""许霆案"。另一类是刚进行立案侦查尚未进入司法程序中,就已经引发舆情。社会上充斥着对案件罪与非罪甚至量刑方面的评论和预测,给司法机关造成影响。司法机关最终的裁判结果也在一定程度上符合了民意,顺应了大众的价值观。典型的如"胡斌交通肇事案""邓玉娇案"。事实上,大多数此类案件的案情并不复杂,并非通常意义上的"疑难杂案"。之所以成为舆论监督的典型案例,正是因为这些案件的处理结果容易对公众产生价值观上的冲击。于是这些案例成为了"符号性指征",社会公众自然地将自己代入为案件当事人,思考在此情况下自身利益能否获得法律的保护。如果案件的处理过程和结果符合自身的价值取向,社会公众则会获得受到法律肯定的安全感和参与司法的成

---

[214] 司法公正权威与司法监督的关系课题组:《司法监督制度研究》,法律出版社 2015 年版,第 208 页。

[215] 苏力:《法治及其本土资源》(修订版),中国政法大学出版社 2004 年版,第 162 页。

就感;反之,将产生不被法律保护的危机感和不正义感。[216] 部分司法监督案例产生的影响超过了普通的司法个案,正是因为其产生了广泛而持久的社会效应。如果司法裁判与社会公众自身坚持的价值观以及公平正义标准相冲突,就容易使社会公众认为“司法不公”,轻则造成司法信任危机,重则将危及社会秩序。

如前文所述,许多司法案件引发舆情的主要原因在于社会公众所坚持的价值观在相应的司法裁判中得不到体现,导致社会公众认为司法裁判不公平、不正义。这些司法裁判之所以会与社会公众的价值观不符,主要原因在于一些司法者恪守规则而忽视价值判断,看重司法自身运行的程序正义而不看重司法裁判结果的实质正义。例如著名的“许霆案”中,许霆在第一次取款 1000 元后无意中发现了 ATM 自动取款机在扣款上的故障,随后分 171 次恶意取款 17.5 万元。广州市中级人民法院一审以盗窃罪判处其无期徒刑。从法条来看,法官的依据是《刑法》第 264 条中“数额特别巨大或者有其他特别严重情节的,处十年以上有期徒刑或者无期徒刑”的条款。但在该裁判引发的舆情中,一类典型评论即“许霆盗窃十几万元被判无期徒刑,然而贪污受贿几十万元、上百万元却只判十几年有期徒刑,这是严重的不公平、不正义”。最后,法院以盗窃罪改判其有期徒刑 5 年,舆论监督在某种程度上取得了效果。虽然改判后仍有人认为判决过重,但已远不及初审时舆论的反对率,这也说明改判后的结果符合社会公众的普遍价值观。

舆论监督经典案例的数量较多,例如从较早的“刘涌涉黑案”“佘祥林故意杀人案”,到“罗彩霞被冒名顶替上大学案”“许霆案”“邓玉娇案”“不予核准吴英死刑案”等。从以上案件最终的裁判结果来看,其基本满足了社会公众的舆论诉求,顺应了社会公众的价值观。一方面,司法机关在案件中的一些理念和做法确实没有充分考虑社会公众的价值取向,舆论监督纠正了司法机关的部分错误,维护了公平正义。另一方面,这也反映了当今在全社会弘扬社会主义核心价值观的重要性。如果一个社会缺乏正确的、有益的主流价值观,那么对于司法活动的舆论监督则可能是有害的。舆论监督通过对司法案件的讨论,向司法表达民意,在此过程中社会公众也在不断塑造自身的价值判断。在某种程度上,新时代下社会公众对于“公正”“法治”“民主”“平等”“自由”等社会主义核心价值观的追求,使一些司法案件能够得到有效的监督。即使在舆论监督过程中,民众并非有意识地去弘扬社会主义核心价值观,但其对于社会主义核心价值观的弘扬

[216] 司法公正权威与司法监督的关系课题组:《司法监督制度研究》,法律出版社 2015 年版,第 208 页。

依然是自然且有效的。

第三,当前人大监督弘扬社会主义核心价值观在新一轮司法改革推进下有所加强,但力度仍显不足。《各级人民代表大会常务委员会监督法》第 8 条第 1 款规定:"各级人民代表大会常务委员会每年选择若干关系改革发展稳定大局和群众切身利益、社会普遍关注的重大问题,有计划地安排听取和审议本级人民政府、人民法院和人民检察院的专项工作报告。"以司法权为监督对象,人大监督应"真正关注法院的抽象社会形象及法官的行为规范,关注司法腐败问题的解决"。[217] 其大致可以分为以下三类:第一类是法律监督,指各级人大及其常委会对人民法院和人民检察院贯彻宪法、法律、法规、司法解释等情况的监督。其主要监督"两院"是否依法办案、是否严格适用法律法规。第二类是工作监督,主要指对司法机关工作制度改革、议事制度和议事工作的监督。监督的核心内容是围绕司法权的配置、运行等工作进行宏观层面的监督,而并非对司法个案进行监督。第三类是人事监督,指针对具体行使司法权的主体的工作业绩、司法作风、职业操守等任职条件、履职情况进行的监督。前述法律监督、工作监督均是对"事"的监督,人事监督则是专门对"人"的监督,是一种最严厉的监督手段。[218] 以上三类监督活动的开展,有利于加强对司法机关及其工作人员权力的约束,并进一步维护司法公正。同时也在监督当中弘扬了"公正""法治""民主"等社会主义核心价值观。

在新一轮司法改革全面推进的形势下,全国各级人大及其常委会通过大量举措不断强化前述三类监督内容,在保障司法权依法运行的前提下有意识地加强弘扬社会主义核心价值观的力度。[219] 首先,不断深化法律监督以弘扬法治价值。当前我国司法案件主要集中在基层法院,各地司法水平差异较大。各级人大及其常委会的法律监督对维护司法公正与法治精神的重要性不言而喻。当前得到深化的监督内容包括对裁判尺度统一的问题加强监督,确保司法机关依法依程序办案,确保法律的正确实施;对审判监督程序适用法律情况加强监督,确保依法启动再审程序,就确有错误的裁判进行及时纠错,维护正常审判秩序

---

[217] 强世功、罗玥:《"案件监督"还是"行为监督"——人大个案监督及其问题》,载蔡定剑主编:《监督与司法公正——研究与案例报告》,法律出版社 2005 年版,第 147 页。

[218] 姜起民:《实然与应然——人大对法院的监督关系研究》,吉林大学出版社 2012 年版,第 219 页。

[219] 杨炎辉:《论人大监督司法的类型化及其发展方向》,载《重庆大学学报(社会科学版)》2015 年第 5 期。

等。[220] 其次，不断推进工作监督常态化以弘扬公正价值。人大的工作监督能确保司法权的管理制度在既定的轨道上进行，保障司法权的良性运行。当前得到加强的监督内容包括：对落实人民陪审员制度工作加强监督，尤其对于“陪而不审”现象加强监督力度，确保人民陪审员制度发挥实效；对审委会、检委会工作情况加强监督；对全面落实司法公开工作加强监督，确保司法权在阳光下运行；对司法政务管理工作加强监督，确保司法政务管理的行政化不影响司法权依法独立行使等。[221] 最后，不断推进人事监督实质化以弘扬平等价值。长期以来对司法机关的工作人员的监督往往流于形式，行使司法权的主体并未得到有效监督，违背了社会主义核心价值观中的平等、法治价值。当前得到加强的监督内容包括：对于司法机关领导人员任职资格进行实质审查，通过民主评议、质询等形式，确保每一名被任命的司法工作人员符合任职条件；对司法工作人员的工作作风进行不定期抽查，通过社会测评、当事人申诉等途径确保司法队伍保持较高的职业道德；对司法腐败问题进行实质性监督，对于徇私枉法、渎职行为进行调查核实等。[222]

虽然人大监督得到了不断强化，但在目前的监督实践中仍存在部分问题，削弱了对“平等”“公正”“法治”等社会主义核心价值观的弘扬力度。首先，人大监督弘扬社会主义核心价值观的限度，即社会主义核心价值观融入的到位与越位仍然没有被完全厘清；其次，人大监督弘扬社会主义核心价值观没有形成自身的一套规范，没有找到合适的途径和科学的方法；最后，在部分欠发达地区司法机关接受人大及其常委会的监督的主动性、积极性不高，人大监督依旧流于形式。司法腐败问题未能通过人大监督得到有效的遏制，司法公正无法得到充分维护，人大监督在弘扬社会主义核心价值观时发挥的作用受到公众质疑。[223] 综上所述，当前人大监督弘扬社会主义核心价值观虽得到不断加强并取得一定成效，但仍需着眼于人大监督自身问题，使社会主义核心价值观在人大监督中得到实质弘扬。

---

[220] 邢玉柱、漆鹏、张涛、应平：《地方人大开展司法监督工作的实证研究》，载《重庆行政》2021 年第 1 期。

[221] 杨炎辉：《论人大监督司法的类型化及其发展方向》，载《重庆大学学报（社会科学版）》2015 年第 5 期。

[222] 林晨、朱威杨、林恩伟：《“两官”绩效评估：人大监督司法的地方创新实践——基于浙江温岭“两官”绩效评估的样本分析》，载《人大研究》2013 年第 11 期。

[223] 杨炎辉：《论人大监督司法的类型化及其发展方向》，载《重庆大学学报（社会科学版）》2015 年第 5 期。

三、司法监督弘扬社会主义核心价值观存在的问题

通过对司法监督案例的搜集与分析,可以看出司法监督主体在进行司法监督的过程中逐渐有意识地以社会主义核心价值观作为监督依据,使司法裁判变得更加公正的同时也进一步弘扬了社会主义核心价值观。然而,司法监督弘扬社会主义核心价值观,在理论层面和实践层面都处于初级阶段,主要存在以下几方面问题。

(一)当前司法监督模式的自身不足影响弘扬社会主义核心价值观

如前文所述,进行司法监督与弘扬社会主义核心价值观具有宏观上的一致性,做好司法监督工作正是对"公正""法治"等社会主义核心价值观的天然弘扬。如果司法监督模式本身存在不足,自然会减弱对社会主义核心价值观的弘扬力度。当前司法监督模式的不足主要体现在司法监督主体泛化和非专业性司法监督存在天然不足两方面。

首先,主体泛化的司法监督模式不利于司法监督发挥应有作用。如前所述,从国家机关到公民个人都可以成为司法监督的主体,当前主体众多且泛化的司法监督可能导致审判权和检察权无法独立公正地行使,不利于弘扬社会主义核心价值观。但在司法监督主体泛化的情况下,纠纷主体可能会寻求能够合法干预司法权的权力以试图干预裁判结果,例如通过媒体、民间组织等非专业性监督主体对法院进行舆论上的施压,这种干预将造成另一种形式的司法不公,也与司法监督所追求的公正、法治等社会主义核心价值观不符。此外,主体众多且泛化的司法监督也容易导致监督效果不佳。法院的核心职能是审理案件以解决纠纷,而案件的审理工作又具有很强的专业性,故审判权需要依法、独立、专业地行使。同时为了追求司法公正,作为公权力的司法权应当受到监督,而司法权的专业性决定了对其进行的司法监督也应具有一定专业性。如果由非专业性的主体对专业性活动进行监督,其监督的权威性与有效性无疑将大打折扣。因为非专业性司法监督主体中既包括民间主体也包括官方主体,所以司法案件当事人一方或双方可能会在借助于某种非专业性监督未果之后,转而又借助于另一种层级更高的非专业性监督来影响裁判结果。这可能导致一个案件经过多次或多种非专业性的监督,甚至出现重复监督现象,反而可能导致一种监督僵局。

其次,非专业性司法监督的自身特点导致其存在天然不足,对社会主义核心价值观的弘扬力度相对有限。一方面,与专业性司法监督相比,当前对非专业性司法监督缺乏规范,也难以规范。例如舆论监督,在现实中几乎可以不受时空限

制地进行，不需要遵守特定的程序，也缺乏有效的管理措施，即使被滥用也难以有效追责。另一方面，在一些引起广泛争议的案件中，专业性的监督主体在进行司法监督时不仅能够发现其在宏观层面不符合“公正”价值，也可以释明其不符合公正价值的原因。如法律适用错误、事实认定错误、不符合法定程序等。此外，专业性监督主体还可以从微观层面深挖案情中具体涉及的社会主义核心价值观。但非专业性监督主体在进行司法监督时往往只停留在认为案件结果“不公正”，既缺乏说理也并未从微观层面探究案件具体涉及的社会主义核心价值观。如此一来，则难以更好地通过司法监督弘扬社会主义核心价值观。

（二）部分监督主体未能正确处理弘扬社会主义核心价值观与基于法律进行监督之间的关系

社会主义核心价值观与司法监督在实践中不可避免地会产生碰撞与冲突。原因在于，一方面，社会主义核心价值观是抽象的，司法监督是相对具体的。“在理论上，价值是客观的东西，价值观则是主观的、观念的东西。”[224] 社会主义核心价值观的内容具有开放性，内涵与外延具有扩展性。而司法监督有着明确的内涵与外延，且往往通过人们可见可感的形式表现出来。另一方面，社会主义核心价值观是朴素的，司法监督是相对专业的。我国社会具有多元性，社会主义核心价值观在最大限度上凝结我国社会的价值共识，即人们日常生活中朴素追求的“好”的价值。司法监督并非简单基于对“好坏”的判断，而是需要一定的专业知识，基于事实和法律法规并遵照一定的程序进行。司法监督主体要在实践中正确适应“社会主义核心价值观融入”的要求，应当明确弘扬社会主义核心价值观的正确方式，并妥善处理其与传统的基于事实和法律进行的司法监督之间的关系。

1. 部分监督主体仅对裁判结果进行监督，有违司法规律且不利于实质弘扬社会主义核心价值观

司法监督主体应了解司法的专业性、尊重司法的相对独立性、把握司法监督弘扬社会主义核心价值观的程度，否则容易偏离司法监督制度的设置初衷以及法治建设的目的。正确的司法监督思路，应全面监督司法权运行的全过程，监督法院在案件的事实认定、法律适用以及最终裁判结果等方面是否超越了自由裁量范围，存在司法权力滥用以及不公现象。但从司法监督的具体实践来看，当前普遍存在的监督思路是以裁判结果为中心。监督主体往往以其自身的价值观为

---

[224] 李德顺：《关于价值与核心价值》，载《学术研究》2007 年第 12 期。

标准,对认为结果不公正的司法裁判进行监督,而忽视了对司法权运行过程的监督。[225] 这种监督思路较为片面,实质上有违司法的特性和规律。基于司法监督与社会主义核心价值观的内在关联,这种不合理的监督思路并不利于对社会主义核心价值观的实质弘扬。

首先,法官拥有宪法法律赋予的自由裁量权,其有权基于自身对公正价值的判断依法作出裁决。在自由裁量权的法定范围之内,不同法官对于同一案件得出的裁判结果不一定完全一致。正如不同主体基于自身价值观,对于"公正"价值也存在不同判断。假设一个法官依据明确的法律、遵循正当法律程序、在自由裁量权范围内得出了裁判结果,其仍可能和一些监督主体的价值观不符。即使如此,我们也无法认定此裁判结果不符合"公正"价值。以"于欢案"为例,二审法院认为"被害人杜某某的辱母行为严重违法、亵渎人伦,应当受到惩罚和谴责……于欢行为属于防卫过当,构成故意伤害罪,既是严格司法的要求,也符合人民群众的公平正义观念"。[226] 可见法院在法律与事实的基础上,也将"公正""法治"等社会主义核心价值观作为裁判的参考。但仍有监督主体认为,于欢因母亲受辱而杀人是中国传统文化中"孝"这一价值的体现,完全符合人之常情,所以社会中仍充斥着"于欢应当无罪"的言论。由此可见,部分监督主体对于"司法公正"的判断,仅基于最终裁判结果的"实质正义",而忽略了事实认定与法律适用的过程。

其次,司法裁判具备高度的专业性,需要结合专业的法律知识、专业的思维方式、法官的亲历性经验等。因此,只有了解诉讼推进的全过程,才能准确判断法官关于事实与法律的认定是否客观公正。例如,在"彭宇案""于欢案""电梯内劝阻吸烟案"等被社会广泛关注的案件中,各类监督主体往往依据自己的价值观对事实认定和法律适用提出了不同意见。一些官方媒体或影响力大的媒体,也会发表带有立场的评论。舆论常常在事实不明的情况下,就主观地置某一方当事人于不利地位。[227] 在这些情形下,法官往往需要考虑裁判作出后是否符

---

[225] 司法公正权威与司法监督的关系课题组:《司法监督制度研究》,法律出版社 2015 年版,第 49 页。

[226] 山东省高级人民法院刑事判决书,(2017)鲁刑终 151 号。

[227] 例如,2018 年 10 月 28 日重庆市万州区公交车坠桥事件。事件发生当日、事件过程未详细公布时,新浪网等媒体就以《重庆万州大巴车坠入长江　私家车女司机已被控制》为新闻标题。网络舆论充斥着对小轿车女司机的攻击,认为是其造成事故。然而通过后续公布的现场视频,实为公交车越线撞击了正常行驶的小轿车,女司机无责。参见梁波:《重庆万州大巴车坠入长江　私家车女司机已被控制》,载新浪网,https://news.sina.cn/gn/2018-10-28/detail-ihnaivxp7676316.d.html。

合舆论导向、是否符合监督者的价值取向、是否会对法院或自己产生不利影响等。[228] 此外，当前部分司法系统外部监督缺乏具体规范，一些监督主体在进行司法监督时可能并非真正出于对社会主义核心价值观的弘扬，而仅因裁判结果不合己意或者受到舆论的影响，就任意地以“违反社会主义核心价值观”作为启动司法监督的理由。尤其在民事案件中，若双方当事人对裁判结果皆无异议，此时监督主体仍以“违反社会主义核心价值观”为由介入监督并造成裁判结果的改变，如此一来则难言公正。以裁判结果为中心的监督思路可能损害司法的终局性特征，最终会损害司法的权威以及人们对司法裁判的信任度。[229]

2. 部分监督主体未能正确把握社会主义核心价值观与法律的关系，导致实践中的规则逃逸现象

“社会主义核心价值观既是一种价值观念与意识形态，更是一种具体实践和行动助力。”[230] 然而在实践中，部分司法监督主体未能正确掌握社会主义核心价值观融入的方式，对社会主义核心价值观与法律的关系把握不清。如此一来，可能会导致大量“规则逃逸”现象，不利于对社会主义核心价值观的实质弘扬。

司法监督实践中的“规则逃逸”主要有以下几种表现形式：

第一，部分监督主体将社会主义核心价值观优先于法律规则适用。社会主义核心价值观融入司法监督的主要路径，应当是其内涵意蕴的条文化表达。[231] 例如《民法典》第 7 条所确立的诚信原则、第 288 条所确立的相邻关系公平合理处理原则等。社会主义核心价值观不同于法律条文，其是一种具有高度的概括性与抽象性价值共识，可以作为解释、支持法律规则的说理依据而非直接的裁判依据。坚持法律规则优先能够避免“规则逃逸”现象的发生。“法官在说理的时候，必须首先以最具体的规则作为涵摄的大前提。只有当具体规则欠缺时，才可以一般规则作为大前提。”[232] 具体而言，一是如果有明确的法律规范，应当优先适用；二是如果社会主义核心价值观已经转化为法律规则，则应当适用转化后的法律规则，并在释法说理部分阐明其涉及的社会主义核心价值理念。但在部分

[228] 司法公正权威与司法监督的关系课题组：《司法监督制度研究》，法律出版社 2015 年版，第 43 页。

[229] 司法公正权威与司法监督的关系课题组：《司法监督制度研究》，法律出版社 2015 年版，第 49 页。

[230] 刘福金：《社会主义核心价值观对法治政府建设的启示》，载《人民论坛》2016 年第 25 期。

[231] 何君姬、张源：《将社会主义核心价值观融入法律监督实践》，载《检察日报》2021 年 8 月 18 日，第 3 版。

[232] [美]罗斯科·庞德：《法理学》（第 2 卷），邓正来译，中国政法大学出版社 2007 年版，第 134 页。

司法监督中,监督主体在尚未援引法律规则时就径行适用社会主义核心价值观作为裁判依据,使道德、价值判断等因素介入个案超出了合理限度。此外,部分监督主体仅将社会主义核心价值观视为一种价值准则,进行价值评价或价值宣示。没有以相关法律规则为基础,在释法说理过程中或者监督文书的说理部分阐释法律规则蕴含的社会主义核心价值观,而是直接运用社会主义核心价值观评价是非对错、凸显价值立场,如此一来则会导致裁判说理不充分,影响了司法的公正与权威。

第二,部分监督主体直接将未转换为法律规则或者法律原则的社会主义核心价值观作为裁判依据,或将社会主义核心价值观与其他法律规范复合适用,共同作为裁判依据,本质上是将其作为正式法源。〔233〕“法条处于法律制度的绝对核心,它为判决提供正确的标准。”〔234〕传统的司法监督正是以法律这一正式法源为准绳。而在“社会主义核心价值观融入”的要求下,并非意味着监督主体能够以社会主义核心价值观直接取代法律规范作为监督准绳,而是应当根据社会主义核心价值观是否已经转化为法律规范来选择融入的方式。对那些未转化为法律规范的社会主义核心价值观,监督主体可以将其灵活运用以增强说理的论证性,在价值维度上提升公众的可接受度。在释法说理过程中通过法律解释的方式传递法条背后蕴含的社会主义核心价值观,既可以使监督结果兼具法律层面上的公正与价值层面上的正义,也更加彰显监督结果的权威性。

(三)司法监督弘扬社会主义核心价值观存在形式化、随意化现象

司法监督弘扬社会主义核心价值观,并非简单地在司法监督过程中提及社会主义核心价值观,将两者“做加法”,而是在社会主义核心价值观的引领下,运用法治思维和法治方式在司法监督的个案处理过程中弘扬社会主义核心价值观,并阐明适用的理由。根据当前的司法监督实践,可以发现司法监督在弘扬社会主义核心价值观时存在形式化、随意化的现象。

第一,部分司法监督的形式化,使“公正”“法治”等社会主义核心价值观得不到充分弘扬。以人大监督为例,听取报告、质询和询问、人事任免等都是人大监督的重要方式,但在实践中,人大及其常委会为避免触及个案监督红线,主要采用听取专项工作报告、工作评议等柔性监督形式,而极少运用专题询问、质询、

〔233〕 于洋:《论社会主义核心价值观的司法适用》,载《法学》2019 年第 5 期。

〔234〕 任强:《司法方法在裁判中的运用——法条至上、原则裁判与后果权衡》,载《中国社会科学》2017 年第 6 期。

人事任免等刚性监督手段。[235] 故鲜有人大以"违反社会主义核心价值观"进行质询的案例，也几乎没有法院工作报告未通过、法官资格任命不通过的情形。监督力度的欠缺，使司法腐败问题未能通过人大及其常委会监督而得到有效的遏制。其背后有三点主要原因：首先，虽然《各级人民代表大会常务委员会监督法》等有关法律对人大的司法监督工作有相关规定，但大多为起宏观指导作用的原则性规定。由于配套的程序法不完善，使司法监督工作缺乏操作性，[236] 监督权到位与越位的关系仍然没有被厘清。[237] 其次，司法工作具有很强的专业性，而具有法律专业知识的人大代表数量有限且缺少相关培训，故人大主动开展司法监督着力点不多，人大监督司法的整体履职能力水平较弱。[238] 最后，司法机关主动利用监督提升司法权威的意识还有待增强。少数司法机关干部对人大司法监督的重要性认识不足，思想上存在抵触情绪，接受人大及其常委会的监督的主动性、积极性不高，[239] 如此一来，人大监督难以发挥实质作用。在"社会主义核心价值观融入司法监督"的命题之下，司法监督本应拥有更广阔的作用空间，如果司法监督本身无法充分发挥实效，那司法监督弘扬社会主义核心价值观的力度显然不足，只能浮于表面。

第二，司法监督主体在实践中适用社会主义核心价值观时的说理论证不够充分，使当事人及普通社会公众难以直接从案件处理中发现司法监督弘扬社会主义核心价值观的内在机理。具体来看，在适用社会主义核心价值观的司法监督案例中，很多都只是在说理部分进行"弘扬社会主义核心价值观"的价值宣示，而没有充分解释和论证将社会主义核心价值观作为裁判的理由支撑的原

---

〔235〕何益新：《坚持问题导向增强司法监督实效》，载《法治与社会》2021 年第 9 期。

〔236〕《各级人民代表大会常务委员会监督法》出台后，尽管各地陆续出台规范性文件对人大司法监督工作的基本原则、日常工作机构、监督议题产生方式、监督方式、程序等问题进行了有益探索，但仍是围绕《各级人民代表大会常务委员会监督法》所进行的"蜻蜓点水式"的规定，并未对监督内容进行类型化、深入化的创新。如 2013 年 10 月通过的《浙江省人大常委会监督司法机关工作办法(试行)》，2013 年 7 月通过的《武汉市人大常委会监督司法工作规定》，2012 年 6 月通过的《广州市人大常委会监督司法工作规定》，2013 年 4 月通过的《沈阳市人大常委会监督司法工作规定》及《沈阳市人民代表大会常务委员会监督司法工作细则》等。

〔237〕杨炎辉：《论人大监督司法的类型化及其发展方向》，载《重庆大学学报(社会科学版)》2015 年第 5 期。

〔238〕邢玉柱、漆鹏、张涛、应平：《地方人大开展司法监督工作的实证研究》，载《重庆行政》2021 年第 1 期。

〔239〕杨炎辉：《论人大监督司法的类型化及其发展方向》，载《重庆大学学报(社会科学版)》2015 年第 5 期。

因。[240] 虽然监督主体有意识地将社会主义核心价值观作为裁判结果的支撑,但仅有简短的一句宣示而缺乏具体说理论证,适用的方式过于形式化。社会主义核心价值观融入司法监督在具体实践中的形式化,表现在其更像是在落实政治任务,而非出于法治思维和法治意识下的司法自觉,这也从侧面反映出在司法监督过程中社会主义核心价值观并未实质性地融入。

第三,对司法监督弘扬社会主义核心价值观缺乏规范,导致司法监督弘扬社会主义核心价值观时过于随意。司法的权威性很大程度上来自于严格的程序及理性的制度。[241] 同理,司法监督要具备权威性,则应当由法定的主体依特定的法律程序进行。在当前我国的司法监督中,除司法系统内部监督以及检察监督外,其他监督形式都缺少较为具体的程序性规定。对于司法监督弘扬社会主义核心价值观,则只有一些政策文件在宏观上的"指导",缺乏微观上的具体规范。这导致了司法监督实践中弘扬社会主义核心价值观时的随意化,减弱了对"公正""法治"等社会主义核心价值观的弘扬力度。其主要表现为以下两点:一是融入方式的随意化。在司法系统内部监督中,通常在判决书中体现对社会主义核心价值观的弘扬,但在一些司法系统外部监督中,例如舆论监督,往往只是口头进行"弘扬社会主义核心价值观"的简单宣示。二是以"违反社会主义核心价值观"为由进行司法监督的随意化。如果在司法监督中随意地、不规范地弘扬社会主义核心价值观,则可能导致一些监督者仅因主观上对裁判结果不满,就任意地以"违反社会主义核心价值观"为由启动司法监督。[242] 这一方面为司法监督干预司法运行提供了便利,使司法监督被当成发泄不满的工具;另一方面也损害司法和法律的权威。

四、司法监督弘扬社会主义核心价值观的完善路径

社会主义核心价值观与中国特色社会主义法治密切相关。法治本身既是社会主义核心价值观的内容,也是社会主义核心价值观赖以实现的重要载体与保证。[243] 司法监督作为法治建设中的重要一环,在弘扬社会主义核心价值观时存在诸多问题,影响了对社会主义核心价值观的弘扬力度,故需要从以下路径加以

---

[240] 杨福忠:《论司法培育和弘扬社会主义核心价值观的机理与技术路径》,载《法学论坛》2020 年第 2 期。

[241] 汪建成、孙远:《论司法的权威与权威的司法》,载《法学评论》2001 年第 4 期。

[242] 司法公正权威与司法监督的关系课题组:《司法监督制度研究》,法律出版社 2015 年版,第 44 页。

[243] 莫纪宏:《把"核心价值观"融入到检察权行使过程》,载《检察日报》2019 年 8 月 27 日,第 3 版。

完善。

(一)在社会主义核心价值观的指引下构建理想的司法监督模式

当前的司法监督存在监督主体泛化、监督思路不合理、部分监督流于形式、司法系统外部监督缺乏规范等问题,不利于对社会主义核心价值观的实质弘扬。为加强司法监督弘扬社会主义核心价值观的力度,应当立足司法监督实践,构建理想的司法监督模式以克服弘扬社会主义核心价值观时的天然阻碍。目前,我国司法系统因自我纠正能力的欠缺而无法保证司法权始终正当运行,导致了现实中司法不公的发生,这也是司法监督这一制度存在的重要原因。因此,我国理想的司法监督模式是能够自我纠偏的、系统自治性的司法监督模式。[244] 如前文所述,进行司法监督是对"公正""法治"等社会主义核心价值观的天然弘扬。在理想的司法监督模式下,司法监督机制能够得到完善,司法监督能力能够得到提升,对社会主义核心价值观的弘扬力度自然也会增强。一方面,应当以社会主义核心价值观为指引,以实现司法权的正当运行为出发点,进一步完善司法监督系统。做到强化司法系统内部监督、规范司法系统外部监督、优化司法整体环境。另一方面,构建理想的司法监督模式,也将助推法治建设,并进一步弘扬社会主义核心价值观。具体要求如下:

第一,应当进一步强化司法系统内部监督。司法系统内部监督是保障司法权正当运行的主要监督方式。强化司法系统内部监督,要在"公正""法治"等社会主义核心价值观的指导下,健全和落实司法系统内的各项监督制约机制。增强司法系统内部监督的科学性、系统性、针对性和可操作性,激发监督活力,提升监督效能。主要措施有以下几点:一是加强和保障当事人的诉权。要突出当事人在诉讼中的主体地位,不断加强和保障当事人的实体权利及程序权利,并充分发挥律师或者其他公共法律服务提供者的优势,不断提升其对法官审判权的监督作用,减少法官权力滥用的空间。二是加强审判管理监督。要明确审判管理权与审判权的关系,避免审判管理权对审判权的不当干扰。审判管理权要以服务和保障审判权的正当运行为中心,不断完善审判管理工作机制。提升审判管理的科学化、规范化水平,充分发挥其在诉讼制度落实、审判工作宏观指导、审判事务管理等方面的监督作用。三是加强审级监督。要体现审级分层原理的基本要求,合理划分各级法院职能,明确界定各个审级程序功能,坚持审级监督程序

---

〔244〕 司法公正权威与司法监督的关系课题组:《司法监督制度研究》,法律出版社 2015 年版,第 56 页。

的补充性和救济性定位。要坚持审级独立原则,规范上下级法院之间的关系,保障审级监督制度功能的充分实现。

第二,应当进一步规范整合司法系统外部监督。由于当前司法系统无法完全自治,所以需要各外部监督主体按照自身的监督逻辑,有序地开展司法监督工作,保障司法权在系统内的正当运行。司法系统外部监督应从两个方面发挥作用:一方面,要监督其他国家权力和社会力量,防止他们越界侵犯,在宏观上为司法权的正当运行创造良好环境;另一方面,要致力于完善诉讼程序,以及确保保障诉讼程序顺利进行的各项工作机制的落实,促进诉讼程序内的监督制度发挥最大限度的作用。[245] 具体为以下几点:一是完善人大监督。人大要加大司法监督力度,增强监督实效,从宏观角度和政治高度保证司法工作符合国家利益和人民意愿。重点推进法律监督深入化、工作监督常态化、人事监督实质化。[246] 二是改进检察监督。人民检察院作为专门的法律监督机关,诉讼监督的重点应由对案件实体结果的监督转向对程序违法行为的监督,并从加强法律监督制度供给和创新法律监督方式方法两个维度来推动检察机关法律监督职能的强化,重点完善民事、刑事、行政诉讼监督机制,拓展优化公益诉讼"四大检察"制度。[247] 三是规范舆论监督。"公众舆论"是有价值的,其往往是各方经过交流沟通达成共识的民意。[248] 通过舆论监督听取民意是发现司法不公线索的重要途径,但应当对其加强规范并设定规则,使舆论监督能理性对待司法裁判,尊重司法特性及其运行规律,避免对司法权的过度侵入。例如,舆论对司法个案的监督不能造成舆论审判、舆论监督应对其监督内容的真实性负责、针对司法个案的舆论监督应逐渐转移到由专门性的法制媒体来实施、舆论监督应重审后监督、舆论监督与专业化监督途径应良好对接等。[249] 人民法院也应进一步健全民意沟通机制,充分利用外宣平台、充分依托和借助舆论媒体力量,实现司法与民意的良性互动。

第三,应当优化司法的整体环境。司法监督作为司法制度的重要组成部分,其功能的发挥不仅依靠自身的科学性及实效性,也依靠其所处的制度环境。如

---

〔245〕 司法公正权威与司法监督的关系课题组:《司法监督制度研究》,法律出版社 2015 年版,第 57 页。

〔246〕 杨炎辉:《论人大监督司法的类型化及其发展方向》,载《重庆大学学报(社会科学版)》2015 年第 5 期。

〔247〕 余钊飞:《"四大检察"与执法司法制约监督体系之构建》,载《法律科学(西北政法大学学报)》2021 年第 1 期。

〔248〕 [美]沃尔特·李普曼:《公众舆论》,阎克文、江红译,上海人民出版社 2011 年版,第 145 - 162 页。

〔249〕 梁平、李庆保:《论我国司法监督资源的优化整合》,载《法学杂志》2014 年第 11 期。

果缺乏良好的司法整体环境,再完善的司法监督制度也难以推进公正权威的司法制度发展。因此,要优化司法的相对独立环境和法官职业环境。法官不仅承担着司法裁判的职责,也是司法监督所要作用和规范的对象。司法中自由裁量权的存在,为司法权的滥用提供了条件。因此,司法公正终究需要公正的法官和良好的职业保障来实现。必须在社会主义核心价值观的指引下,建立和完善法官的任免制度,法官的人格保障、身份保障、职业待遇保障等,建立高素质的法官职业队伍,培育法官职业尊荣感和责任感,保障法官抵御外界的各种诱惑。

(二)提升司法监督主体对社会主义核心价值观的理解准确性

如前文所述,司法监督中监督主体对社会主义核心价值观的理解还存在一定的偏差。司法监督主体应当正确把握社会主义核心价值观的性质与内涵,以减少实践中适用社会主义核心价值观时的混乱现象。

1. 确定社会主义核心价值观在不同形式下的法源性质

在司法审判中,法官依据法律规范进行裁判,并且运用不同的法源论证裁判理由的正当性。用于裁判的依据不仅限于制定法所构成的法律体系,以公共政策、道德伦理、社会习惯、法理学说、经验法则、主流价值、公序良俗等为代表的法外资源,通常也作为审判参考的依据。[250] 根据表现形式的不同,前者称为正式法源,后者称为非正式法源。不同的表现形式决定了不同的法源性质,不同的法源性质也决定了其在功能与适用方式上的不同。当前,司法监督主体在实践中适用社会主义核心价值观表现为以下形式:有时将社会主义核心价值观单独适用;有时将社会主义核心价值观与其他法源复合适用;有时将社会主义核心价值观转化为法律规范适用;有时将社会主义核心价值观作为解释法律规范的根据。其原因在于,司法监督主体对社会主义核心价值观的法源性质缺乏统一的认识标准。因此,社会主义核心价值观的法源性质应当根据其呈现出的不同表现形式来确定。

第一,已经转化为法律规范的社会主义核心价值观,应将其作为正式法源融入。目前已经有多部法律融入了社会主义核心价值观,包含法律规则与法律原则,融入方式可分为整体融入和部分融入。整体融入如 2018 年 5 月 1 日实施的《英雄烈士保护法》第 1 条立法目的条款,以及第 3 条“英雄烈士事迹和精神是中华民族的共同历史记忆和社会主义核心价值观的重要体现”。部分融入如

---

〔250〕 杨铜铜:《论不确定法律概念的体系解释——以“北雁云依案”为素材》,载《法学》2018 年第 6 期。

《民法典》总则编第 7 条“民事主体从事民事活动,应当遵循诚信原则,秉持诚实,恪守承诺”。该条款体现的就是社会主义核心价值观个人层面中的“诚信”价值。以上法条直接体现了社会主义核心价值观的融入,而有些法条中并未使用“社会主义核心价值观”字样,或者没有点明涉及哪一个具体的核心价值。但这类法条深层次的立法目的仍是弘扬社会主义核心价值观,因此也应视为社会主义核心价值观融入法律规范的体现。例如《民法典》第 185 条规定,“侵害英雄烈士等的姓名、肖像、名誉、荣誉,损害社会公共利益的,应当承担民事责任”,立法资料显示,增加该条款的理由在于“英雄和烈士是一个国家和民族的精神体现,是引领社会风尚的标杆,加强对英雄烈士姓名、名誉、荣誉等的法律保护,对于促进社会尊崇英烈、扬善惩恶、弘扬社会主义核心价值观意义重大”。[251] 可见该条款也属于融入社会主义核心价值观的法律规则。

第二,没有转化为法律规范的社会主义核心价值观,应将其作为非正式法源融入。首先,一些社会主义核心价值虽未正式融入法律规范,但在政策文件、司法政策、指导案例中有所体现。如前文所述的 2013 年中共中央办公厅印发的《关于培育和践行社会主义核心价值观的意见》、2016 年中共中央办公厅、国务院办公厅印发的《关于进一步把社会主义核心价值观融入法治建设的指导意见》,以及最高人民法院发布的弘扬社会主义核心价值观典型案例等。其次,对于既未转化为法律规范,也尚未在政策文件或指导案例中体现的社会主义核心价值,仍可将其作为法律规范的解释依据,即作为解释法律原则与不确定法律概念、揭示立法目的的资源。[252] 即使未转化为法律规范,其仍然具有非正式法源的性质。但在适用这些核心价值时要注意与法律规范的结合,应将其作为辅助性说理依据。[253]

综上所述,司法监督主体可以“法源”作为判断社会主义核心价值观性质的标准。在适用社会主义核心价值观时,若其作为正式的法源,则可以直接援引适用;若其作为非正式法源,则应作为说理依据与法律规范结合适用。

2. 在三个维度下分别确定社会主义核心价值观的内涵以提高融入准确性

司法监督主体对社会主义核心价值观的理解存在偏差,既表现在对社会主义核心价值观自身内涵把握不清,也表现在与其他好的价值的混淆。

首先,社会主义核心价值观分为国家、社会、公民三个层面 12 种价值。“富强、民主、文明、和谐”属于国家层面的价值目标;“自由、平等、公正、法治”属于

---

〔251〕 李适时主编:《中华人民共和国民法总则释义》,法律出版社 2017 年版,第 580 页。
〔252〕 于洋:《论社会主义核心价值观的司法适用》,载《法学》2019 年第 5 期。
〔253〕 于洋:《论社会主义核心价值观的司法适用》,载《法学》2019 年第 5 期。

社会层面的价值取向;“爱国、敬业、诚信、友善”属于公民个人层面的价值准则。“社会主义核心价值观三个层面的价值要求,共同构成了一个不可分割的有机整体,统一于中国特色社会主义建设实践。”[254]从整体上看,社会主义核心价值观具有很强的包容性,涵盖了社会生活的方方面面。各个价值观层面具有开放性,概念的内涵与外延具有扩展性。即使如此,监督主体在实践中适用社会主义核心价值观时也应明确各个核心价值在具体层面下的具体内涵。以“法治”为例,党的十八大报告指出“法治是治国理政的基本方式”,应当“弘扬社会主义法治精神,树立社会主义法治理念,增强全社会学法尊法守法用法意识”。由此可见,虽然广义的“法治”内涵丰富,可在不同价值层面间灵活运用,但是社会主义核心价值观中的“法治”主要指涉社会层面。又如,社会主义核心价值观中的“富强”价值从未在司法实践中适用。国家层面的价值更多作为更高的价值追求在《宪法》中体现,但难以成为个人的行为规范并发挥其在具体案件中的指导作用,故不宜作为在司法案件中适用的价值观。[255]

其次,应明确社会主义核心价值观与其他“好的价值观”之间的关系。如前所述,社会主义核心价值观的具体内涵应当在具体层面下理解,但有些情况下,在相应层面中无法找到适合适用的价值。例如,在公民层面就难以找到合适的价值来评价“不文明行为”。所以实践中司法监督主体往往跳出12个价值的框架,扩张出诸如“家庭美德”“爱护公物”等价值。在社会主义核心价值观提出之前,一些好的价值观以及传统美德、村规民约等就曾在司法监督实践中适用。法官在说理中对好的价值观、传统美德等进行援引,有助于增强裁判的正当性。但社会主义核心价值观具有独特的概念内涵与价值维度,在与其他的好的价值观结合适用时,应当理清它们的关系并使之融会贯通。从内容上看,社会主义核心价值观与传统美德、社会伦理、村规民约、公序良俗,以及其他好的价值观具有同源性与交叉性。实践中,司法监督主体对社会主义核心价值观的理解存在一个误区,即“社会主义核心价值观涵盖了一切好的价值观”。表现为监督主体适用社会主义核心价值观时将其他好的价值观不加区分地一并纳入社会主义核心价值观之下。从法源的形式上看,传统美德、社会伦理、村规民约、公序良俗等与社会主义核心价值观属于不同形式的不成文法源类型,它们彼此之间并非相互涵

---

[254] 黄巧莲:《法治视野下社会主义核心价值观培塑的三个维度》,载《福州党校学报》2018年第4期。

[255] 杨彩霞、张立波:《社会主义核心价值观融入刑事裁判文书的适用研究——基于2014-2019年刑事裁判文书的实证分析》,载《法律适用》2020年第16期。

盖的关系,所以可以并列适用。[256] 此外,在准确理解和界定可适用的社会主义核心价值观后,应尽量避免用类似概念和用语取代具体的社会主义核心价值观。如用"善待"、"互助"等代替"友善"价值,用"诚实信用"、"公平正义"代替"诚信"、"公正"价值。从含义上看,这些词语虽与社会主义核心价值观相差无几,但汉语中同义词众多,还是应当点明具体的核心价值,增强社会主义核心价值观融入的科学性与准确性。

综上所述,社会主义核心价值观中每一个具体价值的内涵,都应放在各自的层面进行确定。此外,实践中没有必要将所有好的价值都纳入社会主义核心价值之下,完全可以将它们分别适用。

(三)提升司法监督弘扬社会主义核心价值观的规范性

当前,司法监督实践中弘扬社会主义核心价值观的规范性不足,存在形式化与随意化现象。因此,司法监督主体应当树立弘扬社会主义核心价值观的正确观念,明确司法监督中适用社会主义核心价值观的正确原则与方法,以提升弘扬社会主义核心价值观的规范性。

1. 树立司法监督弘扬社会主义核心价值观的正确观念

如前文所述,司法监督作为我国法律政策体系中的重要部分以及我国法治建设中的重要环节,在司法监督中弘扬社会主义核心价值观是新时代的必然要求。为了更好地弘扬社会主义核心价值观,应当促进社会主义核心价值观融入司法监督,并正确地理解"社会主义核心价值观"以及"融入"的要义。

首先应注意"社会主义核心价值观"和"社会主义核心价值"这两个概念的区别。"价值与价值观是有区别的两个概念。从理论上看,价值是客观的东西,价值观则是主观的、观念性的东西。"[257] 我们所说的社会主义核心价值观是由12 种不同的价值所构成,但这 12 种价值中是否存在核心价值,还是都为核心价值? 或者说其中的某一或某些价值观作为核心价值,取决于站在何种领域立场上,而并非固定不变? 例如在研究司法监督时,讨论最多的就是"公正""法治""自由"等价值,公民层面的四种价值就较难在宏观上与司法监督相融;若研究的是"信用体系建设",讨论最多的则会是"诚信"价值。从当前司法监督主体适用社会主义核心价值观的情况上看,不存在一个确切的"核心价值",所讨论的"核心价值"更多的是指涵盖了多种价值的"基本价值",而非形式逻辑意义上的

---

[256] 于洋:《论社会主义核心价值观的司法适用》,载《法学》2019 年第 5 期。

[257] 李德顺:《关于价值与核心价值》,载《学术研究》2007 年第 12 期。

"核心"。

其次,司法监督在宏观上与"法治""公正"等社会主义核心价值观具有一体性。"法治""公正"皆是社会主义核心价值观的一部分,司法监督制度的设立本身就符合法治理念和精神,司法监督活动的依法进行就是在弘扬公正,也符合公正价值。因此,在研究"司法监督弘扬社会主义核心价值观"时应当更多着眼于微观层面,即研究具体的司法监督实践对社会主义核心价值观的运用,以及社会主义核心价值观在司法监督实践中所发挥的作用。

从2016年12月中共中央办公厅、国务院办公厅发布的《关于进一步把社会主义核心价值观融入法治建设的指导意见》的内容来看,把社会主义核心价值观融入法治建设,就是指把构成社会主义核心价值观的各种价值融入法治建设。[258] 同理,把社会主义核心价值观融入司法监督,就是指把构成社会主义核心价值观的各种价值融入司法监督的全过程,既包括宏观上的指引,也包括微观下具体个案的操作。司法监督制度的设立目的在于防止司法权的滥用,维护公平正义。但若把握不好司法监督的程度与界限,则会伤害司法权的独立性和自主性。对此,各国的制度设计主要是尽量多地利用司法程序内部的专业力量进行自治,而尽量少地借助程序外的非专业力量来实现司法权正当运行,这也是司法监督的理想模式。[259] 而社会主义核心价值观融入司法监督,其难点也在于融入的程度、方式与界限,若把握不好则容易偏离司法监督制度的设置初衷以及法治建设的目的。在司法实践中,若一味地坚守法律而排斥价值、道德,社会主义核心价值观就难以找到融入的路径;但如果价值、道德、社会主义核心价值观等无限制地融入,以至于能够随意影响司法裁判的结果,那法律的权威性将受到损害。因此,社会主义核心价值观融入司法监督,并非在司法监督中将社会主义核心价值观直接作为法律的替代品,而是司法监督的依法实施与完善有了来自社会主义核心价值观的全方位支持。

综上所述,"社会主义核心价值观"以及"融入"实际包含了三层意思。第一,从宏观来看,在司法监督实践中融入社会主义核心价值观,可以为司法监督乃至法治监督体系的建设完善指明方向,社会主义核心价值观起到"引领"作用;第二,从微观来看,社会主义核心价值观相对抽象,所以其"融入"意味着需要使用恰当的方法,使用法治思维、法治方式和法律方法把社会主义核心价值观

---

[258] 陈金钊:《"社会主义核心价值观融入法治建设"的方法论诠释》,载《当代世界与社会主义》2017年第4期。

[259] 司法公正权威与司法监督的关系课题组:《司法监督制度研究》,法律出版社2015年版,第21页。

融入司法监督的个案处理过程中;第三,从党中央提出"社会主义核心价值观融入法治建设"这一命题的目的来看,应当拓展原先司法监督的内容范围,在追求实现司法公平正义这一目标的前提下,把司法监督与社会主义核心价值观结合起来,对司法权的滥用、错用、司法不公现象进行综合治理。在司法监督过程中,仍应保持以法律为主,但也要积极适用社会主义核心价值观对个案进行处理。"社会主义核心价值观"以及"融入"并不是简单地将社会主义核心价值观与司法监督"做加法",而是在融会贯通的基础上,让社会主义核心价值观以适当的程度以及自然的而不是强加的方式进入司法监督当中,共同营造公平正义的司法环境。

2. 明确社会主义核心价值观在司法监督实践中适用的原则与方法

习近平总书记强调:"培育和弘扬社会主义核心价值观,不仅要靠思想教育、实践养成,而且要用体制机制来保障。"[260]同理,司法监督弘扬社会主义核心价值观时应当构建健全的体制机制,规范监督主体对社会主义核心价值观的运用,以适应社会主义核心价值观融入法治建设的总体要求。当前司法监督实践中,适用社会主义核心价值观的无序化与随意化现象大量存在。监督主体有时忽略法律规范而直接援引社会主义核心价值观,出现"规则逃逸"现象;有时将社会主义核心价值观作为说理的优先依据,法律法规反而成为辅助工具。要在司法监督中更好地弘扬社会主义核心价值观,应当确定社会主义核心价值观适用时的正确原则以及方法,使之成为司法监督主体在实践中应当遵守的准则。

第一,法律规则应优先于社会主义核心价值观适用。以裁判文书为例,其说理的依据并不局限于正式的法源,同样可以包括具有说服力的非正式法源。[261]说理依据的顺序包括两个部分:第一部分是规范性法律文件的引用顺序,最高人民法院《关于裁判文书引用法律、法规等规范性法律文件的规定》第2条对此有明确规定;[262]第二部分是在裁判说理中作为依据的规范、标准,如法理、法律、政策、判例、习惯、学说等的引用顺序。最高人民法院《关于加强和规范裁判文书释法说理的指导意见》中指出,法官可以作为论证裁判理由的论据包括法律法规、司法解释、指导性案例、审判业务规范性文件、公理、情理、立法材料、法理、

---

[260] 中共中央文献研究室编:《习近平关于社会主义文化建设论述摘编》,中央文献出版社2017版,第111页。

[261] 曹志勋:《对民事判决书结构与说理的重塑》,载《中国法学》2015年第4期。

[262] 最高人民法院《关于裁判文书引用法律、法规等规范性法律文件的规定》(2009年通过)第2条规定:"并列引用多个规范性法律文件的,引用顺序如下:法律及法律解释、行政法规、地方性法规、自治条例或者单行条例、司法解释。同时引用两部以上法律的,应当先引用基本法律,后引用其他法律。引用包括实体法和程序法的,先引用实体法,后引用程序法。"

学理以及与法律、司法解释等规范性法律文件不相冲突的其他论据。这基本明确了社会主义核心价值观作为说理依据的援引次序:在有明确的法律法规、司法解释的情况下,可以同时适用社会主义核心价值观,但不宜将其作为唯一和首要性的说理依据。尤其在民事案件中,如果在有可适用的法律规则的情况下,仍以社会主义核心价值观作为主要或唯一的裁判依据,那么法律规则的权威性将大大减弱。此外,虽然社会主义核心价值观已经转化为部分法律规范,但从宏观上看,社会主义核心价值观并没有直接规范具体的法律关系。若直接将社会主义核心价值观作为裁判说理的唯一依据,则会违背司法裁判的特性和规律,造成说理逻辑与论证的混乱,破坏法律体系的稳定性,所以司法监督主体在适用社会主义核心价值观时,应当遵循"法律规则—法律原则—社会主义核心价值观"的顺序,保证法律规则的优先适用。在启动和进行司法监督时,监督主体应当向包括被监督方以及社会公众在内的各方说明理由,论证事实认定、法律适用以及社会主义核心价值观适用的正当性。例如,在"宋某与何某某、罗某某房屋买卖合同纠纷案"中,二审法院指出:"《房屋买卖合同》为格式合同,依据《合同法》第56条以及诚实信用原则,不履行合同义务违反诚信原则与契约精神,不符合市场交易原则和不遵守交易秩序,与我国弘扬的社会主义核心价值观的诚信内容相背。"[263]可见,本案中法官的说理过程按照"合同文本(事实认定)—法律规范—法律原则—社会主义核心价值观"的顺序依次进行,是适用社会主义核心价值观的规范方式。试想,如果法官忽略法律规范与法律原则,仅将"违反诚信这一社会主义核心价值"作为主要依据,说理看似也能够成立,但在实质上违反了基本的裁判逻辑、准则与要求。

第二,应当借助社会主义核心价值观来解释规则。并非在所有个案中都能找到法律规则来适用,实践中可能出现法律规则不明确,或者法律规则有所冲突的现象,此时就可以在法律规则背后的"高级法背景"中寻找解决方法。[264] 社会主义核心价值观的重要意义,体现在其传递的原则、理念与价值。通过价值判断来消除法律规则的局限性,并非抛开法律规则只谈价值,而是将核心价值与法律规则进行融会贯通。以前文所述"村民私自上树摘果坠亡索赔案"为例,原告方因吴某某私爬村委会所有的杨梅树坠亡而索赔,案件争议的焦点是村委会是否有安全保障义务。本案中再审法院认为,"安全保障义务内容的确定应限于管理人的管理和控制能力范围之内……案涉景区属于开放式景区,未向村民或

---

[263] 广东省惠州市中级人民法院民事判决书,(2016)粤13民终2392号。

[264] 任强:《司法方法在裁判中的运用——法条至上、原则裁判与后果权衡》,载《中国社会科学》2017年第6期。

游客提供采摘杨梅的旅游项目……杨梅树本身并无安全隐患,若要求某村委会对景区内的所有树木加以围蔽、设置警示标志或采取其他防护措施,显然超过善良管理人的注意标准……吴某某作为具有完全民事行为能力的成年人,应当充分预见攀爬杨梅树采摘杨梅的危险性……吴某某私自爬树采摘杨梅,不仅违反了该村村规民约中关于村民要自觉维护村集体的各项财产利益的村民行为准则,也违反了爱护公物、文明出行的社会公德,有悖公序良俗"。[265] 在法院看来,村委会不具有安全保障义务,理由是杨梅树不在其管理和控制范围内,这可以在《民法典》第1198条中找到依据。[266] "社会公德""公序良俗"等价值之所以被引入裁判理由,是为了进一步证成"私爬公共果树不在村委会的安全保障范围内",而不是直接证成"村委会可以以行为人不文明、违反社会公德为由而不用承担安全义务"。从中我们可以看出,在适用社会主义核心价值观时按照一定的方式,将核心价值与法律规则融会贯通,才能达到通过价值解释规则的目的。

第三,应当通过法律规则来适用社会主义核心价值观。社会主义核心价值观中蕴含了大量价值标准来指引个人乃至全社会的行为。从本质上看,社会主义核心价值观是抽象的,其并不具体体现为一种"规则"。以司法监督本身为例,从宏观上看,进行司法监督就是对"法治"价值的贯彻。从微观上看,司法监督个案中大量体现了"公正""自由""平等"等价值,但这些核心价值很难为人们的行为提供一种确切的规则。正因为社会主义核心价值观的抽象性,所以需要大量的"法条释义"。[267] 当法律漏洞出现或者因法律规则目的悖反而缺乏规则时,就需要价值指引,通过类推适用或目的性限缩来创设新的法律规则,[268] 新的法律规则在以后相同类型的案件中就可以直接适用。总而言之,社会主义核心价值观的融入,应该最终通过法律规则的形式来表达,才能使整个法律体系保持稳定。例如,在"徐某某与张甲、张乙共有物分割纠纷案"中,法院认为"经庭审查明……该费用实为按农村风俗进行'做法事'的迷信活动所需的支出,有违社会主义核心价值观的要求,本院不予支持"。[269] 此案中法院直接引用社会主

---

[265] 广东省广州市中级人民法院民事判决书,(2019)粤01民再273号。

[266] 《民法典》第1198条规定:宾馆、商场、银行、车站、机场、体育场馆、娱乐场所等经营场所、公共场所的经营者、管理者或者群众性活动的组织者,未尽到安全保障义务,造成他人损害的,应当承担侵权责任。因第三人的行为造成他人损害的,由第三人承担侵权责任;经营者、管理者或者组织者未尽到安全保障义务的,承担相应的补充责任。经营者、管理者或者组织者承担补充责任后,可以向第三人追偿。

[267] [德]阿图尔·考夫曼:《法律哲学》,刘幸义等译,法律出版社2004年版,第150页。

[268] [德]卡尔·拉伦茨:《法学方法论》,陈爱娥译,商务印书馆2003年版,第246-278页。

[269] 安徽省金寨县人民法院民事判决书,(2016)皖1524民初1072号。

义核心价值观对民事行为进行了否定,显然缺少了必要的说理过程。本案适用社会主义核心价值观的正确方法应当是:第一,先点明具体的法律规则。例如,根据《民法典》第 8 条规定,民事主体从事民事活动,不得违反法律,不得违背公序良俗。第二,进行判断或规则创设。例如,"做法事"的封建迷信行为应当属于违背公序良俗的行为。第三,适用社会主义核心价值观。例如,"做法事"的行为也违反了社会主义核心价值观,不应得到支持。

当前,司法监督缺乏适用社会主义核心价值观的统一规则。由于司法监督主体的广泛性,各监督主体的法律素养参差不齐。故应当使司法监督中适用社会主义核心价值观的原则与方法成为一套准则,为实践提供统一的指引。这有利于改变司法监督中适用社会主义核心价值观时的混乱态势,使社会主义核心价值观更好地得到实质弘扬。

3. 完善案例指导制度以提升弘扬社会主义核心价值观的规范性

"法治成熟国家的经验和实践已经充分证明了判例制度的价值,借鉴于此的案例指导制度对中国法治建设来说也蕴含着重要的意义。"[270] 自 2010 年最高人民法院发布《关于案例指导工作的规定》以来,我国的案例指导制度确立已逾十年。在审判活动中,制定法和指导性案例各具优势且能互补,指导性案例的作用也得到了普遍认可。以司法系统内部监督为例,虽然我国并非判例法国家,司法案例也不具有先例作用,但随着我国法治的发展,审判活动中法官的自由裁量权逐渐受到重视,所以指导性案例对司法实践的作用日益显现。从 2015 年开始,最高人民法院陆续发布了弘扬社会主义核心价值观的典型案例和指导案例,以指导和规范各级人民法院开展弘扬社会主义核心价值观的活动,可见案例指导制度在弘扬社会主义核心价值观的实践中具有重要作用。故应当继续健全完善我国的案例指导制度,使社会主义核心价值观在实践中得到更有力的弘扬。完善案例指导制度包括两方面内容:一是进一步优化当前指导案例弘扬社会主义核心价值观的方式与评估机制;二是建立专门的司法监督案例指导制度。案例指导制度的完善有助于防止司法监督主体在实践中对社会主义核心价值观进行任意或专断的解释和适用,其本质上是对司法监督权进行一定的限制,并且能够有效提升司法监督弘扬社会主义核心价值观的规范性,使司法监督能够更好、更有力地弘扬社会主义核心价值观。

首先,应进一步优化当前指导案例弘扬社会主义核心价值观的方式与评估机制,将国家弘扬社会主义核心价值观的意志结合具体个案进行细化,为司法监

---

[270] 孙光宁:《案例指导的激励方式:从推荐到适用》,载《东方法学》2016 年第 3 期。

督活动提供价值引领。一方面,当前的指导案例在案件事实、法律适用、社会主义核心价值观的适用上都较为简单,存在缺乏法律解释的运用、论证说理不够充分等问题。指导性案例须具有解释法律不明之处或者填补法律漏洞的意义,如果是因为存在制定法上的漏洞而适用社会主义核心价值观,就需要建立在充分说理论证的基础上,否则将有损适用社会主义核心价值观的合理性和科学性。[271] 故弘扬社会主义核心价值观的指导案例应进一步加强说理论证,使所有阅读案例的人能够清楚地认知社会主义核心价值观在案例中适用的程度与方式。另一方面,为了强化案例指导制度在司法监督弘扬社会主义核心价值观中的作用,除了进一步精细化案例的入选条件和标准,凸显案例的典型性和指导意义外,还可以通过司法监督主体在实践中对指导案例的运用程度及效果,来评估司法监督弘扬社会主义核心价值观的情况。例如,司法监督主体是否在有高度相似的指导案例的前提下仍寻求不同的监督后果、司法监督主体是否在适用社会主义核心价值观时进行了充分的说理、指导案例的发布是否实质减少了同案不同判现象、是否明显减少了引发价值观冲突和争议的判决等。

其次,为了进一步加强司法监督对社会主义核心价值观的弘扬力度,还应建立专门的司法监督案例指导制度。其主要有两方面原因:一方面,司法监督案例具有不同于一般司法案例的自身特点。司法监督案例与一般的司法案例存在某些交集,主要体现在司法系统内部监督中,例如大量司法案例中体现了审级监督、再审监督。但在司法系统外部监督中,如检察监督、舆论监督等都很难在司法案例中直接体现。此外,司法监督主体众多且内容广泛,难以通过关键词对相关案例进行全面检索。例如"舆论监督",几乎可以不受时空限制地进行,且缺乏类似"裁判文书"这样能够进行检索的载体。另一方面,当前有关部门对司法监督案例的重视程度较为不足。例如,最高人民检察院还未专门发布弘扬社会主义核心价值观的典型检察案例,故在研究"检察监督弘扬社会主义核心价值观"时,只能从所有的指导案例中一一寻找与弘扬社会主义核心价值观有关的司法监督案例,不仅效率低下,且指导案例中有关弘扬社会主义核心价值观的案例数量较少。由此可见,当前对于司法监督典型案例缺乏重视也缺乏宣传,对于弘扬社会主义核心价值观的司法监督案例缺乏权威的整理,这显然不利于司法监督对社会主义核心价值观的实质弘扬,故建立专门的司法监督案例指导制度是十分必要的。

完善案例指导制度,明确指导性案例在适用上的权威性,可以为司法监督主

[271] 陶泽飞:《社会主义核心价值观融入司法的机制构建》,载《法律方法》2021 年第 1 期。

体适用社会主义核心价值观提供制度支持、具体规则、适用进路和基本经验，同时也更有利于弘扬社会主义核心价值观。[272] 此外，发布弘扬社会主义核心价值观的司法监督指导案例体现了司法监督对公共政策的回应，有利于实现政策教育与司法监督个案的有机结合，达到向社会公众宣传社会主义核心价值观的目的。未来最高人民法院、最高人民检察院等司法监督主体应继续加大典型案例的筛选工作，并将涉及自身领域的司法监督典型案例以指导性案例的形式发布，形成一批数量可观、质量优秀的“弘扬社会主义核心价值观司法监督指导案例”。可以充分运用大数据等分析手段，例如从中国裁判文书网中筛选出与司法监督有关的案例。还可以从权威的新闻网站上筛选引起社会热议的案例，并将之进行整理和汇编，进一步加强司法监督宣传工作的针对性。从根本上看，司法监督弘扬社会主义核心价值观，应当能够让广大人民群众，尤其是没有相关法律知识的人都能够切身感受到，使社会主义核心价值观能够在社会中被最广泛地感知和运用。

---

〔272〕 杨知文：《把社会主义核心价值观融入指导性案例编撰》，载《光明日报》2018 年 7 月 25 日，第 11 版。

第五章

完善弘扬社会主义核心价值观的法治保障体系

党的十七届六中全会通过的《中共中央关于深化文化体制改革推动社会主义文化大发展大繁荣若干重大问题的决定》提出："社会主义核心价值体系是兴国之魂，是社会主义先进文化的精髓，决定着中国特色社会主义发展方向。"在此基础上，党的十八大报告进一步强调加强社会主义核心价值体系建设，用社会主义核心价值体系引领社会思潮、凝聚社会共识。与此同时，党的十八大报告在国家、社会和公民三个层面列举了社会主义核心价值观内涵。自党的十八届四中全会至十九届四中全会，法治精神、法的价值理念一直被视为社会主义核心价值观的重要内容，并把弘扬社会主义核心价值观和法治文化建设联系在了一起，完善弘扬社会主义核心价值观的法律政策体系是实现依法治国与以德治国相结合的重要途径。党的二十大报告着重指出，全面建设社会主义现代化国家，必须坚持中国特色社会主义文化发展道路。在其中，建设具有强大凝聚力和引领力的社会主义意识形态，以及广泛践行社会主义核心价值观，是坚持中国特色社会主义文化发展道路的必要任务。概念上，社会主义核心价值观隶属于应然范畴，而法治作为一种国家治理的主要方式，不仅包含着一系列与社会主义核心价值观相融合的价值理念，更需要解决实然层面的问题。法治保障体系是中国特色社会主义法治沿着正确道路前进的重要保障，是确保法治高效运行的重要支撑。能否形成有力的法治保障体系，关系到全面推进依法治国总目标的实现，关系到"四个全面"战略布局的协调推进。因此，社会主义核心价值观上承中华优秀传统法治文化，下启新时代中国特色社会主义法治建设。法治建设是在实践中弘扬社会主义核心价值观的主要方式。现代法治国家的建设，从一般意义上说，都应与上述理念有着密切的联系，或者说上述理念都应是现代法治国家建设的应有之义。

第一节　完善弘扬社会主义核心价值观的法治保障体系的理论基础

完善弘扬社会主义核心价值观的保障体系，不仅能够进一步充实法治的本土文化内核，而且可以运用制度化手段沟通应然与实然之间的逻辑联系，这不但有利于全社会法治观念和法治意识的确立以及社会主义法治精神的弘扬，而且有利于社会主义法治文化的建设，从而促进全面推进依法治国总目标的实现。

一、弘扬社会主义核心价值观的法治保障体系的理论基础

社会主义核心价值观与法治保障体系分别具有不同的内涵与表现形式，也因此具有不同的功能与作用，但二者存在天然的逻辑关联。一方面，从理论逻辑、历史经验和实践取向来看，社会主义核心价值观植根于中国优秀传统文化，中国优秀传统文化是社会主义核心价值观的思想资源之一，弘扬优秀传统文化是培育社会主义核心价值观的重要途径之一；另一方面，法治保障体系是由政治保障、思想保障、组织保障、能力保障、体制保障和履职保障以及实践运行保障构成的统一体，有力的法治保障体系，要求在法律制定、实施和监督的全过程形成结构完整、机制健全、资源充分、富于成效的保障要素系统。这一系统的运行能否达到理想的效果，关键在于制度与其所处文化环境的契合度，"法治文化"正是衔接应然层面的核心价值观与实然层面的法治保障体系的关键纽结。

（一）理论内核：德法并举治国方略的综合性保障

弘扬社会主义核心价值观的法治保障体系应当以依法治国与以德治国相结合为理论基础。法治作为社会主义核心价值观之一，是法治在社会主义理论体系与实践系统地位的极大提高，是中国共产党对社会主义理论的重大修正与发展，这意味着传统政治意识形态内容的改变，权力话语权将被抑制，而法律、权利话语权将要形成。[1] 法治成为社会主义核心价值观是法治发展的必然，对中国法治实践来说也具有必要性。对作为社会主义核心价值观的法治的理解和运用是构建社会主义法治意识形态的组成部分。面对法治已经成为社会主义核心价值观的事实，该如何理解、在什么意义上认同，这对全面推进法治中国建设来说意义重大。

虽然依法治国是实现党领导人民当家作主的基本途径和法治保证，但依法治国不是党领导人民实现自己当家作主的唯一方式，党的领导方式中的重要部分是靠革命理想。革命理想管长远，管全局，管根本，引领法治建设并贯穿法治的全过程。一般来说，依法治国主要是依靠他律，以德治国主要是依靠自律，而

---

〔1〕 陈金钊：《对法治作为社会主义核心价值观的诠释》，载《法律科学（西北政法大学学报）》2015年第2期。

"德主刑辅"则是我国优秀的法律文化传统。所以,一方面,要特别强调全社会学习践行社会主义核心价值观,亦即强调德治;另一方面,又要及时提出坚定不移走中国特色社会主义法治道路,更多地用他律的形式规范人们和市场的行为。

社会主义核心价值观中的"法治"既是马克思主义同中国实际相结合的产物,是党的领导、人民当家作主和依法治国的有机统一,也是对中国传统思想文化的积极扬弃,是依法治国与以德治国的有机结合。[2]

依法治国与以德治国相结合是弘扬社会主义核心价值观的法治保障体系的重要基础。"法安天下,德润人心",[3]完善弘扬社会主义核心价值观的法治保障体系,应当通过以德治国来引导依法治国健康有序地发展,发挥法治在治国理政中的核心作用的同时,应当充分发挥以德治国的补充和辅助治理功能,最大限度地实现"德育"与"德治"有机统一。

其中,关键要把握两个问题:一是需要注意到在各种价值之间存在竞争关系,因而各自理解的价值"核心",可能是不同的价值;二是与公正、自由、平等、民主等社会主义核心价值观形成竞争关系的不是价值之间的冲突,而是人们对法治作为社会主义核心价值还没有足够的认同。[4] 法律和道德都具有规范社会行为、调节社会关系、维护社会秩序的作用,在国家治理中都有其地位和功能:一方面,道德使法律更善,增加了法律的德性;另一方面,法律使人们对待社会道德问题更加客观,增加了道德的理性。所以要一手抓法治、一手抓德治,实现法律和道德相辅相成、法治和德治相得益彰,推进国家治理现代化。[5] 现代法治需要道德的滋养,从而实现"善治"。依法治国与以德治国相结合,法德并治,协同推进。

一直以来,中国法治建设的历程皆表现出对道德的追求。道德作为一种价值体系,对于法律而言是一种内在的力量,它在向法律渗透的过程中赋予了法治以价值合理性。我们对于优秀传统道德的承继及对社会主义核心价值观的弘扬,构成了中国法治建设的重要内容。[6] 新时代社会主义核心价值观的确立,为中国法治建设的道德追求确立了基本的原则和标准,是实现"良法善治"的基本前提。

---

〔2〕 叶承芳:《社会主义核心价值观内容解读之"法治"》,载《思想政治教育研究》2015 年第 1 期。

〔3〕 莫纪宏:《法安天下德润人心——把社会主义核心价值观融入法治建设》,载《中国特色社会主义研究》2017 年第 5 期。

〔4〕 陈金钊:《法治拓展的路径探究》,载《东方法学》2017 年第 5 期。

〔5〕 冯玉军:《国家治理需要法律和道德协同发力》,载《人民论坛》2017 年第 26 期。

〔6〕 武树臣、武建敏:《中国的法治发展:改革开放四十年的回顾与展望》,载《山东大学学报(哲学社会科学版)》2018 年第 4 期。

（二）文化面向：社会主义法治文化的系统性保障

中共中央、国务院颁布的《新时代公民道德建设实施纲要》将“坚持发挥社会主义法治的促进和保障作用”作为新时代加强公民道德建设的总体要求之一。党的二十大报告指出，坚持全面依法治国、推进法治中国的建设，必须要在弘扬社会主义法治精神，传承中华优秀传统法律文化方面作出突破。弘扬社会主义核心价值观的法治保障体系应当具有中国特色社会主义的法治文化内涵。一方面，中国特色社会主义法治文化建设以社会主义核心价值观为引领；另一方面，社会主义核心价值观可以为社会主义法治文化建设提供思想保证、价值支撑、道德基础和基本目标。〔7〕法治文化深刻影响着一个国家的法治发展。建设中国特色社会主义法治文化，对于推进中国法治建设、推进国家治理体系和治理能力现代化、维护人民根本利益、推进全面从严治党，具有重要意义。中国特色社会主义法治文化，以追求法治、民主、自由、平等、公正为目标，表现为以法治理念和法治精神为内核的法治文化观念、法治文化氛围、公民法治素养等多方面，彰显着社会主义核心价值观的内在要求，是社会主义先进文化的重要组成部分。〔8〕

把社会主义核心价值观融入法治建设标志着我国社会主义核心价值观的培育和建设进入一个全新阶段，是构建中国特色社会主义法治理论体系的重要进展。现今关于社会主义核心价值观的研究拥有十分丰富的学术成果，但依然面临着深化理论，走出实效困境，推动社会主义核心价值观的制度化、法治化等诸多难题。〔9〕社会主义核心价值观是法治文化建设的核心和灵魂，法治文化建设则是社会主义核心价值观传播、培育和落实的重要方式和载体。

国家法治文化是一种制度文化、政治文化和上层文化，并与社会法治文化、个体法治文化等相区分，具有鲜明的国家性、最强的公共性和国家层面上的总体性和系统性。国家法治文化和现今中国的国家属性紧密相连，核心的方面就是表现为社会主义核心价值观融入国家法治文化的培育和建设当中。国家法治文化的提出对于更为清晰地认知整体的法治文化，现实地推行我国法治文化建设

---

〔7〕 万尚庆：《社会主义核心价值观引领下的中国法治文化建设》，载《学习与探索》2016 年第 6 期。

〔8〕 何康、胡向阳：《努力建设中国特色社会主义法治文化》，载《思想理论教育导刊》2017 年第 5 期。

〔9〕 李其瑞、王金霞：《社会主义核心价值观融入法治文化建设研究的现状、意义及前景》，载《陕西师范大学学报（哲学社会科学版）》2018 年第 4 期。

等方面意义重大。[10] 弘扬社会主义核心价值观,正是联结法治文化和中国特色社会主义法治文化建设的重要枢纽。

(三)实现机制:社会主义法治运行的全过程保障

一个社会的核心价值观是由观念、制度、秩序和经验等因素共同构成的有机统一体。党的二十大报告指出社会主义核心价值观具有凝聚人心、汇聚民力的作用。社会核心价值观首先是共同体成员对于生活追求的一种观念,以宪法和法律为载体将这种观念转化为制度,通过制度的实施形成一种客观秩序,由秩序保障人们在一种特定的社会中生活。[11] 在本质上,社会核心价值观最终反映为一种理想的社会状态,这种状态必须通过宪法和法律的实施而实现。换言之,法治国家的社会核心价值观首先由宪法予以确认,再由法律在特定领域中具体化,宪法和法律的实施就是捍卫、弘扬、保障社会核心价值观。基于此,弘扬社会主义核心价值观的法治保障体系应当建立法治运行全过程的实现机制。

1. 弘扬社会主义核心价值观的法治保障体系以立法为引领

社会主义核心价值观入法入规是以立法弘扬社会主义核心价值观的重要手段,社会主义核心价值观是我国立法的价值引领和目标追求,是衡量立法良善的标准。社会主义核心价值观融入立法的路径就是运用"立、改、废、释"并举的方式,将社会主义核心价值观融入我国现行法律制度体系。弘扬社会主义核心价值观不但对重点领域立法具有引领作用,而且可以提高司法裁判的可接受性,更好地实现法律效果和社会效果的统一。[12] 社会主义核心价值观入法关涉正确处理法律与道德的关系问题,作为道德重要组成部分的核心价值观,对一个国家的文明进程和文化发展起着引领和推动作用,是良法善治的必然要求。以社会主义核心价值观统领立法工作,发挥立法的引领和推动作用,不仅需要将社会主义核心价值观的内容转化成法言法语写入立法目的条款,还要将其主要内容转化成法律原则和法律规则,更需要将其贯穿立法的全过程。[13]

2. 弘扬社会主义核心价值观的法治保障体系以司法为重心

司法与政治密不可分。法院必须根据其功能定位执行党的政策,为中国特色社会主义事业服务。最高人民法院将国家培育和弘扬社会主义核心价值观的

---

〔10〕 王金霞:《论国家治理语境下的国家法治文化》,载《中国政法大学学报》2020 年第 6 期。

〔11〕 胡锦光等:《法学专家学习十九大会议精神畅谈法治建设观点摘编》,载《法学杂志》2017 年第 11 期。

〔12〕 蒋传光:《关于推动社会主义核心价值观入法入规的思考》,载《学习与探索》2017 年第 8 期。

〔13〕 金梦:《核心价值观入法的立法样态研究》,载《江海学刊》2019 年第 2 期。

政策转化成司法规范性文件,各级法院审理案件时依据或参考这些文件确定当事人之间的权利义务,从而落实培育和弘扬社会主义核心价值观的要求。[14] 司法活动中,法官主要通过法律规范的选择、法律含义的确定、法律漏洞的填补等途径来培育和弘扬社会主义核心价值观。但是,社会主义核心价值观作为一种法外因素,并不能天然地被适用到裁判中。

其一,基于依法裁判的法治要求,为确保司法裁判的规范性与稳定性,已融入社会主义核心价值观相关内容的法律条文,应当直接作为裁判依据,尚未融入法律文本的社会主义核心价值观可作为说理依据。为增强社会主义核心价值观司法适用的效果,可利用法律解释方法提高适用说理的合理性,注重说理依据与推理过程增强适用说理的层次性,采用合理法律修辞提升适用说理的可接受性。

其二,社会主义核心价值观作为善意文明之柔性价值,可以弥补司法刚性规则在面对纷繁复杂现实时的天然不足。司法反复适用社会主义核心价值观说理论证的过程,也是社会主义核心价值观内涵与外延不断发展与丰富的过程。[15]

其三,社会主义核心价值观对指导性案例的形成具有指引作用。当前我国指导性案例中对社会主义核心价值观之具体内容的直接引用或间接体现,对案例形成前期的司法个案裁判具有指导意义。社会主义核心价值观参与司法适用,应具体化为一种司法价值观,并明确其适用的具体边界,以减少适用的主观性、伦理性、非规范性与不确定性。[16]

当前司法实践中,社会主义核心价值观的司法适用呈现出诸多不规范现状,表现为对社会主义核心价值观内涵与性质的差异化理解、适用方式的纷繁杂芜及适用说理的简单化。[17] 因此,要实现弘扬社会主义核心价值观与司法活动的良性互动,进而辐射至法治运行全过程,应当以司法为重心。

3. 弘扬社会主义核心价值观的法治保障体系以执法为关键

现代社会条件下,国家行政活动在社会关系结构中处于关键位置,社会主义核心价值观的内容要求应当贯穿规范化、程序化的执法全过程,这个融入过程的完全实现,是社会主义核心价值观对执法活动形成的价值引领和具体要求的结合,具有丰富的内涵。因此,应当坚持党对道德领域和法治领域的一体化领导,

---

〔14〕 杨福忠:《论司法培育和弘扬社会主义核心价值观的机理与技术路径》,载《法学论坛》2020 年第 2 期。

〔15〕 李祖军、王娱瑗:《社会主义核心价值观在裁判文书说理中的运用与规制》,载《江西师范大学学报(哲学社会科学版)》2020 年第 4 期。

〔16〕 刘艳红、刘浩:《社会主义核心价值观对指导性案例形成的作用——侧重以刑事指导性案例为视角》,载《法学家》2020 年第 1 期。

〔17〕 于洋:《论社会主义核心价值观的司法适用》,载《法学》2019 年第 5 期。

以党规与国法衔接为切入点。在执法依据、执法过程、执法保障因素上，综合地促成社会主义核心价值观内化为执法内容、执法程序环节和执法者意识要素。[18] 弘扬社会主义核心价值观的法治保障体系，应当以严格执法为切入点，彰显保障法治工作基本格局的协调推进功能。

4. 弘扬社会主义核心价值观的法治保障体系以守法为落脚

法的教育功能是以规范化、制度化的思想内核、价值理念直接作用于人的思想意识的，具有影响、引导、塑造人的价值观、人生观、道德观、荣辱观的积极的内在效能。2018 年，中共中央印发的《社会主义核心价值观融入法治建设立法修法规划》就明确规定要在整个社会主义的法律体系之内全面强化社会主义核心价值观引领下法的教育功能，筑牢社会主义的思想道德基础，提高全民族思想道德水平和社会道德风尚，引导激励公民履行守法义务。例如，通过《民法典》弘扬社会主义核心价值观便是一大重要举措，《民法典》以夫妻财产制与配偶继承权为两大主干交织、辐射而构成的家事财产法律制度既应合理地调整夫妻财产关系，紧密结合培育和弘扬社会主义核心价值观，引导、培育人的道德品格，促进家庭和谐，促进家教、家风建设，教育人们树立正确的人生观、价值观、金钱观、荣辱观。在家庭财富相对匮乏时期确立的夫妻婚后所得共同制，以及配偶遗产的无限继承等相关家事财产法律制度，在家庭财富极大丰富的今天已经显现出教育功能的负面效应，[19] 通过《民法典》弘扬社会主义核心价值观，能够矫正家事财产法制教育功能的负面效应，提升公民守法的自觉效应。

随着中国特色社会主义建设的不断发展，中国社会的主要矛盾已经转化为“人民日益增长的美好生活需要和不平衡不充分的发展之间的矛盾”。这一矛盾有多种化解方式，法治是其中不可或缺的方式之一。随着民主、自由、平等、公正、法治等社会主义核心价值观日益深入人心，公民表现出旺盛的法治需求，渴望通过法治获得更多的民主和自由，并希望权利受到伤害时，能够通过法治得到及时救济实现公平正义。[20] 现实中，由于法治发展的不平衡、不充分，使自由、平等获得、权利实现及保障、公平正义的需求也不能够充分地实现。这要求我们认真研究法治发展的平衡与不平衡的问题，在对平衡的追求中通过有效的路径

---

〔18〕 肖峰：《社会主义核心价值观融入严格执法的价值内涵及其实现》，载《新疆师范大学学报（哲学社会科学版）》2019 年第 1 期。

〔19〕 马新彦：《民法典家事财产法制的教育功能——以社会主义核心价值观为价值理念的研究》，载《当代法学》2020 年第 1 期。

〔20〕 陈金钊：《用法治方式满足公民对美好生活的向往——关于法治发展不平衡、不充分的断思》，载《河北法学》2018 年第 4 期。

实现人民对美好生活的追求。

二、弘扬社会主义核心价值观的法治保障体系的基本构成

全面推进依法治国是国家治理现代化的关键，总目标是建设中国特色社会主义法治体系，建设社会主义法治国家。弘扬社会主义核心价值观则是实现这个总目标所坚持的原则内容之一。以社会主义核心价值观为引领的法治文化促进法治体系的整合运行，就要把社会主义核心价值观贯彻到依法治国、依法执政、依法行政实践中，落实到立法、执法、司法、普法和依法治理各个方面，用法律的权威来增强人们培育和践行社会主义核心价值观的自觉性。国家治理的法治化，是完善弘扬核心价值观法治保障体系的核心要求。基于此，“完善弘扬社会主义核心价值观的法治保障体系”主要涉及以下三个领域的问题。

其一，弘扬社会主义核心价值观的法治运行过程保障。在法治国家的建设过程中，弘扬社会主义核心价值观不但对重点领域立法具有引领作用，而且可以提高司法裁判的可接受性，更好地实现法律效果和社会效果的统一。以社会主义核心价值观为引领的法治文化建设，体现在司法领域，就是司法实践中要在注重事实根据、法律准绳的基础上充分考虑司法行为的社会效果，避免出现严重违背社会主义核心价值观和中华传统美德的执法案例和审判结果，尽量避免造成法律和道德相互冲突、法治和德治相互对立的局面，尽量避免法治给人们的道德判断带来困扰和混乱的现象。社会主义核心价值观既可以通过法律的“开放结构”进入司法过程，也可以通过司法者的价值判断、裁量权的行使发挥司法作用，这对司法权威与司法公信的社会认同，将会起到极大的促进作用。故而，社会主义核心价值观在法律运行过程中的功能与优化，是本研究的首要重点。

其二，弘扬社会主义核心价值观的法治国家、法治政府和法治社会系统保障。在法治政府的建设过程中，如何通过政府机构自治、引导社会共治的过程弘扬核心价值观均值得认真研究。法治政府建设的目标就是职能科学、权责法定、执法严明、公开公正、廉洁高效、守法诚信。但法治精神和法治文化缺失，是法治政府建设面临的突出问题。比如，一些领导干部依法办事观念不强、能力不足，知法犯法、以言代法、以权压法、徇私枉法现象依然存在，有的重人治、轻法治，习惯于用行政命令开展工作，甚至有的特权思想严重，认为法律是管老百姓的，是约束别人的，自己是“例外”等。要解决这些问题，必须大力弘扬社会主义法治精神，宣传社会主义法治文化，使法治意识、法治观念、法治思维、法治方式在全社会牢固树立起来。

其三，弘扬社会主义核心价值观的文化传播机制保障。在法治社会的建设

过程中，弘扬以社会主义核心价值观为引领的社会主义法治精神和社会主义法治文化，是中国特色社会主义法治建设的重要命题，对全面推进依法治国、建设社会主义法治国家具有基础性作用。从一般意义上讲，精神和文化是支配人们日常行为的内在力量。法治一旦升华为法治精神和法治文化，就会成为引领全社会成员行为的强大力量，就会成为全社会成员自觉按照法律规范自己行为、自觉按法律行事的刚性约束。当每个人都觉察到法治如同每天所呼吸的新鲜空气一样不可或缺时，法治便已内化于每个人的心中。有了这样的法治精神和法治文化，法治社会建设就有了十分坚实的基础，就能够形成完善的法治社会。从这个意义上讲，法治的生命不仅仅在于法制体系的建设与实施，更在于把法治精神、法治思维、法治观念熔铸到人们的头脑之中，体现在人们的日常行为之中。

因此，弘扬以社会主义核心价值观为引领的法治文化，推进中国特色社会主义法治建设，建设社会主义法治国家，必须大力弘扬社会主义法治精神，宣传社会主义法治文化，使法治成为根植于人民群众内心的向往，成为人民群众自觉认同并因此产生的信仰，成为内化在人民群众心中、熔铸到人民群众头脑中、固化在人民群众行为中的强大观念，成为一种社会生活方式和行为习惯。结构上，弘扬社会主义核心价值观的法治保障体系主要由政治、制度、文化和组织四个要素共同构成。

（一）政治构成：中国共产党的坚强领导

中国共产党的坚强领导构成了弘扬社会主义核心价值观的法治保障体系的政治要素，党领导下的中国特色社会主义制度是全面推进依法治国的牢固政治保障。中国特色社会主义法治体系，本质上是中国特色社会主义制度的法律表现形式。法治体系与社会制度之间的这一内在联系，决定了中国特色社会主义法治体系的制度属性和前进方向，就是要坚持中国共产党的领导，坚持中国特色社会主义制度，贯彻中国特色社会主义法治理论。因此，构建有力的法治保障体系，必须坚持人民代表大会制度这一根本政治制度，必须坚持中国共产党领导的多党合作和政治协商制度这一基本政治制度，坚定制度自信，切实推进社会主义民主政治法治化。进入新时代，党领导下的全面依法治国在多个维度坚持强调社会主义核心价值观。理念层面，在治国理政中坚持德法相济、协同发力；制度层面，重视发挥法律政策在社会主义核心价值观建设中的促进作用，专门制定了推动社会主义核心价值观融入法治建设的指导性文件和立法修法规划，推动出台一系列有利于培育和践行社会主义核心价值观的法律法规、规章制度和公共政策，在实践中取得了很好的效果。事实表明，以法律政策承载价值理念和道德要求,社会主义核心价值观建设才有可靠支撑。要坚持党领导下的依法治国和以德治国相结合,完善弘扬社会主义核心价值观的法律政策体系,才能把社会主义核心价值观要求融入法治建设和社会治理,融入国民教育、精神文明创建、文化产品创作生产全过程,增强全社会对社会主义核心价值观的认同归属感和自觉践行力。

(二)制度构成:中国特色社会主义制度

中国特色社会主义制度构成了弘扬社会主义核心价值观的法治保障体系的制度要素。任何一种价值观在全社会的牢固确立,都是一个思想教育与社会孕育相互促进的过程,都是一个内化与外化相辅相成的过程。弘扬社会主义核心价值观,教育引导是基础,但仅靠教育引导是不够的,还要有制度规范、政策保障,其中最为重要的是坚持党的领导。党的领导是构成有力法治保障体系的基础性政治要素。只有坚持党领导立法、保证执法、支持司法、带头守法,才能充分实现人民当家作主,真正把人民意志上升为国家意志,有序推进国家和社会生活法治化。否则,社会主义核心价值观就不容易落地生根,现实中的一些道德失范和价值扭曲现象也不能得到有效约束和遏制。

(三)文化构成:先进社会主义法治文化

先进社会主义法治文化构成了弘扬社会主义核心价值观的法治保障体系的文化要素。中国特色社会主义法治文化是全面推进依法治国的文化保障,习近平总书记指出:“法治精神是法治的灵魂。人们没有法治精神、社会没有法治风尚,法治只能是无本之木、无根之花、无源之水。”[21]民族文化是一个民族区别于其他民族的独特标识,也是一个国家核心价值观孕育形成的深厚土壤。源远流长、博大精深的中华优秀传统文化,积淀着中华民族最深层的精神追求,包含着中华民族最根本的精神基因,为中华民族生生不息、发展壮大提供了强大精神支撑。党的二十大报告指出,坚守中华文化立场,提炼展示中华文明的精神标识和文化精髓,加快构建中国话语和中国叙事体系是建设社会主义现代化国家的必经之路。社会主义核心价值观的源泉,扎根于中华优秀传统文化;社会主义核心价值观的根脉,深植于中华优秀传统文化。弘扬社会主义核心价值观,必须坚守我们既有的传统,在此基础上深耕厚培、延伸发展。只有这样,才能更好延续我

---

〔21〕《挺立潮头开新天——习近平总书记在浙江的探索与实践·创新篇》,载《浙江日报》2017年10月6日,第1版。

们的精神命脉、保持我们的精神独立性,才能使社会主义核心价值观在全社会牢固而持久地确立起来,成为感召和凝聚全体中华儿女的强大精神纽带。从这个意义上说,中华优秀传统文化传承发展工程,就是为国家立心、为民族立魂的工程,弘扬社会主义核心价值观,离不开推进中华优秀文化的传承和发展。

(四)组织构成:高素质的法治工作队伍

高素质的法治工作队伍构成了弘扬社会主义核心价值观的法治保障体系的组织要素,高素质法治工作队伍不但是全面推进依法治国的组织和人才保障,而且是弘扬社会主义核心价值观的主力军。党的十八届四中全会通过的《中共中央关于全面推进依法治国若干重大问题的决定》指出:“全面推进依法治国,必须大力提高法治工作队伍思想政治素质、业务工作能力、职业道德水准,着力建设一支忠于党、忠于国家、忠于人民、忠于法律的社会主义法治工作队伍,为加快建设社会主义法治国家提供强有力的组织和人才保障。”因此,从宏观层面来说,法治教育体系和法律职业保障体系是法治保障体系的重要内容。在法治教育方面,要把思想政治教育摆在首位,端正政治立场,强化职业操守,夯实专业知识,加强社会主义核心价值观的学习。在法律职业保障方面,要尊重司法规律,以社会主义核心价值观为指导,捍卫和维护法律职业的严肃性和神圣性。通过科学合理确定法官、检察官员额并切实提供财政物质保障,稳定司法队伍;通过保障律师依法行使执业权利,发挥律师队伍作为依法治国重要力量的积极作用,深化律师制度改革。从微观层面来说,法治工作队伍的建设应当以法治人才的培育为核心。具体而言,一方面,要深化法学教育改革,按照法学教育规律,注重法治教育的方向性和专业性,科学规划法学教材体系建设,规范法学主干课程教学的基本要求和基本内容,切实保证法学健康发展和持续繁荣;另一方面,以社会主义核心价值观为指导,健全国家统一法律职业资格考试制度,加大高校与法治工作部门人员互聘计划实施力度,逐步形成体现社会主义核心价值观的法律职业共同体。

第二节　弘扬社会主义核心价值观与建设中国特色社会主义法治文化

在法治运行过程之中,法治保障体系是中国特色社会主义法治沿着正确道路前进的重要保障,是确保法治高效运行的重要支撑。但是,仅从政治保障、组织保障与制度保障等方面着手,并不能形成完整的法治保障体系,在社会意识层面上进行法治文化建设具有前述手段所不具备的优势功能。在崇尚秩序的法律体系中,刚性的规制手段并不缺乏,以国家暴力机关为基础的法律运行虽然能够在行为层面上保证法律秩序的稳定与顺畅,但是正当性方面的诘难以及高昂的推行成本都使法律体系的发展不得不寻求社会意识与群体观念层面上的建树,而法治社会、法治中国理想寻求的是"善治"的综合性治理模式,而非仅仅"法制"的治理手段,这也要求在理论层面上对仅以强力进行统治的模式做出批判与改进。在此前提下,建设中国特色社会主义法治文化作为推进法治事业的软性手段的重要性不言而喻。法治文化在保障法治运行,促进法治建设等方面均存在不可替代的基础性作用。目前法治文化保障体系各方面仍然存在阶段性的困境与难题,如何弘扬社会主义核心价值观,进而引领中国特色社会主义法治文化建设,成为当下完善法治保障体系的重中之重。在此前提下,弘扬社会主义核心价值观,建设中国特色社会主义法治文化,促进法治保障体系完善的前提,便是明确辨析社会主义核心价值观与社会主义法治文化在概念、价值以及功能上的联系。

完善弘扬社会主义核心价值观的保障体系特别是文化保障,不仅能够进一步充实法治的本土文化内核,有利于全社会法治观念和法治意识的确立和社会主义法治精神的弘扬,而且有利于社会主义法治文化的建设,从而促进全面推进依法治国总目标的实现。在 2014 年 10 月召开的党的十八届四中全会上,法治文化概念正式出现在中央的报告中,大会通过的《中共中央关于全面推进依法治国若干重大问题的决定》明确指出:"法律的权威源自人民的内心拥护和真诚信仰。人民权益要靠法律保障,法律权威要靠人民维护。必须弘扬社会主义法治精神,建设社会主义法治文化,增强全社会厉行法治的积极性和主动性,形成守法光荣、违法可耻的社会氛围,使全体人民都成为社会主义法治的忠实崇尚者、自觉遵守者、坚定捍卫者。"建设社会主义法治文化成为了国家全面推进依法治国这一重要战略布局中的重要环节。

法治文化体系作为一种非制度性的历史积累产物,在社会意识层面对国家法治体系的建设以及法治建设成果的存续起着绝无仅有的保障作用。与法律实践方面的具体制度设计相区别,法治文化体系既包含着既往法律实践中由法律职业者与其他社会公众在有意识或无意识之中共同形成的行为取向以及经验凝结,也包含着现时段中国家在社会治理方式、群体整合路径的探索与规划。法治文化体系既包含着面向过去的生长性的经验整合,也包含着面向未来的建构性的理性追求。此外,法治文化体系凸显着一个群体在特定时期内独有的精神气质与生活风貌,也必然蕴含着超越种群和时空的人类普遍应当追求的共通理性,这种历史的特殊性与超越的普遍性统一在法治文化固有逻辑之中。独特的内涵与价值使法治文化体系具备着一种行为指引的个体教化功能以及塑造共识的群体整合功能,无论是督促社会中的个体在国家法律框架内开展经济社会活动,规范社会行为,还是在社会之中凝聚一种共有的群体精神认同,更加有效地进行社会整合,都可以凭借着法治文化体系极具感召力的价值属性以及潜移默化的功能特性使之成为可能,从而为国家法治建设提供坚实的文化基础以及群体心理保障。

《中共中央关于深化文化体制改革 推动社会主义文化大发展大繁荣若干重大问题的决定》强调,社会主义核心价值体系是兴国之魂,是社会主义先进文化的精髓,决定着中国特色社会主义发展方向。而社会主义核心价值观是社会主义核心价值体系的内核,加强社会主义核心价值体系建设的一项基础性工作就是培育和践行社会主义核心价值观,因而,社会主义核心价值观是中国特色社会主义法治文化建设的基准与灵魂。2016 年 12 月,中共中央办公厅联合国务院办公厅印发《关于进一步把社会主义核心价值观融入法治建设的指导意见》明确指出:“根植于全民心中的法治精神,是社会主义核心价值观建设的基本内容和重要基础。要坚持法治宣传教育与法治实践相结合,建设社会主义法治文化,推动全社会树立法治意识、增强法治观念。”从文件精神中可以看出,弘扬社会主义核心价值观与建设中国特色社会主义法治文化这两项社会工程体系存在交叉互融的契合关系,社会主义核心价值观的基本内容是中国特色社会主义法治文化的基准与灵魂,法治文化体系的培育与建构又是弘扬社会主义核心价值观的必要措施,两项社会工程体系的交互影响共同促进着法治建设,为全面推进依法治国重要战略注入精神魂魄。实践也证明,要使社会主义核心价值观在法治运行的全过程始终得到弘扬,就必须在法治运行的全过程实现社会主义核心价值观与法治文化建设的互动契合。

具体而言,中国特色社会主义法治文化在概念上兼具历史与未来,价值上容纳特殊与普遍,功能上具备指引与凝聚,与社会主义核心价值体系相得益彰。以社会主义核心价值观为引领,是法治文化建设规律要求,社会主义核心价值观与中国特色社会主义法治文化建设具有内在的一致性,这种一致性既体现在社会主义核心价值观的文本内容与法治文化的交叉中,也体现在社会主义核心价值观与中国特色社会主义法治文化共享同样的价值逻辑,更体现在社会主义核心价值观的弘扬与中国特色社会主义法治文化的建设实效相辅相成。也就是说,弘扬社会主义核心价值观与建设中国特色社会主义法治文化交互影响的关系,可从概念内涵、价值导向以及现实功能三个层面具体展开。

一、社会主义核心价值观与社会主义法治文化的概念契合

要描述弘扬社会主义核心价值观与建设中国特色社会主义法治文化在概念上的联结，首先需要将前述两项命题进行拆解，通过对其所运用的词语构成逐层分析，辨析在不同的描述语下命题中蕴含的概念变化，从而凸显出“弘扬社会主义核心价值观”与“建设中国特色社会主义法治文化”这两个命题的形式中能够发生联结关系的要素。

“价值观既是对社会实践的总结从而反映着当前的社会状态，同时作为一种理想性理念也必定引导和塑造未来的社会”，[22]这一阐释精确地指出作为一种群体价值观所蕴含的历史与建构的双重面向。但是将价值观的引导和塑造作用归结于“理想性理念”的机理则需细化，群体价值观本身并非天然就蕴含着规范性的要求，这也是一般的价值观与社会主义核心价值观之间的最大区别。

党的十八大提出的三个层面十二个词语成为社会主义核心价值观的基本内容，是培育与践行社会主义核心价值观的基本遵循。从这二十四个字组成的基本内容来看，社会主义核心价值观自身便内含着一种理想信念，是经过筛选并确定下来的建构型价值理念体系。从字面意义上来说，“价值观”与“文化”类似，在词义上更近似于一种描述性的概念，因此其并未直接显现出规范性的要求。所以在讨论社会主义核心价值观与社会主义法治文化的概念属性时，必须要从价值观与文化的定义中将一般价值观与社会主义核心价值观、一般文化与社会主义法治文化加以明确区分。

（一）社会主义法治文化的定义与分类

社会主义法治文化作为社会意识层面上的法治成果，其与社会主义核心价值观近似的存在形式及作用机理，使其成为弘扬社会主义核心价值观的优良载体。但由于“文化”一词与价值观的多重意蕴类似，“文化”概念在没有“社会主义法治”的限定时，其内涵与形式十分丰富。“文化”一词所指代的内容更为广泛，且在一定的词义之下也体现出一种不同的情感色彩。因此，若要精确讨论社会主义法治文化与社会主义核心价值观的关系问题，则必须厘清法治文化在概念上的意指，也即本体内容，必须从不同的角度对“文化”概念进行切分，从而精

---

〔22〕 韩震：《培育和弘扬社会主义核心价值观的路线图》，载韩震主编：《“社会主义核心价值观与当代中国发展”学术研讨会论文集》，四川人民出版社 2018 年版，第 8 页。

准定位社会主义法治文化所最终指向的内容。

1. 社会主义法治文化的词义辨析

根据《辞海》的定义，文化“广义指人类社会的生存方式以及建立在此基础上的价值体系，是人类在社会历史发展过程中所创造的物质财富和精神财富的总和”。这种广义上的文化概念将“文化”解释成囊括社会历史发展的所有成果的总和，分为物质文化、制度文化以及精神文化三类：“(1)物质文化，指人类在生产生活过程中所创造的服饰、饮食、建筑、交通等各种物质成果及其所体现的意义；(2)制度文化，指人类在交往过程中形成的价值观念、伦理道德、风俗习惯、法律法规等各种规范；(3)精神文化，指人类在自身发展演化过程中形成的思维方式、宗教信仰、审美情趣等各种思想和观念。”〔23〕也即只要是由人类社会产出的财富，并由此形成了相应的社会意识体系，则无论这种财富的形式究竟是有形物还是仅存在于意识世界里的观念体系，都可视为文化范畴。梁漱溟认为：“文化就是吾人生活所依靠之一切……文化之本意，应在经济、政治，乃至一切无所不包。”〔24〕不局限于某一领域，而是将视野扩展为全社会层面的物质财富与精神财富，是最为广义的对于文化的理解。

为更加精细地讨论，有学者提出了更为聚焦的对于文化的狭义理解。李德顺在讨论作为文化的法治文化时曾指出：“广义文化是以内容为所指的一个总体性的概念，狭义文化是以形式为所指的一个部门或领域性的概念；广义文化是个普遍性的概念，狭义文化是个特殊性的概念。”〔25〕刘作翔认为，将《辞海》中广义文化定义中的物质财富去除之后，剩余的制度与观念可以看作一种改造后的中观文化定义，且存在一种比以精神财富为主要内容的文化定义更狭义的，仅将文化定义为社会意识形态或社会观念形态的狭义文化观念。〔26〕这种对于文化理解的精细化与类型化，提供了一种整全的文化内容分析框架，也为法律领域的文化理解打下基础。

无论是广义、狭义之分，抑或居于其中的中观文化定义，都能够在不同层面上准确地捕捉“文化”的精义。就法律文化而言，在物质、制度与精神三个层面上皆可找到对应。首先在物质文化层面上，2001 年厦门市思明区人民法院敲响

---

〔23〕 辞海网页，https://www.cihai.com.cn/baike/detail/72/5587347?q=%E6%96%87%E5%8C%96。

〔24〕 梁漱溟：《中国文化要义》，学林出版社 1987 年版，第 5 页。

〔25〕 李德顺：《法治文化论纲》，载《中国政法大学学报》2007 年第 1 期。

〔26〕 刘作翔：《法治文化的几个理论问题》，载《法学论坛》2012 年第 1 期。

中国庭审第一槌,[27]将中国传统法律文化和现代的司法理念与法律制度等精神凝结在法槌这一有形物之上。此外,法袍、普通法系的假发、日本司法系统的天秤葵花章等,均在物质层面上体现出特定的法律文化。其次在制度文化层面,法律领域的制度建树蔚为大观,无论是以被誉为生活百科全书的民法典为代表的实体法律制度,抑或以人权保护著称的刑事诉讼法为代表的程序法律制度,法律制度的种类、内容及其功能都是足以影响整个社会运行的。最后在精神文化层面,法律人职业群体经年累积所形成的思维方式、言说体系、共同体目标甚至是精神气质等精神财富,更是形成了最直接最狭义的法律文化,也即无论在何种分类之下,都无法将这一部分的内容排除于法律文化的范围之外。此种法律文化观呈现出一种褒义的总结,将文化的词义等同于有价值的、有益处的甚至是进步的精神成果,具有一定的时代特色。

若要为"文化"概念加上"社会主义法治"的限定,李林倾向于将社会主义法治文化的内涵结构分为精神文明成果、制度文明成果以及社会行为方式三种类型,[28]并强调应从此三个方面来广义地理解社会主义法治文化。特别需要注意的是,这里的社会行为方式指的是一个"法治行为体系",包括多种主体的法治行为及行为产生的习惯、功能、权威、环境等内容。这实际上是在前述《辞海》分类的基础上,排除了物质文化成果的中观成分,在社会主义的政治引领之下,将制度文化、精神文化与社会行为方式并列的一种分类。在影响群体的层面上,凸显了社会主义法治文化能够对全社会的运行进行影响、引导甚至规训的重要功能。石伟将社会主义法治文化的核心定位为意识形态及观念形态上的描述:"社会主义法治文化的核心要义,事实上就是其深层结构为何,是狭义意义上的意识形态或观念形态上的描述。"[29]也就是说,与其他一般文化相区别,社会主义法治文化不仅在内容上聚焦于法律领域的相关成就,更必须将社会主义的政治意味突出。

2. 社会主义法治文化的纵向切分

在对内容进行分类的方式之外,时间维度上的纵向切分也是理解文化内涵的重要手段。按照纵向描述长度进行区分,"文化"一词可以分为"时点"的文化以及"时段"的文化。

---

〔27〕 何春晓、杨长平:《福建厦门思明法院:将创新基因注入审判事业》,载《人民法院报》2018 年 11 月 16 日,第 1 版。

〔28〕 李林:《社会主义法治文化概念的几个问题》,载《北京联合大学学报(人文社会科学版)》2012 年第 2 期。

〔29〕 石伟:《法治文化的深层结构与基本判定》,载《求实》2016 年第 8 期。

"时点"的文化指的是一种完成形态的、理想中的、作为观察结果的文化样态,是在已经固化特定的社会环境和历史时空中,可以通过一套完整的观察与言说体系去建构出来的固定观念体系。如古罗马时期的罗马法文化,便以罗马帝国存续的时空为界,以罗马帝国灭亡的时点为切面,囊括了此时点向前溯及的罗马帝国内形成的法律理论、制度体系以及相关实践。在相关的历史材料和观测方式固定的情况下,这一特定时期的特定文化已经在历史中完成,无法改变。"时点"的文化可以设定为任何特定的时空,而不仅指发生并完成在过去的文化类型,更包括理想性、建构性的对于未来某个时点的目标设定与蓝图畅想。又如李大钊在《新青年》上的预言"试看将来的环球,必是赤旗的世界",便假设了在未来全人类革命成功的时空下,世界各地均产生的以"赤旗"为代表的共产主义的红色文化。形象地说,如果革命建设、社会改造是"摸着石头过河",那么便预设了有这样一个值得去抵达的河岸,而关于河岸的描绘与畅想,便属于理想性的文化建构。李德顺也指出:"法治国家和法治社会必然要有自己的法治文化。顾名思义,法治文化是指实现了法治的国家和社会所具有或应具有的文化。也就是说,在这样的国家和社会里,法治本身就意味着一种特定的社会文化类型、文化体系。"[30]也就是说,"时点"的文化来源于历史观察总结与理想建构,是经过认识的结果性的观念内容,这一文化概念分类的意义在于将特定时空下的文化内容固定,以便交流、理解与研究,如果无法将所观察与讨论的文化内容圈定在一定的时空范围,那么相互理解与达成共识的交流成本便会大幅增加。

"时段"的文化与前述分类相对,指的是正在进行式的、实践中的、作为观察对象的文化现象,是无法划定结束时点的动态的现实内容。这类文化于当下便不停地进行着演化,在社会个体的各类实践中不断丰富其内涵,处于一种无法下定论的未完成状态。例如英美普通法系的法律文化,虽然其历史上的实践已然形成具有辨识性的重要特征,如对先例的遵循以及与大陆法系区别的诉讼制度,但时至今日普通法系的法律文化仍然处于实践与变化之中而难以给出一个终局性的总结。又如中国的红色文化,虽然诞生于革命战争年代,是以中国共产党领导人在革命、建设和改革实践进程中创造的,以中国化马克思主义为核心的先进文化,但是其内涵与形式直到今天也仍然具有新的发展,习近平总书记指出:"要打造精品展陈,坚持政治性、思想性、艺术性相统一,用史实说话,增强表现力、传播力、影响力,生动传播红色文化。"[31]红色文化正在被不断实践、表现和

---

〔30〕 李德顺:《法治文化论纲》,载《中国政法大学学报》2007年第1期。

〔31〕 《用好红色资源赓续红色血脉　努力创造无愧于历史和人民的新业绩》,载《人民日报》2021年6月27日,第1版。

传承,在新时期下被赋予更加丰富的内容。可以认为,“时段”的文化所指代的文化现象,虽然可以根据其内容进行类型化,但是由于其动态发展的现实状态,无法以一种完备的方式去观察到某一类文化所蕴含的整体内容。更为关键的是,“时段”的文化现象可以通过各种实践活动加以干涉与改造,引导某一类文化内容的形成朝向理想的方向发展。

3.社会主义法治文化的形式分类

在厘清了文化的词义以及纵向切分后,便可依照此两种方法得出“社会主义法治文化”的分类概念解析。

最广义的社会主义法治文化的内涵理应包括物质文化、制度文化以及精神文化三类成果,分别对应开展社会主义建设以来法治发展历程中的有形物、完备的社会主义法律体系以及法治理念、法律价值等精神层面的成果。

首先,物质层面上的文化成果虽然看似并非社会主义法治文化的特征要素,因为法治体系对于社会整体的贡献主要集中于调和社会矛盾的务虚层面。社会主义法治文化中的物质文化部分并未直接凸显社会主义法治文化增加社会物质财富的生产功能。但社会主义法治文化的物质成果更多的是作为其他非物质文化的载体,如法槌、法袍、司法假发、石雕獬豸等有形的审判用具和场地装饰,其存在不仅体现了生产这些有形物所体现的工业体系与生产能力,更体现着所属的法律系统的悠久历史、对于法律的独特理解和对特定价值的追求。党的二十大报告明确指出,要推进文化自信,造就社会主义文化的辉煌,则必须使文化产业繁荣发展,实现社会效益与经济效益的统一。因而,作为社会主义文化体系重要组成部分的社会主义法治体系,也必须兼顾物质层面的文化成果而不能偏废。

其次,社会主义法治在制度文化层面建树卓越,2011 年,全国人民代表大会常务委员会委员长吴邦国同志庄严宣布中国特色社会主义法律体系已经形成,代表着中国社会主义建设的各项事业发展已进入法制化轨道。制度文化是社会主义法治文化内涵的主要特征和重要成果,也是区别于其他社会系统文化的标志性特征,法治社会的运行与发展离不开社会主义法律制度文化成果。但由于制度层面的文化成果主要以成文法律制度为载体,以实践为导向,以国家强制力为保障,其运行特征皆与最狭义的社会主义法治文化即精神文化存在差异,所以社会主义法治文化中的制度部分需要以特有的视角与分析工具专章专论。

最后,精神文化作为最狭义文化观念中与法治文化对应的部分,其含义与日常用语更为贴近,从内涵来看包括除有形物与具体制度之外的理念、价值、理论体系、习惯等不确定性较大的内容。从存在方式来看,精神文化成果既与前两种法治文化形式交融,也附着于个体行为、理论成果、心理动因等其他形式之中,如严格规范刑侦与诉讼程序的刑事诉讼部门法，在发挥其规范司法实践的作用的同时，也体现了保障人权的法治理念。习近平法治思想一经提出，其作为马克思主义法学理论中国化最新成果，便为社会主义法治文化的内涵添上了浓墨重彩的一笔。从运作方式来看，精神文化对于个体对于社会的影响是以“润物细无声”的方式作出的，既没有现实而具体的实在物从物理层面产生影响，也没有运用国家强制力在制度层面划定产权、改变权利义务关系，而是通过与行为和制度的交融，通过一次次具体的社会实践，通过理论化体系化的言说方式，从精神层面上浸润社会成员。

虽然社会主义法治文化的内涵应包括物质、制度与精神三个层面，但从分析方法的统一和贴近“文化”词义的角度选择，笔者倾向于以最狭义的文化观念对社会主义法治文化进行分析，也即以精神文化层面这一最为核心的部分来代表社会主义法治文化的基本内涵以及整体要义。

从时间维度的纵向切割方法对“社会主义法治文化”进行分类，可以看到即使在最狭义的文化观层面上，社会主义法治文化在精神层面上的内容也可以分为“时点”的文化样态与“时段”的文化现象两个类型。首先，在时间切面意义上的“社会主义法治文化”指代的是一种理想状态下，社会主义法治文化在社会群体内部达成观念上的统一认识并在社会运行中发挥应有功能的状态，也即在社会主义法治文化的建设最终胜利这一时点，其应达成的样态。由中共中央办公厅、国务院办公厅于2021年4月印发实施的《关于加强社会主义法治文化建设的意见》指出，加强社会主义法治文化建设总体目标为：宪法法律权威进一步树立，尊法学法守法用法氛围日益浓厚，法治文化事业繁荣兴盛，法治文化人才队伍不断壮大，社会主义法治文化建设工作体制机制进一步完善。到2035年，基本形成与法治国家、法治政府、法治社会相适应，与中国特色社会主义法治体系相适应的社会主义法治文化，基本形成全社会办事依法、遇事找法、解决问题用法、化解矛盾靠法的法治环境。

中共中央办公厅、国务院办公厅印发的《关于加强社会主义法治文化建设的意见》并未直接给出法治文化的具体内涵，而是从深入宣传贯彻习近平法治思想、完善中国特色社会主义法治理论、大力弘扬宪法精神、提升公民法治素养、传承中华法系的优秀思想和理念、发展社会主义法治文艺等各项工作指引入手，在总体上提供纲领性的发展方向和实施措施。并从侧面描绘了建设社会主义法治文化最终建成那一时点整个社会形成的文化样态，且与前述工作指引一一对应，包括中国特色社会主义法治理论至臻完善、宪法精神深入人心、公民整体法治素养达到较高水平、中华法系优秀思想与理念得到传承与保留、社会主义法治文艺得到全面发展等。也就是说，在“时点”的意义上讨论社会主义法治文化，便是在综合被观察素材与现有理论基础后，运用理想模型的方法，在建构理想的文化样态的前提之下进行交流。

有研究者总结出当代学者运用“法治文化”概念时的三种进路，其中“第三种法治文化概念强调法治文化的整体意蕴，法治文化组合成一个新的统一的整体，具有超越法治概念与文化概念的新的意义”。[32] 虽然这种分类指代的是将文化与法治概念融合之后产生的新的意义集合，但是此种概念融合所产生的结果，也正与基于“时点”的文化总结与抽象建构有着异曲同工之处。从“时段”的角度来看待社会主义法治文化的文化现象，则必须承认目前正处于演进中的文化样态并非完全符合建设社会主义法治文化规划中的情况，而是杂糅着各类非法治、非理性、非现代的文化现象。定位在“此时”的观察角度，其结果并非能够从理论应然的角度总结出来，而是必须深入生动的社会实践中去调查去了解，从而得出社会主义法治文化在建设过程中，所处的观念环境与社会思想基础。在讨论“时段”意义上的社会主义法治文化时，着重点在于具体观察与实践改造，因为根据时代特点的区别，社会主义法治文化建设所面临的环境基础也会内化于社会主义法治文化之中，从外部向内部转化。所以，处于正在演进状态的社会主义法治文化概念，既包括其自身蕴含的、对应的文化现象，更指代着当下这一特定时空中，建设社会主义法治文化所必须面对、必须改造的环境基础，而在此环境基础当中，社会整体所持有的价值观念便与社会主义法治文化的建设发生联结。

通过对社会主义法治文化的概念辨析，可以看出社会主义法治文化至少存在两个层面上的含义。首先，作为一种时点意义上的静态的文化概念，根据中共中央办公厅、国务院办公厅印发的《关于加强社会主义法治文化建设的意见》的设想，社会主义法治文化意指中国特色社会主义法治理论至臻完善、宪法精神深入人心、公民整体法治素养达到较高水平、中华法系优秀思想与理念得到传承与保留、社会主义法治文艺得到全面发展等条件达成时的社会文化理想形态，也即作为一种目标与前进方向指引着社会主义法治建设。其次，作为一种面向社会现实的、动态的、实践的文化形态，中国特色社会主义法治文化意指针对当下非法治、非现代社会观念现状所作出的扬弃式批判与可能的改造路径，是一种处于变化中的、未完成时的社会文化改造进程。

---

〔32〕 王金霞：《论当代中国的法治文化概念》，载《中国政法大学学报》2014 年第 1 期。

（二）社会主义法治文化的特性与取向

如前所述，社会主义核心价值观指代建设社会主义过程中群体内部应当共有并遵循的一套价值观念体系，因其蕴含的“社会主义”“核心”等特征词，以及在具体文本中所提出的价值导向，此概念在时空范围上和在规范上具有一定要求。而作为当下社会状态的映射，且塑造着面向未来的社会整体意识，社会主义核心价值观在概念上兼具理论性与实践性、规范性与描述性，其所呈现的价值内容、表达形式，与“文化”概念的多个层面多种意涵皆存在联系。社会主义核心价值观的体系性、理论性特征以及社会观念体系的本质，使其恰好与作为社会群体观念凝练成果的精神文化范畴存在交叉。

具体到社会主义法治文化的领域，其中精神文化的部分也在概念上当然地包括对于社会价值观念体系的凝练。从时点的角度来看，社会主义法治文化最终建成的理想图景里包含“树立宪法权威”“尊法学法用法守法氛围浓厚”等对于社会心理状态与群体观念的描绘，这正与社会主义核心价值观所代表的一系列具有规范性的社会观念体系相契合。社会主义核心价值观的理论表达，也就对应社会主义法治文化中，作为最终目标的在社会群体内形成共通意识与共享价值，如“氛围浓厚”“树立权威”“营造环境”等目标，皆需要“法治”“民主”“富强”等价值观在一定范围内完全铺开并获得认可与遵循，因为只有当“法治”价值观深入人心，法治作为一种现代化的治理方式得到普遍的认同，尊法学法用法守法的群体氛围才能够形成，也只有将“富强”价值观落实到实践，增加社会财富的生产与积累，才能够使法治所需的治理资源得到充分供给，“营造法治环境”才有可能化为现实。也就是说，在社会总体价值观达到一定的统一的环境下，在完成时点上的社会主义法治文化终极样态才有可能实现。而社会主义核心价值观所提倡的关于国家、社会与个人三个层面的价值导向，既作为环境为社会主义法治文化的建成提供必要的社会群体观念基础，也作为精神文化成果以及附带的制度与物质文化成果，被逐渐浓厚的法治氛围以及逐渐普及的法治精神所浸润，也即社会主义法治文化的最终建成应当为社会主义核心价值观的持续稳定提供重要保障。

从时段的角度来看，无论是社会主义法治文化还是社会主义核心价值观，都仍然处于需要“弘扬”与“建设”的进行时状态。刘作翔认为，法律文化还具有显性与隐性之分，显性法律文化具有较为显著的外观形态，容易通过相对短期的理论与制度构建来实现，而隐性的法律文化属于社会成员的精神层面，需要通过长时段的培育、教化来实现，“在当代中国，社会主义法律文化由于有社会主义显性结构层面上的法律文化的支持,其主导地位已经形成,基本不可动摇。因此,法律文化建设的重心应放在隐性层面上的法律文化的建构上”。[33] 此种对隐性法律文化的关注,正凸显出在变化、发展的视角下所观察到的,显性理念与隐性现实之间的区别。进言之,当下社会整体的价值观念与文化氛围,与理念中建构的社会主义核心价值观和社会主义法治文化全面普及并被遵循的局面仍有需要改进的部分。针对目前实然状态下的社会整体价值观念与文化氛围,如何进行改造与引导,使所谓“隐性”的精神层面的社会价值观与文化状态能够达到理论上建构的理想样态,这一系列措施也被包含在“建设社会主义法治文化”以及“弘扬社会主义核心价值观”这两个宏大工程的名称概念当中。

所以,社会主义核心价值观的形成来源于价值多元化时代的具体实践,社会主义法治文化的构想来源于法治并未完全铺开的特定历史时期,此二者皆作为社会精神层面上的文化成果,同样源于具体社会行为与交互的实践场域,且皆致力于通过与应当负面评价的行为与心理区分,从而达到改造社会整体观念、形成理想的价值观与文化样态的目的。

综上所述,价值观与文化本身的意涵及其描述对象是具体且客观的,并不具有天生的规范性,最狭义的精神文化层面的内容作为一类社会意识,与群体层面的整体价值观在存在方式上具有共同性。再加上对应的限定词,社会主义核心价值观与社会主义法治文化在概念上共同指向一类在时点的范围内具有意义的关于社会群体观念的理想图景与规范要求。

二、社会主义核心价值观与社会主义法治文化的价值契合

在概念意涵、适用场域以及运作逻辑等存在形式方面之外,弘扬社会主义核心价值观与建设社会主义法治文化在具体内容以及规范导向等深层价值层面也存在契合关系。社会主义核心价值观作为一种理想的社会整体价值观体系,其所提倡的价值内容既有永恒且普遍的理性追求,也有现代的、与特定历史相区分的内容,其所体现的价值选择较为明显且宽泛。社会主义核心价值观二十四字的表述覆盖了国家、社会以及个人三个层面,为整个群体的行为准则提供了宏观上的指引。而社会主义法治文化则着重强调在国家治理方式层面上的路径选择,其将法治的方式上升到一种需要被整个群体普遍接受的社会文化,凸显了以“法治”为首的一系列现代法治国家所要求的价值追求,其覆盖面也包括国家整体、公权力机关以及公民群体三个层面。从社会主义核心价值观的社会价值观

---

〔33〕 刘作翔:《法律文化理论》,商务印书馆1999年版,第188页。

层面上包含着"法治"价值的表述可以看出，社会主义核心价值观与社会主义法治文化在价值内容上有着密切的联系。"法治"作为一种独特的价值取向，其不仅作为连结点，将社会主义核心价值观体系整体的价值导向与社会主义法治文化中蕴含的规范指引联系在一起。"法治"价值本身也囊括着不同层面上的多重意涵，进而成为社会主义核心价值观体系与社会主义法治文化体系的深层逻辑起点。因此，厘清"法治"作为两种社会观念体系之一的体系地位和具体价值内容，才能深入地理解社会主义法治文化与社会主义核心价值观产生价值耦合的形式及原因。

（一）社会主义核心价值观的法治基本面

社会主义核心价值观在具体表述上将其价值指引分为三个层次，分别为国家层面上的富强、民主、文明、和谐，社会层面上的自由、平等、公正、法治，以及个人层面上的爱国、敬业、诚信、友善。党的十八大提出的"三个倡导"的分类方法并非固定，社会主义核心价值体系的具体内容应具有极强的包容性与开放性。有学者总结，社会主义核心价值观"就是指人们从自身的需要与社会主义能否满足人的需要以及怎样满足人的需要的角度，对社会主义价值的构成、标准、性质与评价的基本态度与总体看法，考察与评价各种物质的、精神的现象以及主体的行为对社会与个人的意义"。[34] 这种表述着重描述看待、观察社会主义核心价值观的角度与方法，而并未明确其中的"基本态度"、"总体看法"以及"意义"究竟为何。事实上，只要对社会主义核心价值观的内容构成加以细分与观察，便可厘清社会主义核心价值观在国家、社会和个人三个层面中体现出来的目标追求以及整体价值取向，进而明确法治价值在其中的体系地位。

1. 国家层面

在国家层面上，"富强"价值不仅对应社会主义经济建设领域的追求，更强调着国家整体实力的"强盛"。共同富裕既是社会主义建设的理想目标，也是所有人类孜孜以求的历史方向。对于富裕的追求，在社会主义改造时期，毛泽东曾指出："要巩固工农联盟，我们就得领导农民走社会主义道路，使农民群众富裕起来，穷的要富裕，所有农民都要富裕。"[35] 邓小平也指出："社会主义的目的就是要全国人民共同富裕，不是两极分化……社会主义的首要任务是发展生产力，逐步提高人民的物质和文化生活水平……不发展生产力，不提高人民的生活水

〔34〕 谢晓娟等：《社会主义价值观研究》，中国社会科学出版社 2012 年版，第 15 页。

〔35〕 《毛泽东选集》（第 5 卷），民族出版社 1977 年版，第 197 页。

平,不能说是符合社会主义要求的。"[36]可以看出,社会主义的本质便是解放生产力,发展生产力就是"富强"价值之中蕴含的根本性的理想追求。在国家层面上提出对于富裕的追求,将其作为一种价值予以肯定,体现的是国家整体及内部个体对于社会历史发展的根本理解,只有解放了生产力,实现了共同富裕,在极高的物质与精神财富的基础之上,共产主义才能够真正实现。如果说富裕是在历史维度上追求财富的积累与生产力的解放,那么"强盛"追求的就是在同一时空下与其他民族国家或政治体相比较下的整体国力水平。自鸦片战争以来,中国人民曾经历了一段屈辱的血泪史,而在中华人民共和国成立之后,思想文化领域上的"欧风美雨"也不断影响着当今社会的整体思潮。所以,不但要在经济上富裕,在国防上强盛,在思想领域坚持道路自信、理论自信、制度自信、文化自信是富强价值的另一追求。从实现富强价值的角度来看,"法治"价值是不可或缺的,无论是发展社会主义市场经济,抑或实现社会主义现代化建设,都必须要在法治的保驾护航下才能得以发展、运行。

在国家层面上追求"民主"价值时,法治的重要性也同样不可忽视。民主理念作为社会主义的本质要求,既体现为人民当家作主的政治体系出发点,也体现出人民民主的崇高理念。列宁指出,"民主是国家形式,是国家形态的一种""没有民主,就不可能有社会主义"。[37] 民主价值作为现代政治文明的结晶以及公权力机关进行统治的正当性来源,被信奉并被追求是一种历史趋势,而如何将民主贯彻到整个政治运作的过程之中,则离不开法治的保障。《全国人民代表大会和地方各级人民代表大会选举法》的颁布,将人民代表大会的选举工作纳入了法治的轨道,运用法律系统的二元符码将选举过程中的种种行为具体划分为合法与不合法,从而保证选举过程中民主价值的实现。无论是直接民主还是间接民主,无论是票选民主还是民主商谈,必要的规则与程序都是不可或缺的,也只有在一个拥有成熟的法治信仰的环境之下,民主程序与结果才具有意义。也就是说,法治价值的实现,法治环境的形成,对于民主以及后续其他价值的实现来说,具有基础性的保障作用。

2. 社会层面

在社会层面上,"自由""平等""公正"价值的追求,体现出社会主义现代化建设进程之中对于社会整体氛围与个体之间的交互关系的理性定位。从社会个体在根本上是自由的,到个体之间的地位应当生来平等,再到个体分配与矛盾应

---

〔36〕《邓小平文选》(第3卷),人民出版社1993年版,第110、116页。

〔37〕《列宁选集》(第2卷),人民出版社1995年版,第782页。

当获得公正的处理，每一项理念的追求以及实现都蕴含着人类社会发展千年所留存下来的最基础也最崇高的价值取向。马克思指出："自由确实是人的本质，因此就连自由的反对者在反对自由的现实的同时也实现着自由。"[38]共产主义社会要求实现人的全面发展，实现真正的个性自由。这种解放全人类，实现全世界范围内精神觉醒的伟大事业需要相当长时段的革命。在社会主义现代化建设当中，更需要作为工具的"法治"用以维持可能范围内的自由、平等以及公正价值的实现。

以法治为追求的法律系统在面对不自由、不平等以及不公正的个体案件或整体社会架构时，能够通过一定方式如个案审判、法律性宣示，将不支持、有害群体的行为与态度标记为不合法，从而为社会整体发挥矫正、纠偏的作用，为社会整体发展保驾护航。例如，教育平等、就业平等是平等价值中主要涵盖的内容，社会群体之中的每个个体都有平等享受教育机会、就业机会的权利，也即在同一个社会群体内部所有人都应拥有平等地发展自己、实现个体价值的环境，但是具体在实践之中如何实现教育和劳动平等，则需要通过法治或法律的手段。《宪法》第42、46条分别规定了中华人民共和国公民有劳动与受教育的权利以及义务，[39]为实现教育、劳动平等作出了总体性的规定。其中第42条强调国家创造劳动就业条件、加强劳动保护并改善劳动条件，第46条强调国家培养青年、少年与儿童在德智体等方面的全面发展，皆更进一步地指出国家应该在教育和劳动领域的调整重点。更加细化的内容由《劳动法》《义务教育法》以及相关法律法规具体规定，以保障每一位公民的基本权利。上述立法方面的措施，再加上执法、司法等领域的保障，形成了多方位立体化的教育、劳动权利保障体系。

在群体生活中没有限制、没有规范的自由很难称之为社会意义上的自由，且与自由自在地生活且没有社会规则束缚的动物无异。现代社会中个体的生活、行为皆与其他个体的生活、行为产生千丝万缕且难以切割的社会关系，任何一个个体自由的边界都会与另一个体发生碰撞，即他人之自由便是我之束缚，而若要调整这种个体自由的边界，便需要一种权威且正当的力量介入，现代社会中的公权力机关及其所运用的法律手段便在调整个体自由边界的场域中发挥着分配权利的作用。《宪法》第二章规定了公民的基本权利及义务，其中前置强调了国家尊重和保障人权，公民有言论、宗教信仰、人身等方面的自由，并通过《民法典》《刑事诉讼法》等相关法律法规将保障公民自由落实。可以看出，通过法律的施

---

〔38〕《马克思恩格斯选集》(第1卷)，人民出版社1995年版，第167页。
〔39〕《宪法》(2019年修正)第42、46条。

行,自由、平等以及公正价值才能真正落地,法治价值才能实现、整个社会才会正常运行。

3. 个人层面

在个人层面上,社会主义核心价值观与国家、社会层面上的略有不同,个人层面上的"爱国"、"敬业"、"诚信"与"友善"的实现主体为个体,也即具体到个人行为之上,而国家与社会层面上的社会主义核心价值观是为一定范围内的群体心理和观念建设提出要求。此三个层次中的群体与个体并非割裂的关系,个体行为也在不同场景之中体现出不同身份及其价值追求。比如一位法官,在国家层面上,法官是公职人员,在社会层面上法官也是社会群体中的一员,其秉公审判的行为为法治、公正价值的实现作出了贡献,其案件审判的结果起到了定分止争的效果,为和谐价值的实现作出了贡献,在个人行为上秉公审判也体现为敬业爱岗,同样实现了敬业、诚信等个人价值。也就是说,个人层面上社会主义核心价值观的要求既包含着对于个体行为与心理的要求,也在逻辑上与另两类群体价值观相联系。法治价值作为国家与社会层面社会主义核心价值观得以落实的重要保障,其实现也与个人层面上倡导的社会主义核心价值观直接关联,实现爱国、敬业、诚信与友善等价值不但是社会心理层面上的倡导,也是相关法律的具体要求。《宪法》第54条直接规定,中国公民有维护祖国的安全、荣誉和利益的义务,不得有危害祖国的安全、荣誉和利益的行为,所有的爱国行为均应在宪法与法律的范围内进行。法律是最低限度的道德。个人层面的社会主义核心价值观的实现,需要以遵守宪法法律,践行法治价值为底线,在法律的范围内,进一步做到爱国、敬业、诚信与友善。

综上所述,法治价值的实现,既是国家与社会层面社会主义核心价值观落实的重要保障,也是个人层面价值观实现的底线要求。在社会主义核心价值体系中,法治价值具有逻辑上的前置与优先性,法治未实现,宪法法律得不到遵守,社会主义核心价值体系就无法真正践行。

法治价值在社会主义核心价值观体系的整体实现中的作用如此重要,其原因除法治作为一种治国方略,其实现方式相较其他社会主义核心价值观具有特殊性之外,更重要的是法治方式的实现潜藏着一种更为基础性的价值追求,也即法治理念保障社会主义核心价值观施行落地的运作逻辑,并非来源于法治理念本身,而需要与其他理念进行互动。而正是社会主义核心价值观与社会主义法治文化在聚焦法治价值的前提之上,两者的深层基础产生了联结。

(二)社会主义法治文化的法治价值追求

时点意义上的社会主义法治文化指代的是一种理想状态下,社会主义法治文化在社会群体内部达成观念上的统一认识并在社会运行中发挥应有功能的理想途径，是经由物质、制度与观念等各类载体抽象并固定下来的宏观发展方向。且不论某一种终极意义上完全形成的法治文化的存在仍然存疑，但是这种心向往之的理想图景是当下中国国家与社会都应努力建设的发展状态。从时段意义上理解，社会主义法治文化的含义并非一成不变，虽然预设了时点意义上法治文化的终极形态，但是在唯物历史意识的限制之下，当下所追求的法治文化终极目标仍然是由当下社会生产关系所决定，受现行的、占据主流的社会意识所影响。这种无法独立于历史现实而发展的特性使法治文化在事实上便处于不断发展的变化过程，要把握住这种变化过程，则必须从时间纵向的角度切入，挖掘社会主义法治文化的深层价值追求，也即在法治价值之下，社会主义法治文化的建设仍然蕴含着更为底层的理念基础。这种底层理念基础的挖掘，需要从历史发展的角度，对法律文化演变过程中的几个关键节点进行对比，才能将社会主义法治文化的深层价值追求凸显出来。

1. 传统法律文化的总体特征

在现有研究中，已有学者指出，法治作为一种非中国历史土壤中原生的理念追求，与中国传统文化之间存在天然的内部张力，[40]也即法治需要一个强有力且具有权威的中心来推动建设，而文化发展的历史属性与路径依赖，使自然生长的中国本土文化与法治文化格格不入，“法治”与“文化”难以融合。杨建认为，一个更加具有可期待性的方案是将法治文化看作政治实践的概念，是执政党与政府基于新型治国方略而作出的政治承诺。此思路与前文的结论，即将社会主义法治文化看作是在时点的范围内具有意义的关于社会群体观念的理想图景与规范要求，本质上具有同一性。但是这种将法治文化从历史实践中抽离并使之目标化的做法，实际割裂了中国特色社会主义法治文化与中国传统政治、法律文化之间的内在联系，而只有考察此两者之间的异同，并且运用社会观念与社会实践之间相对独立的角度进行说明，才能真正解析社会主义法治文化与传统文化之间的关系，并在对比分析过程中提取出社会主义法治文化的深层价值追求。

这种对于现代法治与中国传统法律文化之间张力的考察，在许多关于法律文化的研究中都有体现。中国传统文化内容以及社会观念，在千年帝制的政治环境中生成并演化出来的法律制度以及相关法律观念，在历史上形成了独特的东方专制主义的形态。张晋藩指出，中国传统法律制度在发展过程中，形成了以

[40] 杨建:《作为政治概念的法治文化:内在张力与规范诉求》，载《法制与社会发展》2018 年第 1 期。

下特征:引礼入法,礼法结合;天理国法人情三者的沟通;法的公平要求与权利等差;法自君出,权尊于法;家族本位的伦理法治;重刑轻民,律学是法学的主要形式;制定法与判例法结合;援法定罪与类推裁断;无讼是求,调处息争;法典编纂上的"诸法合体,民刑不分",与法律体系上的"诸法并存,民刑有分"等,[41]这些法律实践中形成的制度特征,成为中国传统法律文化形成与发展的基本面。西方学者韦伯也在考察中国宗教影响下的法律环境对于资本主义萌芽的影响时提及:"最值得注意的是法理的内在性格。以伦理为取向的家产制,所寻求的总是实质的公道,而不是形式法律。因此,尽管是传统主义,却没有任何官方的判例集成,因为法律的形式主义是被拒斥的,并且特别是因为没有像英国那样的中央法庭。"[42]

总体而言,内容上礼法结合,注重道德评判与实质正义;形式上以群体本位为主,注重等级次序,并且以规定个体的群体责任为主;目标上无讼是求,追求平息纠纷,不提倡为了个人权益而运用法律公器;注重实质正义而非程序正义,以伦理为取向,这些由法律实践筑基,慢慢渗透、内化到社会观念层面的法律精神特质都构成了中国传统法律文化的基本特征。这些特征在特定的范围内有其积极意义,直到今日,中国传统法律文化已然作为中国智慧的一部分,为全人类层面上的法治探索提供不同于西方进路的思路启发。但是在建设现代法治,特别是以西方法治理论、法治精神为依托的治理模式时,一些传统因素中不合时宜的部分则成为了阻碍。季卫东指出:"我国传统法文化作为千百年锤炼的结晶,自有其灿烂价值。那种富于人情味的和谐功能、那种防微杜渐的内省模式、那种因事制宜的情节理论,其实或多或少含有超越时代的意义。但是一般而言,这种法文化不适于一个不断进取、志在维新的社会,不能充分满足工业经济和民主政治的程序要求。"[43]这种从传统法律文化到现代法治的大幅度转折,使我国不得不在社会主义法治目标的指引下,对传统因素中产生阻碍的部分进行"刮骨疗伤式"的改造。

早在古希腊时期,亚里士多德便给出了最基本的法治意涵:"法治应包含两重意义已成立的法律获得普遍的服从,而大家所服从的法律又应该本身是制定

[41] 张晋藩主编:《中国法制史》,中国政法大学出版社 1999 年版,第 1 页。

[42] [德]马克斯·韦伯:《中国的宗教——宗教与世界》,康乐、简惠美译,广西师范大学出版社 2004 年版,第 158 页。

[43] 季卫东:《中国法文化的蜕变与内在矛盾》,载北京大学法律系法学理论教研室、中国经济体制改革研究法律室编:《法律社会学》,山西人民出版社 1988 年版,第 224 页。

得良好的法律。”[44]而到了近现代,法学家们从不同角度给出了自己对于法治的理解,无论是为权利而斗争,还是让人们服从规则之治的事业,抑或相当具体的法治八项原则,甚至是具有批判性的“法律秩序的所谓的‘普遍性’和‘自治性’允许前者有效地和不易察觉地维护已经确立的财富和权利的不平等现象”。[45] 这些对于法律本身、法律治理模式的理解都构成了现代法治在理论层面上的观察。

而提及社会主义法治文化的内容及基本价值,则有不少国内学者给出了基本能够达成共识、在表述方面相对多样的解读。李德顺较早提出了法治文化与社会主义法治文化的相关定义以及关联之处,他认为一般可以将法治文化描述为“以市场经济为基础,以法治为核心,以民主为实质的社会文化体系”,社会主义法治文化也应以人民民主这一社会主义的根本原则作为直接基础。此外,在法治价值方面,李德顺认为“正义”这一高度抽象的概念是法治的核心价值理念。[46] 紧随其后,刘斌针对中国当代法治文化的各项范畴都作出了总结,他指出,法治文化的价值追求主要包括法律至上、民主政治、司法公正、社会有序和人的自由。[47] 在此之后,大部分针对社会主义法治文化内容及价值的论述,都没有在实质上脱离上述两位学者所划定的范围,基本思路均是从法治本身的具体意涵以及相关价值判断开展对于法治文化的想象。

前述学者都是在法治理想的内部进行对于法治文化的想象,也即将法治本身的价值与法治文化的价值混同,所以在一定程度上难以准确把握社会主义法治文化作为一种文化形式所体现的价值追求。进言之,法治的内容不外乎前述学者所提及的,政治方面的民主、法律方面的公平正义、经济方面的自由市场,甚至哲学层面上的人的自由,这些方面的抽象化要求也就构成了法治本身的价值追求。之所以容易与法治文化的价值追求混同,是因为法治本身作为一种理念层面的概念,其意涵包括法律制度的现实实践以及相对应的法律观念、治理理念等内容,法治文化自身便应作为法治内容的一个环节而被法治概念包容,毕竟时点意义上的法治理想的实现离不开法治文化在社会观念层面上的落实。但是法治文化毕竟无法等同于法治事业本身,其仍然具有社会意识层面的本体特质,对于法治文化价值追求的把握,不仅要抓住法治本身的价值要求,更离不开从文化形式的视角对法治文化进行剖析。

---

〔44〕［古希腊］亚里士多德:《政治学》,吴寿彭译,商务印书馆1965年版,第109页。
〔45〕［美］R. M. 昂格尔:《现代社会中的法律》,吴玉章、周汉华译,译林出版社2008年版,第45页。
〔46〕李德顺:《法治文化论纲》,载《中国政法大学学报》2007年第1期。
〔47〕刘斌:《中国当代法治文化的研究范畴》,载《中国政法大学学报》2009年第6期。

2. 现代法治文化的价值追求

法治文化在作为法治社会建设事业的结构部分之外，也拥有其自身独特的价值追求。通过对中国传统法律制度实践的特征总结，以及对经历域外法文化洗礼之后的中国当代法治理解进行梳理，可以看出社会主义法治文化的价值追求正体现在这种古今对比之中。简言之，社会主义法治文化的价值追求可以提炼为凝聚共识价值、秩序维持价值以及社会革新价值。

（1）凝聚共识价值。凝聚共识即在社会意识层面形成关于法律与法治的共通的理解，指向的是法治文化作为与法治建设实践配套的观念、精神体系，它强调的是社会整体对于法治、国家治理和社会生活的理解的统一与共识的生成。正如刘作翔指出，法治文化具有表层结构与深层结构两大部分，其中深层结构对应的为法律心理、法律意识以及法律思想体系此等与意识形态相关的法治文化结构〔48〕，此处的深层结构应为其发掘出法治文化与法治本身之间的区别所提出的。这种理解上的统一指的是对于法律规范内容、在社会交互之中所能够提供的交流内容上的统一，从而形成一种社会共识，如一个经由合法主体通过合法程序得出的内容上合乎法律的判决，其既判力应该得到社会整体的认可而不容异议。具体而言，一个法治社会中社会生活的方方面面都会有法律规范的介入，无论程度如何，或深入且细致或浅浮且模糊，这种由法律规范提供社会生活的范本，体现了法律的指引功能，社会成员在进行社会生活时的行为模式也就实时地体现着其对于法律规范的理解。从另一角度来说，社会成员对于法律规范的理解，也就构成了其付诸实践的具体社会行为。现代法治的几个重要原则，包括法律规范的公开性、稳定性等，〔49〕为法律规范形成统一的理解提供了条件，在此基础上要求社会成员形成统一的共识，并按照相应的理解进行统一的社会实践。与传统法律文化相区别，法治文化对于统一理解的要求更接近于一种由内而外的服从，这种服从使社会成员的生活与行为都基于对于法律治理的理解甚至是信仰，将做出行为的理由从自然状态中的趋利避害向社会状态中的法律规范进行转变，使法律规范在个人利弊的权衡之中占据最重的砝码，正如伯尔曼所言，"法律必须被信仰，否则它形同虚设"〔50〕。

这种对于法律的凝聚共识的要求在传统文化中是很难想象的。无论是先秦时期的"刑不可知，则威不可测"，还是秦朝及以后的"以吏为师""万事皆决于

---

〔48〕 刘作翔：《法治文化的几个理论问题》，载《法学论坛》2012 年第 1 期。

〔49〕 相关原则参见［美］富勒：《法律的道德性》，郑戈译，商务印书馆 2005 年版，第 46 – 47 页。相关原则内容包括法律应公开且表述应便于理解。

〔50〕 ［美］伯尔曼：《法律与宗教》，梁治平译，三联书店 1991 年版，第 14 页。

上”，法律仅作为一种统治，甚至是压迫的工具时，并不要求社会主体在观念上对法律的具体内容是否形成共识，而只要民众对来自统治集团的决策怀有恐惧即可。这一点在“法治”与“人治”的对立中体现得较为明显。有不少学者认为法治与人治是绝对对立的，如提出“人治文化是一种官本位的‘权力—个人决定’型治理文化，而法治文化则属于个人权利本位的‘权利—法律保障’型治理文化”这一分类，〔51〕将官本位等价替换成义务本位便可实现与权利本位的对照。在人治的环境之下，决定社会成员行动以及判定矛盾争议的权力是由统治者集团中的个体，而非具有集体认同基础的法律规范所掌握的，类似于家长式的统治方式使社会成员作为被掌控的一方并不需要了解所有规范，仅仅依靠“父母官”的掌控便可正常生活。这种模式与权利话语的缺失有着必然的联系，因为如果个体要伸张自我的权利，则必须先了解自己有何权利，自己的权利从何而来，这就要求社会上先存在能够为个人权利提供论证支持的法律规范，进而还需要个体对这些法律规范有足够的了解，才能实现真正的权利的伸张。而在义务本位的社会中，在没有个人伸张权利的空间的情况下，由统治群体分配并施加的社会义务也就会有相应的强制、监督措施，而不需要个体形成对于法律制度的理解，听命行事才是符合人治社会要求的行为模式。

所以，在法治社会之中，法治文化的首要目标，或者其所追求的价值，应为社会全体成员对于法律规范、法治精神共有一种统一的理解，凝聚为关于法律的共识。这种在社会观念层面上的要求，才是法治文化独立于法治本身的价值所在。

（2）秩序维持价值。秩序维持价值指的是法治内容整体价值取向是偏向维持秩序的，这种偏好稳定、程序至上的内容取向上升到观念与文化层面，便突出表现为对于秩序价值的追求甚至是信仰，在社会意识层面上将井井有条、有条不紊提升到一个新的高度。张文显在概括法治的文化内涵时指出：“当代中国社会主义法治的文化内涵可概括为十个方面（十个核心要素），即规则文化、程序文化、民主文化、共和文化、人权文化、自由文化、正义文化、和谐文化、理性文化、普适文化。正是这些文化要素，决定了当代中国法治的现代性及其社会主义性质，决定了中国法治的发展方向。”〔52〕这其中的民主文化、人权文化以及普适文化正对应着前文凝聚共识价值所描述的社会群体对于法治形成统一的理解与共识，以及权利本位这一典型特征。而规则文化、程序文化、正义文化以及和谐文化，则与维持秩序的价值取向有着直接的联系。注重规则治理、强调正当程序以

〔51〕 梁平：《语义与实践：中国特色法治文化及其建设进路探究》，载《法学杂志》2013年第3期。

〔52〕 张文显：《法治的文化内涵——法治中国的文化建构》，载《吉林大学社会科学学报》2015年第4期。

及对于和谐局面的向往，都在不同角度、不同程度上凸显着秩序价值在法治文化中的重要地位。

在社会成员对于群体治理模式有着统一的理解之后，其理解内容仍然有待填充。换言之，即使社会群体形成统一的理解，其内容如果不是具体规则的、强调程序的，那么也无法建立起一种社会生活的有效秩序，从而滑落到自由丛林般的情感宣泄和混乱的利益申诉，与法治的实现背道而驰。张文显指出，“对于任何一个社会和国家而言，法治的首要任务是构建法律秩序和社会秩序”〔53〕，法律秩序与社会秩序的构建，仰赖于规则与程序的提出。也就是说，在社会矛盾客观存在，社会分配并非天然便公正的环境之下，法律规则的提出有助于实现社会资源的合理分配，无论是按需分配、先来后到还是按劳分配且多重分配制度并行的社会主义市场经济分配，在经济产权以及政治、法律权力甚至是观念意识层面的话语权分配上，都需要法律规则进行分配调控。这种人为法律分配的必要性来源于丛林法则、自由市场的低效率，而低效率又是由前述环境中的信息不对称、力量不均衡、个体理性导致的集体非理性等多角度多因素的诱因所引发的。所以为了保证社会分工、合作的正常且高效运行，实现生产资料、生活资料的有效且公平分配，人为建构法律规则进行分配是法治实践的首要任务。这种人为构建的社会运作途径，体现为一种秩序化的分配体系，有秩序的分配制度的法治实践上升到社会意识层面，体现为对于秩序价值的强调与追求。法治文化对于这种分配局面的秩序性的价值追求，也就成为一种必然。

此外，在纠错与解决矛盾纠纷方面，法律程序所构造出的矫正秩序也是法治以及法治文化的题中应有之义。社会生活实践中产生的纠纷与矛盾必须在法律的框架之下解决，是现代法治在权利救济方面的重要标准，私力救济甚至是法外救济的渠道必须严格控制，才能保证在救济领域的正常秩序。也就是说，必须按照一定的法律程序，将个体的个案的权益诉求上升为法律规范所支持的法律关系诉求，才是法治社会所提倡的救济路径。法律规范框架下的程序化救济在上升到社会意识层面后，也就体现出法治文化对于秩序价值的追求，即对于救济方式、救济途径的秩序维护，甚至在公权力机关以及法律规范无法直接触及的细分领域，也需要在法律的框架之下运行，秩序必须铺满社会生活的各个角落。

在非现代法治文化影响下进行非秩序化救济的一个典型例子为上访，上访即绕开法律救济的途径，直接向公权力体系中层级较高的官员提出申诉，希望能

〔53〕 张文显：《法治的文化内涵——法治中国的文化建构》，载《吉林大学社会科学学报》2015 年第 4 期。

够通过这种非正常的越级申诉实现自身的权益。马怀德指出:“所谓上访,它所体现的不是法律的程序,还是寄托在人,寄托在领导人的批示,应该说在某种意义上还带有人治的封建色彩。”[54]上访文化当然充满着传统文化中的人治色彩,也体现出在历史上的义务本位的治理模式中,社会成员无法通过法律渠道进行权利救济,只能寄希望于“青天大老爷”的无奈之举。而这种未经程序规范的救济途径,也很容易形成“按闹分配”的混乱局面,与法治社会的理想图景背道而驰。所以,在对法治有了统一理解之后,对于法律规则与法律程序所营造出的社会秩序的要求,成为法治文化在内容上、在社会运行模式上的价值追求。

(3)社会革新价值。统一理解的价值解决法治文化对于社会群体观念的形式要求,即法律的权利本位以及普遍适用,秩序维持的价值解决法治文化对于社会群体观念的内容要求,即法律规则与程序内容所营造的社会运行秩序。此两种价值所描述的法治文化特征均为共时性的要求,也即在同一时间节点下对于法治文化价值追求的想象,而法治文化对于社会革新价值的追求,则筑基于一种历史进步观念。

前述当代中国社会主义法治的文化内涵的十个方面中,剩余的共和文化、自由文化以及理性文化也正是法治文化对于社会革新价值追求的集中体现。革新价值的凸显是在与传统文化的对比之中得出的,正是在批判传统文化的不共和、不自由且不理性时所提倡的共和、自由以及理性的价值追求,才体现出现代对于传统的进步之处。喻中在分析中国百年法治文化的三波浪潮时,曾将20世纪初到现今的百年历史分为中国法治文化发展的三个阶段,分别为国家主义法治理念阶段、自由主义法治理念阶段以及社会主义法治理念阶段,2006年正式提出的社会主义法治理念的法治文化形态,代表了中国百年法治文化的第三波,其核心价值是公平正义与社会和谐。[55] 此处所总结的三个阶段,恰好也对应着当代中国社会主义法治的文化内涵中的共和文化、自由文化以及理性文化,其中国家层面的共和要求,社会层面的自由要求以及作为行动理由的更为宽泛更为深层的理性要求,都与前述学者所总结的社会主义法治文化内涵不谋而合。这种契合绝非偶然,而是学者们在考察了传统文化的缺失以及现代法治文化的优势之后,才得出的共识性结论。对于革新价值的追求,必然以对传统文化的批判为起点,无论是去其糟粕取其精华的审视,还是矛盾自身的扬弃式革新,法治文化都预示着一种正确的、合理的法治目标是最终存在的,也作为一种反思现实的批判

---

〔54〕 马怀德:《法治文化在文化强国战略中的作用和意义》,载《中国政法大学学报》2012年第1期。

〔55〕 喻中:《社会主义法治理念:中国百年法治文化的第三波》,载《法学论坛》2012年第1期。

性范例，在一次次的法治实践中完成对于现实的改造。正是朝向这一终极目标不断发展，不断回头审视现今及过去的文化并进行自我革新的革新价值要求，凸显出法治文化蕴含的历史方向性。

（三）法治文化与核心价值观的价值统一

在与传统政法文化的对比之中我们可以看出，社会主义法治文化作为法治建设事业的一个重要部分，也作为社会观念层面上的系统性理论体系，其对于价值的统一理解、秩序维持与社会革新价值的追求都体现了现代法治文化区别于传统文化的显著特征。

如前一节所述，社会主义核心价值观与社会主义法治文化在概念上皆为共同指向一类在时点的范围内的、具有意义的关于社会群体观念的理想图景与规范要求的社会意识层面的体系化观念，其所追求的价值也在法治本身以及法治文化的价值追求之中达成一种契合。

在社会主义核心价值观中，法治价值的实现，既是国家与社会层面社会主义核心价值观落实的重要保障，也是个人层面社会主义核心价值观实现的底线要求，法治价值具有逻辑上的前置与优先性。首先，法治文化对于凝聚共识价值的追求，正对应社会主义核心价值观作为建设社会主义的群体内部成员所应当遵循的最核心的一系列价值理念的这一特性。也就是说，在群体内部实现对于法治文化的统一理解，与在群体内部推行社会主义核心价值观这一系列价值理念具有同一性质。其次，法治文化对于秩序维持价值的追求，对应社会主义核心价值观整体的法治基础。换言之，只有在实现了法治的全面铺开，在法治文化的秩序维持价值得到实现的时候，社会主义核心价值观才有可能真正落地。而社会主义核心价值观之中法治价值的前置定位，也使法治文化的价值实现直接影响着社会主义核心价值观的实现。最后，社会主义法治文化对于社会革新的价值追求，与社会主义核心价值观的运作逻辑相契合，也即通过显性的价值观与文化构造，推动隐性价值观与文化，实现时点意义上理想文化样态的最终形成与价值观体系的教化落实。

综上所述，社会主义核心价值观的展开离不开法治价值的实现，社会主义法治文化的价值追求也直接关系法治理想在现实实践中的落实，所以社会主义核心价值观与社会主义法治文化两者在法治价值的实现这一连接点处产生联系。进而，在厘清社会主义核心价值观与社会主义法治文化在概念以及价值上的耦合关系后，此两者作为社会意识体系能够实现的社会功能也就呼之欲出。

三、社会主义核心价值观与社会主义法治文化的功能契合

与以暴力手段为基础的威权治理相区别，软治理是一种通过文化、理念和政

策的正当与理性，吸引、鼓励受众自发地尊崇的治理方式。孙绍勇指出："法治文化对国家治理体系现代化具有实化作用，法治文化反映了国家治理的方式方法，国家治理的体系制度贯穿了什么样的法治文化，意味着国家治理体系的价值'悬空'还是'落地'。"〔56〕这一论断提及了法治文化的实化以及反映的作用，但是法治文化的功能不止于此。

社会主义法治文化与社会主义核心价值观同为社会意识的体系化成果，其内容来源于实践，但是也反作用于实践，甚至能够成为一种工具性质的治理方法进行运用。与前文法治文化的价值追求相联系，建设社会主义法治文化的社会功能也就体现在对于法治目标实现的助力与保障之中。在此间，社会主义核心价值观由于与社会主义法治文化存在前述的概念与价值上的契合，因而弘扬社会主义核心价值观与建设社会主义法治文化两大工程会在不同领域不同层面上发挥其功能，并且在法治建设这一大背景大环境之下发生联结。

具体而言，建设社会主义法治文化具有普及认识、培育信仰以及革新观念三种功能，此三种功能分别对应法治文化的凝聚共识价值、秩序维持价值以及社会革新价值。而社会主义核心价值观也会在社会整体观念等层面发挥其相对应的功能，进而指导并作用于社会整体的生活、生产实践。

（一）普及认识功能

普及认识的功能并非法治文化或社会主义核心价值观所独有，这种功能蕴含在文化及价值观这些体系化的社会意识形式之中。一种社会意识体系，一旦形成文化，则必然有其内在的感染力与扩张性，法治文化与社会主义核心价值观作为正确且先进的观念体系，其感染力更为出众。

正是法治文化与社会主义核心价值观的观念形式，使其在推广与普及方面的功能十分突出。文化对人的影响是深刻且广远的，姜涛在分析社会主义法治文化培育时指出，情感认同能够促进个体与群体的卷入，使个体或群体不再从旁观者的角度仅仅进行乐观或悲观的评价，而是使主体更大程度地融入其中，并能够为达成共识的过程节约成本。〔57〕这种促使个体或群体融入同一种观念体系中的能力便是法治文化与社会主义核心价值观最根本的功能体现，也是观念体系最重要的存在方式。

如前文提及，法治文化首要的价值追求便是价值理解的统一，其中的机理不

---

〔56〕孙绍勇、陈锡喜：《法治文化的动态生成及其在国家治理现代化中的作用》，载《河南社会科学》2017 年第 6 期。

〔57〕姜涛：《情感认同与社会主义法治文化培育》，载《理论探索》2018 年第 1 期。

外乎是在观念层面上形成了一种对法治的统一的理解，并期望将全体社会成员卷入，达成一种法治共识。在实践中，法治相关的观念距离完全的普及还有一定的距离，梁治平认为："十九世纪以后，虽然古代传统为新世界的潮流冲击、荡涤，庞大的古代法体系顷刻间土崩瓦解，固有的观念、心态却未能随之改变。于是，旧有的观念、心态转而成为实现新法价值的现实障碍。"[58]我国历史悠久的灿烂文化虽然为中国文化的独特埋下了根脉，但是一些不合时宜的因素也确实影响着现代法治治理模式的展开，这些阻碍因素最直接的体现便是法治意识的普及度不足。这种不足将直接影响法治实践的顺利运行，因为无法达成对于法治的普遍且统一的理解，被动卷入法治实践的主体便不能从意识层面上正确认识到建设法治对于国家、社会群体的重要意义。在这种认识不足的情况下，法治实践也就容易退化成为以暴力手段为基础的威权治理。

在2020年最高人民法院推出的大力弘扬社会主义核心价值观十大典型民事案例之中，村民私自上树摘果坠亡索赔案便是典型的对于法律规范认识不足引起的纠纷。当事人私自上树将自己置于危险境地，却仍依据严重后果的责任向他人索赔，其心理支撑便为"谁闹谁有理""谁伤谁有理"的传统思维，再审法院也旗帜鲜明地表示对这种行为不予保护不予鼓励。仔细分析可以看出，这种枉顾法律规定而通过"闹事"来获取不正当利益的行为，正是传统法律思维之中过分强调平息争讼所纵容的结果。季卫东指出："从贯穿法学史的德刑礼法术势之论可以看到我国法律思维不同于西方的一个根本特色：不是通过诉讼事实关系的单纯化，……而是尽量把一切有关的社会背景都收入视野、酌情制宜，以求'摆平'。"[59]这种处理社会矛盾的方法且不谈与严格执行法律规范的现代法治精神相违背，也不利于和谐社会风气的养成。而在法治文化的建设过程之中，推进社会成员对于法律规范以及法治精神的统一理解，则可以在一定程度上避免此类案件占用社会资源，从而实现更加高效的司法运作。从社会主义核心价值观的角度来看此案，当事人对于法律知识的缺失不但影响到了法治价值的实现，也影响到了和谐、友善等其他价值的实现。甚至可以认为，正是由于社会主义核心价值观没有深入到此类当事人的观念之中，才会出现如此案件。所以，只有在法治文化建设的过程之中不断加深社会公众对于法律规范的理解，发挥社会主义核心价值观对于和谐社会的浸润功能，才能够维护法治实践的平稳运行。

---

[58] 梁治平：《中国法的过去、现在与未来——一个文化的检讨》，载北京大学法律系法学理论教研室、中国经济体制改革研究法律室编：《法律社会学》，山西人民出版社1988年版，第213页。

[59] 季卫东：《中国法文化的蜕变与内在矛盾》，载北京大学法律系法学理论教研室、中国经济体制改革研究法律室编：《法律社会学》，山西人民出版社1988年版，第224页。

类似的案件还时有发生,传统思维与法治意识的碰撞使社会成员在遇到纠纷或者面对公权力机关时,难以转变思维,进行法律意义上的交流互动,从而造成一种意识甚至话语体系层面上的不对称,进而引发更多的矛盾,造成社会资源、司法资源的低效利用。而社会主义核心价值观与社会主义法治文化作为观念体系的存在方式及运作模式,便要求在群体内部形成一定的共识性观念,只有在大部分个体都形成认知的情况下,优秀的先进的文化内容与观念体系才能发挥其社会功能。

"培育和建设社会主义法治文化,并使之在全社会形成共识,是建设社会主义法治国家的思想观念基础。"[60]面对实践中法律知识、法治精神普及程度不足的问题,社会主义法治文化建设的普及认识功能便能得到施展,通过将社会成员融入现代法治的话语体系当中,在群体间形成统一的法治认识、法治理解,便能为社会共识的凝聚提供心理基础,从而更好地实现法治目标。

(二)培育信仰功能

在普及法治认识的基础之上,培育法治信仰则是更加深层次的法治文化功能。前文提及的法治理解是从知识普及的角度进行分析,与凝聚共识的法治文化价值相联系,社会成员如果对于法律相关的知识毫无了解,也就谈不上法治实践的展开。而法治信仰的培育,指的是在群体成员都了解了法律规定之后,进而形成的一种对于法治价值的认同和信仰,从而发自内心地遵守、践行并维护法治的运行。这种功能是在影响社会成员的行动理由的层面上提出的,强调从心理认同的角度凝聚共识,产生由法治理解到法治认同再到法治践行的认知与行为推进。

如果上述案件是社会生活中矛盾纠纷的当事人对于法律规范认识不足引起的纠纷,那么被评为 2009 年十大宪法事件之一的上海"钓鱼执法"案件则体现出具体案件中执法者法治精神与法治信仰的缺失。在此案中,执法者自身成为利用法律谋取私利的违法者,不顾自身肩负着执法的重任,而带头利用自身职务之便对社会成员进行迫害。此案中的执法者不可谓不知法,甚至应对其职务范围内的法律法规相当精通,但是对于法律的认识没有形成对于法治的信仰,则容易造成"知法犯法",甚至利用对于法律的理解进行犯法的严重后果。此案并非个例,在可观察到的范围内,利用法律谋取私利的行为仍然普遍,这种破坏法治的行为的出现虽然不是缺少法律认识的结果,但是依然是建设社会主义法治文

---

〔60〕 龚廷泰:《法治文化的认同:概念、意义、机理与路径》,载《法制与社会发展》2014 年第 4 期。

化的重要攻坚对象,这也为法治文化建设提出了区别于法律知识普及的更高的要求。

知法犯法并非公权力人员的特有行为。未成年人犯罪问题是我国法治建设道路上的一大痛点,我国对于未成年人的特殊保护在刑法领域的体现便为刑事责任年龄的设定,也即一定年龄以下的犯罪嫌疑人不用承担部分甚至是全部的刑事法律责任。此领域中的一个突出难点在于,不少未成年人对自己未成年的身份以及刑事法律的保护措施都非常熟悉,甚至因为有着法律对于未成年人的保护而进行犯罪活动。[61] 此种仰仗法律保护进而破坏法治的行为性质极为恶劣,但令人无奈的是根据现行法律法规还难以令其承担相应的法律责任。此时,建设社会主义法治文化的培育信仰功能便有了用武之地,在社会意识层面上对社会成员的法治精神进行培育,使其将法治内容作为个体行为的重要原因,从而实现法治文化在社会意识层面上对于法治实践的"反哺"。

法治实践在现实中离不开强制执行力量,但是此种加之社会成员的外部力量难以影响社会生活的所有方面。现代法治所要求的法律规范的稳定,也使成文法律在面对语言难以填补的模糊、空白之处时无法发挥其作用。而正是在这种外部力量无法施展的领域,法治文化的信仰培育功能才能够发挥其独有的功能。正如未成年人犯罪的领域,考虑到未成年人心理成长的客观规律以及外部强制力量的有限作用,对未成年人进行法治精神、法治文化教育将成为一种不可或缺的治理未成年人犯罪的重要途径。

有学者指出,"可以说法治文化的生成,是理性与道德相契合的产物"[62]"法治文化应该是法律和道德的二元文化",[63] 而法治文化的运作,正是调和个体经济理性与社会整体道德的不二法门。从弘扬社会主义核心价值观的角度来说,建设社会主义法治文化的培育信仰功能更离不开体系化的价值观培育,将社会公正、和谐、法治等价值融入社会主义法治文化的建设与普及之中,才能够助力培育信仰功能,以实现区别于外部强制力量的心理认同。

(三)革新观念功能

建设社会主义法治文化的普及认识功能和培育信仰功能,皆是从如何形成

---

〔61〕 李红勃、中国政法大学法治政府研究院编:《中国未成年人法治发展报告(1991 - 2021)》,社会科学文献出版社 2021 年版,第 199 - 231 页。

〔62〕 钱颖萍:《论道德对法治文化的支撑作用》,载《探索》2015 年第 1 期。

〔63〕 黎桦、王天民:《理性与道德:法治文化的二元论》,载《武汉大学学报(哲学社会科学版)》2004 年第 5 期。

法治认识以及法治信仰的角度进行探讨的，是一种从无到有、从浅到深的文化观念的培育。而与前两个功能相区别，革新观念功能针对的是历史的、现实的观念残留。简言之，要进行法治文化、法治信仰的培育，还需要实现一种观念层面上的自我革新。

李德顺认为："任何一种文化体系……大体上包括：事实上（自觉或不自觉）的基本精神或理念层面；社会化的组织（制度、体制、管理机制）层面；具体化、系统化的行为规则、规范层面；积淀为传统和风俗的实践方式、行为习惯层面。"〔64〕中国传统政治、法律文化也不例外，在漫长的实践过程中形成的行为规则、实践方式和行为习惯等内容，均在现实层面上或多或少存在残余。张文显曾指出："当社会生活秩序朝着法治化的方向急剧变换时，作为法律运作主体的公民和官员的文化心理结构中仍程度不同地存在着落后的、陈腐的法律观念、价值标准和思维与行为方式。"〔65〕这一论断指出了我国在建设法治过程之中必须面对的重大难题。如果说前述两个功能所对应的问题均有可能通过执法、司法实践来得到解决，那么清除落后的、陈腐的法律观念、价值标准和思维与行为方式的任务，则必须通过建设社会主义法治文化的革新观念功能来实现。

此问题的出现源于我国法制建设的起步时对外来法制的接引，从 19 世纪末期以来，传统文化受到冲击，再加上社会动荡，以至于新中国成立以来，社会意识层面上仍然存在传统因素以及西方因素混乱共存的局面。在 1997 年党的十五大突出了法制的建设，我国的社会主义法律体系的建设速度有目共睹，但是法律规范的建设还是在相当程序上难以真正触及现实中、实践中那些仍然残留在观念层面的部分糟粕因素。习近平总书记强调："法治和人治问题是人类政治文明史上的一个基本问题，也是各国在实现现代化过程中必须面对和解决的一个重大问题。"〔66〕对于人治这一明显与现代法治精神相违背的传统因素，不但需要从制度层面上进行否定，更要通过法治文化的建设对其进行观念层面上的革除。这一重大问题的解决，也将直接影响到法治实践的顺利展开。如在婚姻习俗等社会层面的问题上，1950 年《婚姻法》的颁布标志着新中国的法制建设迈向新的征程。在这部极具象征意义的法律中，先进的法治文化对旧社会的不良习俗都做出了否定，如严格推行一夫一妻制，禁止纳妾，又如反对包办婚姻，提倡婚姻自由等，此类规定一出台，在极大的程度上影响了新中国的社会观念，新一轮的观

---

〔64〕 李德顺：《法治文化论纲》，载《中国政法大学学报》2007 年第 1 期。

〔65〕 张文显：《法哲学研究范畴》，载中国政法大学出版社 2001 年版，第 236 页。

〔66〕 中共中央文献研究室编：《习近平关于全面依法治国论述摘编》，中央文献出版社 2015 年版，第 12 页。

念革新也在法治建设的推进下不断地浸润着社会大众,进而使社会整体趋向先进、文明。

对于社会意识层面观念残余的革除虽然重要,但是也并非易事。与法律知识的普及、法律信仰的培养相比,想要消除旧时代就已深入社会意识的传统因素的影响,不但需要从外部进行知识的传播、行为的引导,更需要让自我反思、自我革新的观念深入人心。有学者认为:“法治文化之所以强大,是因为它不是一个民族少数思想家、理论家头脑中的思想、理论,而是一个民族全体成员心中赋有的集体无意识或集体意向。”〔67〕这种集体意向的形成,必须通过对社会全体成员进行一次法治启蒙的方式来达成。而社会主义法治文化的建设则必须发挥其革新观念的功能。

四、社会主义核心价值观与社会主义法治文化的整体保障

社会主义核心价值观与社会主义法治文化同属于体系化的社会观念,但是社会主义核心价值观的价值内容更为全面。黄英认为:“社会主义核心价值观对法治政府建设具有价值引领和指导作用。”〔68〕这种价值引领与指导作用相较法治文化显得更加直接与具体。如果认为社会主义法治文化能够在法治领域内实现价值引领与实践指导的功能,那么社会主义核心价值观便是为全社会成员、全国各族人民划定了以特定价值目标为基础的行为指导。“价值观之所以重要,是因为它们将国家和民众凝聚在一起。它们帮助定义一个社会所支持和所反对的东西。”〔69〕在社会整体层面上凝聚共识,是社会主义核心价值观的重要功能。区别于建设法治文化的独有功能,社会主义核心价值观的适用范围更加广泛。韩震指出:“社会主义核心价值观是社会主义核心价值体系的内在灵魂或者精髓;社会主义核心价值体系的价值诉求、价值目标、价值取向、价值准则以及价值规范等,都是社会主义核心价值观的不同的功能体现。”〔70〕社会主义核心价值观的功能体现在为社会成员进行社会生活提供了权威的价值内容,其功能实现方式立基其作为社会意识体系的本质特征,也即潜移默化地引导与培养认同,在实质上与同样作为社会意识的法治文化的培育共享同样一套实现功能的方式。

---

〔67〕 刘进田、李少伟:《法律文化导论》,中国政法大学出版社 2005 年版,第 45 页。

〔68〕 黄英:《社会主义核心价值观与法治政府建设研究》,哈尔滨工程大学出版社 2019 年版,第 22 页。

〔69〕 [美]格拉特·哈丁:《欧洲人之谜》,葛鸣译,载《国外社会科学文摘》2012 年 8 月号。

〔70〕 韩震:《社会主义核心价值观五讲》,人民出版社 2012 年版,第 35–36 页。

此两者在实践发展的过程之中必然产生联结。从形式上来看，社会整体价值观与法治文化的存续与演进在同一场域之下进行，其运作也共享同一套逻辑。社会整体价值观与法治文化在实践中所处的场域，应当是在社会个体之间交往以及做出社会行为的各类场景，也只有依附在能够直接观察到的行为与物质形态之上，价值观与文化的存在才能显现。

与理论化、体系化的抽象建构相区别，语言文字工具虽然能将某一时间截面的精神文化样态描绘、整理并加以言说，甚至“价值观”与“文化”此类抽象概念，也是文字概括与流传的结果，但时刻发生的社会行为以及交往活动，才是让抽象的观念层面的概念真正落实的实践场域，也是理想建构最终目标实现所需要的结果呈现。也就是说，价值观与文化既不是仅存在于想象与构建之中，也并非一直都是体系化、理论化的样态，对于此类社会心理的描绘，更不是为总结而总结、为规定而规定。完整的价值观体系与文化样态的概念与内涵来源于不断运作之中的社会实践，而且总结与规定也是为了在方便交流的基础之上反作用于社会实践，使本来自然运作的社会心理演进路径走上一种人为划定的轨道之上。例如，诚信不失为一种源远流长的美德，商鞅徙木立信与曾子杀猪等宣扬信守诺言的历史故事，其目的可以认为并非仅仅记录并且赞颂这些历史人物的具体行为，而更重要的是在于传播优秀范例并教化社会群众，告诉大众无论是在公私交互抑或社会个体之间交往的过程之中，诚信的行为都是值得被社会整体给予正面评价的。反言之，即使在完全遵守成文法律的前提下，失信行为也并非不存在，且在特殊的场景下失信行为反而形成普遍的风气，成为某部分群体的整体“价值观”与“文化”。

从个体自由的角度来看，选择做出不违法但不诚信的行为也有可能属于个体行为自由的范围内，成文法律至少在技术层面上难以完全规制所有不诚信的社会交互行为，实践中诚信行为与失信行为在长时段内都是共同存在的。暂且不论符合个人自由且不违法的失信行为应被负面评价的理由为何，但正是由于诚信行为与失信行为并存的社会实践样态持续存在，诚信行为才有作为一种美德与优秀价值观而被提炼出来的必要与可能。从这个角度来说，对于特定社会心理的描绘与总结，其来源总是对应着相互矛盾的社会行为，且在这种描绘的过程之中蕴含褒贬，划分正面负面，以期达成培育、教化的功能，反作用于相应的社会行为，也即通过显性的价值观与文化构造，抑或将社会心理理论化、体系化，从而推动隐性价值观与文化，也就是在时段意义上社会整体观念的人为把控与改造，实现时点意义上理想文化样态的最终形成与价值观体系的教化落实。

同样是通过精神、观念层面的引导与认同培养，对社会意识进行改造，社会主义核心价值观对于社会实践的影响也会与社会主义法治文化产生交互。这种交互集中体现在社会主义法治对于德治的吸收之上,在《中共中央关于全面推进依法治国若干重大问题的决定》之中,依法治国与以德治国相结合的体系地位已提升到实现法治总目标原则的高度。2016 年习近平总书记强调"国家治理需要法律和道德协同发力"。[71] 党的二十大报告中继续强调坚持依法治国和以德治国相结合,把社会主义核心价值观融入法治建设、融入社会发展、融入日常生活。单纯的法律治理难以体现社会主义法治建设的总体精神,若吸收了德治的因素,则必须对德治的内容提出要求。由此,社会主义核心价值观的提出填补上这一空缺,以德治国的价值内容完全可以由社会主义核心价值观的具体内容提供。社会主义法治文化德性部分的解释,除了将法治理想提升到法治价值、法治理想的高度这一方式以外,社会主义核心价值观同样可以在法治文化领域内实现其价值引领的独特功能。

道德层面上的价值宣传以及意识建设对于法治目标的实现具有不可替代的作用,正所谓"道之以政,齐之以刑,民免而无耻;道之以德,齐之以礼,有耻且格"。[72] 党的二十大报告也在提高社会整体文明道德层面提出,实施公民道德建设工程,弘扬中华传统美德。传统法律文化与专注于制度内容法制主义的知识,在运用价值观念引导社会方面略显无奈,而社会主义核心价值观的提出及弘扬,可以为法治建设对于社会道德层面的要求提供有效的权威内容。"培育和弘扬核心价值观,有效整合社会意识,是社会系统得以正常运转、社会制度得以有效维护的重要途径,也是国家治理体系和治理能力的重要方面。"[73]

由此,弘扬社会主义核心价值观与建设社会主义法治文化两大工程的相互影响机制便得以明晰。建设社会主义法治文化在实现法治目标的领域内发挥着普及认识、培育信仰以及革新观念三种功能,区别于外力强制的执法与司法实践,也区别于传统意义上的法律文化,社会主义法治文化在内容与功能方面都有其独特之处,也即对于法治精神、法治理想作为社会成员行动理由的强调,以及自内而外的、从认识到认同的意识层面的作用机制。但是法治文化不同于法律文化,其功能的实现不仅要依靠法律规范的运作,更需要一系列基于良善理念的价值观指引。单纯强调法律秩序的施行并不能体现现代法治与传统法律文化的

---

〔71〕《坚持依法治国和以德治国相结合　推进国家治理体系和治理能力现代化》,载《人民日报》2016 年 12 月 11 日,第 1 版。

〔72〕《论语·为政》,张燕婴译注,中华书局 2006 年版,第 13 页。

〔73〕《把培育和弘扬社会主义核心价值观作为凝魂聚气强基固本的基础工程》,载《人民日报》2014 年 2 月 26 日,第 1 版。

区别，只有引入社会主义核心价值观作为体系化的社会观念基础，建设法治文化的种种功能才能真正深入人心。弘扬社会主义核心价值观这一工程的社会功能，可以作为法治建设中以德治国部分的价值指引，引导法治实践的顺利开展，也可避免法治运行落入唯法是用的误区。

总而言之，弘扬社会主义核心价值观与建设社会主义法治文化之间的契合关系，在概念上，两者皆为系统化的社会意识体系和一种理想化的社会图景，且皆以改造社会整体观念、达成理想的价值观与文化样态为目的；在价值上，社会主义法治文化以凝聚共识、秩序维持与社会革新为价值追求，而在这一基础之上形成的法治价值，则在社会主义核心价值观体系的价值内容之中具有基础性的地位；在功能上，两者的社会意识属性使其皆具备通过潜移默化的精神感召来实现社会意识改造的社会功能，但是社会主义法治文化的功能更加集中于法治建设领域，以普及认识、培育信仰以及革新观念三者为主要功能，通过对法治理解以及法治信仰的传播与培育助力法治目标的达成。而社会主义核心价值观则通过对于整体社会意识的价值引导，以及作为以德治国具体价值内容的途径，发挥其作为价值观形式的独特功能。

此两者同样肩负着新时期建设中国特色社会主义、推进全面依法治国的重要任务，在价值多元、文化多样的现代社会环境之下，弘扬社会主义核心价值观与建设社会主义法治文化，具有为国家与社会进一步发展提供社会心理与群体观念层面上的凝聚力保障这一战略意义。最重要的法律“既不是铭刻在大理石上，也不是铭刻在铜表上，而是铭刻在公民们的内心里”。[74] 在社会群体观念与精神层面上推进社会主义核心价值观与社会主义法治文化的建设，令社会群众从内心深处信任、信赖现代法治的规则之治，在显性与隐性两个层面共同完成社会主义法治建设，才能真正落实全面推进依法治国重要战略，为推动改革开放和社会主义现代化建设迈上新台阶提供强力精神文化保障。

第三节　弘扬社会主义核心价值观的法治保障体系的现状与问题

“理论理性要求的是逻辑上的一贯性，现实和实践则多是复杂和含糊

---

〔74〕［法］卢梭：《社会契约论》（第3版），何兆武译，商务印书馆2003年版，第73页。

的。"[75]完善弘扬社会主义核心价值观的法治保障体系,除了前述所提及的在概念、价值以及功能三方面契合关系的理论基石外,还存有在政治保障、制度保障、组织保障以及其他保障在内的四维度的实践支柱。从某种程度上来说,弘扬社会主义核心价值观的法治保障体系的现状与问题,是类同于第二节法文化学理论教义之属的实践契合关系。前文已对法治保障体系的基本构成做出了较为详尽的阐述,大致由政治保障、制度保障、组织保障以及其他保障四部分保障组合而成。若对法治保障体系以部分与整体为贯穿对象,进行整全式的共性研究,还可以得出如下判断。

在中国特色社会主义法治保障体系的构建与运行过程中,亟须弘扬社会主义核心价值观以指引方向。因法治保障体系的焦点在于客观规范程式,更多的表现及依托于以制度为代表的此类客观规范程式,它们最大的特点就是一般性、标准化及客观理性。正是建构于这些特点基础之上,令其拥有了被选中的独特优势:稳定、有序、可重复性、客观性。这也正切中法治保障体系亟需的规模化应用场景的要点,以最低的体系运作成本,达致最大化的保障效果。可在普遍性适用的过程中,个别情况往往会有所疏漏,这又与保障体系的核心目的"以人为本"相违背。此外,人是感性与理性并存的生物,极致推崇客观理性的价值,是否会伤及乃至贬低人的感性呢?感性部分除却不可把握的随机性部分外,[76]最为集中的表现就是价值判断。法学界历来对事实判断与价值判断的讨论颇多,休谟就曾对此方面有过探讨,"必须区别事物的'实然'与事物的'应然',存在是一个问题,好坏是另一个问题"。[77] 人对于好坏做出价值判断时,所依据的就是价值观。因为人与人之间价值观的不同,导致对同一件事物的评价判断大相径庭。霍夫斯坦德曾说:"文化的核心是由价值观构成的。"[78]这又与本章第二节内容产生联系,更足见价值观(感性)的重要性,亦充分说明中国特色社会主义法治保障体系的实践"徒制不足以自行"。

可是,倘若将价值观(感性)这部分尝试与法律规范进行结合或融入时,除去后续章节会谈及的方式方法问题外,还有一个前置问题有待解决:"在诸多价值观中社会主义核心价值观有何独特之处。"其实,在党的二十大报告中"开辟

---

〔75〕 黄宗智:《中国的新型正义体系:实践与理论》,广西师范大学出版社 2020 年版,第 118 页。

〔76〕 随着人类脑科学的进步,人类感性中不可把握的随机性部分正在被探究,但仅就目前脑科学研究的成果而言,仍存在不少无法解释的领域。

〔77〕 刘星:《法律是什么:20 世纪英美法理学批判阅读》(增订版),广西师范大学出版社 2019 年版,第 38 页。

〔78〕 [荷兰]G. 霍夫斯坦德:《跨越合作的障碍——多元文化与管理》,尹毅夫译,科学出版社 1996 年版,第 8 页。

马克思主义中国化时代化新境界”中已有提及,中国人民长久积累的道德观,同科学社会主义价值观主张具有高度契合性。甚至将此抛开不论,直接简单地以政治正确性判定出其自身的天然正当性,依旧无法回避“为何需要弘扬,并发挥引导作用”的问题。答案其实来源于我们身处一个价值领域多元价值观并存的时代。我们每一个人无论再怎样“上知五百年,下知五百载”,根据马克思主义的社会史观来论,都是无法逾越自身所处的时代。那么人的价值观势必反映与自身所处时代相关联的价值观,“时代是人的价值视域的界限”。[79] 反观我们当下所处时代的鲜明特征——技术飞速迭代,信息过载爆炸。“技术是复杂的现象,它既是自然力的作用,同时又是一种社会文化过程。”[80] 技术带给人类的不光是生活方式上的改变,还影响着人类对事物的态度看法。技术看似永不止步地前进,也把数不尽的信息如海浪般推向我们面前。在“渐欲迷人眼”的信息丛中,我们难以看清事物。

退一步而言,在看清事物后,个人认为理所当然的价值判断,却会发现“你以为的就只是你以为的”。这就是在西方中世纪文艺复兴后所引发的价值多元时代的到来,在技术的推波助澜下,我们获取的“真理”也是五花八门的,使当今价值多元时代从广度至深度都得以扩大与深化。价值多元也就意味着价值的差异化,这样的差异甚至就连中央国家机关各部门间都是存在的(详情可见表5-1)。在这样的背景下,社会主义核心价值观才千呼万唤始出来。毫不夸张地说,现在的二十四字社会主义核心价值观“从国家、社会和个人三个层面对价值观进行全方位覆盖,既是对传统价值观和西方价值观‘去粗取精、去伪存真’筛选的结果,也是对‘古为今用、洋为中用’原则的融合性体现,构成了一个以‘一元为主、多元并存’的局面。”[81] 这也就回答出为何选择的是社会主义核心价值观,而非其他各自具体的价值观。因为社会主义核心价值观本身已经是提取过后的最大公约数,是中国特色社会主义法治保障体系实践在平衡理性与感性这一命题下的最优解。除此之外,为何还要强调“弘扬”二字,并借此来发挥方向性指引的功能?这绝不是玩弄文字游戏式的画蛇添足,谨以常理言:再光彩夺目的黄金,如果被深埋于地下或束之高阁,也难有发光的那一天。社会主义核心价值观固然是当下最好的选择,可倘若缺失了“弘扬”这一关键动作,则难免也会宝珠蒙尘。尤其是在当今时下,价值多元的背景下,甚至有着国内外各类非

---

〔79〕 兰久富:《社会转型时期的价值观念》,北京师范大学出版社 1999 年版,第 189 页。

〔80〕 [德]F. 拉普:《技术哲学导论》,刘武等译,辽宁科学技术出版社 1986 年版,第 57 页。

〔81〕 中国人民大学马克思主义学院组编:《21 世纪马克思主义理论研究的探索与创新》,中国人民大学出版社 2016 年版,第 644 页。

主流价值观的挑战。因此,必须弘扬社会主义核心价值观,进而为中国特色社会主义法治保障体系的实践指引方向。

表 5-1 中央国家机关各部门核心价值观(节选)

	名称	部门核心价值理念
1	住房和城乡建设部	坚定理想信念,为民务实清廉,城乡科学发展,建设美好家园
2	交通运输部	人便于行、货畅其流、服务群众、奉献社会
3	水利部	献身、负责、求实
4	审计署	责任、忠诚、清廉、依法、独立、奉献
5	海关总署	爱国、厚德、增信、创新、奉献
6	应急管理部	忠于职守、任劳任怨、执法为民、甘于奉献
7	国家统计局	真实可信、科学严谨、创新进取、服务奉献
8	国家知识产权局	公正高效、严谨求实、和谐进取
9	国家宗教事务局	尊重、包容、团结、合作
10	国务院港澳事务办公室	忠诚、奉献、包容、创新
11	中国科学院	创新科技、服务国家、造福人民
12	中国地震局	开拓创新、求真务实、攻坚克难、坚守奉献
13	中国气象局	准确、及时、创新、奉献
14	中国银行保险监督管理委员会	为民监管、依法公正、科学审慎、务实高效
15	全国社会保险基金理事会	专业尽责、正直诚信、稳健规范
16	中华全国供销合作总社	为农、诚信、创业、合作
17	中国人民对外友好协会	为国交友、创新发展
18	中国残疾人联合会	人道、廉洁、服务、奉献
19	中国投资有限责任公司	责任、合力、专业、进取
20	中国进出口银行	忠诚奉献、诚信严谨、开放包容、开拓创新

资料来源:《中央国家机关各部门核心价值观展示》,载《紫光阁》2014 年第 5 期。

综上所述,弘扬社会主义核心价值观与中国特色社会主义法治保障体系两者在实践层面上,是一种你中有我,我中有你,相辅相成,互为表里的契合关系。

本节所阐明之内容恰系针对上一节中关于"弘扬社会主义核心价值观与中国特色社会主义法治文化建设的契合关系"不同视角的有益补充——实践之维。通过理论与实践间的联系,架构起章节间承接的桥梁,形成"理论基础—实践现状—对策探讨"完整论述闭环。以理论指导实践,用实践"反哺"理论,实现双向互促。而为达成这一研究初衷,就必须着眼于现实当中的真问题,以此做真研究。鉴于此,以下将分别从政治保障、制度保障、组织保障与其他保障组成法治保障体系的四大保障运行现状为切入点,通过与保障实施效果及理论构想相比较,探究实际存有的问题,为提出具有针对性且可行之应对之策奠定基础。

一、弘扬社会主义核心价值观之政治保障的现状与问题

政治保障是法治保障中的核心与基柱。在对政治保障的现状与问题进行分析时,需要把握住政治保障的共性与个性。以政治保障为首的四大保障均聚焦于客观规范程式的制定与运作。客观规范程式在当今人类政治文明中最具代表性的例证即为制度,"制度不仅是社会治理的重要手段,也是国家和社会互动的场域,持续规训着民众的思想和行为,也影响着社会的发展走向"。[82] 这也是四类保障不约而同地将视野的焦点置于此之上的原因所在。政治保障关键在于中国共产党的领导,而党的领导从建党之时起,便通过各类会议及章程规章(含党内法规)加以规范指导,如此做法在党的百年征程中薪火相传。2021 年 7 月 1 日,习近平总书记在庆祝中国共产党成立 100 周年大会上宣布,我们党已经形成比较完善的党内法规体系。可以说政治保障发挥作用的过程,就是客观规范程式不断修正的过程。制度保障已然将"制度"昭示于题眼之中,自不必多论。而论及组织保障和其他保障,其中所涉及的核心要素不外乎是制度的设计、安排与运作等各环节。因以上两类保障中关涉大体为多层次和多要素间的组合配置,而在符合自然法则之外,最关键的是立好一定之规,令后续皆有章可循,自成系统运行。基于上述原因,我们在阐释政治保障的现状以及分析政治保障的问题时都有了更好的着眼点,这就是客观规范程式,即通过程式的表象挖掘内里的本质。

(一)政治保障的现状

将弘扬社会主义核心价值观的法治保障体系安放于国家治理能力现代化这一大背景下,首先便需要对国家治理能力有一个大体上清晰的研究进路,这就是"国家治理能力不再是一个宏大的、不可测量的概念,而是一组变量组合,其中关键者包括衡量国家—社会关系的合作能力、政治制度的整合能力以及政治过程中的政策执行力,这一变量组合堪称'国家治理能力的一般理论',也许可以

---

〔82〕 胡凤飞、尤文梦:《提升社会主义核心价值观认同的制度之维》,载《学海》2020 年第 4 期。

称之为国家治理能力的研究路径或者研究范式”。[83] 遵循这一研究路径，可提取出几个核心能力元素，这就是合作能力、整合能力以及政策执行能力，也就是说，国家治理能力是需要包括法治保障体系在内大量的制度与体系的依托与系统化，但决定国家治理能力优与劣的命门还是在能力。“再好的制度与体制也不会自动运转；要使一个国家的政治制度有效运转起来，既需要强大的‘权力中心’与‘神经中枢’，也需要健全完善的组织体系来传导信息与力量。”[84] 现代中国，在制度运行当中充当“神经中枢”角色的无疑就是中国共产党。中国共产党的领导这一政治保障，在弘扬社会主义核心价值观的法治保障体系中亦扮演着举足轻重的角色。国家治理能力要是以制度性构件为主要核心，则国家治理能力现代化只要做简单的移植与改造即可，而历史与现实都清晰无比地告诉我们：国家与国家之间在国家治理能力方面，存在不可逾越的鸿沟，绝非后进国家懒于学习，而是缺少一个强有力的“神经中枢”将这一切串联起来，并围绕它有效地运转。政治保障不仅在弘扬社会主义核心价值观的法治保障体系构成中位次居首，还是所有保障体系构成中的重中之重。因此，政治保障是弘扬社会主义核心价值观的法治保障体系中的基础性、根本性的宏观顶层设计式保障。

中国的事情要做好，关键还得看党。在弘扬社会主义核心价值观的法治保障体系当中，政治保障现状最为集中的一个特点就是，中国共产党的领导法治化。“党的领导法治化，就是从制度上使党的领导‘有法可依、有法必依’；党的各级组织应当依法成为各类法律关系的主体，在依法履行职责的同时，依法承担相应的责任，从而使党的领导逐步实体化、制度化、程序化。”[85] 最有力的现状展现就是比较完善的党内法规体系的建成，已形成以党章为根本，辅之党的组织法规、党的领导法规、党的自身建设法规、党的监督保障法规四部分细分规范；形成了“组织—外在—内在—监督保障”的制度体系。此外，党的领导法治化还体现在党的领导严格依据宪法和法律的规定，尊崇宪法根本大法的地位。只有将党的领导借由法律法规落地落实，依据规章制度规范党内外的各项行为，遵照法定程序运作各项操作，才能真正以法治规范提升党的执政能力，才能继续推进党内民主建设、党内先进性建设、党内廉洁性建设等长远发展任务。也正是在党的领导法治化的有力保障下，“五位一体”“四个自信”“全面现代化”等重大战略才得以提出与实施。在这些重要战略布局中，文化建设、文化自信以及文化现代化

---

〔83〕 杨光斌：《巨变时代的中国政治学研究议程》，载《学术月刊》2020年第9期。

〔84〕 刘红凛：《制度优势与治理效能何以实现？——论中国特色社会主义制度优势背后的政治保障、实现机制与价值归依》，载《教学与研究》2021年第5期。

〔85〕 蒋晓伟：《法的正确实施必须有政治制度的保障》，载《探索与争鸣》2013年第10期。

等概念与举措的提出,方引出社会主义核心价值观这一社会主义文化的核心精华。正如党的十九大报告中所言,社会主义核心价值观是当代中国精神的集中体现,凝结着全体人民共同的价值追求。这一论断为弘扬社会主义核心价值观的法治保障体系给予政治理念上的背书,更为其提供了进一步研究的方向指引。在党的领导法治化进程中,党的全局领导能力得到强化,领导路径更为清晰、领导方式越发科学、领导行为愈加纯洁,为弘扬社会主义核心价值观的法治保障体系给予坚实且值得信赖的政治保障。

在上述党的领导法治化这一至为突出的政治保障现状外,还有以下两类政治保障现状应予以关注:

其一,党的领导要确保弘扬社会主义核心价值观的法治保障体系的人民性。放眼全球,多数国家皆自诩为“法治国家”。可虑及法自身的阶级性特质,那就牵涉到此法治非彼法治的情况。所言及的法治有可能是代表有产者的少数人的法治,亦有可能是象征着无产者的多数人的法治。“中国共产党讲的依法治国,不仅是在一般意义上讲‘法治’,而且更是在特殊意义上讲‘法治’,即我们讲的‘法治’,是以反映工农大众愿望和利益的‘人民之法’而不是反映少数特权利益的‘精英之法’治理国家。”〔86〕换句话说,在坚持党的领导这一前提之下,弘扬社会主义核心价值观的法治保障体系才是真正为了人民的法治保障体系。反之,如若不再坚持中国共产党的领导,任由以新兴崛起的阶级利益代表肆意妄为,即使假托以“弘扬社会主义核心价值观的法治保障体系”之名,却再无原先之实,所保障的不过是其所代表的少数精英。故此政治保障现状之一就是,弘扬社会主义核心价值观的法治保障体系人民性的坚持。

其二,政治保障要为弘扬社会主义核心价值观的法治保障体系提供和谐稳定的社会政治环境。“把党的领导贯彻到依法治国全过程,必须体现到党领导立法、保证执法、支持司法、带头守法的具体实践中。”〔87〕既然是在依法治国全过程中均有体现,在作为依法治国全过程中的组成一环,法治保障体系当中也会有以上之具体实践体现:典型如2018年中共中央印发《社会主义核心价值观融入法治建设立法修法规划》,拟定出5—10年这一个时间段的立法建设引领,规划出主要六个方面的任务,并要求中央宣传部、中央政法委鼎力支持配合,协调统筹各方力量以完成这一立法修法计划。同时,原则第一条就是坚持党的领导。

---

〔86〕 张传鹤:《论坚持党的领导、人民当家作主与依法治国有机统一的内在逻辑》,载《理论学刊》2014年第9期。

〔87〕 《〈中共中央关于全面推进依法治国若干重大问题的决定〉辅导读本》,人民出版社2014年版,第107页。

政治保障不但能主动从正面为弘扬社会主义核心价值观的法治保障体系开创出利于发展的社会政治环境,而且还能从侧面营造出对弘扬社会主义核心价值观的法治保障体系发展适宜的社会政治环境。法治保障体系是需要一个和平稳定的社会土壤予以滋养的,如果是在社会动乱、秩序脆弱的社会环境下,是不可能存在所谓的法治保障体系,因为真正能提供保障的唯有暴力与强权。"如果没有一个稳定的环境,中国什么事情也干不成。"[88] 细数自党的建立以来桩桩件件,一次又一次铁的事实反复印证着,唯有坚持党的领导,才能保证社会的稳定。从抵御外辱到新中国的成立,从改革开放到迈进新世纪,从和谐社会到社会主义新时期,党领导人民一步步走来历经无数艰难困苦,才换来如今稳定幸福的生活。而也正是拥有这般值得人民信赖的有力的政治保障,也才能够有可能去形成法治保障体系,甚至能够在引领之下,积极主动地去构建弘扬社会主义核心价值观的法治保障体系。

综上所述,政治保障的现状主要突出表现为:中国共产党领导的法治化,同时还有两部分理应注意到的现状,即"人民之法"性质的政治保障和稳定有序外部环境的政治保障,总体上呈现出政治保障基础性、顶层式的一个宏观现状。

(二)政治保障存在的问题

从整体上看,中国共产党的领导作为弘扬社会主义核心价值观的法治保障体系的政治保障仍需反复明确"坚定不移地坚持中国共产党的领导"。上述论证中,已足够直白地指出坚持中国共产党的领导有着无法撼动的正确性,可以说中国共产党是中国现代法治事业,乃至整个中国国家治理能力的核心之魂。令人欣慰的是,随着国家国力的日益强盛,国民文化自信与民族自豪感的提升,尤其是法律人,对于"坚定不移地坚持中国共产党的领导"已日渐化为"日用而不知"。类似的普遍默认式自觉,在年青一代中更是一种广泛存在。但仍需时刻警惕在信息舆论战中,不怀好意暗藏的玄机,如简单地断章取义,进行扭曲性解释,以此达到其诋毁之目的。此外,特别需要注意的是党自身要运用各类媒体宣传手段与多种形式相组合,积极开展对外的舆论宣传战,反复明确"坚定不移地坚持中国共产党的领导"。"主流舆论与逆主流舆论往往相伴相生,是一枚硬币的两面。要警惕主流舆论的正面传播不小心变成逆主流舆论的反面传播。"[89] 万勿因自身的正确而一再忽略了相应的宣扬,要做到在扩展共同经验的基础上

---

〔88〕《邓小平文选》(第3卷),人民出版社1993年版,第348页。

〔89〕邹振东:《弱传播——舆论世界的哲学》,国家行政学院出版社2018年版,第194页。

更加紧密地凝聚起来。这也正是为何在社会主义核心价值观的法治保障体系中,着重提及“弘扬”二字,而这一弘扬的根本就可溯源至政治保障中弘扬坚持中国共产党的领导。弘扬党的领导,就是在弘扬社会主义核心价值观。这也是在政治保障现状中存在的主要问题之一,也是最为根本的问题。

党的领导法治化之路任重道远。党的领导法治化作为政治保障现状的主要表现的同时,也是政治保障现状中所存有的主要问题所在,具体表现为:

其一,党的领导法治化水平还有待提高。诚然,党的领导法治化道路已经步入正轨,并有着党内法规体系这一卓著的成就。但凡事欲速则不达,固然在针对党的领导法治化方面做出了诸多努力,付出许多心血,但“一日不可能建成罗马城”。党内法规一方面在已制定的法规中,还有待更长时段的实践检验,适宜性与科学性都有待进一步的论证;另一方面,仅就现有的党内法规规范来说,还留有大量的空白地带亟待填补。这还仅是以党内法规的规范文本而言,若再从党内法规的执行实效上来谈:“从整体上说,党内法规制度的执行情况还不尽如人意,究其原因,有思想观念性障碍,有制度设计本身的问题,还有制度执行力不够等问题。”[90]这些问题总结起来,主要是“人—制度—目的”三类问题:人员素质方面,党员的自身修养有待提高;党内法规制度方面,外在是党内法规与国家法律衔接、合作与相互促进关系的协调,内在是制度规范的科学性提升,与党内法规落地执行力的提高;党内法规规范目的方面,制约惩戒与导向治本应受到同等重视。

其二,党的领导法治化深度还有待加强。我党已深刻认识到领导法治化的重大意义,并在有意识地进行法治化进程,但就目前看来总体深度尚显不足。一则,如前所述,党的领导法治化主要成就在于法规制度的确立,也就是说主要集中于立章建制阶段。当然,在制度空白时期,总是要经历这样一个从无到有的过程,不可能直接从低发展水平阶段直接进入高阶段模式。但不可否认的是,目前党的领导法治化还并未完全步入“法治化”阶段,较完全以一种无意识的自觉状态践行法治还有差距。二则,党的领导法治化继续深入下去,不再是制度层面的构造,而是思维和能力上的突破。“进一步实现党的领导的法治化,要求各级领导干部提高运用法治思维和法治方式的能力,善于使党的主张通过法定程序成为国家意志,善于使党组织推荐的人选成为国家政权机关的领导人员,善于通过

---

〔90〕 吴美华、于红:《马克思主义党建理论在当代中国的新发展》,中国人民大学出版社 2013 年版,第 285 页。

国家政权机关实施党对国家和社会的领导。"[91] 而这也体现了在向良法善治转型过程中，实际当中所存在的党的领导法治化深度不够的问题。正因这一要求颇高，所以若以现在党的领导法治化来审视，显然在深度上还是有所欠缺的。

最后同样值得注意的是，党的领导法治化只有进行时，没有完成时。党的领导法治化在水平提高、深度加深后是否就终局式地完成法治化之路？针对这样的问题，关键就在于是否存在评判完成度的时间尺度与客观标尺。具体而言，其一，是否有这样的一个时间尺度，"理论化和制度化是渐进的过程，必然经历一个较长的整合时期，才能将碎片化状态调试成为成熟稳定的体系，提高制度一体化程度，理顺各项制度之间的衔接"。[92] 其中的整合时期就是需要的时间尺度，要得出这一时间尺度的一个绝对时间显无可能。因为影响这一时间的变量太多，诸如社会经济发展状况、制度运行情况、制度执行者的理解力与执行力等。每一个变量都不是绝对可控的，并且变量与变量间的不同组合，又会产生差异明显的后续影响。那么有无可能根据结果得出一个相对时间，这主要就涉及一个客观标尺的存在，在达成客观标尺的情形下，所用的这段时间就可视为相对时间尺度。其二，需要观察有无这样的客观标尺存在。一个大致抽象的标尺是一定存在的，比如成熟稳定、科学规范、效果显著等，甚至可以将其中某一个概念再做细分。但我们必须注意到，一则无法将这一标准量化，比如 100%、2/3 之类；二则永远会有一个更优的标准值得继续追求。从某种角度来说，无法"提供任何客观标准，对于逻辑真理的说明最终就会陷入某种主观主义和相对主义的泥潭"。[93] 如此一来，党的领导法治化似乎就不再有实现性，没有时间尺度无法做计划，没有客观标尺无法做评估。但前述已然说明，是存在一个大致抽象的标尺，同时存在更优标准，并不意味着现有标准是无用的。党的领导法治化总能达到某一相对完善的阶段，只是仍有更加完善的阶段需要去抵达。因此，党的领导法治化是一列永远奔走在路上，却没有终点的列车。如此疑问从形式上看似乎亦构成新问题，因为这是在政治保障推进过程中必须予以回应的，但从实质上看又不成为一个问题，因为这只是在这一进程中要予以避免的思维陷阱。这一发问的存在，就是时刻提醒并激励着弘扬社会主义核心价值观的政治保障需要永不停歇地加以完善。

---

〔91〕 北京大学法治研究中心编著：《全面依法治国新战略：中国法治动态（2012—2017）》，中信出版集团股份有限公司 2019 年版，第 15 页。

〔92〕 王伟光、邓纯东：《国家治理体系和治理能力现代化论》，广西师范大学出版社 2021 年版，第 327 页。

〔93〕 陈波：《逻辑哲学研究》，中国人民大学出版社 2013 年版，第 417 页。

党的领导这一政治保障在有意识地弘扬社会主义核心价值观方面仍有欠缺。经过上述现状与问题的分析,我们不难发现,政治保障在弘扬社会主义核心价值观的法治保障体系这一主题上稍显大而化之,也就是政治保障是在全面性的统领下,或是其他重点领域领导过程中,牵涉到有关社会主义核心价值观部分的内容,有意识的针对性政治保障内容仍有欠缺,并存有大量的空白。

总体来看,政治保障中的主要问题就是"两个坚持,一个建设":坚定不移地坚持中国共产党的领导;坚持党的领导法治化道路持续下去;建设完整的弘扬社会主义核心价值观的法治保障体系的政治保障。但我们必须注意到,以上这些还需要做到的部分,恰恰就是现存的问题之所在。

二、弘扬社会主义核心价值观之制度保障的现状与问题

制度保障是法治保障体系中最为活跃且直接的保障。制度保障呈现出较为纷繁多样的形态,若想对制度保障的现状与问题进行较为清晰的梳理,势必要紧扣制度保障的内核才有可能。以制度保障为代表的四大保障贯穿始终的核心皆系于"人"。乍看之下,似乎与上一部分内容相左,但实际上二者是从不同角度切入来论:第一个判断侧重于"如何建构起法治保障体系",即法治保障体系建构之方法,近似于方法论意义上的命题;第二个判断则专注于"法治保障体系为了谁",即法治保障体系建构之目的,类比于目的论程度上的探讨。换言之,组成我国法治保障体系的四大保障在实践运行中的目的就在于"人"。此处"人"之含义,多用于指代"人民群众",正如习近平总书记所指出的那样:"人民是历史的创造者,群众是真正的英雄。人民群众是我们力量的源泉。"[94]因此,具体来看四部分保障体系,无一不是"一切为了群众,一切依靠群众,从群众中来,到群众中去"。[95] 这亦与党的二十大报告中的最新精神一致:江山就是人民,人民就是江山。但不可否认的是,对制度保障的分析必须经由"制度之形"方能抵达"制度之核"。因此,关于制度保障现状与问题的引入与阐述,将主要以不同种类制度为界分切入,以"人"这一制度内核为桥梁,架起弘扬社会主义核心价值观与制度保障的沟通之维。通过对制度保障的现状与问题厘清,可以更好地对保障中"人为核心"的主体脉络加深理解。反过来,又以"人"这一核心更好地对制度保障的现状与问题加以探讨。

---

〔94〕 习近平:《习近平谈治国理政》(第1卷),外文出版社2018年版,第5页。

〔95〕 肖贵清:《十八大以来中国特色社会主义理论创新研究》,中国人民大学出版社2019年版,第370页。

（一）制度保障的现状

根据前述论证结果可知，制度保障可以说是法治保障体系中的焦点，同时法治保障体系构建的雏形以及运行的抓手都在于制度保障。在进行制度构建过程中，也是先学习制度的规范内容，后学习制度背后的精神与原理。制度保障指代的就是中国特色社会主义制度，若再行划分，则所包含的制度不胜枚举，不易爬梳整备出相较条分缕析的一个现状概况。故笔者主要选取人民代表大会制度与中国特色社会主义司法制度这两种制度，先后分别论述以说明制度保障的一个大致现状。

1. 人民代表大会制度保障的现状

人民代表大会制度是我国的根本政治制度。它在弘扬社会主义核心价值观的法治保障体系中所体现的制度保障支撑，主要在于其立法和法律监督的权能。从立法方面来看制度保障的现状，人民代表大会制度中规定了由国家权力机关代表人民的意志和利益，行使立法权制定法律，这一制度的运作过程主要遵循两个基本原则——“人民当家作主”和“民主集中制”，即通过选举能够代表人民利益、反映人民真实诉求的人民代表，通过建言献策、表决意见等方式，制定并通过符合人民利益的法律。人民代表大会制度对社会主义核心价值观的弘扬主要在于，将社会主义核心价值观融入其立法和法律监督等主要职能。社会主义核心价值观属于人民群众中提取出的最大共识，人民代表大会制度的运行又离不开民主合意的过程。所以社会主义核心价值观融入人民代表大会制度在符合人民共识的同时，又可助推人民代表大会制度自身的良好运行。所以从某种程度上来讲，人大立法通过的符合社会主义核心价值观的法律，不但有助于明晰立法上的立法价值认同，而且有益于法律在民众间的贯彻与执行。这也得到了心理学上的印证：“当法律与他们自身的私人道德相一致的时候，他们尤其愿意奉上一腔忠诚。”〔96〕

以上所展现的逻辑其实就是一个“良法善治”的过程。“良法不只是道德层面的善良友好，更是指价值、功能层面的齐备优良，其评价标准主要取决于立法的价值取向是否符合社会主流价值追求、法律条文中蕴涵的法律精神是否符合全社会所认同的基本道德观念。”〔97〕因此，弘扬社会主义核心价值观的法律必然是在道德与价值层面上，符合道德与精神基本认同的法律。进一步需要施行的

〔96〕［美］戈登·奥尔波特：《偏见的本质》，徐健吾译，中国人民大学出版社 2021 年版，第 470 页。

〔97〕冯玉军：《把社会主义核心价值观融入法治建设的要义和途径》，载《当代世界与社会主义》2017 年第 4 期。

善治,更要求掌握方式方法,在德治和法治之间把握好关系,以核心价值观融入立法,更有利于法理与情理的统一,利于民众形成尊崇法律的心理。令后续法律的执行兼具法理与情理,同时赋予法律"力度"与"温度"。继而可从立法开始,在法治全过程中推动善治。此部分最典型的立法代表性案例当然就是在上文中已提过的《民法典》的制定,从立法目的和立法原则的拟订直接或间接地融入社会主义核心价值观。自此,立法工作渐次有序地融入社会主义核心价值观,为弘扬社会主义核心价值观的法治保障体系提供"有法可依"的制度保障。

从法律监督方面来看制度保障的现状,"所谓人大监督制度,是指各级人大及其常委会为全面保证国家法律的实施和维护人民的根本利益,防止行政、司法机关滥用权力,通过法定的方式和程序,对经由它产生的国家机关实施的检查、调查、督促、纠正、处理等监督行为的制度"。〔98〕 根据这一定义,人民代表大会制度中的法律监督职能,实则也是由人民代表大会制度本身所蕴含的,且是人大监督制度中的重要组成部分,并贯穿于整个人大监督制度当中。因为法律由人大制定,政府、监察委员会、法院与检察院也由人大产生,对人大负责,并受人大监督,所以,人大对法律的监督,不仅有形式上的对法律规范文本的监督,还有对法律实施与法律保障实质上的监督。"人大监督不是挑刺,它是代表人民利益和意志而进行的具有国家强制力的监督。这种监督既是一种制约,又是一种支持和促进。"〔99〕

党的二十大报告中提到的"全过程人民民主是社会主义民主政治的本质属性,是最广泛、最真实、最管用的民主",正是基于人大法律监督的全面性,所以人大的法律监督制度,具体表现为两个性质上的不变:一是监督保障我国法律始终是"人民之法"。这部分性质当然和上文中党的领导离不开,但在前进引路的过程中,还需要有后续的监督保障,谨防"跑偏掉队"情形的出现,而人大的法律监督保障构筑了"最后一道防线"。通过对法律实施过程中的监督,以保证人民的根本利益不受侵犯,"人民之法"的性质不致发生异化。二是监督保障我国法律始终弘扬社会主义核心价值观。这是考虑到在法律制定后,法律真正发挥效用时,尤其是适用法律的阶段,出现对法律失之宽泛的理解或过于教条的误读,以致违背了弘扬社会主义核心价值观的良法善治之初衷,此类情形非但不会得到人民群众的认可和拥护,反倒可能激发起逆反与抵触情绪。要对这部分法律规范的文本内容加以监督、纠偏与矫正,使其重回立法目的之初衷。同时,还要

---

〔98〕 林伯海:《人民代表大会监督制度的分析与构建》,中国社会科学出版社 2004 年版,第 17 页。

〔99〕 许耀桐:《当代中国政治》,中国人民大学出版社 2018 年版,第 67 页。

关注到具体的国家机关在执法和司法过程中,避免未能及时注意到社会主义核心价值观的弘扬,这时就要人大及时进行监督,对其工作方式进行指导改正。譬如,福州“赵宇案”[100]中,从故意伤害,到正当防卫,再到认定为“见义勇为”。这样的往复主要就是在司法机关办案过程中,对弘扬社会主义核心价值观的法治保障实践探索的度量把握。人民代表大会的监督制度,为弘扬社会主义核心价值观的法治保障体系提供了“有法必依”的制度保障。

2. 中国特色社会主义法律制度保障的现状

中国特色社会主义法律制度是弘扬社会主义核心价值观的法治保障体系中最为基本的制度保障,同时它又是弘扬社会主义核心价值观的法治保障体系的集中制度表现。中国特色社会主义法律制度大致可分为:中国特色社会主义法院制度、中国特色社会主义检察制度、中国特色社会主义司法行政与法律服务制度、中国特色社会主义刑事司法制度、中国特色社会主义行政审判制度。[101] 通过法律制度内部的主要划分,不难发现其围绕的核心就在于“司法裁判”,系所有子制度的保障对象,因此本节制度保障亦集中于社会主义核心价值观融入司法裁判的现状阐述。

社会主义核心价值观融入司法裁判的现状主要可依被动性与主动性的不同,分为司法实践被动应对中的重点领域与法官裁判主动融入中的重点领域两个方面。

(1)司法实践被动应对中的重点领域方面。社会主义核心价值观融入司法裁判原则上应是在遵守法律规范的情况下,全面性地将社会主义核心价值观进行融入。但在司法裁判的实践中,现实的情形是复杂多变的,不可能单凭原则就可以一开始全面性地融入。正是基于实践对象的繁复多样,社会主义核心价值观融入司法裁判的现状,就会形成对应司法实践中问题集中的相关重点领域。

第一,法律规范内容不确定,需要融入社会主义核心价值观的重点领域。法律条文因要规制一般对象,所以势必有着抽象性与模糊性的特质。尤其在司法实践中现实问题的具体情形中,往往会越发凸显法律条文的不确定。在此种境况下,司法主体需要自主寻找并建构出适用于具体案件的裁判规范,并对此做出

---

[100] 福州“赵宇案”大致案情与经过:2018 年 12 月 26 日福州,黑龙江男子赵宇制止女邻居被入室侵害,在此过程中他踹到施暴男子李某的腹部,导致男子内脏损伤伤残达到二级,赵宇因涉嫌故意伤害被刑拘 14 天。2019 年 2 月 21 日,福州市公安局就此事发布最新通报,称赵宇行为属于正当防卫,但超过必要限度。综合全案事实证据,对其作出不起诉决定。2019 年 3 月 1 日,最高人民检察院对福建省福州市晋安区人民检察院就赵宇见义勇为一案的处理作出纠正,认定赵宇的行为属于正当防卫,依法不负刑事责任。20 日赵宇获颁“见义勇为确认证书”。

[101] 陈桂明主编:《中国特色社会主义司法制度研究》,中国人民大学出版社 2017 年版。

充分的说明说理，以期做到有法必依。依据2018年最高人民法院印发的《关于加强和规范裁判文书释法说理的指导意见》第13条之规定[102]，社会主义核心价值观可以"公理""情理"的形式出现，作为裁判适用解释说理的依据。但需要注意的是这部分的援用是不得突破法律这一底线，并且在社会主义核心价值观融入后，还可转化成为"法律解释"等其他更具体、权威、标准的解释说理理由。如最高人民法院2018年发布的第97号指导性案例：王某军非法经营再审改判无罪案。在针对内蒙古农民王某军无证收购玉米这一行为，是否涉及《刑法》第225条非法经营罪的第4项[103]认定时，一审法院认为构成犯罪，最高人民法院再审则改判不构成犯罪。这其实就涉及兜底性条款这一法律规范内容不确定时，应当如何结合社会主义核心价值观进行裁判解释说理适用。符合"法治"价值观对于刑事处罚必要性和社会危害性相当的理念，将行政违法行为与刑事犯罪行为作出区隔。

第二，法律规范内容失之宽泛难以适用，需要融入社会主义核心价值观的重点领域。在法律滞后性与模糊性的影响下，部分法律规范与日新月异的社会发展间的不匹配越发频繁。新型案件层出不穷，与此直接相关的法律规范内容在此对比下，越发显出法律规范的宽泛以至于难以适用。这就对法官提出新的挑战与要求，专业知识的熟练掌握，同相关法律的文义释义的到位理解，已然成为对一名合格法官的基本要求。对法条背后所蕴含的价值理念与立法追求的准确领悟，成为新的进阶式要求。"既要克服法律教条主义的倾向，又要克服庸俗的法律实用主义的倾向。"[104]这一要求最好的介入工具就是社会主义核心价值观的融入，将个案的平等上升为社会整体的公正，在具体案情与法律规范间做到合情合理合法的协调式匹配分析，并最终达致法律效果、社会效果与政治效果统合

---

[102] 《关于加强和规范裁判文书释法说理的指导意见》第13条规定，除依据法律法规、司法解释的规定外，法官可以运用下列论据论证裁判理由，以提高裁判结论的正当性和可接受性：最高人民法院发布的指导性案例；最高人民法院发布的非司法解释类审判业务规范性文件；公理、情理、经验法则、交易惯例、民间规约、职业伦理；立法说明等立法材料；采取历史、体系、比较等法律解释方法时使用的材料；法理及通行学术观点；与法律、司法解释等规范性法律文件不相冲突的其他论据。

[103] 《刑法》第225条规定："违反国家规定，有下列非法经营行为之一，扰乱市场秩序，情节严重的，处五年以下有期徒刑或者拘役，并处或者单处违法所得一倍以上五倍以下罚金；情节特别严重的，处五年以上有期徒刑，并处违法所得一倍以上五倍以下罚金或者没收财产：(一)未经许可经营法律、行政法规规定的专营、专卖物品或者其他限制买卖的物品的；(二)买卖进出口许可证、进出口原产地证明以及其他法律、行政法规规定的经营许可证或者批准文件的；(三)未经国家有关主管部门批准非法经营证券、期货、保险业务的，或者非法从事资金支付结算业务的；(四)其他严重扰乱市场秩序的非法经营行为。"

[104] 江必新：《社会主义司法基本价值初探》，载《法律适用》2009年第12期。

于弘扬社会主义核心价值观之中。例如,在某类工伤认定案件中,一些对他人个人利益维护的见义勇为的行为,无法得到《工伤保险条例》第 15 条第 1 款第 2 项"在抢险救灾等维护国家利益、公共利益活动中受到伤害的"的解释性包涵。但以社会主义核心价值观的角度出发,以"和谐"这一核心价值作为参考依据,这类对个人利益保护的见义勇为,既有助于社会和谐风气的促成,同时更好地保护了施救者与被救者的个人利益,不让英雄流血又流泪。这样的解释一方面在弘扬社会主义核心价值观,另一方面也更吻合法律规范的立法原意与立法精神。

第三,法律规范产生冲突,需要融入社会主义核心价值观的重点领域。我国法治进程飞速发展的过程也是我国立法进程喷涌的阶段,所以法律规范之间出现内容相冲突的情况亦并不鲜见。在法律规范产生冲突时,关于一般的处理原则在《立法法》第 87、88、89、94、95 条均已有规定,依据现有规范处理即可。而在《立法法》规定情形之外的处理,以往都以价值衡平的原则加以处理,但过去的情况是"价值衡量没有能够为我们提供一种具有可操作性的实质价值判断的客观标准,我们没有能力来判定其是否客观、妥当,法官作为解释者也很难摆脱专断的嫌疑"。[105] 依据最高人民法院《关于深入推进社会主义核心价值观融入裁判文书释法说理的指导意见》第 7 条的规定[106],出现需要在多种价值之间进行衡量取舍时,明确指出要以包括社会主义核心价值观在内的多项标准为依据,进行判断、权衡与选择。这其实也指明在法律规范发生冲突时,涉及价值衡量的处理时应以社会主义核心价值观为依据,而非其他各类的价值观。这其实就从价值衡量的标准上区分出:予以适用的社会主义核心价值观与不予适用的非社会主义核心价值观。在此之上,通过公布一批批弘扬社会主义核心价值观典型案例,社会主义核心价值观于"国家、社会、个人"三个层面相对一般价值观,具备更为客观具体的特质,增强社会主义核心价值观在法律规范发生冲突时,进行价值衡量的可适用性。

第四,典型融入社会主义核心价值观类型化案件的重点领域。除了上述较为典型的司法裁判中融入社会主义核心价值观的三个重点领域外,从司法裁判的案件类型角度出发,在刑事裁判、民商事裁判与行政裁判三种类型的司法裁判中,亦可以梳理出典型类型化案件在司法裁判中融入社会主义核心价值观的实

---

[105] 武飞:《法律解释:服从抑或创造》,北京大学出版社 2010 年版,第 115 页。

[106] 最高人民法院《关于深入推进社会主义核心价值观融入裁判文书释法说理的指导意见》:"……七、案件涉及多种价值取向的,法官应当依据立法精神、法律原则、法律规定以及社会主义核心价值观进行判断、权衡和选择,确定适用于个案的价值取向,并在裁判文书中详细阐明依据及其理由。"

践典型。正是因为各类型法律的调整对象、规范强制力、自由裁量空间等均有各自侧重，因而在不同类型的司法裁判中进行弘扬社会主义核心价值观要与彼此的重点相结合，所倚重的部分亦会随之不同。具体情形详见表5－2：

表5－2　社会主义核心价值观融入司法裁判典型案件类型

裁判性质	典型案件类型
刑事裁判	故意杀人案件、故意伤害案件、强奸案件、强制猥亵、侮辱案件、拐卖妇女儿童案件、侮辱案件、重婚案件、虐待、遗弃案件、侵犯公民个人信息案件、民族歧视案件、以危险方法危害公共安全案件、抢劫案件、盗窃案件、诈骗案件、妨害考试类案件、窝藏包庇案件、传播淫秽物品牟利案件、生态环境保护案件、生产销售伪劣产品案件、非法经营案件、侵犯知识产权案件
民商事裁判	荣誉权、名誉权、隐私权纠纷；生命权、健康权、身体权纠纷；婚姻家庭、继承纠纷；相邻关系纠纷；劳动争议纠纷；民间借贷纠纷；一般合同纠纷；知识产权与竞争纠纷
行政裁判	立案起诉工作；民生类案件的审理；农村土地征收、城市房屋拆迁等案件；行政给付类案件；劳动和社会保障类行政案件；行政管理新领域产生的纠纷

资料来源：河南省高级人民法院课题组编：《司法裁判弘扬社会主义核心价值观研究》，人民法院出版社2020年版。

（2）法官裁判主动融入中的重点领域方面。司法实践的重点领域方面所呈现的社会主义核心价值观融入司法裁判现状，主要表现为司法裁判对外部的被动性一面，即司法裁判应对司法实践难题时，被动地进行社会主义核心价值观融入的一个侧面。而法官裁判主动融入中的重点领域方面，则是依法官进行司法裁判时的内部视角，依司法裁判中采取的不同社会主义核心价值观融入路径为划分标准，确定另一角度上的社会主义核心价值观融入司法裁判的重点领域，即法官在司法裁判过程中，主动根据不同案件情况，采取有针对性的路径融入社会主义核心价值观以更好地裁决案件的另一个侧面。司法实践应对与法官裁判两方面的重点领域现状研究，其实就是从司法裁判被动性与主动性两个角度的全面考察。当然，这样两个角度的考察难以避免会有重复之处。但这样的双向考察，能够确保对社会主义核心价值观融入司法裁判的现状进行充分且全面的研究。况且法官裁判中的重点领域方面，更具主动性，兼有方法论考察的意义。法官裁判主动融入中的重点领域，主要集中于以下五个重点领域：

第一，将社会主义核心价值观直接融入法律规范，法官依此条文作为裁判依据。这一方面在社会主义核心价值观融入法律规范进程中不断深化，应当成为制度保障的主要现状之一。但仅以目前的状况而言，这部分内容基本集中于

《民法典》有关将社会主义核心价值观直接融入法律规范后的适用。典型如第1、86、185条等，这部分内容在上文已有论述，在此不再赘述。除此之外，还可以补充《英雄烈士保护法》，其中第1条和第3条第1款的规定都加入了弘扬社会主义核心价值观的内容。在司法裁判适用过程中，可以直接作为法律依据加以适用。

第二，将社会主义核心价值观视为公共政策，指导裁判思路。从司法与公共政策的关系来看，"公共政策作为政府行政权的产物，司法机关应当给予必要的、善意的尊重，对善意而合法地行使行政权所制定的公共政策予以必要的支持"。[107] 在司法裁判中将公共政策作为裁判的思路指引是符合司法社会功能的作用发挥之定位，并且可充分体现国家统一意志。在中共中央办公厅、国务院办公厅印发的《关于进一步把社会主义核心价值观融入法治建设的指导意见》中也提出要把社会主义核心价值观的要求体现到公共政策当中，并转化为具备刚性约束的法律规定。公共政策因其机动灵活的针对特性，能够更好地根据现实情境，把握时代脉搏，更好地对社会主义核心价值观进行弘扬。譬如，由中国银行保险监督管理委员会等多部门联合印发的《关于规范民间借贷行为维护经济金融秩序有关事项的通知》，其中就在第四部分"规范民间借贷"部分规定有"民间借贷活动必须严格遵守国家法律法规的有关规定，遵循自愿互助、诚实信用的原则"。将社会主义核心价值观中的公正、法治、诚信等内容均融入其中，在审理特定的民间借贷类案件时，具有指引参考的价值。

第三，将社会主义核心价值观融入司法解释，适用司法解释进行裁判。司法解释是由最高人民法院、最高人民检察院作出的针对案件，适用法律的一项重要制度。"司法解释并非法律，而是对法律的解释，而解释所明确的法律含义和标准可与法律实施相同步。"[108] 在我国法律实务界，尤其是在司法裁判领域司法解释的适用性甚至要强于法律。所以，从实际适用的角度来看，弘扬社会主义核心价值观融入司法解释是极为重要的一部分。以2018年中共中央印发的《社会主义核心价值观融入法治建设立法修法规划》中的"司法解释要按照社会主义核心价值观的要求，及时进行修订完善"为典型代表，便是将社会主义核心价值观融入司法解释为直接要求。为配合这一原则性要求的落地，最高人民法院发布《关于在司法解释中全面贯彻社会主义核心价值观的工作规划(2018—2023)》，就社会主义核心价值观融入司法解释工作予以专门部署，为弘扬社会主义核心价值观提供坚实、可靠、完备的制度保障。以《民法典》颁布前的最高人民法院

---

[107] 袁明圣：《公共政策在司法裁判中的定位与适用》，载《法律科学(西北政法学院学报)》2005年第1期。

[108] 王振宇：《行政诉讼制度研究》，中国人民大学出版社2012年版，第98页。

《关于依法妥善审理高空抛物、坠物案件的意见》这一司法解释为例，第 10 条与第 11 条中的规定[109]在对证明规则和坠落物、抛掷物间的区分时，融入了公平、法治、诚信、友善等系列核心价值观元素。法官在依据司法解释审理高空抛物、坠物案件的过程，就是将社会主义核心价值观融入司法审判过程中，这也便是弘扬社会主义核心价值观的过程。同时，这部分相关的司法解释规定也被《民法典》所吸收，并进一步地将社会主义核心价值观融入。

第四，公布弘扬社会主义核心价值观典型案例，运用案例指引裁判观点。这一重点领域是现阶段最为集中且大量实践的领域，最高人民法院现已陆续公布多批弘扬社会主义核心价值观典型案例。以简洁凝练的语言，提取出在基本案情与法律依据两大主要组成要素之上的弘扬价值观部分的内容，以此作为范例，对后续法官司法适用予以指导。这些案例类型多样，分布广泛：从家庭美德、社会公德、公序良俗，到友善互助、诚信经营、诚信诉讼，再到诚实守法、环境公益等从不同的案件领域出发，反映出极为一致的对社会主义核心价值观的共同追求。如父母有权拒绝成年子女“啃老”——杨某顺诉杨某洪、吴某春居住权纠纷案[110]，父母不再对具有完全民事责任能力的子女负有抚养义务，弘扬了独立自强、家风文明的敬业、友善、和谐的社会主义核心价值观。这类典型案例不仅是对社会主义核心价值观的体现与弘扬，背后更是对于司法裁判针对社会主义核心价值观身后的国家认同与公序良俗之网的维系与支撑。法官在司法裁判适用过程中，审理类似案件时，可参照有关案例结合自我的自由心证，形成相应的裁

---

[109] 最高人民法院《关于依法妥善审理高空抛物、坠物案件的意见》第 10 条：“综合运用民事诉讼证据规则。人民法院在适用侵权责任法第八十七条裁判案件时，对能够证明自己不是侵权人的‘可能加害的建筑物使用人’，依法予以免责。要加大依职权调查取证力度，积极主动向物业服务企业、周边群众、技术专家等询问查证，加强与公安部门、基层组织等沟通协调，充分运用日常生活经验法则，最大限度查找确定直接侵权人并依法判决其承担侵权责任。”第 11 条：“区分坠落物、抛掷物的不同法律适用规则。建筑物及其搁置物、悬挂物发生脱落、坠落造成他人损害的，所有人、管理人或者使用人不能证明自己没有过错的，人民法院应当适用侵权责任法第八十五条的规定，依法判决其承担侵权责任；有其他责任人的，所有人、管理人或者使用人赔偿后向其他责任人主张追偿权的，人民法院应予支持。从建筑物中抛掷物品造成他人损害的，应当尽量查明直接侵权人，并依法判决其承担侵权责任。”

[110] 2022 年 2 月 23 日，最高人民法院发布第二批人民法院大力弘扬社会主义核心价值观典型民事案例之二：杨某顺系杨某洪、吴某春夫妇的儿子。杨某顺出生后一直随其父母在农村同一房屋中居住生活。杨某顺成年后，长期沉迷赌博，欠下巨额赌债。后该房屋被列入平改范围，经拆迁征收补偿后置换楼房三套。三套楼房交付后，其中一套房屋出售他人，所得款项用于帮助杨某顺偿还赌债；剩余两套一套出租给他人，一套供三人共同居住生活。后因产生家庭矛盾，杨某洪、吴某春夫妇不再允许杨某顺在二人的房屋内居住。杨某顺遂以自出生以来一直与父母在一起居住生活，双方形成事实上的共同居住关系，从而对案涉房屋享有居住权为由，将杨某洪、吴某春夫妇诉至法院，请求判决其对用于出租的房屋享有居住的权利。

判思路。再进一步而言,则是当典型案例成为指导性案例时,法官可直接援引作为裁判说理的重要理据。

第五,将社会主义核心价值观融入司法裁判说理部分。“裁判文书对于社会公众而言,不仅是承载双方当事人权利义务的凭证,还是能够看得见、摸得着的法律,是一次接受法治教育的法治课。”[111]正是基于裁判文书的这一重要性,所以在法官撰写裁判文书时,就要注重裁判文书内容的内涵说理。要使说理深入人心,单纯依靠缜密恰当的逻辑是远远不够的,尚需以社会主义核心价值观为要素依托,在理论推演的基础上增添价值引领。如此语言通俗易懂,逻辑深入浅出,价值点滴入心的裁判文书才能够有长期留存的可能性,并在流传过程中始终保有昂扬的生命力。透过裁判文书实现以法为教,对民众进行法律教育。与此同时,裁判文书还要兼顾社会影响,注重以德服人,对社会主义核心价值观进行有效弘扬。在现实的司法裁判现状中,不乏有法官将社会主义核心价值观,从解释法律原则、阐明立法目的、厘清法律概念等多个角度入手,融入司法裁判理由当中,以作出被普罗大众广泛性接受和认可的裁判文书。近来沸沸扬扬的“江歌母亲诉刘鑫案”一审判决书,社会主义核心价值观的内容就融入了裁判书之中:“扶危济困是中华民族的传统美德,诚信友善是社会主义核心价值观的重要内容。司法裁判应当守护社会道德底线,弘扬美德义行,引导全社会崇德向善。”这一裁判文书一经公布,便在网上引发热议,各社交媒体平台对相关信息争相转载,既实现了裁判文书对社会公众进行法律传播的目的,又达成了裁判文书对社会主义核心价值观弘扬的效果。最高人民法院在人民法院报专门刊文《让司法更有温度——推进社会主义核心价值观融入裁判文书释法说理的时代要求和养成之道》,在文中就十二个核心价值观一一对应的各类案件进行梳理,如表5-3的内容。

表5-3 社会主义核心价值观融入裁判文书说理对应案件类型

核心价值观	对应案件类型
富强	涉产权纠纷,专利权权属、侵权案件,涉植物新品种、集成电路及其他科技成果保护的案件,恶意提起知识产权诉讼损害责任纠纷案件,不正当竞争、反垄断纠纷案件,涉商业秘密、技术合同案件,涉股东权益保护的案件,涉市场交易的案件,涉企业破产及重整的案件,涉海域使用权、探矿权、采矿权、捕捞权、土地承包经营权、占有保护纠纷,中外合作勘探开发自然资源合同纠纷,涉就业权、劳动合同纠纷,涉未成年人权益保护的案件

[111] 河南省高级人民法院课题组编:《司法裁判弘扬社会主义核心价值观研究》,人民法院出版社2020年版,第75页。

续表

核心价值观	对应案件类型
民主	涉选举权和选民资格的案件，涉认定自然人无民事行为能力、限制民事行为能力、宣告失踪、宣告死亡的案件，涉"多数决议"的公司决议纠纷，经营者集中纠纷，涉合伙企业纠纷，涉建筑物区分所有权纠纷
文明	涉侵犯人格权、名誉权、隐私权、个人信息保护的案件，涉因劝酒、婚闹、路怒、性骚扰等引起的损害赔偿纠纷，涉海难救助、环境保护、野生动植物保护案件，涉知识产权侵权、网络侵权案件，涉饲养动物损害责任、建筑物和物件损害责任纠纷，涉演出合同、广告合同、展览合同纠纷
和谐	相邻关系纠纷，共有纠纷，居住权纠纷，地役权纠纷，租赁合同纠纷，服务合同纠纷，涉劳动争议案件，涉医疗损害赔偿案件，涉婚姻、家庭、继承案件，涉环境保护、野生动植物保护案件
自由	涉选举权与被选举权案件，涉人格权人身自由权保护的案件，涉受教育权、劳动权案件，涉婚姻案件，涉合同案件，涉行为能力认定、申请人身安全保护令、人格权侵害禁令
平等	涉妇女、未成年人、老年人、残疾人等弱势群体权利保护案件，涉继承权平等保护案件，涉受教育权、劳动权平等保护案件，涉物权平等保护案件，涉合同纠纷，涉婚姻家庭、继承纠纷
公正	几乎所有的案件，尤其涉权利义务分配和涉财产权益分配的案件
法治	几乎涵盖所有类型、所有案由的案件，尤其是一些新类型、疑难复杂或者涉及法律适用问题的案件，如婚姻无效、撤销婚姻纠纷，虚假登记损害责任纠纷，业主撤销权知情权纠纷，遗失物埋藏物返还、添附物归属、占有保护、不当得利、侵权类纠纷，环境污染、生态破坏、见义勇为、防卫过当损害责任纠纷
爱国	涉国家安全与利益的案件，涉国家、民族形象和情感的案件，涉未成年人教育的案件，涉红色经典传承和英雄烈士合法权益保护的案件
敬业	涉职权行使的案件，涉表彰、奖励的案件，涉名誉权、荣誉权的案件，涉职务侵权案件，涉劳动争议案件，涉工伤认定案件，涉物业服务合同和其他服务合同、演出合同、劳务合同、离退休人员返聘合同的案件，涉发起人责任纠纷，损害股东利益和公司利益、债权人利益、公司高管责任纠纷
诚信	诈骗及合同诈骗案件，涉欺诈、胁迫、趁人之危、恶意违约、恶意串通损害他人合法权益的案件，涉恶意诉讼、虚假诉讼、拖延诉讼、伪造证据、毁灭证据、变造法律文书等妨害民事诉讼的案件，涉拒不履行生效法律文书，隐藏、转移、变卖、毁损已被查封、扣押的财产的案件，涉虚构事实对执行标的及执行行为提出异议妨害执行的案件，涉行政机关诚信行政的案件
友善	涉见义勇为的案件，涉婚姻家庭的案件，涉无因管理的案件，涉相邻关系及其他邻里纠纷的案件，涉义务帮工人受害责任、紧急避险损害责任纠纷案件

资料来源：杨建文：《推进社会主义核心价值观融入裁判文书释法说理的时代要求和养成之道》，载《法律适用》2022 年第 10 期。

(二)制度保障的问题

结合具体的现状,针对弘扬社会主义核心价值观的法治保障体系,制度保障现存问题亦分为两种制度体系的视角。

1. 人民代表大会制度保障的问题

“人民代表大会制度是我国人民当家作主的根本途径和最高实现形式,是中国共产党在国家政权中充分发扬民主、贯彻群众路线的最好实现形式,是坚持党的领导、人民当家作主、依法治国有机统一的重要制度载体,是中国特色社会主义制度的重要组成部分。”[112]恰基于人民代表大会制度在我国的重要地位,虽然人民代表大会制度已经在立法和法律监督两方面部分地进行了融入社会主义核心价值观的工作。但就人民代表大会制度应发挥的制度保障功能来说,仍是远远不足的。根据课题组成员在地方调研的结果来看,地方人大在弘扬社会主义核心价值观法治保障中的立法制度保障与法律监督制度保障所起到的作用相对较小,甚至在地方上可针对性开展工作的余地并不大。总的来说,关于人大立法制度保障现状的问题,主要是数量和质量两方面的问题。数量方面,弘扬社会主义核心价值观法律规范立法数量比较有限,从2016年的《关于进一步把社会主义核心价值观融入法治建设的指导意见》,再到2018年的《社会主义核心价值观融入法治建设立法修法规划》,截至2021年历时多则5年,少则3年,目前有意识地将社会主义核心价值观融入立法规范中的典型法律,仍旧只有一部《民法典》。虽然仍有多部法律有待审议通过,以目前各草案来看也多有融入社会主义核心价值观,但数量仍十分有限。同立法规划对5~10年社会主义核心价值观全面融入中国特色社会主义法律体系这一要求相比,单单在立法层面上还是有不小的差距。质量方面,目前人大融入立法规范主要集中于“立”,广义上的“立改废释纂”多重手段,并未得到充分运用。如此势必会影响所立法律的质量,因为法律是一门面向实践的应用之学,需要在社会实践中不断打磨,才能真正出炉,仅通过立法这一单一环节的独立输出,其立法质量必然大打折扣。

退一步而言,在现有人大立法中融入社会主义核心价值观的手段也仍显单一。以《民法典》作为考察样本,不难发现,立法中融入社会主义核心价值观主要分为两个方向:一是将社会主义核心价值观设为立法目的条款;二是将社会主义核心价值观转化为法律原则。这两种融入方式固然正确且必要,但如果类似立法千篇一律,则无法从实质上再提升弘扬社会主义核心价值观立法制度保障

[112] 葛平主编:《周恩来与人民代表大会制度》,江苏人民出版社2021年版,第272页。

的整体质量。固然在立法数量和质量上可以通过参考域外经验来加以弥补和提升，如美法两国的入宪模式、澳大利亚的入法模式，但更关键的是“从立法源头出发，在立法程序中全面贯彻社会主义核心价值观，使其全面融入新时代中国特色社会主义的立法全过程。从提出法案、审议法案、表决和通过法案到最后公布法案要严格遵守法治原则和正当程序。在进行立法监督和立法解释时同样要以社会主义核心价值观的内容为指导，将其作为进行立法工作总的指导原则”。[113]人大立法制度保障现状问题的实质，其实就是立法全过程未能将社会主义核心价值观贯彻始终，仍停留于较为粗浅的立法技术与立法任务层面。

人大法律监督制度保障现状的主要问题，其实就是法律监督制度保障的针对性不强。这一针对性主要代指人大在对法律规范文本和法治实施进行法律监督中，对弘扬社会主义核心价值观部分缺乏一定程度上的强有力监督。这一方面是人大在法律监督制度保障方面本身存在不足。“虽然自 2007 年实施了《各级人民代表大会常务委员会监督法》，人大常委会的监督得到了一定程度的加强，但是由于法律规范、工作制度、人员素质等各种原因，人大监督的效果仍然不够理想。”[114]受限于法律监督自身固有的不足，法律监督面对领域越发细分的立法活动自然是力有不逮。另一方面是人大法律监督制度保障仍将有限的重点置于法律规范中“法治”的部分，这既是之前工作习惯的遗留，一直以来，因我国法治传统的欠缺，极力宣扬法治；又是因为以监督把握社会主义核心价值观高度凝练抽象的价值概念，与同样概括的法律概念相比，后者相对更好把握，较为具有客观标准评判，监督工作重心自然而然地会有倾向性的偏移。这一问题或是需从认识上，将法治与德治关系重新梳理，把握二者间的平衡；或是可以从监督方法本身入手，在新挑战中觅得新机遇，毕竟社会主义核心价值观是一种人民群众共同理想信念的提炼，每一位人民心中都对此有足够的发言权与认知度，“通过扩大和深化民主，让人民直接监督政府及其官员，才能从根本上使政府负起责来”。[115]

2. 中国特色社会主义法律制度保障的问题

中国特色社会主义法律制度所面临的现实状况呈现多样化，在实践中暴露出的问题较多。总体而言，可分为法院内部工作的问题与法院外部工作的问题：

依循自内向外的顺序，先来阐述法院内部工作的问题。第一，未建立特殊案

---

〔113〕 金梦：《核心价值观入法的立法样态研究》，载《江海学刊》2019 年第 2 期。

〔114〕 薛刚凌主编：《法治视野下的政府权力结构和运行机制研究》，中国人民大学出版社 2021 年版，第 340 页。

〔115〕 任喜荣：《地方人大监督权论》，中国人民大学出版社 2013 年版，第 42 页。

件甄别机制。弘扬社会主义核心价值观固然是融贯于整个司法裁判的过程之中,但就现阶段而言,融入社会主义核心价值观需要一个渐进式的发展过程,因此,在司法裁判中首要解决的问题是哪类案件涉及社会主义核心价值观问题。以现状而言,一些存有较大的社会争议和舆论风波的案件,大多是法理与情理之间产生较为强烈冲突矛盾的案件。这类案件之所以能够引起较大范围的社会关注,其中一部分原因就要归咎于法官在司法裁判的过程中,未能洞悉案件隐藏着的价值冲突,不仅未及时运用社会主义核心价值观进行化解,有些反而置之不理,甚至推波助澜。为了避免此类问题的重复上演,就需要对案件进行有针对性地甄别,将社会主义核心价值观适用判断前置,以此来逐步提升法官在司法裁判中弘扬社会主义核心价值观的能力水平。第二,缺失重大案件咨询会商机制。根据现状而言,涉及核心价值观的案件,往往涉及的评价因素跨越法律、道德、社会等多重场域,牵涉部分横跨审判、舆论、信访等众多环节。为了就相关案件得到一个最为合理合法的判决,并便于及时引导舆情,极为有必要建立一个咨询会商的机制框架。将关涉部门的各个代表汇集起来,依据社会主义核心价值观达成统一的公式,并在后续工作行动中保持一致,不至于在社会主义核心价值观层面的解读上出现分歧。第三,业务指导不足。"由于'三个倡导'12 个概念之范畴内涵的丰富性、文字表达的高度概括性、涉及内容的敏感性、多个概念在东西方的通用性等多种原因"[116]决定了法官在司法裁判适用过程中,对社会主义核心价值观的理解与融入存在一些难点,这些难点需要更为专业和权威的指导,司法裁判融入社会主义核心价值观的专业指导也具有现实需求性。此外,从司法裁判的对外效力而言。因为案件涉及多元价值命题,在社会影响力方面也是超出一般案件的。法院在审判这类案件时极易受到外界舆论的影响,在融入社会主义核心价值观方面亟待专业正确的引导,司法裁判融入社会主义核心价值观的专业指导也有一定的现实必要性。但仅就现状而言,最高人民法院所能提供的专业指导是颁布司法解释等规范性文件与公布指导性案例。这两种方式固然是有着较为直接且现实的专业指导意义,但司法实践中案件种类纷繁复杂,类型日新月异,加上涉及社会主义核心价值观的案件仅以形式而言,往往价值冲突巨大,形式较为新颖,仅依靠司法解释和指导性案例予以专业指导,供给速度相对

---

〔116〕 梅荣政:《深刻理解社会主义核心价值观的性质和灵魂》,载《光明日报》2015 年 9 月 10 日,第 16 版。

迟缓，专业指导容易出现需求与供给的错配。[117] 第四，缺乏针对法官的专门教育培养。法官在社会主义核心价值观融入司法裁判中无疑处于客观真实性与主观能动性的重要交叉节点之上，可以说社会主义核心价值观融入司法裁判关键就在于法官。而社会主义核心价值观的融入，是在原先一味讲“法”的基础上，增加了论“德”的维度，所以整体工作难度明显提升，这也就意味着法官队伍需要更为专业的教育培养。一方面，社会主义核心价值观的专项教育针对性不足，社会主义核心价值观教育多为政治理论学习，未能与专业技能教育相结合。对社会主义核心价值观的意义理解、内容掌握尚停留于字义表面，对于社会主义核心价值观在部门法中的彰显和在司法裁判当中的结合，都呈现出一种粗浅式理解。另一方面是法官专业能力水平的综合提升培养。社会主义核心价值观的融入对法官能力提出了新的挑战，尤其是以现状而言，“这种尝试尚处于初始阶段，法院在司法裁判中弘扬社会主义核心价值观时仍显稚嫩，参差不齐，尚有改进的空间”。[118] 所以，法官要援引社会主义核心价值观填补规范空白，平衡背后各方利益，尤其是在说理方面，必须进行法治德治理解力的双线提升。

在法院外部工作的问题上，首先是社会主义核心价值观全面入法入规工作的继续推进问题。“工欲善其事，必先利其器。”司法的一个根本性大前提就是立法，无良法又怎可有善治？法院外部工作的最根本问题就是社会主义核心价值观全面入法入规的程度依旧不足。在给予法官更多自由心证空间的同时，也给法官在司法裁判中融入社会主义核心价值观带来更多的不确定性与模糊性。只有当社会主义核心价值观融入法律法规到达一定程度后，才能带给司法裁判根本性的法律保障。更何况，这一做法是完全符合我国法律传统的，“在传统法律思想的引领下，中国古代的立法技术凸显了德法并治、刚柔并济，以及天理、国法、人情有机统一的特色”。[119] 其次是行政机关规范性文件的报备和审查问题。行政机关的规范性文件，是制度落实的“最后一公里”，同时也是直接作用实践的第一线。在地方立法权下放后，地方规范性文件实际上是“良法”承上启下的一个关键环节。而将社会主义核心价值观引入地方规范性文件的审查之中，以二十四字核心价值观作为问题出现纠偏的主要标尺之一，在价值冲突出现时，能

---

〔117〕 最高人民法院分别于 2016 年公布的十起关于弘扬社会主义核心价值观典型案例；2020 年公布的弘扬社会主义核心价值观十大典型民事案例；2022 年公布的第二批人民法院大力弘扬社会主义核心价值观典型民事案例。

〔118〕 廖永安、王聪：《路径与目标：社会主义核心价值观如何融入司法——基于 352 份裁判文书的实证分析》，载《新疆师范大学学报（哲学社会科学版）》2019 年第 1 期。

〔119〕 秦文：《核心价值观融入法治建设的历史逻辑及当代启示》，载《毛泽东邓小平理论研究》2018 年第 8 期。

够恰当地利用社会主义核心价值观衡量处理,以期较好地解决“很多规范性文件‘不规范’的情况,如‘红头文件’多、乱、杂,有的内容相互冲突,有的‘暂行规定’‘暂行’了几十年,有的甚至公然违反法律规定”[120]等诸多问题。为法院司法裁判创造出良好有序的行政秩序与规范系统,使司法裁判过程中不会屡有规范上的价值冲突。再次,在法律教学、法律职业资格考试与法律培训等多个环节,要加大社会主义核心价值观融入的力度。司法裁判融入社会主义核心价值观,一方面固然是负责裁判的主审法官的主要工作内容之一,需要法官自身能力和素养的提升;另一方面也是法官、检察官、律师等法律职业共同体的集体使命。只有在法律共同体间形成弘扬社会主义核心价值观的认识基础,在司法裁判中融入社会主义核心价值观才能有良好的能力辅助与集体认可。最后,弘扬社会主义核心价值观社会氛围不足。司法是法治运行的环节之一,而法治建设是一个法治国家、法治社会与法治政府的整体性建设的进程,因此,裁判融入社会主义核心价值观仍有赖于社会整体对于社会主义核心价值观弘扬的氛围,需要充分将党委、法院与大众媒体结合,从宏观大局到微观行为均进行有意识地引导与规制。“社会越是分化、价值观越是多样,就越需要共同的核心价值观,把社会成员联合起来。”[121]司法裁判看似是从案件审理为始,至作出裁决为止,但事实上司法裁判并不是以“案结事了”标志着自身使命的完成。司法裁判还会在后续的执行与传播中,继续发挥着司法裁判的价值导向作用。而如此一个广泛的社会效应,早已超过法律共同体所能承载的范围,需要的是社会整体协同一致的总体氛围。现今司法裁判融贯式地融入社会主义核心价值观,相对而言,仍较为缺乏足够的社会合力的氛围支撑。

综上所述,弘扬社会主义核心价值观的法治保障体系的制度保障,包括从人民代表大会制度到中国特色社会主义法律制度。无论是现状还是存在的问题,都诠释着:“一个社会的核心价值体系和核心价值观,只有融入贯穿于整个社会的制度体系中,才会避免流为无所依附的观念漂浮物;只有形成制度化的建设机制,才会获得扎根现实、持续推进的有力保障。”[122]这就是对制度保障现状进行分析,并深挖其所存在问题的意义之所在。

---

〔120〕 薛刚凌主编:《法治视野下的政府权力结构和运行机制研究》,中国人民大学出版社 2021 年版,第 359 页。

〔121〕 韩震:《社会主义核心价值观的话语构建与传播》,中国人民大学出版社 2019 年版,第 23 页。

〔122〕 周宏:《论加强社会主义核心价值观认同机制建设》,载《理论导刊》2014 年第 4 期。

三、弘扬社会主义核心价值观之组织保障的现状与问题

组织保障是法治保障体系中直接关系“人”的第一层保障，是前文中制度保障所提及的“以人为核心”的具象化。弘扬社会主义核心价值观必须建立在中国特色社会主义法治保障体系的基础之上。这一关系其实蕴含着一个朴素的道理：目标的实现需要建基于前序实践或制度体系之上。后文将对此展开具体分析。所谓的弘扬社会主义核心价值观的法治保障体系的现状与问题，其关键主语在于法治保障体系，弘扬社会主义核心价值观则是对其进一步限定与修饰。换句话说，法治保障体系是迈向弘扬社会主义核心价值观的法治保障体系的坚实的第一步。若无法治保障体系，妄谈弘扬社会主义核心价值观的法治保障体系，就是无源之水，无本之木。就另一个角度而言，弘扬社会主义核心价值观在此处，至少是在法治保障体系来说，属于“上层建筑部分”，需要有法治保障体系这一“物质基础”为其夯实地基。以上论述亦完全符合马克思主义哲学的立场：“始终站在现实历史的基础上，不是从观念出发来解释实践，而是从物质实践出发来解释观念的东西。”[123]组织保障就是落实到细节处的这份物质基础，借由组织保障的现状与问题自下而上地对弘扬社会主义核心价值观法治保障“窥一斑而知全豹”。

（一）组织保障的现状

相较于基础性的政治保障、体系化的制度保障，组织保障则聚焦于相对微观具体的、实际参与到弘扬社会主义核心价值观的法治保障体系当中的每一位专业人才。在我国组织保障主要以法律教育体系和法律职业保障体系这两部分内容为主。党的领导政治保障是根本性保障，但组成法治保障体系的细胞却是一个个法律职业人才。换言之，法律职业人才的培养是法治保障体系构建的前置条件和可能性基础。“法律教育作为一个整体概念，应当包括四个方面：其一，法学教育（或称法律学历教育）；其二，法律职业教育；其三，法律职业后继续教育；其四，法律普及教育（普法教育）。前三项是针对法律职业人才的生成培养教育；后一项是针对全体公民的法律知识普及教育。”[124]其中普法教育对象为普罗大众，在保障体系的划分中作为第四部分，即其他保障部分。而法律职业教育与法律职业后继续教育，则与法律职业保障体系的关系更为紧密，故此部分主要

---

〔123〕《马克思恩格斯全集》（第3卷），人民出版社1956年版，第1318页。

〔124〕张法连：《中西法律语言与文化对比研究》，北京大学出版社2017年版，第621页。

讨论的是法学教育体系。

我国法学教育迥异于英国的“学徒制”、美国的研究生职业教育等西方法学教育培训模式，而是与普通高校教育一致的，顺次有序的“本科—研究生”中国特色社会主义法学教育模式。以这一教育序列里基础的四年本科教育为例，“我国法科学生是高中毕业直接就读法科，在本科阶段接受四年的法学教育，既要完成人格教育，又要学习法学理论和法律职业技能，二者不能偏废”。[125] 在本科阶段，专门设置有政治理论课，并且通常在大学开启的一、二年级，将思想政治教育置于整个法学教育当中的首位。在端正政治立场，完善个人人格的基础上，再辅之以统一的法学专业教育的核心课程，培养出一批又一批政治过硬、具备专业素养，拥有共通的法学教育背景的法律职业储备人才，以法律职业储备人才为基本要素，逐步搭建起中国法律职业共同体之高楼。2021 年，“习近平法治思想”成为法学本科教育的必修课程进入高校课堂，这门将政治理论与法学专业知识予以结合的课程，在进一步深化政治教育与法学专业知识学习的同时，还科学地阐释了社会主义核心价值观与法治中国建设的关联。该门课程的设置令法科学生从法学启蒙伊始，便能较好地接受弘扬社会主义核心价值观的法治保障体系这一整套思想和理论，将社会主义核心价值观潜移默化地融入法学教育当中。在法科学生的研究生教育阶段，无论是硕士生还是博士生，思想政治教育依旧始终贯穿其中。在这些思想政治教育课程中，社会主义核心价值观是其中的重要组成部分。课堂上的言传身教，生活中的耳濡目染，为弘扬社会主义核心价值观的法治保障体系，培养出理想信念坚定、专业知识扎实、有着崇高的职业荣誉感的法学专业人才队伍。

我国法律职业保障体系可分为法律职业教育和法律职业后继续教育，前者在我国最具代表性的就是国家统一法律职业资格考试，通过真实案例的考核，以考促学，推动法律职业教育的发展。虽然法考多以现实案例为考题，但其中“中国特色社会主义法治理论”“司法制度和法律职业道德”“法理学”等科目考试中多有涉及社会主义核心价值观的考察，甚至在民法学、刑法学等部门法学考试案例中，在部分情况下，也需要借助社会主义核心价值观作为解题的“金钥匙”。以此在备考学习教育中，再次要对社会主义核心价值观进行理论与案例实践结合的双重学习，以此在学习与就业的桥梁上加码社会主义核心价值观，在法律职业教育层面亦融入社会主义核心价值观的教育。后者是指进入法律职业行业内

---

〔125〕 中南财经政法大学高等教育评估与研究中心：《高等教育评论》（第 6 卷），社会科学文献出版社 2018 年版，第 122 页。

的职业教育再学习，鉴于法学学科实践性的特质，以及法律职业分工不同，各有侧重的特性，决定了法律职业者在进入各法律职业后，无法一直仅凭过去努力习得的知识而高枕无忧。

“法律继续教育的任务是更新、补充法律知识和业务技能。这是一种有关法律职业者的工作方式与生活方式的终身教育。”[126] 这部分教育从内容占比上看，主要是法律规范与法学理论的更新迭代学习，而这部分内容中现今主要的一个学习方向就是社会主义核心价值观融入法治建设。尤其像是在2020年各法律职业者在学习《民法典》的过程中，对社会主义核心价值观的学习和把握是必不可少的。从现实意义的角度上说，思想政治教育的比重不小。因为当法科学生真正进入法律职业后，所面临的现实问题比书本上的理论知识要复杂得多。加之法律职业者往往手中“大权在握”，身处各种诱惑之中，在面对身旁的“深渊”时，还是需要继续加强对社会主义核心价值观的学习教育。“强调加强社会主义核心价值观的教育，强调思想政治教育，实施马克思主义理论研究和建设工程，这都说明我们没有在社会进步的乐观情绪中无视潜在的问题。居安思危和忧患意识，是中国古老的政治智慧。”[127]

法律职业保障体系中，除却思想观念和专业知识等“软技能”的保障，还要有更好的在法律职业岗位发挥作用的物质保障。“两个最高权力机关之间的斗争必须用物质力量来解决。”[128] 这部分保障必须在总体尊崇司法规律，坚守法治原则的基础上，根据具体各法律职业间的彼此差异，确定相适宜的物质保障制度。比如，“通过科学合理确定法官、检察官员额并切实提供财政物质保障，稳定司法队伍；通过保障律师依法行使执业权利，发挥律师队伍作为依法治国重要力量的积极作用，深化律师制度改革”。[129] 在拥有坚实的物质保障后盾基础上，各法律职业者才可能更有余力去弘扬所学所信的社会主义核心价值观。各个法律职业相互间亲密配合，在共同努力建设法治中国的进程中，亦为弘扬社会主义核心价值观的法治保障体系打下良好的组织保障基础。

（二）组织保障的问题

弘扬社会主义核心价值观的法治保障体系的组织保障主要存在的问题在于法律教育体系和法律职业保障体系以及两者间的衔接问题。在法律教育体系方

---

[126] 吕忠梅：《法眼观庭：穿行于教授和法官之间》，北京大学出版社2006年版，第184页。

[127] 陈先达：《历史唯物主义与当代中国》，中国人民大学出版社2019年版，第34页。

[128] 《马克思恩格斯全集》（第6卷），人民出版社1956年版，第3460页。

[129] 付子堂：《形成有力的法治保障体系》，载《求是》2015年第8期。

面的问题,主要是社会主义核心价值观教育的融入程度的问题。在我国法学教育当中,无论是本科还是研究生教育阶段,政治理论课的学习基本上都安排于培养阶段早期,在教育培训后期则社会主义核心价值观相关的思想政治教育常常是缺漏的。而社会主义核心价值观内涵是随着时代的发展而紧随着变动的,长达2~3年的时间未再对此有专门安排,完全依赖学生个人的自主学习,难以将其保持在一个客观可控的范围内,目前社会主义核心价值观在法学教育中的融入持续性不够,未能融贯于整个法学教育阶段。同时在法学教育中,社会主义核心价值观融入还要讲求方式方法,“强调思政课的政治引导功能,并不是要把课讲成简单的政治宣传,而要以透彻的学理分析回应学生,以彻底的思想理论说服学生,用真理的强大力量引导学生”。[130] 尤其是在讲授“习近平法治思想”这样的课程时,一定要注意将政治理论同法学理论进行合情合理的融合,要用法学的思辨启迪学生内心对社会主义核心价值观在真理正当性层面的信仰。此外,强化中国法学自己的话语权,中国法学教育要有自己的传承与特色,社会主义核心价值观肯定也是其中绕不开的内容,必须将社会主义核心价值观在法学教育中完全融入。

在法律职业保障体系方面的问题,主要在于法学教育与法律职业教育的衔接。这其实也是一个老生常谈的问题,因为法学这门学科的实践性导向很强,需要与司法实践紧密结合,才能实现生命之树长青。但目前法学教育大多还是“书斋式”的理论讲授,往往与现实的法律职业实践处于脱节的状态。从应然的角度来讲,“法学本科教育担负着素质教育和职业教育的双重任务,我们应该根据法律职业对从业者的特殊要求,按法律人才培养和成长的规律,建立起法学教育、法律职业培训和终身化的法律继续教育相互衔接、一体化的教育培训制度”。[131] 这样的脱节还导致在社会主义核心价值观培育方面的矛盾,在法学教育中学习到的必须是“阳春白雪”式的、矢志不渝要为弘扬社会主义核心价值观而献身的理想和信念。在法律职业实践中面对的却是“下里巴人”式的,甚至会对原本理想产生根本性动摇的各类冲击与诱惑。法律职业继续教育如若把每一个法律职业者都当成是完全成熟的一个法律职业者,显然无法在继续教育中弥合这样的冲突,甚至会在从法科学生向法律职业者身份的转换过程中出现进退失据,身份感迷茫等问题。问题还集中表现于法学教育与法律职业物质保障间的一种冲突,“中国法学院学生学习的知识在很大程度上是脱离目前中国基层

〔130〕 习近平:《思政课是落实立德树人根本任务的关键课程》,人民出版社2020年版,第17-18页。
〔131〕 侯欣一主编:《法律与伦理》(第3期),社会科学文献出版社2018年版,第179页。

及乡土社会需求的。甚至我们要清楚,有着法学牌号的知识也并不等于司法的知识”。[132] 法学教育中所讲授的是在社会主义核心价值观契合下的一种法治追求和法治理想,但在法律职业者的司法实践中,要将这部分内容落实到以社会主义核心价值观为指引的司法职业道德当中去,这二者之间存在需要由精神向物质转换的鸿沟。没有物质保障而要践行司法职业道德,无异于强人所难。而一旦法科学生在初入法律职业时,屡次受到现实对自身理想的打击,很容易对个人的成长发展带来较大的负面影响,再难以恢复以前那般信念坚定的状态。这就是法学教育与法律职业教育衔接出现不匹配,带来落差所可能引发的一系列问题。而在法学教育中所出现的以上问题,显然与党的二十大报告中“深入实施人才强国战略”有一定的差距,与“完善人才战略布局,坚持各方面人才一起抓,建设规模宏大、结构合理、素质优良的人才队伍”的要求不符。法学教育目前在规模上已取得不小的进步,但在内部结构和人才素质全方位培养上还略显不足。

行文至此,再回归探讨一个更深层次的理论问题:在中国特色社会主义法治保障体系的基础上,向弘扬社会主义核心价值观的法治保障体系发展实属必然。这一问题需要一分为二地来看待:

一则是基于弘扬社会主义核心价值观的实践需要而言。正如前文所述,价值观属于文化的重要组成部分,是一种感性的概念式表达。“要想真正把社会主义核心价值观所蕴含的隐形力量转化为推进文化建设发展的实质力量,需要通过法律政策的硬性规定进行转化。”[133] 恰是社会主义核心价值观的地位至关重要,令弘扬社会主义核心价值观的法治保障体系成为践行社会主义核心价值观的必由之路。弘扬社会主义核心价值观如若要避免沦为空谈口号的“表面文章”,必然需要的就是一种可落地的现实抓手。相较之下,法律毋庸置疑是在“全面依法治国”大背景下的必选项之一。“价值是法治的灵魂,法治是价值的保障。”[134] 稍作比较,便不难得出:法治保障体系是比法律更为要素齐备的实践依托,况且其以客观规范程式为主要方法路径,越发契合弘扬社会主义核心价值观的那架“实践之桥”所需之要件。故此,中国特色社会主义法治保障体系发展成为弘扬社会主义核心价值观的法治保障体系有其内在需求性。

二则弘扬社会主义核心价值观与法治保障体系的结合,符合现代法治发展的规律。法学作为最早的雅典学院中四门学科划分之一,历经千年发展,早已发生翻天覆地的变化,这一发展历程与其研究对象——法律从形式至实质、自概念

---

〔132〕 苏力:《送法下乡:中国基层司法制度研究》,北京大学出版社2011年版,第255页。

〔133〕 周凯丽:《社会主义核心价值观引领文化建设的制度保障》,载《大连干部学刊》2021年第6期。

〔134〕 冯玉军:《习总书记为何强调“用法律推动核心价值观建设”》,载《人民论坛》2017年第12期。

到内容的巨大演变,有着密不可分的关联。对于法学中的诸多命题亦拥有了较为与时俱进的科学认识,其中对于法治这一重大核心命题更是不断探索逐步深入。仅在现代法治发展规律这一层面上来谈在某些方面达成了共识,譬如现代法治发展需要将法治与德治协同起来。这其中牵涉到中西方均旷日持久论辩的“法律与道德”这一论战。“实现法治与德治的协同,其内在的理论逻辑是法治与德治的密不可分、相互依赖。法治需要道德的滋养,否则就将成为僵化的外部强制。德治为法治提供道德正当性,并指引着法治的发展。同时,法治又为德治提供有力的保障,强化德治的效力。”[135]法治与德治协同不但有着理论逻辑上的支持,还有着社会实践这一强大佐证:“古今中外,各个国家都注重将各自核心价值观写入法律文本,转化为有国家强制力的行为准则。”[136]中国古代法律儒家化将传统社会的核心价值观与法律相结合,形成“竣礼教之防,准五服以制罪”的中国古代法律风貌这一显著特征;美国1776年《独立宣言》中将价值观判断直接纳入宪法性文本,此后西方诸国在制宪立法过程中,多有仿照这一做法,在法律制定内容中包含不少价值原则在其中;我国《民法典》亦是如此,《民法典》第1条便开宗明义地在立法目的中提及“为了……弘扬社会主义核心价值观”。将弘扬社会主义核心价值观视为主要立法目的之一,在后续的法律条文中,则将自由、平等、公正、诚信、文明、和谐、友善的社会主义核心价值观转化为民法的基本原则。综合理论逻辑与实践两方面的证明,德治与法治协同是符合现代法治发展规律的。进一步再将德治的组成部分细分,社会主义核心价值观必然占有关键的一席之地,尤其是作为新时期道德的代表之作。而法治保障体系本身就是法治具象化后,不可或缺的一部分。因此,弘扬社会主义核心价值观与法治保障体系相结合等同于德治与法治协同的具体体现之一。抽象的集体上位概念间的协同是符合现代法治发展规律的,具体的个别下位组成之间的结合亦当是符合现代法治发展规律的。所以说,中国特色社会主义法治保障体系发展成为弘扬社会主义核心价值观的法治保障体系有其理论正当性。在内在与外在两方面的作用和中国特色社会主义法治保障体系的基础上,向弘扬社会主义核心价值观的法治保障体系发展实属必然。

以上两部分就是弘扬社会主义核心价值观的法治保障体系的组织保障,在司法专业人才培养输出与法律职业者教育及物质保障中所存在的社会主义核心价值观融入问题,以及法学教育同法律职业教育的衔接问题。

---

〔135〕 李建华:《论德治与法治的协同》,载《湖湘论坛》2017年第5期。

〔136〕 刘风景:《社会主义核心价值观入法的理据与方式》,载《当代世界与社会主义》2017年第4期。

四、弘扬社会主义核心价值观之其他保障的现状与问题

弘扬社会主义核心价值观的法治保障体系中最后一部分的其他保障是对上述各类保障的一种兜底式概括，是对无法归纳为上述三种保障当中的但同等不可或缺的保障进行总的概括，如此才能使整个法治保障体系更为完备。同时，这样的保障体系构成设计，也为后续发展过程中因新增或变动产生的保障形式预留下足够的空间，在不破坏法治保障体系整体构成的前提下，实现一种动态平衡发展。就目前发展的情况来看，现有其他保障中主要包括了法治运行全过程的保障和文化保障两部分内容。法治运行全过程的保障在第一节中已对其作出过梗概，主要是围绕"立法—执法—司法—法律监督—守法"等法治运行的各个环节，有机地组成一套流畅完善的系统，通过单个与多个互相组配的方式，提供弘扬社会主义核心价值观的法治保障。一则因其所涉及的内容过杂过密，单纯以某一法治保障体系中的一部分加以阐述，难以达致一种理想的情景化表达。二则因在本部分阐述法治保障中的各个组成时，基本上皆已对各个环节有所设涉猎，这种散见式分布，将法治运行全过程保障实则已然蕴含于各个保障部分当中。法治运行全过程保障"虽然每一个环节都与法治相关，但是法治并不等于这些环节本身，而是其中所体现的基本原则和精神"。[137] 这也是特地以法治运行全过程为对象来阐述的难点所在。三则因这部分内容在本课题前述第二章、第三章与第四章中均对法治运行过程各环节皆已有详备的论述。因此，基于以上三点原因，其他保障运行的现状和主要问题也就仅以文化保障为主要代表，进行现状分析和问题阐明。

（一）文化保障的现状

文化保障的现状在本章的第二节已有过相应的阐述，分别从概念、价值、功能三个方面入手大致阐明了中国特色社会主义法治文化作为法治保障体系中文化保障部分的功能，主要阐明了法治文化的实然与应然功能。法治文化实然功能部分其实与文化保障的现状近似，在此就不再赘述。仅针对性地补充在组织保障中曾提及的"法律普及教育"和"守法信仰"两个部分。

首先，就法律普及教育而言：

法律普及教育是针对广大民众所做的基础性法律知识普及性教育，不在于

---

〔137〕 朱景文主编：《中国人民大学中国法律发展报告 2020：中国法治评估的理论、方法和实践》，中国人民大学出版社 2020 年版，第 19 页。

要把人人都变成法学家,而在于要令人民群众"知法、懂法、守法、用法"。法治文化是适用于法治的一种场域,而要形成这样一种场域需要的是民众的共同认知。正如"杀人偿命,欠债还钱",成为人民群众的普遍性共识,才能够摇身一变为"天经地义"。法律普及教育更多的是做一种法律宣讲与法治精神的培育,所以相较之前所讲的三种法律教育制度而言,它更接近于法治文化保障部分。在针对弘扬社会主义核心价值观的法治保障体系这一命题时,作为文化保障的法律普及教育所呈现出的现状,则主要是"当前我国全民普法教育的最重要的改革任务是转变法治教育导向,变单纯的守法教育为公民法治文化观念的培养"。[138] 价值观就是一种文化,所以法治文化观念的主体内容就是社会主义核心价值观。

伴随法律普及教育目标任务的转变,其主要内容、宣传教育方式、宣传教育培育时间跨度等都有针对性的发生更迭。法律普及教育由原先简单的百姓身边息息相关法律条文的宣讲,已经发展成讲述依托在法律条文背后的一些基础法律概念和法理,如法律的概念、价值作用、权利和义务关系。其不但在对公众做法律普及宣传教育时细化"怎么办",而且还告知背后的"为什么"。纠正对法律只是一种冷冰冰工具的刻板印象的认识,让公民发自内心地去使用法律。宣传教育方式方面,"普法教育不应孤立地进行,应当结合道德教育、人生观教育、政治教育来开展普法教育,从建设精神文明和培养社会主义新人的高度,来认识法制教育的意义,把它看作是社会主义精神文明建设系统工程的有机组成部分。"[139] 不再是简单的就法论法,而是融合社会主义核心价值观等多方面内容,来进行普法宣传。法律普及教育主体也进行了扩大化,不再仅是专业的法律职业者的一项工作任务,因为社会主义核心价值观这一连结点,令普法教育正式成为多部门共举的一项伟大事业。法律普及教育的时间跨度方面,因原先主要内容为单一的法律规范文本的宣传教育,为保证法律传达过程中的准确性,往往需要具备专业法律知识的人才,且我国在法治建设初期,法律专业人才储备较少。所以,过去的法律普及教育多以单次或系列的专场为主,主要是单场次的高密度、高强度输出。而在社会主义核心价值观融入后,法律普及教育的参与主体范围大大增加,普及对象亦可做扩大。在2021年由最高人民检察院、教育部下发的《检察官担任法治副校长工作规定》中,令检察官兼职担任学校法治副校长一职,协助开展法治教育、预防犯罪、依法治理等工作,这一举措为法律普及教育融

---

[138] 孙午生:《编辑法律意识研究》,中国法制出版社2019年版,第62页。

[139] 何为民:《法制宣传教育中的若干心理学问题》,载《法学研究》1987年第2期。

入国民教育过程提供了人才保障和可能性之前提。将弘扬社会主义核心价值观的法律普及教育前置,潜移默化地贯穿于整个学生教育生涯。这其中也不能忽视制度保障中司法裁判所带来的法律普及宣传与教育作用,同时仅观察我国近年来人民法院在一审民事案件中在司法裁判中融入社会主义核心价值观说理案件数量的逐年稳步增长,在 2021 年更是较前一年增长近 1/3 的案件数量(见图 5－1),不难从这一侧面看出法律普及教育所展现出的从方式到时间再到形态的全方面转变。

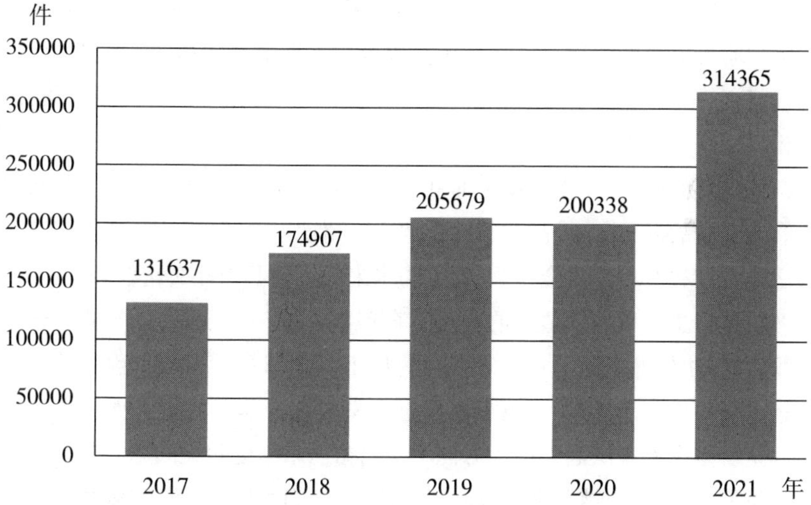

图 5－1　人民法院在法律框架内运用社会主义核心价值观释法说理一审民事案件数量分布情况(2017—2021 年)

资料来源:北大法宝,最后检索时间:2022 年 10 月 20 日。

其次,就守法信仰而言:

守法信仰是法律普及教育的自然产物。法律普及教育的主要目的之一就是令民众守法,而由形式上的守法向守法信仰的转变,则就有赖于弘扬社会主义核心价值观的法律普及教育的深入。守法信仰形成的先决条件主要就是:法律知识与法治理念。法律知识可解决守法信仰的可能性,法治理念可保证守法信仰的可行性。在自身具备一定法律知识的前提下,才有可能去遵守法律;反之,就会形成在主观认识上不具备守法的可能性情形。而法治理念更多的是将守法转化为一种主动积极的意愿,而非因为法律的残酷无情而迫不得已去遵守,更不是知法犯法。法律知识的提升与政治保障、制度保障与组织保障的内容均紧密相关,并且法律知识是可以通过相较制度化的教育体系去加以提升,最后还能以相对客观的标准对法律知识提升的程度进行衡量。反观法治理念则以抽象的理念形式存在，更需要潜移默化式的培育对其施加影响。这一部分也是守法信仰培育的关键突破口，同时就目前现状来看也在着力于这一部分加大法律普及教育的力度。造成这一现状的主要原因就在于：中国国情、传统法律观与现代法治理念三者间形成的矛盾与冲突。梁治平对这一背后的机理有过较为深刻的表达："任何一个文明和社会都只能以它自己的方式去经验世界，而这意味着它同时失去了以另外一种方式经验世界的可能性。"〔140〕三者间所存在的矛盾与冲突实质上就是传统与现代，现实与理想这两组关系的一个再平衡的问题。而弘扬社会主义核心价值观的法律普及教育正是弥合这一矛盾的关键，因为其串联起了传统价值观、中国现实国情以及现代法治理念。"人类社会早期发展阶段，调整人们相互关系的习惯、宗教教条、禁忌以及具有强制力的道德信条等行为规范之间，没有多少区别。因此作为特定的社会共同体日常生活中的行为准则，法律和道德有着共同的起源。"〔141〕从法律和道德这一角度来看，弘扬社会主义核心价值观的法律普及教育亦是融合过去、现在与未来的一种共识性文化保障。

弘扬社会主义核心价值观的普法教育现状，以产生不同效果的功能作用为标准，可将守法信仰方面的现状表现分为以下三个部分：第一，指引作用。在面临前述类似冲突与矛盾时，能够根据社会主义核心价值观的指引作出方向性的判断。至少是在宏观层面上的大方向不会出错。以制度解决问题尤其是在法治中国建设的今天意义非凡，但"即使规则的存在有助于在处理人际关系时消除人性与偏见的极端形式，但却仍存在一种可能性，也就是规则的内容与运作是非理性的、苛刻的和毫无人道的"。〔142〕 社会主义核心价值观的指引作用，作为制度的一种感性补充大有裨益。令接受普法教育的民众，在面对某些法律适用与自身道德判断产生冲突时，在社会主义核心价值观发挥指引作用下，能够做出正确的守法判断。尤其是在普法教育中有针对性地对典型案件宣讲，令指引作用更具实操价值。第二，整合作用。"现行的司法制度在乡间发生了很特殊的副作用，它破坏了原有的礼治秩序，但并不能有效地建立起法治秩序。"〔143〕在破坏与重建过程中的这片空白，就是冲突频仍的地带。而法律普及教育在针对这部分

---

〔140〕 梁治平：《法律史的视界》，广西师范大学出版社 2021 年版，第 153 页。

〔141〕 ［英］戴维·M. 沃克：《牛津法律大辞典》，北京社会与科技发展研究所译，光明日报出版社 1988 年版，第 521 页。

〔142〕 ［美］E. 博登海默：《法理学——法律哲学与法律方法》，邓正来译，中国政法大学出版社 2004 年版，第 240 页。

〔143〕 费孝通：《乡土中国》，北京大学出版社 2012 年版，第 76 页。

内容，结合各地真实案例与实际情况，以社会主义核心价值观为纽带，形成历史与现实的统一，整合而成兼具中华优秀传统文化与现代法治秩序的共同认识。第三，评价作用。现今时代价值观多元，思想繁杂且开放，对于法律及案件的评价亦呈现一种“千人千面”的形态。在这样的冲击下，法律普及教育的宣传结合社会主义核心价值观，才有利于形成客观与主观的相对统一。在法律普及教育的过程中，在公众间形成大体一致的评价标准，以此在守法过程中拥有一定之规，便于在日常活动中，对个人行为的合法性判断提供帮助。

（二）文化保障的问题

文化保障现状中存在的问题主要是源于文化的特性。“每一个文化都有他独特的一组文化行为，它们总是以一种只有该文化特有的脉络相互关联着——这个脉络关系就是这组文化行为的‘结构’。”[144]法治文化的建设是一个长久的工程，没有办法也不可能一蹴而就，所以在这一过程中势必会暴露出各式各样的问题。加之中国社会整体进入社会主义新时期，主要矛盾发生转变的同时，中国特色社会主义法治文化亦伴随产生转变。在这样一个发展转型阶段，文化保障中产生的问题是挑战与机遇并存。“文化冲突引起文化危机，文化危机发展到一定程度，将有可能导致深刻的文化转型。”[145]体现在法律宣传教育与守法信仰上问题主要有如下：

1. 文化保障中法律普及教育现状中所存问题

伴随上文中所述的主要内容、宣传教育方式、宣传教育培育时间跨度等需要的转变，法律普及教育也随之调整和加强，但现实的情况则是尚未达成应然的要求。

首先，在法律普及教育的主要内容中，法律与弘扬社会主义核心价值观部分的结合程度不够。这一问题主要表现就在于：法律宣传教育的内容基本仍局限于法律规范文本及其周延的“法”层次，社会主义核心价值观的“德”内容在法律宣传教育中，体现程度较为粗浅，或将价值观仅作政治层面的引领，或直接将两者进行二分式的分别宣传教育。这一方面是源于我国弘扬社会主义核心价值观法治体系的建设仍显滞后，未能从规范文本与制度设计层面上提供可依据的大前提。另一方面也是法律宣传教育工作重心与方向并未朝此靠拢与努力，疏于进行法律与价值观之间的结合式宣传。

---

〔144〕 孙隆基：《中国文化的深层结构》（第2版），广西师范大学出版社2011年版，第22－23页。

〔145〕 王现东：《文化哲学视域中的价值观研究》，九州出版社2020年版，第127页。

其次,在法律普及教育的方式方法上,还需要在如何融入社会主义核心价值观的途径上下功夫。"把社会主义核心价值观融入法治宣传教育的关键在于,在道德教育中突出法治内涵。法治宣传教育的侧重点在于引导全体社会公民树立法律的信仰,增强法治观念,培育规则意识和秩序习惯。"[146]从总体趋势而言,法律普及教育的方式是符合法律宣传教育的发展方向的,但在具体宣传过程中的方式方法仍有待提升。以目前的现状来看,一是方式方法失之于简单直接,有些甚至连进行法律宣传的主体都体会不到社会主义核心价值观在法治上的融入,更别说法律宣传教育的对象。二是方式方法的运用缺乏目的性与有意识性,比如在《民法典》的普法宣传中,因原《民法总则》中直接与社会主义核心价值观产生联系的条款,在市民生活中直接适用性较差,往往被一笔带过,甚至直接忽略。在后续条款中,能体现到"诚信"等价值观原则的条文,亦未能有意识地迁移勾连到社会主义核心价值观这一层面。

最后,法律宣传教育培育时间跨度的延展与融入的前景可待探讨。以法律宣传教育的现状而言,已与以往不同,法律宣传教育正逐步融入学生教育的整个阶段。习近平总书记曾明确指出:"要坚持法治教育从娃娃抓起,把法治教育纳入国民教育体系和精神文明创建内容,由易到难、循序渐进不断增强青少年的规则意识。"[147]而作为法治教育中最为基础入门的法律宣传教育,更应当去充分扩展其时间跨度,并最有可能性去完成这样的扩展与融入。现有法律宣传教育中幼儿园的幼儿仍是薄弱环节,社会主义核心价值观融入法律宣传教育当中,既有助于幼儿善恶道德观的形成,又有利于对法律的接受程度的提高与法治信仰的树立。而在后端步入社会的面向成人的继续再教育中,法律宣传教育仍旧不能缺席,要一条红线地贯穿下去。以社会主义核心价值观这一层面,逐渐融入、加深并培养法治素养。一言以蔽之,"法律宣传在于使百姓知法、敬法、畏法,避免犯罪,进而达到明刑弼教的目的"。[148] 在法律宣传教育这一基础目的之上,向更高层次的弘扬社会主义核心价值观法治保障中文化保障而接续迈进。

2. 文化保障中守法信仰现状中所存问题

首先,未利用弘扬社会主义核心价值观的法律普及教育建立守法观念机制。法律因其自身需要保持的稳定性,同经济社会飞速发展间,难免会有所迟滞,这也就造成了法律的滞后性。而在现实与法律规范间的这段差距,就难免会有不

---

[146] 李宏伟:《社会主义核心价值观融入法治中国建设研究》,知识产权出版社有限责任公司2019年版,第230页。

[147] 习近平:《加快建设社会主义法治国家》,载《求是》2015年第1期。

[148] 张晋藩:《鉴古明今:传统法文化的现实意义》,中国政法大学出版社2018年版,第140页。

合时宜的情形出现,在这样的情况下,依旧可使守法成为多数人的多数选择,就要依赖于守法观念机制的建立。这种法律意识和观念层面的问题,需要的就是社会主义核心价值观来架构起这样的一个机制桥梁。社会主义核心价值观中的"法治"不是口号,而是内心保有的价值。目前存在的问题是弘扬社会主义核心价值观的法律普及教育仍大体上集中于"主题式"的集中性宣讲,未从机制构建处着眼。好似钱穆先生所言:"重要的不在推倒,在建立。"[149]不仅在于弘扬社会主义核心价值观,还在于社会主义核心价值观弘扬后的可持续发展与长久保持。

其次,未能凭借弘扬社会主义核心价值观的法律普及教育促进守法精神形成。在法律普及教育过程中,仍旧是集中于"知法"与"用法"部分,在这两部分基础上来谈法治精神与法治文化,选择性忽略了"守法"更是包含多维层次的守法精神。"从外在的角度看,守法表现为一种遵守法律的行为,这只是守法道德的表象。从内在的角度看,守法更重要的是表现为社会主体对守法的内在的需求,表现为一种守法的精神。"[150]这样的一种精神力量,就需要凭借弘扬社会主义核心价值观的法律普及教育来促成。因为只有将中国传统伦理与现代法治精神中公私间的观念冲突加以调和理顺后,才更有可能促成一种自内向外、油然而生的守法精神。

再次,未能通过弘扬社会主义核心价值观的法律普及教育增进公民法律认同感。守法信仰就建立于民众法律认同感这一基础上,唯有得到认同与达成共识,才能从被动式的守法转变为主动式的守法,也才有可能产生所谓的"守法信仰"。而这其实与中国人古来成长过程中公共观念的缺失有很大关系:中国古代社会中缺失公共活动空间,社会构成为"家""国"二元,中间并无"社会"这一层次。也便导致中国传统文化社会无法如同古希腊罗马那般,拥有培育公共观念的环境。难怪胡适就曾评论道:"中国人,于身家而外漠不关心,素来缺乏于此。"[151]正是这种"事不关己高高挂起"的心态,以至于法律这样一般性的规范,难以得到普遍适用的遵从。恰好社会主义核心价值观形成了当今社会间的一个最大公约数式的最大共识,而弘扬社会主义核心价值观的法律普及宣传教育正因在这一共识的较大基本面上入手,不应仅将法律作为宣传教育的侧重点,还要在宣传教育过程中,讲究循序渐进式的深远长久影响,增进公民法律认同感,也为后续的法治中国建设打好基础。

---

〔149〕 钱穆:《中国历代政治得失》,九州出版社 2012 年版,第 142 页。

〔150〕 郝大林:《论守法道德》,载《安徽农业大学学报(社会科学版)》2006 年第 1 期。

〔151〕 梁漱溟:《中国文化要义》,上海人民出版社 2018 年版,第 57 页。

最后,未能在弘扬社会主义核心价值观的法律普及教育基础上提升守法自觉。守法是一个由公民个人主观自内向外的选择过程,即由公民内心价值判断后,再呈现于行为选择之上。而这样通过自觉自律的方式,法律的外在强制力就处于次要的地位,更需要的是社会主义核心价值观的涵养与教化之功。这其实更加符合中国人的传统价值传承:“中国式的人生,最大特点莫过于他总是向里用力。”[152]所以在弘扬社会主义核心价值观的法律普及教育中不能如现状般,单方面地强调对于民众法律知识从无到有的一种培育,还应同步注意到对民众内心原有的核心价值观的唤醒,进而提升守法自觉,形成弘扬社会主义核心价值观的一个内外融贯的文化保障。

此外,必须强调的是弘扬社会主义核心价值观的法治保障体系仅是中国特色社会主义法治保障体系未来发展的面向之一。如前文所述,我国基本已将“弘扬社会主义核心价值观是要建立在中国特色社会主义法治保障体系的基础之上的”这一论断阐述清楚,但务必要防止陷入草率结论谬误,即简单武断地认定:中国特色社会主义法治保障体系在日后的发展中,完全等同于弘扬社会主义核心价值观的法治保障体系。“在这两项之间画等号就是以偏概全,不但违反最起码的形式逻辑,而且也过分抬高了意识形态的作用,从而降低了甚至抹煞了政权、政权机构及其措施的巨大作用。”[153]二者间的关系是复合型的:既有时间维度上的一个先后发展关系,又有在同一时间维度内,整体与部分的关系。具言之,如今的中国特色社会主义法治保障体系在将来是向着弘扬社会主义核心价值观的法治保障体系所发展,这就是时间上的一个先后关系。但不能遗忘的是,完善弘扬社会主义核心价值观的法治保障体系这一过程,不是一个单向的替代过程,而是针对中国特色社会主义法治保障体系不断完善的过程。换言之,我们所围绕论述的完整概念就是“中国特色社会主义法治保障体系”。所谓的完善弘扬社会主义核心价值观的法治保障体系,其实就是针对中国特色社会主义法治保障体系仍不尽如人意之所在,尽力拾遗补阙罢了。两者间关系正确的表述应当是:弘扬社会主义核心价值观的法治保障体系,仅是中国特色社会主义法治保障体系未来发展的面向之一。将两者之间完完全全画上等号,就是一种以偏概全的混同。而产生如此误解的原因看似是对于概念理解的出入,根源却还是在于观察视域的逼仄。将两个概念置于法治保障体系这一较为微观视野内,则难免会在这里面来回打转,很有可能成为如柏拉图《理想国》中寓言的“背对洞

[152] 梁漱溟:《中国文化要义》,上海人民出版社 2018 年版,第 154 页。
[153] 朱光潜:《西方美学史》,译林出版社 2021 年版,第 17 页。

口的人”。倘若将格局打开，将两个概念放于国家治理能力现代化这一复杂系统工程的大背景下，才更有可能走出我们为自身所设下的“迷魂阵”。要能够清晰地认识到：“核心价值观建设和法治建设都是国家治理的重要组成部分，核心价值观建设的目的是解决国家治理的价值理性问题，而法治建设需要解决国家治理的工具理性问题，我们探讨二者的关系就是要解决国家治理目的和治理手段的统一性，就是要了解国家治理的价值理性和工具理性的统一性问题。”[154] 从这一角度出发，把握住核心关键所在，才是真正的破题之处。

综上，在弘扬社会主义核心价值观的法治保障体系中，其他保障主要组成的文化保障部分，在法律普及教育与守法信仰方面正处于转变过程中，必然存在许多问题，其核心关键依旧是对于社会主义核心价值观融入法律宣传教育这一部分的理解与做法。

第四节　完善弘扬社会主义核心价值观的法治保障体系的路径与方式

前述各项保障体系的现状及问题，都亟需一种价值观念层面上的引导以及体系化的改进。无论是坚持政治保障、加强制度保障，还是优化组织保障、提升其他保障，都需要正确地处理中华优秀传统文化与社会主义先进文化的关系，更离不开社会主义核心价值观的指引与融入。法治作为国家治理之重要一维，要批判地继承、吸收中华优秀传统法文化精粹，并进行创造性转化，进而形成构建中国特色社会主义法治体系的文化基础。礼法融通作为中国传统法文化的基本特征，体现出道德与法律、法理与人情的有机统一。[155] 依法治国与以德治国相结合，作为国家治理的基本常态，已被成功地付诸实践。当前，社会主义核心价值观作为意识形态和道德教育的重要内容，已被列入《民法典》开篇第 1 条。细观《民法典》中的具体条文，处处彰显社会主义核心价值观的内在要求，见义勇为、敬老孝亲等中华民族传统美德通过法律的形式予以弘扬。司法实践也一再证明，不受道德和价值观支持的法律系统容易失效，法律的实施需要社会大众的道德支持。所以，批判地继承、吸收优秀传统文化，抓住德治与法治这一完善法

---

[154] 左高山、涂亦嘉：《国家治理中的核心价值观与法治建设》，载《当代世界与社会主义》2017 年第 4 期。

[155] 秦文：《礼法融通　德法并治——中国传统法文化资源的创造性转化》，载《理论月刊》2018 年第 6 期。

治保障的关键之处,并基于这两个中心针对各项保障体系进行具体的革新,是完善弘扬社会主义核心价值观的法治保障体系的不二法门。

一、健全党的领导机制,加强政治保障

政治保障体系的核心关键在中国共产党的领导,而中国共产党的产生与兴起均紧紧依靠着人民,并对此有着清醒且深刻的认识——在党的十九届六中全会上通过的《中共中央关于党的百年奋斗重大成就和历史经验的决议》中,突出强调"党的根基在人民、血脉在人民、力量在人民,人民是党执政兴国的最大底气"。由这样一个"为人民服务"型政党带领下所给予的政治保障,其核心又怎可能不是人民群众?建基于此的政治保障,再关联前述有关政治保障的现状与问题,进一步探讨政治保障完善路径与方式,其答案是确定的,即必须健全党的领导机制。

首先,健全党的领导机制要从领导意识方面予以全过程的意识和整合资源的投入。提出的针对性对策就是前文已经提及的《社会主义核心价值观融入法治建设立法修法规划》,然众所周知法律的立改废释纂是一个系统性的工程,仅有立法规划是不足以支撑起一整套科学完整的立法流程,还需要有相关举措的系列配合。所以,党的领导在此方面有着相应的关注与力度,但是目前的关注焦点局限于法治运行的某一过程,主要集中于立法与司法两部分,未能整合现有资源投入至法治运行的全过程当中。尤其是在意识到,"当代中国社会秩序的根本性转变,实质上就是由'道德型'社会秩序向'法律型'社会秩序的转变"[156]时,弘扬社会主义核心价值观的法治保障体系,就是完成这一根本性转变的关键纽带。同时,还能共同发挥出道德与法律的双重优势。在此基础上观之,党领导的工作方法如今仍属于压力传导型的运动式推进,在全过程意识与资源整合这两方面略显欠缺,亟待加强。

其次,健全党的领导机制还要将现有的政治保障与弘扬社会主义核心价值观进行更好的结合。在政治保障与社会主义核心价值观结合方面未从全过程的视角全面切入,且在现有条件下的单项融合方面也略显不足。比如:"社会主义核心价值观关于公民个人的要求'爱国、敬业、诚信、友善',对广大党员干部同样适用,并且要比普通群众做得更好。只有全面从严治党,'富强、民主、文明、和谐'的国家目标的实现和'自由、平等、公正、法治'的社会目标的实现,才有最

---

〔156〕 龚长宇:《道德社会学引论》,中国人民大学出版社2012年版,第199页。

坚强的保证。”[157] 仅从关键少数的党员干部入手，就可以同社会主义核心价值观有较好的结合，继而提供政治保障。那么，在党领导立法、执法、司法等多个环节，都可以融入相对应的社会主义核心价值观，进而形成互相交融的一种政治保障局面。然而现状是，要么未进行相应的结合，比如早于2016年就要开展社会主义核心价值观融入法治建设的工作，但现存大量的法律法规中核心价值观类型的条款鲜见，在执法过程中法理与情理紧张关系如何调和的问题依旧普遍存在；要么进行生拉硬套式的组合，未能形成有机的结合，典型如在党的领导推进下，融入社会主义核心价值观较为深入的司法裁判领域，仍以公布“社会主义核心价值观典型案例”为主，而在实际司法裁判过程中实质性融入社会主义核心价值观，亦才小规模的显现，依旧不能成为其主流。而几批次的典型案例大部分是在旧有案件中，总结提炼出社会主义核心价值观的内涵，与融入的要求并不完全相符。因此，需着手于社会主义核心价值观融入的全方位与深层次两个方面，提升现有政治保障的全面程度与保障高度，进一步健全党的领导机制。

最后，健全党的领导机制要最终形成一套完整的弘扬社会主义核心价值观的政治保障。这一做法同党的二十大报告中所提到的，跳出历史周期率的第二个答案——自我革命在总体方向上完全一致。党的二十大报告中专门强调要“完善党的自我革命制度规范体系”，这其实就是从党的领导主体角度上，促成完整的弘扬社会主义核心价值观的政治保障。全过程思维、投入精力与资源以及做好融合，目的都是同一个：形成真正的弘扬社会主义核心价值观的政治保障。这也是政治保障中在这一部分里最大的问题所在，也就是健全党的领导机制最大的抓手。其一，党要将现有各领域内的弘扬社会主义核心价值观的经验做法与缺点不足，如立法领域与司法领域，在执法与守法等其他环节进行推广与改进，在法治运行全过程弘扬社会主义核心价值观。从基础体制构建上，搭建好完备的政治保障基础。其二，要以党的坚定领导为核心，持续地投入精力与资源来形成完整的弘扬社会主义核心价值观的政治保障。一方面，唯有在党的有力领导下，弘扬社会主义核心价值观的政治保障才可能长时间地可持续发展。这既是我国政治的现实运行逻辑，也是中国特色社会主义制度的优越性体现之一。譬如各地方政府在任务完成时的注意力竞争策略所采用的“戴帽竞争”就是极好地利用了党委领导这一优势。[158] 另一方面，思想观念的转化与保障体系的形成均需要较为漫长的时间，在理论同实践不断往复作用的同时，还需要发展出理

---

〔157〕 周丹：《新价值秩序研究》，社会科学文献出版社2021年版，第229页。

〔158〕 练宏：《注意力竞争——基于参与观察与多案例的组织学分析》，载《社会学研究》2016年第4期。

性与感性的双重认同。所以,势必需要持续性的精力与资源的投入。其三,要发挥党的统合与动员能力,实现弘扬社会主义核心价值观政治保障体系的融合以致完备。单一覆盖面上的政治保障,在持续时间段上发力,仅是在各单个环节的不断完善。更要充分展现党的领导的统合价值,将立法、执法、司法、守法全过程串联起来,形成牵一发而动全身的连锁效应。政治保障应是由各环节有机融合组成,形成系统与要素间的有效互动关系。

这一完善路径既是我们现存亟须解决的难题,是一个长久的系统性工程,非朝夕可为。同时这一路径的完善,又将成为最大的成果,为弘扬社会主义核心价值观的法治保障体系打下坚实的政治保障基础,使法治保障体系整体的效用得到发挥。

二、强化社会信任机制,补强制度保障

面向制度保障现状和问题,目前来看最优亦最切中时弊的完善之道便是"强化社会信任机制"。诚信是衡量一个社会文明程度的重要标尺,也是反映一个国家精神面貌的显著标志,又是法治精神的重要基础。党的二十大报告中强调"构建高水平社会主义市场经济体制",市场经济就是信用经济,我们党始终重视诚信、倡导诚信、弘扬诚信,明确把诚信作为社会主义核心价值观的重要内容,积极推动诚信成为全社会共同遵守的价值准则,并通过制度形式予以法治化保障。党的十八大以来,党中央把诚信建设摆在重要位置,做出一系列决策部署,采取一系列重大举措,着力解决诚信方面的突出问题,建立以信用承诺和失信联合惩戒为主的诚信体系,推动诚信建设取得明显进展和成效,讲诚信、重诚信、守诚信的社会氛围日益浓厚。理论上,诚信不仅是法治精神的重要价值之一,而且是对公民德性的基本要求。但实践中,总体上社会诚信意识和信用水平有待提高,与人民群众对美好生活期待还不相符合,与社会主义市场经济发展需要还不相适应,诚信缺失仍然是社会普遍关注的一个突出问题。弘扬社会主义核心价值观,就必须坚持把优化诚信建设体系作为培育和践行社会主义核心价值观的重要着力点。

诚信是社会主义核心价值观的重要内容,其不仅存在于观念层面,而且更主要的存在于规范层面。把诚信价值观的要求由道德诚信转化为法律诚信,能确保诚信价值观在现实生活中得到培育和有效践行。[159] 在中国,诚信价值观的法

---

〔159〕 杨福忠:《诚信价值观法律化视野下社会信用立法研究》,载《首都师范大学学报(社会科学版)》2018 年第 5 期。

律化具有必然性，一方面，市场经济的发展需要通过法律诚信建立起来的信任机制；另一方面，重建高信任度社会需要诚信法律规范予以保障。我国目前尚无一部完整的规范信用活动的法律，信用规范零散分布在诚实信用原则、债权制度、产权制度、信用信息的收集和利用制度等相应法律规范中。对此，应加以专门立法，以诚信价值观指导信用立法的制度设计，以优化诚信建设体系来完善法治保障体系。

诚信价值观的法律化有两种实现途径，制定专门的信用立法是其中一条重要途径。中国未来的社会信用立法应采用集中立法模式，应确立如下主要制度：建立失信行为的认定标准、信用信息采集和披露的负面清单制度、信用信息符合正当目的的使用制度、失信行为的惩戒制度以及信用修复制度等。

诚信融入法治政府建设，不只是融入公民个人诚信，更重要的是融入公务员诚信和政府诚信的内容。诚信具有价值追求和行为准则的双重属性，可通过融入行为准则的方式实现价值目标的融入。在宣传和解读诚信价值观概念时，不仅要立足于我国传统文化中的诚信观念，还应充分融入市场经济契约和现代法治赋予诚信的新内涵。[160] 从我国诚信建设的实际看，诚信融入法治政府建设，需切实建立政府诚信评估制度和公务员诚信档案制度等机制。以法治政府建设为切入口，为弘扬社会主义核心价值观提供组织保障与体制保障。

三、完善道德建设机制，充实组织保障

针对前文提出的组织保障的现状和问题，解决方案应集中于“完善道德建设机制”。道德规范和法律规范是社会主义核心价值观由意识形态向人们行为过渡的两种主要表现形态。通过道德规范的自律作用推进核心价值观教育，关键是要根据国家、社会和公民三方面的价值关系，确立当代公民道德规范建设的总要求，进一步凝练公民基本道德规范，深化具体道德规范建设。[161] 通过法律规范的他律作用推进核心价值观教育，要在立法、执法、司法、守法等重要环节中贯彻民主、平等、公正等价值理念，做到科学立法、严格执法、公正司法、全民守法。德法并举，要求道德规范与法律规范在建设目标上具有一致性，在内涵设置上具有协调性，推动法律规范与道德规范在实践中“一外一内”相配合，促进社会主义核心价值观外化于行，内化于心。属于国民教育和社会组织的引导式孵

---

〔160〕 杨登峰：《核心价值观“诚信”融入法治政府建设的几个问题》，载《南京师范大学学报（社会科学版）》2018 年第 5 期。

〔161〕 李泽泉：《德法并举：规范视域下的公民价值观教育》，载《中国特色社会主义研究》2016 年第 5 期。

化是社会治理中弘扬社会主义核心价值观的两个重要途径部分之一。

法治信仰是践行社会主义核心价值观的应有之义，也是全面推进依法治国的基础工程。在现代社会，法治不能仅是一种治理方式和规范公民行为的制度体系，还应成为社会公众普遍信仰的理念。[162] 在当代中国，明晰法治信仰的科学内涵和价值功能，必须正视公民在法治信仰方面存在的问题，从吸收优秀传统法治文化、健全普法教育机制、完善法律制度、强化权利意识等方面促成公民对法律价值的强烈认同，是培育公民法治信仰的可行路径。

进入新时代，应当持续完善公民道德建设法治保障，在党的十八大以来有益积淀的基础上，把握“广泛认同、较为成熟、操作性强”的转化标准，[163] 科学布局、合理规划道德规范的立法转化工作。在司法体现道德规范的实践中，应坚守司法的法律实施活动本质，力避以道德规范代替、否定法律规范，在具体规则缺失或模糊的情形下再适用一般性条款。可以考虑通过降低美德行为事实主张者就此事实的证明标准、强化社会各方的证据收集协助义务等举措，破解司法体现道德规范实践中的困惑。进一步推进全民普法、优化公共法律服务，培育公民守法意识和行为习惯，推动社会主义法治文化建设，夯实公民道德建设基础。在公民道德建设的法治保障体系建设与法治社会建设有关部分，来谈完善弘扬社会主义核心价值观的法治保障体系。

四、优化文化传承机制，提升文化保障

在各类保障中，文化保障与核心价值观是直接并紧密相关的。根据社会主义核心价值观与社会主义法治文化的价值契合部分的论述，弘扬社会主义核心价值观法治保障中文化保障的完善，就是要处理好社会主义核心价值观与社会主义法治文化在古今传承中的变化与改造，即其完善途径应是“优化文化传承机制”。优化文化传承机制要从纵向与横向两个方向进行，纵向方面是普遍意义上的历时性传承，讲究时间先后上的文化基因传承；横向方面是具象意义上的事实性交互，重在空间他我彼此间的文化求同存异。在纵向与横向两个方面上交织而成的文化传承机制，才是完整且周全的。

（一）纵向方面：文化传承机制

社会主义核心价值观融入我国法治建设是实现良法善治的应有之义，但是

[162] 毛杰：《论公民法治信仰的培育路径》，载《中州学刊》2016 年第 10 期。

[163] 韩波：《新时代公民道德建设法治保障刍议》，载《思想教育研究》2020 年第 5 期。

核心价值观融入法治的实践操作容易遇到立法如何推进道德进步、道德如何影响司法实践和价值观在法律中如何体现三个方面的难题。回顾中国古代社会“德本刑用”的治理模式,发现古人将德治作为社会治理之本,而以刑治作为社会治理之用的实践,有效地实现了道德(价值观)与法治之间的良性互动。其中,古代社会的德法互动关系具有建立法治共识、形成自治秩序和为法治提供价值观基础三个方面的意义,恰可以为当下社会实现德法共治提供本土资源和历史经验。[164]

当前,将社会主义核心价值观融入中国法治建设的具体思路可借鉴传统“伦理法”。[165] 传统“伦理法”的最大意义在于滋养了传统法规范所赖以生存的社会共识基础。儒家通过“化民成俗”的德教实践,将君臣、父子的人伦秩序内化为社会上人人奉行的基本价值共识,并通过法律儒家化的过程,将伦理与法律巧妙融为一体。而社会主义核心价值观在法治建设中发挥了社会价值“最大公约数”的重要意义,其凝聚社会共识的作用引导法治建设认知与实践的统一,使国家价值、社会价值与个人价值得到最大限度的通约。

首先,法治保障体系促进社会主义核心价值观与中国传统法治观有机统一。中国传统法治观作为中华民族文化历史进程中法治理念的理性集合,集中体现了中华文明几千年的历史文化积淀,伴随着近代中国濒临民族危机和西方法治文明的巨大冲击,中国传统法治观开启了现代化重构之路,通过马克思主义法治思想与中国传统法治观融合发展、与中国的法治实践紧密结合的现实路径,最终形成社会主义法治观念的理论内核。中国传统法治观流变印证了社会主义法治观是动态的历史发展过程,是在社会实践进程中形成的多种文明因素的有效聚合,是中国特色社会主义建设的必然产物,必将对培育践行社会主义核心价值观、全面推进依法治国具有重要的理论意义和现实价值。完善弘扬社会主义核心价值观的法治保障体系,离不开继承和发扬中华优秀传统文化。[166]

其次,法治保障体系促进社会主义核心价值观融入法典。我国已步入法典化时代,古代优秀传统价值观融入法典的做法为当代提供了宝贵的经验。其中可资借鉴之处包括:核心价值观主导教育和官员选任考核奠定其入典的社会基础;儒学和律学兼通的人才成为核心价值观入典的保障;核心价值观具体德目与

---

〔164〕 李德嘉:《论法治的价值观基础:社会治理中德法并举的本土资源》,载《法学杂志》2019 年第 5 期。

〔165〕 李德嘉:《法治与人伦:传统儒家法秩序的现代价值》,载《人民论坛 · 学术前沿》2019 年第 18 期。

〔166〕 翟子夜:《中国传统法治观的流变及重构》,载《思想政治教育研究》2019 年第 4 期。

法典制度规范的融合；“律释合典”的编纂体例使古代核心价值观有效融入法典。[167] 这些历史经验从社会基础、人才保障、德法兼容、立法体例四个方面为社会主义核心价值观入法入规提供了有益启示和借鉴。

最后，法治保障体系推动弘扬社会主义核心价值观的法治建设。社会主义核心价值观融入法治建设体现着文化自觉，着力于坚定文化自信，是中华民族树立文化自信的必由之路。社会主义核心价值观融入法治建设担负着举旗帜、聚民心、育新人、兴文化、展形象的使命任务，应通过彰显社会主义本质、形成社会主义的良法善治、塑造有德亦能知法担责的时代个体、用法治保障文化软实力的“硬核”、内外兼修挺立“法治中国”完成使命。[168] 我们要经由完善社会主义法治体系建设，刚柔并济、多方用力，并关注公众日常生活等基本理路，提升社会主义核心价值观融入法治建设水平。通过加强文化软实力，确立文化自信，可以在法治国家建设进程中完善弘扬社会主义核心价值观的法治保障体系。

（二）横向方面：文化交互机制

理论上，社会主义核心价值观和法律信仰存在共同的文化背景、共同的价值引领，核心都是以人为本、公民权利至上，法治是社会主义核心价值观的制度外化，而培养公民法治意识、增强法治观念也是社会主义核心价值观建设的重要任务。虽然法律信仰是法治建设的内在要求，核心价值观是思想道德建设的重要内容，但二者目标一致、内容上相互渗透、培育方式和本质具有相似性。因此，弘扬社会主义核心价值观和完善法治保障体系最终依赖于公民的法治意识、参与意识和主体利益观的形成。在中国语境下，在公民中培育社会主义核心价值观，要以马克思主义理论为指导，夯实社会主义核心价值观认同的现实根基，以引导和满足广大人民群众日益丰富的多层次需要为主线，促使社会主义核心价值观被广泛接受和认可，并内化为人们日常生活的行为准则与自觉奉行的信念理念。这既是一项长期的战略任务，也是当前一项十分紧迫的工作，需要各种力量的参与、各个方面的支持。

公平、正义是社会主义核心价值观的重要内容，也是中国特色社会主义的内在要求。公正价值的实现将直接影响公民对法律的认同感，也决定着“全民普

---

[167] 周名峰：《中国古代核心价值观融入法典的经验及当代启示》，载《暨南学报（哲学社会科学版）》2019 年第 6 期。

[168] 杨威、高昕：《文化自信视域下社会主义核心价值观融入法治建设探析》，载《思想教育理论导刊》2020 年第 4 期。

法”活动的开展和深入。[169] 法律制定的正义性是规则公平的前提，程序的合法性则会影响机会公平的实现，司法的公正是保障权利公平的重要途径，只有将公平价值贯穿于从法律制定到运行的各个环节，才能树立起公民的法律认同感，才能提高普法教育的实效性。完善弘扬社会主义核心价值观的法治保障体系必须关注完善社会主义核心价值观在公民中的培育机制的问题。确立立法语言的良好价值导向有助于公民自觉守法。因此，需注重增强立法语言的通俗可读性，增加立法语言的教育说理性，最大限度地将社会主义核心价值观融入立法语言中，进一步促进公民自觉守法。将中国特色社会主义核心价值观内化为国民信仰，用社会主义核心价值观引导社会主义制度改革和制度设计，确立社会主义核心价值观作为社会主义意识形态的核心地位，把社会主义核心价值观融入国民教育和精神文明建设的全过程，提升社会主义核心价值观的国际影响力。进一步达致党的二十大报告中所要求的“坚持依法治国和以德治国相结合，把社会主义核心价值观融入法治建设、融入社会发展、融入日常生活”。

---

〔169〕 刘莹、林伯海：《社会主义核心价值观视域下的公民法律认同与普法教育》，载《毛泽东思想研究》2013 年第 3 期。

后记

本书是我主持的国家社科基金重大项目"完善弘扬社会主义核心价值观的法律政策体系研究"(项目批准号:20ZDA055)的最终成果。

党的二十届三中全会指出要完善培育和践行社会主义核心价值观制度机制。就法律制度而言,完善弘扬社会主义核心价值观的法律政策体系研究,最关键的就是透过研究探讨如何使社会主义核心价值观融入中国的法治建设,助力于中国特色社会主义法治体系的完善,为社会主义法治国家建设达到更高水平提供有益的建议和意见。有层次地建构社会主义核心价值观的法理架构,探讨价值、治理与法治在国家治理法治化中的内在逻辑,研究法治在新时代应当具备的本土内涵,是完善弘扬社会主义核心价值观法律政策体系研究的必然要求。为培育和践行社会主义核心价值观提供制度保障,促进社会主义核心价值观融入法律政策体系的各环节与各领域,借助社会主义核心价值观完善相关法律政策体系,提升国家治理体系与治理能力现代化水平,是完善弘扬社会主义核心价值观法律政策体系研究的现实需求。

社会主义核心价值观的具体内容在党的十八大之后得以明确,而我早在党的十六届六中全会后就已开始关注社会主义核心价值体系。但当时的研究主要集中在对社会主义核心价值观的内容进行凝练、探索培育社会主义核心价值观的实现路径等方面。作为法学工作者,基于多年的研究和现实需求,我更为注重社会主义核心价值观在发展深化阶段如何为法律政策体系提供基础理论支持、如何融入法治建设全过程等方面的理论与实践问题的研究。二十余年来,以立法的理论研究与立法实践为重要抓手,我全面深入地研究了社会主义核心价值观在理论与实践中的完善与运用。一方面,我主编出版了"立法法理学丛书",带领立法学团队在《人民日报·理论版》《光明日报》《法制与社会发展》《中外法学》《法学评论》《法学》《华东政法大学学报》《中国法治》等重要报纸刊物上发表多篇高质量论文。一方面,这些学术成果为研究完善弘扬社会主义核心价值观的法律政策体系打下了坚实的理论基础;另一方面,我们团队承担并完成了"立法的民主化科学化新论""地方法制建设中的立法问题""我国地方立法权配置的理论与实践研究""全国人大常委会审查地方性法规的案例研究""备案审查在地方治理中的地位和作用研究”“公共法律服务工作案例理论研究——以法律援助案例为研究视角”等30多项国家级、省部级课题,这些实践成果为社会主义核心价值观在实然层面融入法律政策体系提供了丰富的法治经验。应当说,《完善弘扬社会主义核心价值观的法律政策体系研究》一书是在理论研究与法治实践共同作用下形成的成果。

本书是社会主义核心价值观与法律政策体系良性互动研究领域的最新成果。本书主要涉及社会主义核心价值观如何为完善法律政策体系提供价值引领,与法律政策体系如何保障弘扬社会主义核心价值观。本书旨在阐明完善弘扬社会主义核心价值观的法律政策体系对于提升国家治理法治化的水平、推动国家治理体系和治理能力现代化的重大意义及其措施和路径。本书分别从党内法规体系、法律规范体系、法治实施体系、法治监督体系、法治保障体系五个方面进行细化和透视;探讨完善弘扬社会主义核心价值观在具体法治环节与法治领域中的价值意义、理论框架、方法路径等问题。这五个方面内在逻辑清晰,以有机整体的视角对完善弘扬社会主义核心价值观的法律政策体系进行了全面系统的研究。

本书是厦门大学立法研究中心成员集体智慧的成果,具体分工如下:导论由宋方青、程庆栋撰写;第一章由宋方青、向浩源、龚李玲撰写;第二章由姜孝贤、肖恒、冯建娜撰写;第三章第一、三节由郑金雄、王云清撰写,第二节由张向宇撰写,第四节由赵译超撰写;第四章由程庆栋、李铮、丁思绮撰写;第五章由王翔、熊煜堃、郭宝撰写。全书由我负责设计写作思路与框架并进行统稿。

宋方青

2024年8月于厦门大学法学院